Publication Series: MOE Supported Projects of Key Research Institutes of Humanities and Social Sciences in Universities

# Economics and Statistics

KEY RESEARCH INSTITUTE IN UNIVERSITY

教育部人文社会科学重点研究基地重大项目成果丛书

Publication Series: MOE Supported Projects of Key Research Institutes of Humanities and Social Sciences in Universities

经济学、统计学类 Economics and Statistics

# 开放进程中的中国货币政策研究

## ——基于“入世”背景

张亦春　邱崇明　等著

PEKING UNIVERSITY PRESS 1902

北京大学出版社

PEKING UNIVERSITY PRESS

**图书在版编目(CIP)数据**

开放进程中的中国货币政策研究/张亦春,邱崇明等著.—北京:北京大学出版社,2008.5

ISBN 978-7-301-13723-9

Ⅰ.开… Ⅱ.①张… ②邱… Ⅲ.货币政策-研究-中国 Ⅳ.F822.0

中国版本图书馆 CIP 数据核字(2008)第 058508 号

**书　　　名:开放进程中的中国货币政策研究——基于“入世”背景**

著作责任者:张亦春　邱崇明　等著

策 划 编 辑:贾米娜

责 任 编 辑:贾米娜

标 准 书 号:ISBN 978-7-301-13723-9/F·1896

出 版 发 行:北京大学出版社

地　　　址:北京市海淀区成府路 205 号　100871

网　　　址:http://www.pup.cn　电子邮箱:em@pup.pku.edu.cn

电　　　话:邮购部 62752015　发行部 62750672　编辑部 62752926

出版部 62754962

印　刷　者:北京飞达印刷有限责任公司

经　销　者:新华书店

730 毫米×980 毫米　16 开本　39.5 印张　666 千字

2008 年 5 月第 1 版　2008 年 5 月第 1 次印刷

印　　　数:0001—3000 册

定　　　价:72.00 元

# 目录

# 导 论

## 一、问题的提出

2006 年 12 月 11 日，中国结束“入世”的过渡期，它标志着中国进入一个全面“入世”的新阶段，这是中国改革开放进程中具有里程碑意义的大事，它将大大加快中国经济的全球化和市场化的进程。

众所周知，经济乃至金融的全球化是当今世界经济发展的客观进程，是在现代高科技条件下经济社会化和国际化的历史新阶段。就总体和长远而言，经济和金融全球化为世界经济增长带来新的活力和机遇，有利于世界经济的发展。但过快推进经济全球化可能导致市场破坏性力量的膨胀，特别是国际资本的巨额流动和国际金融投资活动的规模远远超过许多国家的抵御能力。经济全球化还在全球范围内扩大了贫富差距。严峻的现实表明，面对经济金融全球化这一历史潮流，发展中国家只有实行开放政策，利用机遇，迎接挑战，才能在 21 世纪有自己的立足之地。但开放也意味着作为国际金融领域中的弱者的发展中国家将面临更多的冲击，如何因势利导、兴利除弊，在最大限度地获取全球化利益的同时，将“入世”的不利影响降到最小，是摆在各国面前的一项艰巨的任务。对中央银行来说，一个迫切需要研究的课题就是，以“入世”为标志的经济体制改革和对外开放新进程，或者说，中国日益融入经济金融全球化这一事实，将给货币政策的运行环境带来什么样的影响？中国的货币政策应如何适应这一历史潮流作出必要的调整以趋利避害？这也是本书所致力于研究和回答的问题。

## 二、文献述评

从国际经验教训来看，经济金融全球化和金融开放对一国货币政策产生的最大冲击来自两个方面：一是由资本账户开放、本国资本市场发展、金融自由化等因素导致的经济泡沫化的出现；二是金融开放导致的一国经济内外均衡目标的冲突，即对一国货币政策独立性的冲击。金融开放对货币政策的其他负面影响，在很大程度上可以说都是由这两个问题派生出来的。

对于第一个问题，布雷顿森林体系解体后，特别是进入 20 世纪 90 年代后，经济金融全球化的风险凸显，国际游资急剧膨胀，墨西哥、亚洲、俄罗斯和巴西等一系列货币危机相继爆发，几乎每一次金融危机的原因都可以追溯到泡沫经济。泡沫不仅威胁到发展中国家的经济安全，而且也困扰着发达国家。日本在 20 世纪 80 年代后期泡沫经济的破灭，使经济陷入长达十几年的衰退就是明证。泡沫与国际金融危机的频繁爆发,向各国货币当局提出了极具挑战性的课题:货币政策如何应对泡沫?对这一问题的看法大致可以分为两派:一派主张干预,譬如美国著名经济学家阿尔钦和克雷(Alchian and Klein,1973)认为,货币政策所关注的价格指数不应该是当前的消费物价指数,而应当是包括消费者预期终生消费的当前价格指数,他们把构造的这个价格指数称为"跨期生活成本指数"(intertemporal cost of living index,ICLI),用来描绘不同时期内达到一个给定效用水平的生活费用的变化情况。涩谷(Shibuya,1992)将阿尔钦和克雷的通货膨胀测量方法概括为传统方法测量的通货膨胀与资产价格膨胀的加权平均值,从而构建了一个动态均衡价格指数(dynamic eqilibrium price index, DEPI)。英国著名的经济学家古德哈特(Goodhart,1993)也表达了类似的观点。他认为,由于资产价格能够反映未来的商品和服务的价值,所以比较好的替代方法是将许多资产的价格包括在央行所关注的价格指数内。这一观点从理论上讲是可行的,但要将其应用到实践中却是相当困难的。古德哈特和霍夫曼(Goodhart and Hofmann,2001)在货币条件指数的基础上构造了金融条件指数(FCI),目的是用该指标来反映未来的通货膨胀压力。FCI中包括了房地产价格、股价、短期实际利率和有效实际汇率等资产价格。该模型的实证研究证明,将资产价格包括在内的FCI确实包括了关于未来的通货膨胀压力的重要信息,但由于利用了大量未经(或很难)证实的假设作为前提,使该结论的说服力大打折扣。菲拉多(Filardo,2001)研究了资产价格与未来的通货膨胀的相关关系。结果发现,房产价格与未来的通货膨胀指数正相关,且相关系数在最初三年中都超过50%,而股价却与未来的通货膨胀负相关。

与主张干预的观点相反,西方学术界主流的观点和货币当局的负责官员都反对干预。例如,格林斯潘认为,央行如果"要挑破泡沫,干预市场,会有一个基本的问题,即要假定你比市场知道得更多"。在严谨的学术研究方面,伯纳克、哥特勒等人提出的BGG模型(Bernanke, Gertler & Gilchrist,1996)认为,如果股价泡沫快速破灭,那么,作为一种担保品,用来克服借贷中信息不对称所产生代理成本的借款人的净值减少,这一方面提高了外部融资所需支付的溢价,另一方面也增加了外部融资的需求量,因而减少了借款者的消费和生产,使最初的负向冲击对产出的影响被放大,使萧条的经济更萧条。这一模型对经济周期中的一个谜题——大规模的总体经济波动有时只是由于一个小的冲击引起的——提供了一个合理的解释。但实证研究发现,"净值"对大企业的融资行为的影响并不太显著。而且，影响金融中介融资决策的因素不止一个净值因素，还包括借款人的信用记录、预期偿还能力等其他因素，这些因素的相对重要性尚待研究，BGG 模型过于强调企业净值对借款人资信的影响，似有以偏概全之嫌。反对干预的又一理论依据是通货膨胀目标制理论。按照这一理论，价格中就已包含了泡沫信息，因此按照通货膨胀目标制行事或按照泰勒规则操作，不仅可以自动熨平经济波动，也可以防止泡沫。

中国资本市场和房地产市场只有短短十几年的历史，但这两个市场的结构性变化已经对现行的货币政策框架提出了巨大的挑战，特别是近年来房地产市场的泡沫已发展到不容忽视的地步。对于中国经济泡沫，吴敬琏（2001）和易宪容（2005）认为，中国股市和房市存在相当大的泡沫，应抑制它。肖灼基（2001）认为，要考虑到中国是新兴市场、利率比较低等特殊国情，不能简单地判断泡沫的存在。对泡沫的经济影响，夏斌和廖强（2001）认为，由于贷款利率管制和证券市场异常发展的制度性约束，中国公众对证券投资收益预期和固定资产投资的收益预期存在着非一致性，导致中国扩张性的货币政策传导机制受阻。裴平和熊鹏（2003）更进一步把这种现象概括为货币政策传导过程中的"渗漏效应"。在关于货币政策对泡沫的反应问题上，一种观点认为，资产价格是一种重要的宏观经济指标，对宏观经济具有预测性，货币政策决策需要关注资产价格的变化（钱小安，2001）。另一种观点认为货币政策过多地顾及证券市场不仅丧失了货币政策的独立性，而且会影响正常的市场秩序，造成道德风险，使货币政策和证券市场都受到损害，因此货币政策对股市的作用应该是中性的（谢平，2000）。瞿强（2001）则提出货币当局对资产价格应当"关注而不钉住"的原则，另外，瞿强（2005）关于信用属于要素跨期配置的观点对分析泡沫问题有一定的启示。吕江林（2005）则运用时间序列分析方法，实证考察了若干发达国家和新兴发展中国家（地区）股价和实际国内总产值以及消费物价之间的动态关系，发现股票融资比例高的国家，其股价与实体经济之间易存在协整关系，反之则不存在协整关系，这意味着证券融资比例高的国家，挤破泡沫对经济的冲击较大，故应谨慎从事。

第二个问题，即金融开放导致一国经济内外均衡目标冲突和对货币政策独立性的冲击，是一个跨度很大的前沿问题，涵盖了汇率政策的选择、均衡实际汇率水平和人民币升值的宏观经济影响估计、提高资本管制的有效性、经济政策的协调等多个方面，同时又与前面提到的泡沫问题紧密联系。资本账户开放是泡沫形成的一个制度性基础。

J. 米德(J. Meade)于1951年在《国际收支》中最早提出固定汇率制下的内外均衡冲突问题。他指出,在汇率固定不变时,政府只能主要运用影响社会总需求的政策来调节内外均衡,这样在开放经济运行的特定区间,便会出现内外均衡难以兼顾的情形,要解决这一矛盾,必须运用政策搭配的方法,这就意味着,开放经济的政策调控需要新的思路。米德的理论提出后,不少经济学家就他提出的问题进行了深入的研究。荷兰经济学家J. 丁伯根(J. Tinbergen,1952)证明了政策目标和政策手段之间的关系,这一关系被称为"丁伯根法则"(Tinbergen's Rule)。丁伯根法则指出,要实现多个宏观经济目标,当局必须拥有等于或多于目标数量的政策工具。但这只是政策目标和政策手段之间的数目关系,罗伯特·蒙代尔(Robert Mundell, 1968)进一步分析了政策目标和政策工具之间的对应关系,提出了"有效市场分类原则"(Principle of Effective Market Classification)。这一原则的含义是:每一目标应指派给对这一目标相对影响力最大的工具。根据这一原则,蒙代尔区分了财政政策、货币政策影响内外均衡上的不同效果,提出了以货币政策实现外部均衡目标、财政政策实现内部均衡目标的指派方案。这一时期蒙代尔和弗莱明(Mundell,1963,1968;Fleming,1962)还提出了被称为开放经济下进行宏观经济分析的"工作母机"的蒙代尔-弗莱明模型(Mundell-Fleming Model),其核心观点是:在资本自由流动、固定汇率制度和独立的货币政策这三大政策目标中,一国最多只能同时达到其中的两个,这一理论被人们称为"蒙代尔三角"(Mendell,1963)。1999年,美国经济学家克鲁格曼在一篇论文中根据上述原理画出了一个三角形,他将其称为"永恒的三角形"(The Eternal Triangle),从而使"蒙代尔三角"的内在原理得到了直观的显示。汇率制度理论方面,20世纪60年代以前,争论的焦点在固定汇率制和浮动汇率制孰优孰劣上,赞成浮动汇率制的有M. 弗里德曼(M. Friedman)、H. 约翰逊(H. Johnman)等,赞成固定汇率制的有纳克斯(Nurkse)、蒙代尔、金德尔伯格(Kindleberger)等。这两种汇率制度的比较,就其本质而言,实际上意味着在内外均衡目标的实现中,对公信度和灵活性的权衡,而这两者往往是不可兼得的。所以就纯理论讨论来说,很难得出哪一种汇率制度更优的结论。20世纪60年代以后,基于全球经济一体化的进展、国际资本流动的提速,以及牙买加体系下允许汇率制度选择多样性的原因,一些经济学家从多个层面、多个视角对汇率制度理论进行了各具特色的研究。这一时期汇率制度理论研究的主要内容有:关于最优货币区理论中的汇率制度选择,关于国别经济差异与汇率制度选择的关系等。20世纪90年代频发的一系列金融危机，进一步引发了经济学家重新检视新兴市场国家的汇率制度选择问题，汇率制度理论由此又得到了新的发展，其中最突出的是“中间汇率制度消亡论”假说。这一理论的首倡者是伊森格林（Eichengreen，1994，1998），其后还有奥布斯特菲尔特和罗戈夫（Obstfeld & Rogoff，1995）、萨默斯（Summers，1999）和费雪（Fisher，2001）等。这一理论可以表述为介于严格固定汇率与自由浮动汇率之间的中间汇率制度是不可持续的，各国只能在完全浮动或完全固定的两极制度中选择，即两极论或角点解。奥布斯特菲尔特和罗戈夫在一个对欧洲货币体系打击的分析后得出结论：“浮动汇率和采用共同货币两者之间即便存在舒适的余地，也是小之又小。”此间新的汇率制度理论或假说，还有“原罪论”、“害怕浮动论”以及汇率制度的“退出战略”理论等。①

尽管国内对开放条件下货币政策的研究历史还很短，但中国学术界还是取得了一批可喜的成果。如易纲和汤弦（2001）提出子扩展三角这个可供检验的假说，为“汇率制度角点解假说”提供了一个较为全面的理论基础。姜波克的四卷本专著《开放经济下的宏观金融管理》（1999）对开放经济下货币政策作了全面的探讨，对西方一些经典理论提出了修正。王国刚等（2003）探讨了资本账户开放的战略构想。李翀（2004）对短期资本流动的成因、效应和风险管理作了全面的分析。这些都为本书的研究提供了很好的参考。此外还有许多重要成果，限于篇幅，不再一一列举。

但现有的研究也存在一些不尽如人意之处，主要有：第一，国外的理论是以发达国家市场经济、规范的资本市场、相对健全的银行体系为背景提出的，即使是以新兴市场经济为背景，仍没有也不可能考虑到中国现实生活中所存在的种种制约因素，显然，这些理论不能为我们提供解决这些问题的现成答案；第二，国内现有的文献多从资本账户开放、金融安全、汇率制度改革、对外资银行开放本币市场等某一个侧面研究“入世”给货币政策带来的冲击和对策，这无疑具有很重要的参考价值，但缺乏系统性和逻辑上的完整性，全方位、多视角地研究“入世”后货币政策的文献尚不多见，这为本书的研究留下很大的空间。

## 三、篇章结构和各章内容简介

本书大致可以分成相互联系的三大部分：第一部分包括导论和第一、

① 参阅张志超：“汇率制度理论的新发展：文献综述”，《世界经济》，2002年第1期。

第二章,主要从全局角度概述"入世"给中国货币政策带来的冲击和中国的基本对策,为后面各章的研究提供一个思考问题的视角和结构框架,并作为后面各章展开的铺垫。第二部分包括第三至第十章,这一部分是从实现内部均衡的要求出发,探讨"入世"后货币政策应该在最终目标、调控思路、中间目标、政策规则、履行最后贷款人职责和对外资银行开放政策方面作出哪些适应性调整。第三部分包括第十一至第十七章,这一部分从实现内外均衡目标的角度,探讨"入世"后汇率制度、汇率管理、外汇管制、外汇市场操作等方面的改革与完善,以及开放经济下的政策协调。

具体各章的内容大致如下:

导论——包括选题的背景、文献述评以及全书的篇章结构、研究方法、创新和不足等。由于本书涉及面广,论述的跨度大,限于篇幅,导论只能对文献作简要评述,较详细的文献回顾安排在各章前言部分。

第一章为"经济全球化与金融开放"。要了解"入世"给中国带来什么影响,首先必须对推动经济全球化的国际组织——世界贸易组织有一个基本的了解,为此,本章介绍了世贸组织的运作框架和产生背景——经济全球化和金融全球化的概念、表现、效应以及二者的关系;并点明、论证本书立论的前提——"入世"的实质是要加快中国经济金融全球化和市场化的进程。

第二章为"开放经济背景下我国货币政策面临的新挑战"。本章是全书的一个重点。全章循着这样一个逻辑关系依次展开:"入世"后中国货币政策的运行环境将发生哪些变化(我们将这些变化归纳为十个方面)→环境变化对货币政策有效性将产生哪些有利和不利的影响(在分析这些影响时,力求具有前瞻性)→介绍发达国家应对经济开放进程中对货币政策调整的经验→在此基础上借鉴国外经验,探讨开放条件下中国货币政策调整的指导思想、原则和要点。本章最后一节论证"入世"并非开放的终点,以"入世"为代表的开放进程的长期性和复杂性决定了货币政策的调整不可能一步到位。因此,在"入世"已六年的今天,对"入世"后货币政策的研究仍具有非常重要的现实意义。

第三章为"资产替代与货币政策——开放经济条件下货币调控思路的调整"。本章是笔者对目前货币调控模式所作反思的阶段性总结。居民资产组合调整行为即资产替代是货币政策宏观效应的微观基础,它不仅影响现实购买力和潜在购买力的此消彼长、泡沫的产生与破灭,还影响到国际收支状况、利率、汇率甚至金融体系的稳定性和货币政策的有效性。"入世"后居民财富数量的增长、资本管制的逐步放松和金融创新会大大增强资产替代的影响，使之成为影响货币政策有效性的一个重要内生变量。不认真研究居民的资产替代行为，不把居民纳入货币政策的调控受体，货币政策的调控目标就无法实现。本章分析了资产替代的经济效应、条件和成因，尝试性地构造了一个在跨期预算约束条件下，包括货币、股票和房地产三种资产的替代模型，推导出三者之间的替代弹性公式和影响替代的因素，并根据统计资料分析，得出中国目前资产替代弹性的特点。本章指出，在开放经济条件下，资产替代具有重要的政策含义：第一，经济开放扩大了居民的资产选择空间，闲置资本时刻在寻找套利机会，一旦价格（包括通胀率、利率、汇率等）体系出现结构失衡，就会引起异常的、大规模的资产替代，并可能引发经济金融动荡。因此，稳定价格对于稳定经济金融具有特殊的重要意义。第二，资产替代可以为我们预防经济波动和金融危机提供一种新的对策思路，即平时维持收益率结构的均衡，防止异常替代发生。一旦发生大规模的异常替代，则通过利率、汇率的调整，引导公众按照央行的政策意图来调整自己的资产组合，使宏观经济重新恢复均衡。第三，由于资产替代可以创造或削减流动性，因此，应把货币量调控的重点转移到广义货币 $M_2$ 和金融相关比率 $M_2$/GDP、货币供给流动性指标 $M_1/M_2$ 上来，将来直接融资进一步发展后，还必须兼顾广义流动性 $L$。第四，必须从跨期平衡的角度来看货币均衡。第五，流动性过多不一定表现在物价上，甚至也不一定表现在证券资产和房地产价格上。考察流动性是否过多，必须同时考察一般物价、资产价格和 $M_2$/GDP。中国现阶段过高的 $M_2$/GDP 隐含着存款泡沫的风险。

第四章为“货币政策与经济增长——兼论‘入世’后就业问题的金融对策”。本章结合“入世”以后的就业形势，讨论一个古老而至今未有定论的问题：货币政策究竟能为实现充分就业作出多大贡献？或者说，货币的作用是中性还是非中性的？如何评价货币政策的作用边界？这是货币经济学中一个永恒的话题。为了弄清这一问题，本章首先简要回顾和比较了西方关于货币作用的具有代表性的理论，其中包括真实经济周期理论、托宾的货币增长理论和铸币税理论等一般讨论此问题时较少涉及的学说。然后结合中国就业问题的类型探讨这些理论对解决就业问题的适用性。最后，讨论金融当局在解决失业问题中可供选择的几种途径。与一般观点不同，我们认为，中国的失业主要属于与一国发展阶段相关的原生性失业，本质上是一种资本不足的失业，这类失业问题不是短期宏观经济政策所能解决的，不能赋予货币政策力所不能及的任务。从根本上说，解决这类失业问题最有效的对策是根据中国的比较优势，发展低技术、低资金的劳动力密集型的出口替代，把对剩余劳力的消化纳入国际大循环的轨道；同时，注重发展就业弹性大的第三产业。金融政策所能做的，就是通过推进资本账户开放来吸引更多外资，以及通过利率市场化来加快资本积累，缓解资本“瓶颈”的约束，借此创造更多的就业机会。那种想以扩张性货币政策来增加就业的企图，最终会适得其反。

第五章为“货币政策与经济泡沫”。本章讨论了开放条件下货币政策面临的两大挑战之一——经济泡沫问题。首先引入戴蒙德模型，论证了泡沫的正负效应和对策的基本思路。接着对泡沫检测的几种方法作了述评，尽管存在这些方法，但要判断泡沫的存在性和程度依然十分困难。本章研究的重点在货币政策对资产价格泡沫的反应原则。笔者对这一问题提出自己的看法，包括：不管是理论分析还是政策模拟结果，BGG 模型都不足以否定干预的必要性和有效性，对泡沫采取微调政策可能是较好的选择；由于货币稳定和金融稳定目标之间存在冲突，弹性通货膨胀目标制和泰勒规则并不能自动预防泡沫；牙买加体系下，美元作为主要国际储备手段的特殊地位，使美国过多的流动性和泡沫可以通过国际贸易和资本流动渠道向他国转嫁，泡沫的破灭在很大程度上是由外国投资者埋单，中国在泡沫决策时必须注意到中美这一显著差异；公开宣布不干预等于给投机者一个负向激励，会助长泡沫膨胀。本章还讨论了虚拟经济发展提出的货币需求是否都需要满足的问题。笔者认为，目前关于证券市场的货币需求必须得到满足，否则会影响实体经济发展的主流观点是值得商榷的，股市的货币需求实质上是一种建立在资源跨期配置基础上的融资性的货币需求，而非交易性的货币需求；这种货币需求是否应当满足，取决于股价泡沫的理性与否和能否持续，不可一概而论。本章最后对泡沫的治理与防范对策提出了自己的看法。

第六章为“开放经济下货币政策传导机制和中介目标的选择”。本章在介绍西方传导机制研究成果的基础上，分析“入世”对各种传导途径相对重要性的影响，并对中国资本市场的财富效应和托宾 q 效应作了计量检验，最后认为利率、汇率改革和放松资本管制、资本市场的发展最终都会使中介目标的选择指向利率。本章的创新在于：第一，从货币政策有效性角度，指出 BGG 模型的政策含义在于，只有当企业具有良好的资产负债表时，才会对货币当局的政策调整作出反应，利润约束机制才能起作用；否则，会由于道德风险而使企业对政策工具的变动反应麻木，货币当局只得回头再寻求信贷控制。第二，用加入泡沫的普尔模型分析了泡沫经济对中介目标选择的影响，认为在泡沫经济下，由于金融部门易变性的提高，央行会偏好以利率代替货币量作为中介目标。但在泡沫破灭时，利率目标可能限制央行调控的及时性，此时应改变操作程序，尽量扩大货币量。

第七章为“开放经济下货币政策规则的选择”。第一节是对货币政策规则理论演变的述评，其中对保守中央银行家模型和最优中央银行家合同介绍的详细程度，在目前的国内文献中尚不多见。第二、三节介绍和比较了20世纪90年代以来西方货币政策的主要规则理论，包括泰勒规则、CGG模型的前瞻性规则、斯文森的最优通货膨胀预期目标规则、以通货膨胀预期为基础的规则（IFB）和波尔的开放经济模型以及斯文森开放经济下的通货膨胀目标规则，结论是通货膨胀规则优于其他规则。第四节同意文献的结论，即遵循规则的货币政策要比相机抉择的货币政策给经济带来更大的福利。本章的创新点主要有三：一是认为伯纳克和米什金把通货膨胀目标定义为“一种货币政策框架”与斯文森谈到的“灵活的通货膨胀目标”有共同之处；二是中国追求币值稳定的单一目标的思想与通货膨胀目标制追求价格稳定单一目标的思想是一致的，不同的是通货膨胀目标是利用利率的手段来平滑汇率，允许汇率一定程度的浮动，尤其是在新兴市场经济国家；三是通货膨胀目标制为开放经济下货币政策的操作提供了一种全新的理念和方法，中国客观上要求建立一种适应新时期经济形式的货币政策框架，而通货膨胀目标制的政策框架是一种理想的选择。

在第二章中我们曾指出，允许创新不仅是我们“入世”承诺的义务，也是中国金融业应对挑战的必然选择。但金融创新是一把“双刃剑”，它在给微观金融带来效益的同时，也给货币政策带来诸多困扰。第八章“金融创新与货币政策有效性”论述了金融创新对货币定义和计量、央行货币调控能力的影响，同时运用1989—2004年的统计数据，对中国传统的货币需求方程进行了检验，发现传统的方程没有反映金融创新对中国货币需求的影响，利用该方程无法获得货币需求、实际产出和名义利率之间的长期稳定关系，在用时间趋势作为金融创新的代理，重新对货币需求进行估计后，发现收入的弹性系数变为0.67，这显然更符合通常的经济意义。

“入世”后，中国银行业将进一步向“自负盈亏、自担风险、自主经营、自求平衡”的真正的市场竞争主体转变，这将使银行体系不稳定性问题变得更加突出，也造成央行的货币保卫者与最后贷款人职能发生冲突，如何处理这对矛盾，是困扰各国货币当局的一个难题。第九章“‘入世’后中央银行最后贷款人职能的两难及建设”系统分析了最后贷款人引发的道德风险问题,并通过建立一个完全信息静态博弈模型,论证最后贷款人建设的模糊性、最后贷款人政策的透明度和市场机制下的最后贷款人建设,得出应在市场机制下保持最后贷款人透明度与模糊性的适度平衡的原则。最后讨论了中国的最后贷款人职能建设存在的问题和对策。

第十章“外资银行扩张与货币政策有效性”专门分析外资银行扩张对货币政策的挑战和机遇。通过对外资银行扩张对现行货币政策有效性的短期冲击以及长期影响的详细分析,认为外资银行扩张对于我国货币政策的影响是深远的。短期内,它可能带来较为剧烈的冲击,但长期来看,它是顺应了我国货币政策的发展趋势,且会促进货币政策传导机制向着市场化方向发展。因此,应对外资银行扩张的最根本的思路是要不断发展和完善我国的货币政策传导机制和调控机制,使之适应更加市场化的经济和金融环境。

第十一章“国际资本流动与货币政策”作为后面六章的引言和总论,除了论述不同汇率制度下国际资本流动对货币政策有效性的影响,还以国外债权人撤资为例,进行两阶段完全但不完美信息博弈分析,并且利用子博弈完美结果中的第一种结果来解释在国际资本流动冲击下金融危机发生的现象。本章还设计了一系列的指标来测量国际资本流动的规模与金融危机爆发的关系。

第十二章为“开放经济条件下人民币汇率制度改革”。“入世”过渡期结束后,现行汇率制度安排存在的缺陷,与进一步开放条件下资本的充分流动、机构竞争的加剧、内外市场的深度融合等产生摩擦或矛盾,中国经济的深层次、结构性问题也将显得更加突出。近几年中国持续多年的贸易顺差带来外汇储备的急剧增加给货币供应的持续单边扩大带来压力,原本作为货币政策操作工具的货币供应丧失了(至少是部分地丧失了)独立性就是其中的一个证明。在金融全球化不断深化的大背景下,改革现行人民币汇率制度,重新选择汇率制度已是大势所趋。本章阐述了进一步开放下维持现行人民币汇率制度对货币政策独立性和有效性的影响,说明了现行汇率制度的不可持续性,并针对进一步开放的环境下人民币汇率制度的选择提出了自己的见解。本章的创新点在于:第一,提出了进一步开放条件下中国汇率制度的选择方案,即目前宜实行波动幅度较宽的但汇率也可以约束在一定区间范围内的目标区制度,在条件进一步成熟后转换为类似于某些发达国家的完全由市场决定的浮动汇率制度。第二,尝试对不同专家、学者提出的人民币汇率制度现实选择的争议进行归类,并试图对不同观点进行分析评价。

第十三章为“人民币均衡实际汇率与人民币升值的宏观经济影响评价”。在开放条件下,要保证货币政策的独立性,中国必须逐步改革钉住美元的内在固定汇率制,最终走向浮动汇率制度。在人民币汇率制度向更具弹性的汇率制度转变的过程中,必须弄清楚两个问题:第一,人民币汇率相对于其实际经济情况是被高估还是被低估。这是判断人民币汇率调整方向的重要依据。第二,人民币汇率调整的宏观经济影响如何。这是判断人民币汇率调整幅度的重要依据。从理论上,前者涉及的是对人民币均衡实际汇率的估计问题,后者涉及的是对人民币币值调整的宏观经济影响进行评价的问题。本章的目的就在于回答这两个问题。本章的创新点在于:第一,在总结亚洲金融危机以来人民币均衡汇率研究的基础上,采用肖(Shaw)的最优变量选择程序,重新筛选影响中国均衡实际汇率的基本因素,构建计量经济模型,估计人民币均衡实际汇率并测算人民币汇率的错位程度。得到的研究结论与早期的文献稍有不同,即从经济层面上考虑,2001—2003 年,人民币币值基本处于均衡状态,2004 年则轻度高估。这丰富了人民币均衡实际汇率研究的结论。第二,在定性分析人民币升值的利弊的基础上,应用 CGE 模型定量研究人民币升值对中国宏观经济的影响。CGE 模型是标准的政策分析工具,它以社会核算矩阵为基础,具体定义各部门的经济行为,从而能反映各部门之间的相互联系,通过对汇率进行对比实验,就能够发现人民币升值对宏观经济的影响程度。可以说,CGE 模型在人民币汇率变动的宏观经济影响评价上的使用是本章的主要创新点。

第十四章为“资本账户开放进程中的资本管制”。本章首先从资本账户开放的核心条件角度论证了中国目前开放的条件尚不成熟;接着论述了资本账户开放的负面影响,认为现阶段适当的资本管制是维护货币政策的独立性和保证汇率改革成功的不可替代的手段。第三、四节分析了现阶段资本管制的有效性,如何降低其实施成本,以及进一步提高有效性的措施。本章的创新点在于:第一,首次从产业国际竞争力角度论证了实现国际收支均衡可维持性的核心条件,可为资本账户开放时机的选择提供决策参考;第二,提出可以利用预约定价制来防止跨国企业利用转移定价的方法,在经常账户交易下进行资本跨境转移。

第十五章“经济开放进程中的政策搭配”是“入世”后货币政策调整的一个难点。本章的创新之处在于:第一,综合新古典和金融深化论两种理论视角,将本外币政策协调问题与金融开放顺序问题结合起来,放在转轨经济这一特定的背景下进行考察,提出中国近期和远期两种政策的搭配组合。远期是资本流动、浮动汇率和货币政策独立性;近期是利率市场化改革先行。在如何处理汇率和资本账户开放这两项改革的顺序问题上,笔者认为"角点解假说"未必成立,比较现实的选择是一个放弃若干资本流动自由、放弃若干货币政策独立性并由央行保持干预外汇市场权力的三方妥协的"中间解"。第二,根据中国"入世"后宏观金融环境的新变数,对政策搭配的具体措施笔者提出了自己的看法,包括如何进行利率市场化与汇率制度改革的配合、资本管制放松与汇率制度改革的配合、货币政策与汇率政策的配合、外贸政策与国内微观主体培育的配合等。

第十六章为"开放经济下的货币市场调控"。货币市场在央行调节货币和利率、稳定汇率方面具有特殊的重要地位,本章介绍了货币市场调控的一般原理,对货币市场的冲销与非冲销干预作了较为系统的分析,并对如何完善中国货币市场调控问题提出建议,这些均有助于央行在选择政策措施时更加理性与科学。

第十七章为"当代国际货币体系的内在缺陷与改革"。伴随着金融全球化,金融危机也具有了全球化的趋势,任何一个国家都无法在危机中独善其身。金融全球化的这些特征,要求在金融市场不断放开的基础上,公共的准则能逐渐在全球范围内得到遵守,现行国际货币制度及其组织的功能定位与金融全球化的发展要求是极不相称的。对现行国际货币制度进行全面、彻底的改革成为当前国际社会最迫切的任务之一。本章分析了国际货币体系的演化与发展过程,阐述了不同体系的特点,分析了金融全球化下当代国际货币体系的内在缺陷和冲突,最后就如何改革和完善国际货币体系提出了基本框架和设想。本章在以下几个地方进行了初步的探索:第一,从全球化视角探索了国际货币体系的演化及发展,分析了不同货币体系的发展过程的不足,特别是欧洲货币体系对国际货币体系的挑战;第二,从全球化视角归纳了现行货币体系与全球化的矛盾及其内在缺陷,并指出,现行国际货币体系的缺陷并非是金融危机爆发的唯一或本质的原因,从更深的层次上讲,金融资源,特别是全球性国际金融资源开发配置的垄断性和不对称性以及各大国之间和大国与发展中国家之间为争夺资源主导权和主控权的激烈斗争,才是金融危机屡发不止的本质原因所在;第三,从全方位的视角提出了改革和完善国际货币体系的框架思路,并提出了把改革 IMF 作为改革现行国际货币制度的突破口的观点,具有一定的观念创新。

## 四、研究思路和研究方法

本书采用以问题为导向的结构安排方法,围绕如何应对"入世"后开放所带来的经济泡沫和如何实现内外均衡这两大难点及相关问题，研究问题产生的宏观和微观机理、影响、对策，结合对其他国家的比较，获得开放对货币政策的影响的较为清晰和完整的认识。

本书涉及的范围广，所以各章大体上是根据内容的特点选择适用的方法，总的来说，是交叉使用比较分析、规范分析、宏观经济模型、计量实证分析等方法。在运用比较分析法时，注重纵向历史分析和横向现实比较相结合，目的是使读者能了解该问题争论的来龙去脉和各种观点的创新和不足。当然，本书更多的是采用横向现实比较法来研究问题。

## 五、有待进一步研究的问题

从内容来看，由于时间限制，我们感到仍有不少问题有待研究，比如，为什么20世纪90年代美、日两国泡沫破灭的结果会出现巨大的反差？在美国向他国转嫁过多的流动性和泡沫时，为什么其他国家处于被动接受的地位，除了国际货币体系方面的缺陷之外，从外围国家来讲，造成这一现象的内因是什么？人民币国际化的核心条件是什么？另外，部分章节偏重于从理论角度进行阐述和探讨，缺乏相应的数学模型，或是必要的实证检验。这些不足之处，有待在今后的研究工作中加以完善。

# 第一章
# 经济全球化与金融开放

## 第一节　世贸组织概述

2001年12月11日，在经过15年的漫长和艰难的谈判后，中国正式加入了世界贸易组织（以下简称“入世”）。这是中国改革开放进程中具有里程碑意义的事件，对扩大对外开放和促进市场经济体制改革具有重要的意义。它标志着中国经济市场化和国际化进程将进入一个新阶段，其影响是双向的，也是深远的。它可以引导中国走向世界，跻身世界经济强国之列，也可让世界进入中国，展开对中国市场的竞争。因此，对中国来说，“入世”虽可享受发展中国家的诸多权益，但同时也要承担相应的义务，消除保护，开放市场。

“入世”以后，对中央银行来说，一个迫切需要研究的课题就是，以“入世”为标志的经济体制改革和对外开放新进程，或者说，中国日益融入经济金融全球化这一事实，将给货币政策的运行环境带来什么样的影响？中国的货币政策应如何适应这一历史潮流作出必要的调整以趋利避害？要回答这一系列的问题，首先必须对世贸组织作一简略回顾。

### 一、世界贸易组织简介

世界贸易组织（World Trade Organization，WTO）和国际货币基金组织（IMF）、经济合作与发展组织（OECD）是当今影响全球经济发展的三大国际经济组织。近年来，它们在不断强化其所管辖内容的自由化政策倾向，并且直接或间接地推动全球金融自由化的进程。其中，世贸组织成立于1995年1月1日，是关贸总协定经过乌拉圭回合（1986，1994）后建立的作为世界贸易秩序支柱的国际组织，是多边贸易体系的法律基础和组织基础。其前身是关税及贸易协定（GATT）。世贸组织的基本组成是三个协议：《关贸总协定》（*General Agreement on Tariffs and Trade*，GATT）、《服务贸易总协定》（*General Agreements on Trade in Services*，GATS）和《知识产权协定》（*Agreement on Trade-Related Aspects of Intellectual Property Rights*，TRIPS）。其中，《关贸总协定》是世贸组织的核心内容，《服务贸易总协定》包括了禁止对与有关服务贸易相关的资本流动实行管制的内容。世贸组织的意图是通过一系列由成员国签署的多边贸易协定，为所有贸易事务，包括关税、市场准入、知识产权、倾销、最惠国待遇、劳工、仲裁和制裁等制定规范，促进世界贸易的自由化。

世贸组织又是一个超国家的经济立法和司法机构,被称为"经济联合国"。世贸组织的规范高于个别国家的法律规范,任何国家的经济立法只要与世贸组织规范相抵触,就可能被判为违背世贸规则并遭受制裁。

世贸组织的游戏规则主要包括七项基本原则和解决争端的机制。

(1) 最惠国待遇原则。最惠国待遇,是国际经济贸易关系中常用的一项制度,又称"无歧视待遇"。它通常指的是缔约国双方在通商、航海、关税和公民法律地位等方面相互给予的不低于现实或将来给予任何第三国的优惠、特权或豁免待遇。

(2) 国民待遇原则。国民待遇是最惠国待遇的有益补充。在实现所有世贸组织成员平等待遇基础上,世贸组织成员的商品或服务进入另一成员领土后,也应该享受与该国的商品或服务相同的待遇。这正是世贸组织非歧视贸易原则的另一体现——国民待遇原则,严格讲应是外国商品或服务与进口国国内商品或服务处于平等待遇的原则。

(3) 世贸组织成员间互惠互利进行贸易。世贸组织管理的协议是以权利和义务的综合平衡为原则的,这种平衡是通过互惠互利的开放市场的承诺而获得的。互惠互利是多边贸易谈判,也是建立世贸组织共同的行为规范、准则的基本要求。尽管在关贸总协定及世贸组织的协定、协议中没有十分明确地规定"互惠互利原则",但在实践中,只有平等、互惠互利的减让安排才可能在成员间达成协议。

(4) 市场准入:通过谈判逐步实现贸易自由化。世贸组织一个重要的目标是促进开放贸易体制的形成,这一体制以管理不同国家厂家间公平竞争的规则为基础,而不是以管理贸易的流动来决定贸易利益的分配。世贸组织一系列协定或协议都要求成员分阶段逐步实行贸易自由化,以此扩大市场准入水平,促进市场的合理竞争和适度保护。

(5) 公平贸易原则。各成员的出口贸易经营者不得采取不公平的贸易手段进行或扭曲国际贸易竞争,尤其不能采取倾销和补贴的方式在他国销售产品。否则,该进口方可以根据受损的国内工业的指控,采取反倾销和反补贴措施。同时,世贸组织强调,反对成员国滥用反倾销和反补贴措施达到其贸易保护的目的。

(6) 鼓励发展和经济改革。多边贸易体制高度重视发展问题,也认识到发展中国家,尤其是最不发达国家履行义务的灵活性和特殊需要,世贸组织沿袭了关贸总协定关于发展中国家和最不发达国家优惠待遇的相关协议和条款,并在世贸组织的相关协定、协议或条款中加以完善。

(7) 贸易政策法规透明度原则。透明度原则是世贸组织的重要原则,它体现在世贸组织的主要协定、协议中。要求各成员将有效实施的有关管理对外贸易的各项法律、法规、行政规章、司法判决等迅速加以公布,以使其他成员政府和贸易经营者加以熟悉;各成员政府之间或政府机构之间签署的影响国际贸易政策的现行协定和条约也应加以公布;各成员应在其境内统一、公正和合理地实施各项法律、法规、行政规章、司法判决等。

从世贸组织的宗旨和游戏规则中我们可以看出,世贸组织是一个旨在通过实施市场开放、非歧视和公平贸易等原则,来达到推动实现世界贸易自由化的目标的永久性的国际组织,可以说,它体现了经济全球化的要求,是保证经济全球化实现的组织保证。与关贸总协定相比,世贸组织管辖的范围除传统的和乌拉圭回合新确定的货物贸易外,还包括长期游离于关贸总协定外的知识产权、投资措施和非货物贸易(服务贸易)等领域。它具有法人地位,在调解成员争端方面具有更高的权威性和有效性。

## 二、世贸组织与金融一体化

如前所述,《服务贸易总协定》(GATS)被称为世贸组织的三大总协定之一,而《金融服务贸易协议》是《服务贸易总协定》中的一个主要分支。根据 GATS 金融服务附件的定义,金融服务是指成员方的金融服务提供者提供的具有金融服务性质的任何服务,包括所有保险、与保险相关的服务以及所有的银行业和其他金融服务。

乌拉圭回合以后,WTO 在 GATS 的框架下,对服务贸易的专门领域进行了进一步的谈判,于 1997 年 12 月 13 日达成了日内瓦协议,根据日内瓦《金融服务贸易协议》,各国允许外国在本国内建立金融服务公司并按竞争原则进行;外国公司享受同国内公司同等的进入市场的权利;取消跨边界服务限制;允许外国资本在投资项目中所占比例超过 50%。70 个世贸组织成员(欧盟以 15 国计)和地区同意开放各自的银行、保险、证券和金融信息市场,签署了于 1999 年 3 月 1 日生效的第五协议书。

《金融服务贸易协议》被认为是多边贸易体制中具有里程碑意义的法律文件。全球 95% 以上的金融服务贸易将在这个协议调整范围内,涉及 18 万亿美元的证券资产、38 万亿美元的银行贷款、2.2 万亿美元的保险金。《金融服务贸易协议》里的金融服务基本上囊括了金融领域内的所有赢利性业务。根据这个协议,各签约国将取消或减少对外资银行、保险公司以及证券机构的市场准入限制,允许开设独资或有控股权的合资公司。该协议还限制各国订立保护本国公司或约定外资金融机构在本国每年开设分行的数目。另外,该协议还规定成员方应允许在境内开业的其他成员方的金融服务提供者在境内提供任何新的金融服务。所谓新的金融服务,是指具有金融性质的服务,包括与现有的新产品或产品交货方式有关的服务,它不是由某地成员方境内而是由另一成员方境内的任何金融服务提供者提供的。显然,如果这一协议得到彻底实施,将对全球金融一体化产生极为深远的影响。据此,绝大多数世贸组织成员对开放其金融服务市场和保证非歧视经营条件作出了承诺,使金融服务贸易按照多边贸易规则进行,这将有助于建立一个具有预见性和透明的贸易环境。由此可见,世贸组织尽管目前主要是为实现商品贸易自由化服务的一个国际组织,但它的职能范围还在延伸,从长远来看,它还将促进包括金融在内的服务贸易自由化目标的实现。

## 第二节　经济全球化的加速是当今世界经济的主流趋势

从上面的介绍中我们可以看出,世贸组织是经济全球化的产物,同时也是进一步推进经济全球化的制度保证。加入世贸组织是一个关系到中国与世界经济的融入方式和程度、中国经济发展战略的选择和实施、中国国际地位和经济安全的确立的战略问题。那么,什么是经济全球化和金融全球化?经济全球化与金融全球化是什么关系?它们会产生哪些经济效应?本节将分析这些问题。

### 一、经济全球化的概念与表现形式

经济全球化是指生产要素在全球范围内自由流动,生产资源的配置超越国界,在地区甚至全球范围内实现优化配置的历史过程。在这个过程中,不仅各国经济相互影响,相互融合,相互依赖,最后成为一个全球统一市场;而且在世界范围内建立了规范经济行为的全球规则,并以此为基础建立了全球经济运行机制。

经济全球化主要表现在贸易自由化、生产国际化和金融全球化上。

首先是贸易自由化。第二次世界大战以后商品经济的高度发展,已经打破了民族国家疆域的限制,使自由贸易在世界范围内不断呈现出新的局面。世界各国国内总产值有1/3以上直接参与国际交换,服务贸易增长高于商品贸易增长。世界贸易组织的成立,把贸易自由化推进到一个制度化的新阶段。

与世界贸易自由化相伴随的是生产经营跨国化和跨国公司蓬勃发展。跨国公司是最能体现国际分工新形式,最能代表经济全球化具体内容的一种组织形式。它以世界为工厂,以各国为车间,充分利用世界各地的技术、资本、劳动力和市场优势进行生产和管理。跨国公司是推动全球化进程、扩大全球市场的主要动力。20 世纪 90 年代末,全球跨国公司的产值已占全球 GDP 的 1/3 以上,占全球技术贸易的 70%,占全球研究与开发经费的 90%,跨国公司的直接投资占世界直接投资额的 90%。

随着生产过程的国际化,各国的再生产过程对国外的依赖达到很深的程度。世界国内生产总值的大约 1/3 直接参与国际交换;如果考虑到国际交换对各国再生产过程的间接影响和制约,那么,各国经济对国外的依赖程度远远超过国内生产总值 1/3 的水平。在生产国际化的基础上,各国间相互依赖的领域进一步扩大,各国在制定环境政策、人口政策、某些货币政策时,都不能不把国际因素考虑进去。

生产要素在全球的流动以及全球范围的资源配置,必然要求资本在全球范围内的大规模流动。国际贸易和跨国生产经营活动离不开国际金融,国际金融的发展直接促进二者的发展。目前,金融全球化出现了超前发展的势头。跨国银行业务越来越大,金融创新步伐越来越快,金融市场的全球化已形成一个覆盖全球的金融网络,使资本的国际流动日益便利。

## 二、经济全球化的经济效应

经济全球化对促进世界经济发展和世界资源的最优配置起到巨大的推动作用。由于它实现了在最有利的条件下生产和在最有利的市场上销售,因而能显著降低成本,使经济效率成倍提高,使商品更加符合消费者的需要。由于国际分工的发展、产业的转移和资本、技术等生产要素的国际流动,一方面可使发展中国家弥补资本和技术缺口,获得产业演进、技术进步、制度创新等"后发优势",加快经济的发展速度;另一方面,它为发达国家打开了廉价劳动力、原材料市场和广阔的消费品市场,延长了其产品价值链,由此获得更多的利润。

但经济全球化也是一把双刃剑,由于市场经济有其自发性和盲目性,经济全球化只能使这些弱点强化,甚至无限膨胀,因此,其负面影响也是比较严重的。

第一,经济全球化使生产要素的自由流动和配置更加无序。全球化所带来的生产要素自由流动固然有利于发展中国家吸收外国资金和技术，但另一方面，经济全球化也加剧了国际竞争，增加了国际投机和国际风险，这对发展中国家来说，不能不是一个严重的挑战。1997 年亚洲金融危机等就是一个明显的例证。

第二，经济全球化有可能使穷国和富国的差距进一步扩大。由于发展中国家的实力不如发达国家，所以从经济全球化中所得不多，可能更趋于"边缘化"。

第三，经济全球化要求国家减少干预，让渡部分经济决策权，由全球协调和仲裁机构去实行。

第四，经济全球化更有利于发达国家利用先进的信息技术和国际互联网等手段向发展中国家输出其生活方式、价值观念、政治体制，以实现其"西化"的目的。

## 第三节 经济全球化、金融自由化与金融全球化的关系

生产的国际化，特别是跨国公司的迅速发展，必然要求在全球范围内配置各种资源，必然要求资本全球流动，也就是说，金融全球化是生产全球化的必然表现；同时，金融全球化又是金融自由化发展的结果。前面，我们主要从贸易和投资自由化角度论述金融全球化的动因，下面，我们对金融全球化的另一源头——金融自由化作一些回顾。

### 一、金融自由化的发展历程

金融自由化是指对金融管制的制度变革，是放松金融体系现行法令、规则、条例和行政管制过程。它包括价格自由化、业务经营自由化、市场准入自由化和资本流动自由化这四个方面。价格自由化指货币的国内价格——利率和国际价格——汇率由市场决定。业务经营自由化主要指对放松金融机构的业务创新管制，其结果必然导致金融机构的同质化，其中最主要的是商业银行混业经营模式的推广。市场准入自由化，对内指放宽金融机构的设立审批，对外指允许外资金融机构进入国内市场。资本流动的自由化主要指开放资本账户。

金融自由化经历过几个重要的发展阶段。20 世纪 60 年代中期以后，美国由于通货膨胀的推动、实际利率下降，导致金融脱媒，金融机构之间展开激烈竞争，绕过金融管制，推出各种新型金融工具。1971 年 8 月

15 日，美国宣布停止美元兑换黄金，布雷顿森林体系解体，随之而来的是浮动汇率制度的诞生。在浮动汇率制下，市场汇率波动具有更大的不确定性，严重冲击了原来的金融管制体制和规则，迫使各国政府不得不放松利率等各种金融业务的管制，开始走上金融自由化的道路。20 世纪 70 年代的国际金融自由化还与“石油美元”的出现和欧洲货币市场的形成有密切关系。20 世纪 70 年代中期石油危机后，产油国积累了大量的“石油美元”。为了减少因利率和汇率的变化而造成的损失，过剩的“石油美元”开始流向欧洲货币市场。为了接纳“石油美元”，欧洲货币市场及时采取措施，调整业务结构，放松对离岸金融业务的管制，从而推动了欧洲货币市场的自由化。到了 20 世纪 90 年代，以信息技术为核心的高新技术的发展，为金融自由化提供了技术支持，大大降低了金融交易成本，推动了融资工具的不断创新和金融全球市场的逐渐形成。凯恩斯主义的失效和衰落，强调自由竞争和市场作用的新保守主义的抬头，为金融自由化提供了理论基础。

## 二、金融全球化的含义与主要表现形式

金融全球化是经济全球化的重要组成部分，是金融业跨国境发展而趋于一体化的趋势，是全球金融活动和风险发生机制日益紧密关联的一个客观化进程，从历史渊源关系看，它是经济全球化和金融自由化合乎逻辑的发展结果。从微观层次来看，金融活动的全球化主要表现为以下几个方面：资本流动全球化、金融机构全球化和金融市场全球化。从宏观层次来看，主要表现在：金融政策关联化、金融监管全球化、货币体系全球化和金融风险全球化。金融全球化最重要的影响是正在形成强大的统一市场，随着资金自由流动的障碍一个又一个地被消除，全球重要国际金融中心融为一体，打破国界和时空的限制，使任何金融交易都可以在短短的几秒钟内完成。更为重要的是，随着金融全球化的深入，金融证券化也悄然兴起。它联结了各类金融市场，推动了资金跨国界、跨市场的转移，这使各国金融市场的关联度提高，使各国际金融中心的金融资产价格和收益率的差距缩小。金融全球化还推动了国际金融格局的调整。尤其是欧元启动后，尽管美元仍是全球最重要的货币，这个基本格局在相当长的时期内难有根本的改变，但欧元成为国际金融格局中唯一能与美元分庭抗礼的货币已成不争的事实。在上述几个表现中，近期对货币政策影响最大的是金融机构全球化和金融政策关联化，远期则是资本流动全球化和货币体系全球化、金融风险全球化。

金融全球化是整个经济全球化的一个组成部分,它既是经济全球化的结果,又对经济全球化的进一步发展产生着决定性的影响。贸易自由化和投资全球化的进展,客观上要求作为现代经济中枢的金融部门自由化与其相配合,也就是以金融自由化为推动力,消除金融管制和妨碍金融资源自由流动和配置的各种壁垒,形成全球金融统一市场及其体制,建立全球金融运行和监督的机制和规则。金融全球化创造的资源配置全球化反过来又对投资与生产全球化起着积极的推动作用。因此,金融全球化在与经济全球化的发展中相互推进是一个必然的趋势,它将不会因为自己的负面效应而中断。尽管在这一过程中爆发了亚洲金融危机,对东亚和世界经济的发展产生了重大冲击,但是国际社会并未放慢金融自由化和全球化的步伐。这说明,金融自由化和全球化已成为历史潮流。金融全球化发展的核心内容是各类金融市场一体化的增强,其基础是各国金融基础设施的进一步健全,其结果是各国金融关联度的进一步提高。确保全球化发展的条件,是各国的金融开放政策,而更重要的是全球性的金融安全设施的建立。

综上所述,金融自由化和金融全球化已成为历史潮流,它将冲破包括国界在内的一切障碍,引发一场金融资本全球化的革命,这在客观上要求包括发展中国家在内的各国实行金融开放。尽管由于发达国家控制着全球金融的运行,发展中国家只能从金融开放的成果中得到较少的实惠,且开放也意味着作为国际金融领域中弱者的发展中国家将面临更多的冲击,但拒绝开放保护本国金融业的结果只会是保护落后,使自己越来越落后,因此,发展中国家只有实行金融开放政策,利用机遇,迎接挑战,才能在21世纪有自己的立足之地。

## 三、金融全球化的经济效应分析

前面说过,金融全球化的核心是各类金融市场的一体化的加强,这要求各国开放金融市场,允许资本流动全球化,这将产生以下效应。

1. 弥补资金与外汇缺口

在所有的经济增长模型中,资本都是一项重要的因素。对发展中国家而言,资本的贡献尤为重要。然而,资本的形成不仅仅依赖国内的积累和金融政策,在一个开放的经济条件下,国外资本的流入也是国内总资本形成的重要途径。结构主义认为,由于发展中国家较低的收入水平,储蓄率往往低于实现目标增长率的计划投资水平,存在“储蓄缺口”。在初期,这个缺口可以通过国外资源的输入来进行弥补。同时,发展中国家要实现国内工业化,需要向发达国家进口自己所不能生产的中间产品和资本品,这就会产生一个“外贸缺口”,而这个缺口也需要国际资本市场来弥补。因为外国资源的流入总要伴随着资金的流出,所以,金融资本的流入是外国资源流入的前提条件。发展中国家通过金融开放引入国外资源,对经济发展最大的贡献首先在于弥补这两个缺口。

2. 增进全球福利

传统的微观经济学分析认为,金融资本全球化使资本的边际生产力趋于平均化,从而能够提高全球资本的利用率,促进全球福利的增进。麦克道格(Macdougall, 1960)曾用资本流动和福利增进的两国模型来描述这一观点(如图 1-1 所示)。

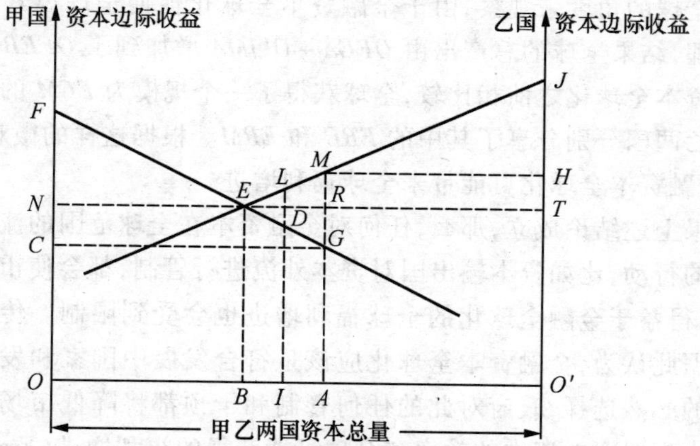


**图 1-1 资本流动与福利增进的两国模型**

假设全球只有两个国家,一个是金融资本输出国甲国,另一个是资本输入国乙国。在金融资本未能充分全球化之前,甲国由于资本丰裕而边际收益较低,乙国因资本稀缺而边际收益较高,同时假定金融资本遵从边际收益递减律。

在国内外金融资本相割裂时,甲乙两国的资本难以互为补充。甲国在国内经济投入其全部金融资本 $OA$,对应的边际资本收益率为 $OC$,甲国的总产出为 $OFGA$,其中 $OCGA$ 部分为金融资本的要素收入,$CGF$ 部分则为其他生产要素的收入;同样,乙投入其全部金融资本 $O'A$,对应的边际资本收益率为 $O'H$,乙国的总产出为 $O'JMA$,其中 $O'HMA$ 部分为金融资本的要素收入,$HJM$ 部分则为其他生产要素收入。

在国内外金融资本相融合时,金融资本能够超越国界流动,甚至在不同国家和地区的资本收益率的差异消失之后,这种全球化进程也会继续受到资产组合降低风险的驱动从而不会停止。这样甲国的金融资本将向乙国输出，在达到甲乙两国资本收益率相等的静态均衡时，资本输出量为 *AB*，均衡的资本收益率为 *BE*，这样甲国的总产出为 *OFEB*，再加上资本输出后的金融资本收入 *ABER*，与在金融资本全球化之前的总产出相比，甲国从金融资本全球化中得到的收益是本国的总产出增加了 *ERG*，但是甲国的其他生产要素的收入从 *CFG* 降低为 *NFE*，说明金融资本全球化使甲国经济对金融资本的依赖性加深了；同样，这时乙国的总产出为 *O'BEJ*，再扣除掉对甲国金融资本的使用成本 *ABER*，与在金融资本全球化之前的总产出相比，乙国从金融资本全球化中得到的收益是本国的总产出增加了 *ERM*，并且国内其他要素收入也从 *HJM* 增加到了 *ETJ*，全要素生产率水平得到了提高。

从全球的角度来观察，由于金融资本全球化促使全球要素资源配置更为合理，结果全球的总产出由 *OFGA* + *O'JMA* 增加到了 *OFEB* + *O'JEB*，和金融资本全球化之前相比较，全球获得了一个规模为 *EGM* 的福利净增加，甲、乙两国分别分享了其中的 *ERG* 和 *ERM*。根据这样的微观分析，结论是：金融资本全球化可能带来全球福利增进。

如果上述结论成立，那么，任何对金融资本在全球范围的流动进行人为干预的行动，比如资本输出国对资本外流进行管制，都会使市场机制受到损害，得益于金融全球化的全球福利增进也会受到限制。传统的微观经济学据此认为，金融资本全球化应该是符合发展中国家和发达国家共同利益的必然选择，政府对此的任何管制和干预都将降低市场机制在全球范围内配置金融资本的效率和全球可能获得的福利增进(Frankel, J. & Johnson, H. , 1976)，这实际上否定了政府监管对市场机制自发调节的必要补充，因此，发展中国家要分享到金融资本全球化的好处，就必须尽量减少对金融体系的干预和管理。但这一看法却无法得到实证检验的支持。中国学者张海涛(2003)使用 IMF 的统计资料，就全球总产出、发达国家和发展中国家的总产出，与发达国家和发展中国家的广义资本流动规模(以国际收支表中的资本与融资账户余额表示)进行相关分析，发现全球总产出的增加和广义资本流动之间没有很明显的相关性。在修正资本流动的口径，只考察全球的 FDI 变动后，才发现 FDI 的增长的确和全球福利增进有一定关系，其中国际直接投资的全球化和全球总产出之间的相关性达到了 0.758。总体上来说，金融资本的全球配置虽然对发达国家的总产出也有相当大的影响，但对发展中国家的影响却更大些。① 事

① 参见张海涛：《金融全球化——发展中国家的利益与风险》，经济科学出版社 2003 年版，第 76 页。

实也证明,金融资本全球化如果真的脱离了国家或国际监管的框架,而任其自由推进的话,那么并不能带来全球福利的增进,相反倒有可能带来一国或全球的金融动荡。

3. 增大金融风险

对发展中国家来说,金融全球化是一把利弊互现的"双刃剑",在带来机遇的同时也产生了巨大的风险。金融资本全球化作为一种相对独立于实物经济活动的现象,呈现出虚拟化的特征,即金融资本的证券化和衍生化似乎使其在全球扩张中成为一种逐渐脱离实物资本而自我繁殖的东西,这使得一些国家资产价格膨胀,泡沫成分增大,给国内金融体系和宏观经济稳定性埋下巨大隐患。林捷瑞恩(Lindgren, 1996)指出,在1980—1995年间,世界各地的金融危机此起彼伏,国际货币基金组织的181个成员国中的135个国家,都在不同阶段经历过金融领域的严重困难。这一数据尚不包括发生在1997年的东南亚金融危机、1998年以俄罗斯为代表的转轨国家金融危机和1999年以巴西为代表的拉美金融危机。大约半数以上的国家在遭遇金融危机前,都有泡沫经济的经历,特别是房地产泡沫的困扰。金融资本的全球化流动还大大提高了各国金融市场的关联性,一旦某个市场或某个地区发生金融动荡,很快就会波及其他市场。对不少发展中国家来说,伴随着货币自由兑换的实现,国际收支恶化、资本外逃等宏观风险大量显现,稳定汇率的目标难以实现。

金融全球化的经济影响是如此重要,那么,作为当今世界上两大国际经济组织的IMF和世贸组织对作为金融全球化核心的资本账户开放持什么态度呢?了解这一点,有助于认识"入世"后中国资本账户管理面临的形势。

20世纪90年代以前,IMF仅仅将推动成员国经常账户开放作为其目标,对于资本账户的自由化,《国际货币基金协定》第六条第三款则允许成员国在不妨碍经常账户正常交易的前提下,对国际资本转移"采取必要的管制"。这一立场实际上体现了布雷顿森林体系的设计者对固定汇率制度下各国保持货币政策独立性的重视,因为在固定汇率制下,只有资本管制才能有效地保持各国货币政策的自主和独立。不过,从20世纪80年代中期起,在全球性经济自由主义日趋流行的背景下,该组织开始调整其立场,转向积极推动各国(特别是发展中国家)的资本账户自由化。在最初,该组织主要通过提供国际收支危机救援贷款和新设立的"结构调整贷款"的机会,将放松资本管制纳入其建议的一系列财政紧缩和自由主义的结构性改革方案中。作为获取贷款的先决条件,借款国必须接受这个方案。进入20世纪90年代中期，IMF的这一政策倾向越来越明显。在经过一个时期的舆论准备以后，该组织开始为其政策倾向寻求合法性。在1997年于中国香港特别行政区召开的世界银行和国际货币基金年会上，IMF执行主席正式向与会国提出修改基金组织章程的设想，其要旨就是将资本账户自由化列入修改后的章程。只是由于后来的亚洲金融危机爆发，IMF这一主张招致很多批评，才使IMF推动资本账户自由化的意图暂时收敛。

尽管世贸组织的管辖范围主要是在商品和服务贸易领域，但是，由于作为世界服务贸易的重要内容，金融、保险行业的国际交流必然伴随着大量的资本流动。既然根据《服务贸易总协定》，此类资本流动也将受到世贸组织的监管，这就使世贸组织对各国资本账户的管制和开放在事实上具有了发言权。此外，允许外国投资者以直接投资形式在国内金融部门建立商业存在，事实上也是资本账户开放的一个内容。因此，世贸组织的有关协定对于推动一国直接投资领域的自由化无疑具有一定的影响。最后，迄今为止，《服务贸易总协定》是唯一涉及资本账户自由化的、具有全球意义的多边协定，因此，它对于推动各国资本账户开放进程应当具有特殊的重要性。

## 第四节 “入世”的实质就是要加快中国经济金融的市场化和国际化进程

### 一、“入世”的实质

中国“入世”所带来的变化，一般被归结为两个方面：一是意味着中国将进一步扩大对外开放；二是将促进经济体制的市场化改革。

按照李嘉图的比较优势原理，从表面上看，国际贸易是交换商品，实际上是交换要素。一国如能利用其在供给上相对丰裕的某一要素从事生产，再以产品交换其所相对缺乏的要素的产品，就可以比较低的生产成本，生产出比较多的使用价值。李嘉图曾提出葡萄牙80个劳动日交换英国100个劳动日的著名例子来论述这一原理。李嘉图的这一理论，不仅在当时而且在今天都具有现实意义。它从理论上证明了劳动生产率低的国家仍有可能进入国际市场，并可能从国际分工和贸易中获得利益。李嘉图的这一理论后来被瑞典经济学家赫克歇尔和俄林作了进一步的发展，成为要素禀赋论。该理论认为，由于国际间诸生产要素分布不均，产生了各国所生产的同样产品的价格差异;每个国家利用其相对丰富的生产要素从事商品生产,就可以处于比较有利的地位,而利用其相对贫乏的生产要素从事商品生产,就会处于比较不利的地位。因此,每一个国家在国际分工中,应出口前一类商品,进口后一类商品。国际贸易最重要的结果,是使各国能更有效地利用各种生产要素,从而提高劳动生产率,增加产量,降低价格,使参加贸易的各国都从中得到利益。"入世"使中国通过多边贸易体制,获得更加开放和稳定的国际环境,为中国产品争取更大的出口市场和中国更好地融入世界经济,充分享受当代国际分工的比较利益创造了条件。在当今经济金融全球化的浪潮中,发展中国家在促进经济发展的初衷和避免被边缘化的压力下,只能选择经济开放,全面融入经济金融全球化的进程中,才能分享全球化的利益。拒绝开放只能起到保护落后的作用,最终将为历史潮流所淘汰。

如果说扩大开放是"入世"的应有之义,那么,"以开放促改革",促进市场经济的体制改革则是中国"入世"的另一个决策动机。世贸组织代表了经济全球化条件下市场经济运行的游戏规则,"入世"意味着中国尊重和遵守这些规则,这与中国已经确立的建立市场经济体制的总目标是完全一致的。"入世"带来的一个直接的好处就是由此带来的国内市场竞争压力的增加,而更大的竞争被认为是迫使那些原来得到较多保护、同时也是改革难点的部门和行业(如国有银行和汽车制造业)进行结构改革的一个重要动力源。虽然借用外力来促进自身的改造并非上策,但至少"入世"所带来的制度变迁与改革的方向是一致的,这说明接受国际贸易体系的运行机制和规则对中国经济改革具有的"固锚效应",也是中国实现与世界经济一体化的标志。它不但为外国投资者提供了稳定的、可预见的商业环境,同时还向国内企业提供了一个参与国际竞争的参照物。它反映出中国"入世"的战略考虑在注重开拓市场的贸易利益的同时,也致力于促进建立世界经济一体化的市场经济制度的长期目标。

综上所述,可以看出,"入世"的实质是加快中国经济的市场化和国际化的进程,正因为对中国而言,"入世"是中国参与经济金融全球化的集中体现,所以本书主要以"入世"为背景,分析经济金融全球化对中国货币政策的影响与对策。

## 二、"入世"与我国开放金融市场的承诺

### (一)"入世"协议中与银行业相关的承诺

在"入世"协议中,我国对外资银行业的开放市场的承诺可以归纳为

以下五个要点：

(1) 同意在5年后外资银行在我国获得充分的市场准入。

(2) 在准入后2年，外资银行将可以与我国企业进行人民币业务往来。

(3) 在准入后5年，外资银行将可以与我国居民进行人民币业务往来。

(4) 在5年后，外资银行经营的地理限制和顾客限制都将撤销。

(5) 将允许占少数的、外国人拥有的合资公司参与基金管理，条件与我国国内公司相同。随着我国公司的业务规模扩大，外国合资债券公司将可享受同等的业务扩充。占少数的合资公司将获准包销国内证券和包销及交易以外币计值的证券（债券和普通股）。

上述协议规定意味着：

第一，允许外资金融机构在满足审慎性准入条件前提下，在我国境内任何一个城市申请设立营业性机构。

第二，在我国“入世”后，外资金融机构在华提供外汇服务没有服务对象的限制。

第三，取消现行人民币业务市场准入对外资金融机构设定的业务规模数量指标，只规定申请经营人民币业务的外资金融机构须满足三个基本条件：在华开业3年、连续2年赢利和在中国人民银行规定的审慎性条件。

第四，放宽设立中外合资银行或合资财务公司中方合作伙伴的限制，即不要求中方出资者为金融机构，外国服务提供者将能够与自己选择的中国任何经济实体进行合营。

第五，扩大外资金融机构经营人民币业务的地域范围和服务对象范围。由中国人民银行根据具体情况进行审核，逐步扩大开放人民币业务的地域和客户对象范围。允许吸收本外币公众存款，发放本外币短期、中期和长期贷款，增加外资金融机构票据承兑业务，允许买卖政府债券、金融债券，买卖股票之外的其他外币有价证券，允许外资金融机构提供信用证服务业务，允许从事同业拆借和扩大银行卡业务范围等。

“入世”以来，中国认真履行承诺，按照“入世”承诺时间表，逐步开放外资银行经营人民币业务的地域范围和客户对象范围；根据经济发展和金融改革的需要，稳步推进和深化银行业对外开放。到2006年底，外资银行营业性机构已达312家，平均每年增加近20家；在华外资银行资产规模迅速扩张，截至2006年底，已达1 033亿美元，占中国银行业金融机构总资产的1.8%。

(二)“入世”协议中与证券业相关的承诺

根据我国与欧美等国双边达成的协议,涉及的资本市场减让条款主要有四项:

(1) 境外证券类机构可以不通过中方中介而直接从事B股交易;

(2) 境外证券类机构设立的驻华代表处,可以成为我国证券交易所的特别会员;

(3) 允许设立中方控股的中外合资基金管理公司,从事国内证券投资基金业务,外资比例在加入时不超过33%,加入后3年内不超过49%;

(4) 允许设立外方占少数股权的中外合资证券公司,从事A股二级市场业务之外的其他业务,外资比例不超过1/3。

从这些承诺来看,主要涉及两个方面:一个是B股市场的准入问题。原来外资证券公司在华从事B股经纪业务要通过中方中介,现在可以不通过中方中介,而且其在华代表处可以代表境外机构成为证券交易所特别会员。另一个就是在组建中外合资基金管理公司和证券公司时,中方要处于绝对控股地位,以免对我国的证券市场带来很大的影响。

(三)“入世”协议中与保险业相关的承诺

根据中美双边世贸组织协议,我国正式加入世贸组织后,对外资保险公司取消的限制主要涉及以下内容:

1. 企业形式

允许外国寿险公司在华设立合资公司,外资比例不超过50%。允许所有保险公司按地域限制放开的时间表设立国内分支机构。

2. 开放地域

加入时,允许外国寿险公司和非寿险公司在上海、广州提供服务。加入后2年内,允许在北京、成都等12个城市提供服务。加入后3年,取消地域限制。

3. 服务范围

加入时,允许外国非寿险公司向在华外商投资企业提供财产险、与之相关的责任险和信用险服务,允许外国保险公司向外国和中国公民提供个人(非团体)寿险服务。加入后4年内,允许外国非寿险公司向外国和中国客户提供所有商业和个人非寿险服务,允许外国保险公司向中国和外国公民提供健康险服务。加入后5年内,允许外国保险公司向外国和中国公民提供团体险和养老金/年金险服务。

## 参考文献

[1] 陈漓高等:《经济全球化条件下中国金融市场发展研究》,北京:人民出版社 2005 年版。
[2] 景学成:《走向现代金融制度:兼论中国金融业“入世”》,上海:上海财经大学出版社 2005 年版。
[3] 王元龙:《中国金融安全论》,北京:中国金融出版社 2003 年版。
[4] 杨帆等:《透视汇率——兼论非均衡市场与中国涉外经济,股票和房地产》,北京:中国经济出版社 2005 年版。
[5] 张海涛:《金融全球化——发展中国家的利益与风险》,北京:经济科学出版社 2003 年版。
[6] 张幼文、周建明:《经济安全:金融全球化的挑战》,上海:上海社会科学院出版社 1999 年版。

# 第二章

# 开放经济背景下中国货币政策面临的新挑战

## 第一节　经济开放对货币政策运行环境的影响

在分析“入世”的经济效应时，首先要说明的是，本书对“入世”经济效应的分析均立足于中长期的角度，但对策建议则有中长期和近期之分，且侧重于近期（这是因本书的主旨是试图为政府有关部门提供近期决策参考）。这种效应分析和对策探讨研究着眼点的差异，使得从表面上看，对某些效应的评价和对策建议似乎不一致。譬如，对资本账户开放问题，尽管我们也赞成这样的看法，即从长远来看，随着金融全球化的深入，开放资本账户是必然趋势。但我们同时也认为，现阶段资本账户开放的条件尚不成熟，亚洲金融危机的教训告诉我们，在条件未成熟时取消资本管制，可能会导致一场大灾难。因此我们认为，适当和有效的资本管制是现阶段保证货币政策独立性不可或缺的保证，在资本账户开放的核心条件尚不具备时不宜过早取消资本账户的管制（对这一点，我们将在第十四章展开阐述）。其他诸如发展直接融资、商业银行混业经营等问题的探讨也存在着类似的现象。归根结底，这种表面上的矛盾是由于二者研究的出发点不同造成的，对此请读者在阅读时注意。

如前所述，经济和金融全球化的加速是当今世界经济的主流趋势，“入世”是中国经济市场化和全球化进程的一个非常重要的里程碑，因此，本书以“入世”为案例，来探讨经济金融全球化和“入世”将给中国货币政策运行环境带来的变化。

### 一、对外开放度大大提高

#### （一）对外开放度的测度

对外开放度指一国经济的国际化程度和国内准入的总和，反映与世界经济联系的密切程度以及受国际市场波动影响的可能。反映一国对外开放总体水平包括总量开放度（即对外开放的广度）和价格开放度（即对外开放的深度）两个方面的指标体系。由于价格指标的选择和检验难度要大大超过总量指标的统计，结果的可靠性也比较差，因此难以建立起一套完整的价格指标体系来进行国际比较，因此，实践中各国更多地采用总量开放度。所谓总量开放度，是一国与其他经济体经济往来的总量占其经济规模的比重。总量开放度指标主要包括外贸依存度和金融开放度这两大类指标。

1. 外贸依存度

外贸依存度是一国进出口总额占其国内生产总值的比重，通常用来衡量一国或地区的经济对国际市场的依赖程度，反映了外部经济变动对一国经济产生影响的程度及一国经济变动对外部经济产生影响的程度。外贸依存度包括出口依存度（即一国出口额与其国内生产总值之比）和进口依存度（即一国进口额与其国内生产总值之比）。

$$外贸依存度 = 出口依存度 + 进口依存度 \quad (2\text{-}1)$$

2. 金融开放度

金融开放度反映一国金融市场的对外开放水平。总公式为：资本流动总额/GDP。进出国境的资本种类包括外商直接投资、商业银行和贸易有关的信贷、国际金融组织（世界银行、国际货币基金组织、国际开放协会、亚洲开发银行等）和外国政府机构的贷款及偿还以及外商投资收益的汇出等。

（二）中国经济开放度分析

2006 年中国贸易量已经占到整个 GDP 比重的 66.9%，出口占总体经济的 36.8%。从金融开放度来看，2006 年中国金融开放度已上升至 37.3%。大规模的出口以及出口盈余和大规模的资本流入，使中国成为世界上外汇储备增长最快的国家，2006 年底，官方外汇余额达 10 663 亿美元，居世界第一。这些简单的数字包含着两个重要的信息：其一，出口对于中国经济增长至关重要，持续的出口增长是中国持续的经济增长的重要动力源泉；其二，中国已经成为名副其实的世界贸易大国，这是以中国成为世界公认的“世界加工厂”为基础的，二者相互促进，密不可分。

## 二、“入世”成为中国开放资本账户的推动力

“入世”从直接和间接两个方面对中国开放资本账户产生了很大的影响。

（一）直接的影响

从长期来看，过于严格的资本管制将不利于一国全面参与国际经济活动，影响其经济发展和效率的提高，并且还可能在遇到外部冲击或经济基本面恶化时，助长资本的大规模外逃。因此，“入世”后，为了更好地利用外资加快国内经济发展和从参与世界经济一体化中获取比较利益，从更大的视角说，为了减少国际储备的供给国经济波动对中国的不利影响，建立一个金融大国，中国的外汇管制将逐步放松，人民币将逐步实现资本账户下的可自由兑换，最终目标是实现人民币的国际化（关于人民币国际化对货币政策的意义、实现的条件和难点、策略等，将在第十四章展开讨论）。

（二）间接的影响

尽管“入世”不直接涉及中国资本账户的开放，中国在“入世”协议中对开放资本账户也未作出任何公开的承诺，但“入世”对中国资本账户开放的间接影响是不能忽视的。这种影响体现在以下几个方面：

（1）经常账户开放后资本管制的效率将被削弱，成本变得高昂。1996年12月1日，中国正式接受IMF第八条款、实现了人民币经常账户可兑换。从理论上说，经常账户可兑换为隐蔽的资本流动提供了多种渠道，继续保持对资本账户的严格管制成本就变得非常高。在中国，这一成本表现为严重的资本外逃和大量的外汇违规活动。赵玲华总结，在中国目前至少有12种渠道通过经常账户和18种渠道通过资本账户进行非法的资本流动，这大大增加了实施现有外汇及资本管制的复杂程度，使管制变得力不从心。① 一个显而易见的两难境地是，贸易体制（经常账户）越开放，资本非法流动的渠道就越多，这一明显的事实将促使政府决策者放宽直至取消资本账户管制。

（2）开放金融服务业，如放松对外国银行业、证券业和保险业进入中国市场的限制等，将促使中国不得不进一步放松资本账户管制。作为“入世”条件的一部分，中国近几年大幅度开放金融服务贸易。2004年起外资银行获准经营中国企业的人民币业务，2007年起被获准经营中国居民的零售业务。外资保险公司获准经营中国企业和居民的寿险业务和财险业务，“合格外国机构投资者”（QFII）制度，首次允许外国资金（尽管是受控制的）进入国内人民币证券市场。自2002年12月开始试行这一制度以来，已有五十多家合格境外机构投资者投资于中国A股市场，到2006年底，GFII累计获得了80多亿美元的投资额度，成为沪深股市上第二大机构投资者。2006年2月1日，《外国投资者对上市公司战略投资管理办法》正式实施，允许外国投资者对已完成股权分置改革的上市公司进行战略性投资。QDII制度也已推出。这些旨在部分开放金融服务贸易的措施，使外资金融机构能够向居民如中资企业和家庭，以及非居民如跨国公司提供在岸和离岸的金融服务，进行股权投资，这将不可避免地促进跨境资本流动，致使现有的管制效果降低。

除了这些开放措施，“入世”还涉及接受一系列的协议，包括商品贸易多边协议、服务贸易总协定，以及知识产权中与贸易有关部分的协定，也会对资本管制带来不利影响。因为服务贸易价格的真实性极难审核，

---

① 参阅赵玲华：“透析中国违规资本的流动方式”，《国际经济评论》，1999年第3—4期。

所以通过服务贸易项下结汇成为资本跨境非法流动的重要渠道，这方面的监管难度很大。

### 三、资本账户的开放将促使中国转向浮动汇率

资本账户管制的放松从近期来看将导致本币和外币的替代效应的增强，从远期看资本流动规模将迅速增长，央行面临维持人民币实际有效汇率基本稳定的严峻挑战。

1963年，美国经济学家蒙代尔分析了不同汇率制度下货币政策的独立性问题，此后，弗莱明等经济学家对这一理论进行了补充和完善，演变成蒙代尔-弗莱明模型。其核心观点是：在资本自由流动、固定汇率制度和独立的货币政策这三大政策目标中，一国最多只能同时达到其中的两个。比如说，一国如果开放资本账户，那么独立的货币政策和固定汇率制这两个目标中只能选择一个，即要么选择资本账户开放与独立的货币政策这种组合，要么选择资本账户开放与固定汇率这种组合。这一理论被人们称为“蒙代尔三角”（Mendell, R. A.,1963）。1999年，美国经济学家克鲁格曼在一篇论文中根据上述原理画出了一个三角形，他将其称为“永恒的三角形”（the eternal triangle），从而使“蒙代尔三角”的内在原理得到了直观的显示。前面我们已经分析了在“入世”后，中国最终必须逐步实现资本账户开放，这就产生了一旦遇到外部严重冲击时可能出现资本大规模外逃引起国际储备迅速下降，甚至引起货币危机的问题。此时，货币当局就只有以下两种方案可供选择：其一，放弃独立的货币政策，让利率自由浮动，借以达到平衡国内外利率、阻止资本外逃的目的；其二，放弃固定汇率制度，在坚持独立货币政策的同时，让汇率贬值，增加外逃套利资本的成本。比较这两种方案，后一方案无疑是有利的选择。因为如果放弃独立的货币政策，听凭利率提高，将使国内经济遭受打击，成本太高，对中国这样一个经济大国来说尤其如此。而选择汇率浮动，一方面可以减少资本外逃，另一方面则可以增加出口，从而有利于平衡国际收支。

又如，在国内面临经济衰退，政府试图通过放松银根来降低国内利率、刺激投资和消费时，资本将会外流，使市场利率上升，从而抵消了扩张性货币政策的效果。若一国实行的是固定汇率制度，由于固定汇率目标的硬性约束，货币当局仅能被动地吞吐外汇来冲销影响汇率的外部冲击，其代价是货币当局放弃使用灵活的货币政策调整国内总需求及取得宏观稳定的能力。再如，在资本账户开放后如果国内出现通货膨胀，央行提高利率以削减需求，会引起国际套利资本的流入、货币供应量的扩张，使央

行紧缩的努力被抵消;但在浮动汇率制下,提高利率使本币升值,可以有效地阻止游资的进一步流入,保证货币紧缩的效果。

目前中国汇率改革已迈出关键性的一步,2005 年 7 月 21 日,中国开始实行以市场供求为基础,参考一篮子货币进行调节、有管理的浮动汇率制度。人民币汇率不再钉住单一美元,形成更富有弹性的人民币汇率机制。这是 1994 年以来最重要的汇率改革举措。在此之前,中国实际上采取的是钉住美元的固定汇率制。尽管中国在汇率形成机制改革方面已迈出重要的一步,但受国内产业结构层次的限制,中国对汇率浮动的承受能力不高,汇率改革只能走渐进式的道路,不可能一蹴而就。

**四、利率市场化将提速**

“入世”后利率市场化的紧迫性来自两方面:

首先,从开放经济对利率市场化的要求看,① 利率管制容易导致经济内外失衡。若资本流动是完全自由的,极小的利差会引起极大的资本流动,使国内外的利差消除,即便在存在资本管制的情况下,资本流动也不会完全消除。如果利率不放开,外资流入引起的货币供应量上升和通货膨胀压力无法通过利率变动得以缓解,也无法借助利率上升的作用阻止资本外逃。② 在通货膨胀国国内利率低于国际利率时,会造成货币替代,储蓄者会到国外金融市场去寻找较好的投资出路。这种情况在拉美不少国家都发生过。③ 在经常账户已开放和资本账户开放度也日益提高的情况下,如继续推行金融约束政策,通过利率管制来为银行创造租金,损害存款人利益,会引起“金融脱媒”,存款会从银行体系转移到直接融资和地下金融、房地产等市场,加快泡沫形成,不利于经济稳定。近几年来中国房地产泡沫之所以迅速膨胀,与利率过低有非常密切的关系。④ 在开放经济的背景下,政策制定者为避免本国经济受外部冲击,往往会观察他国的政策后作出货币政策决策,如果本国实行的是非市场化利率,就会出现利率频繁被迫调整的现象,因此利率管制就会失效。

其次,从国内经济市场化的要求看,利率市场化也迫在眉睫。① 低利率使价格信号被扭曲,无法正确发挥引导资源合理配置的指示器的作用,造成资源的错误配置,降低了效率;特别是它给企业以错误的导向,鼓励资本密集型产业的发展,不利于劳动密集型产业的发展,这不利于像中国这样的发展中国家在选择产业发展顺序时扬长避短。② 低利率带来过旺的投资需求,使金融当局不得不过多地依赖信用配给手段和各种非价格手段,将信贷分配给关键的产业或优先发展的部门。由于这种方法排斥了市场机制的作用,主要依赖行政手段来实行,它的成功与否,就取决于决策者能否成功地选择主导产业和重点发展部门。而由于市场的复杂和瞬息万变,决策难免有失误。一旦失误,便会造成资金配置的劣化。另外,信贷"配给制"给"寻租"、"以贷谋私"等腐败现象的产生提供了肥沃的土壤,它使得借款人和金融机构的官员能够攫取很低的受管制的贷款利率和市场利率之差所产生的垄断收入。③ 低利率是对存款人的课税和对借款人的补贴,它抑制了居民金融储蓄和企业内部资金积累的动机,减少了银行的可贷资金,阻碍了资本的形成。

## 五、"入世"将推动金融创新

《金融服务贸易协议》第七条的规定:"成员方应允许在境内开业的其他服务方的金融服务者在境内提供任何新的金融服务。"我国在"入世"后,必然受此条款的约束。允许创新不仅是"入世"所必须承担的义务,同时也是中国金融业应对"入世"后外资银行挑战的必然选择,目前在国内大力发展金融创新业务,并且使金融机构和监管当局建立并掌握一套行之有效的、适合我国国情的金融衍生工具的运作及风险控制方法,对于稳定和发展我国金融市场,迎接外资金融机构的挑战具有重大意义。

## 六、融资模式的变化

"入世"后,为了改变传统体制下融资形式单一、企业风险集中在银行这种不合理的融资格局,资本市场直接融资将得到更大发展,融资结构中,直接融资比重进一步提高。

前面说过,"入世"的实质是加速中国经济的市场化和国际化进程。在现代市场经济中,市场是社会资源配置的基础,并且首先体现为货币资金的市场化配置。如果没有货币资金的市场化配置,其他经济资源的市场配置就无法实现。市场经济体制目标的确立从根本上决定了中国融资制度的创新。市场融资制度是与市场经济体制相适应的一种融资制度模式。这一模式的基本特点是资金配置以市场机制为导向,市场作为一种组织是资金供需双方之间交易契约的结合点。要构建市场型融资制度,最重要的是必须使微观融资主体成为一个真正的市场竞争主体;同时,要大力发展证券融资和商业信用融资。

中国目前的融资体制是一种由中央计划经济向市场经济转轨中的过渡型的以银行融资为主体的政府主导型的融资体制,政府干预性很强,企业主要依赖外源融资,尤其是银行贷款,内源融资比例很低。这形成了企业对银行的依附关系，同时，企业的经营风险集中在银行，一旦经济形势恶化，企业的经营风险就都转化为银行的信贷风险，使银行的不良资产迅速增加，可能引发银行危机。同时，在这种融资体系中，政府信贷调控往往"一刀切"，缺乏弹性，效益好的企业首先受到影响，对经济的震动力大，效益差的企业已经占用了贷款，而且往往无法还贷。伴随着中国市场化改革的深化和对外开放程度的扩大，融资结构的变化是一个必然的趋势。发展直接融资可以将企业的一部分风险转移给证券投资者承担，有利于分散金融风险。发展直接融资，还可以补充企业资本金，促进资本结构的合理化，实现产权结构的多元化，变革产权制度，有利于建立起有效的法人治理结构，约束企业行为，提高企业的资金使用和配置效率，更好地迎接"入世"的挑战。在未来一段时间内中国仍将实行以间接融资为主、直接融资为辅的融资制度。在这一融资体系中，以银行为主的间接融资仍将处于主体地位，以资本市场为基础的直接融资则会保持一种快速发展的态势。随着市场经济体制的完善和成熟，中国企业的融资模式将逐步过渡到未来的目标模式。未来的目标模式应是自行发展、平行定位的多元化融资模式，即证券融资与银行贷款并重、市场约束性强的融资模式。在这种新型的融资体系中，直接融资与间接融资的合理定位及相互关系大致是：以资本市场为基础的直接融资主要用于企业筹措资本金、满足其长期融资活动的需要；以银行为主的间接融资主要用于企业充分利用借入资金的财务杠杆作用，进行适度负债经营，在银行控制风险的能力提高、资产流动性增强的前提下，间接融资不仅会满足其中短期资金的需要，同时也会大量地服务于企业的中长期融资活动。直接融资与间接融资将在竞争中互有分工，互为补充，协调发展。至于哪一种融资模式在数量上占有较大的比重，则完全取决于市场机制作用的结果。

## 七、商业银行业务制度模式的变化

"入世"后，为了与外资金融机构有效竞争，国内金融机构同分业经营制度的冲突将会加深。混业经营国家的金融机构具有向客户提供全方位金融服务的优势，因此，在竞争中处于有利地位。而中国的分业经营同国内金融机构国际竞争力的提高存在一定的矛盾。这表现在两个方面：一是分业经营限制了金融新产品的开发和新业务的发展；二是分业经营限制了金融机构跨行业的并购，而金融创新和跨行业并购是提高金融机构国际竞争力的重要法宝。在金融开放度不断提高的情况下，且不说到国际市场上与发达国家的金融机构进行竞争，就是在本国国土上，由于外资金融机构能够用新型金融工具提供多方面的服务，而中国金融机构由于分业经营，竞争力明显处于劣势，因为新的金融产品都是银行、证券和保险业交叉融合的结果，这在分业经营情况下是很难做到的。如果中国不在这方面进行调整，就无法提高金融的国际竞争力。20 世纪 90 年代以来，国际金融业的并购风起云涌，跨行业兼并浪潮迭起，银行业为了扩大规模，占领市场，优势互补，实现协同效益，越来越多地涉足证券业和保险业。为了提高中国银行业的国际竞争力，不可避免地要扩大业务范围，走跨行业并购之路，但分业经营限制了跨行业并购。分业经营还容易引起服务贸易的摩擦，从而在一定程度上抵消了“入世”后别国金融市场对我国开放所带来的好处。这种情况在美国就出现过。美国之所以取消分业经营，一个重要原因是，《格拉斯-斯蒂格尔法》给美国和其他国家的服务贸易摩擦提供了口实。许多国家并不禁止美国进入它们的资本市场，然而，它们的银行在美国却被拒之于证券业务之外，这样就招致了许多服务贸易摩擦。中国“入世”后，如果仍坚持分业经营，这种摩擦恐怕也难以幸免。以银行为例，进入中国的外资银行大多在其母国是混业经营的。在这种背景下，中国将面临两难选择：如果不允许外资银行经营证券、保险和信托业务，那么，按照对等互惠原则，中国银行在它们的国家也不能从事这些业务，这就不能与其他国家的银行在该国平等竞争，中国银行业的国际竞争力势必被严重削弱；如果允许外资银行在华经营这些业务，那么对国内银行又是不公平的，就等于让外资银行享受“超国民待遇”，这也将影响国内银行的竞争力，因此我们必须创造条件向混业经营转变。

与西方国家银证业的发展历程相比，中国现在尚处于银证分业经营阶段。分业经营和分业管理是根据目前中国金融服务业的人员素质、知识技能状况以及法律法规、监管控制能力等具体条件确定的。应该说，这种制度规定，与中国相应的国情是基本相符的。但从金融业自身的运行规律，特别是从当前的经济金融自由化、全球化变革发展态势来看，全能型的商业银行已成为世界潮流，外资银行都属于这种类型。全能型的商业银行与分业经营型银行相比具有明显的优势，因此，从长远来看国内银行转向混业经营是大势所趋。无论是否“入世”，金融业的混业经营的大趋势都是不可避免的，只不过就中国而言，“入世”增加了金融业混业的确定性和紧迫性而已。

## 八、货币供应机制的变化

在全球化条件下货币供应量与汇率波动、外汇储备、物价水平等名义变量有如下关系式：

$$M_s = K \cdot (C + D + F + O) = K \cdot C + K \cdot D + K \cdot O + K \cdot F \quad (2\text{-}2)$$

其中，$K$ 为货币乘数，$C$ 表示央行对金融机构的再贷款；$D$ 表示对国家财政的透支和贷款以及一些财政性质的贷款；$F$ 表示央行国外净资产，即国家外汇储备；$O$ 表示央行以放款、证券投资等形式进行货币投放的项目；$K \cdot C + K \cdot D + K \cdot O$ 为国内货币供应量，$K \cdot F$ 为由外汇储备波动引致的货币供应量。

上述关系式揭示了经济全球化条件下主要宏观经济变量之间的依存关系，由此可得出重要结论：外向性经济变量已成为制约货币政策的重要因素，中国早在20世纪90年代开始，外汇占款已逐步取代再贷款成为基础货币投放的最重要渠道，这几年随着外汇储备的大幅增长，货币供应量更是节节上升，2006年底，官方外汇余额达10 663亿美元，外汇占款达85 304亿元人民币，2006年6月底，$M_2$ 层次的货币供应量达到322 756亿元（如表2-1所示）。由于外向性经济变量的波动在很大程度上与国际市场相联系，货币当局主动调节的余地是有限的，在决定货币供应的众多因素中，有很多因素是货币当局所无法左右的。

**表2-1　我国外汇储备增加与货币供应量变动情况**

| 年份 | 外汇储备余额（亿美元） | $M_1$（亿元） | $M_2$（亿元） | 外汇储备增加（亿美元） | $M_1$ 增加（亿元） | $M_2$ 增加（亿元） |
|---|---|---|---|---|---|---|
| 1990 | 110.93 | 6 950.7 | 15 293.4 | — | — | — |
| 1991 | 217.12 | 8 633.3 | 19 349.9 | 106.19 | 3 098.2 | 4 056.5 |
| 1992 | 194.43 | 11 731.5 | 25 402.2 | -22.69 | 4 548.9 | 6 052.3 |
| 1993 | 211.99 | 16 280.4 | 34 879.8 | 17.56 | 4 260.3 | 9 477.6 |
| 1994 | 516.20 | 20 540.7 | 46 923.5 | 304.21 | 3 446.4 | 12 043.7 |
| 1995 | 735.97 | 23 987.1 | 60 750.5 | 219.77 | 4 527.7 | 13 827.0 |
| 1996 | 1 050.29 | 28 514.8 | 76 094.9 | 314.32 | 6 311.5 | 15 344.4 |
| 1997 | 1 398.90 | 34 826.3 | 90 995.3 | 348.61 | 4 127.4 | 14 900.4 |
| 1998 | 1 449.60 | 38 953.7 | 104 498.5 | 50.70 | 6 883.6 | 13 503.2 |
| 1999 | 1 546.75 | 45 837.3 | 119 897.9 | 97.15 | 7 309.9 | 15 399.4 |
| 2000 | 1 655.74 | 53 147.2 | 134 610.4 | 108.99 | 6 724.4 | 14 712.5 |
| 2001 | 2 121.65 | 59 871.6 | 158 301.9 | 465.91 | 11 010.2 | 23 691.5 |
| 2002 | 2 864.07 | 70 881.8 | 185 007.0 | 742.42 | 13 236.8 | 26 705.1 |
| 2003 | 4 032.51 | 84 118.6 | 221 222.8 | 1 168.44 | 11 852.2 | 36 215.8 |
| 2004 | 6 099.32 | 95 970.8 | 253 207.7 | 2 066.81 | 11 307.8 | 31 984.9 |
| 2005 | 8 188.72 | 107 278.6 | 298 755.5 | 2 089.40 | 5 063.8 | 45 547.8 |
| 2006年6月 | 9 411.15 | 112 342.4 | 322 756.3 | 1 222.43 | — | — |

资料来源：根据中国人民银行网站1990年至2006年6月的数据整理，http://www.pbc.gov.cn/diaochatongji/tongjishuju/。

## 九、货币需求主体和行为的变化

### （一）货币需求主体的变化

经济和金融全球化也将推动我国人民币的国际化进程。现在人民币已经实现了经常账户下的可兑换，并且正朝着完全的自由兑换推进，这使得周边国家和地区的居民有必要持有一定量的人民币以便利与中国这一贸易大国的经贸往来，以及投资于这一前景可观的新兴市场，由此产生了国外居民对人民币的交易需求和投资需求。目前，人民币在我国香港、澳门特别行政区可以直接使用，有人估算，2003 年在香港特别行政区比较稳定的人民币存量就达 500 余亿元[①]；在越南、缅甸、柬埔寨等国人民币可以全境通用，柬埔寨政府公开鼓励国民大量使用人民币；在韩国、新加坡、泰国、马来西亚等国人民币在一定程度上被接受；在中俄边境、我国台湾地区人民币都可以作为贸易支付手段；在蒙古境内，流通现钞总量的 60% 为人民币；某些国家官方还正式承认并公开宣布人民币为自由兑换货币，并逐日公布人民币与本地货币的比价。由于中国经济实力的增强和政治地位的提高，中国货币政策以稳定币值为主要目标，人民币在亚洲金融风暴期间承受住了严峻考验，所以周边国家和地区对人民币的信心增强，可以预见，人民币国际化成为必然趋势，特别在东亚地区，人民币的影响正日益扩大，将来有望首先成为部分周边国家和地区的官方储备货币。

### （二）货币需求行为的变化

随着居民财富的增长，截至 2006 年 6 月底，人民币储蓄余额已达 16.02 万亿元，国内外币存款余额 1 610 亿美元，其中居民外汇储备存款余额为 657 亿美元[②]，估计今后仍将以较快速度增长。财富的增加刺激了保值、增值的需求，越来越多的机构和个人具备了充足的购汇实力，机构和个人对利率、汇率的变化已相当敏感。当人民币与外汇之间存在利差或人民币汇率存在较强的变动预期时，货币替代问题就会随之产生。随着直接融资比重的提高，利率、汇率形成机制的市场化，以及资本账户的逐步开放，人民币向国际化货币目标迈进，居民资产选择和替代行为将在更大的范围、以更大的规模进行，此举将使货币与其他资产的转换变得难

---

① 见巴曙松、黄少明："市场需求推动下的自发过程"，《国际贸易》，2003 年第 9 期。

② 信息来源：中国人民银行网站，http://www.pbc.gov.cn/diaochatongji/tongjishuju/gofile.asp? file = 2006S01.htm，http://www.pbc.gov.cn/diaochatongji/tongjishuju/gofile.asp? file = 2006S02.htm。

以捉摸，货币需求将变得更不稳定，从而将对宏观经济的稳定和金融风险产生非常大的影响。

### 十、国际收支平衡机制的变化

在经济全球化条件下，宏观经济平衡的等式（推导见下节）为：

$$IM - EX = (I - S) - (T - G) \tag{2-3}$$

也可以写成：

$$I = S + (IM - EX) + (T - G) \tag{2-4}$$

其中，$IM$ 为进口，$EX$ 为出口，$I$ 为投资，$S$ 为国内储蓄，$T$ 为政府税收，$G$ 为政府支出。

式(2-4)说明，经济全球化一方面为货币政策提供了更大的政策回旋余地，在内部经济不能均衡时，可以通过调节对外经济活动来实现宏观均衡；另一方面，货币政策在调节国内投资储蓄时，必须考虑到进出口和政府收支行为的影响。

## 第二节　运行环境变化对货币政策的影响

### 一、有利效应分析

#### （一）"入世"后关税税率降低，非关税壁垒大大减少，扩大了中国出口商品的海外市场，拉动了经济增长，增加了就业，减轻了货币政策的压力

"入世"以来，随着关税税率的降低，非关税壁垒大大减少，中国对外贸易以每年30%的速度高速增长，"入世"第一年对外贸易增长1 000亿美元，第二年增长2 000亿美元，之后的三年每年增长3 000亿美元。2006年中国对外贸易总量达17 604亿美元，稳居全球第三位，占全球贸易的比重由4%上升到7.5%，贸易顺差1 775亿美元。国内生产总值2001—2006年年均增长10%，2006年达26 333亿美元，跃居世界第四位。2006年中国城镇居民家庭人均可支配收入达11 759.5元，农村居民家庭人均纯收入达3 587元，分别比2001年增长71.4%和51.6%。根据世界银行公布的数据，"入世"以来，中国经济增长对世界经济增长的平均贡献率为13%，增长实绩令世人瞩目。2006年底"入世"过渡期结束，中国进入一个全面"入世"期，这一时期的标志是过渡期的保护措施失效，中国面临着一个更开放从而竞争也更激烈的历史时期，中国经济将全方位地融

入世界经济体系，这会使中国能更方便地在全球范围内配置资源，吸收或引进国际资本、国际技术和国际人才，也会使之更方便地开拓国际市场。

（二）资本账户的开放将有利于改善中国利用外资的政策环境，缓解外汇与资金两大缺口

2002—2006年，中国实际吸收外资保持在发展中国家的首位，累计超过2 900亿美元，年均593亿美元。2006年底，全国累计批准设立外商投资企业274 863个，投资总额17 076亿美元。人民币已于1996年底实现经常账户可兑换。外汇管制的放松有利于改善中国利用外资的政策环境，外汇与资金两大缺口得到较大缓解，为中国利用国际市场上的资金、原料和人力资源等各种要素来发展自己提供了良好的外部条件，也可以减轻货币政策承担的促进经济增长的压力。

（三）汇率和利率的浮动提高了货币政策的有效性，提供了新的选择空间

1. 提高扩张性的货币、财政政策的效果

根据蒙代尔-弗莱明模型，在遇到通货紧缩需要采取扩张性的经济政策时，同样的扩张性的财政与货币政策，它们的效果在浮动汇率制度下比在固定汇率制度下大得多。这是因为，在存在大量闲置资源的情况下，扩张性的财政或货币政策再加上贬值的汇率政策，可以同时达到把资本留在国内、把商品出口到国外的双重扩张效果。另外，入世后中国将逐步降低关税，关税在调节和实现经常账户平衡中的作用将降低，使用汇率来平衡经常账户收支将比关税易于实行。

2. 为货币政策提供新的回旋余地

资本账户开放后，根据蒙代尔三角，中国将采取浮动汇率制，汇率和利率的市场化可以为货币政策提供新的选择。大家知道，在宏观经济学里，国民收入账户与国际收支账户的决定原理如下：

（1）国民收入账户

在三市场（要素、产品和金融市场）、四部门（企业、家庭、政府和国外部门）的经济中，有如下公式：

$$(S-I)=(G-T)+(EX-IM) \tag{2-5}$$

或

$$S=I+(G-T)+CA \tag{2-6}$$

其中，$S$为储蓄，$I$为投资，$G$为政府支出，$T$为税收收入，$EX$为出口，$IM$为进口，$S-I$为国内储蓄余额，$G-T$为政府预算赤字，而$CA$为经常账户盈余。也就是说，国内储蓄可以分解为国内投资、政府赤字以及经常账

户顺差。换句话说,在中国这样具有高储蓄率的国家,如果国内投资和政府赤字不能吸收所有的国内储蓄,那么就必然要为这些盈余资金找到另一条出路,即资本外流。

在国民收入账户的推导中,出现了 $CA$,即经常账户余额,由此,再来看看有关国际收支账户的几个重要的恒等式。

(2) 国际收支账户

从总体上看,一国总的国际收支平衡应包括经常账户和资本账户的平衡,经常账户包括商品和服务贸易的余额加上资本交易所支付的净利息和股息,而资本账户则反映了新发生的国际借贷及股权投资变动。用符号表示就是:

$$BP = CA + KA \tag{2-7}$$

其中,$BP$ 为国际收支平衡余额,$CA$ 为经常账户余额,$KA$ 为资本账户余额。

在固定汇率制下,通常还会出现国际收支总体上的盈余或赤字,并且反映在该国中央银行所持有的外汇储备水平的变化上。这常被称做官方融资或外汇干预,用 $OF$ 来表示。当出现国际收支盈余时,外汇储备就会增加,如果出现赤字,外汇储备就会减少,即:

$$OF = BP = CA + KA \tag{2-8}$$

然而,在一个完全自由浮动的汇率制度下,我们假设中央银行袖手旁观,不对外汇市场进行干预,那就不会出现国际收支的总体盈余或赤字,从而官方持有的外汇储备也就不会发生变化,即:

$$OF = BP = 0 \tag{2-9}$$

联立方程(2-8)和(2-9)就可以得到:

$$CA = -KA \tag{2-10}$$

换句话说,浮动汇率制度下的所谓国际收支平衡即外部平衡就是指经常账户与资本账户呈反方向变化,国际收支平衡账户的总余额为零。

联立方程(2-6)、(2-8),就可以得到以下结果:

$$S - [I + (G - T)] = OF - KA = CA \tag{2-11}$$

或

$$KA + \{S - [I + (G - T)]\} = OF \tag{2-12}$$

由公式(2-12)可见,在我国目前经常账户和资本账户“双顺差”的形势下,外资流入和国内储蓄大于国内吸收的盈余资金全部转化为官方储备的迅速增长,国际收支严重失衡,持续积累的外汇储备,除了巨大的效率损失之外,还会埋下高通货膨胀的隐患。对此可以有几种调整方法。

第一，让人民币汇率大幅度升值，使其足以抵消中国“廉价”商品的国际竞争力，但这样做不仅不可能消除经常账户顺差，还会引发通货紧缩螺旋，并有可能陷入“流动性陷阱”。第二，通过赤字财政以及刺激消费和投资等政策来弥合国内储蓄盈余和国内吸收之间的巨大缺口。但这种方法不能用来作为持续扩大内需的有效手段。第三，用积极扩大投资的办法来扩大内需，但难度会变得越来越大。第四，通过放松资本管制、鼓励资本输出来解决国际收支失衡乃至经济失衡问题。显然，第一、四种办法是在开放经济下所特有的新方法。

（四）直接融资的发展和资本账户的开放将打破货币市场与资本市场、本币市场与外币市场的分割状态，增加货币政策的传导渠道和基础货币的投放途径，增强诸如公开市场业务等政策工具的作用

直接融资的发展以及银行向混业经营型转变，银行信贷资金将进入股市，这将从根本上改变货币市场与资本市场相分割的状况，使货币政策能通过调节短期利率来影响中长期利率和投资。而资本账户的逐步开放，最终将使中国的国内金融市场与国际市场对接，形成一体化的市场。这样，不仅原来在分割市场条件下所不存在的诸如托宾 q、财富效应、汇率等货币政策传导渠道将应运而生，更重要的是央行能够通过外汇市场操作来改变货币供应量和利率、汇率。国内金融市场的统一和国内外金融市场的贯通，使外汇占款成为基础货币投放的最重要途径，并且使货币政策的信号能迅速传递到各地。金融市场的深化和广化，使以金融市场为依托的公开市场业务的作用大大增强，从发达国家的经验看，公开市场业务有逐步取代法定准备金和再贴现政策的趋势。

（五）外资银行的进入有利于中国金融机构的改革和重组，有利于金融效率的提高

“入世”后外资银行的进入，将通过竞争产生的“鲇鱼效应”和“示范效应”，大大活跃国内的金融创新活动，使新的金融资产不断涌现，这将使金融市场得到进一步的深化，为货币调控提供作用的依托和工具，提高货币政策的有效性。

（六）资本市场的发展、利率和汇率的市场化为货币政策增加了新的传导途径

迄今为止，我国商业银行主导着国家金融体系，资本市场对经济的影响比较有限。今后随着资本市场发展日趋强劲，资本市场对经济的作用将变得突出，托宾 q、财富效应、利率、汇率等将成为货币政策的重要传导渠道，货币政策的传导机制也将因此发生重大改变。首先，货币政策传导

渠道的相对重要性将出现新变化。由于金融市场自由化继续发展，许多优质企业将直接进入资本市场融资，企业对银行贷款的依赖性日益下降，银行信贷在整个融资结构中比例下降，融资格局的这种变化必然反映在货币政策各条传导渠道的相对重要性的变化上，贷款相对规模的下降表明信贷作为货币政策的传导渠道对经济的影响将不像过去那样具有决定性的作用，而资本市场渠道的作用将得到提升，这样，当信贷渠道遇到诸如商业银行“惜贷”、“慎贷”等传导障碍后，央行便可以启动利率、汇率等其他传导途径。其次，货币政策传导的主体增加。在资本市场不发达的发展阶段，商业银行和企业是货币政策的传导主体，资本市场的深化和广化，使越来越多的居民参与到资本市场上来，成为资本市场上的重要主体，货币政策的变化改变了居民的金融财富存量，影响到居民的消费需求；资本市场的发展还将催生更多的机构投资者和吸引越来越多的外资金融机构和外国投资者介入国内金融市场。传导主体的增加，增强了货币政策的宏观调控效果。最后，开放经济的发展打通和扩大了本外币的沟通渠道，增加了本外币政策的互动途径，改变了原来封闭经济条件下的货币政策的作用方式、作用渠道和作用效果，国内外经济周期的变化、国内外投资者对本国经济和金融市场的信心和预期、国内外利率差、资本的国际流动都成为影响货币政策效果的重要因素，这使得中国的货币政策将对其他国家产生外溢效应，增强了中国在国际金融事务中的影响力。

（七）“入世”推动了中国银行业的改革，同时也推动了货币政策传导机制微观基础的健全和完善

多年来中国金融宏观调控一直无法彻底摆脱“一放就乱，一收就死”的问题，这一事实告诉我们，货币政策要收到预期的效果，离不开一个完善的微观金融基础。因为货币政策属于间接调控，央行是通过改变利率、再贴现的票据担保条件等手段，向金融机构和企业发出政策信号，影响金融机构和企业的利益，银行和企业再据此调整自己的支出和资产负债结构，最后影响总需求、产出、价格等最终目标。因此，货币政策调控要求银行的经营具有较强的自我约束和对赢利、风险的强烈感受力。如果银行和企业不是真正的市场主体，它或者不会按照央行的政策意图调整自己的资产总量和结构，或者对央行发出的信号反应不灵敏，那么，无论央行如何操纵宏观调控杠杆，其收效都难以如愿。这一点可以从1997—2003年我国通货紧缩时期货币政策传导渠道出现梗阻的深层原因得到证明。1997年后，我国采取了多项措施，但宏观经济增长速度却仍以每年1个百分点的速度下降，政策效用出现递减。1997—2000年，央行先后7次

下调利率，特别是1998年一年下调3次，1999年一次下调幅度达40%以上，基础货币的供应以每年14%以上的速度递增，尽管政策要求是扩张的，但实际运行却是紧缩的。商业银行在央行的超额准备金存款大幅增加，到2001年初，四大银行的存差达到1.3万亿元。从货币政策传导机制的两个层次来看，出现了“上游通畅，下游堵塞”的现象。其成因虽然比较复杂，但从微观金融基础层面来看，与四大国有商业银行的市场垄断格局及其利润约束行为的缺乏有重要关系。中国银行业的市场结构是一种垄断型的市场格局，四大国有商业银行拥有银行业资产的80%，彼此之间不但缺乏足够的商业竞争，且在一些事情上易达成默契和一致行动，从而也就没有真正建立起以利润最大化为目标的治理结构和激励机制。银行的风险是天生的，因为其是以8%的自有资本支撑100%的资产，如果没有追逐利润最大化的动机，银行就不愿意承担必要的风险，在经济较为萧条的时期积极开拓贷款市场；相反，却出现“惜贷”和“慎贷”现象，这使得央行增加的基础货币到了商业银行这一环节就沉淀下来，扩张性的货币政策没有达到预期的目标。又如，利率传导机制发挥作用的前提是银行和企业必须是真正的市场主体，投资和消费对利率变化反应灵敏，只有在企业经营机制得到完善和风险意识得到增强后，央行提高利率才能起到促进企业节约资金使用、加快资金周转的作用，货币宏观调控的顺利运转才能落到实处。

“入世”为中国微观金融主体的完善注入了活力。与外资银行业相比，中国银行业在经营理念与经营机制、业务创新能力、风险控制能力、国际市场经验、资金实力、资产质量、人才等方面都有很大的差距，金融业是“入世”后面临冲击最大的一个行业，形势之严峻是不争的事实。面对着外资银行的强大竞争压力，中国银行业要想顺利应对“入世”挑战，就必须建立起现代企业治理结构，转变经营机制，提高经营效益。这些改革将使微观金融基础得以完善，而微观金融主体既是货币政策传导的受体，又是将央行政策信号传导到企业和居民的中介，只有一个完善的微观金融主体才会对央行的货币政策信号作出灵敏的反应，才会按照央行的货币政策意图调整自己的资产负债总量和结构，使货币政策传导机制保持畅通，央行的货币政策目标才能得以实现。从这个角度说，“入世”推动了中国货币政策传导机制的健全和完善。

（八）经济的市场化程度极大提高，货币政策的调控工具基本实现市场化

由于市场化的政策工具的作用温和、易于为企业和居民所接受，市场

化程度的提高为提高货币政策效应提供了必要的基础；同时，也增强了政府主动运用货币政策的意识。

（九）人民币国际化的好处

从本质上说，人民币国际化是一种货币替代（从更广义的角度看是资产替代）现象，它不仅会影响到我国的货币需求，还会对我国的财政收入、人民币汇率和国际收支、货币政策的外溢效应、资产价格等方面产生有利的影响，可以说，人民币国际化不仅是我国经济发展的客观需要，而且也是我国应对金融全球化的重要战略选择。首先，人民币国际化能使我国获得铸币税收入，据姜波克的估计，1995—2013 年人民币输出总额可达 3 377 亿元人民币[①]，这是一笔我国可以无偿使用的外国资源。其次，随着人民币国际化进程的推进，我国在测算货币需求时，不仅要考虑国内居民的货币需求，还必须考虑周边国家居民对人民币的需求，这就扩大了我国货币容纳量空间，在我国面临通货膨胀压力时，客观上可以使我国一部分过多的货币得到分流；当人民币遇到国际游资冲击，汇率出现波动时，周边国家对人民币的需求有助于缓解冲击的压力，恢复人民币汇率的稳定。再次，人民币作为一种国际信贷使用的货币，意味着货币的发行国可以通过货币发行来创造国际信贷的资金来源，从而大大提高了国际信贷能力和赢利水平以及国际影响力；此外，从长期来看，当我国要素禀赋结构升级、资本出现过剩而又因缺乏技术支持而无法引导落后产业向海外转移时，人民币国际化可以引导货币资本向海外流动，以消化国内过剩的资本，使经济从动态无效转向动态有效，并减少国内资产价格上涨的压力和经济泡沫。倘若我国金融资本不断积累却不具备向境外输出的能力，便可能陷入日本 20 世纪 90 年代的困境：日本金融体系虽然拥有越来越多的金融资本盈余，但其实物经济基础却相对虚弱，无力引导这些金融资本盈余向外输出的日本，只能长期处于泡沫经济的阴影之下。另外，人民币国际化还有助于达到我国改革国际金融体系的目标。当前国际金融体系许多弊端的根源在于国家货币充当了储备货币角色，储备货币多元化是消除这些弊端、改革国际货币体系的出路之一，人民币持续国际化并成为区域性储备货币，就是储备货币多元化的一个组成部分。

（十）金融创新对货币政策的积极效应

当前金融创新对货币政策的积极影响，主要通过以下三个方面体现出来：

---

① 参见姜波克：《人民币自由兑换和资本管制》，上海：复旦大学出版社 1999 年版，第 302 页。

(1) 促进了国内和国际金融市场一体化,提高了金融市场的流动性和金融市场间信息传递、价格发现的能力,使金融市场上的微观主体能够对货币政策信息作出灵敏、迅速的反应,也使货币政策的变动能迅速地传递到各个地区。金融创新中涌现出来的大量新型金融工具,提高了金融市场的深度和广度,使央行市场化的货币政策工具有了作用的依托。

(2) 金融作用力大大增强。金融作用力指金融对整体经济运作和经济发展的作用力,一般通过对总体经济活动和经济总量的影响程度表现出来,金融发展程度越高,其作用力就越大。当代金融创新从总体上提高了金融作用力。首先,金融创新大幅度提高了发展中国家的经济货币化程度,这是货币政策影响经济的前提,试想如果一国经济的货币化程度很低,还停留在物物交换阶段,那么大部分经济必然游离在货币政策的作用范围之外,货币政策将难以对经济产生重大影响。其次,金融创新通过创造新型金融工具、融资技术和支付方式,增加了许多新的金融资产,扩大了可利用的金融资源,提高了金融资源的配置效率,降低了交易成本,扩大和加快了资本积累规模和速度,在一定程度上有利于缓解经济发展中的资本短缺的瓶颈,减轻货币当局面临的各方要求实行扩张性货币政策的压力。

(3) 投资者可以利用金融衍生工具来转移风险,使自身的风险得以规避;同时,衍生工具在风险管理操作中具有杠杆效应,可以使投资者以很小的资金占用代价来实现保值目的,大大降低了风险管理成本。可见,衍生工具如果运用得当,就会有利于金融体系的稳定。

## 二、负面效应分析

前面我们列举了"入世"给货币政策带来的种种好处,对这些好处以及相关的统计数据,我们可以而且应该予以充分肯定。但也应当看到,在经济全球化的大背景下,经济开放度的提高伴随着微观效率改善和对宏观政策有利影响的同时,更多的却是宏观经济政策的困境。"入世"后,货币政策面临着国际贸易的自由化和资本流动的国际化这两大框架性约束,这给货币当局提出许多前所未有的新问题,主要有:

### (一) 外贸依存度提高的风险

#### 1. 使中国经济易受国际市场波动的影响

"入世"以来,中国外贸依存度不断攀升,2002 年为 51%,2004 年已超过 70%,2005 年中国的贸易与 GDP 的比率已超过 75%[①],2006 年经过

---

① 参见余永定:"全球经济不平衡,中国汇率政策和双顺差",《国际金融研究》,2006 年第 1 期。

调整虽有所降低,但仍达66.9%,高于美国、日本等外向型经济国家。虽然在考虑人民币汇率低估、经济二元结构和第三产业价格相对低廉等各种导致名义外贸依存度偏高的因素后,中国真实的外贸依存度没有这么高,但世界经验表明,大国经济发展的主要需求动力应来自内部,内需应在需求结构中占到70%左右,以保证本国经济发展的稳定性和可持续性。对比这一数据,中国经济外向度显然是偏高的,且从外贸依存度的结构来看,2005年中国对美国、中国香港特别行政区、日本和欧洲的出口占出口总额的70.5%,且增长的态势不减,这说明中国对这些国家(地区)的市场有较强的依赖关系,且在今后相当长的时间内仍将维持这一基本格局。中国经济增长的需求在外,资金在外,原材料在外,技术在外,实际上已形成大进大出、外贸驱动的增长模式,其特点是重外需轻内需,内外经济驱动力失衡,内需动力不足。在此种情况下发达国家特别是美国的经济状况对我国经济的影响日益增大,国际经济波动极易传导到国内,且中国贸易对象集中在几个发达国家和地区这一事实,使中国经济很容易受到外部冲击,美国等几个主要经济体的不确定性有可能给中国经济带来深刻的负面影响。如何对这些影响兴利除弊,成为货币当局面临的新课题。近年来美国面临经济结构失衡,表现为主要依靠借债消费来维持经济强劲增长,政府和居民的借债消费的结果是财政和贸易出现"双赤字",现已到了必须调整的时候了。一种调整主张认为,要想解决美国储蓄和投资的缺口,美元必须大幅度贬值,人民币和亚洲其他货币必须大幅度升值。这种调整方案必然会引起国际市场的需求、利率、汇率、资金流向和流量的变动,从而对中国国内的投资、生产、融资和出口产生巨大的影响。在美元走软的同时,美国为了防止资本流向发生过大波动以及出现通货膨胀,将使利率走高。美国利率的走高对中国既是一个好消息,也会产生负面影响。因为它将带动中国的利率也向上调整,这虽然有利于中国经济结构的调整和抑制投资过热,但也可能进一步加剧目前已存在的高储蓄倾向和刺激人民币升值预期;另外,美元的走弱将使中国的出口下降、油价继续高企和大宗商品价格上扬,国内通货膨胀压力加大。可以预见,随着中国更深地融入国际经济体系,国内市场与国际市场的并轨加快,一体化程度加深,国际市场的风云变幻对国内市场的影响将越来越大,影响国内经济稳定运行的外生变量会越来越多,发达国家的经济调整必将对中国经济增长的外部环境产生不利影响,这是我们不得不正视的一个问题。

2. 外贸依存度过高使中国易受国际贸易保护主义的伤害

当前,国际贸易保护主义蔓延,国际贸易摩擦增加,强度增大。作为世界最大贸易国的美国,随着众多制造行业竞争力的降低,国内的保护主义、排外思想和孤立主义盛行,欧盟区域内"经济爱国主义"兴起。与此同时,世贸组织体制下多边贸易谈判越发艰难。自1995年世贸组织成立以来,国外针对或涉及中国产品的反倾销、反补贴等调查案件高达700多起。全球每7起反倾销案件中就有1起涉及中国,中国连续10年成为遭遇反倾销调查最多的国家,每年约有400亿—500亿美元的出口商品受到影响。而且还有迹象显示,针对中国的反补贴(影响更甚于反倾销)也在增加。随着中国对外贸易的迅速增长,针对中国的贸易与市场保护已经由发达国家蔓延至与"中国制造"相竞争的发展中国家。数据显示,发展中国家对华反倾销调查已占涉及中国此类调查总数的60%。更严峻的是,贸易摩擦已不仅仅停留在反倾销、反补贴等传统形式上,而是直指政策与体制层面,使我国的应对工作难度加大。近年来关于人民币要不要升值和汇率制度问题,美、日、欧不断向中国施压,其实质是涉及政策和体制的摩擦。历史上美国曾利用施压日元升值、限制日元国际化,遏制快速崛起的日本;破坏与钳制欧元,应对欧洲一体化的冲击。如今,用经贸"敲打中国"正成为美国遏制中国的重要手段。美国不断以贸易逆差与"操纵汇率"等为借口,制造一轮又一轮的摩擦,力压中国超越"入世"承诺,加大金融业开放,力图使中国落入类似"广场协议"的陷阱。

3. 外贸依存度过高使中国的内需增长受到抑制

由于出口和整个外贸的"财富效应"和相应的政策导向促使资源更多地流向外向部门,助长投资率居高不下。投资率过高,居民消费率必然只能停留于低位,居民消费对经济增长的贡献势必因此而受到限制。

(二) 经济发展对外部资源的依赖性提高

随着中国经济对外依存度的提高和当今国际资源争夺的白热化,中国的重要资源特别是能源和重要原材料等战略资源过于依赖进口,国家经济和政治安全越来越系之于能否长期以稳定的价格获得能源等重要资源,如果全球原料供给格局发生变化,国际原材料与中间产品价格上涨,就会影响国内相关商品价格的起伏,因此导致输入性通货膨胀,从而拖累中国的经济增长、社会就业与国际收支平衡。2004年中国原油消费量已达到2.9亿吨,其中39.7%依靠进口。根据国家发改委能源所的预测,到2020年中国的原油对外依存度将在60%以上,而国外的预测都在70%以上①,可见中国未来石油供应安全的形势是相当严峻的。油价的攀升直接关系到中国的经济与政治安全,这是因为,石油作为一种具有特殊意义的战略性资源,美国一贯将其作为掣肘其他国家的重要武器。现在中国刚刚走出去,外部反应就已经这么强烈了,种种的"中国威胁论",包括说中国把世界油价买高了等论调都已经不绝于耳,将来的形势更不难想象。同时,国际石油问题从某种意义上说也是一个国际金融问题。国际油价的不断攀升,不仅严重打击了投资者的信心,在2005年中,每一轮的油价上涨几乎都伴随着全球股市的重大下挫,美元汇率下跌,部分亚洲国家的货币也遭受打压,在主要发达国家引起通货膨胀压力,致使美国和欧洲央行加息,增加了全球经济运行的不确定性,成为影响中国经济金融稳定运行的重大隐患。国际油价的持续上升还加大了部分产品的价格上涨压力,使得企业的利润空间缩小,竞争力削弱,消费者负担加重。特别要指出的是,油价上涨对中国的影响要大于发达国家,因为近几十年来,西方发达国家已完成了由工业主导向服务业主导的转变,经济对能源的消耗已有较大的降低;而中国目前正处于工业化中期阶段,高耗能产业占产业结构的比重过大,消费结构又处于升级换代阶段,城市化正在加速,中国现已成为世界第二大石油消费国,所以高油价给中国带来的冲击是巨大的。面对高油价的挑战,如何建立有效应对能源风险的金融机制?比如,能否利用原油储备形式来持有一部分外汇?如何利用石油期货来回避油价波动风险?如何防止石油危机引起的货币危机和通货膨胀?这些课题都应及早列入政府的议事日程。

必须强调指出的是,外贸依存度过高并不是"入世"的必然结果,造成这一问题的根本原因在于中国目前粗放式的经济增长模式尚未完全转变和收入分配格局不合理,收入分配差距扩大。由于粗放型增长模式主要靠要素投入来保持增长的高速度,一旦要素的边际报酬出现递减,经济增长便难以为继;收入分配差距的拉大,"有钱的人不想消费,想消费的人却没有钱",使消费的增长不尽如人意,这些均使经济增长要更多地依赖外需的拉动。粗放式的经济增长模式还使企业的技术进步步伐缓慢,产业结构的层次和出口产品的技术含量都比较低,附加值少,出口产品的国际竞争力主要建立在廉价劳动力的基础上,许多产品的出口只能赚一点微薄的加工费;国内居民收入增长缓慢,内需难以启动,这使得对外贸的依存度更高,要扩大国际市场份额,只能靠进一步压低劳动力价格,这就

---

① 参见周凤起:"中国经济发展中的能源资源和环境制约",《国际金融研究》,2006年第1期。

形成一种恶性循环。另外,中国是一个人均资源少的国家,这就造成能源和很多工业资源严重依赖国际市场。

（三）资本账户开放使货币政策的独立性受到很大冲击,使金融危机发生的几率提高

随着金融全球化的发展,国际金融市场中的流动性得到极度的扩张。“入世”后外汇管制的放松将进一步消除资本自由流动的障碍,由此产生的一个直接后果就是本国的金融市场同巨大而又活跃的国际金融市场融为一体,国际流动资产规模的巨幅增加对资本账户开放国家的货币当局乃至整个金融体制都构成了一项严峻的挑战。由于国际游资的逐利性和流动性,当这些资金进出国境的成本变小、受到的约束变少以后,国际游资突然性地、大量地进出的可能性将会增加。大规模的资本无序流动会冲击国内金融市场,至少可能从以下六个方面对经济的稳定增长造成不利影响。

1. 对货币政策效能的独立性和有效性形成很大冲击

资本账户开放使内向性经济变量(如利率、货币供应量等)同外向性经济变量(如汇率、外汇储备)的联系趋于紧密,主要发达国家的经济周期和货币政策的外溢效应可以通过国际贸易和投资的渠道传导到本国,一国货币政策的效应已大为减弱,外在约束增强,本外币政策协调的难度加大,内外均衡目标可能发生冲突,克鲁格曼所指出的“三元悖论”显现:用利率政策调节国内需求会因为资本流动而无效,维护汇率稳定可能使国内出现通货膨胀或通货紧缩。

金融全球化条件下各个经济体之间的经济政策彼此之间产生外溢效应,这种事例并不鲜见。前些年,美国为防止经济过热曾多次加息,当时很多人都预言这将使美国的泡沫破灭,但结果却并非如此。这与金融全球化有关。尽管美国货币量增长率在减缩,但由于日本处于零利率水平,而美国利率水平在4%左右,引诱了很多对冲基金为追逐利差到日本去借钱然后再借给美国人,这样只要汇率不变动,对冲基金就可以赚将近4%,结果美国的紧缩货币政策被利差带来的国际热钱流入产生的扩张效果抵消了,美国的货币政策对其资产价格的影响反而并不大。近两年来我国房地产市场出现的严重泡沫现象,与美国20世纪90年代以来长期实行的宽松的货币政策不无关系。其传导机制如下:美国为防止泡沫破灭而长期推行宽松的货币政策,造成美国国内流动性过剩→国际财富效应,美国国内对进口品的需求大大增加→拉动了中国对美国出口增长→中国贸易账户顺差增大,外汇储备大幅度增长→在强制性的结售汇制度

和钉住美元的汇率制度下,货币供应量大幅增长→中国流动性过多,加之内需不足、低利率等其他因素→过多的流动性涌向房地产等资产→造成房地产价格的上涨;这不仅意味着美国过多的货币通过贸易途径转移到中国,还意味着美国将国内经济泡沫破灭的金融风险也转移到中国。从这个意义上说,目前世界性的房地产价格上涨,是一种"输入型"的资产价格膨胀,其重要根源之一正是美联储从20世纪90年代以来为避免美国股市泡沫破灭造成经济衰退而推行的长期宽松的货币政策。同时,在钉住美元的汇率制度下,中国外汇储备的增长刺激了人民币升值预期的形成,国际热钱大举涌入,又反过来增加了外汇储备和货币供应量,进一步加大了泡沫的程度。由上可见,随着中国经济外向度和对国际市场依赖性的提高,世界主要经济体的货币政策对中国经济的外溢效应大大增强,如何协调人民币的利率和汇率,平衡好国内外两个金融市场的波动,保持国内货币政策不受干扰便成为一大难题。

2. 资本账户开放促进了投机,加快了经济泡沫的形成,增加了金融体系的不稳定性,并可能引发金融危机

近几年美国财政、贸易"双赤字"超过警戒线并继续扩大,引发全球经济失衡,加剧了国际金融市场动荡,美元等主要货币汇率、黄金与期货石油等重要金融商品价格大幅震荡,金融风险持续积聚,而国际至今远没有形成相应的防范协调机制与驾驭能力。国际金融风险会通过国际贸易、资本流动等途径向中国国内市场传递,对中国相关产业产生冲击。如果我们对金融领域的开放步伐把握不当,势必会暴露中国金融业的"软肋",加剧中国金融的脆弱性,给虎视眈眈的国际游资提供可乘之机。

鉴于经济泡沫化和金融体系脆弱性增加同为经济开放对金融冲击的主要表现形式,而经济泡沫化又与资本账户开放、融资模式转变等多种因素相关,故将"入世"后经济泡沫化问题单独作为一点放在下面进行讨论。

3. 经常账户的开放使经常账户下非法的资本跨境流动增加,资本账户管制的成本增加

中国的资本账户选择的是一条渐进式的道路,在资本账户开放以前先于1996年实现经常账户下人民币可兑换,与此同时,资本账户仍被严格管制,这导致一些资本为逃避管制而通过对外贸易的方式和渠道,尤其是跨国公司通过内部转移价格、交易时间提前错后等办法,进行资本外逃,或将外资渗透到国内从事套利套汇活动,逃避资本管制,这种活动投

机性强，流动性大，容易形成金融冲击或危机。

另外，根据发展中国家的经验，在经济发展过程中放松资本管制，多半会导致资金逃避，这种现象在通货膨胀攀升或经济不稳定时尤甚。资金逃避将严重削弱一国的积累基础，从而阻碍经济的发展。资金逃避还会削弱政府的税基，减少政府的财政收入。资金逃避在货币未能自由兑换时也会发生，但大规模的资金逃避只能发生在货币自由兑换后，在经常账户开放后，通过对外贸易渠道，逃避资本管制的现象明显增多。

4. 外汇储备急剧增加，基础货币投放增大，人民币升值压力增大，潜在金融风险增多

由于中国的投资机会较多，资本回报率较高，因此实现经常账户人民币可兑换后，外资流入增加，资本账户连年顺差，外汇储备急剧增加，2006年6月，国家外汇储备已达9 411亿美元。在目前情况下，中央银行只能在现汇市场上购入多余的外汇，投放一定数量的人民币，以维持人民币的稳定。按2006年9月人民币兑换美元的市场价格1美元兑换8元人民币计算，为收购这10 663亿美元所投放的基础货币高达85 304亿元人民币，假设货币乘数为3倍，由此形成的货币供应量达255 912亿元。由于人民币尚不是国际货币，多投入的人民币不可能成为资本输出，只能滞留在国内。中央银行为此不得不采取对冲操作措施，以减轻通货膨胀压力。但是，由于利率仍未市场化，中央银行进行对冲操作的余地正在缩小，这势必增加人民币升值的压力，增加政策目标的多样性和组合选择的困难。中央银行既想使汇率有一定的弹性，以调整国际收支均衡，又不想使汇率波动超过经济的承受能力，从而影响宏观经济的稳定。但是，外汇管制的放松使中央银行调控汇率的能力大为减弱，再加上国际市场上流行的浮动汇率制，使中央银行经常处于政策选择的两难境地。

5. 货币替代问题

在开放经济条件下，一国之内通常存在着多种可兑换货币的流通。外国货币作为国内保值储藏手段或交易媒介而逐步替代了本国货币，这种现象称为“货币替代”。货币替代使货币政策的目标难以确定，使货币政策的操作变得复杂化。外币的流入和流出除影响汇率外，还可能扰乱国内金融的传统供需机制，使汇率的决定变得更加复杂。货币替代还会约束政府融通财政赤字的能力，因为本国货币和外国货币的投机性转换会削弱国内购买政府国库券的能力和愿望。随着资本账户的进一步放开，本外币资产的替代程度提高，央行冲销性干预的成本也在增大。

总之,"入世"后资本账户开放是中国迟早要面对的问题,在资本账户逐步开放过程中,三元悖论条件下汇率制度应该如何选择?有管理的浮动汇率制度下人民币最适汇率水平如何确定与实现?如何选择货币政策与财政政策的搭配模式?如何改革现行的国际货币体系以控制国际游资的膨胀?如何运用托宾税之类的市场化的间接调控工具对国际资本流动进行有效监管?这一系列问题都将出现在中国政府面前。

6. 实际汇率升值对实际经济部门和国际收支的不利影响,即汇率出现泡沫

新兴市场经济国家由于经济高速增长,投资机会较多,往往吸引了大量外资的流入,使汇率对购买力平价出现偏离,本币被高估,即出现汇率泡沫。本币高估削弱了这些国家的出口竞争力,造成经常项目顺差减少或逆差扩大,而这些国家僵化的汇率制度又使汇率中的泡沫不能及时挤出,当国内外投资者普遍看空本国市场或货币时,国际投机资本可能发起对汇率的攻击,政府为了维护汇率,动用外汇储备进行干预,一旦外汇储备消耗殆尽,政府对外部冲击便无能为力,只能任本币大幅贬值。

(四)资本账户开放、利率市场化、金融创新和银行混业经营都会从不同角度使虚拟资本运动越来越脱离实体经济运行,加快经济泡沫的形成,从而加剧金融体系的脆弱性和经济的不稳定

"入世"将大大加快中国经济的国际化进程,而这一进程将从多个方面促进泡沫的形成。

(1) 资本账户管制的放松,降低了资本流动的交易成本,实现了资金的跨境流动,使资金从一个市场转移到另一个市场变得非常容易,在这种情况下,外资的大量流入,为开放中的国家和地区形成泡沫打开了方便之门。资本流动的自由化是经济泡沫产生与膨胀的一个重要因素。对于那些实行金融自由化的发展中国家而言,在资本账户刚刚开放或者正在开放的过程中,由于国内资本要素稀缺决定了国内的资本回报率要高于国外的水平,因此,一般都会面临大量的国外资金流入本国,国内的信贷规模迅速扩张,这时,如果央行不能及时改变以往的监管模式并实行稳定国内信贷规模的货币政策,就往往会导致资本市场出现泡沫,更有甚者会因此而导致金融危机的爆发。意大利银行研究局对跨国界流动性的一项研究揭示了其中隐藏的危险。从发达国家的情况来看,1980—1994 年,六个发达国家(美国、英国、法国、德国、日本和意大利)的总金融资产和 GDP 之比上升了一倍。这些资产具有很强的流动性,因而可以迅速变现并对物价产生巨大的压力,这种传导渠道和传统的货币供应量同物价之

间的关系完全不同。此外,跨国界的银行间存款也在迅速增长,这同样产生了标准货币经济学理论所忽略的潜在风险。因为跨国界的银行之间存款同本国居民存款不同,它不仅在规模上同有关国家的国内流动性相比要大得多,而且,它极易刺激投机性泡沫的发生并在将国外的金融动荡传递到国内的过程中扮演了非常重要的角色。考察20世纪80年代以来发展中国家的泡沫经济与金融危机,一个共同的特征是各国在经济发展都经历过这样一条途径:经济高速发展→金融自由化→大量外资进入→本币升值→出口下降→相当大部分的外资流入房地产和非贸易部门→房地产市场和股市出现泡沫→经济结构失衡→经常账户赤字→债台高筑→倾向贬值→金融危机。70年代开始的金融开放使马来西亚国内金融机构大量发放房地产贷款,1980年这种贷款占32%,1986年达55%,形成股市和房地产市场泡沫。80年代中期的股票市场和房地产市场崩溃使资产泡沫转化为金融机构债权泡沫。1986—1990年,马来西亚国内银行和金融公司不良贷款比例在20%以上,平均达25.1%。泰国经济繁荣和1989年开始实行的金融自由化改革使得泰国金融超前发展,对金融资产和房地产的投资开始盲目扩张。国内金融机构大量投资于股市和房地产市场,财务证券公司资金近一半投向房地产和证券市场,商业银行贷款的30%流入房地产部门。东亚其他国家和地区也有相似的问题,其中韩国股市和房地产市场上积聚了大量外资,国内金融机构也在这些市场上有大量投资,在经济处于繁荣阶段时,这些过度投资尚不至于造成太大问题;但当经济萧条时,外资纷纷撤离,引起资产价格下跌,银行产生大量不良资产,金融体系的脆弱性增加往往成为全面金融危机的导火索。

(2) 直接融资的发展和各种创新金融资产使大量资金滞留于金融市场,增添了制造泡沫的原始材料,经济因而更趋虚拟化。随着直接融资的发展,股票等金融资产的交易日渐兴盛,这些金融资产的基本价值表现为收益的资本化。金融资产价格变动会成倍放大实际经济中的波动幅度,其中有相当大的泡沫成分;而金融深化所动员的大量资金进入这种市场,会进一步吹大这种泡沫。金融自由化为金融市场增添了期货、期权等衍生金融工具。由于这些具有高杠杆效应的衍生金融工具可以以小搏大,它们逐步由套期保值手段异化为投机工具,投机性泡沫由此形成。把不同衍生金融工具组合起来的金融工程为泡沫的形成提供了更为广阔的空间。

(3) 利率市场化后,由于利率整体水平的提高,借款人的道德风险可能加剧,借款人为了支付高额利息,可能违反借款时规定的用途,将贷款投入高风险的股市上去，加快股市泡沫的形成。

(4) 商业银行向全能型转型，使大量信贷资金得以进入虚拟经济部门。由于现代经济以金融为核心，所以各种风险必然向金融领域集中。泡沫是金融风险的载体，泡沫的膨胀意味着风险程度的上升，泡沫的收缩和破灭则意味着风险的减少或向明确的损失转化，近代史上因泡沫破裂引起金融危机的事例屡见不鲜。泡沫出现的经常化是传统与现代货币政策外部环境的一个重大区别：传统货币政策面对的调节对象主要是实物经济，而现代货币政策面临的调节对象既包括实物经济又包括独立于实物经济的虚拟经济。泡沫经济向货币当局提出了一个无法回避的严峻问题：货币政策对资产价格泡沫要不要作出反应？如果需要作出反应，如何反应才能使其对经济的冲击最小？这是国际性的难题。

(五) 货币政策的传导机制将变得更加复杂

资本市场的发展和深化使货币政策的传导渠道和传导主体显著增加，传导的环节增多，传导主体对货币政策行动的反应在强度和方向上的不确定性加大。金融开放度的提高则表现为资本流动的规模、速度大大提高，资本流动趋向短期化和证券化，从而直接影响到一国货币政策的传导机制和政策效能。从传导机制来看，货币政策的传导途径通常有三个：利率途径(含其他资产价格途径和托宾 q、财富效应等途径)、信贷配给途径和国际经济途径。在经济开放度低的条件下，主要是前两条途径，随着经济开放度的提高，国际经济途径的重要性则会越来越大，货币政策变化在引起国内利率(含各种金融资产价格)水平的变化、影响国内的总供需后，还导致国际收支和汇率水平的变化；利率的变化还会引起国内外资金的套利活动，使货币总量、汇率发生变化，汇率的变化又会引起宏观经济的一系列调整，各种经济变量间的互动过程和互动关系更加复杂，货币当局很难准确地预测家庭、企业和银行等微观经济主体对货币政策可能作出的反应。比如，近几年以来央行在抑制房地产泡沫方面先后出台了多项措施，但房价不仅未降反升。金融市场的开放使货币政策的传导受到更多的国际因素的影响，各种因素的影响力度和方向又不尽相同，因此货币当局调控宏观经济的能力受到约束。

既然"入世"后金融的市场化与全球化使发达国家经济周期对中国经济的影响和不确定因素增加，货币政策作用机制复杂化，传统的中间目标作用弱化。在这种条件下，采用什么样的货币政策规则，才既能减少政策实施过程中的动态不一致性问题，又能保持一定的灵活性以应对未预期到的外部冲击？现今不少发达国家纷纷改用通货膨胀定标制，并收到良好的效果，中国能否也采用这种做法？这成为人们所关注的问题。

（六）金融创新在提高微观金融效率的同时，也给货币政策的实施带来很多复杂问题

（1）金融创新将极大地丰富货币的内涵，使货币由“一般等价物”过渡到“可交换的信用”，货币的内在形式也将发生重大变化，使货币的定义遇到很大的困难。

（2）金融创新和资本市场的发展，使货币供应量与一般物价水平之间的稳定正相关关系被打破，使得利用货币总量指标来预测通货膨胀的能力大大降低。比如，20世纪80年代日本货币量增加已引起资产价格泡沫增加时，物价却没有上涨，这给央行决策层造成了物价稳定的假象，延误了对泡沫的治理。

（3）像银证通、组合存款这类新的金融工具的出现使 $M_1$ 和 $M_2$ 的界限变得模糊，央行越来越难以把握货币总量的变化，难以判断货币供应量为多少才是适度的。比如，假设根据历史经验，货币供应量增长率与国民生产总值的合适比例是1.5:1，也就是说，当国民生产总值增长1个百分点时，货币供应量必须增长1.5个百分点才比较合适。现在假设当年的国民生产总值增长指标拟为8%，这样配套的货币供应量增长率必须为12%。过了一个阶段后发现实际的货币增长率达到了12%，但这个12%里面，属于交易性的货币 $M_1$ 和储蓄性的货币 $M_2$ 究竟各为多少，不仅央行不清楚，商业银行不清楚，就是存款者本人也未必清楚，因为银证通、组合存款这类金融工具具有交易和储蓄双重性质，它们之间的转化完全取决于市场变化和存款人的选择，无论统计入哪一个层次的货币都不合适。也许这12%的货币增长率里面，属于与国民生产总值相关度最高的 $M_1$ 增长率只有10个百分点，另外2个百分点则属于储蓄性的货币增长，这时央行如果根据表面现象断定货币供应量目标值已实现而开始紧缩就可能导致潜在的产能无法被利用。

（4）金融创新使央行对货币供应量的控制能力被削弱，原来央行的货币调控模式是建立在对商业银行派生存款控制能力基础上的，现在由于金融创新，金融机构出现“同质化”趋势，业务界限模糊，具有创造存款能力的不仅有商业银行，还有投资银行等其他金融机构，而这些金融机构都游离在央行的控制范围之外。

（5）金融创新不仅使货币供应量变得难以控制，就是用来取代货币供应量的利率控制难度也加大了，因为金融创新突破了利率管制，使利率

走向市场化,与国际利率接轨,利率不单受央行调节的影响,而且无法脱离国际利率的走势。只有放开汇率,才能保持利率政策的独立性。

(七)利率市场化对货币政策的影响

前面我们已对"入世"将导致利率市场化提速进行了分析,这里我们将进一步讨论利率市场化可能产生的宏观经济风险。

(1) 可能导致企业大面积破产和成本推进型通货膨胀。中国是发展中国家,资金短缺是一种长期现象,在过去长期利率管制背景下,利率严重低于均衡水平,利率一旦放开,可能大幅度攀升,而中国企业又是实行高负债经营,利率攀升必然导致企业负担加重,可能导致债务危机发生,破产与失业增加,危及社会稳定;还有一种可能是企业通过提价将利息负担转嫁给下游的企业或消费者,从而导致成本推进型通货膨胀的发生。

(2) 可能加剧通货紧缩。利率市场化造成通货紧缩的途径如下:利率放开以后一则会抑制投资和消费,造成需求不足;二则财富效应即利率上升将带来股市大盘下滑,股民净财富缩水,从而减少投资与消费支出;三则会加剧银行的信贷紧缩。因为银行的收益不单纯取决于利率水平的高低,还取决于风险的大小,利率水平提高以后,那些收益率较低而安全性较高的项目将因投资收益无法弥补借款成本而退出借款申请者的行列;而剩下的愿意支付高利率的借款人往往是高风险的,他们之所以愿出高利率,本来就是因为他们知道归还贷款的可能性比较小。这样市场上最后剩下的都是风险很高的借款人,银行此时如将款贷出去,由于贷款风险上升,银行的预期收益反而会减少。由于银行既不可能在贷款以前对借款人有充分的了解,也不可能在贷款以后对借款人进行完全的监督,因此,"惜贷"、"慎贷"便成为银行在信息不对称情况下采取的一种理性的选择。

(3) 引发银行无序竞争。利率市场化给予银行自主决定利率的权利,银行为了竞争存款,可能会竞相提高存款利率;为了竞争客户,可能会竞相降低贷款利率,这将使银行存贷利差缩小。银行为了扩大赢利空间,不得不将资金投入到一些高风险但高收益的领域,从而加大金融风险。

(4) 对财政的影响。利率市场化使长期国债的利率风险增加,国债的回报率相应地也要提高,这将增加财政的还本付息负担;同时,利率与证券的价格呈反比,利率提高将使国债发行价格下跌,财政的国债发行收入由此减少,影响财政的平衡,而财政的压力最终都会转化成货币供应。

(5) 增加金融体系的脆弱性。维护金融体系的稳定是中央银行的一项重要任务，利率市场化会给金融稳定性带来以下负面影响：首先，利率提高使企业的负担加重，经营环境与财务状况恶化，效益下降，银行不良资产增加，银行的不良贷款增加。其次，利率市场化后贷款利率自由浮动，具有信誉优势的外资银行会凭借其优势，从国际金融市场上融入低成本的资金，调入国内后以低利率贷给国内的企业，展开“信贷倾销”，与我国银行争夺客户，国内银行有可能面临市场份额急剧缩小的局面。再次，目前大多数产品都出现买方市场的格局，生产能力过剩，市场饱和，企业普遍存在新的投资热点和利润增长点迟迟未能形成的问题，银行也感到难以找到好的贷款项目，出现大量存差，这些存差大部分都上存中央银行或投资于国债。截至2006年6月，中国商业银行持有的国债、金融债券和央行票据等资产已达7万多亿元，利率市场化后，利率上升将使银行的国债等固定收益证券投资大幅贬值，由此产生巨大的资本损失。贬值1%，银行利润将减少700亿元，这样大的损失是银行难以承受的。还有，利率市场化后频繁变化，增加了利率预测的难度，如果利率预期有误，会使银行和企业都陷入困境，银行可能因预测错误遭受巨大损失。

（八）向外资银行开放市场给货币政策带来的压力

“入世”标志着中国金融开放进入一个新阶段。对中国来说，“入世”虽可享受发展中国家的诸多权益，但同时也要承担相应的义务，消除保护，开放市场。其中，开放金融市场一直是中国与西方发达国家谈判“入世”的焦点。2007年开始，中国取消对外资银行经营人民币的限制，这表明虽然中国金融业未完全国际化，但国内银行已经开始在国际化的环境中竞争。外资银行的引入至少会对货币政策产生几个方面的冲击：第一，传统的以贷款指导计划为手段的直接数量控制办法失效，而间接调控体系尚不完善，外资银行在货币政策传导中作用如何尚难预料。第二，伴随着外资银行业务的扩张，国内银行业的市场份额在缩小。一些优良客户可能投向外资银行，国内银行业的客户可能向劣势企业即规模较小、实力较弱、信誉较差的客户集中。这使国内银行不得不面对风险性更高的客户，从而提高银行投资组合的整体风险水平，增大银行体系的不稳定性，而众所周知，任何银行体系不稳定性的增加最后都会转变成对央行稳定货币的压力。第三，外资银行的扩张将使国际资本流动变得更加容易，从而增加中国平衡国际收支和调控货币量的困难。外资银行大多数是跨国经营的大银行，在全球有着庞大的分支机构和复杂的支付体系，其资金在全球范围内配置，大多数外资银行是混业经营的，通常都提供较全面的金融服务。这些优势都为逃避中国的外汇管制提供了条件，因此，外资银行的进入将削弱境外资本进入中国境内的壁垒，为各类国际资本流动提供了更大的便利。比如，当中国出于紧缩经济的目的提高利率时很可能引起短期套利资本流入，反而扩大了货币供应量。第四，外资银行开拓金融市场时，为获得竞争优势而采取的一项重要策略就是提供创新金融产品，诸如金融期货、期权或掉期等衍生工具业务等，虽然从微观金融的角度看，衍生产品有助于风险的防范，但从宏观调控的角度看，衍生产品业务会借助杠杆效应，对人民币的汇率稳定产生严重的冲击。

（九）央行货币保卫者和最后贷款人的职能可能发生冲突

由于体制性弊端严重，加上保护期过后不具有比较优势的产业可能遭遇严重冲击，使经营状况恶化，银行坏账增加；而以直接融资为特征的资本市场的发展，又会凭借其较高的资产收益和便利的融资条件，与商业银行争夺资金和客户资源，使银行的生存和发展空间缩小，这些均有可能导致银行发生流动性危机。日本银行危机的原因之一就是金融自由化过程中，主银行赖以生存的间接融资模式向直接融资转换，造成银行的传统业务减少，经营状况恶化。我国四大银行每一家的资产都超过一万亿元，任何一家发生清偿力危机都可能会波及更多的机构甚至整个系统，引发金融“大地震”，届时中央银行为了消除存款人和其他债权人的恐慌心理，防止市场参与者因信息不对称而可能出现的“羊群效应”，将动用大量资金进行紧急救援，这实际上是将不良贷款货币化，必将付出恶性通货膨胀的代价，中央银行作为货币保卫者与最后贷款人的两大职责将发生根本冲突，难以两全。

以下将“入世”冲击分为对实质经济和金融经济两个层面，用图 2-1 表示如下。从图中可以看出，入世对金融体系的冲击，主要是经由金融自由化所导致的，其最主要的体现是资本流动自由化所带来的货币政策效果被削弱，资本流动自由化、直接融资以及利率市场化所可能带来的泡沫经济。因此，本书的重点也放在对这两个挑战的应对之策的讨论上。

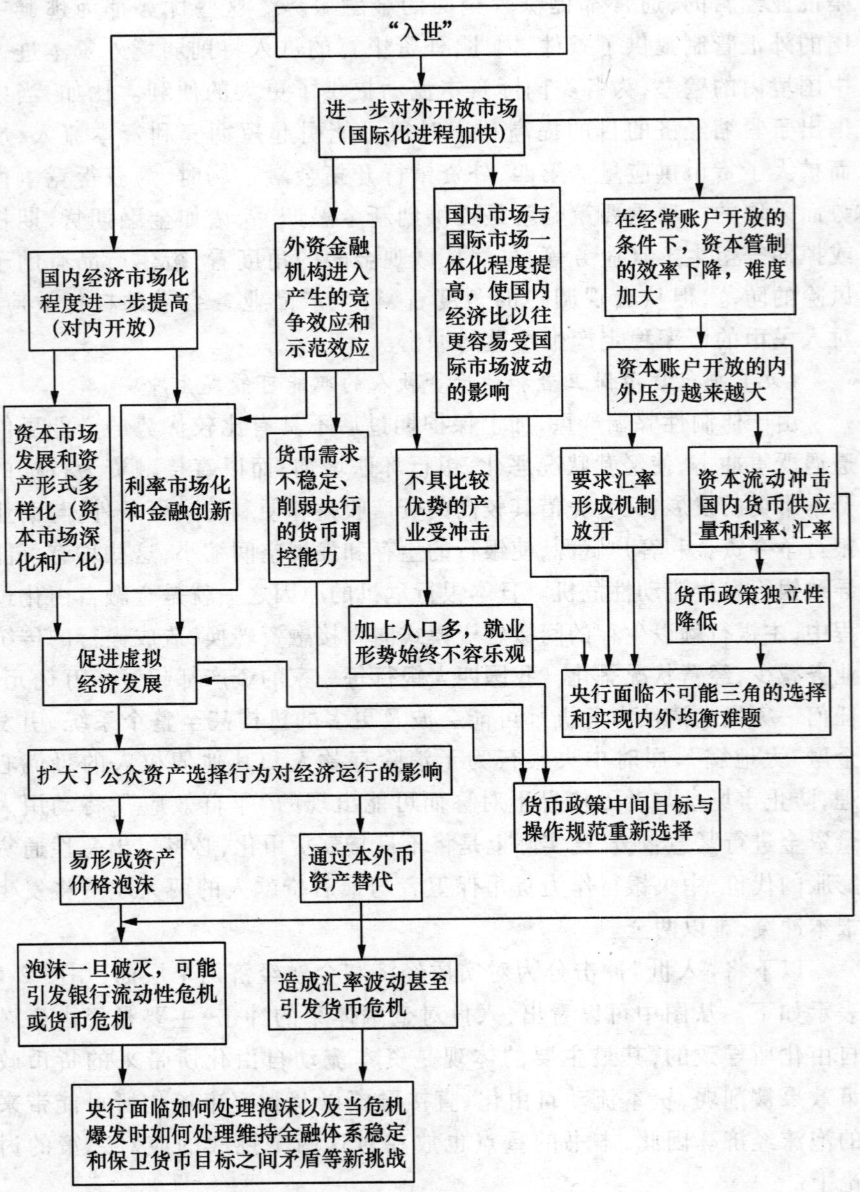


图 2-1 “入世”可能带来的冲击

## 第三节 “入世”五年来货币政策外部环境的总体态势评估

按照世贸组织的有关安排，新成员国在加入世贸组织以后的头三年内市场开放力度有限，以保护新成员国的经济。这三年被称为加入世贸组织的“前过渡期”，从2005年开始直到2006年底我国承诺的行业全部开放，则被称为“后过渡期”。随着保护性安排结束，“入世”的冲击将进一步显现，中国的银行业面临着严峻的考验。

在过去的这五年里，中国充分利用新一轮国际产业转移的大好时机，发挥本国产业的比较优势，加快国内产业结构调整，在竞争中发展自己。农业区域布局和农产品结构进一步得到优化，农业结构加快向优质高效方向发展；工业结构调整成效显著，传统优势产业得到进一步加强，汽车、电子信息、生物工程等新兴产业快速发展，服务业结构优化和加快发展，银行、证券、保险和零售等服务业竞争力有所提高。在国内产业结构明显调整和优化的带动下，中国对外经济和国民经济快速增长。2004年，中国进出口总值达到1.15万亿美元，首次突破1万亿美元，由2003年居世界第四位上升为列美、德之后的第三位。2005年中国外贸又在2004年的基础上有了进一步的增长，2006年达到17 604亿美元。与此同时，中国国民经济保持平稳较快发展，综合国力进一步增强。2006年国内生产总值达到26 333亿美元，比上年增长10.9%。财政收入38 760亿元，比上年有较大幅度的增长。

但我们也应清醒地认识到，“入世”这几年来，中国主要产业没有受到来自进口产品和服务的明显冲击还得益于国内外诸多客观因素。其中主要是，国民经济平稳较快发展为国内产业提供了良好的宏观经济环境；加入世贸组织过渡期内相关产业的保护政策发挥了积极的作用；某些领域的提前开放，负面影响已部分化解；国际市场发生变化，国内产业竞争压力减轻等。

应当看到，中国产业的整体竞争力还不强，产业发展总体上还处于粗放状态。随着“入世”过渡期的结束，中国产业既面临新的发展机遇，也面临更复杂的国际环境和新的严峻挑战。

（1）过渡期结束后国内产业面临的挑战和压力加大。过渡期结束后进口配额许可证全部取消；关税降至承诺的终点；贸易权放开；服务贸易中银行、保险、证券、分销等所享受的过渡期结束，对外资银行开放本币业务，允许外商独资或控股。这些意味着政府原有的一些管理手段将逐步放开或取消，部分敏感产业将面临进口商品和服务的激烈竞争，中国经济的深层次、结构性问题将逐步显现，经济发展和产业安全的潜在风险将会进一步增加。

(2) 中国将面临贸易争端高发期，国际经贸环境更加错综复杂。“入世”以来，中国对外贸易迅猛发展，正在迅速成为一个新兴的贸易大国。但与此相伴的是，中国与其他国家贸易摩擦大量增加。由于贸易增长方式还处于粗放状态，附加值较低的产品出口依然占很大比重，因此，虽然中国已成为贸易大国，但远非贸易强国。目前，中国已成为国际贸易保护主义针对的主要对象，与中国相关的贸易争端呈现复杂化发展趋势。除了反倾销、反补贴和保障措施外，还有“337”调查、“特殊保障条款”、“非市场经济地位”、“纺织品特别限制措施”等歧视性条款的存在和滥用。发展中国家与中国的贸易摩擦也在大量增加。发达国家还频频使用检验检疫、环境保护、产品社会责任、知识产权保护等更隐蔽、更新型的手段和措施限制中国的产品出口。在中国出口产品受到种种限制的同时，由于国际上许多产业生产能力过剩，一些进口产品采取不公平贸易手段侵占中国市场，损害了中国产业，使中国不得不采取反倾销等贸易救济措施予以救济。因此，可以说，中国已进入贸易摩擦多发期，在未来相当长时期内这是无法回避的事实，国内产业安全面临更加严峻的挑战。

(3) 中国“入世”过渡期结束后，金融业对外开放进入新的发展阶段。目前，在银行方面，允许外资银行在已开放人民币业务的25个城市向中国企业提供人民币服务，并在坚持国家绝对控股地位和确保国家安全的前提下，引入外资参与国有商业银行改革。证券业方面，在A股市场实施境外合格投资者制度，以合资和合作形式部分开放证券服务业，外资证券机构可以通过合资券商从事国内资产发行和资产业务。

(4)“入世”过渡期结束后，我们面临着世贸组织新一轮谈判、进一步开放市场的巨大压力。在多哈回合多边贸易谈判中，继续开放市场是大势所趋。作为世贸组织成员，虽然我们可以向其他成员提出市场开放的要求，但自身也面临着进一步开放的压力。如农产品方面，从多哈回合谈判的进展来看，各成员将在关税的进一步削减、出口补贴的取消以及扭曲贸易的国内支持的总体削减等方面达成协议。由于中国农业生产经营的规模小，组织化程度不高，部分大宗农产品竞争力不强，因此新一轮谈判带来的关税进一步降低及出口补贴的取消将使它们面临国外优质低价同类产品的竞争压力，而且这种格局在短期内难以改变。又如工业品，新一轮谈判有望达成进一步削减关税的共识，中国工业品将在现有较低关税的基础上继续进行新的关税减让，所受压力加大。再如服务贸易谈判，在一些发达国家关注的保险、证券、电信、视听和能源等领域，我们进一步开放的压力也将加大。另外，在规则谈判方面，如果反倾销等贸易救济措施的发起和实施更为严格，中国运用贸易救济措施保护国内产业的力度将受到削弱。

总的看来，虽然后过渡期中国还面临许多不确定因素，但可以肯定的是，“入世”后这几年中国经济发展的良好势头不会中断。

## 第四节　开放经济进程中的货币政策调整：国际经验综述

经济全球化的发展导致的客观金融环境的变迁和运行机制的变化，必然要求货币政策根据经济全球化下的新特征进行相应的调整，否则政策的有效性会大大降低。针对经济金融全球化所带来的冲击，近一二十年来，主要发达国家均大幅度地对本国传统的货币政策进行了调整，以使货币政策能适应变化了的环境。这些调整主要有以下几方面：

### 一、放弃或减少对货币总量的依赖，转而注重利率的作用

美国在20世纪70年代中期，一直把货币供应总量作为货币政策的中介目标，联储负责设定每年的$M_1$、$M_2$、$M_3$增长率。[①]到了20世纪80年代，货币总量与经济活动之间的联系变得不稳定和难以预测，于是联储扩大了中介目标的范围，并增加了一些经济状况先行指标，如物价、美元汇率和金融资产收益率等指标，这些指标在货币政策制定过程中发挥了重要作用。$M_2$和$M_3$仍然被规定了目标范围，但大大放宽了。利率特别是短期利率在联储政策中取得了举足轻重的地位，既是联储依赖的操作工具，又成为货币政策的首要中介目标。其中关键的指标主要是联邦基金

① 因各国的金融市场发达程度不同，货币层次划分也不相同。美国的$M_1$ = 流通中现金 + 旅行支票 + 活期存款 + 其他支票存款(如NOW账户、ATS账户等)，$M_2 = M_1$ + 储蓄存款和小额定期存款 + 货币市场互助基金 + 货币市场存款账户 + 存款机构发行的隔夜回购协议和美国银行在各国的分支机构向美国居民发行的隔夜欧洲美元，$M_3 = M_2$ + 大额定期存款 + 长于隔夜的限期回购协议和欧洲美元，见黄达：《金融学》(精编版)，中国人民大学出版社2004年版，第309页。

利率和再贴现利率。相对于日本独特的货币政策传统，日本银行的政策调整来得更为激烈。传统的货币总量 $M_2$ + CD 的重要性下降，转为重视对“广义流动性”的监测。[①] 现在最能体现日本银行货币政策方向的不再是货币总量指标，而是短期利率，特别是商业银行隔夜存款利率和1—3周的国库券贴现利率。英格兰银行从20世纪70年代直到20世纪80年代中期一直将货币供应总量作为中介目标，但后来它们发现被钉住的货币总量和实际经济活动之间的关系很不稳定，所以1987年3月后广义货币供应量 $M_3$ 不再成为中介目标之一。[②]现在当局仍然重视将 $M_0$ 的增长限制在一个目标区间内，但货币政策的执行很大程度上放弃了对中介目标的依赖，转而直接根据最终目标即中期内的GDP增长率和通货膨胀目标来调整货币政策，同时关注汇率、实际利率、金融资产价格等指标。在欧洲中央银行成立以前，德国是当时西方国家中唯一仍然把 $M_3$ 作为货币政策首要中介目标的国家，这主要是由于德国独特的金融体制使得货币需求函数相当稳定，以至于 $M_3$ 与总体经济活动水平仍有较为稳定的相关性。即便如此，在德国货币政策中介目标体系中利率的地位也大大地提高了。法国等国家也进行了相似的改革。

## 二、各国货币政策的操作手段体现出趋同的特征

20世纪80年代以前，公开市场操作只有在美国和英国才是货币政策实施的主要工具，在其他国家则主要依靠一些非市场、非价格的手段。80年代以来的金融自由化浪潮改变了这种状况，促使各国纷纷转而积极利用公开市场操作来影响商业银行的准备金规模和短期利率水平，即使是在美国和英国，银行间短期货币市场的作用也大大增强了。于是便出现了各国货币政策操作手段的趋同现象。与此同时，各国都大力开发新的工具以应付新的金融环境，例如德意志联邦银行越来越多地采用外汇互换协议的公开市场操作来抵消由国际资本流入所引致的国内银行体系准备金规模的过度扩张。日本1988年11月的货币政策改革改变了国内货币市场运作的特点和干预程序。日本银行通过改变银行间市场的期限结构来鼓励银行间市场与公开货币市场之间的套利行为，增强央行干预的效能，同时用针对1—3周的国库券贴现率的操作来代替针对1—3

① 日本的广义流动性大致相当于各种存款 + CD + 回购协议债券、金融债券、国家债券、投资信托和外国债券，参见黄达：《金融学》（精编版），中国人民大学出版社2004年版，第309页。

② 下文中英国的 $M_0$ 包括流通中的现金和诸银行在英格兰银行中储备存款余额。$M_3$ 大致相当于流通中现金、定活期存款和英国居民的外币存款。见刘鸿儒：《漫谈中央银行和货币政策》，中国金融出版社1986年版，第107页。

个月的国库券贴现率的操作，使得该利率成为央行手中最重要的干预工具。从1989年春季开始，日本银行开始进行商业票据市场的隔夜操作，以增强其影响和微调银行准备金每日头寸的能力。伴随着公开市场操作重要性的上升，各国货币操作中“贴现窗口”的作用都降低了，在各国央行对短期准备金的管理中只发挥着一种边际资金的功能。

## 三、汇率在各国货币政策中的作用日益重要

事实上在许多国家，汇率成了一个重要的中介目标。欧元诞生以前，欧洲货币体系内部各国货币之间实行固定汇率，要求各国货币在一个很狭窄的范围之内钉住基准货币——欧洲货币单位，实际上使得各国在一定程度上放弃了自己独立的货币政策而以汇率为中介目标予以钉住。1993年货币危机后这一体系的约束被迫松弛，但各国货币政策中汇率因素仍是第一位的。自“广场协议”以来的工业国家间的经济政策协调也提高了汇率作为各国货币政策向导的作用。即便是美国这样的大国经济中，汇率的影响也越来越为联储所重视，稳定美元汇率已成为联储货币政策中的一个重要考虑。尽管美国有希望美元贬值以增强本国出口产品国际竞争力的动机存在，但它对美元贬值的幅度怀有一个不予宣示的界限。对于日本而言，日元汇率更具有极为关键的意义。日本银行在外汇市场上的干预以及在国内货币市场上相对应的冲销操作已经成为相当普通的日常工作。此外，自20世纪80年代以来，一些国家（如爱尔兰、丹麦以及几个斯堪的纳维亚国家）甚至以汇率作为反通货膨胀的工具，即执行了基于汇率这一“名义驻锚”的物价稳定方案。

## 四、各国之间加强了国际货币合作

鉴于世界经济相互依存及各国货币政策的溢出效应，为减少以邻为壑的货币行为，各国自1985年“广场协议”以来，越来越重视各国之间的货币政策合作与协调。布雷顿森林体系崩溃后削弱的国际货币纪律，在浮动汇率制下通过各国货币汇率政策的协调得到了部分的恢复。鉴于国际投机力量的强大，各国也努力采取国际经济政策合作的方法以保证国际金融体系的稳定性。而事实上，自墨西哥金融危机之后，在IMF的倡导和主持下，各国共同创建起一套国际金融安全体系与预警机制。虽然在1997年爆发的东南亚货币金融危机中，IMF的危机预警制度并未能够及时预见危机的发生，但在事后的危机管理方面，国际金融安全体系确实发挥了相当大的作用。在泰国货币危机发生之后的很短时间内，各国便就

向泰国提供巨额金融援助达成了一致,有效地减轻了危机的影响。总而言之,货币政策的有效性取决于其传导机制,而货币政策的传导机制又取决于其所在的经济结构、经济体制等制度性背景。因此在经济开放度提高这样的背景下,有必要及时地调整货币政策。西方国家通过对货币政策的目标体系、操作方法以及在货币政策国际合作方面的调整,适应了新的经济环境,避免了政策的困境。当然也有一些国家因为其政策未能及时地调整而陷入了困境之中,例如日本20世纪90年代的金融困境,其中的部分原因便可以归于其货币当局未能根据日本金融国际化的实际情况对其政策操作作出充分的调整。

## 第五节 中国货币政策调整的指导思想、原则与内容

"入世"以来的货币政策实践证明,"入世"已经开始对中国的货币形势产生了很大的影响,如果忽视了这种影响,将会付出高昂的代价。现阶段中国国际收支经常账户和资本账户巨额"双顺差"导致国家外汇储备猛增,给国内货币供给形势造成了不利的影响,由此引发的人民币升值又造成外贸部门的困难,为防止经济过热需要实行适度从紧的货币政策,但这又进一步引起外汇储备的增加,这种条件下宏观调控进退两难。其中一个很重要的原因就在于宏观调控的政策实践尚未能适应我国经济从封闭经济走向开放经济的制度变迁。有鉴于此,打破传统的货币调控定式,对我国货币政策进行适时、适当的调整已是刻不容缓。本节将对货币政策调整的指导思想、原则与内容作一探讨。

### 一、国家利益:永恒的核心

国家利益是一国货币政策所追求的永恒的、核心的目标。在"入世"这一问题上,国家利益的内涵是确保中国的经济安全和政治安全,但这并非国家利益无限制地最大化,因为"入世"既意味着受益,也意味着承担义务。国家经济安全是指一个经济体在一种开放的经济环境下,保障其基本正常运行的状态,它不仅包括经济短期的运行正常,还包括经济可持续的增长和国家竞争力的提升。国家经济安全可分为金融安全、能源安全、粮食安全、信息安全、资源安全等。本书侧重于金融安全的研究。

## 二、内涵:防止经济大起大落和确保国家金融安全

国家利益赋予货币政策的历史任务是促进经济的可持续发展,熨平经济波动,有效地抵御国际资本对金融市场冲击等突发事件,防范系统性金融风险,维护货币安全、银行体系安全和金融市场安全。这里要说明的是,因为防止经济的大起大落里就包括促进经济增长和熨平经济波动两个方面,为了避免与政策目标重复,这里不用促进经济增长的提法。

我们认为,要防止经济发生大起大落,确保国家经济安全,对中国的货币当局来说,最主要的是要解决两大问题:如何应对金融全球化所带来的经济泡沫化现象?在资本账户开放的背景下,如何抵御国际资本对国内经济的冲击和实现内外均衡?实际上,其他问题都是由这两个基本问题派生出来的。因此下面我们将采用以问题为导向的结构安排方法,围绕这两大问题及相关问题的宏观和微观形成机理、影响、对策,结合对其他国家的比较,构建一个相对完整的分析和判断的框架,获得开放对货币政策的影响的较为清晰和完整的认识,知道将来发生什么事情的时候应当做什么。

## 三、货币政策调整的基本原则

### (一)不能抄袭他国模式

中国的金融改革绝对不能抄袭其他国家的模式,尤其不能抄袭美国的模式。世界上各个国家的发展有不同的模式,各种不同的模式有它的社会、经济、历史文化背景。改革开放以来,中国的金融业发展已经形成了适应社会主义市场经济环境的经营模式和监管模式,培育了金融市场,经过了学习国外经验、引进国外经验两个阶段,下一个阶段应该是创新和发展一条符合中国国情的金融发展模式。

### (二)必须采取渐进式的调整策略

必须认识到中国仍然是一个发展中国家,现阶段中国经济仍具有明显的"转型"特征,市场调节这只"看不见的手"的功能仍不完善,不足以承担调节重任,在市场机制和间接调控手段进一步完善之前,诸如外汇管制等直接管制手段无论是对保持金融稳定还是对维持货币政策独立性都不失为一种较为有效的控制手段。因此,今后较长时期内仍应继续维持资本账户管制措施,对资本账户开放一定要持非常慎重的态度。东南亚金融危机的教训证明,过早对外开放金融市场是危险的。在金融开放过程中,中国货币政策面临着各种压力,需要有一个调整适应的过渡期消化

这些压力，在这个过渡期中，需要统筹兼顾各项改革的轻重缓急，改革举措的出台不宜过于集中，以期为货币政策创造一个相对宽松的外部环境，达到为货币政策“减负”的目的。

（三）需要正确处理的几个关系

第一，金融开放与保护的关系。扩大开放是金融深化的途径之一，有利于一国金融体系的发育；同时，在本国金融体系还比较脆弱的情况下，对其给予适度的有时限的保护有利于金融体系的稳健发展。开放和保护都是金融发展的手段，而不是目的。将保护作为既定目标和永恒不变的制度安排是错误的。只讲保护，限制开放与竞争，必然是保护落后，其结果不仅损害金融本身，而且将严重牺牲可发展的效率。

第二，防范金融风险与促进经济发展的关系。只强调风险和安全，不重视发展，是最大的不安全。

第三，金融自由化与金融监管的关系。国际经验表明，金融自由化的步伐必须与本国的金融监管水平相适应，不顾本国国情盲目地推进金融自由化必然要付出沉重的代价。而在金融监管水平不断提高的前提下积极稳妥地推进金融自由化、实现资本账户可兑换，将有助于消除金融市场的扭曲，更好地发挥金融市场在资源配置中的基础性作用，提高本国金融的国际竞争力，为参与国际金融市场竞争创造更好的条件。

## 四、货币政策调整的内容

在经济和金融全球化的大背景下，中国货币理论和政策将越来越多地受到国际经济制度环境的约束和影响，因此中国货币政策调整需体现出与经济全球化的大趋势和 WTO、GATS 宗旨（逐步开放金融市场）的内在一致性与适应性。具体体现在：

（一）制定货币政策的出发点要由追求国内总供需均衡扩展到追求内外统一均衡

在封闭经济条件下，人们争论的是在货币政策四大目标中，究竟应以促进经济增长还是维持物价稳定作为主要目标，而外部平衡的意义并不大。经济开放度的提高使对外经济部门在国民经济中的地位上升，对外平衡对整个国民经济产生不可忽视的影响。如果国际收支严重失衡，就会影响国内经济均衡的实现。过大的国际收支顺差或逆差都会造成国内通货膨胀或通货紧缩的压力。剧烈的汇率波动阻碍国际贸易的顺利进行，并会对国内物价水平产生不利的影响。本币汇率的高估或低估导致国内贸易部门和非贸易部门的失衡，汇率高估压制出口，使国内资源从贸易部门流向非贸易部门；汇率低估使出口过度扩张，资源从非贸易部门流向贸易部门，这种资源转移的代价是高昂的。汇率水平变动的其他效应如财富效应、收入分配效应、资本流动效应等都会随着经济开放度的提高而得到强化，对宏观经济产生复杂影响。此外，金融开放后，来自国际投机资本的冲击和因为国际金融清算网络产生的金融风险的高度传染性都使得货币当局必须慎重考虑增强金融体系稳定性这一目标。因此，经济开放度越高，外部平衡在货币政策目标中的地位也就越重要。货币当局需要兼顾内外平衡两个目标，而这两个目标虽然在一些情况下是一致的，但在某些情况下却是冲突的，所以需要在二者之间寻求最佳平衡。为了同时实现经济的内外平衡，货币政策不仅需要加强同其他政策手段的协调配合，而且要通过货币政策内部多种政策工具的搭配使用来实现双重目标，相对于封闭经济环境下货币政策的操作难度增大了。

（二）货币政策手段应由主要利用本币政策，过渡到同时运用本、外币政策协调配合进行，要处理好本外币政策目标的冲突

这里的本币政策主要指利率政策，外币政策主要指汇率政策。蒙代尔-弗莱明模型的分析表明，利率政策的有效性在固定汇率制和浮动汇率制下是不同的，因此汇率制度的选择会直接影响到利率政策能否有效发挥作用。在资本自由流动和利率、汇率水平由市场决定的条件下，利率和汇率的关系十分密切。利率变动对汇率的影响表现在：首先，利率变动会影响需求和物价，进而影响出口成本和进口替代，最后影响汇率；其次，利率变动还通过利率平价机制影响汇率。汇率变动对利率的影响表现在：汇率变动会影响进口成本和出口产品的价格竞争力，进而影响贸易收支和货币供应量，最后影响银根和利率。利率和汇率这种互为因果的关系决定了要保证这两大政策的有效性，二者必须协调配合，即运用利率政策时，必须考虑它的溢出效应，考虑到对汇率的影响，反之亦然；否则，二者不仅无法形成合力，且作用可能会相互抵消。比如，在采取提高利率、紧缩需求的措施来治理通货膨胀时，如果没有汇率浮动的协调，高利率就会导致国际游资的流入，造成基础货币的增加，从而就会抵消掉提高利率的紧缩效应。

还应当看到，本外币政策目标之间存在着潜在的冲突，这种冲突的实质是内外均衡目标之间的矛盾，在资本账户开放和逐步扩大汇率浮动区间的过程中，货币当局必须对利率政策与汇率政策的协调给予高度的重视。要通过一系列的制度安排，将汇率政策纳入到货币政策的大框架下，使之从属于货币政策，从而形成一个以货币市场利率为主的货币政策和

外汇市场为主的汇率政策的互动局面。中国当前这方面存在的问题主要是货币政策与汇率政策割裂，比如，汇率政策仅为国际收支均衡服务，未考虑用汇率调整来实现内部均衡，甚至以牺牲国内经济均衡去换取外部均衡。又如，为了在存在人民币升值预期的时候，防止热钱流入，造成人民币升值过快，货币管理部门把国内利率调得比较低，低利率使流入的投机资本成本增加，2005 年 7 天回购利率一度低到 1.1% 左右，但低利率也导致国内投资增长速度过快，投资大于消费。

（三）正确选择汇率制度

经济全球化的表现之一是金融的全球化和一体化。在这种情况下，各国都面临着如何逐步开放金融领域，以促进本国经济在经济全球化大潮中争取更大利益的问题。因此，如何选择汇率制度以及采取什么样的资本管理措施与之相配合，成为各国特别是广大发展中国家需要慎重解决的重要课题。诸多事例证明，汇率制度以及与之相配套的其他经济金融政策的选择正确与否，将直接对一个国家的国民经济运行产生直接的影响。选择得当，不仅有利于本币币值的稳定，促进对外贸易以及吸引外资，同时还能保证经济平稳、健康运行；选择失误，则会使经济竞争力下降，给经济带来巨大的金融风险，甚至导致金融危机的爆发。不仅发展中国家如此，就是发达国家亦概莫能外。20 世纪 90 年代中期美国推出美元强势货币政策，使美国资本流动、财政状况得到改善，并且促进美国增长周期延续到 160 多个月，大大超过 60 年代 106 个月的经济增长周期。美国货币政策的前瞻性，使得美国把握了对欧元和日元的主动调整态势，从而实现了美元收益的最大化。虽然美、欧、日在汇率制度安排上，采取的都是浮动汇率机制，但是不同的货币政策取向，对汇率机制和汇率水平具有重要影响。根据克鲁格曼的“永恒的三角形”原理，自布雷顿森林体系解体以后，世界各国的金融发展模式都只能在货币政策的独立性、汇率稳定、资本自由流动这三个目标中选择两个，从远期来看，中国将选择货币政策独立性和资本自由流动，这意味着中国必须实行浮动汇率制，那么，在汇率制度改革以后，我国应采取什么样的汇率政策来获取我国经济利益的最大化？美国的成功经验对我国有什么启示？这些都是摆在中国货币当局面前的新课题。

（四）开放条件下国际货币合作变得越来越必要

在国际经济日益一体化的条件下，各国经济存在着紧密的相互依存性，一国货币政策的变化具有外溢效应，会对其他国家的经济产生影响，同时也会招致来自国外的各种反馈，波及货币政策的效果。特别是像美国这样的超级大国，其政策趋向在相当大程度上左右着别国的政策选择空间和有效性，这就需要我们在分析宏观经济问题（比如泡沫的原因和寻找泡沫的对策）时要从全球的视角着眼，尤其要关注世界主要经济体货币政策负的外溢效应，以及中国货币政策（比如人民币升值）与别国的互动关系，对货币政策进行国际协调。比如，如果将来实行人民币可自由兑换，国际资本流动特别是短期游资活动就会加强，在保持国内货币政策不受干扰的前提下，如何维持人民币汇率的相对稳定就成为一个严峻的考验。为此，有必要开展亚洲各国的货币、金融合作，也有必要积极参与国际货币制度的改革，以维护各国的金融稳定。

（五）货币政策要下大力气支持内需特别是消费的扩大

迄今为止，中国的经济主要还是靠投资和出口来拉动，这种投资拉动型和外向型的经济增长战略必须调整。前者是因为靠要素持续投入会遇到资本边际报酬递减的约束，后者是因为在投资、消费和出口三个部门中，投资和净出口一直是经济增长的主要动力，但这种局面发展的结果是导致了国内以至全球经济失衡、资源价格上涨、贸易顺差积累、本币升值压力加大、产能过剩风险加大。这样的经济结构是否具有可持续性，是有疑问的。所以，投资和出口部门的企业在增长的过程中，必然面对不断出现的外部压力——政策调控、贸易壁垒、成本上升等。相反，消费部门企业的增长恰恰能够平抑这种经济结构失衡局面的累积，对各个方面都有利，换言之，不会有什么外部阻力产生。消费的振兴是政府的长远目标，也是今后货币政策的一项艰巨任务。

（六）重新评估货币政策的中介目标

鉴于我国的货币市场和资本市场尚处于建设和发展的初期，金融创新受到较大的限制，而严格的资本管制又阻滞了国内外的投机性资本流动，所以货币总量指标与国民经济活动水平之间的相关度是较高的。但除了强调 $M_1$ 外，对 $M_2$ 和 $M_3$ 等广义货币指标仍有必要予以监控，还要重视利率的作用，逐步提高利率在货币调控中的地位，特别是应考虑短期货币市场利率的重要性。短期资本流动现在已经成为影响各国货币政策的重要因素，即便是在我国特殊的制度性背景下，自 1994 年汇率体制改革以来，外国资本（其中很可能有较大份额的短期投机性资本）流入我国，对国内货币政策也产生了冲击。伴随着我国利率改革的发展和我国与国际金融市场联系的深化，利率在我国货币政策中的作用必将进一步受到重视。

（七）要加快货币市场的建设

货币市场在开放经济下的宏观货币调控中具有不可替代的作用，只有拥有发达的、成熟的货币市场,中央银行的公开市场业务才能够得以有效的开展,对于各种来自国外的货币冲击才能进行积极的冲销操作。中国的货币市场建设刚刚起步,在很大程度上制约了央行货币政策的效能。特别是中国货币市场与外汇市场、资本市场、银行中长期信贷市场缺乏联系,使得央行的各种货币政策工具不能有效地协调运作,易产生政策冲突,导致货币政策陷入困境。为改善政策调控的效能和拓宽央行货币政策的实施空间,应大力培育国内的货币市场与外汇市场,并积极开发新的政策调控手段,并促进其与其他金融市场的联系。

(八) 货币政策调控方式必须进一步实现由直接调控向间接调控的转变

经济市场化的过程中,货币政策也必须市场化。譬如,现阶段由于经济尚不足以抵御外部冲击,还需要给资本流动设置屏障,作为资本账户开放进程中获得货币政策独立性的一种补充措施。但随着全球化向纵深推进,对外交易必将日益增多,外汇管制的成本相对于收益上升,原有外汇管理在内容和体制上所表现出来的狭隘性,以及管理成本的加大,呼唤外汇管理的创新。新形势下传统意义上的直接外汇管理将转变为间接管理,使管理趋向于用市场手段。如外管当局可能将经常账户的外汇管理权限下放到各商业银行,对经常账户外汇管理只进行宏观监测而不是微观监管;越来越多地采用国际协调管理的办法来限制短期外汇资金的盲目流动。新的监管办法将越来越多地关注国际政策的协调、切实有效的国际协调机制的建立、国际金融危机的预警与防范机制、金融危机防范的救助机制、经济安全机制等,而不再只是单独关注一国国际收支、资本流动、内外均衡等。在管理手段上,运用诸如"托宾税"的方法来管理外汇资金的流动,也可能像智利那样规定外汇资金在国内的最短停留时间,或者通过公开宣布本国保留重新实施外汇管理的权利来增加短期资本流动的成本,还可能通过达成国际协议保留各国政府对汇市进行干预的权利来加大外汇投机的国家风险。总之,新的外汇管理模式将不断浮现出来。

## 第六节 "入世"所代表的开放进程的长期性决定了货币政策的调整不可能一步到位

在"入世"已六年的今天,讨论"入世"对货币政策外部环境的影响与对策这一话题还有现实意义吗?可能会有人提出这样的疑问,我们认为，这种疑问是没有根据的，对“入世”后货币政策的研究具有非常重要的现实意义和理论价值，对这一问题的研究远未过时。因为：

## 一、“入世”并非开放的终点

正如本书第一章第四节所指出的，“入世”的实质是要加快中国经济和金融的市场化和国际化的进程，就这个历史进程来说，目前还远未结束，正如中国参加“入世”谈判代表团团长龙永图先生所指出的：“‘入世’五年并非开放的终点。”[①]大家知道，世贸组织本来的宗旨就是提供一个多边贸易谈判的场所并组织多边贸易协议的实施，从世贸组织的前身关贸总协定（GATT）1947年成立到今天，经过六十余年的谈判和不懈努力，才将各国货物贸易平均关税降到目前的低水平。下一个自由贸易的目标——开放服务贸易市场的谈判才刚刚起步，离最终目标的实现还有很长的路要走。从这个意义上说，“入世”是中国经济融入全球经济进程中一块具有划时代意义的里程碑，但“入世”过渡期的结束并不意味着改革开放已大功告成。对外开放是我国的一项长期基本国策，市场经济体制的建设和完善更是一个较长的过程，在这个过程中，会出现许多新的问题需要解决。

## 二、后WTO时代应对挑战的工作更加复杂

从2006年12月11日开始，中国结束了“入世”的过渡期，有人把这称为后过渡期的开始，或者称为后WTO时代。不管叫什么名称比较合适，总之，这既是一个阶段的终点，也是一个新的起点。进入后WTO时代的一个最重要的标志是中国从“入世”承诺约束下的开放，转向世贸组织框架协议约束下的整体开放。这种开放大致沿着两个层面展开：第一，伴随着多哈发展回合的即将结束，其所达成的新协议将成为中国作为世贸组织正式成员新的履行义务。第二，在世贸组织框架下，中国将与主要WTO成员进行双边磋商，以确定新的开放承诺。可以预见，后WTO时代中国将会在更高层次、更大范围和更宽领域内加快改革开放的步伐，这势必给货币当局带来很多新问题。这些问题包括：

### （一）中国已到了必须转变经济发展模式的关头

尽管过去这几年我们已经取得很大的成就，但我们也应当清醒地看到，我国现行的发展模式是不可持续的。中国目前所采取的是一种依赖

---

① 参阅姚志德：“中国拥抱后WTO时代”，《羊城晚报》，2006年12月11日。

要素低成本,靠拼资源、拼劳力、无视环境的发展模式。在这种发展模式下,中国将劳动生产率提高的收益中的大部分以很低的价格转让给了美国消费者,而我们出口赚来的外汇很多用来购买美国的短期债券。出口的是实际资源,出口收入又以变相信贷存在美国,同时输入了消耗和污染,而美国则不仅可以从中美贸易中享受物美价廉的商品,得以保持较低的通胀率,而且将从中国等亚洲国家的外汇储备资金回流中获得大量资金,促进其资本市场的繁荣。这种发展模式对作为一个发展中国家的中国来说是不经济的。这表明,以廉价劳动力参与的国际分工只能是中国开放型经济的启动模式,而不具备可持续发展的潜力,如果现有的发展模式不能及时得到调整,中国可能会像20世纪80年代的日本那样得"体制疲劳症":新的经济增长点迟迟未能出现,大量的资金转投到虚拟经济部门造成经济的泡沫化和金融风险的增加。中国已到了必须转变经济发展模式的关头,而转变经济发展模式必然在短期内要付出经济增长速度放慢的代价,如何处理好速度和效益的平衡?如何终结进出口贸易失衡的时代?如何应对开放步伐加快所带来的国际经济"负传递"效应?这些都是摆在货币当局面前的新课题。

(二)后WTO时代开放重点转移所提出的挑战

规则和开放是世贸组织所体现的两种精神,如果说前几年过渡期中国主要的工作重点是履行所承诺的关税减让,那么,今后这一重点将被履行世贸组织的规则取而代之,这意味着,在后WTO时代,更大的压力来自知识产权保护。对于缺乏自主技术的中国来说,如何提升产业结构,保持竞争优势?还有,面对贫困人口多、资源禀赋不足、东西部发展失衡等先天不足和国际原材料不断涨价等外部不利因素,中国如何应对?所有这些问题,都从不同的角度给货币政策的调整提出了新的任务。

(三)中国服务业的弱势地位给开放带来的风险

贸易自由化的下一个重点是服务贸易市场的开放。服务业是中国竞争力较低的弱势产业。如果说过去几年中国在可贸易品的生产和货物贸易方面已经取得了很大的成绩,那么,中国在服务业和服务贸易方的发展方面则存在着明显的不足。改革开放以前,在优先发展重工业以及重生产、轻消费的计划方针下,服务业长期受挤,严重落后。改革开放以来,虽然其发展有所加快,但落后状态至今尚未得到根本改变。2006年中国第三产业增加值占GDP的比例为40.26%,比印度和低收入国家和中等收入国家都低。服务贸易出口额在全部出口总额中所占的比重一直保持在10%以下,中国的服务业发展相对滞后,服务贸易长期处于逆差。中国从

出口制造业转型为侧重内需的服务业尚需时日，经济结构转型不仅需要政策的调整，还要求从业人员具备一定的个人创造力，而在这个领域，即使是新加坡等相对发达的经济体都遇到很大困难。尤其是服务业中的金融业，金融服务贸易作为服务贸易的核心，属于国民经济的命脉部门，金融业的发展关系到国家经济发展、社会稳定等重大的政治、经济目标，在任何国家都受到高度重视。“入世”后这几年，我国银行业改革获得突破性的进展，但是国有商业银行在公司治理、经营机制、增长方式、风险防范机制方面与国际先进银行相比还有不小的差距。金融产品服务创新不足，低水平趋同竞争现象突出，人员素质有待提高，客户服务水平和金融管理水平还有待进一步改善。同时，银行经营还面临着复杂的外部环境。如金融业进一步开放以后面临着更加严峻的市场竞争压力，经济结构和产业结构在不断调整，国有企业也在改制之中，法制建设有待进一步完善，社会保障体系建设刚刚起步，这些都会影响到国有商业银行未来面临的风险状况，而这些风险最终都会增加央行维持金融体系稳定性的压力。

### （四）资本账户的进一步开放和人民币国际化使实现内外均衡的难度大大增加

对货币政策最大的冲击可能来自资本账户的开放和人民币国际化。在过去这几年中，一方面由于国内的资本市场迄今仍非常不完善，存在较高风险，一旦开放，政府的监管将更加捉襟见肘；另一方面，从其他发展中国家的经验来看，在一个较低的发展水平上，开放资本市场并不能获得期望的效益，而更多的是带来金融市场的不稳定，因此总体来看我国资本市场的开放度还比较低。随着“入世”后中国综合实力的提高，资本账户开放条件的逐步成熟，资本账户的进一步开放和人民币国际化的推进是大势所趋。从中长期来看，人民币将逐步国际化。这一方面可以给中国带来巨大的国际利益，如国际铸币税收入、政治利益、非对称性政策优势等，但同时也必须承担一定的成本，主要是一系列内外政策的两难。首先是政策目标选择的两难。按照三元悖论的观点，一国政府有三种政策组合，但对于国际货币发行国来说，只能有一种选择，即汇率稳定和资本自由流动的组合，因为高度开放的金融市场和币值稳定是国际货币的前提。在此组合下，中国货币政策的独立性必然受到限制。譬如，国内实行紧缩政策时，国内银行可以很方便地从境外市场借入大量本币资金以满足客户的借款需求，逐利性资本也会迅速流入，大量的货币回流，使紧缩政策很难发挥作用。其次是政策搭配的困难。根据政策指派原理，当有两个或两个以上的政策目标和政策工具时，每种政策工具应该被指派到其相对有效的那个目标上。货币政策用于实现外部均衡比较有效，财政政策实现内部均衡比较有效。对于逆差国来说，应通过提高利率来实现国际收支均衡，同时，用扩张性财政政策来减少紧缩性的利率政策的负作用以实现内部均衡。但当该国货币是国际货币时，这种政策搭配就会遇到困难。在资本高度流动的情况下，国际货币发行国的利率对别国利率有很大的影响，当它提高利率时，该国与其他国家的利差很难长期维持，除非外国愿意合作，主动保持较低的利率，但这样做外国就要冒着通胀的风险。如果外国不愿意合作，则该国利率上升必将导致外国利率也上升，该国不得不采取更加紧缩的货币政策以达到改善国际收支的目的，因此政策指派原理不可能被该国单独有效地运用。上述事实均说明，随着国际热钱流动规模的迅速扩大，货币政策必将面临更大的压力。在开放经济条件下如何协调内外均衡政策，不仅对中国，而且对发达国家也是一项难度极大、极富挑战性的课题，目前的研究状况与现实的要求还有很大的差距。尽管这些问题目前在中国还未充分显现，但我们应当未雨绸缪，早作准备，不能临阵磨枪，仓促迎战。

综上所述，中国"入世"只有六年的时间，过去六年的成绩值得肯定，但未来发展的挑战更值得关注。由于开放对货币政策的负面影响尚未充分显现，未来的中国经济还面临很多不确定的因素和新挑战。对这些新问题，我们的认识还处于初级阶段，许多问题还有待解决，许多理论观点还有待检验和完善，从这个角度说，本课题的研究不仅没有过时，反而具有非常重要的现实意义。

## 参考文献

[1] 李心丹、傅浩："论开放经济对货币政策的影响及我国货币政策的调整"，《南京大学学报》（哲学·人文科学·社会科学），1998，(2)：157—165。

[2] 邱崇明："入世后我国货币政策的外部环境变化与对策"，《金融研究》，2003，(5)：127—135。

[3] 王元龙：《中国金融安全论》，北京：中国金融出版社 2003 年版。

[4] 杨帆等：《透视汇率——兼论非均衡市场与中国涉外经济，股票和房地产》，北京：中国经济出版社 2005 年版。

[5] 张海涛：《金融全球化——发展中国家的利益与风险》，北京：经济科学出版社 2003 年版。

[6] 张幼文、周建明：《经济安全：金融全球化的挑战》，上海：上海社会科学院出版社 1999 年版。

[7] 朱民："美国经济失衡的调整和对中国的影响"，《国际金融研究》，2005，(1)：26—32。

# 第三章

# 资产替代与货币政策

## ——开放经济条件下货币调控思路的调整

## 第一节　居民资产选择——一种分析经济波动与金融危机机理的视角

长期以来，人们把资产替代即公众的资产选择视为微观经济主体的投资消费行为，而往往忽视了它对宏观经济运行的重要影响。实际上，资产替代在经济波动和金融危机的生成机制中扮演着一个极为重要的角色。从宏观经济看，公众的资产组合调整对经济运行产生深远的影响：它影响储蓄与投资、消费的比例，以及货币乘数与货币需求，进而波及总需求和物价，通缩可看成是货币资产对实物资产的过度替代，而通胀则相反。从金融危机的生成机制看，金融危机包括货币危机、银行业危机和债务危机。不管是哪一种形式的金融危机，无不与公众的资产组合调整息息相关：货币危机起因于大规模的外币资产对本币资产的替代，银行业危机起因于挤提（现金对存款的替代），债务危机则可能与资本外逃（外币对本币的替代）互为因果。

由上可见，从形成机制考察，经济波动和金融危机均表现为这样一种过程：先是宏观经济失衡或人为扭曲引起资产的相对收益率改变，接着是公众对其资产组合的大规模调整，这些调整或者加速经济的失衡（如通胀或通缩），或者导致对某些资产的超额需求（包括负需求），引致资产价格中泡沫（包括负泡沫即黑子）的产生，当实体经济难以维系泡沫的极度膨胀时，出现反向过程：泡沫自行破灭或被人为地挤出，资产价格开始向其价值回归。这种回归通常是一个破坏性的过程，表现为股价和房地产价格暴跌，居民财富缩水，企业与银行的财务状况和资产质量恶化，社会信用链中断，企业和金融机构破产倒闭，生产缩减，经济萧条，失业增加，本币贬值，资本外逃，国际收支失衡等恶果。

资产替代还是影响货币政策有效性的重要因素。自从20世纪70年代的金融创新浪潮以来，各国货币当局发现，货币供应量与名义收入、通货膨胀率等最终目标的相关性显著下降，央行难以通过调节货币量来影响货币政策的实施进度。这一方面是由于金融资产种类的增加，大大拓展了居民的资产选择空间，使增加的一部分货币量分流到其他金融资产上，货币流通速度变得不规则；另一方面是由于金融创新提高了金融资产的平均收益率，使各种金融资产之间的转换更为频繁，这不仅使央行对狭义货币供应量的控制变得更加困难，而且由于狭义货币与广义货币的相互转化,实质是现实购买力与潜在购买力的此消彼长,因此这意味着社会总需求的变化越来越多地取决于公众的资产选择行为,而不是央行的货币政策。央行即使能控制住货币供应量,也未必能控制住社会总需求,要控制住社会总需求,就必须能影响公众的资产选择。

总之,在居民财富增长和居民已成为一个成熟的市场主体的条件下,公众的资产选择行为已成为影响经济运行和货币政策有效性的一个重要的内在变量,不认真研究居民的资产替代行为,不把居民纳入货币政策的调控受体,货币政策的调控目标就无法实现。

## 第二节　关于资产替代的理论分析

### 一、关于资产替代的文献述评

迄今的资产替代文献,大都限于讨论不同层次的货币性资产之间的替代,具有代表性的学说主要有以下几种。

(一)格利和肖(Gurly & Shaw,1960)的货币理论

早在20世纪50年代中期到60年代初,格利和肖在关于金融中介机构的一系列论著中,就指出非银行金融中介机构的负债同现金和商业银行的存款一样,都是有着高度流动性的资产,这些资产之间有着很强的替代性,并且很容易互相转化。货币当局如果只控制现金和银行存款,而不同时控制其他流动性资产,那么货币政策必然收效甚微。格利和肖的这一思想在差不多同一时期的《拉德克利夫报告》中得到充分的体现。格利和肖认为,货币的基本特征是具有高度流动性,而在金融市场较为发达的经济中,各种非货币的金融资产也具有较高的流动性。所以,从流动性这一基本特征而言,货币与各种非货币的金融资产之间,实际上只有程度的不同,而没有本质的区别。因此,从货币供给的角度看,货币的定义应该是广义的货币。故从金融控制的角度而言,央行不仅应该控制银行,而且也应该控制各种非银行金融中介机构。但问题是,无论是短期的货币控制还是长期的货币控制都不是很有效。

(二)《拉德克利夫报告》(Radcliffe,1959)

20世纪50年代中期,英国由于强制性储蓄导致金融机构的流动性资产保持在较高的水平,因此有人主张实行紧缩的货币政策来防止流动性转化成支出膨胀。1957年,在英国财政部的领导下,成立了以拉德克利夫(Radcliffe)勋爵为首的"货币体系运行研究委员会",来"调查(英

国)货币与信用体系的运行情况,并对此提出建议”。拉德克利夫委员会经过两年的调研,于1959年提交了报告。报告认为,紧缩的货币政策并不能防止支出的膨胀,因为在存在大量非银行金融中介机构的情况下,对总需求真正有影响的不是狭义的货币供给,而是整个社会的流动性,即包含狭义货币供给在内的银行和非银行金融机构所创造的所有短期流动资产,因此报告主张以控制整个社会的流动性(即信用)作为货币政策的主要手段。该报告对西方货币理论的发展和货币政策的制定,产生了深远的影响。笔者认为,虽然该报告正确地指出了由于广义货币随时可以转化为狭义货币,因此广义货币也与狭义货币一样提供了流动性,只有控制整个社会的流动性供给,才能真正控制住社会总需求,但它没有明确指出资产替代也可以提供流动性和影响总需求,更重要的是,报告没有看到资产替代对资产价格泡沫的影响以及这种影响对金融风险乃至整个经济安全的重要性,因此,报告的观点在今天看来是不够彻底的,不能反映今天的现实。

(三)托宾的内生货币供应理论(Tobin,1963)

托宾进一步发展了格利和肖以及《拉德克利夫报告》的观点。托宾认为,不同的金融中介所提供的不同间接证券具有替代性,人们可在范围广泛的金融资产之间进行资产选择的组合。银行和非银行金融机构的存款创造取决于公众的资产偏好和资产选择结构,从而货币的供求不仅取决于货币的成本和收益,还要取决于其他资产的成本和收益。托宾还认为,公众的资产偏好和资产选择结构在很大程度上受社会经济活动和经济环境的影响,因此不能单纯从央行的角度孤立地看货币数量的决定。同《拉德克利夫报告》一样,托宾虽然肯定了非银行资产与存款资产的同一性,但也强调了金融资产与实物资产的区别,他所认可的资产选择的范围依然局限于流动性很高的金融资产,如期票、债券、养老金领取权等,而没有考察诸如货币与股票等金融资产和不动产等实物资产之间的替代对经济所产生的影响。

上述这几种理论均未将证券和房地产纳入资产替代的范围,这在当时的历史条件下是合理的。20世纪70年代以前,各国通行固定汇率制,即使在发达国家,利率也普遍受到控制,1933—1970年长达37年的时间里,美国基准利率平均一年变动不到一次,汇率和利率的相对固定,使资产价格比较稳定,加上虚拟经济的发展规模远远无法与今天相比,金融风险尚未凸显,因此,人们自然只关心引起总需求变化的不同层次的货币性资产的替代,而不会关注导致金融风险的货币与证券、房地产之间的转换。

（四）以弗里德曼为代表的货币主义传导机制理论

首先把公众资产选择的范围扩大到实物资产的是弗里德曼，由此他得出了货币扩张不会影响实际利率，利率不是货币政策作用渠道的结论。但弗里德曼仅将资产替代作为货币政策传导机制的一个组成部分，而没有扩展到对金融风险成因的分析。

（五）货币替代理论

货币替代（currency substitution）这一概念最早是由美国经济学家 V. K. 切提（V. K. Chetty，1969）提出来的，它是指一国居民因对本币稳定失去信心，或本币资产收益率相对较低时产生的大规模地用外国货币在本国境内替代本国货币充当价值标准、交易媒介、支付手段和价值储藏等职能的一种现象。它会造成一国汇率水平剧烈波动、货币政策和财政政策失效、总需求和财富水平变化以及国际收支失衡等结果。20 世纪 70 年代以后，随着布雷顿森林体系的瓦解，固定汇率制度为浮动汇率制度所取代，世界经济一体化的趋势不断加强，货币替代作为国际经济领域的一个新问题逐渐凸现出来，而关于货币替代的理论研究也从此开始展开。马可 · A. 迈尔斯（Marc A. Miles）、迈克 · D. 波尔多（Micheal D. Bordo）、伊萨 · U. 乔瑞（Ehsan U. Choudhri）、戴维 · T. 金（David T. King）、罗塞 · S. 波耶尔（Russell S. Boyer）等纷纷通过建立货币替代的理论模型，来分析促使货币替代的各种因素及其影响力度。其中，迈尔斯（1959）提出，人们持有货币是由于货币具有服务性功能，这一功能可以由本币提供，也可由外币提供，在给定资产约束的条件下，人们会根据本外币的相对效益和机会成本来灵活调整它们之间的比例，以获取最大化的货币服务。波尔多和乔瑞（1982）则构建了一个基于货币需求的交易动机的模型来说明货币替代的形成机制。戴维 · T. 金在货币服务的生产函数的理论基础上，加入了资产组合的因素，认为货币替代主要取决于本外币所提供的货币性服务的相对比例，而这一比例又直接与本外币的相对收益和风险程度有关。①

（六）明斯基的金融不稳定性假说

海曼 · 明斯基（Hyman Minsky，1975）认为，金融体系本身存在内在的脆弱性，这种不稳定性发展为危机的起因是金融资产的换位（displacement）。一旦某领域出现新的利润增长点，市场主体便会纷纷将资金从利

① 参见姜波克等：《货币替代研究》，复旦大学出版社 1999 年版。

润消失的部门退出，投入到新的部门，使储蓄和投资发生巨大的变化，而这又需要银行信用的扩张和货币供应量的增加才能实现，一般来说，银行是不愿错过这个扩张和赢利机会的。信用的膨胀为繁荣提供必要的资金，经济和金融的扩张相互作用，推动经济超过某一“临界点”，出现了“为卖而买”的投机活动，如果这种行为大多能获利，会吸引更多的人加入，于是泡沫出现并扩大，经济的表面繁荣也随之而来；当资产价格达到一定高度时，人们开始犹豫不决、观望，某些内部人士决定接受现有的利润，出售投机商品，撤出市场，于是市场价格开始下滑，随后投机者陷入财务困境；随着不安情绪的增加，出现了恐慌性抛售，市场价格急剧下跌，市场趋于崩溃。明斯基的理论指出资产换位在泡沫和金融危机形成中的关键性作用，但却忽略了资产换位对总供需平衡也即对一般物价的影响。

下面我们将托宾理论、货币替代、明斯基理论和资产替代的差异列表比较，如表 3-1 所示。

**表 3-1　托宾理论、货币替代、明斯基理论和资产替代**

| | 托宾内生货币供应理论 | 货币替代理论 | 明斯基的资产换位理论 | 资产替代 |
|---|---|---|---|---|
| 替代范围 | $M_1$ 和 $M_2$ | 外币对本币 | 货币与证券及实际投资 | 货币性资产、非货币性金融资产与实物资产 |
| 效应考察重点 | 对内部均衡的影响 | 对外部均衡的影响 | 对金融体系稳定性的影响 | 对内外均衡和金融体系稳定性的影响 |
| 最终效应 | 影响总需求和利率 | 影响总需求和汇率、外汇储备等 | 导致金融危机 | 影响总需求和金融风险状况 |

## 二、资产替代概念的界定

由表 3-1 可见，与文献中的资产替代概念不同，本文认为，资产替代是指资产收益率和风险结构失衡所引发的公众重新调整其资产组合、减持价值被高估的资产、增持价值被低估的资产的套利行为。这里的资产是广义的，它既包括不同层次的货币性资产之间的替代，也包括货币性资产与非货币性金融资产之间的替代，还包括金融资产与实物资产之间的替代。

之所以把资产选择或者说替代的范围扩大到包括股票和资本品、不动产、消费品等具有储藏手段功能的资产，是基于以下考虑：第一，所谓资产，就是具有价值储藏功能的财产。股票和资本品、不动产与货币一样，具有储藏手段功能，也就是说与货币具有功能的同一性，是货币的“迁徙地”之一(在出现严重通胀时,消费品也具有资产的功能)。第二,股票等资产只要有发达的二级市场,就很容易转化为货币资产。就都能转化为 $M_1$ 这一点来说,这些资产与储蓄存款其实并没有本质的区别;更重要的是,这种对货币的替代,可能通过改变社会的流动性总额、结构以及资产价格的途径,对经济周期和金融安全产生不容忽视的负面影响。第三,这些资产都能产生效用,因此都可以作为货币的替代品,进入消费者的效用函数,据以建立资产需求模型。

## 三、资产替代与货币替代的区别与联系

二者的区别有以下几点:第一,内涵不同。货币需求函数与资产需求函数的影响变量不尽相同。第二,外延也不同。货币替代仅指本币与外币资产的替代,而资产替代还包括流动性不同的货币资产,以及货币资产与非货币资产之间的替代。从这个意义上说,货币替代可以说属于局部均衡分析,而资产替代则属于一般均衡分析,这一区分对于后面模型的构造具有重要意义。第三,替代所产生的效应不同。货币替代仅影响汇率、货币政策的独立性和货币需求的稳定性,侧重于外部均衡方面;资产替代的影响则远为广泛,不仅涵盖了货币替代的影响,还涉及通胀与通缩、金融危机等整个宏观经济稳定的方方面面。

二者的联系则是显而易见的,货币替代是资产替代的一种,二者在成因、效应、产生机制、对策等方面均有很多共同之处。

## 四、资产替代的类型

(1) 按特点和程度,可分为突发性的大规模转化和转化受阻(如货币向实物投资转化不畅)。

(2) 按照替代所涉及的资产种类,可分为本外币资产之间的替代、本国不同层次的货币资产之间的替代(如货币 $M_1$ 与储蓄定期存款之间的替代)、货币资产与证券(资本)资产之间的替代以及货币资产与不动产等实物资产之间的替代。

(3) 按照替代对经济运行影响的性质,分为正常替代和异常替代(见下页“资产替代的经济效应分析”)。

(4) 按照有无流动性过多的背景,分为流动性过多引起的资产替代与流动性正常前提下结构性的资产替代。这两种资产替代的治理对策与效果都有很大差异。前者归根结底是流动性过多引起整个公众资产组合的流动性和收益性失衡,引发公众用减持货币、增持证券或实物资产的办

法来恢复二者的均衡，这种资产替代往往持续的时间长且波及大多数市场。由于具有流动性总量过多的支持，因此尽管可能只有少数几种资产价格上涨，但如果不缩减流动性，仅靠理顺资产收益率结构是很难使价格降下来的。2003—2005 年治理房地产价格虚高的政策之所以没有收到预期的效果，与这次房地产价格上涨以及中美两国经济失衡导致美国过多的流动性向中国转移有很大关系。到 2006 年底中国外汇储备已高达 10 663 亿美元，按照近期 1 美元兑换 8 元人民币的汇率折算，为收购这些外汇储备央行所投放的仅基础货币就达 85 304 亿元。增加这么多的货币量，资产价格焉能不涨？后一种资产替代仅仅由于某一种或几种资产收益率失衡，所以资产替代仅涉及局部的市场，只要将失衡的资产收益率理顺，资产替代就不难控制。

## 五、资产替代的经济效应分析

与现有货币替代理论的看法不同，我们认为，资产替代本身是中性的，任何一种资产替代对经济的影响均可分适度与过度两种。适度的资产替代是经济由失衡向均衡转化的一种内在调节机制，可以说，市场机制这只“看不见的手”对宏观经济的调节是通过公众的资产选择行为体现出来的；过度的资产替代效应则会对经济造成巨大的破坏。如果货币向证券的转化是正常投资扩大的表现，它可以带动内需的扩大和经济增长，还可以吸收一部分过多的货币，对货币扩张起缓冲抵消作用；但如果转化过度，又会滋生股价泡沫，成为经济不稳定的根源。

资产替代的负面效应，有以下几种：

1. 资产替代与泡沫及金融体系的稳定性

证券或不动产对货币资产的过度替代造成这些资产的价格泡沫，一旦泡沫破灭，遗留下来的最为直接的恶果就是银行出现大量坏账，因为繁荣时期以证券和房地产作为抵押的贷款纷纷变成不良资产，这些不良资产成为银行的沉重负担，使其失去运转能力，并蕴藏着引发进一步金融危机的巨大能量。资产替代可以在流动性并没有过多的情况下集中冲击某一市场，造成该市场的价格上涨，但从更多的情况看，泡沫是与前期过多的流动性有关的。

2. 资产替代与经济周期

资产替代与经济周期互为因果关系。一方面，经济周期影响居民资产组合的调整，譬如，当经济高涨时，人们的工作稳定性提高，收入增加，偿还能力提高，厂商对投资的前景看好，于是人们纷纷动用以往的储蓄来增加消费支出，厂商也增加投资；同样，在经济繁荣时期，对经济前景的过度乐观可能造成货币向资本品和消费品的过度转换，从而造成投资和消费需求膨胀，经济过热。而经济萧条时期，失业增加，公众预防性储蓄动机增强，使货币收入向消费的正常转化受阻，这会导致经济衰退。

3. 资产替代与货币供需和货币政策的有效性

首先，广义货币内各种层次的货币相互转换，使以 $M_1$ 为代表的货币需求函数变得不稳定，央行难以预测货币的需要量是多少，从而也就难以判断货币供应量多少为适度。

其次，由于货币与其他带有货币性质的金融资产（股票、外汇、债券）之间有着很高的替代性，而这种替代主要是由公众的资产选择行为决定的，央行将货币投入流通之后，对货币与其他金融资产乃至实物资产之间如何转化就鞭长莫及了。即使是同一种货币形式，它将流往实质经济部门还是虚拟经济部门，是回笼到银行还是在再生产过程中流转，是流往投资与消费品市场还是流往房地产市场，是留在国内还是流往国外，这一切都不是听从央行指挥，而是由公众的资产选择决策决定的。而恰恰就是这些转化和流向，代表着现实购买力和潜在购买力的消长，一旦转换失常，就会引起总供需失衡。

再次，在固定汇率制下，货币替代引起的短期资本大量进出将削弱货币政策的有效性，并可能导致通胀或通缩。1997 年以来中国货币流通形势的变幻莫测对许多人来说都还记忆犹新。1997 年中国出现通货紧缩后，央行采取了积极的货币政策，1997—2000 年，央行先后 7 次下调利率，特别是 1998 年一年下调 3 次，1999 年一次下调幅度达 40% 以上，并开征利息所得税，基础货币的供应以每年 14% 以上的速度递增，但由于证券市场的严重制度性缺陷以及企业技术进步能力低，使证券投资回报率与实质经济部门投资回报率极不对称，在股市高回报的利益驱动下，大量社会资金不断地流向虚拟经济部门，就连上市公司从股市上筹集到的资金，也有很多违反了筹资时承诺的用途，绕一圈又转回股市投入股票炒作，难以转化成实际的有效投资，于是出现了所谓的“货币传导过程中的‘渗漏’效应”。[①] 而 2003 年当通货紧缩和“非典”的乌云尚未散去，当政府还在为如何使经济走出低谷而殚精竭思，有关部门考虑到“非典”事件的影响而调低当年经济增长指标时，形势却在不知不觉中发生了戏剧性的变化，通货膨胀的阴影又出现在中国上空。2003 年 6 月后，中国物价

---

① 参阅裴平、熊鹏：“我国货币政策传导过程中的‘渗漏’效应”，《经济研究》，2003 年第 8 期。

明显回升,央行采取紧缩的预防性货币政策,以防止出现全面的通货膨胀,但从2003年9月起,物价指数突然明显上扬,月度消费者物价指数连续保持在3%以上;进入2004年,物价指数继续上升,且居高不下,仅上半年全部金融机构本外币各项贷款就累计增加了1.9万亿元(其中人民币贷款1.781万亿元),相当于2002年全年的贷款总量。这些现象,从表面上看是前几年扩张性货币政策所投放的资金,当时没有进入实质经济部门,而是蛰伏在证券市场上炒股,或者是沉淀在银行体现为商业银行的大量存差资金,甚至外流到海外,现在突然"喷涌"而出的结果。[①] 实际上左右这些资金流向的是居民的资产选择行为。深层的原因则是:证券市场持续低迷使原先过高的股市投资回报率出现反转,原先股市上的资金现在急于寻找有吸引力的出路;在一部分先富起来的人群中,为实现消费结构向住房这一大件商品升级所需的货币积累基本完成,而房地产的耐用品兼投资品的双重属性,使它自然成为这部分人的投资首选;人民币升值预期使海外资金大量返回中国。

4. 资产替代与财政

当公众大规模地用外币来取代本币时,政府的铸币税收入锐减,难以满足既定的预算支出。

5. 资产替代与汇率、国际收支

假设汇率由购买力平价决定,且无抵补利率平价成立,本国居民可以持有外币,则当本币预期贬值时,居民遂增持外币,减持本币,这会进一步加快外汇储备的流失和本币的贬值,同时加剧国际收支失衡。

6. 资产替代与利率

资产替代与利率的关系可谓互为因果。一方面,资产收益率结构的失衡是引致资产替代的重要原因;另一方面,资产替代结果又使收益率结构的均衡得以恢复。

7. 资产替代与流动性规模

资产替代本身可以提供或削减狭义的流动性。如果把 $M_1$ 定义为狭义的流动性,把 $M_2$ 定义为广义的流动性,那么,当 $M_1$ 转化为 $M_2$ 时,狭义的流动性暂时被冻结[②];当 $M_2$ 转化为 $M_1$ 时,原先处于冻结状态的流动性

---

① 参阅裴平、韩贵新:"迷失的货币与突发性通货膨胀",《江苏行政学院学报》,2005年第1期。

② 这里没有考虑吸收储蓄的银行将这部分冻结的货币贷出后引起 $M_1$ 多倍扩张这种情况,之所以不用考虑这种情况,是因为我们这里考察的对象是 $M_1$ 向 $M_2$ 转化对流动性规模的影响,而不是派生存款机制对流动性的影响。对于银行将储蓄存款贷放出去造成的货币扩张,可以通过规定资产负债比例或信贷规模来直接控制。

又重新“融化”,释放出来回到流通中。

## 六、资产替代影响经济运行的前提

如果将资产替代对经济的负面影响视为资产替代的风险,那么,其发生必须同时具备几个不可或缺的条件:一是居民的财富总量必须达到一定的水平,财富犹如资产风险敞口,财富越多,所面临的市场价格变动风险也就越大,从而微观经济主体进行调整操作的内在动力也就越强。二是资产形式必须多样化,居民投资渠道要多元化。没有资产的多样化,也就没有资产替代。三是经济自由化要达到一定水平。资产替代的影响与经济自由化的程度成正比,与市场管制的程度成反比,具体体现在货币自由兑换和国内外资本市场一体化的水平越高,交易费用越低,融资机制越完善,资产替代的影响就越大。从上述角度看,资产替代对经济运行状况的影响可以表达为以下函数:

$$资产替代的影响 = F(\overset{+}{W},\overset{+}{A},\overset{+}{H})$$

上式中,$W$、$A$、$H$ 分别代表财富、资产的种类、经济自由化程度(向量指标)。

## 七、资产替代的成因分析

分析资产替代的原因是为了探讨反替代的对策。从本质上说,资产替代的动力源于资本的逐利本性和人们普遍具有厌恶风险这一心理倾向,它反映了经济活动追求收益和规避风险、优化组合以实现效用最大化的内在要求。

如果进一步分析,那么资产替代的原因可以分为两个层次来讨论:① 直接的原因,如两国之间的利差、预期汇率变动率、规模因素(如两国的收入水平差异)、资产市场交易成本等;② 深层次的原因,如两国经济周期的非一致性、制度层面的因素、结构性因素等。

### (一)直接的原因

#### 1. 不同资产收益率的差异

按照平均利润率法则,资本的自由流动使投放在不同部门的等量资本获得等量利润,如果不等,经济单位或财富持有人就会把资本从回报率低的资产抽出,改投在回报率高的资产上,直至所有资产的边际收益率相等,达到均衡状态后这一调整过程方停止,这就是等量边际收益率原理。一般说来,考察期越短,这一规律的作用就越显著。

由于资本无时不在寻找价值被低估的资产,所以一旦收益率结构出现失衡，就会引起资产大规模的“迁徙”，从而造成经济结构的失衡，对经济具有很大的杀伤力。我国近年来的房价飙升就是一例，1997 年以来，为扩大内需，央行连续 7 次降低利率，并开征利息税，存款、国库券和企业债券利率都偏低，在低利率下，房地产市场的相对收益率提高，增加了房地产投资的吸引力，驱动资金流出银行向房地产转化，仅 2004 年 1—9 月，储蓄存款同比就少增了 2 070 亿元。这不仅造成房价快速上涨，泡沫丛生，2004 年 1—9 月房价比 2003 年同期上涨 13.4%；而且因为房地产投机需求膨胀要依赖信贷的支持，截至 2003 年底，我国住房抵押贷款已达到 12 000 亿元，是 1997 年的 50 倍以上，一旦泡沫破灭，金融体系的安全就会受到严重威胁。

2. 通胀与通缩

物价变动率构成持有货币的机会成本，通胀时期，人们将本币资产转换成不动产或外币资产以期最大限度地保值。在通胀的情况下，居民投资偏向“实物化”。通缩时期，物价负增长，货币收益率转为正数，人们持币观望，有效需求不足。

3. 资产转换的交易成本

各种资产相互转换时都会发生交易成本，转换成本与资产替代的程度呈反向变动。

4. 国民收入水平

一国的国民收入水平可作为该国居民拥有财富数量的近似指标，在不同的财富水平上，资产需求的利率弹性是不同的，财富越多，资产对利率的变动也就越敏感，居民对资产组合进行调整的动机也就愈强。

5. 预期

公众心理预期的变化可能对资产选择行为发挥决定性的影响，这已为实验心理学和行为金融学的研究成果所证明。

6. 国际收支失衡，本币面临贬值或升值压力

一种货币的汇率越稳定，则用该货币作为国际交往的支付手段就越安全，汇率风险所导致的损失可能性就越小，因此居民倾向于持有汇率稳定或平稳升值的货币，而不愿意持有汇率波动频繁尤其是汇率大幅度贬值的货币。

7. 羊群效应、投机炒作等因素

### （二）深层次的原因

前面所概括的是一些表面的因素，如果我们对这些表面原因作进一步的深究，就会发现，在这些表面因素的后面，隐藏着更深层次的成因，这

些成因是：

1. 利率的非市场化或宏观经济政策的不当造成资产回报率结构的失衡

以我国为例，首先，目前我国利率尚未实现市场化，利率不是由市场而是由政府决定，由于政府目标的多元化，利率与其他资产回报率之间也就难以保持一个合理的比价。其次，由于我国证券市场存在严重的制度性缺陷，前几年主管部门过于关注股市行情，害怕股市下跌，忽视了对股市的严格监管，客观上鼓励了市场上的违规行为，使得公众参与证券投资的风险与收益预期极不对称，证券投资的高收益预期与固定资产投资收益前景预期的不佳形成明显的反差（夏斌、廖强，2001）。在此背景下，货币向投资的转化受阻，尽管央行前几年一直实行扩张的政策，但增加的基础货币以及企业在股市上"圈来"的钱却大量通过委托理财渠道转入股市等虚拟经济部门，游离于实体经济之外，加速泡沫的形成，而没有带来预期的实体部门投资增长，这不仅造成需求的进一步萎缩，还造成社会经济效率的损失。

2. 结构性因素

由于产业结构升级滞后于消费和生产发展的要求，产品结构的层次低，一方面，传统产业的大路产品和低档产品生产能力严重过剩，利润率已十分微薄；另一方面，技术含量高的产品又生产不出来，新的投资热点和经济增长点迟迟未能形成，实际经济部门投资回报率低而风险却高，对货币的吸纳能力下降，这是前几年扩张性的货币政策没能有效地带动投资增长的另一个重要原因。

3. 制度性因素

制度性因素是指在资产替代过程中，参与影响的诸如体制、政策规定、行政干预等非市场因素，以及传统文化、民族习惯等。转轨时期，制度性因素对资产替代的影响特别显著。比如，降息本应引起消费品和资本品对储蓄的替代，但从前几年央行 8 次降息的效果看，这一效应并不显著，从制度方面分析，原因是：就业和社会保障制度改革没有与提高居民收入配合推进，居民的收入预期下降而支出预期增长，有钱也不敢花；金融制度与经济结构不相适应，民营企业融资难；制度因素在这里对储蓄向投资、消费的分流起了明显的抑制作用。

央行发布的居民、企业存款的数量，这几年一直居高难下。面对这种情况，有的机构分析认为，这是因为我国的投资渠道不畅。

4. 国与国之间(主要是与发达国家之间)经济周期的不一致性

在固定汇率制下,由于汇率僵化,当发达国家的经济周期与我国处在不同阶段时,就会产生本币汇率被高估或低估,引起国内居民的资产组合调整,这种现象随着经济全球化的趋势加强而日益显著。

5. 信息不对称

市场的信息不对称性是市场失灵的必然结果。信息不对称首先来自于市场本身的不确定性,在一个充满不确定性的现实经济中,一方面,信息是纷繁复杂的,信息的获取需要花费成本;另一方面,不同的市场参与者收集和分析信息的能力是有差别的,在信息获取上机会是不均等的。其次,由于市场监管的不完善,会出现内幕交易或隐瞒真实信息甚至制造虚假信息的现象。市场信息不对称导致处于信息劣势的中小投资者采取跟风操作的策略,追涨杀跌,羊群效应由此产生,放大了市场中的噪声和资产的异常替代的规模。

6. 流动性过多

流动性过多是造成资产异常替代的一个非常重要的动力源。流动性过多会造成公众的资产结构失衡,收益性过低,诱发公众用增持证券或房地产、黄金的办法来消化过多的流动性,提高自己资产组合的收益性。2003 年以来中国的房地产价格节节上涨,其原因就跟美国宽松的货币政策所产生的流动性向中国转移有很大关系。在牙买加体系下,国际储备的发行国可以得到铸币税等利益,却无须承担维护货币稳定的责任,这使美国就像国际金融体系中一个“被惯坏的孩子”,放纵自私,不愿意对自己处于国际金融体系中的主导性储备货币的地位负责,不愿意对自己的超量货币发行负责,不愿意对自己的低储蓄率负责。美元的超量发行为全球经济体系注入了过剩的流动性,是中国流动性过多的一个重要源头。从 2001 年开始,为了对冲美国科技泡沫破灭和“9·11”恐怖袭击对经济的负面影响,美联储持续实行宽松的货币政策,将联邦基准利率由历史的中轴 4%—8% 降到 1% 的低位,并维持了长达 3 年的时间。与此相关联,日本央行为了应对长期通货紧缩和低迷的经济,实施了超宽松货币政策,将利率下降到 0。虽然近年来英格兰银行、美联储、欧洲央行等已经开始先后加息;日本央行最近结束了长达 4 年的数量扩张型货币政策,试图抽紧本国过度的资金流动性;美联储近年也开始加息,但已积重难返,超宽松货币环境的总体格局仍然没有发生根本改变。2005 年美国经常账目赤字超过 8 000 亿美元,而欧洲、日本、石油出口国、亚洲新兴经济的顺差相应增加。这一方面是因为美国大规模发行货币,另一方面则是因为以中国为代表的亚洲国家通过大规模的出口来积累这种购买力不断下降的"垃圾货币"。由于现阶段中国的产业结构层次低,国内财富分配结构又不合理,内需增长相对于储蓄而言比较缓慢,使得中国不得不将对美国出口作为经济增长的动力源,美国过多的流动性向中国转移这一局面短期内很难出现逆转。

## 第三节　资产替代理论模型的构造与实证分析

尽管目前关于资产替代与宏观经济关系的文献尚不多见,但由于货币替代和资产替代的相似性,前者的建模思路对后者不无启发。国外对货币替代的理论研究,多是先建立一个理论模型,它包括促使货币替代产生的各种因素,以及各因素不同的作用程度;然后再收集数据对模型进行实证分析,以验证模型的有效性并说明货币替代的程度(姜波克、杨槐,1999)。

### 一、国外货币替代模型研究简评

国外的主要模型有:马可·A. 迈尔斯(Marc A. Miles,1978)提出的货币服务的生产函数模型、迈克·D. 波尔多和伊萨·U. 乔瑞(Michael D. Bordo & Ehsan U. Choudhri, 1982)对迈尔斯模型的修正、戴维·T. 金、布鲁福德·H. 布特曼和萨基斯·威尔福德(David T. King, Blueford H. Putnam & Sykes Wiford, 1978) 提出的货币需求的资产组合理论以及史提芬·S. 波罗兹(Stephen S. Poloz, 1986) 提出的货币的预防需求理论(姜波克、杨槐,1999)①。

上述模型具有几个共同点:第一,核心都是在一定的资产约束条件下,通过求"持币者效用极大化"来得出各自的本外币需求函数,这一思想也适用于资产替代的建模。第二,这些模型都是以货币替代为研究对象,因此除了货币需求的资产组合模型,其余均属于现金先行模型(CIA),也就是说,都是在货币的交易性功能基础上推导出本外币需求函数,因此只限于不同层次、种类的狭义货币之间的替代,而不包括货币资产与非货币资产的替代,这决定了不能用这些现成模型来研究资产替代问题。要建立资产替代模型,尚须另辟蹊径。

---

① 参见姜波克等:《货币替代研究》,复旦大学出版社 1999 年版。

## 二、资产替代模型的构建

根据本书对资产替代的定义，模型必须满足以下条件：第一，资产选择的范围除了本外币货币资产外，还包括证券、投资品和不动产等具有价值储藏手段功能的资产；第二，满足资产持有者的预算约束条件；第三，满足资产持有者追求效用极大化的条件。根据这三条标准，本书对世代交叠模型进行修改扩充，建立起资产替代模型，以此来探讨资产替代的决定因素。

假设在一个纯交换经济中，只存在一种同质消费品，代表性家庭追求家庭长期预期效用最大化，效用函数为可加可分类型，并且是严格单调的，经济个体在其年轻时为获得效用需要持有货币并进行相应的投资，假设投资对象为房地产和股票，最大化其效用函数：

$$W = u(c_1) + \beta u(c_2) + L(m,h,s) \tag{3-1}$$

其中，$c_1$ 表示年轻时的消费，$c_2$ 表示年老时的消费，$\beta$ 表示折现系数，$m$ 表示每个年轻人的货币持有量，$h$ 表示房地产投资的数额，$s$ 表示股票的投资数额。只有年轻人才工作，工资为 $w$，将他们收入的一部分以货币 $m$、资本 $k$、房地产 $h$ 和股票 $s$ 的形式储蓄起来。一旦经济个体变老，他就把年轻时储蓄的货币和资本等换成消费品，此外，只有老年人得到政府一次性给付的养老金转移支付 $\tau$。于是第一期和第二期消费的预算约束条件分别为：

$$c_1 = w - k - m - h - s \tag{3-2}$$

$$\begin{aligned} c_2 = {} & k(1+r) + m/(1+\pi) + h(1+b_1)/(1+\pi) + \\ & s(1+b_2)/(1+\pi) + \tau \end{aligned} \tag{3-3}$$

其中，$r$ 为资本收益率，$\pi$ 为物价变动率，$b_1$ 为房地产的收益（包含泡沫成分），$b_2$ 为股票的收益（包含泡沫成分）。解上述经济个体效用最大化问题，可得到下述一阶条件

$$W'_k = -u'(c_1) + \beta u'(c_2)\cdot(1+r) = 0$$

$$W'_m = -u'(c_1) + \beta u'(c_2)/(1+\pi) + L'(m) = 0$$

$$W'_h = -u'(c_1) + \beta u'(c_2)(1+b_1)/(1+\pi) + L'(h) = 0$$

$$W'_s = -u'(c_1) + \beta u'(c_2)(1+b_2)/(1+\pi) + L'(s) = 0$$

即：

$$u'(c_1) = \beta u'(c_2)(1+r) \tag{3-4}$$

$$L'(m) = u'(c_1)\left(1 - \frac{1}{(1+\pi)(1+r)}\right) \tag{3-5}$$

$$L'(h) = u'(c_1)\left(1 - \frac{1 + b_1}{(1 + \pi)(1 + r)}\right) \tag{3-6}$$

$$L'(s) = u'(c_1)\left(1 - \frac{1 + b_2}{(1 + \pi)(1 + r)}\right) \tag{3-7}$$

条件(3-4)表示,第一期每单位消费产生的边际效用等于将这单位消费投资于资本、房地产和股票,所得的本利总和用于下期消费所产生的效用的现值;条件(3-5)表示,第一期消费的边际效用应等于第一期持有货币的边际效用的现值。将(3-5)中的$\left(1 - \frac{1}{(1 + \pi)(1 + r)}\right)$展开,并将$u'(c_1)$与$L'(m)$对调,可以更清楚地看出公式的含义为:在第一期,将收入用于消费的边际效用等于以货币形式储蓄并在第二期用于消费的总边际效用。同样,条件(3-6)表示消费与房地产投资之间的关系,条件(3-7)表示消费与股票投资之间的关系。

但货币、房地产、股票同为居民的财富,其相互之间的数额分配关系是居民最优选择的结果,因此在居民资产结构达到均衡状态时,其相互之间的替代弹性必然为1,即减少1元的房地产投资与多持有1元的货币或多增加1元的股票投资在效用上是无差异的。

即:

$$-\frac{L'(m)/L'(h)}{m/h} \cdot \frac{\mathrm{d}(m/h)}{\mathrm{d}(L'(m)/L'(h))} = 1$$

$$-\frac{L'(m)/L'(s)}{m/s} \cdot \frac{\mathrm{d}(m/s)}{\mathrm{d}(L'(m)/L'(s))} = 1$$

$$-\frac{L'(h)/L'(s)}{h/s} \cdot \frac{\mathrm{d}(h/s)}{\mathrm{d}(L'(h)/L'(s))} = 1$$

以货币与房地产之间的关系为例,我们可以看出:

$$\begin{aligned} \mathrm{d}(m/h) &= -(m/h) \cdot \frac{\mathrm{d}(L'(m)/L'(h))}{L'(m)/L'(h)} \\ &= -(m/h) \cdot \mathrm{d}\left(\frac{(1 + \pi)(1 + r) - 1}{(1 + \pi)(1 + r) - (1 + b_1)}\right) \Big/ \\ &\quad \left(\frac{(1 + \pi)(1 + r) - 1}{(1 + \pi)(1 + r) - (1 + b_1)}\right) \end{aligned}$$

即当通胀、利率和房地产的收益率三者之一发生改变时,在现有的财富约束下,货币与房地产之间的投资数额会发生改变。我们假设$b_1$因为房地产价格泡沫的原因而提高,但升幅较小,仍有进一步上升的空间,货币名义收益率大于房地产投资收益率,即$(1 + \pi)(1 + r) - (1 + b_1) > 0$,

则 $d\left(\frac{(1+\pi)(1+r)-1}{(1+\pi)(1+r)-(1+b_1)}\right)>0$,从而 $d(m/h)<0$,即原资产组合中的均衡被打破,房地产的投资会增加;但如果 $(1+\pi)(1+r)-(1+b_1)<0$,则说明原来房地产价格中已存在过多泡沫,房地产收益率已超过货币收益率,如果 $b_1$ 进一步上升,则虽然 $d\left(\frac{(1+\pi)(1+r)-1}{(1+\pi)(1+r)-(1+b_1)}\right)>0$,但 $d(m/h)>0$,说明房地产的投资会下降。究其原因,在于投资者都是风险规避型的,如果 $b_1$ 进一步上升,则人们预期其泡沫破灭的可能性增大,从而降低对其的投资额,保存已赚得的赢利。

而在非货币的财富房地产与股票之间,则也存在这样的关系:

$$d(h/s)=-(h/s)\cdot\frac{d(L'(h)/L'(s))}{L'(h)/L'(s)}$$

$$=-(h/s)\cdot d\left(\frac{(1+\pi)(1+r)-(1+b_1)}{(1+\pi)(1+r)-(1+b_2)}\right)\Bigg/\left(\frac{(1+\pi)(1+r)-(1+b_1)}{(1+\pi)(1+r)-(1+b_2)}\right) \qquad (3\text{-}8)$$

可见,$\pi$、$r$、$b_1$、$b_2$ 这四种收益率中的任何一方改变,都会改变消费、房地产、股票和实体投资之间的分配关系,从而引起相互之间的替代。

当居民持有的财富中再加入外汇头寸时,也会得出相同的结论。

根据上面的分析,如果不考虑本外币之间的替代,并将资产转换成本等次要因素忽略不计的话,则本国居民的货币资产需求函数为:

$$A_{md}=f(Y,\pi,r,b_1,b_2)$$

其中,$A_{md}$ 为本国货币资产需求,$Y$ 为收入。这几个因素与 $A_{md}$ 的关系为:$\frac{\partial A_{md}}{\partial Y}>0$,$\frac{\partial A_{md}}{\partial \pi}<0$,$\frac{\partial A_{md}}{\partial r}<0$,$\frac{\partial A_{md}}{\partial b_1}<0$,$\frac{\partial A_{md}}{\partial b_2}<0$。资本、房地产、股票等资产的需求函数也以此类推。

## 三、中国资产替代现状分析

由表 3-2 可见,1996 年以来,随着货币资产利率的下降和物价的走低,房地产销售增长最为强劲,固定资产投资次之,消费增长最慢。1997—1998 年消费连续两年出现增长下跌,房地产市场却出现火爆局面。作为储蓄另一替代品的证券投资,因难以找到有代表性的收益率而无法准确分析收益率变动对股市资金流向的影响,但据测算,我国储蓄存款增长率与股市资金增长率变化呈0.85的高度正相关。[①] 上述统计数字说明我国目前房地产与证券对货币资产的替代弹性高,而消费与资本品对货币资产的替代弹性较低,降低利率后储蓄分流的去向主要是房地产与证券市场,显然这不利于促进实体经济的发展和抑制泡沫、防范金融风险。

**表3-2 中国利率、储蓄、消费、房地产投资与固定资产投资的变动**

| 年份 | 一年期存款利率变动率(%) | 储蓄存款增加额(亿元) | 变动率(%) | 居民消费价格指数(环比) | 社会商品零售增加额(亿元) | 变动率(%) | 商品房销售增加额(千万元) | 变动率(%) | 非国有经济固定资产投资增加额(亿元) | 变动率(%) |
|---|---|---|---|---|---|---|---|---|---|---|
| 1996 | -16.48 | 8 856 | 8.80 | 108.3 | 4 154 | -4.63 | 1 694 | -29.20 | 1 786 | 5.37 |
| 1997 | -20.61 | 7 760 | -12.40 | 102.8 | 2 524 | -39.20 | 3 723 | 120.00 | 942 | -47.30 |
| 1998 | -30.36 | 7 127 | -8.20 | 99.2 | 1 854 | -26.50 | 7 138 | 91.70 | 1 188 | 26.11 |
| 1999 | -40.63 | 6 214 | -12.80 | 98.6 | 1 982 | 6.90 | 4 745 | -33.50 | 869 | -26.90 |
| 2000 | -25.25 | 4 711 | -24.19 | 100.4 | 3 018 | 52.27 | 9 475 | 99.67 | 2 507 | 188.50 |
| 2001 | — | 9 430 | 100.17 | 100.7 | 3 443 | 14.08 | 9 273 | -2.14 | 3 193 | 27.36 |
| 2002 | -10.67 | 13 148 | 39.42 | 99.2 | 3 315 | 8.82 | 11 695 | 26.13 | 5 016 | 57.09 |
| 2003 | — | 16 708 | 19.22 | 100.4 | 3 824 | 15.4 | 16 386 | 40.10 | — | — |

资料来源:《中国统计年鉴》(1997—2004)、《中国金融年鉴》(1997—2004)。

## 第四节 资产替代的政策含义与对策

### 一、政策含义

就资产替代的政策含义来说,笔者认为主要有五个方面:

*(一) 必须重新认识稳定价格的重要性*

在传统的计划经济和封闭经济条件下,价格稳定的重要性在于它是保证社会经济秩序稳定和生产与流通、分配活动得以顺利进行的基本条件。在开放的市场经济条件下,价格稳定的意义远远超出了这一点,由于居民资产选择空间的扩大,闲置资本时刻在寻找套利机会,所以一旦价格(包括通胀率、利率、汇率等)体系出现结构失衡,就会引起异常的资产替代,进而引发经济动荡,甚至可能导致金融危机。因此,价格稳定是消除社会恐慌心理、稳定公众预期、增强各类市场参与者的信心、防止大规模

---

① 见王元龙:"国际银行业发展的新潮流和我国的抉择",《经济学动态》,1999年第11期。

突发性资产转换和“迁徙”的基础，也是防范金融风险、维护国家金融安全的重要保证。货币当局不仅要关注价格总水平的稳定，还要关注相对价格体系也就是资产收益率是否合理。

从长远来看，中国要成为一个金融大国和金融强国，要获取经济金融全球化的利益，要摆脱发达国家经济周期和经济政策对中国的负溢出效应，就不但要逐步开放资本账户，还要实现人民币国际化；而保持货币的长期稳定是实现人民币国际化的基础性的条件。大家知道，通货膨胀是对债权人的课税和对债务人的补贴，稳定货币可以保证投资者持有该种货币资产价值不受损失、货币的效用不降低，这是对货币持有者利益的最好保护。在虚拟经济发展的今天，公众对国际储备货币的信心，对于该货币在储备市场所占有的份额具有决定性的影响。冰冻三尺，非一日之寒，这种对货币的信心，是建立在对投资者利益保护的长期良好信用记录的基础上的。只有平时具有良好的信誉，一旦遇到国际收支失衡，才有可能在短期内筹措到足够的外汇资金来抵御投机资本的攻击，稳定汇率和维持国际收支均衡。币值如果不稳定，不仅会使资本账户开放走回头路，而且会在急需外汇资金时陷入孤立无援的困境。

在强调价格稳定重要性的时候，必须指出的是，货币当局要关注包括资产价格在内的广义价格的稳定。因为狭义价格即一般物价的稳定仅能防止货币向消费品的异常转换，而不能防止货币向外汇、房地产的异常转换。随着金融创新的发展，货币的替代物越来越多；资本管制逐步放松、外资银行进入等一系列因素引起资本流动渠道的增加，判断货币是否过多已不能光看消费物价是否上涨，还要看资产价格是否合理，要防止货币供应量的压力转移到资产价格上。这方面日本的教训值得注意，日本在泡沫破灭前几年，从传统的宏观指标看经济运行是正常的，通胀率、利率都处于低水平，只有资产价格急剧攀升，日本政府因此放弃了宏观调控，但到后来泡沫破灭，经济陷入长期衰退。

（二）资产替代可以为我们预防经济波动和金融危机提供一种新的对策思路

如前所述，从资产替代理论的角度看，经济波动和金融危机均可视为由于资产收益率结构失衡引起的资产异常替代的结果，这为我们分析宏观经济波动的原因和寻找对策提供了一种新的思路：要防止或熨平经济波动、预防金融危机，就必须采取维持资产收益率结构均衡这种“中性”的货币政策，这一政策包括两层含义：① 平时防止不同资产之间大规模的“迁徙”。并且在资产异常替代发生时，通过利率、汇率的调整，引导公众按照央行的政策意图来调整自己的资产组合,使资产结构和宏观经济重新恢复均衡;② 在需要时采取某种鼓励替代的政策,使资产替代产生促进经济均衡的效应。

**(三)货币量调控的重点应放在广义货币 $M_2$ 和金融相关比率 $M_2$/GDP、货币供给流动性指标 $M_1/M_2$ 上,在将来直接融资发展起来后,还必须兼顾广义流动性 $L$**

前面在分析资产替代对流动性规模的影响时我们曾指出,$M_1$ 和储蓄定期存款之间的相互替代本身可以增加或削减流动性,1997—2003 年间存在的“扩张货币政策下的通货紧缩”和 2003 年突然出现的“紧缩货币政策下的通货膨胀”都证明了这一点。资产替代这一重要效应给我们的启示是:储蓄定期存款就像一个自发吞吐流动性的“水库”,可以随时在流通界和资产市场上吸纳或者提供流动性,这样,尽管本期过多的流动性可能转入静止状态,暂时未冲击市场;但从长远来看,过多的流动性——不管它是现实的还是潜在的流动性,都是一个威胁经济稳定的隐患。因此,任何未将储蓄存款考虑在内的货币均衡都是危险的:暂时冻结的储蓄存款可能在金融体系脆弱性增加时,从银行体系中蜂拥而出,转化为流通中的货币,届时就像决了堤的洪水一样冲向市场,或逃向国外,造成通货膨胀甚至货币危机。$M_2$ 的过快增长或 $M_2$/GDP 金融相关比率过高绝非好事,它意味着存款中可能存在泡沫,应引起货币当局的高度警惕,防患于未然。发达国家 $M_2$ 的状况与币值是否稳定的关联度越来越高这一事实证明了这一点。

在过去二十余年中,中国宏观经济的一个显著特点是财政赤字的规模并不与通货膨胀成比例,在 1978—1995 年这 18 年中,实际综合赤字大约占 GNP 的 8%—9%,但通货膨胀率平均为 7.5%。[①] 其原因之一就是广义货币($M_2$)增长率在这段期间平均每年递增 25%,远远超过国民生产总值增长率(9.7%)与通货膨胀率之和。同一期间,中国 $M_2$/GDP 比率由 0.32 上升到 1.05,2000 年已超过 1.46,不仅大大高于与中国发展水平相近的发展中国家和转轨经济国家,而且显著高于大多数发达国家(如表 3-3 所示)。

① 见易纲、吴有昌:《货币银行学》,上海人民出版社 1999 年版,第 18 章。

**表 3-3　$M_2$/GDP 的国际比较①**

| 国家 | $M_2$/GDP(%) | 国家 | $M_2$/GDP(%) |
|---|---|---|---|
| 发展中国家和转轨经济国家 | | 发达国家 | |
| 中国 | 146 | 美国 | 70 |
| 印度* | 57 | 加拿大 | 61 |
| 印度尼西亚 | 58 | 日本 | 126 |
| 马来西亚 | 106 | 欧元区 | 78 |
| 菲律宾 | 63 | 德国 | 59* |
| 泰国 | 102 | 法国 | 66* |
| 新加坡 | 121 | 意大利 | 47* |
| 巴西 | 50 | 西班牙 | 95* |
| 墨西哥 | 46 | 瑞典 | 47 |
| 波兰* | 40 | 英国 | 91 |
| 捷克 | 74 | 韩国 | 68 |
| 俄罗斯 | 22 | 澳大利亚 | 71 |

*为 1998 年数据。

资料来源：根据 IMF《国际金融统计年鉴 2000》计算得出。

产生这一现象的原因固然有经济的货币化程度提高、高储蓄、金融资产结构畸形使公众可以选择的空间较小等，但存款中存在泡沫成分也是一个原因。这里作一点简单分析。如果将银行资产负债表高度简化，则可如下所示。

| 资　产 | 负　债 |
|---|---|
| 贷款与投资 | 存款与股东权益 |
| | 货币发行 |

当银行出现不良贷款或投资时，这意味着这部分不良资产所对应的存款负债已经失去了物资保证，成为多余的存款货币了，这一部分也就是存款泡沫。中国现在银行体系的坏账比率可能不低于 5%，如果这一数据可靠的话，那么，按 2006 年 6 月底金融机构银行贷款余额 22.79 万亿元计算，坏账有 1.14 万亿元，这意味着有 1.14 万亿元的存款实际上已经成为泡沫了。这些存款泡沫犹如地上悬河，一旦出现严重通胀或银行体系清偿力危机，悬河的河堤崩溃，巨额储蓄存款就会像决堤的洪水一样冲入流通领域，届时不是财政崩溃就是货币制度崩溃。基于这一道理，央行

① 转引自余永定："$M_2$/GDP 的动态增长路径"，《世界经济》，2002 年第 12 期。

既要关注广义货币量或流动性的增长情况,又要注意保持资产收益率结构的均衡,防止因失衡而引起准货币向狭义货币的突发性替代。

关于扩大货币控制范围的思想,《拉德克里夫委员会报告》、格利和肖也持同样的观点。《拉德克里夫委员会报告》认为,货币政策要实现社会总供需的均衡,必须以"流动性"(社会信用总规模)控制来代替货币供应量控制,因为决定需求的支出水平取决于经济主体所拥有的流动性数量。格利和肖认为,货币金融理论应面对多样化的金融资产,而货币仅是无数金融资产中的一种。除商业银行之外,形形色色的非银行金融机构也在信用创造中扮演着重要角色。因此,控制货币的政策不是决策者可依赖的唯一经济政策,影响金融制度的应该是一套完整的金融政策,它包括了货币政策、债务管理政策以及财政政策。

中国在20世纪90年代初期和中期是以$M_1$作为货币控制重点的,而从20世纪末期开始逐步将控制重点转向了$M_2$。[①] 这是适合中国目前金融资产种类尚不多、金融市场发育程度还比较低这一现实的。但似乎还应将反映货币供给流动性的指标$M_1/M_2$列入关注的范围。$M_1/M_2$表明狭义货币供给与以储蓄存款为代表的准货币相互替代的活跃程度。这一指标的数值增大,表明现实经济中用于购买和支付的货币在广义货币供给中的比重上升,货币供给的流动性增强,货币流通速度加快,货币需求相对减少(因为货币流通速度的加快可以相对节约货币需求量)。它可能反映了人们对经济前景看好,消费和投资信心增强,经济趋热;也可能是通货膨胀甚至是银行体系危机的前兆。故观察这一指标的变动趋势对于分析宏观经济发展趋势和金融运行状况都有重要意义。另外,在目前资本市场容量不大的情况下,$M_2$可以作为广义货币的近似,将来在直接融资发展起来后,可能还需要考虑将广义流动性$L$列入央行观测的目标[②],因为20世纪80年代末期中国宏观调控的历史经验证明,在央行紧缩银根的时候,往往是银行信用缩减了,但"三角债"等强制性的商业信用却膨胀起来了,今后随着证券市场的逐步成熟,证券发行由核准制向注册制的过渡,还可能出现银行信用紧缩时证券融资却膨胀的局面,所以,如果不控制广义流动性$L$,整个社会总需求的规模还是控制不住。

---

① 见王广谦:《中央银行学》,高等教育出版社1999年版,第204页。

② 中国目前尚未公布广义流动性指标$L$。美国的$L$等于$M_3$加非银行公众持有的储蓄券、短期国库券、商业票据和银行承兑票据。美国还有一个口径更大的货币供给层次统计指标"Debt",指的是国内非金融部门在信用市场上未清偿的债务总量,包括公司债券、抵押契约、消费信用、商业票据、银行承兑票据等债务工具。

（四）必须从跨期平衡的角度看货币均衡

$M_1$ 和储蓄定期存款之间的转换，会使本期投放的 $M_1$ 层次的货币量中，有一部分会转化为储蓄定期存款而没有形成现实的需求；而另一方面，前期的储蓄定期存量中，有一部分会在本期因存款人提取而转化为现金或活期存款，形成社会需求，因此，货币均衡应当是一个跨期动态平衡的概念，不能仅仅局限于本期。在预测本期货币供应量规模时，不仅要考虑到本期新增的货币供应量，还要加入前期已处于"固态"的货币量本期因转化为 $M_1$ 而释放出来的流动性，扣除本期新增流动性中将固化的部分。写成公式是：

$$M_t^1 = \Delta M_t^1 + M_{t-1}^{2\to1} - M_t^{1\to2}$$

$M_t^1$ 为本期狭义货币总额，$\Delta M_t^1$ 为本期新增加的 $M_1$ 层次货币供应量，$M_{t-1}^{2\to1}$ 为上期的储蓄定期存款货币余额中本期转化为 $M_1$ 的部分，$M_t^{1\to2}$ 则为本期 $M_1$ 层次货币供应量中转化为储蓄定期存款的部分。

（五）流动性过多不一定表现在物价上，甚至也不一定表现在证券资产和房地产价格上，但如果全面考察一般物价、资产价格和 $M_2$/GDP，流动性过多将难以遁形

按照传统的费雪交易方程式，如果货币流通速度不变，则货币量的增减必然会同比例、同方向地反映在物价水平上。但现实却是，扩张性的货币政策环境与物价走低并存的现象屡见不鲜，如前面所说的1997—2003年中国通货紧缩时期的物价表现，以及20世纪80年代后期日本物价和资产价格走势的背离。对这种现象，裴平（2003）认为，传统数量论的上述结论是建立在货币政策传导渠道顺畅的前提上，而在金融市场不完全有效和市场参与者对价格信号不敏感的现实生活中，货币政策传导过程并不是畅通无阻的，大量货币会偏离政策目标，在传导过程中"渗漏"出去，而没有直接作用于实体经济领域。[①] 笔者赞同这一观点，同时还想补充的是：传统数量论还隐含着所有商品都是同质的这一假设，而事实上，不仅一般商品和金融商品不同质，就是在一般商品中，需求的价格弹性也千差万别，货币量增加所形成的需求，不会均匀地分布到各个市场上去。尽管单凭物价指数，甚至将资产价格也涵盖进来也不一定能成为判断流动性是否适度的可靠指标，但如果全面考察物价、资产价格和 $M_2$/GDP 比率（不是横向的国别比较，而是指将这一指标与历史正常年份的经验数据对比），则过多的流动性将无处藏身，因为过多的流动性不会自动消失，这

① 见裴平、韩贵新："迷失的货币与突发性通货膨胀"，《江苏行政学院学报》，2005年第1期。

三个领域包括了货币所有可能的投向。

## 二、防止资产异常替代的对策

(1) 推进利率市场化改革和汇率制度改革,理顺相对价格体系。如前所述,引发异常资产替代最主要的原因之一是各种资产的相对收益率结构和风险结构被扭曲,因此,要消除异常资产替代的诱因,就必须改变非市场化的利率汇率形成机制,理顺相对价格体系,消除资产收益率结构的失衡。在用利率、汇率杠杆调节经济时,应尊重均衡收益率规律,而不是反其道而行之。

(2) 实行规则型的货币政策,稳定公众预期,提高政策透明度和可信度。央行货币政策的成功与否在很大程度上取决于公众的信任,公众对未来的良性预期对金融体系乃至经济的稳定性非常重要。德国社会市场经济之父艾哈德曾经说过,经济学的一半是心理学,从某种程度上说人们的乐观心理就是最好的经济政策。而公众信任的获得,又依靠货币政策的透明度和信誉度。规则型经济政策的实施降低了央行行为的随意性和政府干涉央行的可能性,有利于消除动态不一致性问题,稳定公众预期,减少物价和利率的不确定性,从而提高央行货币政策的效果。

(3) 在健全金融市场机制的基础上,扩大直接融资规模,推进金融深化和广化。作为货币替代品的金融资产的种类越丰富,金融市场的容量越大,就越不容易产生价格泡沫。因此,要弱化资产替代的冲击,必须大力推进金融的深化和广化。这里的深化是指提高股票等金融资产的安全性和收益性,促进各种金融资产相对回报率保持一个合理的结构;广化就是拓宽居民投资渠道,发展各种资产的二级市场,分流储蓄,使企业经营风险不再集中在银行,同时,积极稳妥地推进人民币资本项下的自由兑换。人民币的国际化不仅可以得到铸币税收入,还可以将国内居民的一部分购买力转移到国际市场上,减少国内市场的压力。通过上述举措,开辟更多的"资产蓄水池"来吸收和容纳过多的流动性,使其沉淀下来,不至于影响经济和金融的稳定。

(4) 充分发挥利率和汇率等政策工具的作用,促进有益的资产替代,提高货币调控的主动性和有效性。如前所述,资产替代的经济效应有积极和消极两种,相应地,资产替代的对策也就有促进替代和抑制替代两类。所谓促进替代政策,就是指运用利率、汇率等政策,引导资产替代朝有利于宏观经济稳定和经济发展的方向进行,比如 20 世纪 80—90 年代我国两次运用保值储蓄,促使过多的货币回笼就是一个成功的范例。而对资本跨境流动征税则属于抑制替代政策，这是开放经济条件下防止国际游资冲击的一种有效手段。

## 参考文献


[1] 姜波克、杨槐：《货币替代研究》，上海：复旦大学出版社 1999 年版。

[2] 〔美〕约翰·G. 格利、爱德华·S. 肖：《金融理论中的货币》，贝多广译，王传纶校，上海：上海三联书店 1988 年版。

[3] 李扬、王松奇：《中国金融理论前沿（Ⅰ）》，北京：社科文献出版社 2000 年版。

[4] 宁咏：《内生货币供给理论假说与经验事实》，北京：经济科学出版社 2000 年版。

[5] 裴平、熊鹏："我国货币传导过程中的'渗漏'效应"，《经济研究》，2003，(8)：21—27。

[6] 邱崇明："资产替代与货币政策"，《金融研究》，2005，(1)：52—64。

[7] 盛松成：《现代货币供给理论与实践》，北京：中国金融出版社 1993 年版。

[8] 夏斌、廖强："货币供应量已不宜作为当前我国货币政策的中介目标"，《经济研究》，2001，(8)：33—43。

[9] Tobin, J., Commercial Banks as Creators of "Money", reprints in *Essays in Economics*, Vol. Ⅰ, Macroeconomics, Amsterdam: North-Holland Publishing Company, 1971.

[10] Drazen, A., Inflation and Capital Accumulation under a Finite Horizon, *Journal of Monetary Economics*, 1981, (8): 247—260.

[11] Gurley, John G., The Radcliffe Report and Evidence: A Review Article, *American Economic Review*, 1960, (September): 673—686.

# 第四章

# 货币政策与经济增长

## ——兼论“入世”后就业问题的金融对策

在前面第二章中我们曾指出,"入世"对中国就业问题既有积极的影响,也有消极的影响。从2002—2006年这5年过渡期的情况来看,积极的影响居多。但过渡期结束后影响如何还有待观察。更重要的是,由于中国富余劳动力过多,就业压力将长期存在,形势远不容乐观。正如国内一位著名经济学家所说的:每当发生通货紧缩,中央银行就不得安宁。[①]实际上,世界各国皆然,每当就业问题成为社会焦点时,公众自然就把目光投向了中央银行。这就自然而然地提出一个问题:货币政策究竟能为实现充分就业作出多大贡献?或者说,货币的作用是中性的还是非中性的?如何评价货币政策的作用边界?这可以说是宏观经济学领域的一个最基本的问题,也几乎是经济学的一个永恒的话题。为了弄清这一问题,本章首先对西方经济学中关于货币作用的一些具有代表性的理论作一个简要的回顾,然后再结合中国就业问题的类型来探讨西方这些理论对解决就业问题的适用性,最后,讨论金融当局在解决失业问题中的几种政策选择。

## 第一节 "入世"后就业形势鸟瞰

就业是中国经济长期面临的最大难题之一。虽然近年来,每年的经济增长都在8%以上,世界少见,但由于人口基数大、人口增长率高,就业形势依然严峻。中国现有13亿人口,基数很大,对就业是一个长期的压力。尽管当前人口自然增长率已降到6‰,但1980—1999年,全国就业人数净增2.9亿人,相当于世界新增劳动力的33.7%。据专家推算,人口仍要持续惯性增长20多年,人口至少要增加2亿以上,即到15亿左右绝对值才有递减的可能。从1998年开始,又迎来了因往年的生育高峰带来的新一轮就业高峰,"十五"期间新达到就业年龄的劳动力,较"九五"期间平均每年多290多万人。经济高速增长所创造的大量就业岗位,大多数被人口增长抵消。今后2—3年,城镇每年需要安排就业的劳动力达2 400万人,而能够提供的就业岗位仅为1 000万左右,每年缺口1 400万,再加上1.5亿农村富余劳动力需要转移,这种情况下失业者增多是必然的。从统计数据看,中国人口增长速度大约还需要一代人的时间才能放缓,所以劳动力供大于求的局面短期内不会改变。

---

① 谢平:"新世纪中国货币政策的挑战",《金融研究》,2000年第1期。

从"入世"对就业问题的影响来看,既存在有利因素也存在不利因素。据美国一家调查机构测算,中国国内生产总值每提高1个百分点,就会带来400万个就业机会,总计约1 200万个就业岗位。特别是对于像服装、制鞋等高度外向型的行业来说,"入世"进一步扩展了产品的销路,也增加了这些行业的就业。而另一方面,据华盛顿一家研究机构的经济学家的分析表明,在将过去保护程度比较高的行业市场开放以后,会使相关领域的产出减少1/3,将会产生1 000多万失业工人。①

不利影响首先也最主要地体现在像粮食种植业这样土地密集型的农业部门上,中国农村人多地少,到2010年农村人口仍在7亿左右,到2020年还会有5亿左右,美国一个农民经营上千英亩的土地,而中国每个农户平均耕种面积只有6亩,人多地少,一个人的活要分给几个人干,一个人的收入要分给几个人拿,农业部门就业不足隐性失业的问题本来就很严重,再考虑到"入世"后受到进口农产品的冲击,大量农业剩余劳力涌向城市寻求工作,失业矛盾可能更加尖锐。这几年进口农产品并没有如预期涌入市场,农业受到严重冲击的情况也没有出现,是因为一些特殊原因使然:① 政府高度重视"三农"问题,根据"入世"后的新形势,采取了一系列更直接、更有效的支农政策措施,推动农业与农村经济结构的战略性调整,提高了农业竞争力,促进了农业和农村经济持续、稳定增长。② "入世"影响的滞后效应使国际竞争压力对中国农业的影响在短期内没有表现出来。③ 国内外市场价格变化在客观上缓解了进口压力。如2002年,由于世界粮食主产国受灾严重,导致国际粮食价格上涨25%—30%,而1997年到2003年中期,粮价连续7年低迷,国外粮食不具备进入中国市场的价格条件。但2007年以后,农业在"入世"谈判中争取的过渡期基本结束,中国将成为世界上农产品市场最开放的国家之一。第一,农产品关税降至承诺的终点,即由"入世"前2001年的23.2%,经过2002—2004年3年削减后,降至2005年的15.35%。这远远低于世界农产品平均关税62%的水平,成为世界上农产品关税总水平最低的国家之一。第二,自2004年起,粮食等重点农产品的进口关税配额数量已经达到最高点,2005年之后继续维持这样的高水平。除小麦继续保持90%的国营贸易比例外,其他农产品的国营贸易比例将逐步缩小。2005年取消羊毛和毛条的进口指定经营制度;2006年取消豆油、棕榈油、菜子油进口的关税配额管理,实行9%的单一关税管理。第三,承诺自"入世"起,取

① 王洛林:《2003—2004中国外商投资报告》,经济管理出版社2004年版,第454—455页。

消农产品出口补贴,承诺将国内支持中的黄箱补贴上限约束在8.5%,低于其他发展中国家的水平。总之,在农业对外开放的新阶段,上述一些对国内农业的有利因素将逐步消失,一些深层次的不利因素正在显现,农业面对的国际竞争压力将全面提升。尤其是,中国小规模分散经营的传统农业与国外大规模现代化农业难以竞争的局面,在较长的时期内不会出现逆转;发达国家对农业高补贴、高保护所形成的不公平国际农产品贸易环境,在短期内也不会得到根本的改变。因此,“入世”对农业的影响和挑战是长期的,农业剩余劳动力压力的释放,将逐步显现出来。

其次,进口产品的冲击,势必使一些缺乏竞争力的弱势行业的生存和发展受到损害,加上就业制度和政府机构改革,大量冗员剥离,就业形势非常严峻。据统计,从1998年到2003年底,国有企业下岗人员累计达到2 800多万人,虽然其中就业能力较强的大都实现了再就业,但在中西部地区、老工业基地、困难行业和资源枯竭城市,也有一部分年龄偏大、缺少专业技能的人进入失业队伍。企业大量富余人员的释放,加剧了就业难的局面。

再次,“入世”还将对就业问题产生一些间接的影响。比如,“入世”促进了中国工业化、城市化的进程和产业结构层次的提高,随着资本和劳动密集型的产业比重的上升,有可能加剧劳动力总量关系的失衡,因为这类产业具有对劳动力排斥的特点,很多企业倾向于利用先进的设备、技术来代替人力劳动,使企业在发展扩大过程中吸纳的劳动力相对少了。比如,过去一条半自动洗衣机生产线需要70个劳动力,现在只要7个人。据测算,20世纪80年代,中国国内生产总值每增长1个百分点,可增加240万个就业岗位;90年代以来,每增长1个百分点,只能增加70—100万个岗位。又如,近年来,跨国公司利用股市低迷、上市公司市值严重低估的困境,加紧“攻城略地”,实施廉价并购,而且目标集中于传统产业中的龙头企业,力争绝对控股。外资企业已在日用化工、啤酒饮料、医药、物流等领域占据明显的垄断地位,它们正积极向钢铁、水泥等资源类行业,房地产等资产类行业,机械制造业以及金融服务业步步进逼,实施掠夺式、垄断性并购。由于国内存在着盘根错节的部门利益与地方利益,跨国公司的垄断性并购得到相关部门与地方的许可、默认甚至是协助,“洋进国退”不仅没有放缓,反而在加速推进。这直接威胁相关产业的安全,也严重影响就业问题的解决。

在严峻的就业形势下,要求中央银行用扩张性的货币政策增加就业的呼声始终没有松动,央行面临着来自各方的巨大压力。

## 第二节　货币政策在经济增长中的作用边界
## ——理论比较与借鉴

综观西方经济学对货币政策有效性的理论探讨,尽管众说纷纭,但总体来看,基本上是沿着两种思路展开论证:新古典学派、凯恩斯主义、合理预期学派、真实经济周期理论和新凯恩斯主义是循着货币量→价格→投资回报率→投资→总供给这样的传导途径展开讨论,在这里,厂商投资回报率是货币作用于经济的枢纽,争论的焦点是总供给曲线的形状,实质是货币的扩张能不能影响投资回报率,而这又取决工资和价格的弹性;另一种思路是围绕公众资产选择的效应展开争论,代表是托宾的货币增长论。下面我们将分别沿着这两种思路对有关的理论进行简要的回顾。

### 一、关于总供给曲线形状的争论

#### (一)新古典学派的观点

凯恩斯以前的新古典学派经济学家认为,由于工资和价格具有完全的伸缩性,通过货币工资机制的自发调节,劳动力的供求可以自动达到充分就业均衡,经济活动总是能够迅速调整到自然产出率水平($Q^N$)。因此总供给曲线是一条垂直线,它表明社会提供的产量是以充分就业为基础的,因而完全无弹性。这样总需求曲线的移动就只会影响通货膨胀水平而不会影响产出水平(如图 4-1 所示),因而货币政策是无效的。1929 年的大萧条和随后的高失业率,使得古典学派关于经济会自动调整到自然

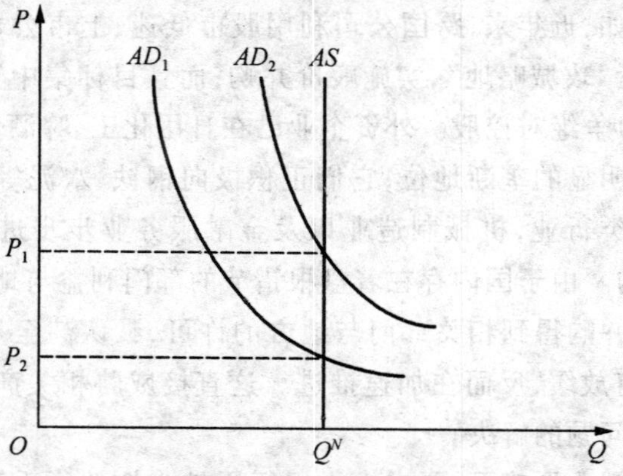


**图 4-1　古典学派的总供给曲线**

产出水平的观点就站不住脚了，凯恩斯关于总产出如何决定的学说问世，并成为占主导地位的理论，总供给曲线垂直的观点被抛弃。

（二）凯恩斯主义的观点

凯恩斯的货币政策有效性理论是以货币工资具有下降刚性和存在货币幻觉为前提的。货币幻觉使劳工对价格上升和下降作出不同的反应。当价格上升引起实际工资下降时，除非超过一定的限度，否则劳工并不会减少其劳动力的供给；反之，当价格下降引起实际工资上升时，他们会竭力抵制雇主削减名义工资的努力，这种抵制使名义工资很难下降，即具有下降刚性。在纵轴为价格 $P$、横轴为产出 $Q$ 的坐标系中，总供给曲线 $AS$ 被视为一条水平线。这样，当货币供应量增加，价格上升时，实际工资下降，厂商发现利润增加就会增加雇佣，扩大投资需求，此时若存在闲置生产要素，总需求曲线 $AD$ 右移，就业和产出就会随之增加（如图 4-2 所示）。反之，如果不用货币扩张的办法来降低实际工资，当劳动需求减少时，工资刚性使工资无法下调以使劳动力市场出清，就会出现失业。

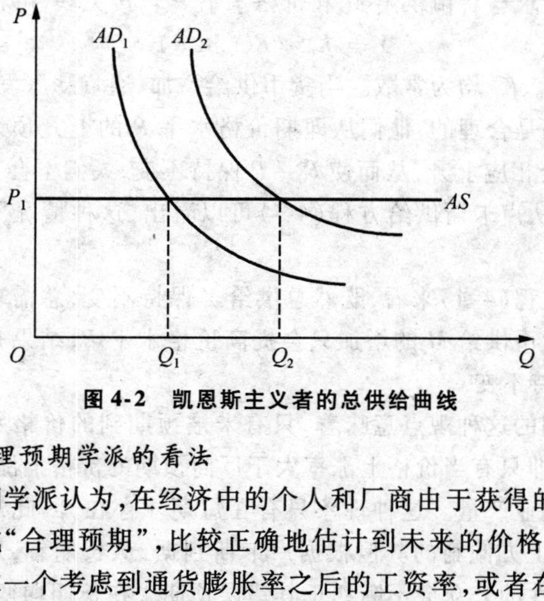


**图 4-2　凯恩斯主义者的总供给曲线**

（三）合理预期学派的看法

合理预期学派认为，在经济中的个人和厂商由于获得的知识和积累的经验会形成"合理预期"，比较正确地估计到未来的价格上涨情况，因此工会会要求一个考虑到通货膨胀率之后的工资率，或者在签订工资合同的同时干脆要求加入工资与通货膨胀率挂钩的"指数化"条款。这样，工资的增长将与通货膨胀保持同步，这就意味着通货膨胀不可能实现有利于高储蓄倾向阶层的收入再分配。

合理预期理论的观点还认为，每个厂商的实际产出 $Y_i$ 应该是一个稳定的正常产出 $Y^*$ 与本厂产品价格上升时的追加产出之和，而追加产出只有在该厂商的产品价格相对于其他产品价格上升时才会出现。因此可将厂商的追加产出表示为一个常数 $h$ 与该厂产品价格相对变化的乘积 $h(P_i - P)$，其中 $P_i$ 为该厂商产品的价格，$P$ 为其他商品的价格水平。这样，就得到该厂商的产出表达式：

$$Y_i = h(P_i - P) + Y_i^* \tag{4-1}$$

但是，个别的厂商并不会知道其他所有商品的价格，而只能根据其经营经验和知识来估计 $P$，记这个价格的估计水平为 $\hat{P}$，厂商进行增产或减产的抉择其实是根据 $P_i - \hat{P}$ 作出的，故可把厂商的供给方程改写为：

$$Y_i = h(P_i - \hat{P}) + Y_i^* \tag{4-2}$$

将各厂商的总供给函数加总就可得到社会的总供给函数

$$Y = c\sum_{i=1}^{n}(P_i - \hat{P}) + Y^* \tag{4-3}$$

$c$ 为一个常数，它由一定年份中经济运行的经验数据所确定。

这个结果即卢卡斯方程。根据卢卡斯方程，只有预期价格水平 $\hat{P}$（即预期通货膨胀率）较低时，总供给 $Y$ 才可能增加。

由于总需求与货币供给 $M$ 和价格水平 $P$ 直接关联，可将其表示为：

$$Y = K_0 + K_1(M/P) \tag{4-4}$$

其中的 $K_0$、$K_1$ 均为常数。当货币供给增加、通货膨胀发生时，由于人们的价格预期是合理的，他们从即期价格水平 $P$ 的上升预计到未来的价格水平 $\hat{P}$ 也会相应上升，从而使 $P_i - \hat{P}$ 保持不变，人们不会有比以前更大的投资热情，从卢卡斯供给方程(4-3)可以看出，这种情况下的总供给也将保持不变。

从需求方程(4-4)来看，既然总供给 $Y$ 保持不变，总需求也只能保持不变，于是，货币供给 $M$ 的增加只会提高价格水平 $P$，结果是实际货币供应量 $M/P$ 保持不变。

理性预期的这种观点意味着，只有未被预期到的价格水平变动才会影响总供给，即只有当价格上涨率大于厂商预期的价格上涨率时，产量才会大于充分就业产量。这种现象只有在短期才存在，因此短期总供给曲线 $AS$ 是向右上方倾斜的。但根据卢卡斯判据，从长期看，公众不可能总是犯错误，理性的公众会不断纠正其错误预期。在长期均衡状态下，公众预期通货膨胀率与实际通货膨胀率一致，即预期偏差的期望值为零，所以长期总供给曲线（图 4-3 中与横轴相交的直线 $Q^N$）必然是垂直的，产出位于潜在产出水平 $Q^N$。这意味着，“被预期到的货币政策无效，只有意料之外的货币供应才导致产出等实际经济变量的变化”。

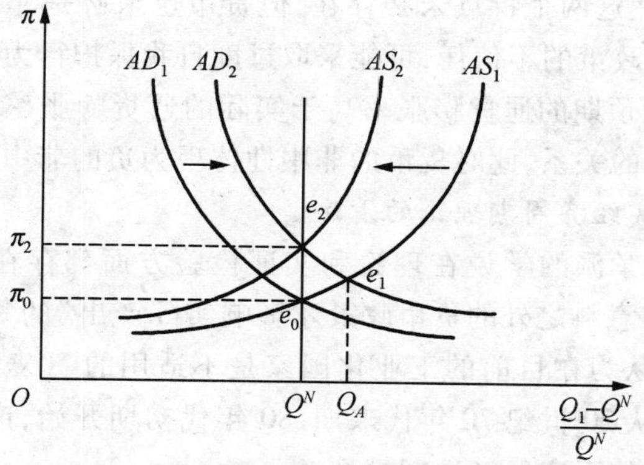


**图 4-3　合理预期学派模型：被预期到的货币政策是无效的**

合理预期学派的观点可以用图 4-3 来说明。如初始均衡点在总供给曲线 $AS_1$ 和总需求曲线 $AD_1$ 的交点 $e_0$，对应的产出为 $Q^N$，价格水平为 $\pi_0$。政府为增加产出而增加货币供应量，使总需求曲线由 $AD_1$ 向右上方移动到 $AD_2$。如果公众未察觉，未调整决策，则总供给曲线 $AS_1$ 不变，则产出会由 $Q^N$ 增加到 $Q_A$，达到政府预期的目的。但根据卢卡斯方程，公众一旦发现货币供应量增加，就会预期物价上升，则式(4-3)中的 $\hat{P}$ 就会提高，$P-\hat{P}$ 的值降低，供给曲线 $AS_1$ 左移到 $AS_2$，则经济均衡点就会是 $e_2$ 而不是政府所期待的 $e_1$，则政策效应是通货膨胀而不是产出增加。

对合理预期学说，笔者认为，如果现实中人们都是理性预期的话，则货币中性论更有说服力，但问题就出在理性预期这一假设是否符合实际上，要知道，形式逻辑是不管大前提的，如果推理依据的前提不存在，哪怕推理的过程再无懈可击，其结论也是难以成立的。在现实生活中，从纵向来看，预期的形成具有时滞性，当经济形势发生变化时，如同人们对客观事物的认识需要一个过程一样，理性预期的形成不大可能一步到位；从横向来看，由于事物都是在不断变化的，各个时期的经济冲击事件其表现形式与特点未必完全相同，各个经济主体掌握与利用信息的能力也不一样，这就使公众的预期具有非同质性，可能一部分人的预期是理性的，另一部分人的预期是准理性甚至是非理性的，预期的非同质性导致对市场条件变化的反应不同。还有，根据金融市场微观结构理论，人们对过去历史的记忆具有代际遗忘的特征，正因此才导致历史有可能重演。当人们的预期具有时滞性和非同质性时，货币政策在短期内就有影响经济的作用基础。更多的学者倾向于认为，从短期来看，货币非中性。另外，货币中性还是非中性问题，还要结合政府与公众的博弈是单期还是多期来看，如果是单期的，则预期的时滞性和非同质性存在，货币是非中性的；如果是重复博弈,则虽然这两个特点未必存在,但货币也未必是非中性的,因为公众出于对政府政策的不信任,可能采取过度自我保护行为(也是一种非理性预期),导致预期的通货膨胀率高于实际的通货膨胀率,则货币供应量与产出是反向的关系,此时货币的非中性体现为负的非中性。

（四）真实经济周期理论的看法

合理预期学派的学说在理论和实证检验方面都存在不尽如人意之处,所以"只有意料之外的货币政策才影响实际产出"的货币经济周期模型"被广泛地认为在目前的工业化国家是不适用的"(麦卡勒姆,1990)。正因为如此,从20世纪70年代末期、80年代初期开始,产生了以技术冲击为波动原因的真实经济周期模型。

真实经济周期理论除了采用所有市场都是出清的、完全竞争的、信息完全充分等古典假设,还假设生产函数受到随机的技术冲击,代表性经济人(家庭或厂商)根据效用最大化原则进行决策。真实周期理论认为,在大多数情况下,技术冲击发生在有限的范围内。如果是这样,还必须解释个别部门的技术变化是怎样传导到整个经济中去的。西方学者J. B. 朗和C. I. 普洛塞(J. B. Long and C. I. Plosser)描述了这样一个过程。①

假设经济一开始处于稳定的状态,其产量以长期增长率增长,没有随机的技术冲击。现在出现了一个正向的技术冲击,比如机器人被引进了生产过程。最初,能从这项新技术中获利的企业,如食品加工、汽车生产厂等,将向生产机器人的企业订货。这种对新资本品需求的增长,将促使生产机器人的企业增加产量。于是这些企业需要更多的劳动力,而工资刚性被认为不存在,所以就业量和实际工资都将增长。这样,生产机器人的企业职工和出售投入要素给这些厂家的企业职工,都享受到了较高的实际工资,将这笔收入的一部分花费在一般的消费品上。结果,初时只对一小部分企业有意义的冲击引起了整个宏观经济的波动。

真实周期理论认为,产出波动的持续性不仅可以由连续的、单方向的技术冲击造成,也可以由一次性重大冲击带来。前一种情况容易理解,单方向冲击使产出在好几个时期受到继续扩张或收缩的压力。但是,一次性重大冲击怎样做到这一点呢?要说明这一点,必须借助于真实周期理论的两个重要假定:第一,新资产被订购以后,需要一段时间才能置备出来;第二,随着收入的变化,家庭将逐渐调整它们的消费模式。也就是说,当实际工资和收入增长时,家庭并不立即彻底改变当前的消费模式,而是

---

① J. B. Long and C. I. Plosser, Real Business Cydes, *Journal of Political Economy*, Vol. 91, No. 1, 1983, pp. 39—69.

分好几个时期来完成消费模式的转变。仍使用上述的例子。现在出现了正向的技术冲击，机器人被引入生产过程。根据第一个假设，对机器人的需求一旦出现了增长，要满足它需要好几个时期。工人们将在这段时期里一直能挣得较高的工资，并且提供更多的劳动。而根据第二个假定，又保证收入增长了的家庭分好几个时期享受提高了的消费水平，这就使社会总产出和就业水平一样在相当长的一段时间里增长得比趋势水平快。可见，一次性技术冲击能够引起实际变量的持续波动。当然，经过一段时间，带有新技术的新资本到位，经济回到稳定状态并且仍以长期增长率增长。

在对真实周期理论作一般说明后，下面给出一个具体的真实周期模型。

设在一个人口为常数的经济中，人们生存于两期，每个人在第一期提供一个单位的劳动。为方便起见，每一代的大小规范为1。生产函数假设为柯布-道格拉斯型的，即生产由下式给出

$$Y_t = U_t K_t^{\alpha} N_t^{1-\alpha} = U_t K_t^{\alpha} \tag{4-5}$$

其中，$U_t$为生产率水平（一个随机变量），$K_t$为资本，$N_t$为劳动；第二个等式是将人口规范化的结果，$Y_t$为总产出。

一个$t$时出生的人，提供一个单位的劳动，挣得工资$W_t$。于是在$t$时他选择消费以使其期望效用最大化：

$$\max[\ln C_{1t} + (1-\theta)^{-1} E(\ln C_{2t+1} \mid t)] \tag{4-6}$$

满足预算约束

$$C_{2t+1} = (1+r_t)(W_t - C_{1t}) \tag{4-7}$$

其中，$C_{1t}$为该人在时期$t$的消费，$C_{2t+1}$为该人在时期$t+l$的消费，ln为自然对数符号，$r_t$为利率，$\theta$为贴现率（$\theta \geqslant 0$）。

求解上述最优化问题，并利用关系式$S_t = W_t - C_{1t}$得储蓄函数为：

$$S_t = \frac{W_t}{2+\theta} \tag{4-8}$$

利用柯布-道格拉斯函数的性质及微观经济学中的结论，有：

$$W_t = (1-\alpha) U_t K_t^{\alpha} \tag{4-9}$$

将式（4-9）代入式（4-8）并利用$K_{t+1} = S_t$，便得到资本存量的随机差分方程

$$K_{t+1} = \frac{(1-\alpha) U_t K_t^{\alpha}}{2+\theta} \tag{4-10}$$

式（4-10）表明，今天的资本存量决定劳动收入，而劳动收入又决定储蓄和下一期的资本存量。

用小写字母表示变量的对数，对式(4-10)取对数有：

$$k_{t+1} = b + \alpha k_t + u_t \tag{4-11}$$

式中

$$b = \ln\left(\frac{1-\alpha}{2+\theta}\right)$$

通过对式(4-5)取对数，并将式(4-11)代入其中，便得到以对数表示的产出的动态方程

$$y_t = \alpha b + \alpha y_{t-1} + u_t \tag{4-12}$$

用统计学的术语说关系式(4-12)表明，产出的对数是一个一阶自回归过程。

若设 $u_t$ 为白噪声随机变量，则这时生产率的对数等于一个常数加上白噪声。在这种情况下，产出遵循一阶自回归过程，序列相关系数等于 $\alpha$。正向生产率冲击导致消费和储蓄的增加，资本和产出也达到更高的水平。随着时间的推移，资本和产出又回到其初始水平。

考虑到新技术一经采用将永远有效这种情况，即考虑到生产率的变化对生产率水平具有持久的影响这种情况，假定生产率的变化服从下列随机过程

$$u_t = g + u_{t-1} + \varepsilon_t \tag{4-13}$$

其中，$\varepsilon_t$ 为白噪声。

对式(4-12)取差分，并利用式(4-13)，得：

$$\Delta y_t = g + \alpha \Delta y_{t-1} + \varepsilon_t \tag{4-14}$$

可以看到，作为资本积累的结果，产出增长是序列相关的，序列相关系数为 $\alpha$。$\varepsilon$ 增加的正向生产率冲击对产出水平 $y$ 的影响在图 4-4 中给出。

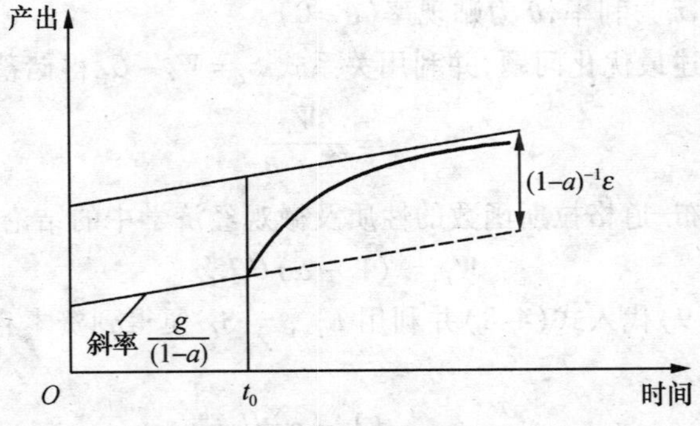


**图 4-4　正向生产率冲击对产出的影响**

产出在 0 期沿着其初始增长路径增加，随后按一个较快的速率增加，最终增长率回到原来的水平，但产出水平比原先的水平高。总之，这

一实际周期模型的基本思想是，影响当期产出的生产率冲击可能导致消费及储蓄的增加，这样资本积累也会增加。因为资本积累增加引起以后较高的产出，生产率冲击导致产出的序列相关反应。

真实经济周期理论能较好地解释长经济周期波动，比如，20 世纪 90 年代美国经历了长达十几年的高经济增长率、低通货膨胀率和低失业率的黄金时期，其背景是 IT 技术的诞生，各行各业都用 IT 技术进行技术改造，由此带动了一轮固定资产更新高潮，后者是此轮经济繁荣的真正动力源。但真实经济周期理论难以解释短期的经济波动的原因。所以，尽管真实经济周期理论指出技术冲击对产出的影响，但不能以此为理由完全否定在存在闲置资源这一前提下，货币政策对短期产出的影响，实际上，这两种影响是可以并存不悖的。

（五）新凯恩斯主义的看法

新凯恩斯主义（New Keynesianism）指美国在 20 世纪 80 年代以来最新发展的凯恩斯主义。其代表人物大多是年轻的经济学者。主要有 N. 格雷戈里·曼昆（N. Gregory Mankiw）、戴维·罗默（David Romer）、约瑟夫·E. 斯蒂格利兹（Joseph E. Stiglitz）、乔治·阿克洛夫（George Akerlof）、珍妮特·L. 耶伦（Janet L. Yellen）、奥利维尔·J. 布兰查德（Olivier J. Blanchard）、约翰·泰勒（John Taylor）、约翰·布兰特（John Bryant）、劳伦斯·萨默斯（Lawrence Summers）等。

与合理预期学派将总产出对充分就业产量的偏离归因于经济主体对总体价格水平的错误预期不同，新凯恩斯主义着重从工资和价格的黏性，也就是名义价格和工资的不完全调整来解释总产出的波动。新凯恩斯主义认为，一方面，由于微观市场中的垄断和合同制等因素的影响，价格具有下降刚性。于是当需求不足时，按照完全市场机制的要求，本来可以自动降价来出清市场，由于价格刚性就只好降低产量，从而导致失业增加，这就得出了与凯恩斯有效需求不足引起失业相同的结论。另一方面，由于劳动合同起止时间交错、劳资双方均厌恶风险、在职者受到各种保护和高工资可以带来高生产率等因素，工资具有黏性。所谓工资黏性，是指在总需求变化的条件下，工资滞后于产出调整的现象。当价格或工资具有黏性时，货币供给变化导致总需求变化，厂商和劳工不能及时调整价格或工资。总需求变化的冲击必然使厂商和劳工增加或减少投入，从而导致实际产出的变化，因此，价格和工资的黏性对于货币政策有效性具有重要意义。新凯恩斯主义的观点可用图 4-5 来说明。即使公众理性地预期到总需求将从 $AD_1$ 移动到 $AD_2$，但总供给曲线也不能移动到 $AS_1$，而只能移

动到 $AS_A$，实际的通货膨胀为 $\pi_A$ 而非 $\pi_2$，产出则由 $Q^N$ 增加到 $Q_A$。

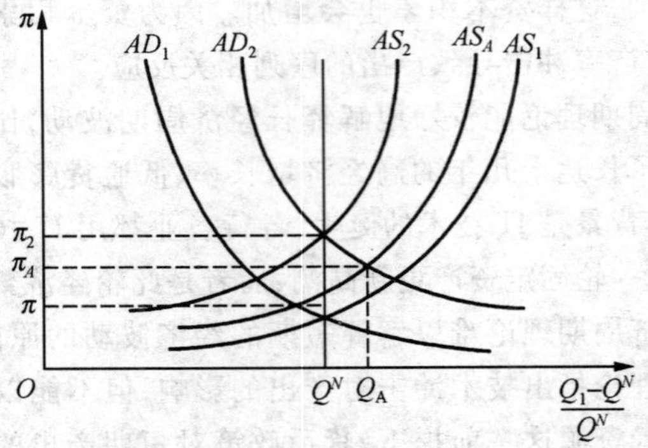


图 4-5　新凯恩斯主义模型

那么，在像我国这样的转轨经济中，价格和工资的黏性又如何呢？在传统的计划经济中，价格和工资基本冻结，实行的是物价和工资"几十年一贯制"，因此价格和工资的黏性是存在的，但在计划经济体制下，企业并没有投资决策权，因此货币政策对产出的影响并不是通过价格和工资黏性→投资回报率→投资的途径影响产出，而是通过铸币税和通货膨胀税的形式促进经济增长。改革开放以后，由于价格和工资形成机制的市场化、市场秩序不规范和通货膨胀预期的形成，总体来看价格和工资的黏性都下降，所以货币政策对实际产出的直接影响也下降了（汪红驹，2003）。[①]

上述理论尽管对货币在经济中的作用的看法大相径庭，但即使是认为货币政策非中性的新老凯恩斯主义，也都认为只有在尚未达到充分就业产量之前，总供给曲线才是向右上方倾斜的，也就是说价格和产量才是同方向变动的关系；在达到充分就业产量以后，总供给曲线就变成一条与表示产量的横轴相垂直的直线，这时扩张性的货币政策只会引起价格的上升，而不会引起产量的增长。

## 二、货币增长论：一种考察货币与经济关系的视角

### （一）模型

20 世纪 60 年代，西方经济学界出现了所谓的"货币增长理论"。这一理论研究货币同经济增长的内在联系以及货币政策对经济增长的影响。在此之前，西方经济增长理论都只是从实物因素（如劳动力、资本

---

① 汪红驹：《中国货币政策有效性研究》，中国人民大学出版社 2003 年版，第 29—33 页。

等）方面来讨论经济增长问题，而不重视货币因素，认为货币供给具有完全弹性，不会构成制约经济增长的瓶颈。货币增长理论的出现，正好弥补了这一缺陷。在货币增长理论中，托宾的学说最具有代表性。

假设人口增长率 $n$ 是个常数，不考虑技术进步，产出只与资本存量和劳动投入有关，生产函数是个一阶齐次方程，这样，二元生产函数可以被简化为一个一元函数：

$$y = \frac{Y}{N} = F\left(\frac{Y}{N}, 1\right) = f(k) \tag{4-15}$$

其中，$y$、$k$ 是人均产出和人均资本存量，$N$ 是人口数量。假设经济中还存在着货币，记 $m$ 为人均实际货币余额持有量，则人均实际财富量为：

$$a = k + m \tag{4-16}$$

也就是说，财富的存在形式有两种：实际资本和实际货币余额。在此，托宾（Tuobin, 1956）提出一个重要的概念——可支配收入 $Y_D$，其定义为实际产出 $Y$ 加上实际货币余额的增加额 $\frac{\dot{M}}{P}$①（这里假设全部货币都是外在货币，即政府在进行采购和转移支付时所发行的货币，由于外在货币是货币持有者对发行货币的政府的债权，所以外在货币的增加意味着公众净财富的增加），即：

$$Y_D = Y + \left(\frac{\dot{M}}{P}\right) \tag{4-17}$$

由于在货币经济中，新增加的实际货币余额是被人们持有的，它并不用于实际投资，所以真实资本形成（实际投资）就等于实际储蓄中未被实际货币余额增长吸收的部分，即：

$$\dot{K} = s\left[Y + \left(\frac{\dot{M}}{P}\right)\right] - \left(\frac{\dot{M}}{P}\right) = sY + s\left(\frac{\dot{M}}{P}\right) - \left(\frac{\dot{M}}{P}\right)$$

用人均水平表示，则为：

$$\dot{k} = sy - m(1 - s) \tag{4-18}$$

再用 $\theta$ 和 $n$ 表示名义货币和劳动力增长率，$\pi$ 表示通货膨胀率，由于人口的增长会产生新的实际货币余额需求，通货膨胀则会使实际货币余额的价值减少；另外，人口的增长也意味着为满足新增人口对资本的需求，必须追加投资，只有在满足了这部分资本广化的需求后，社会才有剩余的储蓄用于资本的深化，即提高人均资本量。综合上述因素后，式

① 字母上面加一点表示对括号里的量关于时间 $t$ 求导，$P$ 是价格水平。

(4-18)可以写成：

$$\dot{k} = sy - (1-s)(\theta - \pi)m - nk \quad (4\text{-}19)$$ ①

式(4-19)表示，人均资本增加额等于实际储蓄减去经过调整后的人均实际货币持有额，再减去为每一新增劳动力配备应得的资本量。

因为在稳态条件下，$\pi = \theta - n$（即 $n = \theta - \pi$），$\dot{k} = 0$，将这两个等式代入式(4-19)，得：

$$0 = sy - (1-s)nm - nk \quad (4\text{-}20)$$

又因为人们的意愿货币持有比率为：

$$\frac{m}{k} = \phi(r+\pi) \text{ 或 } m = \phi(r+\pi)k, \quad \phi' < 0 \quad (4\text{-}21)$$

其中 $r = f'(k)$，再考虑到 $\pi = \theta - n$，式(4-20)可以写成：

$$0 = sy - (1-s)n\phi[f'(k) + \theta - n]k - nk \quad (4\text{-}22)$$

式(4-22)对 $\theta$ 求导，可得 $dk/d\theta > 0$②，这一公式可以得出托宾模型最重要的结论：人均资本量与货币增长率（通货膨胀率）成同向变动，通货膨胀将促使公众降低意愿货币持有比率，将货币转化成资本，从而提高人均资本量，产出得以增加，这也称为托宾效应。

---

① 式(4-19)的推导过程如下：

因为 $\left(\frac{\dot{M}}{P}\right) = \frac{P\dot{M} - M\dot{P}}{P^2} = \frac{P\frac{dM}{dt} - M\frac{dP}{dt}}{P^2} = \frac{\dot{M}}{P} - \frac{M}{P}\frac{\dot{P}}{P}\left(\frac{\dot{M}}{M} - \frac{\dot{P}}{P}\right) = \frac{M}{P}(\theta - \pi)$

又根据式(4-18)，$\dot{K} = sY - (1-s)\left(\frac{\dot{M}}{P}\right)$

所以 $\dot{k} = \left(\frac{\dot{K}}{N}\right) = \frac{\dot{K}N - K\dot{N}}{N^2} = \frac{\dot{K}}{N} - \frac{K}{N}\frac{\dot{N}}{N} = \frac{sY - (1-s)\left(\frac{\dot{M}}{P}\right)}{N} - kn$

$= sy - (1-s)\frac{M}{PN}(\theta - \pi) - kn = sy - (1-s)m(\theta - \pi) - nk$

② 式(4-22)$k$ 对 $\theta$ 求导过程如下：

$$0 = sf'(k)\frac{dk}{d\theta} - (1-s)nk\Phi'[\cdot]f''(k)\frac{dk}{d\theta} - (1-s)nk\Phi'[\cdot]\frac{d\theta}{d\theta} - (1-s)n\Phi(.)\frac{dk}{d\theta} - n\frac{dk}{d\theta}$$

移项，得：

$$sf'(k)\frac{dk}{d\theta} - (1-s)nk\Phi'[\cdot]f''(k)\frac{dk}{d\theta} - (1-s)n\Phi[\cdot]\frac{dk}{d\theta} - n\frac{dk}{d\theta} = (1-s)nk\Phi'[\cdot]$$

将 $\frac{dk}{d\theta}$ 提到前面，再整理得：

$$\frac{dk}{d\theta}\{[sf'(k) - n] - (1-s)nk\Phi'[\cdot]f''(k) - (1-s)n\Phi[\cdot]\} = (1-s)nk\Phi'[\cdot]$$

根据罗伯特·索洛(Robert Solow)的新古典增长模型，当处于稳态时，$sf'(k) - n < 0$；另根据式(4.21)，货币需求量 $m = \phi(r+\pi)k$ 是正数，其一阶导数 $\phi' < 0$；生产函数是凹函数，故 $f''(k) < 0$；$s > 0, n > 0, k > 0$。将上述条件代入式(2)，可以推断出，要满足这一方程，必须有 $\frac{dk}{d\theta} > 0$。

（二）评论

托宾效应实际上建立在储蓄率固定和基于资产组合理论的货币需求函数这两个假设的基础之上。若去掉其中任何一个假设，托宾效应尚可成立，但若两个都去掉，则托宾效应可能出现反转。帕廷金和莱福哈里（Levhari, 1968）、多恩布什和弗伦克尔（Dornbush and Frenkel, 1973）曾指出，通货膨胀率可以从三个方面影响人均资本密度：第一，改变引起前面所分析的人们的资产组合调整行为，用投资（实物储蓄）代替货币储蓄从而引起人均资本密度的提高；第二，表现在当通货膨胀时，名义利率上升，提高了可支配收入，也就增加了总储蓄和资本密度；第三，通货膨胀对消费需求具有正效应（这要求通货膨胀率进入消费需求函数，与收入一起作为影响消费的因素），即会刺激消费需求，而消费是对社会产品的扣除，从这个意义上说，通货膨胀会降低而不是提高人均资本密度。究竟通货膨胀对资本密度的净效应如何，应取决于这三种效应强度的对比。1995年，美国两位经济学家麦肯德力斯和韦伯（McCandless and Weber）对110个国家30年数据的实证分析，结果发现通货膨胀率或货币增长率与实际产出率之间不存在固定的因果关系，这意味着即使托宾模型所描述的替代效应存在，它也可能忽略了其他更为重要的效应，以至于得出与实证分析相反的结论。换言之，托宾效应可能是把特殊作为一般，以偏概全，忽略了第三种情况的存在，这就使托宾的结论不具有普遍的意义。

（三）托宾货币增长论与凯恩斯货币作用理论的异同

托宾的货币增长论与凯恩斯的货币作用理论同样都否认货币中性，那么两者之间究竟是从不同侧面观察同一问题的两种不同理论，还是可以统一在一个理论框架里殊途同归的关系？笔者倾向于认为是前者。经济增长理论的鼻祖索洛认为，凯恩斯的宏观经济学是研究货币与产出短期的关系，货币增长理论则是研究长期的关系；他还说，这两者从来没有很好地整合起来，这种看法不无道理。① 笔者还认为，两种理论存在以下异同：从区别来看，首先，研究的角度不同，托宾效应是从公众资产选择角度研究货币量变动会不会影响投资和产出，货币为什么是非中性的：当通货膨胀时，由于人们会用投资来替代货币（假设只存在货币与投资两种资产形式），这样人均资本量会增加，由于产出是人均资本量的函数，所以产出也会增加。凯恩斯则是从货币幻觉与厂商投资的关系角度，假设存在货币幻觉和工资物价刚性的前提下，货币供应量增加→物价上升→实际

① 见〔美〕本杰明·M.弗里德曼、〔英〕弗兰克·H.哈恩：《货币经济学手册》（第1卷），陈雨露等译，经济科学出版社2002年版，第243页。

工资下降→由于人们存在货币幻觉→因此未提出提薪→厂商的实际利润增加→厂商增加对工人的雇用→就业增加。其次,托宾效应依赖于将消费排除在货币替代品之外这一不切实际的前提条件,相对于托宾效应,凯恩斯则不需这一前提。第三,研究的经济主体不同。托宾研究的是居民的行为,凯恩斯研究的则是厂商行为。从联系来看,笔者认为,这两种理论都是研究货币量对投资的影响机制或者说路径问题,尽管具体的路径不同,但应该承认,它们所揭示的现象在现实生活中都可能存在,但这两种效应的存在都离不开一个最简单同时也是最基本的前提,即要有闲置的资源存在,否则只有价格效应,没有产出效应或人均资本量增加效应。这一点实际上凯恩斯主义者也是承认的。

## 三、铸币税理论

在现代信用货币制度下,货币(包括现金和存款货币)是货币发行者(政府)对货币持有者的负债,也即货币持有者拥有的对发行银行的债权(净资产)。货币的易手,也就是银行债务的转移。现代信用货币可以摆脱发行准备的束缚,比如,某采矿企业以估价1亿元的矿山为抵押向银行申请贷款,抵押品是还未开采出来的矿藏,而不是已经生产出来并可以投放市场的矿石,银行如果同意贷款,则贷款所形成的货币供应量是没有现成的物资作担保的,是一种货币的超前投放。假设以后由于地质勘探资料不实,矿山可采储量只达到设计能力的一半,或者矿山投产后由于市场不景气,实际价格只及原来估计的一半,则1亿元的贷款只能回笼一半,也就是说有5000万元货币供应量失去了物资保证,成为多余的货币,这些多余的货币将停留在流通界,成为推动物价上涨的力量。尽管存在这种风险,但银行对这种以待开发的资源为担保而没有现实商品作保证的贷款,只要在贷款审查时认为借款人将来有偿还能力,一般都是会发放的,因为这意味着如果将来的发展如预期,则货币的超前投放可以将潜在的生产能力动员起来,扩大社会再生产规模和增加社会财富。可见,信用货币具有对资源进行跨期配置的功能,而且这种跨期配置的资源可以是还未生产出来的财富,但风险也在这里:信用的价值取决于跨期生产过程能否最终实现,这一点存在很大的不确定性。① 现代信用货币的这种性质可以为政府所利用,通过货币的超量发行,来强制公众向它提供信用,而且这种强制性是非常隐蔽的,谁也不知道自己手中的货币有多少是超

① 见瞿强:《资产价格波动与宏观经济》,中国人民大学出版社2005年版,第150页。

过流通所需要的，作为个人，持币者可以通过花掉手中的钱来收回对发行银行的授信，但是甲的支出同时也就是乙的收入，因此作为整个社会而言，无法摆脱这部分过多的货币。西方经济学家萨尔沃认为，通货膨胀作为一种“货币税”，政府通过它可获得收入，“货币税”给政府带来的收入为“税基”（即实际货币余额）与“税率”（即货币贬值幅度）的乘积，当物价上涨幅度与货币增发幅度一致时，政府新增收入就等于增发的货币量。20世纪50年代和60年代，联合国拉美经济委员会的结构主义经济学家也认为，适度的、有控制的通货膨胀是使发展的“车轮得到润滑”的手段。这种观点主要依据以下三个假设：第一，政府利用通货膨胀“货币税”收入的边际投资倾向高于私人部门，有人甚至假设，政府会把因通货膨胀而取得的收入全部转化为投资；第二，传统的赋税制度具有充分的弹性，或者在税收中存在诸如收入指数化这样的制度安排，这样，当通货膨胀引起人们的名义收入增加时，税收收入随之相应增加；第三，通货膨胀所造成的效率损失要比利用传统赋税来增加政府收入所造成的效率损失小。

但是，货币税学说是经不起推敲的。且不论在预期通货膨胀率高于货币增长率时，政府为了获得既定的货币税收入，必须进一步加快货币增长速度，如此循环就产生了恶性通货膨胀；后来的研究也证明，上述假设无一不是一厢情愿的。第一，只有在政府对税收增加额的边际消费倾向比私人部门对用于纳税的资金的边际消费倾向更小时，较高的税收才能转化为较高的投资。而在大多数发展中国家（地区），政府（当局）的税收收入大部分不是用于积累，而是用于各种消费性支出特别是为数巨大的行政费用，这种现象被称为“普利斯效应”，它的存在使上述第一个假设不能成立。第二，在发展中国家（地区），由于税收征管制度漏洞很多，课税能力欠佳，赋税收入的增长远远落后于人均名义收入的增长，这样，部分企业和个人也参与了“货币税”的瓜分，一部分“通货膨胀收入”在流通和分配过程中散失，不正常地滞留于部分企业和个人手中。第三，在通货膨胀条件下，政府必须相应扩大非积累性支出，这首先表现在弥补人民生活因价格上升而造成的损失必须增加财政补贴，另外国家必须增加公务员的工资和社会集团消费。第四，通货膨胀会干扰经济主体的正常决策，这有损于总储蓄的增长。总之，对发展中国家（地区）来说，利用通货膨胀来积累资本所需的制度前提几乎都不存在。正如诺贝尔经济学奖获得者、著名美国经济学家威廉·刘易斯所指出的：“那些能够安全地利用通货膨胀积累资本的国家根本用不着它，而那些迫切需要它的国家却又不能在不惹出更多、更难对付的麻烦这个前提下运用它。”

前面我们对西方经济学中关于货币政策与产出关系的理论作了一个简要的回顾,如果说货币理论太抽象的话,那么,也许近十几年中的两个实例有助于我们理解这两者的关系。一个例子是如何评价格林斯潘执掌美联储时期美国货币政策与美国连续十余年经济增长的关系。如果说美联储的货币政策发挥了作用,那么这种货币政策不是主动增加货币供应量来刺激经济增长,而是以维持币值稳定为核心,为经济增长提供一个良好的环境。美联储的政策被称为"不公开宣示的通货膨胀目标制",美联储从 1993 年 7 月起就放弃了对 $M_2$ 的调控,日常的货币政策操作就是每年 8 次公开市场委员会决定是否调整联邦基金利率(或贴现率),并且每年都有几次是不调整的。理论界普遍认为,美国经济持续增长是高科技产业革命带动的,美联储的作用是为经济增长提供了低物价基础和前瞻性信息,货币政策本身并不会刺激经济增长。另一个例子是日本银行,日本经济连续 7 年负增长,日本银行已经非常积极地扩张,甚至采取了零利率政策,但日本的经济依然低迷。这两个例子起码说明了一点,决定经济增长的主要因素不是货币和货币政策,货币政策对经济增长的贡献是非常有限的。

## 第三节 金融政策增加就业的途径探讨

从前面对货币作用理论的回顾中我们可以看出,按照现有的大部分理论的内在逻辑推演,几乎都可以得出相近的结论:试图通过扩张性的货币政策解决就业问题从短期来看可能有效,但其前提条件要求很严格,且会留下很多后遗症,从长期来看是几乎没有什么效果,甚至适得其反。

但这并不等于说,金融政策(包含货币政策和金融深化、金融发展政策)在就业问题上就无能为力了,恰恰相反,笔者认为,金融政策在就业问题上大有用武之地,问题是必须遵循正确的作用途径,而不是不顾客观经济规律,赋予货币政策力所不能及的任务。就业问题的解决,是需要诸如经济发展战略、就业政策、财政税收政策和货币政策等多种政策协调配套的大系统工程,绝非靠增加货币量或实行低利率政策所能奏效的。货币政策是宏观经济管理的重要工具,但它不是"万应灵丹",不能企望用它解决它所解决不了的问题。如果硬要货币政策承担其力所不能及的任务,最终不仅达不到目的,反而可能陷入滞胀这一更难对付的困境。我们认为,中国就业问题的解决,首先必须依靠发展战略的正确选择;其次要依靠调整产业结构,大力发展劳动力吸收能力强的第三产业;在此基础上,再发挥金融政策的作用,金融政策在解决就业问题中只能当“配角”而无法当“主角”。下面作进一步的分析。

## 一、增加就业的主要方略

（一）发挥中国的比较优势,发展劳动密集型的外向型经济,把剩余劳动力的消化纳入国际大循环的轨道

在解决就业问题上,如何给金融政策一个正确的角色定位？要回答这一问题,首先还必须正确认识中国所面临的就业问题的类型。

一般来说,失业问题按成因来划分,可分为三种类型:第一类是和经济周期相关的,是由于资源闲置导致的失业,这类失业往往随经济景气的变化而变化,是短期宏观政策所要解决的问题。第二类是结构性失业,是由于经济结构变化导致的劳动技能供给与需求不匹配引起的,这类失业问题只能依靠教育培训和提高劳动力市场配置效率来解决。第三类是和一国发展阶段相关的原生性失业。发展经济学认为,发展中国家(地区)在未实现工业化时,它们与工业国在经济结构上最重要的区别就是存在二元性,即传统的农业部门和现代工业部门同时并存的现象。由于传统的农业部门大量使用的是土地等非再生性生产资源,其规模不可能像人口那样持续扩大,因此,持续增加的人口势必形成不可逆转的巨大压力并造成整个经济收益递减的趋势。中国的失业问题主要属于第三种,本质上是一种资本不足的失业,这类失业问题不是短期宏观经济政策所能解决的。从根本上说,解决这类失业问题最有效的对策是根据中国自然资源相对贫乏、资本不足、人口多、劳动力价格低廉的特点,发展低技术、低资金的劳动力密集型的出口替代,把对剩余劳力的消化纳入国际大循环的轨道,把就业放在国际经济一体化的大背景下来部署。这样,既避开资本匮乏这一短处,又把人口过剩这一不利条件转变成自己的优势,不仅可以在国际范围内争取到更多劳动力就业资源的配置,缓解就业压力,还为日后的发展积累了资金。这也就是通常所说的“先做鞋子,后做电子”的道理。对中国大部分中、西部地区来说,这恐怕是难以逾越的发展阶段。

（二）调整产业发展顺序,大力发展劳动力吸纳能力强的第三产业

要缓解就业压力,还必须调整产业发展顺序。目前,产业结构不合理是造成就业难的重要原因。一般来说,在经济增长速度一定的前提下,不同的产业结构对就业的贡献是不同的。第三产业是吸纳劳动力最多的部门。2000年西方发达国家第三产业就业的比重平均为68.2%。东南亚

国家中，马来西亚为 49.5%，印尼为 38.9%，泰国为 32.2%，中国只有 29%，远远低于发达国家的平均水平，也低于一些发展中国家的水平。近几年来，中国进入了以重工业化为特征的工业化加速发展期，第二产业的比重还会上升，而吸纳劳动力最多的第三产业的发展相对缓慢。而据劳动保障部劳动科学研究所副所长莫荣的测算①，第三产业的就业率每增加 1 个百分点，就可以增加 1 000 万个就业岗位，如果中国第三产业就业率能达到 40% 的比例，全国就可以增加 1 亿个就业岗位。因此，在逐步提高产业科技含量的同时，要注重发展就业弹性高的第三产业，发挥其吸纳劳动力就业的作用。要从投融资、税收、技术服务、市场开发、信息咨询和人员培训等方面大力扶持第三产业、中小企业和非公有制企业，支持它们在促进就业方面发挥更大的作用。

## 二、金融政策促进就业的正确途径

### （一）坚持稳定货币的政策，为经济发展创造一个良好的金融环境

国内外历史都反复证明，货币稳定是经济发展的前提、良好投资环境的核心，货币不稳定，特别是严重的通货膨胀，会导致相对价格体系遭到破坏，作为市场机制有效配置资源指示器的价格信号被扭曲，生产、流通、消费和分配的良性循环中断，经济秩序混乱，以及社会分配不公，正常的借贷关系遭受破坏等一系列问题，最终影响经济的稳定增长。而根据奥肯定律，充分就业与经济增长之间存在正相关关系，所以，货币不稳定最终也会影响到就业目标的实现。试图通过通货膨胀政策来增加就业是一种短视的做法，到头来则是欲速不达，因此是不可取的。

### （二）推进金融深化，加快资本积累，促进经济增长，增加就业机会

前面我们论证了中国剩余劳动力的消化在很大程度上取决于中国资本积累的速度和规模。而在这一方面，金融政策是大有可为的。

1. 金融深化促进就业的途径分析

因为就业和经济增长是一致的，所以金融深化促进就业的途径也就是促进经济增长的途径。

（1）麦金农和肖的金融深化论。对于金融发展有助于经济增长的理论分析最早是从麦金农和肖开始的（Mckinnon and Shaw，1956）。麦金农和肖认为发展中国家为了实现赶超目标，加快经济特别是资本密集型的重化工业的发展，采取低利率政策，为政府所要扶持的产业提供廉价资

---

① 参阅冯蕾："扩大就业摆在更加突出位置"，《光明日报》，2005 年 12 月 19 日。

金，加上通货膨胀得不到有效的控制，因此实际利率经常出现负数；同时，为了将银行变成政府财政融资的工具，会限制金融领域内的竞争。过低的实际利率使得金融中介的融资功能降低，政府的过度干预降低了金融中介分配和使用资金的效率，造成金融压抑，从而阻碍了经济的成长。据此，麦金农和肖主张要使实际利率保持正数以鼓励储蓄，使储蓄长期维持在一个较高的水平上，以此促进资本积累。

(2) 内生经济增长模型中金融中介促进经济增长的传导机制。20世纪90年代以来，许多经济学家开始注重金融自由化后金融中介拉动经济增长的传导机制研究，比较著名的是帕加诺(Pagano，1993)的建立在内生经济增长模型上的金融中介对经济发展的传导机制。

在一个简单的内生增长模型中，总产出 $Y$ 是总资本存量 $K$ 的线性函数：

$$Y_t = AK_t \tag{4-23}$$

上式中，$A$ 为资本边际生产率。为简单化，假设人口规模不变，并且总体经济只生产一种产品，并且这种产品可以被用来投资或消费，如果被用于投资，每期以 $\delta$ 的比率折旧，则总投资为：

$$I_t = K_{t+1} - (1-\delta)K_t \tag{4-24}$$

在一个没有政府的封闭经济中，资本市场的均衡条件是总储蓄 $S_t$ 等于总投资 $I_t$。由于金融压抑造成的金融中介的无效率和市场垄断力量的存在，使金融体系很难将吸收的储蓄全部无漏损地转化为投资，这一漏损称为金融中介的成本，漏损的比率为 $1-\Phi$，这样有：

$$\Phi S_t = I_t \tag{4-25}$$

根据式(4-23)，$t+1$ 期的增长率是 $g_{t+1} = Y_{t+1}/Y_t = K_{t+1}/K_t$。利用式(4-24)，并去掉时间下标，稳态下的增长率可写为：

$$g = AI/Y - \delta = A\Phi s - \delta \tag{4-26}$$

在式(4-26)的第二步中，利用资本市场的均衡条件 $\Phi S_t = I_t$，并把总储蓄率 $S/Y$ 定义为 $s$。可以看出，在式(4-26)中，金融体系可以通过影响 $\Phi$(储蓄转化为投资的比例)、$A$ 或 $s$(私人储蓄率)来影响经济增长率 $g$。与此相对应，金融中介对经济增长的推动则有如下两种传导途径：

第一，金融自由化后，金融中介之间的竞争加剧，金融中介在金融压抑或金融约束状态下所获得的特许权租金(垄断利润)减少，这部分租金将转为投资，从而使经济增长率 $g$ 提高。

第二，金融自由化下金融中介的发展，增加了信息生产，减少了借贷市场上的信息不对称问题，并通过提供风险分担来促使个人投资于风险更高但更具生产效率的项目和金融中介的创新活动来提高资本配置效率

$A$,促进经济增长。

(3) 金融市场发展对经济增长的推进作用。以股票市场为代表的金融市场的发展可以通过如下机制促进经济的增长:第一,股市使兴办大型企业所需要的巨额资本细分化,即分割成数量相等的小额股份,这样使小额投资者也可以进入市场,从而最大限度地将社会各阶层的收入转化为资本,以提高资本积累速度。第二,促进资源的优化配置,提高资金的使用效率,加速经济结构的优化。

(4) 通过放松资本管制来吸引外资,利用国外储蓄弥补国内资本缺口。资本的形成不仅仅依赖于国内的积累和金融政策,在一个开放的经济条件下,国外资本的流入也是国内总资本形成的重要渠道,外国资源在现在的许多经济发达国家的初期经济发展过程中也起过重要的作用。金融自由化对资本管制的放松有利于改善投资环境、扩大股市规模、提高流动性以及国际化程度,从而有利于吸引更多的外资,纾解资本不足的瓶颈。

2. 基于金融深化促进就业理论的政策建议

(1) 加快实现利率市场化。因为在负的实际利率状态下,公众往往用储藏实物来替代储蓄,这使原本稀缺的资源得不到生产性的运用,实际上降低了储蓄率。从现有的对储蓄率与实际存款利率相关性的实证分析来看,储蓄率与实际利率是同方向变化的,均衡利率的形成有利于储蓄率的提高。其次,正的实际利率能有效地阻止资本外逃。如果一国的利率为负值,资本的所有者为了谋取利差,会寻找各种渠道进行资本外逃,这会加剧国内资金的不足状况。过去多年里,为了维持银行体系的稳定性,中国采取限制市场准入、限制金融业竞争和利率管制等金融约束政策,目前这一政策的边际成本已超过边际收益,成为经济发展的障碍,因此,应逐步放弃这一政策。

(2) 在条件成熟时逐步放松资本管制,吸引更多的外资流入来弥补国内资本不足的缺口,增加就业机会。

(3) 采取切实措施,解决中小企业融资难的问题。中小企业在吸收剩余劳动力方面具有显著优势,目前已成为经济发展的重要支柱。但中小企业由于规模小、资产少、缺乏足够的抵押品、贷款风险大等原因,很难从银行获得足够的资金,融资难正日益成为制约中小企业发展的瓶颈。政府应通过建立为中小企业服务的金融机构、建立中小企业融资担保机构、提供辅导等措施,帮助中小企业克服融资难问题,充分发挥中小企业增加就业机会的作用。

(4) 建立高效的资金配置体系,为产业结构调整提供必要的资产配置和重组机制。

(5) 提高贷款质量。中国银行现有不良贷款数万亿元,不良贷款比率只要降低1个百分点,就可以挽回损失数百亿元,从这个角度说,提高贷款质量的意义并不亚于直接创造财富,而且比起以通货膨胀为代价来换取经济增长,前者更具有积极意义。

(6) 建立与新经济相适应的新的融资体系——创业投资体系,以促进技术进步和产业结构的升级,增加出口产品的附加值,通过国际贸易这个转换器来增加资本积累。由于中国产业结构和出口结构的层次较低,因此在国际贸易中受到不平等交换的剥削。我国出口的大都是廉价的商品,进口的多是昂贵的高附加值商品。比如,需要出口上亿双皮鞋才能换回一架波音飞机,如果从资源的交换来看,这是极其不合算的。虽然这样的贸易顺差带来了节节上升的外汇储备,但如果外汇贬值,这些用大量不可再生的资源换来的国民财富便会缩水或流失到发达国家,这种财富外流对中国的资本积累和就业是非常不利的,因为中国的失业大都属于资本不足造成的原生性失业。要减少这种财富外流,必须在一些关系到国家经济、军事安全或中国有优势的高科技领域里,发展中国自己的高新技术产业,提升产业结构,而这些都离不开创业投资体系的支持。

## 参考文献

[1] 艾洪德:《货币数量研究》,大连:东北财经大学出版社1994年版。

[2] 陈享光:《货币经济学导论》,北京:经济科学出版社2000年版。

[3] 〔美〕本杰明·M.弗里德曼、〔英〕弗兰克·H.哈恩:《货币经济学手册》(第2卷),陈雨露等译,王传纶审校,北京:经济科学出版社2002年版。

[4] 〔美〕约翰·G.格利、爱德华·S.肖:《金融理论中的货币》,贝多广译,王传纶校,上海:三联书店1988年版。

[5] 〔美〕劳伦斯·哈里斯:《货币理论》,梁小民译,北京:中国金融出版社1989年版。

[6] 邱崇明:"货币是中性还是非中性——兼论我国就业问题的对策选择",《财贸经济》,2003,(9):25—29。

[7] 盛松成、施兵超、陈建安:《现代货币经济学:西方货币经济理论研究》,北京:中国金融出版社2001年版。

[8] 汪红驹:《中国货币政策有效性研究》,北京:中国人民大学出版社2003年版。

[9] 吴易风、刘凤良、吴汉洪:《西方经济学》,北京:中国人民大学出版社1999年版。

[10] Barro, R. J. and Gordon, D. B., Rules, Discretion and Reputation in a Model of Monetary Policy, *Journal of Monetary Economics*, 1983, (July):101—121.

[11] Tobin, J., Money and Economic Growth , *Econometrica*,1965,(33):671—684.

# 第五章

# 货币政策与经济泡沫

# 第一节　资产价格泡沫：概念与成因

## 一、泡沫定义的讨论

关于泡沫，理论界还没有一个统一的看法。查尔斯·P. 金德尔伯格（Charles P. Kindleberger，1978）认为，泡沫是"一种或一系列资产价格在一个连续过程中的陡然上升，开始的价格上升产生进一步价格上升的预期，并且吸引新的买主——投机者一般感兴趣的是来自资产买卖的利润，而不是它的使用或产生赢利的能力。这个价格的上升通常跟随着导致金融危机的预期逆转和价格的徒然下降"。这个定义不仅描述了价格生成和破灭的一般过程，而且从投机性和结局角度点出了泡沫与非泡沫性价格上升的区别，但泡沫的产生并不一定是"徒然"的，它可以是一个缓慢的上升过程；而且，究竟上升到什么程度可以认定是泡沫，这一定义也没有告诉我们答案。作为亲身经历过泡沫经济的日本学者，对于泡沫有较深刻研究的日本金融学会会长三木谷良一（1998）认为，所谓泡沫经济就是资产价格严重偏离实体经济暴涨，然后暴跌这一过程。另一位日本学者铃木淑夫（1994）则认为，经济学所说的泡沫，是指地价、股价等资产的价格持续出现无法以基础条件来解释的猛烈的上涨或下跌。这两种定义触及了泡沫的本质，但也存在着一些不足：首先，人们对基础价格就众说纷纭；其次，事实证明，市场价格对理论上的基础价格的偏离不一定都是泡沫。尽管如此，这一概念还是比较接近于现实的。

泡沫的载体范围很广，包括商品、债券、股票、房地产以及艺术品等。从这些载体的经济特性可以看出，作为经济泡沫的载体起码有两个特点：供求关系不易达到均衡和交易成本较低。这其中，优质的股票和土地的供给都缺乏弹性，因此，股票和房地产市场最容易产生泡沫。另一方面，由于股票和房地产的交易价值比较高，交易手段比较规范化，交易成本比较低，因此股票和房地产成为经济泡沫的主要载体。

国内有的学者认为，通货膨胀与泡沫有本质的不同，货币量过多不是泡沫产生的根本原因。① 笔者认为这种观点有失偏颇。尽管从表面看，20 世纪 80 年代以来国外几场大的泡沫都发生在物价稳定、低利率时期，

---

① 参见王子明：《泡沫与非泡沫经济——非均衡分析》，北京大学出版社 2002 年版，第 12—14 页。

但这并不意味着此时货币量是适度的,因为一般物价与资产价格的运动可以背离,低利率恰恰体现货币是扩张的。根据货币数量论,不管是通货膨胀还是泡沫,归根到底如果没有超额货币的支持,都是无法持久的,这一点可以说是二者的共性。但货币量过多可能暂时没有表现在物价上,而是暂时潜藏在流动性较低的储蓄存款或资产市场,这时资产市场可能"波涛汹涌",但一般物价却"波澜不惊",但这只是假象,稳定只是暂时的,随着资产市场上的财富效应逐步显现,或者泡沫即将破灭,投资者仓皇从市场上抽逃资金时,过多的货币购买力可能转移到消费品市场上,引起一般物价上涨。当然,不可否认的是,通货膨胀与泡沫之间存在着重要区别,流动性过多并不是泡沫唯一的成因,异常资产替代所造成的局部市场买压过大也会形成泡沫,但后者只是局部的货币与资产供需失衡。从这个意义上说,可以根据泡沫与货币量的关系,将泡沫分为两种类型:一种是泡沫的背后得到过多货币的支持,譬如近年来中国房地产市场的泡沫,很大程度上就是由于中国经济的外部失衡,持续的外贸顺差和外资流入使得央行被动增发基础货币,导致商业银行体系内流动性过剩。而商业银行出于自身的经济压力和利益驱动,采用合规和违规的手段,大量发放房地产信贷。如果没有采取紧缩措施,这种泡沫很难得到控制。还有一种是由于局部市场供需失衡所致,这种泡沫主要靠理顺收益率结构来消除。

## 二、泡沫经济的概念

泡沫经济是指一个经济体中的一种或一系列资产出现了比较严重的价格泡沫,而且泡沫资产总量已经占到宏观经济总量相当大的比重,泡沫资产还和经济的各个部门发生了直接或间接的联系,并且一旦泡沫破灭,将把经济带入困境,或者引发金融危机。具有这样特征的国民经济,称为泡沫经济。①

## 三、泡沫产生的主要原因

### (一)不完全的市场

首先,由于人们有关信息的获得和人们处理信息的能力等原因,投资者的预期并非是理性预期,市场上存在信息不对称现象。这方面具有代表性的论点是凯恩斯的《通论》和希勒(Shiller, 1984)的 FADS 模型、

---

① 参见唐旭:《金融理论前沿课题》(第二辑),中国金融出版社 2003 年版,第 217 页。

J. B. 德龙等人（J. B. Delong，A. Shleifer，L. H. Summers，R. J. Waldman，1991）的“噪声交易理论”。[①] 噪声交易理论认为噪声在股价决定中起着至关重要的作用。噪声是不反映经济信息的消息，而信息是包含一定经济内容的消息。一方面，噪声是市场流动性得以保持的基本条件，它使金融市场的存在成为可能；另一方面，由于市场交易者不可能都是知情者，因此证券价格必然是既包含噪声也包含信息的价格，噪声越大，证券价格就越偏离它的内在价值。这也同时说明，现实生活中的市场只是在一定程度上是有效的，这也验证了经济学家们所作的各种实证研究的结果。

其次，资产市场不存在一个具有帕累托效率的均衡点，而是在某一区域内任何一点都能达到供求均衡。在这种市场上，价格的高低在很大程度上取决于买卖双方对未来价格的预期。而且这种预期具有一种“自我实现”的机制：当一种资产的价格发生波动时，价格越是上涨，就会有越多的人由于价格上涨的预期或相信有“更大的傻瓜”接盘而入市抢购，而抢购又会使价格进一步上涨和预期加强，简言之就是越涨越买，越买越涨。因此，只要有足够的资金入市，市场就会出现价格飙升的大行情。但这种靠炒作起来的行情是不会一直持续下去的。一旦市场遇到利空消息的冲击，价格就可能土崩瓦解，导致金融不稳定甚至金融危机的出现。

（二）投资主体的原因

1. 投资者的从众行为

心理学家认为，个体在群体一致性的压力下，为了解除自身与群体之间的冲突，寻求安全感，会采取与社会或团体一致的行为。与其他市场不同，资产市场的不确定性更强，从众行为也就成为资产市场上比较普遍的投资心理行为。凯恩斯曾提出“选美论”，对这一现象做了生动的描述：假设举行一次选美比赛，要求参赛者从报纸上公布的 100 张照片中选出最美的 6 个，条件是选择结果与大家投票的最终结果最接近者获奖。在这种情况下，参赛者都不会选他所认为最美的 6 个，而是选他认为别人认为最美的 6 个。结果不是一般人认为最美者当选，而是一般人认为大家会认为最美者当选。股票市场上也存在类似现象。市场参与者为了推测某种股票的需求是否很大，首先必须推测其他参与者的判断，其他参与者的判断则又取决于他们对其他参与者推测的判断，这样，任何市场参与者的判断所致的行为，都会成为由其他参与者推测所形成的链条中的一环，从而市场中一个微小的事件所致的心理冲击，会放大为影响市场中所有

---

① DSSW 模型，见 *Journal of Political Economic* 98（1991）。

人的因素,从而成为股价波动的重要源泉。

2. 投资者的"灾难健忘"(disaster myopia)行为

投资者有一种容易遗忘过去发生的危机的倾向(Gutentag and Herring,1986)。明斯基在其金融不稳定假说中,曾提及这种现象。在经济运行良好时,投资者普遍乐观和狂热,刚开始时他们对待不确定性可能采取一种套期型的融资方式,随着经济扩张,他们感到采取一种投机型的融资方式安全、合算,最后则发展为只有靠加速增大的资金流入才能维持的蓬齐型融资方式。这时如果发生某种未预见的冲击,就可能导致大量资金撤离市场,遂使大量债务人陷入流动性匮乏和破产的境地,从而引起系统性风险和金融不稳定。

3. 道德风险

在投资决策中,如果投资者获利,大部分收入归自己,而如果决策失误,大部分损失由别人承担,投资者就会不顾风险进行投资。这种情况下大量资金就会流向高风险的投机市场,促使价格急剧上扬,进而产生泡沫。

## 四、泡沫产生的环境

### (一) 金融自由化

金融自由化是泡沫形成与膨胀的制度基础。随着金融开放中金融体系的发展,以金融为代表的虚拟经济与实物经济相背离的趋势日益明显,新建立的金融体系和金融制度为泡沫的产生提供了直接的制度性根源。

金融自由化在动员更多金融资源的同时,也使得市场机制在资金流动中发挥更大的作用,资本流动的自主性增大,其中部分资金促进泡沫的形成与扩张。信用制度、企业股份制度和交易所制度的发展促进了以货币存量/GDP 比例上升为标志的金融深化及银行票据、债券、股票和抵押单据为代表的金融创新,这些创新金融资产使大量资金滞留于金融市场,经济因而更趋虚拟化,增添了制造泡沫的原始材料。进入实物经济部门和进入金融领域的信贷资金在转型期因大量潜伏风险而形成呆账和坏账等不良资产,成为金融体系中的债务泡沫。

### (二) 经济金融的全球化

全球经济金融一体化扫除了资本流动的障碍,使巨额游资能够突破国界,在各国金融市场上迅速进出,将资产价格拉高后变现,制造了一个又一个泡沫膨胀—破灭的神话。当代世界经济的一个基本特征是全球虚拟经济的发展远远快于实体经济的发展。在过去的 20 年里,全球 GDP

的平均增长速度是3.58%，全球贸易的平均增长速度是6.58%，全球国际资本流动的平均增长速度是13.67%，物流、贸易流的增长速度是生产流增长速度的1倍，资金流是贸易流增长速度的2倍，是生产流增长速度的4倍，全球金融一体化速度远远快于经济一体化。这一趋势在2005年得到延续和加强。2005年全球GDP增长3.4%，全球贸易增长8.4%，全球国际资本流动增长16.67%。

（三）发达国家货币政策的负外溢效应

在经济全球化的今天，我们考察泡沫的原因和寻找泡沫的对策都必须具有全球的视角。布雷顿森林体系崩溃以后，1976年国际货币基金临时委员会达成《牙买加协议》，国际货币体系进入“无体系时代”，其重要特点是汇率安排和储备货币的多样化。这虽然在一定程度上缓解了国际储备的供需矛盾，但在多元化的国际储备格局下，储备货币发行国在仍享受“铸币税”等多种好处的同时却不受统一的、稳定的货币标准的约束，这本身就可能造成国际金融的不稳定。从各国的实际执行情况看，各国尤其是国际储备的供应国在本国宏观经济目标与作为储备货币国应负的责任发生冲突时，都将本国利益放在首位，采取一些不利于整个国际收支平衡的政策，从而使整个国际货币体系无法形成一个有效的国际收支调节体系。20世纪90年代以来，为了走出经济的下滑周期，刺激经济，全球主要经济实体普遍下调利率，形成一个特殊的全球同步低利率时期。从2001年5月起美联储连续13次降息，把美联邦基金利率从6%下调到1%，为1958年以来的历史最低；2003年6月，欧洲中央银行下调再融资利率至2%，为欧元区国家1946年以来的历史最低；2004年4月，加拿大央行将基准利率调低到2%，为40年来的历史最低；早在2001年，日本银行就已经将其隔夜拆借利率下调到0.1%，为日本历史最低。低利率大大提高了流动性，刺激了包括股价、房价、金价、油价等资产价格的全面上涨（如图5-1、图5-2、图5-3所示）。2005年美国房价继续上升12%，达到1979年以来的最高水平；许多欧洲国家的房价升幅也超过了10%。2000—2004年，美国人从房屋升值中共计提取了2万亿美元。

## 五、中国泡沫的特殊成因

中国的经济泡沫（以股市泡沫为例），除了信息不对称、投资者的非理性等共性的原因外，还与以下因素有关。

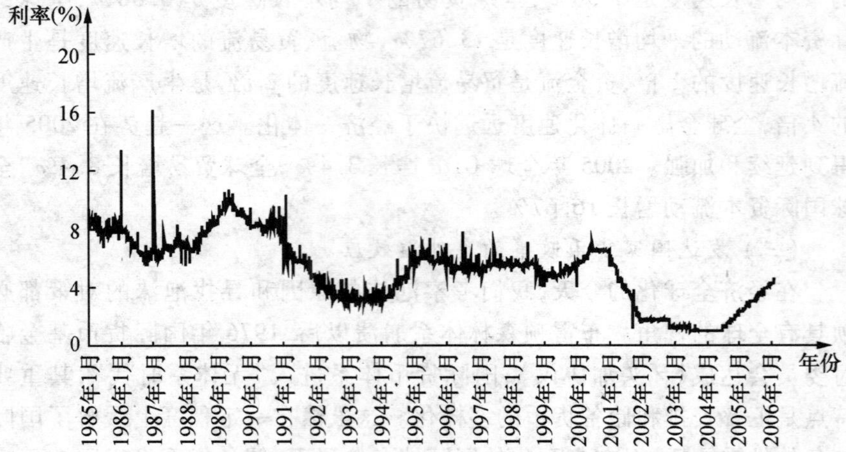


**图 5-1　美国 1986 年 1 月—2006 年 1 月联邦基金利率**

资料来源：交银施罗德基金管理有限公司。

**图 5-2　2001 年 1 月—2006 年 1 月金价(纽约市场 14 天移动平均价)**

最高 572.15 美元/盎司(2006 年 2 月 2 日)，最低 255.95 美元/盎司(2001 年 4 月 2 日)。

资料来源：交银施罗德基金管理有限公司。

(一) 政府行为扭曲

在中国转轨经济中，政府在股市中具有市场建设者、市场维护者、市场最大股东等多重身份，政府在既当裁判又当运动员的情况下寻求自身效用的最大化，政策干预的公正性就不能保证，结果是以纵向的行政手段取代横向的价格机制，政府的行为发生扭曲。表现在：

(1) 股票发行管制。在中国，股票发行优先考虑国有企业，并对股票

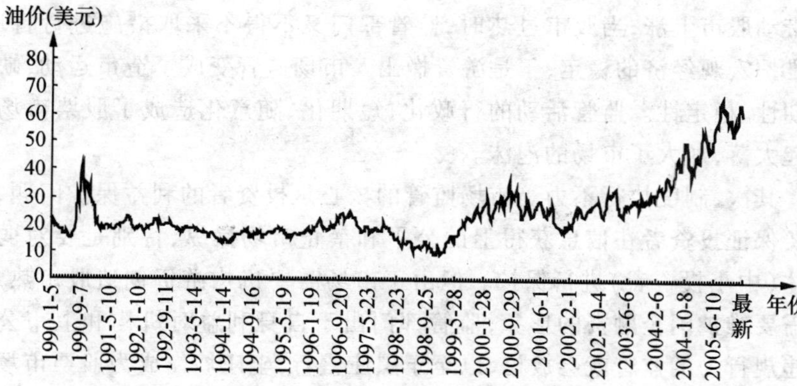


**图 5-3 1990 年 1 月—2006 年 6 月布伦特油价**

资料来源:交银施罗德基金管理有限公司。

发行主体、发行规模、发行价格、发行时间、发行程序实行严格的控制,实际上是以政府对股票发行上市的严格管制取代了市场机制。政府的管制导致两种严重后果:一是企业为追求上市完全按上市标准进行包装重组,没有真正按股份制要求转换机制,长期发展难以保证;二是在信息不对称的情况下,往往使一些不符合条件或不该上市的公司上市,上市公司的质量难以保证。股票发行管制为上市公司业绩下降埋下了隐患。

（2）股票交易管制。在 QFII 制度推出以前,中国股票市场仅对国内居民全面开放,而对银行、国有企业、储蓄机构、保险机构等实行严格的市场进入管制。这样,大量的机构资金缺乏合法的入市途径,只能以违规游资形式进入股市,一方面使市场缺乏稳定的资金供给,另一方面加剧了市场的波动。

（3）股票市场分割。为保证政府对资源的控制权,中国股票市场中国有股、法人股加起来占市场总股本 60%,这些股票不能流通,仅有约占总股本 1/3 的股票能够流通,导致流通股股票供求关系的扭曲。加之中国居民投资渠道单一,除了银行储蓄就是股票投资,在储蓄利率大幅下调的刺激下,优质流通股一直供不应求,这为股价暴涨、过度投机创造了条件。

（二）监管部门行为扭曲

证券监管部门是市场秩序的维护者,应处于超脱地位以保证监管行为的公正与公平。但中国证券监管部门隶属于中央政府,加之监管法律环境不健全,因此监管部门的监管行为缺乏独立性,也没有完善的法律依据,从而使监管行为发生扭曲。

首先,监管行为扭曲。中国证券市场的目标是为国企改革服务,这样,就出现了一个比较特殊的现象:在股市低迷时,证券监管部门由于需要市场上涨以便为国企融资创造条件,对市场违规行为予以默许,于是游资带动股市上涨;当股市过热时,监管部门又不得不采取措施进行打压,以维护宏观经济的稳定,于是游资撤出。市场监管变成了造市运动,缺乏长期性、稳定性。监管活动的行政化、短期化、随意化造成了股票市场的大起大落,加大了市场的泡沫。

其次,制度执行不力。市场监管的核心是投资者的利益保护问题,就是要保证投资者在信息获得上的公平和禁止市场操纵,特别是要对弱势群体(中小投资者)进行保护。但由于市场需要机构游资创造股市热点,也需要维护国企融资的形象,监管部门出于自身利益对机构和上市公司的违规行为的监管就会放松,以至于黑庄盛行,坐庄炒作成为股票市场公开的秘密。监管制度执行不力使投资者的利益得不到应有的保护,从而使中小投资者行为取向短期化,加大了市场主体的投机动机。

(三) 市场中介行为发生扭曲

中国的证券公司是股票市场最重要的中介机构,但大部分证券公司产权不清晰,违规行为经常发生。其次是会计师事务所、律师事务所等中介机构的造假。中介机构造假行为的原因在于对造假的法律规范不严,漏洞多,惩处不力,使造假成本远小于造假收益。中介机构造假必然导致中介市场的混乱和无序,导致股市发生信用危机,股市泡沫加大。

(四) 上市公司行为发生扭曲

股份公司制度顺利运行要求不仅有外部完善的产品市场、股票市场、控制权市场、经理人市场,还要有内部的股东大会、董事会、监事会、经理层等一系列公司决策和监督的治理机制,这样才能保证激励与约束机制相对称。但中国上市公司的内外部公司治理机制均不完善,对内部人激励有余约束不足,从而导致上市公司内部人控制以及经营行为扭曲,成为股市泡沫的重要来源。

(1) 上市公司内部人控制现象严重。在中国的上市公司中,国有股在上市公司中占主导地位。国有股一股独大,不能流动,加之流通股权分散,导致公司外部难以形成有效的股票市场、控制权市场和经理人市场。在这种情况下中小股东在上市公司中的利益难以保证,大股东利用控股权侵害中小股东的利益成为一种普遍的现象。在公司内部,由于最终所有者的缺位,难以在上市公司内部形成有效的治理结构,内部人控制成为普遍现象。这样,内部人控制与大股东控制相结合,公司经理人的意志就上升为公司的意志,上市公司内部人控制的现象愈演愈烈。

(2) 企业上市以圈钱为目的,使股票投机泡沫加大。由于公司资产规模的扩大会给内部人带来更大的利益，所以，公司管理层就有一种强烈的投资和扩张欲望。在国家对股票供给的人为控制情况下，股票发行不仅能给上市公司带来大量的廉价资金，还能带来大量的溢价收入，使公司资产在短期内迅速增值。所以，公司内部人不惜以各种手段对上市额度与指标进行寻租，造假行为层出不穷，形成强烈的股权融资偏好。在一级市场圈钱的同时，不少上市公司内部人还利用自己拥有信息优势和资金优势，联手操纵市场，谋求二级市场投机差价。通过内幕交易、委托理财等途径，大量的募集资金回流到二级市场，从而使股价虚假上涨，泡沫增大，上市公司业绩持续下降，出现了一年绩优、二年绩差、三年亏损的现象。上市公司业绩是股价和市场信心的基石。上市公司业绩如果普遍下降，市场泡沫势必加大。

（五）投资者行为发生扭曲

（1）投资者的构成不合理。在国内，投资者的构成以个人为主，机构投资者占少数，散户投资者承受风险的力量很弱，股市稍微有一点波动都会引起他们的剧烈反应，从而引起市场较大的震荡。

（2）机构投机严重。尽管个人投资者在数量上占优势，大机构投资者在入市资金上却占很大的比重，并且在信息来源、处理能力等方面均有很大的优势，可以通过资金实力对股价施以决定性影响。由于缺乏合法的入市渠道，中国股市中大部分机构投资者的资金来源不稳定，投机性强，短期行为明显，属于一种游资。当政策支持时，游资大量入市，股市迅速上扬；反之，游资则纷纷离市，股市大幅下挫。中小投资者只能处于“跟风”的被动局面，形成投资预期趋同的“羊群行为”。无论是机构投资者还是中小投资者，之所以会在高风险的情况下进行投机，原因在于形成了政府会提供“隐性担保”的预期。中国股市设立的目的是为国企筹资，政府通过提供非流通股不流通的“隐性担保”，使流通股供不应求，股价居高不下，从而使国企获取了大量的发行溢价，缓解了间接融资积累的巨大风险。但这种“隐性担保”是政府在历史与现实条件约束下的一种机会主义的选择，并没有从根本上化解国企转嫁给政府的风险，只是将一部分风险转嫁到了投资者身上。随着上市公司业绩的持续下降，政府提供这种“隐性担保”的风险也日益显现。与此同时，政府还面临迫切的外部压力：一是社保基金缺口的压力，二是“入世”后国际化、规范化的压力。基于内外部的压力，撤销“隐性担保”，将国有股上市变现就成了政府的理性选择。由于此前流通股股东已经为获得股票流通权付出了代价，而2001年出台的国有股减持政策是按市场价格无成本变现国有股，违背了市场公平的原则,沉重地打击了市场投资者的信心。面对两倍于现有流通股的国有股变现冲击,股市没有新增资金支持,原有的资金也在寻机出逃,这使得股市资金来源断流,从而使原来的潜在体制性泡沫变成了一种现实的泡沫。上证指数从2001年7月的2245点跌到2005年6月的998点,就是对这种体制性泡沫破灭的反应。

除了上述制度性的原因外,还与长期推行低利率政策、没有股指期货这一做空机制使股市变成单边市有关。

## 第二节 泡沫的经济效应

### 一、积极效应与戴蒙德模型

西方经济学家认为,适度的泡沫具有以下积极效应:

(一) 财富效应

财富效应是指由于资产价格上升引起的公众消费支出增加,带动经济繁荣。关于财富效应的种类、存在条件,以及利用财富效应来拉动经济增长的前提条件等,将在本章第六节讨论。

(二) 托宾q效应

托宾q效应是指由于股价上升,使企业能以较高的市盈率发行新股,从而降低融资成本,刺激企业增发新股,扩大投资,进而带动固定资产更新高潮,最后带动经济繁荣这一现象。托宾q效应与财富效应都是货币政策的资本市场传递途径。

(三) BGG模型所揭示的净值效应

由伯纳克、哥特勒和吉尔克里斯特(Bernanke, Gertler and Gilchrist, 1996)创立的BGG模型认为,适度的泡沫可以提高企业净资产价值,从而提高企业融资资信,使企业更容易借入资金扩大投资,使经济步入上升期。

(四) 戴蒙德模型认为适度泡沫可以使经济由动态无效变成动态有效

鉴于目前文献中对该模型的介绍尚不多见,本节重点介绍该模型。

关于泡沫在什么样的条件下存在,对经济具有什么样的作用,很多人都是从实证或案例剖析的角度进行分析的。这种分析的直观性强,但对于我们理解均衡经济下的泡沫作用并无多大帮助。蒂罗里和韦尔(Tirole①, 1985;Weil②,1987)利用戴蒙德模型研究了无限计划期界下一般均衡模型中泡沫存在的可能性及其影响,为我们分析和理解泡沫对均衡经济的影响提供了一种思路。

1. 戴蒙德模型(Diamond,1965)

戴蒙德模型从微观个体的效用最大化动机出发,分析了宏观最优储蓄、最优资本存量的经济均衡状态。该模型设定个人生存两期,第一期既工作又消费,第二期只消费。时刻 $t$ 出生的人在时期 $t$ 消费 $c_{1t}$,在时期 $t+1$ 消费 $c_{2t+1}$。由两期消费得到的效用为:

$$u(c_{1t}) + (1+\theta)^{-1}u(c_{2t+1}) \quad \theta > 0, u'(\cdot) > 0, u''(\cdot) < 0 \quad (5\text{-}1)$$

其中,$\theta$ 为个人的时间偏好率,$u(\cdot)$ 为严格的凹函数。

由于个人只在第一期工作,提供一单位的劳动,得到实际工资 $w_t$,其间消费掉部分收入,剩余部分储蓄,留待第二期消费,于是效用函数面临如下的约束:

$$\begin{aligned} c_{1t} + s_t &= w_t \\ c_{2t+1} &= (1+r_{t+1})s_t \end{aligned} \quad (5\text{-}2)$$

得到效用最大化的一阶条件为:

$$u'(c_{1t}) - (1+\theta)^{-1}(1+r_{t+1})u'(c_{2t+1}) = 0 \quad (5\text{-}3)$$

式(5-2)、式(5-3)联立可得储蓄函数

$$s_t = s(w_t, r_{t+1}) \quad 0 < s_w < 1, \quad s_r > 0 \text{或} < 0 \quad (5\text{-}4)$$

企业也在一定的约束条件下最大化赢利目标,设利润函数为:

$$R_t = F(N_t, K_t) - w_tN_t - r_tK_t$$

其中,$N_t$ 为劳动力数量,$K_t$ 为资本数量。

一阶条件为:

$$\frac{\partial R_t}{\partial N_t} = \frac{\partial F}{\partial N_t} - w_t = 0$$

$$\frac{\partial R_t}{\partial K_t} = \frac{\partial F}{\partial K_t} - r_t = 0$$

设 $f(\cdot)$ 为人均生产函数,则有:

$$F = N_t f(K_t/N_t) = N_t f(k_t)$$

---

① Tirole, J. (1985), Asset Bubbles and Overlapping Generation, *Econometrica*, 53, pp. 1499—1528.

② Weil, P. (1987), Confidence and the Real Value of Money in an Overlapping Generation Model, *Quarterly Journal of Economics*, 102, pp. 1—22.

可得一阶条件

$$\begin{aligned} f(k_t) - k_t f'(k_t) - w_t &= 0 \\ f'(k_t) - r_t &= 0 \end{aligned} \tag{5-5}$$

根据商品市场均衡的条件,投资等于储蓄,可得:

$$K_{t+1} - K_t = N_t s(w_t, r_{t+1}) - K_t$$

设人口增长率为 $n$,可得:

$$k_{t+1} = \frac{s(w_t, r_{t+1})}{1+n} \tag{5-6}$$

联立式(5-5)、式(5-6)可得:

$$k_{t+1} = \frac{s[w(k_t), r(k_{t+1})]}{1+n}$$

即:

$$k_{t+1} = \frac{s[f(k_t) - k_t f'(k_t), f'(k_{t+1})]}{1+n}$$

式(5-5)、式(5-6)描述了 $k_{t+1}$ 与 $k_t$ 之间的关系,代表了储蓄的轨迹,这也就是戴蒙德模型。可以通过求 $k_{t+1}$ 对 $k_t$ 的导数

$$\frac{\mathrm{d}k_{t+1}}{\mathrm{d}k_t} = \frac{-s_2(k_t)k_t f''(k_t)}{1+n-s_r(k_{t+1})f''(k_{t+1})}$$

得到资本发展的动态轨迹。当 $k_{t+1} = k_t$ 时,便得到稳态时的资本存量。而且,布兰查德和费希尔证明,在稳态时,修正黄金率成立,即 $1+f'(k^*) = (1+R)(1+n)$。

2. 具有泡沫的戴蒙德模型

蒂罗里和韦尔利用戴蒙德模型研究了无限计划期界、市场参与者无限和一般均衡情况下的泡沫存在的可能性。

首先考虑无内在价值资产的泡沫。在模型中引进无内在价值的纸币 $M$,假设个人可以持有资本,也可以持有纸币。如果在时刻 $t$ 持有资本,则在 $t+1$ 时期可获得的收益为 $1+f'(k_{t+1})$,若纸币的价格为 $p_t$,则持有纸币的收益为$\frac{p_{t+1}}{p_t}$。在无套利均衡的情况下,得:

$$1 + f'(k_{t+1}) = \frac{p_{t+1}}{p_t}$$

若用 $B_t$ 代表泡沫资产的总值,则有 $B_t = Mp_t$。由上式可得 $B_{t+1} = B_t(1+f'(k_{t+1}))$。以人均量来表示,可得:

$$b_{t+1} = \frac{b_t(1+f'(k_{t+1}))}{1+n} \tag{5-7}$$

这样，如果 $f'(k_{t+1})$ 超过 $n$，则人均泡沫将会随着 $t$ 而增大。

在泡沫存在的情况下，商品市场的均衡条件为：

$$K_{t+1} = N_t s(k_t, k_{t+1}) - B_t$$

由于储蓄用来购买泡沫资产，造成了资本积累的减少，人均量的表达式为：

$$k_{t+1} = (1+n)^{-1}[s(k_t, k_{t+1}) - b_t] \tag{5-8}$$

该公式证明了一点，即在很多国家出现泡沫时，泡沫对实际资本具有挤出效应。

式(5-7)、式(5-8)描述了人均资本和人均泡沫的动态系统。在稳态时，$b_t = b_{t+1} = b, k_t = k_{t+1} = k$。在图 5-4 中，根据式(5-7)有 $f'(k_{t+1}) = n$。当 $b \neq 0$ 时，有 $f'(k_{t+1}) = n$，此时有 $k_{t+1} = k_s$；如果 $b = 0$，则横轴上的任何点都满足式(5-7)。从式(5-8)可以看出，稳态时，无论 $k$ 为何值，都有：

$$b = s(k,k) - (1+n)k$$

随着 $k$ 的增加，泡沫先升后下降。图中的 $A$ 点，$b = 0$，这是戴蒙德均衡的稳态点，这时经济中没有泡沫，我们用 $k_d$ 表示此时的资本存量水平。

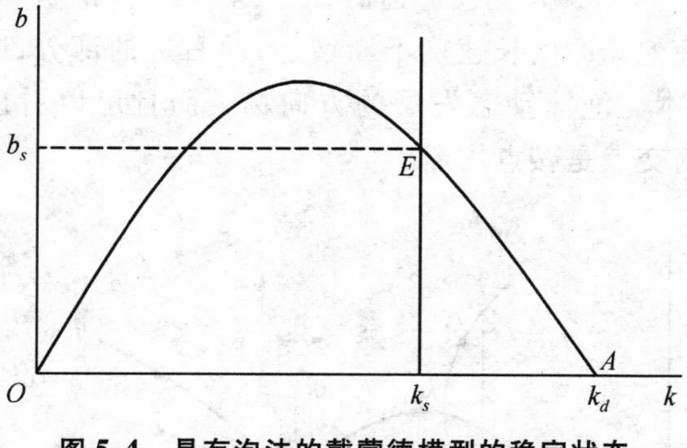


**图 5-4　具有泡沫的戴蒙德模型的稳定状态**

从图 5-4 中可以看出，是否存在具有正价值泡沫的稳态，依赖于直线 $f'(k_s) = n$ 是否穿过曲线 $b = s(k,k) - (1+n)k$，等价地，如果 $f'(k_d)$ 小于 $n$，则这种稳态存在。

为说明这一结论，设生产函数是严格凹的，当资本存量的稳态值超过黄金率存量，即 $f'(k^*) < n$ 时，为维持较高的人均资本量水平，人们的消费必须减少，因为通过减少资本存量，人们可以过得更好，此时经济是动态无效的，因为其积累了过度资本。

若戴蒙德经济是动态有效的，即 $f'(k_d) > n$，则不可能存在具有正价值的稳态泡沫。因为没有泡沫时，利率已经超过了人口的增长率。如果存在泡沫，个人将会减少投入到资本的一部分储蓄，从而导致资本存量的减少,这会使利率进一步提高,泡沫需按利率水平增长,将比经济增长更快。但这是不可能的,因为泡沫将最终大于年轻人的收入。

如果戴蒙德经济是动态无效的,即 $f'(k_d)<n$,则存在具有正价值的稳态泡沫,这时利率等于人口的增长率 $n$。所以泡沫的存在消除了经济的无效性,使经济处于黄金率水平。

将式(5-8)改写为:

$$k_{t+1}-k_t=g(k_t,b_t) \tag{5-9}$$

将式(5-9)代入式(5-7)可得:

$$b_{t+1}-b_t=\frac{b_t\{f'[k_t+g(k_t,b_t)]-n\}}{1+n} \tag{5-10}$$

分别将其在图形中表示,即可得图5-5中的 $KK$ 曲线和 $BB$ 曲线,于是 $KK$ 曲线和 $BB$ 曲线把坐标的第一象限分成了四个区域,我们可以在此四个区域内研究泡沫和资本的动态发展。$KK$ 曲线以上的部分,由于泡沫过多,会使资本减少;$KK$ 曲线以下的部分会使资本增加;只有在 $KK$ 曲线的部分,资本才会在跨期之间保持不变。而 $BB$ 曲线表示泡沫跨期不变的稳定的状态。对于 $BB$ 曲线左边的部分,对于相同的资本量而言,泡沫过多,结果将使泡沫的增长速度不断增加;而右边的部分,则会使泡沫减少。形成了资本与泡沫动态发展的方向场。而且可以看出,$BB$ 曲线与 $KK$ 曲线的均衡交点是鞍点均衡。

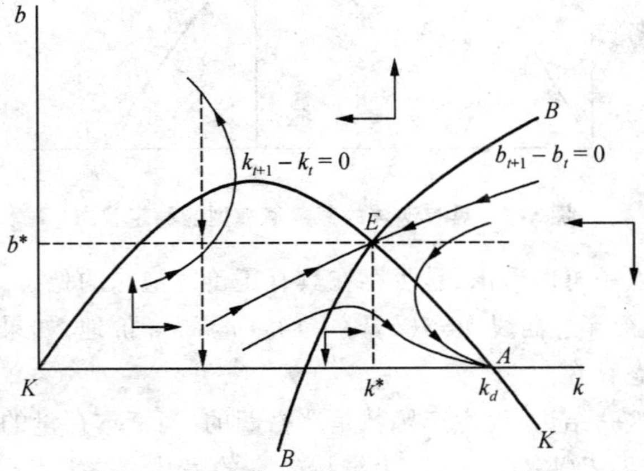


**图5-5 具有泡沫的戴蒙德模型的动态**

从均衡资本量 $k^*$ 左边开始,在鞍点路径之上的任何一泡沫与资本量组合点上,虽然在开始时资本量与泡沫都会增加,但泡沫增加的速度要大于资本增加的速度,增加的泡沫将会逐渐挤占用于资本投资的储蓄,从而使得资本量减少、利率提高。直到某一点上,泡沫变得如此之大,以至于资本的累计减少超过了资本存量，当然这是不可能的。于是布兰查德与费希尔认为这就排除了鞍点稳定轨迹之上存在任何泡沫轨迹的可能性。但笔者认为，这种轨迹是存在的，但是不完全的，即其不会发展到向纵坐标靠近的程度，而是在向左上方发展的某个点上，泡沫破灭，轨迹垂直向下发展。破灭的结果将是使资本量出现一定程度的下降。

在鞍点路径之下的一点出发，泡沫虽然减少了资本积累，但是它使得稳态利率低于人口增长率。虽然泡沫按比率 $r$ 增加，但人均泡沫最终将递减，最终变得如此之小，使经济收敛到戴蒙德均衡。一般来说，比鞍点路径上泡沫更小的泡沫可以在经济中存在，而且它与经济的稳态均衡没有差别。

处于边缘状态的鞍点路径虽然未必可能，但却是有意义的。在这种情况下，泡沫恰好使得利率渐近等于 $n$。这样，不仅人均泡沫与经济相比的确很大，而且通过使稳态利率趋向 $n$ 值，泡沫可以解决动态无效性问题。

3. 对戴蒙德模型的简要评论

该模型的研究结果对于我们理解泡沫的作用以及探讨治理对策有一定的启示。

第一，泡沫会对实际资本存在挤出效应（此属负面效应），这一点在许多国家的泡沫发展过程中得到了体现。泡沫发展的高收益，诱使人们将储蓄资金大量投资于收益率高的泡沫资产，而实体经济部门的资金供给却受到了影响。

第二，泡沫的发展会提高利率，但只要这种利率提高是由于泡沫发展带动的，泡沫就不会破灭。不管利率提高是由于减少的资本提高了资本的边际产出率，还是由于泡沫吸收了大量的资金而使得货币市场上资金供给减少，总之，利率会提高。

第三，泡沫的发展会因超出经济的承受能力而破灭。在泡沫发展的动态描述中，如果泡沫的位置一开始位于鞍点路径的上方，则随着时间的推移，泡沫的规模将越来越大，最终超出经济中实际资本的承受能力，走向破灭。破灭的结果将是使资本存量出现一定程度的下降。

第四，低于鞍点路径的泡沫发展会逐渐走向戴蒙德均衡，证明了对泡沫"钙化"的合理性。由于泡沫破灭后对经济造成的巨大损失，使得各国中央银行在选择泡沫对策时左右为难：不采取措施，泡沫可能过度增长；而采取措施刺破泡沫时，又可能造成经济的衰退。因此，对于泡沫，我们可以采取使之"钙化"的方法，在现有水平上控制泡沫规模，使其既不破灭,又不过大增长,通过经济的发展来稀释其在经济总量中的比重,最终使之“无害化”。①

第五,泡沫解决动态无效性向人们解释了宏观经济中过度储蓄的出路。模型证明,在动态有效的经济中,可以存在泡沫,该泡沫的发展来源于无法完全转变为资本的过度储蓄。如果过多的储蓄完全转变为资本,又会使经济变得动态无效,此时一部分储蓄将会转化为泡沫,可以使资本水平保持在均衡状态。如果在此基础上再考虑泡沫的财富效应,则又会增加消费,减少储蓄,从两个方面解决经济的动态无效性问题。同时,该结论也向人们解释了存在大量的外来资本冲击时,经济更易产生泡沫的原因。这一结论在20世纪80年代日本泡沫经济中得到了证明。日本泡沫经济产生的背景即是由于产业结构升级滞后,导致资本过剩,过剩的资本涌向股市、房地产等虚拟经济部门,造成这些资产价格的飙升。

必须指出的是,中国的“资本过剩”的性质与西方发达国家是不同的,中国总体上是资本不足,而不是资本过剩。尽管现在有大量的存差,但这并不表明中国存在真正意义上的资本过剩,而是表明中国的实际经济部门对货币资金的吸纳能力不足。解决经济动态无效的出路应该是通过技术进步和产业结构升级,提高实质部门的投资回报率,吸引资本投往实质经济部门;而不是利用实质部门和虚拟部门投资回报率的差异,人为地制造或放任泡沫,否则势必会带来金融风险的增加,埋下金融危机的隐患。

## 二、负面效应

泡沫最大的负面效应在于,它破灭以后可能导致金融危机和经济衰退。由于发展中国家资本缺乏,利率水平较高,所以资本账户开放以后容易导致以套利为目的的国际投机性资本大量流入,造成本币升值,汇率被高估,这不仅会削弱出口竞争力,而且会造成本币汇率中的泡沫成分,使本币成为国际炒家投机性攻击的对象。这一点已为不少国家的教训所证实。20世纪90年代后东亚许多国家(地区)都曾因外资大量涌入而导致本币实际汇率的较大升值,最后成为金融危机的重要诱因。大量外资还投向这些国家的证券和房地产市场,进行投机或短期投资,没有外资的大量流入,新兴市场上的泡沫不可能吹得太大。一旦经济形势恶化或资本流入发生逆转,泡沫会发生坍缩式破灭,从而导致股市崩盘、社会财富大

① 对这一观点的定性描述,参阅邱崇明:“入世以后中国货币政策的外部环境变化与对策”,《金融研究》,2003年第5期。

幅度缩水、投资与消费需求骤减、社会支付链中断、金融危机爆发、经济衰退等一系列严重后果。在东亚金融危机中,各股市股价无不大幅度下跌,7 个股市市值共减少了 9 660 亿美元,下跌幅度将近 70%。泡沫经济的破灭同时又是一个社会财富再分配的过程,这主要表现为新兴市场与发达国家之间的再分配。为缓解危机和偿还债务,新兴市场经济国家不得不进一步对外国投资者开放市场,允许外资进入收购本国资产,这就使得这些国家长期积累的财富被外国资本以很低的价格买走,造成国家经济利益的严重损失。

## 第三节　泡沫检测方法述评

由于对泡沫是否采取措施的前提条件在于识别泡沫,因此泡沫检验便成为泡沫研究中一个重要的因素。检验泡沫是否存在已有很多研究方法,下面介绍主要的几种。

### 一、市盈率法

采用市盈率($P/E$,每股股票价格除以每股盈利)来判断股票市场上是否存在泡沫是一种最直观、有效的方法。如在美国股票市场上,平均市盈率一般在 15 倍左右,而在 1999 年美国股票市场出现泡沫的时候,市盈率达到二十几倍,这便直接地告诉人们股票市场中出现了严重的泡沫。与市盈率类似,对于房地产的价格也可以采用价格除以租金的比率来判断是否存在泡沫。

市盈率法的一个优点在于能够判断宏观的、大规模的泡沫是否存在,而对于个别性的、小规模的泡沫则无法判断。这对于宏观政策是一个有用的参考,因为宏观政策并不是要控制股票市场上不出现泡沫,而是要使泡沫不成为干扰经济运行的内部冲击,因此,滤掉小规模的泡沫而只判断宏观的泡沫是一种有用的信息取舍。

市盈率法的缺点很多。首先,不同地区的股票市场具有不同的均衡市盈率。在正常的情况下,发展中国家的股票市场市盈率普遍高于发达国家的市盈率,但这不能成为认为发展中国家股票市场存在泡沫的依据。其次,市盈率法的判断并不十分准确,虽然它能够过滤掉一些无用的信息,但由于市盈率会随经济状况而变化,在经济繁荣时较高,在经济衰退时较低,且其本身也被视为经济的“晴雨表”,其当前的变化既可能是由于泡沫因素引起的，也可能是由于未来经济发展的真正利好所致，对于其判断因人而异。因此，总体来说，市盈率只是一个粗糙的指标。

## 二、现金流量贴现法

理论认为，在有效的市场上，资产的价格是未来预期收入流的折现值。如果市场上的现行价格大于折现值，则可以认为资产价格存在泡沫。徐滇庆等(2000)①用一个简单的例子说明了这种检验方法。

假定资产的市场价格可以用如下的公式表示：

$$AP_t = EP_t + B_t \tag{5-11}$$

其中，$AP_t$ 表示资产的市场价格，$EP_t$ 表示资产的基准价格，即未来收入流的折现值，$B_t$ 表示泡沫成分。

$$EP_t = \sum_{i=1}^{\infty} \delta^i E(Y_{t+i} \mid I_t) \tag{5-12}$$

其中，$\delta$ 为折现因子，$\delta = 1/(1 + \mathrm{d}r)$，$\mathrm{d}r$ 为折现率，$E(Y_{t+i} | I_t)$为在 $t$ 时刻的信息组合条件下，对未来时刻的收入预期值。

如果 $AP_t > EP_t$，即 $B_t > 0$，就可以认为资产价格中出现了泡沫。

从理论上来讲，这个泡沫判断标准并没有错。但是，关键问题在于如何来计算预期的未来各期资产收益，并如何确定折现率。未来各项资产的收益预期会随信息的不断增加而出现变化，并因人而异。折现率的选择如果采用主观折现率，则不好确定；如果采用 VAR 模型或 CAPM 模型确定的风险补偿收益率来对未来的收入流折现，则一般会使折现率过高；而如果采用中央银行确定的利率进行折现，则根据费希尔和布兰查德(1998)②，央行的无风险利率低于经济的平均增长率，而平均增长率则又低于企业的利润率，显然这种利率也不是动态有效的，而会使折现率过低。因此，该模型理论上的合理性却面临着应用上的种种困难。

## 三、希勒资产价格超常易变性方差检验法

希勒(Shiller,1981)利用资产价格的超常易变性方法来检验股市泡沫的存在。希勒的检验主要用于对一段时间序列数据进行检验，是一种事后检验。

假定该时间段观测到的实际价格 $p_t(t=0,T)$ 和该时间段上的股息收

---

① 徐滇庆、于宗先、王金利：《泡沫经济与金融危机》，中国人民大学出版社 2000 年版。

② 〔美〕奥利维尔·琼·布兰查德、斯坦利·费希尔：《宏观经济学：高级教程》，刘树成等译，经济科学出版社 1998 年版，第 114 页。

益 $d_t$。设定一个新的价格变量为事后价格 $p_t'$,即如果在时间 $t$ 完全预知未来的股息,那么资产在时间 $t$ 所应具有的价格。所以

$$p_t' = \sum_{i=0}^{\infty} a^{i+1} d_{t+i} \tag{5-13}$$

其中,$a = \frac{1}{1+r}$。由于样本有是限的,无法将未来无限期的数据取得。为解决这一问题,希勒将式(5-13)改写为:

$$p_t' = \sum_{i=0}^{T-t-1} a^{i+1} d_{t+i} + a^{T-t} p_T' \tag{5-14}$$

由于 $T$ 是样本的最后观测值,用 $p_t$ 的样本平均值逼近 $p_T'$,这样就可以构造 $t < T$ 时的 $p_t'$ 的估计值。

希勒认为:

$$p_t' = p_t + u_t \tag{5-15}$$

其中 $E(u_t | p_t) = 0$。这就是关键的理性预期的预见性,即希勒检验的基础。事后价格和实际价格之间的差别应该和现行价格不相关,即 $\text{cov}(p_t, u_t) = 0$。

按照 $p_t'$ 和 $p_t$ 方差存在的假设,则上面方程中取方差,得到:

$$V(p_t') = V(p_t) + V(u_t) \tag{5-16}$$

它隐含了

$$V(p_t') > V(p_t) \tag{5-17}$$

式(5-17)是希勒检验的最初不等式,它说明事后价格的方差应该超过实际价格的方差,直观上是因为 $p$ 是 $p'$的预测值,应该比 $p'$的变动小。

然而,遗憾的是,希勒用回溯到 1871 年的数据检验稳定而小额股票的价格指数,发现方差不等式显著地遭到破坏,因为估计之比 $V(p)/V(p^t)$常常超过 5。

而笔者认为,由于 $p'$是资产的实际价值,而实际价格 $p$ 才是包含泡沫的因素,因此,如果存在泡沫,则检验的公式应该是:

$$p_t = p_t' + u_t \tag{5-18}$$

即 $V(p_t) > V(p_t')$才是证明泡沫存在需要检验的方程式。

希勒的结果也遭到了后来的学者的批评。受到批评的第一点是关于检验的分布假设和其估计的分布性质。马什和默顿(Marsh & Merton, 1986)提出了关于股息和价格平稳性假设的问题。因为没有平稳性,$p$ 和 $p'$的无条件方差就不存在。受到批评的第二点是受检验的假设是一种联合假设,而且拒绝什么以及这种拒绝表明了什么都不清楚。

针对以上的批评，人们提出了修正的希勒超常易变性泡沫检验法，是对希勒原来的方差比检验法进行了异同离差的修正，其宗旨在于降低作为希勒方差比的 $F$ 统计量的易变性以减少伪信号。设 $p_t$ 为实际价格 $P_t$ 的对数值，在股市价格或股市指数遵循对数正态分布的有效性假定下，实际对数价格的方差与理性预期对数价格的方差都遵循着卡方分布，这两个方差为检验、发现那些实际价格的变动与理性预期价格的变动差别较大的地方提供了量化的基础。

## 四、动态自回归检验法

周爱民(1998)①提出了泡沫检验的动态自回归法。该方法检验 $P_t=\lambda P_{t-1}+\varepsilon_t$ 中的 $\lambda$ 是否为1。即有检验 $H_0:|\lambda-1|<1\%$，满足 $|\lambda-1|<1\%$ 时为正常情况，即当接受检验时股市不存在泡沫和黑子，而拒绝检验，如果当 $\lambda>101\%$ 时，认为股市存在泡沫，而当 $\lambda<99\%$ 时，则认为股市存在黑子。而 $P_t=\lambda P_{t-1}+\varepsilon_t$ 是在考虑了两期间收益率不会有大变化的前提下，对 $P_t=\frac{1}{1+r}E(P_{t+1}|I_t)+\frac{1}{1+r}D_t$ 加入的随机干扰项之间不会存在正序列相关的情况得出的。

设 $P_t=aE(P_{t+1}|I_t)+aD_t+e_t$，$e_{t+1}=\rho e_t+\varepsilon_t$，其中 $\rho$ 满足 $0<\rho<1$，因此有：

$$\begin{aligned}P_{t+1}-aE(P_{t+2}\mid I_{t+1})-aD_{t+1}&=e_{t+1}\\&=\rho[P_t-aE(P_{t+1}\mid I_t)-aD_t]+\varepsilon_t\end{aligned}\tag{5-19}$$

整理可得：

$$P_{t+1}=b_1E(P_{t+2}\mid I_{t+1})+b_2P_t+b_3E(P_{t+1}\mid I_t)+b_4D_{t+1}+b_5D_t+\varepsilon_t\tag{5-20}$$

其中 $b_1=b_4=a=1/(1+r)<1$，$b_2=\rho$，$b_3=b_5=-\rho a=-\rho/(1+r)$。为保证规模报酬不变，则应有 $b_1+b_2+b_3+b_4+b_5=1$。如果该式有 $P_t=\lambda P_{t-1}+\varepsilon_t$ 形式的解，则在期望叠代定律之下求下一期及下下期的期望值有：

$$\begin{aligned}E(P_{t+1}\mid I_t)&=\lambda P_t+\varepsilon_{t+1}\\E(P_{t+2}\mid I_{t+1})&=\lambda P_{t+1}+\varepsilon_{t+2}\end{aligned}\tag{5-21}$$

将其代入式(5-20)得：

$$P_{t+1}=b_1\lambda P_{t+1}+b_2P_t+b_3\lambda P_t+b_1\varepsilon_{t+2}+b_3\varepsilon_{t+1}+b_4D_{t+1}+b_5D_t+\varepsilon_t\tag{5-22}$$

① 周爱民：《股市有效性、泡沫与预警》，经济科学出版社1998年版。

合并同类项可得：

$$P_{t+1} = (1 - b_1\lambda)^{-1}[(b_2 + b_3\lambda)P_t + b_1\varepsilon_{t+2} + b_3\varepsilon_{t+1} + b_4D_{t+1} + b_5D_t + \varepsilon_t] \quad (5\text{-}23)$$

用待定系数法确定该式中 $P_t$ 的系数 $(1-b_1\lambda)^{-1}(b_2+b_3\lambda)$ 与 $P_{t+1}=\lambda P_t+\varepsilon_{t+1}$ 中 $P_t$ 的系数相等，可得：

$$b_1\lambda^2 + (b_3 - 1)\lambda + b_2 = 0 \quad (5\text{-}24)$$

对于函数 $f(\lambda)=b_1\lambda^2+(b_3-1)\lambda+b_2$ 而言，$f(0)=b_2>0$，$f(1)=b_1+b_2+b_3-1=-b_4-b_5=(\rho-1)/(1+r)<0$，而 $f(+\infty)$ 与 $b_1$ 同号，也为正，所以式(5-24)有一个大于1的根和一个小于1的根。其中大于1的根会使股市产生泡沫，小于1的根会使股市产生黑子。因此，只需要动态地检验 $P_t=\lambda P_{t-1}+v_t$ 式中 $\lambda$ 的大小即可。

该方法的检验，如同周爱民所述，接受检验的结论性较强，即检验出泡沫或者黑子的地方肯定有泡沫或黑子，而没有检验出泡沫或者黑子的地方，也不一定就没有泡沫或黑子。

### 五、单位根和协整检验法

单位根检验是判断数据平稳性的重要标志。考虑一个简单的一阶自回归过程：

$$y_t = \rho y_{t-1} + \varepsilon_t \quad (5\text{-}25)$$

其中 $\varepsilon_t$ 是独立同分布的 $N(0,\sigma^2)$ 过程。对应特征方程为 $1-\rho L=0$，如果 $\rho=1$，$\{y_t\}$ 就是标准的单位根过程，当 $\rho<1$ 时，$\{y_t\}$ 为平稳过程。

"伪回归"是作为因单位根过程出现在回归方程中而造成传统计量经济方法失效的一个例证。所谓"伪回归"，是指对本来不存在纯属关系的两个单位根过程，由于利用传统经济计量学方法的结论进行推断而被误认为存在线性关系。一般来说，这时模型的残差将是单位根过程。

协整关系可以如此表述：如果 $y_1,y_2,y_3\cdots$ 代表我们感兴趣的一组变量，第一个变量都是 $I(1)$ 过程，如果存在特定向量 $\boldsymbol{\alpha}\neq(0,0\cdots0)^{\mathrm{T}}$，使 $\boldsymbol{\alpha}Y_t=\alpha_1y_{1t}+\alpha_2y_{2t}+\cdots+\alpha_ky_{kt}$ 为一平稳过程，则称 $y_1,y_2,y_3\cdots$ 之间存在协整关系。由于各变量都是 $I(1)$ 过程，则"伪回归"问题会出现，但有关的理论分析表明系数的估计不仅是一致的，而且是超一致的，因此伪回归问题在协整检验中就不存在了。

1987 年,格兰杰和恩格尔(Engle and Grange)①提出了对泡沫的协整检验方法。他们认为,如果股票价格公式

$$p_t^* = \int_0^{+\infty} d_v e^{-\theta(v-t)} dv \tag{5-26}$$

中存在泡沫,由于泡沫具有膨胀性质,应该是非平稳的,因此价格的一阶差分也不可能是平稳的。于是他们转而检验

$$p_t - r^{-1} d_t = b_t + r^{-1} \sum_{v=1}^{+\infty} (1+r)^{1-v} E[(d_{t+v} - d_{t+v+1}) \mid I_t] \tag{5-27}$$

在假设 $\{H_0: b_t = 0\}$ 之下,若 $d_t$ 一阶差分平稳,则式(5-27)意味着 $p_t - r^{-1} d_t$ 也平稳,即 $p_t$ 和 $d_t$ 存在着(1,1)协整关系。因此,检验 $b_t$ 是否为 0,或者说检验泡沫是否存在就转化为检验 $p_t$ 和 $d_t$ 之间(1,1)阶协整关系是否存在了。实际的做法是:首先由回归方程 $p_t = \alpha + \beta d_t + \varepsilon_t$ 得出股价 $p_t$ 的估计值 $\hat{p}_t$,然后计算残差:$e_t = p_t - \hat{p}_t$,最后对残差 $e_t$ 进行迪基-富勒检验:

$$\Delta e_t = -\rho e_{t-1} + \sum_{v=1}^{K} \delta_v \Delta e_{t-v} + \varepsilon_t \tag{5-28}$$

如果检验证明存在单位根,则存在泡沫;如果不存在单位根,则不存在泡沫。

## 第四节　货币政策对资产价格泡沫的反应原则

### 一、文献回顾

20 世纪 90 年代以来,随着日本泡沫破灭引起长达十几年的经济衰退、美国纳斯塔克股票市场泡沫的破灭等事件的发生,货币政策要不要对泡沫作出反应,成为各国货币当局和学术界高度关注的热点问题,迄今为止研究文献可谓汗牛充栋,这里仅对具有代表性的几种观点作一梳理。

(一) 反对干预的观点及其理由

西方主流经济学家和货币当局对泡沫都持反对干预的态度。格林斯潘 2002 年在一次会议上对此进行了比较系统的阐述:"随着事态的发展,我们认识到,尽管我们有所怀疑,但是不到事后是很难确认泡沫的,换句话说,只有在泡沫崩溃时才能知道泡沫存在过。此外,还有一点很不明

① 见恩格尔和格兰杰:"协整与误差校正:表示、估计和检验",《计量经济学》,1987 年第 2 期,第 55 卷,第 251—276 页。

确，那就是，即使我们能较早识别泡沫，但是事先干预泡沫会不会引起经济活动的大幅收缩还不确知，而这正是我们努力要避免的。持续的经济扩张刺激了理性的承担风险的意愿，这种情况很难用温和的紧缩性货币政策进行干预。事实上，我们在过去 15 年的经验说明，不影响经济活动而抑制股票价格的紧缩性货币政策，结果大多导致股票价格水平的上升。"[①]格林斯潘还认为：央行如果"要挑破泡沫，干预市场，会有一个基本的问题，即要假定你比市场知道得更多"。欧洲中央银行前行长杜伊森伯格 2003 年 6 月 16 日在法兰克福的国际银行之夜上说："我们认识到资产价格的大幅波动对经济走势非常重要。最近几年，我们已经注意到资本市场的巨大发展。对潜在经济增长的高度乐观和有关新经济的言论曾在最初推动了股票价格上涨到天价。简而言之，显然，货币政策需要考虑公众和金融市场在判断影响中期物价稳定的风险因素时的情绪。中央银行必须严密监督金融市场的发展来明白其对中期的物价稳定有什么影响，但中央银行不应把资产价格作为其货币政策的目标。"[②]现任美联储主席伯纳克认为，泰勒规则中的 GDP 缺口即反映了资产价格变化（通过财富效应、金融加速器效应），因此，长期的通胀目标能同时实现物价稳定和金融体系稳定、防止泡沫的双重目的。理论上，可以通过计算一种资产经过风险调整的预期收益的贴现值来确定其理论价格，从而计算出泡沫的程度，但未来赢利和贴现利率都无法直接观测到，而且未来预期必然受到投资者过于乐观或悲观情绪的影响，使资产价格对实际赢利和利率作出过度的反应，也就是说，投资者的心理预期非常容易使资产价格偏离均衡水平。而心理因素是难以把握的，这使得确定泡沫程度和破灭时间成为一件非常困难的任务，让股市泡沫以它自己的方式破灭最有利。

综观反对干预的理由，概括起来有以下几个方面：① 稳定物价与稳定股市这两个目标之间存在矛盾。大家知道，名义利率等于实际利率加预期的物价变动率，物价稳定时，名义利率比较低，而利率与证券价格成反比，低利率是证券市场泡沫形成的温床。② 泡沫具有两重性。适度的泡沫是股市的催化剂，可通过财富效应刺激消费和投资需求，推动实体经济的增长。倘若大家都是理性投资者，都恪守长期投资的准则，那么股市岂不是有行无市，变成死水一潭？此外，适度的泡沫有利于资金优化配置。一般来说，越是高成长的股票，越容易受到投资者的追捧，其价格中的泡沫也就越多。因此，适度的泡沫使社会资本从效益低的企业、产业流

---

① 转引自瞿强：《资产价格波动与宏观经济》，中国人民大学出版社 2005 年版，第 185 页。
② 转引自成家军：《资产价格与货币政策》，社会科学文献出版社 2004 年版，第 80 页。

向新兴产业、高成长性产业，从而引起产业结构的调整、优化和升级。③ 央行很难区分基本面变化与泡沫。比如，对中国前几年股市平均60倍的市盈率是否正常，就存在两种截然对立的观点，且二者似乎都有强有力的理由，使人感到是非难辨，莫衷一是。④ 货币政策的多重性目标会加大央行的操作难度，特别是当通货紧缩与抑制泡沫相互冲突时，此时从治理通货紧缩的要求出发，货币政策必须扩张；而扩张的货币政策又不可避免地会加剧泡沫的形成，央行处于两难选择。⑤ 央行干预股市泡沫既意味着在股市过热时要当消防队，也意味着在熊市出现负泡沫（黑子）时要进行托市，这将导致上市公司和投资者的道德风险。⑥ 挤出股市泡沫可能引起经济衰退。2001年中国股市由于国有股减持改变了投资者的预期，严重挫伤投资者的信心，导致在宏观基本面持续向好的条件下股市却持续走跌，即使在这一政策停止执行后仍跌势不止，足见挤出泡沫的后果很难预料，这一教训可谓至深且巨。用格林斯潘的话来说，要成功地挤出泡沫而又不引起经济动荡，"你必须比市场本身更了解市场"。这是很难做到的，迄今没有一种数学模型能够正确预报泡沫的破灭时间。

（二）国外主张干预的意见

阿尔钦和克雷（Alchian and Klein，1973）认为，货币政策所关注的价格指数不应该是当前的消费物价指数，而应当是包括消费者预期终生消费的当前价格指数，他们把构造的这个价格指数称为"跨期生活成本指数"（intertemporal cost of living index，ICLI），用来描绘不同时期内达到一个给定效用水平的生活费用的变化情况。他们认为，资产价格能够作为未来商品价格和服务价格的替代，用这样的一个指数来衡量通货膨胀，就能够反映当前和未来的一篮子商品和服务的货币成本变化情况。[①] 涩谷（Shibuya，1992）将这一观点进一步简化处理，将阿尔钦和克雷的通货膨胀测量方法概括为传统方法测量的通货膨胀与资产价格膨胀的加权平均值，从而构建了一个动态均衡价格指数（dynamic eqilibrium price index，DEPI）：[②]

$$DEPI_{0t} = \left(\frac{P_t}{P_0}\right)^{\alpha}\left(\frac{q_t}{q_0}\right)^{1-\alpha} \tag{5-29}$$

其中，$p$ 为物价，$q$ 为资产价格（国民财富），$\alpha$ 为当前商品和服务的权重，$\alpha = \rho/(1+\rho)$，$\rho$ 为时间偏好率。更为简单的形式则为：

---

① Alchian, A. and B. Klein (1973), On a Correct Measure of Inflation, *Journal of Money Credit and Banking*, 5(1), pp. 173—191.

② Shibuya, H. (1992), Dynamic Equilibrium Price Index: Asset Price and Inflation, *Monetary and Economics Studies*, *Bank of Japan*, 10(1), pp. 95—109.

$$P_{\alpha k} = \alpha P + (1 - \alpha) P_{\alpha p} \tag{5-30}$$

其中,$\alpha$ 为传统通货膨胀的比重,$P_{\alpha p}$ 为资产价格的膨胀率。$(1-\alpha)$ 就是资产价格膨胀率在其中的比重。

涩谷认为,由于消费物价指数 CPI 只能反映价格水平当前的变化,而货币当局关心的是未来通货膨胀的趋势,因而 CPI 作为执行货币政策的信息变量是不充分的,而 DEPI 可以作为一个衡量货币动态价值变化的新的通货膨胀指数。古德哈特(Goodhart,1993)也表达了类似的观点,他指出,从原则上讲货币当局应该控制的价格指数不仅应当包括当前的商品和服务的价格,而且应当包括未来的商品和服务的价格,所以比较好的办法是将许多资产的价格包括在央行所关注的价格指数内。一般认为,上述主张从理论上说是可行的,但要将其应用于实际则相当困难,主要问题有:资产价格波动的原因较复杂,没有充足的证据表明央行能提前预期到资产泡沫的发生;资产价格的变化并不必然会反映未来价格的变动;由许多资产构成的这个指数将非常不稳定,如果作为这个指数组成成分的商品和资产价格运动趋势背离,就可能误导央行。由于上述原因,DEPI 作为货币政策的目标是不合适的,但在分别观察上述两部分的价格趋势,从中得出有关的政策信息作为决策参考是可行的。

(三) 国内经济学家的观点

易纲和王召(2002)对货币政策和资产价格之间的关系进行了研究,他们认为,货币政策对金融资产价格有影响,当投资的上升引起原材料和劳动力价格上涨时,扩张性的货币政策的长期效果是同时引起商品价格和股价的上升;当投资具有规模经济效益或者可以使劳动生产率水平明显提高时,扩张性的货币政策的长期结果是股价的上升和物价的下降,因此,货币数量与价格的关系不仅取决于商品和服务的价格,而且在一定意义上取决于股市。[①] 瞿强(2001)在对国外学者对这个问题的看法及其依据作了系统的比较研究后认为,在目前的货币政策操作中,很难将资产价格作为直接的目标,最多可以作为间接的参考指标,简言之,要"关注",但不要"钉住"。这一意见可以说代表了中国学术界和管理部门比较一致的共识。[②] 冯用富(2003)通过对中国特定约束条件下的资产选择行为的分析论证,股市高的预期收益率主要由高风险报酬和高交易成本所抵补,利率调节对股市上升中的高收益率和下跌中的深度套牢没有任何影

① 易纲、王召:"货币政策与金融资产价格",《经济研究》,2002 年第 3 期。

② 瞿强:"资产价格与货币政策",《经济研究》,2001 年第 7 期。

响,因此,货币政策干预股市过度波动是无效的。[①] 吕江林(2005)通过对中国股市的财富效应和投资效应的考察和理论分析,提出中国货币政策应对股价变动作出适时反应。[②]

我们赞成“关注而不钉住”的政策主张,如果将资产价格作为货币政策的目标,撇开技术上的困难不说,这样做也等于对投资者提供一种隐性担保,会加剧投资者的道德风险,甚至助长泡沫,所以是不可取的。但我们同时也认为,“关注而不钉住”的主流观点还必须解决一个如何具体操作的问题。如果将“关注”片面地理解为在泡沫发生的初、中期,央行只能置身度外,消极地作壁上观,只有到泡沫发展到影响央行预期通货膨胀率时才能采取行动,恐怕也未必合适。因为历史证明,在通货膨胀尚未出现的时候,泡沫蕴涵的金融风险可能已经开始蓄积,而金融危机的危害远超过通货膨胀则是不争的事实,不干预政策可能使问题发展到积重难返的地步,届时调整的代价更大。至于说央行缺乏足够的信息判断泡沫是否存在似乎也不能作为充分的理由,中国近几年房地产市场的形势证明,对泡沫判断的困难,与其说来自于技术层面,毋宁说是来自于既得利益阶层。西方经济学中反对干预的理由,对他们可能是适用的,但对破解中国的泡沫难题,可能并不完全合适。下面,我们将对国外反对干预的一些理由进行商榷。

## 二、对 BGG 模型[③]及其模拟结果的看法

反对央行干预泡沫的一个重要理论依据是金融加速器原理。伯纳克、哥特勒和吉尔克里斯特(Bernanke, Gertler & Gilchrist,1989)认为,在信息不对称条件下,贷款人为了克服借贷双方信息不对称导致的道德风险,要求借款人提供净值作为担保。净值是指企业流动资产与可抵押品之和,作为一种降低道德风险的手段,它决定了借款人获得外部融资的能力。净值越大,意味着如果经营失败,借款人自己承担的损失也就越多,所以它可以起到约束借款人的道德风险、降低借款人获得外部融资的成本、提高均衡的投资水平的作用。净值是顺周期的,在经济景气时期,股价上升,借款人的收入增加,借款人的净值也随之增加,这样借款人的偿债能力和资信提高,他就可以获得更多的资金来进行投资,这导致投资的波动。伯纳克等将这种现象称为“金融加速器”。显然,对净值的外部冲

---

① 冯用富:“货币政策能对股价的过度波动作出反应吗”,《经济研究》,2003 年第 1 期。
② 吕江林:“中国的货币政策是否应对股价变动作出反应”,《经济研究》,2005 年第 3 期。
③ 对 BGG 模型的介绍,详见第六章第一节。

击（如证券价格的下降），将导致借款人的净值和资信程度下降，投资减少，产生“债务紧缩”效果。这对总需求和实际产出产生副作用，后者将使资产价格和净值进一步减少，产生通货紧缩螺旋。正是出于这一考虑，伯纳克等人反对货币政策干预泡沫。我们认为，对这一理由，必须联系一国的融资结构作具体分析。资产价格对投资乃至经济周期的影响与一国企业资本结构（融资结构）有密切关系。吕江林（2005）发现，若一国公司的资本结构中股本所占的比重越高，则该国股价与实际国内生产总值、消费物价指数等反映实体经济的指标之间的协整关系就越密切，反之则不存在协整关系。[①] 我们认为，这一统计现象不难从理论上得到解释：对于像英美这样股票融资占企业资本来源比重很高的国家来说，股市泡沫破灭使企业净资产减少，资信度下降，融资变得困难，投资减少，经济出现衰退，金融加速器的作用显现等一系列连锁反应比较显著，股市行情变化是造成投资和经济波动的重要外部冲击源，所以货币当局对泡沫究竟如何反应，确需非常慎重，不可轻举妄动。而对中国这种银行融资主导型的国家，由于迄今为止上市公司只占企业总数的一个很小比例，所以泡沫破灭对企业筹资的影响远不如美国那么大，相反，泡沫特别是房地产市场的泡沫破灭对银行体系稳定性的影响却不容忽视，因为目前银行有近 1/3 的贷款投放在房地产上，因此中国挤出泡沫失误的政策风险比美国要小，泡沫破灭所带来的金融风险却可能比美国大。问题还在于，如果听任泡沫发展和自行破灭，同样无法避免经济衰退的风险，且造成的经济震荡可能比干预失误还大。对于像中国这样的间接融资为主、银行体系又脆弱的发展中国家来说，泡沫破灭所带来的银行体系的流动性危机，很容易转变成金融危机，所以，有必要将金融稳定纳入中央银行的货币政策损失函数。

此外，BGG 模型仅考虑泡沫破灭对企业净值—资信—融资能力—经济周期的影响，而没有看到影响企业融资资信的因素不止净值一种，还有企业以往的信用记录（信誉）、发展前景等多种因素，这一点似乎有以偏概全之嫌。

如果说纯理论的分析可能缺乏现实依据的话，那么，实证研究可以在一定程度上弥补这一缺陷。伯纳克、哥特勒（1999）曾用 BGG 模型来模拟资产价格出现泡沫时不同的货币政策规则的效果。假设央行采取的是简单的前瞻性货币政策，可表示为：

---

① 吕江林：“中国的货币政策是否应对股价变动作出反应”，《经济研究》，2005 年第 3 期。

$$r_t^n = \bar{r}^n + \beta E_t \pi_{t+1} \tag{5-31}$$

其中，$r_t^n$ 是央行控制的名义利率，$\bar{r}^n$ 是稳定状态的名义利率，$E_t\pi_{t+1}$ 是模型下一时期的预期通货膨胀率。一般假设 $\beta > 1$，因此，当预期通货膨胀率增加 1 个百分点时，央行提高名义利率超过 1 个百分点，以保证在预期通货膨胀率上升时，实际利率将提高，因此，货币政策是稳定性的。

如果货币政策要考虑对股价变化作出反应，则上述公式应改为：

$$r_t^n = \bar{r}^n + \beta E_t \pi_{t+1} + \xi \log\left(\frac{S_{t-1}}{S_t}\right) \tag{5-32}$$

其中，$S_t$ 和 $S_{t-1}$ 分别代表 $t$ 和 $t-1$ 期的资产价格。

根据货币政策是否对资产泡沫进行反应，以及对于预期通货膨胀货币政策是采取适应性的还是积极性的反应，可将货币政策分为四种：

第一种：适应性货币政策。在资产泡沫出现时货币政策只对通货膨胀进行适应性反应，式(5-32)中的 $\beta$ 值为 $=1.01$，而不对资产泡沫作出反应，即 $r_t^n = \bar{r}^n + 1.01E\pi_{t+1}$。

第二种：钉住通货膨胀货币政策。不对资产泡沫作出反应，但是对通货膨胀作出更加积极的反应，即 $\beta$ 值为 $+2.0$，货币政策反应公式可表示为：$r_t^n = \bar{r}^n + 2.0E\pi_{t+1}$。

第三种：适应性通货膨胀政策但同时对资产泡沫反应，将式(5-32)中参数 $\xi$ 赋值为 0.1，即资产价格指数上升 10%，利率提高 1%，货币政策反应公式可表示为 $r_t^n = \bar{r}^n + 1.01E\pi_{t+1} + 0.1S_{t-1}$。

第四种：钉住通货膨胀政策同时对资产泡沫反应，即 $r_t^n = \bar{r}^n + 2.0E\pi_{t+1} + 0.1S_{t-1}$。

这四种政策的模拟结果如表 5-1 所示。

**表 5-1　不同货币政策下产出缺口和通货膨胀的方差**

| 政策类型 | 泡沫冲击 | | 技术冲击 | |
|---|---|---|---|---|
| $r_t^n = \bar{r}^n + 1.01E\pi_{t+1}$ | 2.221 | 9.676 | 1.409 | 17.975 |
| $r_t^n = \bar{r}^n + 2.0E\pi_{t+1}$ | 1.471 | 0.119 | 0.103 | 0.231 |
| $r_t^n = \bar{r}^n + 1.01E\pi_{t+1} + 0.1S_{t-1}$ | 5.908 | 120.032 | 0.987 | 39.855 |
| $r_t^n = \bar{r}^n + 2.0E\pi_{t+1} + 0.1S_{t-1}$ | 1.518 | 1.556 | 0.132 | 0.767 |

资料来源：Bernanke，B. and M. Gertler，1999，“Monetary Policy and Asset Prices Volatility”，*Economic Review*，4th Quarter，Fed of Kansas，pp. 17—51。

表 5-1 内的数字为应对泡沫冲击或技术冲击情况下而采取不同货币政策的产出缺口和通货膨胀的方差值。可以看出，第二种政策选择即对通货膨胀作出积极反应的同时不对资产价格进行反应是最佳的，实现了

产出和通货膨胀方差最小;第四种政策选择即对通货膨胀作出积极反应的同时也对资产价格作出适应性反应是次佳的,因其方差与第二种相差无几,如果考虑到这种政策对于防止泡沫导致金融危机的政策收益,则其净收益可能在第二种政策之上;再次是第一种政策,即只对泡沫作出适应性反应,而不管通货膨胀,方差有较明显扩大;最危险的是第三种政策,即对通货膨胀和资产价格都作适应性反应的政策,它加剧了产出缺口和通货膨胀的波动幅度。这一政策模拟结果给我们的启示是:对通货膨胀作出强烈反应,同时采用试错法对泡沫进行试探式反应,可以兼顾双重目标而又不会产生太大的震荡,可能是最佳的政策选择。换言之,央行在钉住通货膨胀率的同时,对泡沫可以采取微调措施,这样即使判断失误,也不至于使市场的信心崩溃,形势急剧恶化。由上可见,BGG 模型模拟的结果也并不完全支持反对干预的观点。

## 三、通胀目标制和泰勒规则能否同时兼顾狭义价格和广义价格的稳定①

伯纳克认为,泰勒规则中的 GDP 缺口,即反映了资产价格变化、以灵活通货膨胀目标制作为央行对泡沫的反应原则,可以既防止通货膨胀,又避免泡沫继续扩大及其破灭所带来的通货紧缩和金融危机等一系列并发症。其逻辑很简单,既然资产价格可以通过财富效应、托宾 q 效应、金融加速器等渠道引起总支出增加,对 GDP 缺口产生影响,最终作为未来物价变动压力而发挥作用,也就是说,当期 GDP 缺口中,已经吸收了资产价格变化的影响,那么,只要针对通货膨胀缺口采取逆风向行动,即当通货膨胀缺口扩大时提高利率,反之则降低利率,就可以自动熨平物价和资产价格。笔者认为,这一观点是建立在物价稳定与金融稳定是一致的且相互加强的假设基础上的,但这是一个很强的假设,实际情况与该假设相去甚远。

首先从理论上看,稳定物价是货币政策的首要目标,但从央行成立的

---

① 所谓灵活通货膨胀目标制,是指"一种货币政策框架,在这种框架下,官方公开宣布一年或多年通货膨胀数量目标(或范围),并明确承认较低的、稳定的通货膨胀是货币政策最主要的长期目标",在这种货币政策规则下,避免通货紧缩与避免通货膨胀同样重要。在长期通货膨胀目标的约束下,央行在短期内有一定的弹性去追求其他目标,包括产出稳定。这一政策选择还要求决策过程公开透明,例如,定期发行有关通货膨胀状况的报告,公开讨论政策选择及计划等。

规则型的操作规范包括两种形式:一种是工具规则,其基本思想是将货币政策工具(利率、货币供应量等)表示为央行可获得信息的某些变量的函数的形式,这些变量可以是滞后的,也可以是前瞻性的,或二者兼有。工具规则的代表就是泰勒规则。另一种是目标规则,往往被表示为对某种损失函数最小化的形式。具体而言,目标规则要求在某个时间内使目标变量达到某一水平,或者使目标函数值保持在某一个水平内,如弹性通货膨胀目标制。

原因来看,还应包括金融体系的稳定,即金融机构能够保持正常的支付,资产价格不至于过度波动,从而引发严重的实际经济后果。这两大目标的关系可以说是既统一又对立的。统一表现在,首先,资产价格泡沫会通过财富效应等渠道引起总支出的增加,继而传递到物价上,引起物价上涨,二者的变动方向具有一致性的一面;其次,一般物价和资产价格上涨的根源可能相同,即都是由流动性过多造成的,所以可以"异病同治",紧缩货币可达到预防通货膨胀和泡沫的双重目的。但毕竟物价稳定与金融稳定还存在着矛盾的一面,表现在:稳定的物价使经济主体预期货币当局不会提高利率,因而经济会持续扩张,并愿意承担更多的风险;并且,低物价时期央行倾向于维持宽松的货币政策,这导致实际利率和风险溢价下降,因而资产价格将上升。历史事实也显示,资产价格泡沫经常是出在低物价的环境。更重要的是,如果泡沫持续的时间足够长,那么,将有越来越多的货币被吸引入资产市场,这时,资产价格泡沫经由财富效应等渠道对物价的影响时滞就会被延长,就会呈现资产价格仍在节节上涨,而物价依然稳定的现象。这种现象在中国已经出现多次。中国股市的一个特点是投资者在股市上赚到的钱多倾向于再转入股市赚更多的钱,因此即使在2001年中国股市牛市达到前所未有的高峰时,经济依然未摆脱通货紧缩的局面,物价仍持续走低。20世纪20年代后期美国的资产价格泡沫和80年代后期日本的泡沫经济也都是出现在狭义价格比较稳定的环境中。这时如果机械地按照通货膨胀目标制或泰勒规则的要求行事,因泡沫并未威胁到物价的稳定,央行应选择不作为。按照标准的泰勒规则公式:

$$i = \pi + gy + h(\pi - \pi^*) + i^f \tag{5-33}$$

其中,$i$为短期利率,$\pi$为通货膨胀率,$y$为实际收入$Y$对其趋势偏离的百分比,$\pi^*$为预期的通货膨胀率,$i^f$为央行估计的均衡利率,$g>0$,$h>0$。

此时央行不仅不应提高利率,相反,还必须维持低利率政策,这将直接延误泡沫的挤出。以后泡沫破灭,投资者与金融机构都没有足够的流动资产来清偿到期的债务,则此前的"过度负债"现在只能通过廉价出售资产直至破产的方式来消除。对银行来说,这时削减贷款几乎成为必然的选择,如果大部分银行都采取这样的行动,则会加深已有的经济衰退,随着破产的增加,银行的状况进一步恶化,通货紧缩迟早会出现。货币政策面临的这种两难选择,归根结底是由货币政策稳定物价和稳定金融体系两大目标之间的冲突造成的。日本20世纪80—90年代就曾经遇到这种政策困境。80年代末90年代日本出现历史上空前的泡沫时,物价可谓处在超稳定状态。1988 年日本 CPI 通货膨胀率仅为 0.78%,1989 年 2 月,IMF 总裁访日,也认为日本根本没有通货膨胀。① 按照泰勒规则,此时央行根本无须对泡沫采取行动,日本银行当时也就是这样行事的,但事实已经证明,日本的教训在于对泡沫的反应太迟而不是太早。伯纳克和哥特勒曾经认为,只要遵循泰勒规则操作,日本在 1988 年迅速采取紧缩性货币政策就可以避免泡沫经济。伯纳克和哥特勒的这一观点是颇令人怀疑的。正如日本银行前副行长山口泰(Yamaguchi)对他们观点所提出的质疑:"当我们没有看到通货膨胀时,如何使中央银行将利率提高到 8% 或 10% 的水平?"②可见,即使央行仅考虑狭义物价的稳定,也不能不顾及泡沫。更何况低通胀下的泡沫破灭,其破坏性更大,因为在这种情况下资产价格的调整只能通过名义价格的大幅下降来实现,而资产价格的急剧下降会对居民、企业和金融部门的资产负债状况产生严重冲击,进而危及金融体系和实体经济的安全。

泰勒规则在实践中存在的另一个缺陷是这一规则难以控制像油价上涨引起的成本推进型通货膨胀,对这种通货膨胀,如机械地照搬泰勒规则,则随着油价上涨引起物价上涨,利率也必须跟着上调,这就可能使成本推进型的通货膨胀演变成更为棘手的滞胀。事实上,对于这种通货膨胀,应主要用能源政策(亦可看成是供给政策,如发展替代能源、发展节能型经济),同时再辅以收入政策(比如对油价进行限价配给供应,同时用财政补贴对石油公司进行补贴,减少其政策性亏损,如我国台湾地区 20 世纪 80 年代石油危机时期的做法),而不应诉诸需求管理政策。

必须注意的是,要把"通胀目标制对中国是否适用"与"按照通胀目标制操作是否能同时兼顾狭义价格和广义价格稳定"这两个问题区分开,这是两个不同指向的问题,否定后者并不等于也否定前者。

## 四、货币的国际地位对一国泡沫对策选择的影响

格林斯潘一贯主张,只要资产价格泡沫没有造成通货膨胀压力,就不宜干预,因为人们无法预见挤出泡沫会不会带来经济衰退的严重后果,国内很多反对干预泡沫的观点都将格林斯潘这一观点引以为据,但这些观点似乎都忽略了这一重要事实:美元是当今最主要的国际储备手段,美元资产一直稳定地占各国外汇储备的 60% 左右(如表 5-2 所示),美国是世

---

① 见成家军:《资产价格与货币政策》,社会科学文献出版社 2004 年版,第 158 页。

② 见李至斌、刘健:《货币政策、股票市场与经济增长——中国证券市场实证分析》,中国金融出版社 2004 年版,第 92 页。

界上最大的债务国，美元资产的大量持有者是国外投资者。仅在亚洲金融风暴后两年中，流入美国的外国资金就达7 000亿美元，如从1991年开始计算，到1999年则有2万多亿美元的外国资金流入美国。[①]

**表5-2　美元在全部官方外汇储备中所占的比重**

| 年度 | 1991 | 1992 | 1993 | 1994 | 1995 | 1996 | 1997 | 1998 | 1999 | 2000 | 2001 |
|---|---|---|---|---|---|---|---|---|---|---|---|
| 比重(%) | 51.3 | 55.3 | 56.7 | 56.6 | 57.0 | 60.3 | 62.4 | 65.9 | 68.4 | 68.2 | 68.3 |

资料来源：IMF《2002年年报》，中国金融出版社2003年版，第97页。

美国35%的政府债券、23%的公司债券、13%的股票和14%的直接投资是外国人持有的。2006年美国新发行的国债为1 840亿美元，其中870亿美元即近一半由中国购买，其余15%由美联储购买，美国机构与一般居民购买只占4%。近五年发行的1.5万亿政府债券，1/3由中国购买，另1/3由其他国家购买，美联储购买1/6，美国机构与一般投资者购买1/6。[②] 美国经济学家Frankel指出[③]，保守地估计，外国人持有的美元至少占流通中美元总量的60%。据计算，如美元贬值25%——这一比例相当于1995—2002年美元市值被高估的程度——美国欠境外投资者的3万亿美元债务就会变相减少7 500亿美元。[④] 也就是说，泡沫的破灭在很大程度上是由国外投资者埋单的，美元这一特殊地位客观上使美国在股市过热时，国内过多的流动性可以在商品一价定律和平均利润率法则的作用下，通过国际贸易和资本流动的渠道转移到其他国家，这就大大减少了泡沫对美国经济稳定的威胁。近年来世界性的房地产泡沫，可以说始作俑者就是美国长期实行的宽松的货币政策，既然可以将部分泡沫转移出去，对美国来说挤破泡沫就显得不是那么迫切。下面引进冲销系数这一概念对这一现象作一些分析。

在固定汇率制下，如果央行增加基础货币的国内部分以刺激总需求→降低的利率将导致资本流出→进而使央行的外汇储备下降→基础货币的国外部分下降并最终抵消了国内部分的上升。两部分冲销的程度可以用冲销系数（offer coefficient，OC）来衡量。$OC = -E\Delta H_f/\Delta H_d$，$0 \leq OC \leq 1$。其中，在固定汇率制下，$\Delta H_d$为央行基础货币的变动$\Delta H$中的国内变动部分，由国内信贷构成；$E\Delta H_f$（$E$为汇率）为基础货币变动中的国外部分，主

① 见李玲瑶：《当代经济金融研究新视野》，中国经济出版社2003年版，第305页。
② 见2007年4月16日《参考消息》。
③ 何帆："美元与美国霸权"，中国社会科学院国际金融研究中心工作论文，2004，No.48。
④ 严恒元："国际货币体系回顾"，《经济日报》，2003年12月30日。

要由外汇储备构成，$\Delta H = \Delta H_d + E\Delta H_f$。$\Delta H_d$ 和 $E\Delta H_f$ 的变动方向是相反的。对于储备货币国和非储备货币国而言，冲销系数的大小，也就是货币当局对货币供应量的控制能力也是不一样的。对于储备货币国，由于货币当局的超额货币供给将成为其他国家的外汇储备，而其他国家保持外汇储备的最主要的形式就是在储备货币国购买金融资产。所以，储备货币国对货币供应量有很大的控制能力，其货币政策目标可以更多地关注内部均衡。这也就是前面所提到的美国与其他国家的不同，美国可以将过多的流动性和泡沫转嫁给别国，所以其对泡沫并不感到过于担忧。而对于非储备货币国来说，货币供应量至少在中长期是个内生的变量。

由上可见，美元的特殊地位客观上是影响美国对泡沫政策取向的一个重要因素。这种状况是牙买加体系和目前国际分工体系的产物，在可预见的将来还难以改变，在目前这种国际经济格局下，一国经济对国际市场的依赖性越强，对外资的依赖度越大，就越难摆脱美国货币政策的影响。但美国这种以邻为壑的做法是其他国家所无法效仿的。中国的人民币还未国际化，所以无法像美国那样将泡沫输出，中国的金融体系又很脆弱，原本就积聚了大量的金融风险，更难以承受泡沫破灭的冲击，因此对泡沫不能熟视无睹，任其发展，养痈遗患。在借鉴美国应对泡沫的经验时，对中美两国的国情差异不可不察。

### 五、公开宣布不干预政策等于给炒家一个负向的激励

如果过早亮出底牌、公开宣布货币当局的政策底线不是戳破泡沫，而是让它涨幅趋缓，这等于给市场传递一个信号，告诉市场股价的底线在什么水平，一旦股价快速跌破这个水平，政府会出来托市，以防泡沫破裂对经济造成不良影响，这等于鼓励庄家炒作。2005—2006 年中国房地产市场的泡沫可以说是一个典型的案例。2006 年初，珠三角、北京等地的房价再掀大幅攀升之势。2006 年北京、深圳商品房销售价格指数分别比上年增长了 8.8% 和 12.3%。许多楼盘只相隔几天，单套价格便高出几万元。历经 2005 年一系列的宏观调控，房价涨幅刚刚趋缓没多久，为何再度出现大范围的上涨？这其中的原因是多方面的，从政策面分析，2005 年房产调控的整体目标均是围绕“稳定房价”。政府决策部门的态度一直是：抑制房价过快上涨，而非降低房价。此举的出发点并不难理解。在许多地方的房价都已翻番之下，开发商、银行乃至地方实际上处于一种复杂牵扯中，加之顾及大量已购房百姓的心态承受力，出于对市场大起大落的风险考虑，稳定房价也许不会令期盼跌价的未购房者如愿，但从大局出

发，它实际上是一种稳健过渡、尽量使各方都能接受的折中之举。然而，在房产利益集团看来，在某种意义上，稳定房价等于是变相承认既定事实，是价格“政策底”而并非上限。出于对政府的敬畏，暂时避避风头，则出现了房价涨势趋缓的情况。同时，许多大型房地产商依然在大量囤积土地，储备了2—3年的开发用地。众多地产商实际寄希望的是“坚持就是胜利”，并采取暂缓新项目开发、竣工不开盘等“韬光养晦”策略，意在熬过“严冬”，迎接下一个“暴利春天”。由此，便出现了2006年第一季度楼价的报复性飙升。

## 六、市场失灵需要政府干预

在如何对待泡沫问题上，一个有趣的现象是，当抽象地谈到稳定金融时，没有人会不反对，而一旦涉及具体的政策措施（比如政府入市干预）时，争议则很多。之所以会出现这种叶公好龙的情况，主要原因还在于对政府干预金融市场的稳定性政策存在一些偏见。例如，很多人相信金融市场是最完备的市场，因为金融市场上交易成本低，能最快地实现市场出清，于是反对政府干预金融运行，认为政府实施干预便成为“危险的干预主义者”（西方对中国香港特别行政区政府1998年8月干预股票与期货市场的批评语）。同样有意思的是，反对政府干预金融市场的人却往往并不反对干预本币币值，在通货膨胀（紧缩）率和汇率发生急剧变动时，很多人就认为政府应该对此负责。几乎所有人都承认，货币是金融资产的一种，那么，为什么要厚此薄彼呢？另一方面，金融市场并非不存在摩擦、能自我实现均衡的市场。如果市场机制失灵，那么只有两条路可走：政府干预或者建立新的市场规则，从这一意义上说，政府干预是必要的。特别是对发展中国家来说，资本市场刚诞生不久，市场经济的基础设施如诚信等严重缺乏，市场还存在无序竞争，还需要借助政府这只“看得见的手”来规范市场竞争行为，完善基础设施，保证市场竞争在公平、有序的条件下进行，如果市场已经是一个有效市场，政府该做的分内事都做了还产生泡沫，则政府确实不应过多干预，这时让市场这只“看不见的手”来纠正定价偏差可能更有效。但如果政府对影响市场机制正常发挥作用的异常因素也放任自流、熟视无睹，那就是政府的严重失职。

有的人认为，货币当局干预泡沫的难点在于不知道如何界定资产价格过度或非理性的波动。多数的波动的起因可能是短期经济数据的不稳定或某些噪音，也可能来源于政策的不稳定。这一顾虑不无道理。但就像货币政策在调节总需求的时候一样，尽管很难确定货币政策紧缩或放松银根的具体时机，但这并没有妨碍各国仍然在不断地应用货币政策来稳定宏观经济。

还必须指出的是，格林斯潘对泡沫也并非是他所声言的那样采取完全不干预的政策，而是采取一种不对称的干预政策。1987 年 10 月 19 日美国股市暴跌，格林斯潘综合运用了多种货币政策手段稳定了美国经济，正是由于美联储向崩溃的股市提供了充足的流动性，鼓励商业银行放贷，并且格林斯潘在次日明确表示“作为国家央行，它将履行自己的一贯职责，提供流动资金以支撑经济和金融体系”，才没有产生像 1927 年股价下跌所带来的大萧条的后果。1998 年美国长期资本管理公司破产和 2001 年受到恐怖袭击时，为了稳定金融市场和投资者的信心，格林斯潘迅速降低利率，向市场提供了大量流动性，使股市在很短的时间内恢复上涨。而在 1996 年，虽然格林斯潘宣称股市已经出现“非理性繁荣”，但是美联储仍然未将资产价格放入货币政策考虑的范围，或者说未严格监控资产价格的发展。笔者认为，当股价快速破灭时采取干预政策是有道理的。因为，股价下跌时，由于现代信用关系的存在和资本市场与整个金融体系之间密切的关系，会自动产生一种具有内生性的信用紧缩，影响整个经济的发展。同时，如果央行不作出反应，它会牵动利率快速上升，使实体经济可能遭受长期的打击，因此在股价快速下跌时，央行有责任从维护金融稳定出发来对股价作出反应。但如果股市泡沫已经非常明显的时候，仍坚持不干预政策，放任甚至纵容泡沫的膨胀，恐也非所宜，因为这不可避免地会造成政策偏颇。

## 第五节　泡沫的治理与防范对策

### 一、泡沫的防范

迄今为止的研究普遍存在一种缺陷，即都是围绕着事后该不该作出反应展开讨论，鉴于人们很难在事前对资产的基础价值作出合理的判断，以及抑制股价上升的政策操作其失误成本十分巨大，大部分学者对这个问题都持保留的态度，认为货币政策应当不作为或无所作为。但与此同时，人们似乎忽略了这样一个问题：泡沫是无法预防的吗？货币政策在铲除泡沫产生的土壤、预防泡沫产生方面是无能为力的吗？笔者认为回答应当是否定的，从迄今为止世界上多次泡沫事件来看，如果事先采取一些有效的措施，很多泡沫实际上是可以避免的，至少泡沫的规模和危害不会那么严重。鉴于泡沫一旦成气候,就会形成社会既得利益集团,掣肘政府的干预,治理的难度和代价都非常大,因此,对泡沫的预防要比治理更有意义,避免价格"大落"的前提是要避免其"大涨",预防可以避免将来更大的、更痛苦的调整。对泡沫采取预防重于治理的方针,釜底抽薪,铲除泡沫得以滋生的温床,方为明智的选择。

那么,如何预防泡沫的发生呢?笔者认为可以从以下几个方面着手:

(一) 提高产业结构层次,吸收过多资金

优化产业结构,开辟新的高回报的投资领域,增强经济对资本的吸纳能力,是从源头方面预防泡沫的有效措施。这是因为资产泡沫往往是由过度投机引起的,在国民储蓄一定的情况下,用于投资的资金越多,则转变为投机的资金就越少。如果传统产业得不到提升,投资机会就会越来越少,资金找不到有吸引力的投资对象,就会流入投机领域。前面介绍的戴蒙德模型告诉我们,过度的泡沫会产生"挤出效应",影响实际经济部门资金需求的满足。日本20世纪80年代的泡沫,从深层次上看,就是由于日本经济在经历了从20世纪50—70年代的高增长后,模仿型的技术立国方式迟迟未能向原创型技术立国方式转变,经济结构调整迟缓,传统产业外移加大,新兴产业的发展又远不如预期,新的经济增长点迟迟未能形成,结果出现资本过剩,过剩的资本大量转往房地产和股票市场,形成了巨大的泡沫。值得注意的是,日本的经济空心化是在制造业发展水平已经非常高的情况下出现的,而中国目前刚刚开始进入重化工业化阶段,就已出现相当严重的经济泡沫,这不能不引起我们的高度警惕。

(二) 坚持稳定通货的政策,控制流动性的增长

尽管流动性过多并不是泡沫产生的充要条件,但毫无疑问,货币资产的过度积累确实是泡沫产生的重要根源。若能保持货币供应的稳定,那么,流入虚拟经济部门的流动性将得到节制,将会减缓资产价格的进一步上涨。因此要从根本上预防泡沫的产生,必须长期坚持稳定货币的政策,堵塞流动性过多的源头,否则,"按下葫芦浮起瓢",顾此失彼,问题还是会一直往外冒。这方面日本是一个典型案例。日本泡沫经济的国内原因就与长期扩张性的货币政策有直接关系。为了刺激经济发展,日本长期推行低利率政策,"广场协议"以后,为了克服日元升值带来的经济萧条,日本曾数次降低利率,1987年《卢浮宫协议》签订后,日本开始实行2.5%的超低利率。超低利率造成信用过度膨胀,土地、股票价格暴涨,引发投机风潮,出现经济过热。

中国目前的房地产泡沫也证明导致房价一路上涨的最为关键的因素

是金融，正是货币和信贷政策的宽松，推动房价不断攀升。从表面上看，影响房价走势的主要因素是供求关系。由于房地产市场需求旺盛，而供给不足，价格上涨就是自然的结果。那么，又是什么因素促使需求不断膨胀，致使房价不断攀升呢？是货币。截至 2006 年 9 月，中国本外币存款达 340 476.58 亿元，其中本币存款达 327 775.5 亿元。正是货币的充裕供给，一方面导致房地产信贷大幅增长，另一方面导致私人货币收入大幅增加。银行的放贷冲动体现在两个方面：一方面是违规向地方政府提供贷款，用于土地开发；另一方面是合法向开发商和个人提供大量开发贷款和购房贷款。地方政府利用银行贷款进行土地开发，在提升土地价格的同时，也创造了拆迁户对住房的被动需求。而开发商在获得廉价资金后，则在囤积住房的同时，既不需要付出太多的财务成本，也不必承担金融风险。至于购房者，由于银行房贷供应充足，而且利率很低，则为何不超前消费，又为何不借钱炒房生财呢？从这个角度说，影响房价的根本性问题是金融问题，是货币政策创造了房价上涨的宏观环境。不控制住银根，房地产过热的局面就难以有根本改观。

流动性不仅来自于国内的信贷，还来自于国外。近年来各国的房价攀升、国际市场的原油期货价格以及包括黄金在内的有色金属价格的冲高，其背景就是发达国家长期宽松的货币政策所带来的全球性的流动性过剩。中国当前货币发行过量源于中国经济的外部失衡，也就是说，因为持续的外贸顺差和外资流入，使得央行被动增发基础货币，导致商业银行体系内流动性过剩。而商业银行出于自身的经济压力和利益驱动，采用合规和违规的手段，大量发放房地产信贷。另外，游资进入也是国内货币过多的一个来源。中经网数据库的资料显示，2006 年房地产开发投资资金来源中外资达 400.15 亿元，这还不包括通过隐蔽渠道流入房地产业的热钱。

国际储备发行国向他国转移泡沫，最早可追溯到凯恩斯主义。凯恩斯首先提出廉价货币理论，主张通过创造廉价货币克服资本主义经济体系中经常出现的有效需求不足，这一理论与布雷顿森林体系相结合，使美元不仅在国内迅速膨胀，而且使美国可以将为解决国内经济问题所发行的过多的美元，通过贸易和资本流动的途径轻易地转嫁给别国，成为资产价格泡沫的国际根源。布雷顿森林体系崩溃后，新自由主义经济学兴起，尽管作为新自由主义经济理论重要组成部分的货币主义单一货币规则貌似有助于抑制各国政府扩大流动性供给的冲动，但由于新自由主义极力主张放松政府管制和为国际资本流动开放本国金融市场，因此实际上是为美元输出开创了更大的活动天地。从2001年开始,为了对冲美国科技泡沫破灭和“9·11”恐怖袭击对经济的负面影响,美联储持续实行宽松的货币决策,将联邦基金利率由历史的中轴4%—8%降到1%的低位,并维持了长达三年的时间。与此相关联,日本央行为了应对长期通货紧缩和低迷的经济,实施了超宽松的货币政策,将利率下降到零。储备货币国货币政策的外溢效率,造成了今天世界性流动性过剩的局面。尽管从理论上说,浮动汇率制度具有防止美国将过多的货币输出到别国即防止通货膨胀国际传递的“隔疫”作用,但事实上这一制度在防止主要贸易伙伴国和资本输出国的通货膨胀输出到本国的同时,也使本国的出口遭受损失,这就使本国不得不在经济增长和物价稳定之间作出艰难的选择,当政策天平偏向于经济增长时,浮动汇率制的“隔疫”作用也就打了很大的折扣。

(三)对金融自由化应谨慎从事

20世纪80年代以来,西方发达国家在金融创新的浪潮中纷纷放松金融管制,实行金融自由化,许多发展中国家也进行了以金融深化为核心的金融自由化改革。发达国家的金融自由化不仅实现了其资本在全球范围内获取高额利润的目的,而且由于金融自由化的实施,金融业竞争加剧,金融机构同质化,各金融机构为了生存和发展,竞相创新金融工具,吸引投资者,使大量资本滞留于金融市场,游离于实质经济之外,为金融泡沫的产生创造了条件。发展中国家由于本国没有健康的银行体系和健全的监管体系,往往出现经济泡沫化,金融风险剧增。一旦受到某种外因冲击,无论是发达国家还是发展中国家,金融泡沫剧烈收缩,都会引发金融危机。20世纪80年代以来,短短的二十多年时间里,世界上就发生了几次金融危机:80年代的拉美债务危机、90年代的日本金融危机、1994年的墨西哥金融危机,以及1997年的亚洲金融危机。这些金融危机的原因尽管不尽相同,但有一点是共同的:就是金融的过度自由化产生了金融泡沫。可见,金融自由化对泡沫的产生起着催化作用,而缺乏有效监管的金融自由化政策则是金融危机发生的重要隐患。事实告诉我们,市场机制的培育是不可能一蹴而就的,经济个体的利益最大化行为,如果没有一个规范的制度环境,很容易导致经济的混乱甚至崩溃。在一个缺乏市场基础和传统因而经济主体自律性较差的经济中,贸然推行全面的自由化改革,经济混乱所带来的高昂成本足以在相当长的时间内抵消自由化所带来的收益。因此,金融自由化除了需要一个稳定的宏观环境之外,还需要完善的市场机制和必要的金融监管,为金融自由化提供市场约束和外部约束。同时,不能采取一步到位的激进的自由化模式,而要遵循一定的次序,采取渐进式的战略。自由化不能以牺牲金融稳定为代价。

### (四)加强金融监管,提高金融机构活动的透明度,惩处市场操纵行为

加强金融监管,提高金融机构业务活动的透明度,可以防范金融机构奉行"蓬齐融资"而导致的债权泡沫。"蓬齐融资"是指靠未来新借款,而不是营运收入现金流来偿还到期负债的行为,它会使债权持续扩大成泡沫。要想保证这种对策的顺利实施,就必须有越来越多的人加入到资金贷出者的行列,否则融资者的资本金将递减,"蓬齐融资"无法维持。显然,如果债权人了解蓬齐债务人财务状况的真相,或者政府对资不抵债的金融机构严格实施破产市场退出机制,则"蓬齐融资"的金融游戏就不得不中断,债权泡沫就将破裂。可见,防止"蓬齐融资"形成债权泡沫的办法就是必须对金融企业实行严格监管。同理,由于证券业是一个信息高度不对称、容易产生欺诈行为的行业,加强信息披露和财务报告的管理有益于消除泡沫,因此,政府决策应着眼于帮助投资者避免错误和提高市场效率,应加强证券市场的监管,打击操纵市场的造势行为,防止因过度投机导致的股价泡沫。

### (五)融资模式的选择必须符合中国的国情

首先,现代金融理论倾向于认为金融市场(直接融资)是比金融中介(间接融资)更为优越的资源配置模式,但直接融资优势的发挥是建立在市场透明的基础上的,舍此则无比较优势可言。莱文(Levine,2002)认为,金融发展有助于促进长期的经济增长。但并非金融体系的发展就一定能无条件地促进经济增长。重要的是金融体系能否提供高效率的服务,而这又有赖于一国是否有健全的法律体系。法律体系对金融部门的发展有着非常重要的影响,并通过金融体系对一国长期的经济增长起作用。[①] 莱文这一分析可谓切中中国证券市场的时弊。证券市场本是最需要讲信用的市场,没有诚信就没有市场秩序和效率。股市是虚拟经济,更是信心经济。因为决定金融资产价格的最重要的因素是人们的预期,而预期又与人们的信心息息相关。1985 年"巴山轮国际学术讨论会"上,托宾就认为中国现阶段不宜发展股票市场,这种看法固然有片面之处,它忽视了传统单一银行融资模式的弊端,但也有值得我们重视的地方,就是中国股市的基础设施条件还很不成熟,特别是信用缺失,已成为国民经济健

---

① Ross Levine, Bank-based or Market-based Financial Systems: Which is Better, NBER, September 2002.

康肌体上的毒瘤，不仅严重制约了信用功能的发挥，大大提高了市场交易的成本，降低了市场配置资源的效率，而且会导致整个社会经济活动脱离正常轨道。由于对股市违法行为惩罚没有相应的法律依据，有法律依据的，也大都对证券违法犯罪的法律责任规定较轻，加上投资者赔偿机制尚不健全，因欺诈行为给投资者造成的重大损失，也难以通过司法渠道得到应有的赔偿，投资者利益得不到保障，违规分子得不到应有的惩罚，违规成本太低，难以形成有效威慑，使股市犹如赌场，上市公司质量堪忧，诚信度差，公司治理结构不完善，把股市当做提款机，和中介机构联手造假、内幕交易、庄家操纵等违规行为屡见不鲜，这样一个缺乏信用支持的投机性极强的股市，潜伏着巨大的信任危机，当集体信心崩溃之日，就将是整个股市崩溃之时。而股市一旦崩溃，数千亿甚至数万亿的股民财富"蒸发"，届时引发的社会动荡是难以想象的。鉴于此，笔者认为应认真考虑现阶段中国股市在融资体系中的地位。市场主导型对社会信用条件的要求特别高，而中国在这方面特别不足，所以不宜脱离中国现阶段的实际，用拔苗助长的办法人为地加快证券市场的发展。

当然，这绝不是主张停止发展股票融资，现阶段国有商业银行的垄断和低效率决定了走回头路是行不通的。但应看到现阶段融资模式的选择不可避免地存在路径依赖，原来银行与企业间长期交往建立起来的信息资源应得到充分利用，发展银行与企业之间的直接监控关系，相对来说摩擦较小；同时，中国居民的高储蓄倾向、低风险承受能力和证券市场有效性不足也使直接融资的发展有一定的限度，因此我们既要加快国有银行的改革，提高银行间接融资的效率；又要矫正股市的功能定位，把股市作为优化资源配置的工具而不是支持国企改革的手段，大力加强社会信用制度的建设。总之，要谨慎地发展股票融资，不能拔苗助长。同时，在社会信用制度完善的前提下，要调整证券融资的结构，即在证券融资中适当地提高债券融资的比重。债券融资由于将借款人直接置于社会监督之下，因此其融资和监督效率高于银行贷款；同时，债券由于收益固定，不像股票那样充满变数，因此其价格中泡沫成分较少，债市的发展可以在提高市场投资性的同时减少其投机性。债券融资还有一个好处，就是可以抑制企业圈钱的冲动，因为债权约束强于股权约束，欠债不管赢利与否都要偿还，而股权融通的资金则是可供企业长期使用的，不存在还本付息问题，股息也是水涨船高、水落船低，不构成企业固定的财务负担。发展债券融资既有利于强化对企业的债权约束，又有利于减少股票市场的泡沫，一举两得，应作为一项战略措施。日本 20 世纪 80 年代债券在企业融资总额中的比重就已达到11.9%，发行债券占GDP的比率达到94.3%；美国作为股票市场最发达的国家，这一比率也达到87.4%；而中国到2006年底，企业债券的余额仅为4 000亿元，仅占GDP的2.18%，两相比较可见中国的债券市场还有很大的发展空间。

其次，要慎重对待银行信贷资金入市问题。笔者认为，现阶段中国商业银行还未建立起有效的风险控制机制，银行监管很不完善，用于风险规避的衍生工具市场还未发展起来，如果让信贷资金大举入市，作为机构投资者的银行也一样可能被套牢；同时，中国股市的容量还有限，让巨额银行信贷资金入市，可能造成股市价格的大起大落，不利于股市的稳定。可见，在证券市场不完善的情况下，对允许诸如银行信贷资金和社保基金等金融机构入市应持很谨慎的态度。

## 二、对泡沫治理对策的思考

泡沫产生后如何应对，综观美、日等国的政策实践，以下几点似乎值得我们注意：

首先，对股市泡沫要区分理性泡沫与非理性泡沫，针对不同的泡沫采取不同的对策。对公司业绩增长能支撑的股价上升，可以不加干预；对非理性泡沫又要区分存量与增量，采取不同的对策，对存量泡沫，主要通过经济增长慢慢吸收"钙化"（见本章第二节"戴蒙德模型"），不要急于戳破，因为戳破泡沫可能得不偿失。防范风险，不应该以引发更大的风险作为代价，这是我们处理泡沫问题时的一个基本原则。现如今银行资金入市估计已占流通市值的1/3，如果强行将这些资金撤出股市，会引发很多问题；政策干预的重点应放在增量泡沫上。诚然，做到上述几点的前提是要能正确判断股市泡沫的类型和程度，这的确是很难的，但当股票价格严重偏离合理价格已显而易见的时候，货币政策应作出反应，对明显脱离基本面的股价变动作出相机抉择的对策。

其次，当抑制泡沫与其他政策目标存在冲突（如通货紧缩与股市泡沫并存）时，宜少用加息等会影响到社会总需求的政策手段。国外经验表明，用升息来挤出泡沫之所以是一种铤而走险的操作，是因为这样做在股市泡沫被挤出的同时，公司的赢利水平、私人投资和消费、劳动生产率和经济增长率都会受到损害。近年来治理房地产市场泡沫的实践也表明，央行的利率政策作用有限，关键还得有土地、税收政策配套。

最后，对泡沫能否干预，还要具体视泡沫的程度而定，不宜机械地"一刀切"。如果泡沫尚不是十分严重，即使调控失误也不致造成市场崩盘。

反之,如果泡沫已十分严重,就要尽量采取"软着陆"的方式,不要轻易采取"急刹车"。这方面日本可以说也为我们提供了一份反面教材。桥本龙太郎内阁就任后,为了对付经济过热造成的泡沫化,毅然实行经济的"硬着陆",货币政策由扩张转为紧缩,为此大幅提高利率,控制银行放贷,从1989年到1990年8月,短短的一年多里,五次提高利率,将其提升至6%,利率急剧提高导致股价下跌。为了抑制地价上涨,又同时采取严格控制金融机构对房地产贷款的"总量限制"政策,使得用于房地产炒作的投机资金大幅减少,结果房地产价格暴跌,投资者损失巨大。到2002年,至少有300万亿日元的股票资产和100万亿日元的土地资产蒸发,大批企业倒闭,巨额银行贷款变成坏账、死账,许多大银行也被逼到死角,泡沫经济的崩溃使日本经济由高增长转入衰退之中。

## 第六节 中国能够利用财富效应刺激经济发展吗

### 一、问题的背景

所谓财富效应,最早是由G.哈伯勒在《繁荣与萧条》(1941)中提出的,作为摆脱凯恩斯在他的《通论》(1936)中指明的非充分就业的均衡状况的可能途径,原是指由于物价和利率水平下降而造成的总支出增加。在泡沫的经济效应中所说的财富效应,一般是指由于资产价格上升所引起的公众感到自己比以前富裕,因此增加自己的消费支出这一现象。莫迪利安尼(Modigliani,1971)的研究最初得出结论,在美国,假设劳动收入既定,财富(金融资产与不动产等耐用品)每增加1美元,则消费增加5美分,自此,财富效应日益进入主流经济理论与政策决策的视野。

应该看到,尽管托宾q效应与财富效应的作用途径不尽相同,一个是通过降低企业融资成本来刺激企业扩大投资,另一个是通过投资者财富增值来扩大作为财富增函数的消费支出,但两者都属于资本市场的货币政策效应,都是通过资产价格上涨来扩张总需求,因此对财富效应约束条件的剖析,在一定程度上也适用于托宾q效应。

自1997年中国经济成功"软着陆"之后,在各种复杂的内外因素影响下,中国经济出现了以消费不振和投资萎缩为标志的通货紧缩。对此,经济理论界和管理部门提出不少有针对性的政策建议,以期启动消费、拉动经济增长。这其中,特别是1999年以来,理论界出现了一种影响比较大的观点,即以启动股市来达到刺激居民消费、拉动经济增长的目的。因此，弄清消费效应存在的条件、中国消费效应的显著性，对于管理部门的政策选择，实有必要。

## 二、财富效应产生的条件分析

资产价格上涨产生的财富效应是否存在？能否利用这种财富效应来增加有效需求、拉动经济走出低谷？笔者认为关键是要看财富效应的来源（类型），其次要看消费者是将资产价格上升带来的财富增加看成是暂时性收入还是持久性收入。泡沫能否持续，取决于财富效应的来源。如果泡沫不可持续，则即使在中短期内（比如三五年内）财富效应很明显，最终也将由于泡沫的破灭而产生负的财富效应，引起需求萎缩和经济衰退。从这个意义上说，货币当局要不要干预泡沫，关键也是看泡沫能否持续。对可持续的泡沫，一方面不要主动去挤破它；另一方面要控制泡沫的发展速度，使它不至于因为急速膨胀而破裂。这是最难的，与其说是一门科学，毋宁说是一门艺术。

先看第一个因素。依据财富效应的表现形式，可以分为正的财富效应和负的财富效应，前者发生于资产价格上行阶段，后者则在资产价格下跌时出现；按照财富效应的来源，可以分为股市的财富效应、房地产市场的财富效应以及货币资产的财富效应（包括本币升值和通货紧缩）三种；按照财富效应持续时间的长短，可以分为暂时性和持久性的财富效应；按照财富效应的成因，可以分为得到宏观基本面利好因素和企业业绩改善支持的真实的财富效应与纯粹由投机炒作所产生的虚假财富效应，前者可以视为财富增长效应，后者则只是一种财富转移效应。

在上述财富效应的类型中，最重要的是要区分是财富增长效应还是财富转移效应。财富增长效应是指由于全社会总财富增加引起的需求增加，它来自于经济增长和企业赢利增加；在资本账户开放的条件下，它还可能来自流入本国的国际资本增加所引起的本国证券资产价格上升或本币升值。财富增长效应会引起消费和投资支出的增加。而财富转移效应则是指在全社会金融资产价值没有增加的情况下，某些投资者通过资产交易所增加的财富，在这里，甲所赢等于乙所亏，全社会的赢利等于零，是典型的零和博弈。不妨看下面这个例子：如果张三拿 100 万元买一栋房子，过了一年，以 200 万元卖给了李四。那么，张三在一年之内赚了 100 万元，投资利润率几乎是 100%。实际上世界上的房屋总量并没有增加，总的社会财富也没有发生任何变化，张三所赚的这 100 万元是李四提供的，此时的财富效应实际上是财富转移效应而不是财富增长效应。当李四打算用200万元从张三手中买下这栋房子的时候，他手上可能只有50万元。他需要向银行贷款150万元。银行发放贷款之后要求李四以分期付款的方式，在若干年内连本带息归还贷款。银行发放贷款的依据是确认房产价格是200万元。如果房地产的市价不变，或者有所上升的话，那么，银行发放房地产贷款是只赚不亏的。可是，一旦泡沫迸裂，房地产价格急转直下，结局就可能完全不一样了。假定这栋房子的价格突然跌到100万元，而李四丧失了分期付款的能力。在李四宣告破产之后，银行收回他的房子，拍卖所得只有100万元，无论如何也没有办法抵偿他当初借贷的150万元。李四自己的50万元泡汤了，他的日子自然非常艰难。这样即使张三因为在出售房产上面赚了一笔而增加消费，从整个社会的角度看，他增加的消费可能为李四所缩减的消费所抵消，因此这种财富转移效应无法增加社会总需求。如果再考虑到以下两种情况：银行由此产生的50万元坏账使资本充足率下降，对信贷扩张形成资本约束，或者财富增加一方的边际消费倾向可能低于财富减少一方的（比如在股市投机中，赢利的一方多为具有相对信息优势的大户，而中小散户亏损居多），那么，社会总需求可能出现负增长，也就是说，由此产生的是负的财富效应了。

一般说来，真实的财富效应具有几个特征：股价的上升是持续的，走势比较稳定；虽有回调但上升的基本趋势不变；股价的波动幅度（均方差）较小；股价上升具有良好的宏观基本面背景。

再看第二个因素，财富效应是否存在还要看投资者从资产交易中所获得的收入是长期还是短期收入①，对收入期限预期的差异直接决定了投资者收入的边际消费倾向的大小。在此，需要引进消费函数分析方法。

消费函数表示消费和收入之间的函数关系。它是凯恩斯首先提出的，凯恩斯的消费函数理论通常被称为绝对收入假说（absolute income hypothesis）。凯恩斯认为，实际消费支出与实际收入之间有稳定的函数关系，边际消费倾向是正数，但小于1，即随着收入的增加，消费并不同比例增加，消费增量在收入增量中所占的比例是递减的。根据这一学说，由于边际消费倾向是递减的，所以平均消费倾向总是大于边际消费倾向。

米尔顿·弗里德曼（Milton Friedman，1957）把消费者的收入分为一时性收入（transitory income）和持久性收入（permanent income），把消费者的消费分为一时性消费（transitory consumption）与持久性消费（permanent consumption）。在这里，一时性收入是指瞬时间的、偶然性的收入；持久性

① 请注意财富效应的概念是指财富的增加所带来的居民消费支出的增长，而不仅仅指财富的增加。

收入是指消费者可以预期到的长期性的收入。一时性消费是指非经常性的、不在计划中的消费支出;持久性消费是指正常的、计划中的消费支出。弗里德曼认为,消费者在某一时期的收入等于一时性收入加上持久性收入,在某一时期的消费等于一时性消费加上持久性消费。它们之间的关系是:一时性收入和一时性消费之间、一时性收入和持久性收入之间以及一时性消费和持久性消费之间均不存在固定的比率,但持久性收入和持久性消费之间存在着固定的比率。弗里德曼的这一观点被称为持久性收入假说(permanent income hypothesis),其消费函数的基本形式是:

$$C = cY_P = c\theta Y + c(1-\theta)Y_{-1}, \quad (0 < \theta < 1) \tag{5-34}$$

其中,$Y$ 为当年收入,$c$ 为边际消费倾向,$Y_{-1}$ 为上年收入,$\theta$ 为收入增量中的持久性收入(用 $Y_p$ 表示)的比率,$\theta$ 与持久性收入预期最为相关,如果收入变化实际上是持久的或者长期的,那么消费者在他们收入发生变化时将相信这种变化大多数是持久的,将具有较高的 $\theta$ 值,反之 $\theta$ 值较低。而 $\theta$ 的变化直接影响 $c$ 的变化,或者说消费信心的变化。根据这一假说,既然决定消费的主要因素是持久性收入,那么,如果资产价格上涨给居民带来的持久性收入比重大于一时性收入,则更有可能促进长期消费,这种财富效应就可能是显著和可持续的,于是经济体系中就有了较高的 $\theta$ 值。反之,财富效应则可能是微弱和不可持续的。由此也就不难解释为什么房地产市场的财富效应大于股市。因为从长期来看,由于土地的稀缺性和人口的不断膨胀,住房的需求弹性远远大于供给的弹性,房地产价格一般是只升不降的(即可以维持较长的繁荣),房产价格反转的次数与可能性都明显小于股市,价格波动也弱得多,房产收益比股市收益更加稳定,因此消费者得自于房地产的收益包括租金和出售收益或再融资数额的增加,可以看做是长期或持久性的收入,转化为消费和投资的比率高;股票炒作收入不稳定,被人们视为偶然性收入,转化为消费和投资的比率较低。费拉多(Filardo)的研究发现,房价与未来通货膨胀正相关相当显著,股价与未来通货膨胀的关系很不稳定,而且是负相关的,斯彻雷德和陈(Tracy Schneider and Chan,1999)的研究也证实了这一点。他们指出,对于大多数家庭来说,房地产价格变动所引起的家庭净财富的变动比股价变动所引起的变动要大得多。由上分析可知,房地产作为家庭财富的比例越高,持久性收入占总收入的比例也就越高,从而财富效应也就越显著。这些实证研究的结果均支持了弗里德曼的持久性收入假说。

持久性收入假说的政策含义在于:因为消费与持久性收入更为密切,今天一时性的收入,不会对消费起太大的影响,则如果资产价格的变动是长期的话，其财富效应对消费的影响则是深远的。所以，制定货币政策时首先要搞清楚资产价格的变动是一时性的还是长期性的。

那么，中国的财富效应又如何呢？本书第六章第三节对股市的财富效应作了实证分析（由于房价上涨是近三四年的事，如果要考察房地产市场的财富效应，缺乏必要的数量统计数据，所以本书主要考察中国股市的财富效应），结论是中国股市的财富效应较微弱，不足以用来作为启动消费、拉动经济增长的手段。托宾 q 效应则较显著，但由于货币政策变动与资本市场价格变动之间不存在相关性，所以资本市场还不是货币政策传导的渠道。那么，股市财富效应微弱的原因是什么呢？下面作些分析。

1. 中国股市发展水平尚比较低

我们通过中美两国股市的深度和广度来观察中国股市的发展情况。

表 5-3 中，股票市值/GDP 为反映股市发展深度的指标，它集中体现了股市在国民经济中的地位和作用力。投资者人数/全体居民、投入股票资金量/家庭总资产这两个指标反映了股市发展的广度，它代表了股市对投资者（及全体居民）的经济影响。由表中可见，中国股市的这三项指标分别仅相当于美国的 19.6%、7.3% 和 10.5%。

**表 5-3　中国和美国股票市场的深度和广度**

| 项目 | 股票市值/GDP（%） | 投资者人数/全体居民（%） | 投入股票资金量/家庭总资产（%） |
|---|---|---|---|
| 中国 | 20 | 4 | 4 |
| 美国 | 102 | 55 | 38 |

资料来源：转引自李学峰，《资本市场、有效需求与经济增长——以中国股票市场为例的研究》，人民出版社 2005 年版，第 106 页。

2. 中国股市运行不稳定

中国股市存在着过度的投机并表现出强烈的不稳定性，下面将 1990 年 12 月 31 日至 2006 年 3 月 8 日这 184 个月的上证指数月线波幅图与美国 1900—2000 年这 100 年间股价的波幅图作一对比（如图 5-6、图 5-7 所示）。

从图 5-6 可以看出，上证指数在 1991 年底到 1995 年 7 月这四年半中，股指经过两次大幅震荡后仍回到原来的起点。从 1995 年 7 月到 2001 年 7 月，股指虽震荡上行，最高达到 2 245 点，但只有从 1999 年 7 月起，成交量才开始明显放大，也就是说，在这六年中，前四年基本上是有价无量的，在这样的市场中，大多数的投资者是没有获得什么利润的。从 2001 年 7 月到 2005 年底，中国股市进入了一个长达四年的漫长的熊市，而且

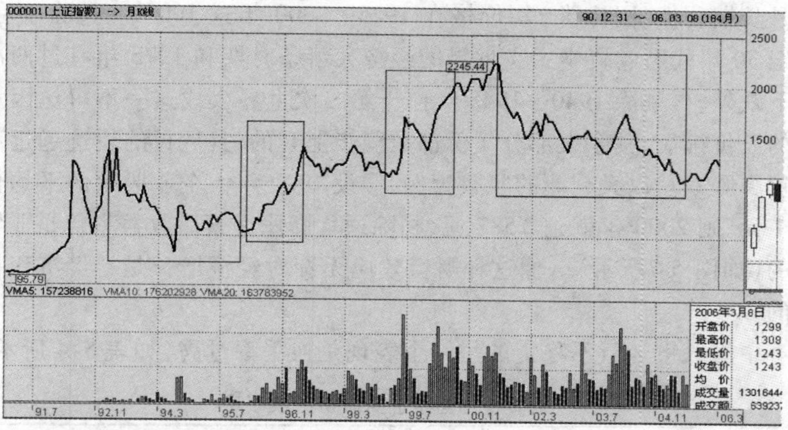


**图 5-6 中国股市走势(1990 年 12 月 31 日至 2006 年 3 月 8 日,共 184 个月)**

资料来源:交银施罗德基金管理有限公司。

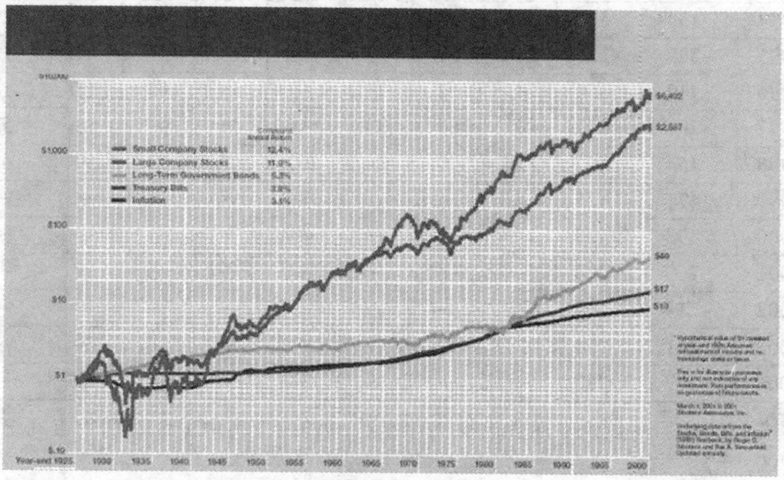

**图 5-7 美国资本市场财富指数 1925—2000 年的走势**

资料来源:交银施罗德基金管理有限公司。

说明:图中自上到下的五条曲线分别代表小公司股票、大公司股票、长期国债、国库券的收益率和通货膨胀率。

这四年大熊市的成交量远远超过 1995 年 7 月到 2001 年 7 月这一六年上升期,这意味着从整体来说,投资者不仅将前一时期的赢利又还给了市场,而且多数投资者都被深度套牢。显然,在这样的股市基本面中,财富效应必然是很微弱的,即使出现负的财富效应也不会使人感到奇怪。与中国股指变化形成鲜明对照的是,美国不管是小企业股票、大企业股票,还是长期公债、国库券，其价格在1925—2000年这100年间，除了在20世纪30年代席卷资本主义世界的经济大萧条时期和1975年有过两次明显下跌外，再剔除1940—1945年由于第二次世界大战这一不可比因素造成的股价徘徊，其余大部分年份都是稳步上升的，且运行的轨迹远远高于通货膨胀率。以大企业的股票为例，假设1900年大企业股票的平均价格为1元，则2000年就是2 587元，扣除通货膨胀因素后收益率仍是非常可观的（如图5-7所示）。像这种财富效应无疑对经济增长是有经济积极意义的。

中国股市运行不稳定的另一个表现是换手率过高（如表5-4所示）。

**表5-4　世界主要股市的换手率**　　　　单位：%

| 年份 | 上海 | 深圳 | 台湾 | 纽约 | 东京 | 汉城 | 伦敦 | 香港 | 泰国 | 新加坡 |
|---|---|---|---|---|---|---|---|---|---|---|
| 1992 | — | — | 161 | 47 | 20 | 133 | 43 | 53 | 125 | 19 |
| 1993 | 341 | 213 | 252 | 53 | 26 | 187 | 81 | 61 | 133 | 84 |
| 1994 | 1 134 | 584 | 366 | 53 | 25 | 174 | 77 | 40 | 63 | 28 |
| 1995 | 529 | 255 | 228 | 59 | 27 | 105 | 78 | 37 | 40 | 18 |
| 1996 | 913 | 1 350 | 243 | 52 | 27 | 91 | 58 | 44 | 30 | 14 |
| 1997 | 701 | 817 | 407 | 66 | 33 | 146 | 44 | 91 | 50 | 56 |
| 1998 | 454 | 407 | 314 | 70 | 34 | 207 | 47 | 62 | 69 | 64 |
| 1999 | 471 | 425 | — | — | — | — | — | — | — | — |
| 2000 | 493 | 509 | — | — | — | — | — | — | — | — |
| 2001 | 269 | 228 | — | — | — | — | — | — | — | — |
| 2002 | 214 | 199 | — | — | — | — | — | — | — | — |
| 2003 | 251 | 214 | — | — | — | — | — | — | — | — |
| 2004 | 289 | 288 | — | — | — | — | — | — | — | — |

资料来源：《中国证券期货市场统计年鉴1999年》、《中国证券期货市场统计年鉴2005年》。

由表5-4可以看出，在诸如纽约、东京、伦敦、香港等成熟的股市中，换手率不仅相当低，而且很稳定。而中国内地股市换手率相当高，即使在股市低迷的1994—1995年，沪深两市的换手率也分别为1 134%、529%和584%、255%。这样高的换手率说明中国股市的过度投机和非稳定性特征。这种非稳定性特征使得中国股价上升给投资者带来的收入中，以一时性收入居多，从而正如持久性收入假说所揭示的，股市难以使投资者的金融财富增加并对居民消费支出产生收入效应。在这样一种股市中，要寄希望于通过财富效应来刺激消费，无异于缘木求鱼。

3. 上市公司的质量较低

上市公司的质量是股市财富效应的微观基础。如果没有上市公司业绩的支持,那么财富效应是虚幻的。从表 5-5 可以看出,中国上市公司的总体业绩是趋于下降的。还须指出的是,由于中国上市公司的股权结构不合理,大股东"一股独大"带来的大股东损害中小股东等外部人利益的现象极为普遍,上市公司普遍存在通过虚假包装上市、增发、送配股来"圈钱"的强烈冲动,在 2001—2005 年这几年中,几年不分红上市公司可谓比比皆是。显然,这样的股票是没有多大投资价值的,这也是股市换手率奇高的重要原因。

**表 5-5　中国上市公司历年业绩**

| 年份 | 1992 | 1993 | 1994 | 1995 | 1996 | 1997 | 1998 | 1999 | 2000 | 2001 |
|---|---|---|---|---|---|---|---|---|---|---|
| 每股收益(元) | 0.34 | 0.31 | 0.33 | 0.25 | 0.29 | 0.25 | 0.19 | 0.21 | 0.20 | 0.12 |
| 净资产收益率(%) | 13.86 | 13.82 | 13.10 | 11.03 | 16.05 | 10.05 | 7.62 | 8.28 | 7.72 | 5.47 |

资料来源:中国上市公司资讯网(www.cnlist.com)。

### 三、结语

当前,各国居民房地产财富在其家庭财富中所占的比重不断上升,房地产财富效应也越来越受到重视。众多研究表明,与股票市场相比,房地产价格变动对居民持久收入的影响更大,房地产的财富效应也较股市财富效应更为显著。资产市场繁荣,通过如下环节影响消费:一是通过直接增加资产所有者的财富水平扩大消费;二是通过增强资产所有者的消费信心,影响短期边际消费倾向,扩大经济系统中的乘数作用;三是在消费信贷发达的国家,房地产价格上涨增加了投资者的净财富,增强了其消费信贷的融资能力,从而推动了消费增长。不过,资产市场的过度繁荣往往滋生泡沫,当价格的持续下降或者大幅度下跌时,对消费的负面影响也是很大的。因此,我们不但要看到财富效应的积极影响,更要考虑到资产财富过度扩张所带来的负面效应,警惕泡沫的过度膨胀和破裂。

## 第七节　虚拟经济发展与货币需求

虚拟经济发展与货币需求的关系,是近年来金融领域内讨论的一个热点问题。改革开放之前,中国没有资本市场和房地产市场,因此,虚拟经济与货币需求的关系未引起人们的关注。20 世纪 90 年代以来,随着中国股市的发展,2004 年以来,房地产市场又迎来一个快速发展的时期,这些资产交易规模的急速扩张和价格的飞涨乃至大起大落,向货币当局提出了一个无法回避的问题:资产价格变动对货币需求有何影响?虚拟经济发展(本章主要讨论股市,楼市的原理相同)产生的货币需求要不要予以满足?对此,目前国内外学术界大部分的意见都是持肯定的态度,许多学者认为,传统的货币数量理论仅关注实物经济对货币的需求,忽视了证券市场发展引发的货币需求,后者至少包括证券交易的货币需求、证券收益波动引发的安全需求和资产组合需求。忽视这一部分,会低估经济中的货币需求总量,造成货币供给不足,短期内会造成经济衰退,长期会引起通货紧缩。有的学者还在前人研究的基础上通过引进证券市场,将传统货币数量论建立在商品市场和货币市场均衡基础上的两部门收入货币流量模型,扩展为三部门广义货币数量论模型,作为虚拟经济发展条件下确定货币需求量的依据(伍志文,2002)。① 笔者认为,这一问题似乎并不像现有研究成果所认为的这么简单。正如著名金融学家黄达先生所言:“是否能够独立地论证(服务于金融交易的)货币需求,至少到现在为止,还没有看到有关这方面的严肃科学论证,这还是一个需要从理论上加以探讨的问题。”②

## 一、文献述评

最早研究这一问题的是弗里德曼(Friedman,1988)。他用一张图表显示出美国道琼斯指数和美国广义货币供应量 $M_2$ 的流通速度呈紧密的负相关关系。他认为,股票价格与货币流通速度的负相关关系可以从四个方面表现出来:① 如果股票价格波动的幅度大于国民收入的波动幅度,股票价格的上升意味着名义财富水平的提高,同时也意味着财富对国民收入的比例在提高,这一比例的提高,在收入型的货币数量论公式中表现为货币流通速度的降低,股价与货币需求的这种关系被称为“财富效应”。这就要求股票价格必须以实际价值而不是名义价值的形式来衡量。弗里德曼利用 1961 年第一季度到 1986 年第四季度的时间序列数据与 $M_2$ 流通速度的关系进行验证,结果表明,利用股票价格的实际值得出的

---

① 伍志文:“货币供应量与物价反常规关系:理论及基于中国的经验分析——传统货币数量论面临的挑战及其修正”,《管理世界》,2002 年第 12 期。

② 黄达:《金融学》(精编版),中国人民大学出版社 2004 年版,第 300 页。

与 $M_2$ 流通速度的关系要高于利用股票价格的名义值所得出的关系。② 股价上涨反映了风险资产的预期收益提高,同时人们资产组合的风险也在增加,人们将会通过提高其资产组合中的安全性资产的比重来抵消这种风险,例如可能减持长期债券,转而增加短期债券或货币性资产。这种变化被弗里德曼称为资产组合效应。③ 股价上涨通常意味着金融资产交易量的上升,由此要求追加新的货币。这种货币需求的产生,称为交易效应。④ 股价上涨使得股票的吸引力提高,投资者会更多地以股票的形式替代货币来保有财富,这种情况称为替代效应,它实际上也是一种资产组合效应,只不过与前面第二种效应的作用方向相反而已。

弗里德曼认为,上述第一至第三种效应,与货币需求都是正向关系,第四种效应对货币需求则是起负向影响。股票市场对货币需求的综合效应是正向还是负向的,从理论上无法判断,必须通过实证检验来判断。

弗里德曼等分别对美国和日本的股票价格与货币需求进行了分析(Friedman,1988;Mccornac,1991)①,结果表明股票价格与货币需求存在负向关系。石建民(2001)运用多元线性回归模型实证分析了中国股票市场发展对货币需求的影响。② 他的模型采用 1993 年第一季度到 2000 年第三季度的季度数据,模型的因变量为狭义货币余额增长率 $\Delta M$,自变量包括工业生产总值增长率($\Delta GIP$)、物价增长率($\Delta CPI$)、一年期存款利率增长率($\Delta DIR$)以及上海证券交易所股票交易金额增长率($\Delta TRD$),分析模型为:

$$\Delta M = A_1 + a_1 \times \Delta GIP + b_1 \times \Delta CPI - c_1 \times \Delta DIR + d_1 \Delta TRD \quad (5\text{-}35)$$

从回归结果来看,股票市场交易与货币需求量正向相关,且具有明显的统计显著性。由此石建民认为,应把股市对货币需求的正向效应纳入货币供给规划的制定中。

笔者认为,上述研究方法值得商榷。石的论文中多元回归模型的因变量 $\Delta M$,实际上是货币供应量而不是货币需求量的增长率,二者存在根本区别。所谓货币需求,从宏观角度可以定义为满足合理经济增长率和物价稳定目标组合条件下的货币必要量,而货币供给量并不必然等于货币必要量。因为在现代信用货币制度下,货币供需之间存在互为因果的关系,货币供应多了会引起物价上升,作为价格的增函数的货币需求增

① Millton Friedman(1988), Money and the Stock Market, *the Journal of Political Economy*, Vol. 96, Issue 2, pp. 221—245.

② 石建民:"股票市场、货币需求与总量经济:一般均衡分析",《经济研究》,2001 年第 5 期。

加,后者又会引致货币供应量的增加,如果不剔除货币需求中的水分,那么任何时候货币供需都是相等的,货币永远不会过多,这样就会产生"水多加面,面多再加水"的恶性循环,如果发生通货膨胀将永远无法控制住。显然,那些基于泡沫交易提出的货币需求是不能作为货币投放的决策依据的。上述回归结论只不过是证明股票交易金额增长率 $\Delta TRD$ 与货币供应量增长率 $\Delta M$ 之间存在正相关关系,以及反映了在现实生活中,股市产生的货币需求业已得到某种满足这一事实,至于这些货币需求是否合理,上述回归分析无法告诉我们答案。要讨论股市的货币需求合理性问题,看来还需另辟蹊径。本文试图从股市货币需求的融资性质和弗里德曼提出的股市对货币需求产生的四种效应角度对这一问题作些分析。鉴于证券市场的货币需求可以分为一级市场和二级市场的需求,因此下面先分别对这两个市场的货币需求性质进行考察。

## 二、一级市场货币需求的合理性分析

一级市场是新股发行的市场,大家知道,虚拟资本是真实资本的"纸制副本",虚拟经济出现以后,资本获得了双重存在:体现在企业资产上的真实资本和以证券形式存在的虚拟资本,其中的真实资本在其形成过程中已提出货币需求并得到满足,那么,现在新股发行产生的货币需求是否还应满足呢?如果满足会不会造成货币投放量过多呢?笔者认为,要回答这个问题,首先必须搞清楚新股发行所提出的货币需求的价值基础。作为证券发行价格基础的企业价值,可以分解为有形资产的价值、无形资产的价值和溢价这三个部分。先看有形资产。企业发行新股,起码有一重含义是将企业有形资产以股权凭证的形式卖给股票的投资者,而这部分有形资产不管当初是用自有资本还是用借入贷款购置,追本溯源在其形成时都已提出货币需求并已得到满足,其价值在生产过程中被分次转移到新产品中,并随着新产品的销售而收回,然后一部分用于偿还银行贷款,货币随即回流到银行;其余的用于补偿再生产过程中的耗费和形成企业积累,对应的货币量仍留在流通界。现在再满足企业发行新股所提出的货币需求,似乎会引起货币的重复投放,造成货币量过多,实则不然。因为,这部分以有形资产为背景的新股发行收入是用于企业扩大再生产而不是用于维持简单再生产。新股发行价格即使小于或等于企业现有资产的净值,对企业来说也意味着获得新的资金(比如,一家企业有形资产的净值为100万元,企业以此为基础发行的新股收入也是100万元,那么,企业的资金就增加到200万元)。可见,新股发行交易所产生的货币需求是一种融资性的货币需求而不是交易性的货币需求，这种货币需求的特点是：它要求先于生产而提供，代表预期将来能实现的财富，实际上是一种资源的跨期配置[①]，在新的社会产品生产出来以前，这部分超前投放的货币，没有也不需要真实的商品与之相对应；这一点与货币的交易需求不同，后者代表实际的财富，是对现有的实际财富进行重新配置。美籍奥地利经济学家、诺贝尔经济学获得者熊彼特提出的“非常信用”学说，可以视为对新股发行产生的货币需求本质的合理解释。熊彼特认为，在均衡状态中，生产要素都已被利用，因此，经济要发展，就必须打破原先的均衡状态，将生产要素从原来的用途中抽出，这就会发生厂商所需的购买力不足的问题，这种新的购买力需求不可能通过出售前期生产的产品来获得，只能来自于非常信用的供给。企业家先借入没有物资作担保的信用贷款，并用于购入要素进行生产，这样，信用的供给就先于商品的生产，也就是利用信用进行资源的跨期配置。在此资源的跨期配置中，信用的价值取决于跨期的生产过程能否最终实现。

再看无形资产，如果将无形资产价值与其溢价分离，那么，无形资产的价值就不是虚拟的，而是代表着真实的资本，因为诸如技术专利、管理能力等无形资产是人力资本和科技开发投资的结晶，在其形成过程中与有形资产一样需要资本的投入；而商誉、企业的地理位置等或源于已实现的资本增值，或源于级差地租，也是具有内在价值的，因此，以无形资产为基础发行的新股提出的货币需求也同有形资产一样具有合理性。

最后看溢价，溢价代表整个市场对企业将来新增赢利的预期，它是未实现的，应归入虚拟资本的范畴。

综上所述，可以看出，新股发行是一种融资-投资行为，新股交易所产生的货币需求，本质上是一种对未来的社会产品进行跨期配置（或者说，是把未来的收入流权通过资本化提前变现）所产生的融资需求，而不是为现有财富交易服务的交易需求，它以将来的产出作为保证，要求货币超前投放，只要企业用新股发行收入进行的投资在将来能够增加有效供给，并且发行价中不含过多的泡沫，这种货币需求就是合理的，满足这种融资性货币需求就不会产生问题。

此外，我们也应看到，这种货币超前投放时所形成的购买力从流通中取走了物资，而这些物资的价值在较长的时间内不能回到流通中构成商品的供给，这样，这种货币投放即使按最顺利的结果看在投产以后能增加

① 瞿强：《资产价格波动与宏观经济》，中国人民大学出版社2005年版，第150—151页。

社会有效供给,在投产之前投放的货币也是没有相应的物资来平衡的①,如果货币投放与回笼的时间间隔太长,会影响物价的稳定。还有,由于虚拟资本的价格取决于市场对未来这些虚拟资本产出率的预期,带有不确定性,因此具有很大的想象空间,容易被用于炒作,这也就是新股发行价常常带有非理性泡沫的原因,对此银行在信贷决策时不可不察。

## 三、二级市场货币需求的合理性分析

再看二级市场。二级市场是已发行的旧证券流通转让的市场,二级市场上不管价格涨了多少,社会财富也没有增加一分。在回答二级市场货币需求是否应当满足这一问题前,先让我们来看一下二级市场价格总额变动的成因。二级市场价格总额上涨的原因有两种:一种是二级市场金融商品交易数量的增加,其源自于一级市场的初级证券供给增加,如果两个市场的股价相等,这时候不会产生新的货币需求,因为随着新证券的再次乃至多次的转手,原来投放于一级市场为新证券交易服务的货币此时转为旧证券的交易服务。另一种是二级市场价格上涨,它会引起二级市场的货币需求增加,判断这种货币需求是否应予满足的标准与一级市场一样,即看股价上涨是否理性。

## 四、从弗里德曼关于股市货币需求的四种效应的角度判断股市货币需求的合理性

对于股市货币需求的合理性问题,还可从弗里德曼所提出的股市对货币需求产生的四种效应这一角度分析,也就是从购买股票的资金来源角度进行分析。在现实生活中,不管是一级市场还是二级市场的交易,也不管是哪一种效应引起的货币需求的增长,就满足这种需求的货币(投资股票所用的资金)来说,无非两种来源:一种是用储蓄或现金去购买,这实际上就是弗里德曼所指出的资产组合效应和替代效应。资产组合中证券增加、货币减少,它引起货币需求的减少而不是增加,因此可以置而不论。另一种是先用已有的证券作为质押借入证券质押贷款(如国债回购),或者是先支付一定的保证金,然后以欲购入的股票作质押,向银行借入股票质押贷款,再用这笔贷款去投资股票。这相当于弗里德曼所指出的财富效应和交易效应,它代表新的货币需求产生。对这种货币需求,商业银行一般在打了折扣("垫头"或保证金比率)后予以满足,至于折扣率高低则

---

① 黄达:《财政信贷综合平衡导论》,中国金融出版社1984年版,第136—137页。

由中央银行和商业银行根据证券市场投机程度和证券的风险性大小来确定,其中证券信用交易保证金比率是中央银行调节证券市场银根松紧的主要工具。从理论上讲,如果中央银行(商业银行)能正确制定贷款折扣比率,或作为质押品的股价泡沫是可以持续的,或银行对抵押品设置合理的强制平仓止损点,则满足这种货币需求不会有使货币过多之虞。反之,如果折扣率太低,或泡沫不可持续,则一旦股价泡沫破灭,那些以泡沫为质押、以贷款为载体投放的货币就变成多余的货币,滞留在流通领域,形成通货膨胀压力。可见,从购买股票的资金来源来看,股市的货币需求是否可以满足,也取决于中央银行和商业银行对股价泡沫可持续性的判断。

综上所述,可以看出,证券市场提出的货币需求是一种融资需求,既然是融资需求,判断其合理性的依据就不应当是货币数量论的交易方程式(不管这种方程式是否由两部门扩展到包括虚拟经济部门在内的三部门广义数量论模型),而应根据资本资产定价模型来判断货币需求中的泡沫成分。换言之,不管是哪一级证券市场,也不管是哪一种效应提出的货币需求是否应该满足的问题,最后都取决于股价泡沫的理性与否。但这又似乎陷入一个难以解开的"连环套":因为按照格林斯潘的看法,要判断资产价格泡沫能否持续就必须"比市场更了解市场",而这是很难的。迄今为止,尽管经济学家们提出许多复杂的数学模型,但还没有一种模型能可靠地预测泡沫何时破灭。对此,笔者认为,能否判断股市泡沫是否理性与能否判断泡沫在什么价位上破灭,是两个不完全相同的问题,应作适当区分,不宜笼统地混为一谈。要断定泡沫何时破灭确实相当困难,但要判断是否存在泡沫并不像某些人所认为的那么难。事实上,当股价已经明显地偏离其基础价值时,这时判断是否有泡沫的困难,与其说是来自于预测技术的不成熟,不如说是来自于既得利益阶层的阻力。因为,对于那些手中持有大量泡沫的人来说,他们绝不希望泡沫破灭,而是希望泡沫越吹越大。他们或借助各种舆论工具鼓吹现有资产价格的合理性,制造并传播股市可以持续繁荣的神话,或片面夸大泡沫破灭所造成的危害以恐吓宏观经济管理当局和一些居民,使他们成为泡沫经济真正受益者的"人质",从而共同构成反对治理业已存在的泡沫经济的社会力量。这种情况在中国股市和房地产市场发展历程中已反复出现,相信对许多人来说不会感到陌生。

## 五、虚拟经济部门的货币需求没有满足并不必然影响实体经济的增长

有一种具有代表性的观点认为,如果对股市发展提出的货币需求没

有全部满足，股市的持续扩张所产生的货币需求将从实际经济领域“吸”走部分货币，从而导致实际经济交易所需的流动性短缺或流动性成本提高，实际经济活动水平下降，增长减退，同时打击投资者的信心（石建民，2001）。这种观点还认为，中国在对付20世纪90年代末通货紧缩的货币政策中，没有考虑到这种因股市成长和活跃带来的不断增长的货币需求，从而使得货币市场的扩张相对有限，在相当部分资金被用于满足证券市场货币需求的情况下，用于保持实体经济增长的货币和流动性相对偏紧，从而影响了实体经济的回升，导致股市的财富效应、托宾q效应等传导机制难以有效发挥作用，也在一定程度上阻碍了股市与实体经济的良性互动。这种观点不但国内有，国外也有。前面介绍的戴蒙德模型的结论也认为资产价格泡沫会挤占实质经济部门的资金，可见这种担心具有一定的代表性。但笔者认为，这种担心是不必要的。因为它没有注意到：虚拟经济部门之所以会挤占实质经济部门的资金，从根本上说，并不是因为虚拟部门的货币需求没有得到满足，而是由虚拟部门的投资回报率高于实质部门所致。资本的本性是追逐利润，根据平均利润率法则，资本总是朝收益率高的行业流动，只有股市的投资回报率高于实质投资收益率，股市才有可能将实质部门的资金吸引过去。如果这个前提不存在，即使股市的资金面短缺，实质经济部门的资金也不会往虚拟部门转移。推而广之，如果虚拟部门的收益率过高，即使总体货币供应量适度，实质经济部门的资金仍可能因被虚拟部门吸纳而出现不足。可见，要解决实质经济部门的资金“泄漏”到虚拟经济部门出现的不足问题，关键是要理顺两大部门的收益率关系，而不能依靠增加货币供应量。

## 参考文献

[1] 〔美〕奥利维尔·琼·布兰查德、斯坦利·费希尔：《宏观经济学：高级教程》，刘树成等译，北京：经济科学出版社1998年版。

[2] 成家军：《资产价格与货币政策》，北京：社会科学文献出版社2004年版。

[3] 冯用富：“货币政策能对股价的过度波动做出反应吗”，《经济研究》，2003，(1)：37—44。

[4] 黄达：《金融学》（精编版），北京：中国人民大学出版社2004年版。

[5] 李至斌、刘健：《货币政策，股票市场与经济增长——中国证券市场实证分析》，北京：中国金融出版社2004年版。

[6] 刘骏民、伍超明：“虚拟经济与实体经济关系模型——对我国当前股市与实体经济关系的一种解释”，《经济研究》，2004，(4)：60—69。

[7] 刘骏民：《从虚拟资本到虚拟经济》，济南：山东人民出版社1998年版。

[8] 刘澜飚(a):《股票价格:经济功能与货币政策反应》,北京:人民出版社 2005 年版。
[9] 刘澜飚(b):“中央银行货币政策对股票价格变动的反应原则”,《经济学动态》,2001,(12):34—38。
[10] 陆蓉:《资本市场的货币政策效应》,上海:上海财经大学出版社 2003 年版。
[11] 吕江林:“我国的货币政策是否应对股价变动做出反应?”,《经济研究》,2005,(3):80—90。
[12] 钱小安:“资产价格变化对货币政策的影响”,《经济研究》,1998,(1):70—76。
[13] 邱崇明(a):“股市的货币需求是否都需要满足——虚拟经济条件下的货币需求辨析”,《福建金融》,2006,(7):44—47。
[14] 邱崇明(b):《现代西方货币理论与政策》,北京:清华大学出版社 2005 年版。
[15] 邱崇明(c):“资产替代与货币政策”,《金融研究》,2005,(1):52—64。
[16] 瞿强(a):《资产价格波动与宏观经济》,北京:中国人民大学出版社 2005 年版。
[17] 瞿强(b):“资产价格与货币政策”,《经济研究》,2001,(7):60—67。
[18] 石建民:“股票市场、货币需求与总量经济:一般均衡分析”,《经济研究》,2001,(5):45—52。
[19] 史永东、杜两省:“资产定价泡沫对经济的影响”,《经济研究》,2001,(10):52—59。
[20] 唐旭:《金融理论前沿课题》(第二辑),北京:中国金融出版社 2003 年版。
[21] 王子明:《泡沫与泡沫经济——非均衡分析》,北京:北京大学出版社 2002 年版。
[22] 吴晓求:《现代金融:理论.政策.借鉴》,北京:中国人民大学出版社 2002 年版。
[23] 伍志文:“货币供应量与物价反常规关系:理论及基于中国的经验分析——传统货币数量论面临的挑战及其修正”,《管理世界》,2002,(12):15—25。
[24] 谢经荣等:《地产泡沫与金融危机》,北京:经济管理出版社 2002 年版。
[25] 徐滇庆、于宗先、王金利:《泡沫经济与金融危机》,北京:中国人民大学出版社 2000 年版。
[26] 余明:《资产价格、金融稳定与货币政策》,北京:中国金融出版社 2003 年版。
[27] 张灿:《金融泡沫理论研究》,上海:上海财经大学出版社 2003 年版。
[28] 周爱民、张雪莹:“股市泡沫的理论与实证”,《世界经济》,1999,(10):10—14。
[29] 周爱民:《股市有效性、泡沫与预警》,北京:经济科学出版社 1998 年版。
[30] Alchain, A. and Klein, B., On a Correct Measure of Inflation, *Journal of Money, Credit and Banking*, 1973, 5(1):173—191.
[31] Bernanke, Ben S. and Mark Gertler, Simon G. Gilchrist, The Financial Accelerator and Flight to Quality, *Review of Economics and Statistics*, February 1996, Vol. 78: 1—15.
[32] Bernanke, B. S. and Mark Gertler, Agency Costs, Collateral, and Business Fluctuations, *American Economic Review*, March 1989, Vol. 79, No. 1:14—31.

[33] Bernanke, B. S. and Mark Gertler, Should Central Banks Respond to Movements in Asset Prices, *American Economic Review*, May 2001, Vol. 91, No. 2: 253—257.

[34] Bernanke, B. and Gertler, M., Monetary Policy and Asset Prices Volatility, *American Economic Review*, Federal Reserve Bank of Kansas, 4th Quarter, 1999, Vol. 84: 17—51.

[35] Cai, Junning, Asset Prices and Monetary Policy: Some Notes, Working Paper at EconWPA, May 2003, http://econwpa. wustl. edu/eps/mac/papers/0305/0305006. pdf.

[36] Friedman, Millton, Money and the Stock Market, *the Journal of Political Economy*, 1988, Vol. 96, Issue 2:221—245.

[37] Goodhart, C., Price Stability and Financial Fragility, in *The Central Bank and the Financial System*, MIT Press, 1995.

[38] Marsh, A. Terry and Merton, Robert, C., Dividend Variability and Variance Bounds Tests for the Rationality of Stock Market Prices, *American Economic Review*, 1986, Vol. 76: 483—498.

[39] Minsky, H. P., *Financial Crisis, Financial Systems, and the Performance of the Economy*, Englewood Cliffs, N. J.: Prentice-Hall Inc. 1964.

[40] Robert, F. E., Granger, C. W. J., Cointegration and Error Corrcetion: Representation, Estimation, and Testing, *Econometrica*, 1987, Vol. 55: 251—276.

[41] Shibuya, H., Dynamic Equilibrium Price Index: Asset Price and Inflation, *Monetary and Economics Studies, Institute for Monetary and Economics Studies*, Bank of Japan, 1992, 10(1): 95—109.

[42] Sutherland, A., International Monetary Policy Coordination and Financial Market Integration, Board of Governors of the Federal Reserve System, International Finance Discussion Paper, No. 751, 2002.

[43] Tirole, J., Asset Bubbles and Overlapping Generation, *Econometrica*, 1985, Vol. 53: 1499—1528.

[44] Weil, P., Confidence and the Real Value of Money in an Overlapping Generation Model, *Quarterly Journal of Economics*, 1987, Vol. 102: 1—22.

# 第六章

# 开放经济下的货币政策传导机制和中介目标的选择

# 第一节　国外理论与实践评析

货币政策传导机制,是指货币当局的货币政策操作影响货币政策最终目标,即产出、就业、物价和国际收支等方面目标的作用过程。对于货币政策传导机制问题的研究已有相当长的历史,但迄今为止,对于货币政策是如何作用于经济的问题,仍众说纷纭,尚未形成定论。从最初的凯恩斯主义者的利率传导机制、货币主义的“资产组合均衡”调整分析,一直到现在被广泛研究的新凯恩斯主义的信贷市场传导机制,存在多种不同的观点。

## 一、凯恩斯主义关于货币政策传导机制的主要观点

### (一) IS-LM 模型中的利率传导机制

利率在凯恩斯主义的分析框架中占有重要的位置。凯恩斯继承了马歇尔关于货币需求分析的合理成分,将流动性偏好理论和就业、收入或产出决定理论联系起来,提出了货币政策经由利率影响经济活动的货币政策传导机制理论。该理论认为,利率的变化对于融资成本的变化具有决定性的作用,当利率下降时,企业的融资成本也相应下降,从而企业会扩大投资,投资扩大引致产出增加、失业率下降。以扩张性货币政策为例,该作用过程可简单表述为下式:

$$M\uparrow \rightarrow r\downarrow \rightarrow I\uparrow \rightarrow Y\uparrow \tag{6-1}$$

式中,$M$ 为货币供给,$r$ 为债券利率,$I$ 为投资,$Y$ 为产出。

然而,对货币政策的变化如何影响均衡利率,从而调整均衡产出的描述,则是到 IS-LM 模型才作了系统的描述。

希克斯用 IS 曲线来说明产品市场(有时也称为实物市场)均衡的条件。在包括家庭、企业的二部门经济中总需求等于总供给,即 $c+i=c+s$,均衡的条件是 $i=s$。因此,IS 曲线就是描述投资等于储蓄成立时,产出与利率的关系。根据凯恩斯主义的分析,即:

$$i(r) = s(y) \tag{6-2}$$

LM 曲线则描述货币市场均衡时,产出与利率的关系。货币市场均衡,即货币的供给等于货币的需求。货币的需求与产出呈正相关,与利率呈负相关。而凯恩斯主义认为货币的供给是外生的,受中央银行的控制,因此:

$$m = L(y) + L(r) \tag{6-3}$$

IS 曲线和 LM 曲线表述如图 6-1 所示。

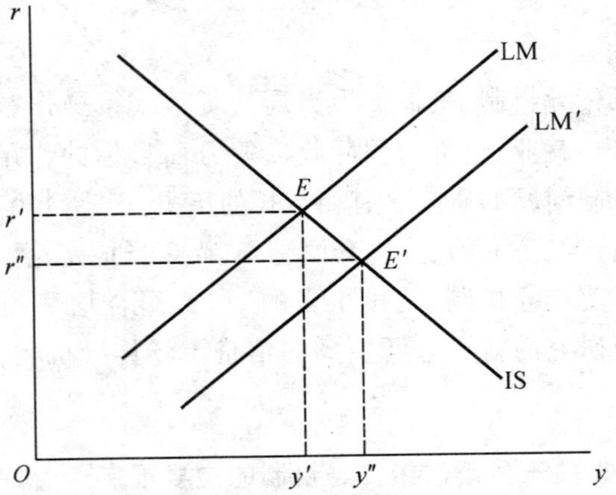


图 6-1 IS-LM 模型的均衡分

在 $m$ 一定的情况下,货币市场均衡线 LM 曲线与产品市场均衡线 IS 的交点 $E$ 就是经济的均衡点。当货币当局实行扩张的货币政策时,会使 LM 曲线向右移动,譬如从 LM 移动到 LM′,利率会相应地下降到 $r''$,利率的下降会促进投资,这将导致均衡产出从 $y'$增加到 $y''$。而当货币当局实行紧缩的货币政策时,会产生相反的效果:LM 曲线会向左移动,利率会上升,而由于利率的上升会抑制投资,使投资下降,均衡产出相应减少。

(二)托宾 q 理论

关于货币政策与投资的关系,也即货币政策对投资的影响,托宾(1965,1969)从另一角度作了精辟的论证,并提出了托宾 q 投资理论。

托宾(1965)①分析了货币的发行与资本存量变化即投资之间的关系,指出最佳资产结构应满足这样的条件,即在该资产结构中,平均预期收益恰恰为这种增长所引起的预期成本所抵消,即边际收益与边际成本相等。托宾(1969)②进一步提出了 q 值理论,以分析资产价格与重置成本之间的关系,这种关系在以后学者研究发展的基础上,形成了几种反映企业价值与重置成本之间关系的模型。在托宾理论中,q 值 = 每股股价/每股资产的重置成本。资产的重置成本,在一段时期内是相对稳定的,但

① James, Tobin, 1965, Money and Economic Growth, *Econometrica*, Vol. 33, October: 671—84, Reprinted with Reversions in Tobin, J., *Essays in Economics*: *Macroeconomics*, Amsterdam: North-Holland, pp. 133—145.

② James, Tobin, 1969, A General Equilibrium Approach to Monetary Theory, *Journal of Money*, *Credit*, *and Banking* (February), pp. 15—29.

股票的价格,却受众多因素的影响。在阿贝尔(Abel, 1982)、早志文夫(Hayashi, Fumio, 1982)和劳伦斯·萨默斯(Summers, 1981b)发展而成的托宾 q 模型①中证明,股票的影子价格等于未来收益的折现值,而在有效的市场上,企业股票的价格即等于其影子价格。所以

$$股价 = \int_{\tau=t}^{\infty} e^{-r(\tau-t)} \pi(K(\tau)) d\tau \tag{6-4}$$

其中 $\pi(K(\tau))$ 为企业的赢利。在不考虑其他因素的情况下,可以看出货币政策对股价变动的影响主要是利率的变动对折现值的影响。当货币当局采取宽松的货币政策时,会使利率降低,证券资本市场上的价格会上升,当实物资本的价格没有上升时,会提高 $q$ 值,打破原来的均衡,也即企业能在资本市场上以每股更高的价格筹资,而将所筹资金以原来的成本进行新的投资;或从银行贷款,以较低的价格进行投资,而使股票价格增值部分超过新增的负债部分,使企业的净值上升。无论从哪个角度而言,这都会促进投资,从而达到促进经济增长的目的。

(三)财富传导机制

在弗里德曼和莫迪利安尼的文章中,都体现了财富对于居民消费的正向作用。货币政策变动引起财富价格变动,从而影响人们的消费、支出流量和就业行为等,并进一步影响产出,财富在货币影响经济的这种机制中所起的作用就是财富传导机制。

非人力财富对消费从而对经济产出具有重要的影响是没有争议的,但对于什么是财富却具有不同的观点。特别是格利和肖(1960)提出内生货币和外生货币的概念,认为内生货币不应算做私人部门持有的净财富,而外生货币由于是私人部门对政府部门的一种债权,且私人部门不存在相应的负债,因而可以将其看做净财富的一部分。但佩萨克和萨闻(Persek and Saving, 1967)认为外在货币是净财富,但不能完全将内生货币排除在财富之外。因此,货币政策的变动对居民的消费能够起到刺激作用,这被称为货币政策的直接财富效应。

货币政策的变动不仅对财富有直接效应,而且会产生间接效应。货币供给变动引起资产价格的变动,从而影响财富持有者的资产的市场价值。阿贝尔(1990)②认为,当人们持有债券时,利率的变化会影响人们的收入流,从而影响人们的财富折现值,消费也就相应地发生变化。莫迪利

---

① 邱崇明:《现代西方货币理论与政策》,清华大学出版社 2005 年版,第 176—178 页。

② Abel, A. B., (1990), Consumption and Investment, in *Handbooks of Monetary Economics*, North-Holland.

安尼(Modigliani, 1954)分析的生命周期模型中,认为消费取决于生命期内的人力资本收入和净财富,从而收入或净财富的变化会影响人们的收入预期,进而影响人们的消费。莫迪利安尼(1971)认为消费支出取决于消费者生命周期内的财富资源即总财富,这种财富由实际资本、金融财富和人力资本构成。金融财富主要由普通股构成,而股票价格直接受货币变动的影响。当货币变动时,金融财富相对于总财富会相应发生变动,从而引起消费的变化。这种传导机制是:

$$M \rightarrow P_E \rightarrow W \rightarrow C \rightarrow Y \tag{6-5}$$

其中,$M$ 为货币供应量,$P_E$为股票等证券价格,$W$ 为财富,$C$ 为消费,$Y$ 为产出。货币变动不仅直接影响支出流量,而且会通过其他市场影响实际经济变量。一方面人们持有的货币余额的增加会由于财富效应而增加其对各种生息资产的需求,另一方面也可能影响资产的供给。可见,货币变动的财富效应会通过货币市场和资本市场甚至其他的如房地产市场等影响消费,进而影响产出。

由于货币政策的这种财富效应,使得货币政策的调控功能进一步得到了加强,使其比没有财富效应时,对于经济的调控力度会更大一些,从而使货币当局能够进行更微妙的货币政策调整。这种作用可从图 6-2、图 6-3 中看出。

当实行扩张的货币政策时,净财富上升,使消费增加并因此而使总支出增加,总支出曲线从 $AE_0$ 移至 $AE_1$,从而 IS 曲线也在不同的利率水平上因消费的增加而从 $IS_0$ 移至 $IS_1$。而在图 6-3 中,IS 曲线最初由 $IS_0$ 给定,当实行紧缩的货币政策时,利率的上升不仅使投资下降到 $F$,而且降低了债券财富价格,从而导致了消费从 $F$ 下降到 $G$,因此新的 IS 曲线将是 $IS_1$。同样,扩张的货币政策会起到相反的作用,即使得 $E$ 下面的 $IS_0$向外扩张到 $IS_1$。由于利率的变化不仅会影响投资的成本,而且会影响消费,所以,由于财富效应的存在,使得货币政策的效果明显地提高了,利率的微调作用具有更明显的效果。

## 二、货币主义的货币传导渠道

货币主义的领袖人物弗里德曼关于货币的理论主要是一种货币需求理论,且货币主义者认为货币对经济具有直接的效应,这种直接作用机制与前面财富传导机制中外生货币对作为财富对消费和投资的作用机理具有异曲同工之妙。货币主义者的传导机制与凯恩斯主义所分析的资产范围和强调的重点有所不同:① 货币主义者认为,凯恩斯主义者在货币传

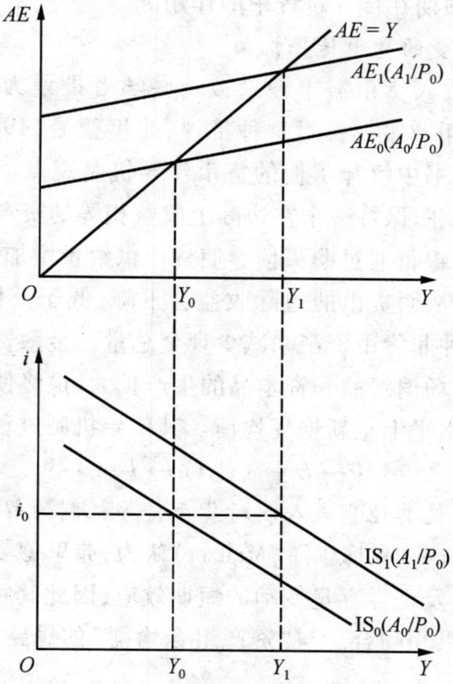


**图 6-2　财富增加的效果**

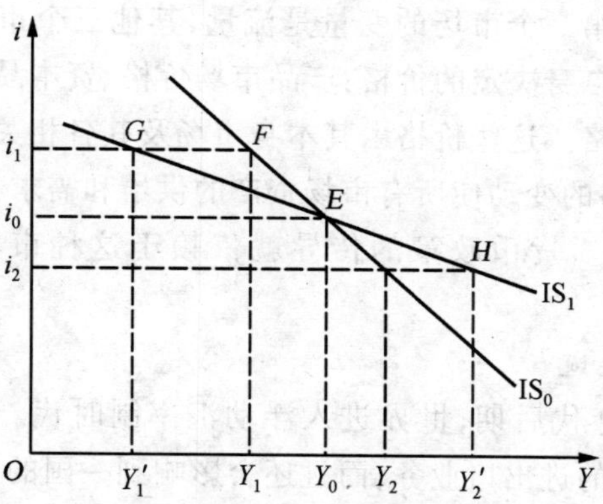


**图 6-3　财富效应对 IS 斜率影响**

导机制问题上，过于集中于资本资产、收益和相关的支出，实际上货币所影响的资本资产系列及相关的支出系列要广泛得多，货币不仅仅是金融资产的替代物，而且是所有构成财富的资产的替代物；② 在货币主义的传导机制中，货币供给的增加，将通过各种途径影响生产要素的价格，货币存量实际价值的变化，在新的价格水平上达到新的均衡；③ 货币主义者还强调了价格预期在传导过程中的作用。

(一) 弗里德曼的货币传导机制

弗里德曼的收入货币需求理论被一些学者批评为货币主义者依靠"黑箱"来传递货币政策。针对这种批评,弗里德曼(1982)在《美国和英国的货币趋势》一书中解释了他的货币传导机制观点。假定私人部门的每个经济单位都试图保持一个在边际上收益相等的资产组合,达到"资产组合均衡"。中央银行通过购买债券使货币供给量增加,则公众所持有的现金量就会增加,从而货币的边际收益会下降,低于其他的资产,公众也就会通过购买各种非货币资产来减少现金总量。金融资产和实物资产的购买,导致货币市场消费品和资本品的生产扩大,最终使货币供求在更高的名义国民收入水平上重新恢复均衡。其传导机制过程为:

$$M \to E \to (P, i) \to I \to Y \tag{6-6}$$

(二) 货币主义其他代表人物对货币传导机制的解释

布伦纳(Brunner)和梅尔泽(Meltzer)认为,弗里德曼的传导机制忽视了利率、财政变量及证券存量变动的短期效应,因此其货币理论不能够同相关经验研究结果相吻合。与"资产组合均衡"的思路相似,他们提出了市场的均衡。

把经济分为四个市场:产品市场、证券市场、实物资本市场和货币市场。四个市场中第一个市场的变量是流量,其他三个市场是存量。四个市场中只有三种自身决定的价格:产品市场价格、资本品市场价格和证券市场上的利率价格。这些价格由其本身市场及其各相关市场的供给和需求决定,相对价格的变动使所有市场资产的供给和需求相等,从而经济达到完全均衡状态。货币政策的传导就依赖于这种市场间的顺次调整过程。

(三) 汇率渠道

20 世纪 70 年代后期,世界进入浮动汇率制时代。汇率的变动不仅直接影响到一国的进出口业务,而且还会影响到一国的资本账户流动,对生产水平造成影响。并且,许多国家已经将汇率作为货币政策的中介目标,这使得汇率成为研究货币政策传导机制中一条新的渠道。

货币供求的变动,必然引起汇率的相应调整,汇率的调整通过经常账户和资本账户的失衡而引起货币在世界范围内的配置,因此,国际收支失衡是货币市场失衡的反映。关于这一方面的模型主要有"国际收支全球货币分析"(GMABP)模型、在此基础上的斯沃博达模型和从微观基础分析出发的奥布斯特菲尔德–罗戈夫(Obstfeld-Rogoff)两国模型。前两者分析了固定汇率制下货币政策通过国际收支影响别国经济或别国货币政策变动对本国经济的影响,后者分析了在浮动汇率、价格黏性条件下,货币政策通过国际收支在国家间相互影响的作用机制。

在此,考察固定汇率制下的货币政策国际间影响。

国际收支全球货币分析模型由两国组成,每国生产一种商品,并假定商品完全替代。每国有一个"剑桥"货币需求函数,即:

$$L = kPY \tag{6-7}$$

$$L^* = k^* P^* \bar{Y}^* \tag{6-8}$$

每个国家的货币供给方程式为:

$$M = F + \bar{D} \tag{6-9}$$

$$M^* = F^* + \bar{D}^* \tag{6-10}$$

在理想的货币需求与实际的货币供给之间的差额,会通过其他渠道获得满足,这种货币需求逐渐得到满足的过程,也被称为"货币囤积"(money hoarding),是物价与实际货币供给的函数。

$$H = \alpha(L - M) = H(P, M) \tag{6-11}$$

$$H^* = \alpha^*(L^* - M^*) = H^*(P^*, M^*) \tag{6-12}$$

所以,在国内货币供给不变的情况下,货币需求的变化将会导致囤积的变化,从而引起经常账户的变动,因此,囤积等于国际收支的差额,即:

$$H = \Delta M = \Delta F = B \tag{6-13}$$

在只有两国的情况下,本国的囤积等于外国囤积的减少,以 $S$ 表示直接标价法下的汇率,得:

$$H = \Delta M = \Delta F = B = -SB^* = -SH^* = -S\Delta F^* = S\Delta M^* \tag{6-14}$$

假设一价定律成立,即:

$$P = S\bar{P}^* \tag{6-15}$$

将式(6-7)、式(6-8)代入式(6-15)并取 log 值一阶差分,得:

$$\mathrm{dln}M - \mathrm{dln}k - \mathrm{dln}Y - \mathrm{dln}M^* + \mathrm{dln}k^* + \mathrm{dln}Y^* - \mathrm{dln}S = 0 \tag{6-16}$$

假定 $Y$ 和 $k$ 为常数,而且汇率是固定的,从而也是常数,则式(6-16)可简化为:

$$\mathrm{dln}M = \mathrm{dln}M^* \tag{6-17}$$

即不管哪国货币供给发生变化,最终的结果将是在世界范围内各国的货币供给变动比例相同。用斯沃博达图形表示,如图 6-4 所示。

给定两国的货币供给,纵轴代表世界价格 $P_W$,假定 $A$、$B$ 两国实现充分就业,并假定两国货币之间的汇率为 1,则两国的国内价格相等。图中

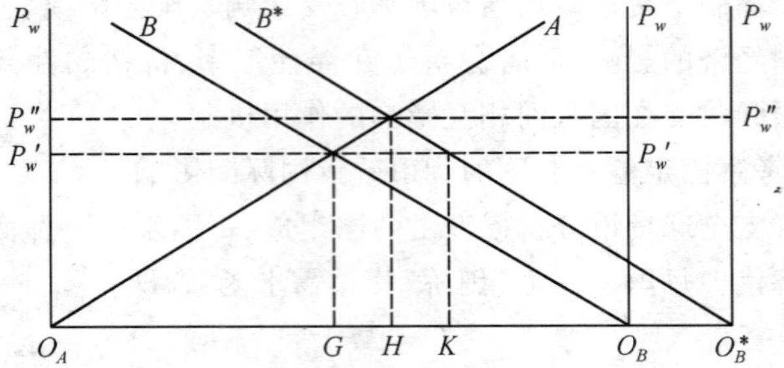


**图 6-4　斯沃博达模型中的货币传导机制**

$O_AA$ 和 $O_BB$ 分别表示两国货币余额需求与价格水平之间的关系，两直线是根据齐次性假定画出的。当世界货币供给为 $O_AO_B$时，与货币均衡相适应的价格水平为 $Pw'$，这时 $A$ 国需要的货币余额为 $O_AG$，$B$ 国需要的货币余额为 $O_BG$。如果价格水平等于 $P_w'$，货币将处于均衡状态。现假定 $B$ 国增加货币供给 $O_BO_B^*$，两国总货币供给变为 $O_AO_B^*$，如果价格水平依然为 $Pw'$，$B$ 国将出现超额货币供给 $GK$，此时价格水平需上升到 $P_w''$，方能消除超额货币供给，建立起新的均衡。这样，$A$ 国货币供给增加 $GH$，相应增加 $GH$ 的外汇储备，$B$ 国货币供应量增加 $HK$，同时蒙受 $GH$ 的外汇储备损失。当均衡恢复时，$A$、$B$ 两国的货币量将按价格上涨的比率同比例增加。

## 三、新凯恩斯主义的货币传导机制

### （一）传统的传导机制理论的不足

前面所介绍的凯恩斯主义和货币主义的传导机制理论，都隐含着两个前提：① 借贷双方的信息是对称的，资金短缺方可以在银行贷款和证券融资之间选择，也就是说金融资产具有完全的替代性；② 金融资产的价格-利率能自动调节，使市场出清，即能使市场供需均衡。

现代货币传导机制理论认为，信息的不对称使这两个假设不能成立，因为：① 由于借款人拥有私人信息，直接借贷中的资金盈余方在借出款项后不能对借款人进行完全的监督，因此不敢将款贷出；而银行等金融中介由于在收集和处理信息的优势，在一定程度上可以克服直接借贷的障碍——道德风险；② 由于银行收益不仅取决于利率，还取决于贷款归还的可能性。在信息不对称的情况下，银行既不可能在贷款之前对借款人有完全的了解，也不可能在贷款以后对借款人进行完全的监督。如果银行试图用提高利率的办法来筛选客户，反而会造成逆向选择的风险。

这也能很好地解释为什么有些时期，贷款规模发生很大的变动，而实际利率的变动却相对要小得多。这一事实说明，利率并不是影响信贷规模的唯一变量，或者说，利率并非货币政策传导的唯一途径，信贷可得性是货币政策传导的另一重要渠道。伯纳克等人则将这些结论应用于具体的模型分析中，从 CC-LM 模型开始，发展到综合表述企业与银行行为模式对货币政策的传导具有重要影响的 BGG 模型。

（二）银行信贷可得性渠道

银行信贷可得性渠道的理论主要成形于 20 世纪五六十年代，其主要代表人物有罗萨（Rosa）、卡莱肯（Karekenn）、林德伯克（Lindbeck）等。信用可得性理论是从资金需求者可获得信用的可能性或从资金供给者资金供给的可能性分析货币传导机制。根据这种理论，贷款市场特别是银行贷款市场是不完善的，利率并非总是确定在使贷款市场出清的水平上，特别是在实行利率管制的情况下。

信用可得性理论特别强调金融机构的流动性问题。金融机构必须保持足够的流动性，因而非常重视流动性状态的变化，如果流动性状态欠佳，金融机构不得不调整其资产结构，增加其流动性，就会减少或停止其信用供给，这样将直接影响信用的可得性。而金融机构的流动性状况受货币和利率变动的影响。当利率提高时，一方面会使得银行的筹资成本上升，另一方面会使得银行持有的流动性资产价值降低，相应地意味着金融机构的流动性下降，金融机构会相应地减少信贷的发放。

信贷可得性也受到一定的历史因素的影响。最关键的是银行无法轻易地寻求其他资金来源来代替存款，而这主要是受三个因素的影响：① "Q 条例"的存在；② 准备金要求比现在要高得多；③ 银行负债管理方面市场的流动性和发展程度比现在要低得多。随着金融改革和创新，"Q 条例"早已被放弃，银行陆续推出许多新的负债业务，但这并不意味着信贷可得性渠道重要性的降低，因为银行负债的其他来源并没有完善到可以完全替代存款这一资金来源，并且资产管理依然是银行管理的重要方面，所以它依然具有一定的意义。

（三）CC-LM 模型

正是银行在货币政策传导机制中的特殊作用，其进入宏观经济模型中在理论上才显得极其重要。伯纳克和布林德（Bernanke and Blinder, 1988）对传统的 IS-LM 模型进行修正，将其从原来的实物市场和货币市场的二市场模型扩展为实物市场、货币市场和信贷市场的三市场均衡模型，完成了这一理论上的突破。

1. 信贷市场

假设借者与贷者依据利率水平在债券与贷款之间进行选择。如果 $I_l$

是贷款的利率水平，$I_b$ 为债券的收益率。贷款需求是贷款利率和产出的函数：

$$L^d = l^d(I_l, Y) \tag{6-18}$$

贷款供给从银行的资产负债表考察。资产有储备 $R$、债券 $B^b$、贷款 $L^s$，负债有存款 $D$。储备包括法定存款准备金 $\sigma D$ 和超额准备金 $E$，所以银行经营的限制条件是 $B^b + L^s + E = D(1-\sigma)$。银行按各资产的回报率（超额准备金为 0）分配资产组合，得到贷款供给函数为：

$$L^s = l^s(I_b, I_l)D(1-\sigma)$$

即：

$$\frac{L^s}{D(1-\sigma)} = l^s(I_b, I_l) \tag{6-19}$$

于是，信贷市场均衡的条件为：

$$L^d(I_l, Y) = l^s(I_b, I_l)D(1-\sigma) \tag{6-20}$$

近似线性地写成：

$$l_l^d i_l + l_y^d y = l_b^s i_b + l_l^s i_l + r^s + \omega'$$

或

$$i_l = h_1 i_b + h_2 y - h_3 r^s + \omega \tag{6-21}$$

其中，带下标的 $l^d$ 和 $l^s$ 表示其偏导数，而 $i_l$、$y$、$i_b$、$r^s$ 表示对稳定值的偏离的百分比，$\omega'$ 表示冲击的随机误差项，且 $h_1 = l_b^s/(l_l^d - l_l^s)$，$h_2 = -l_y^d/(l_l^d - l_l^s)$，$h_3 = -1/(l_l^d - l_l^s)$，三者均为正，而 $\omega = \omega'/(l_l^d - l_l^s)$ 表示包含了信贷供给和需求量方面冲击的随机误差项。

2. 货币市场

货币市场均衡由传统的 LM 曲线来描述：

$$D(I_b, Y) = m(I_b)R^s \tag{6-22}$$

其中

$$m(I_b) = [\varepsilon(I_b)(1-\sigma) + \sigma]^{-1}$$

3. 实物市场

我们用联系产出需求与贷款利率和债券利率的 IS 曲线来描述实物市场，表示为：

$$Y = y(I_b, I_l)$$

或

$$y = -c_1 i_l - c_2 i_b + u \tag{6-23}$$

若将信贷市场的均衡利率代入实物市场均衡公式中，就可得到描述实物市场和信贷市场同时均衡的 CC（commodity and credit）曲线：

$$y = \frac{c_1 h_3 r^s - (c_2 + c_1 h_1) i_b + u - c_1 \omega}{1 + c_1 h_2} \tag{6-24}$$

将其与货币市场均衡曲线联立，在同一图形中表述，可得到图 6-5。

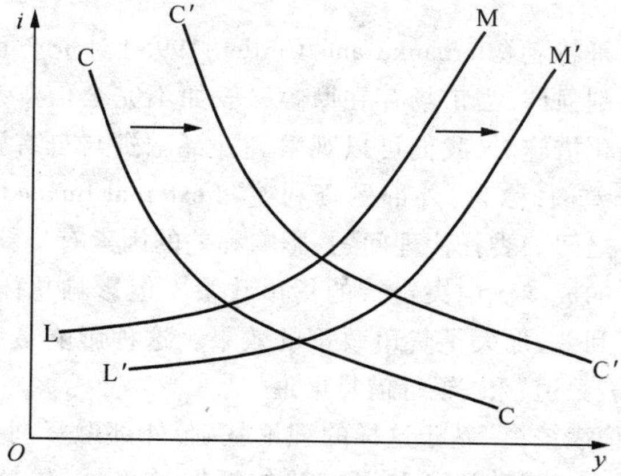


**图 6-5　CC-LM 模型中货币政策的影响**

通过 CC-LM 模型，得出与 IS-LM 模型不同的结论：① 当冲击来自货币需求时，通过钉住利率使产出稳定的效果不再存在。因为当冲击来自货币需求时，人们对贷款的需求也会发生变化，因此 CC 曲线也会移动，从而钉住利率并不能使产出稳定。② 货币政策通过银行贷款途径扩大了对经济的影响。假设货币当局采取扩张性货币政策，使银行体系的储备增加，则一方面 LM 曲线向外移动，利率下降，产出增加；另一方面，由于银行贷款随之增加，CC 曲线也向外移动，又使产出进一步增加，也就是说，在 CC-LM 模型中，货币政策的效果比 IS-LM 模型显著。③ 银行贷款途径表明即使存在凯恩斯所描述的流动性陷阱，以至于传统的利率传导机制失效，货币政策也可通过信用供给造成 CC 曲线的移动，从而继续发挥作用。④ 如果信用传导机制成立，货币政策将发挥单一利率机制下不存在的分配性影响，即对不同类型的经济主体的影响力度不同。比如当货币紧缩时，作为贷款依赖型资金需求者的中小企业的生产恶化程度将高于平均水平，因为对这类资金需求者来说，由于信息的不对称，如果拥有相对信息优势的银行也不敢贷款给它们，则它们就更无法利用债券等其他融资方式。

（四）资产负债表渠道

伯纳克和哥特勒（1995）从货币供给变动对特定借款人资产负债状况的影响进一步分析了信用传导机制。他们认为，货币供给量的减少和利率的上升，也即在紧缩的货币政策的情况下，将影响借款人的资产负债状况，进而影响企业的投资和居民的消费以及银行的流动性资产的状况，但这并非是一个独立于传统货币传导机制的渠道，而是增强了传统利率效应的一系列因素，因此，它是一种“强化机制”（enhancement mechanism）。

伯纳克和哥特勒（Bernanke and Gertler，1995）对资产负债表传导渠道的分析中特别强调：当市场存在摩擦——如不完全信息及其所导致的昂贵的契约强化措施时，我们可以观察到外部融资与自有资金的机会成本之间的一个差额，称为“外部融资利差”（external finance premium），反映出借贷双方之间的委托代理问题，影响利差的因素有贷款者的评估、审查和收集信息的成本。中央银行的货币政策不但影响总体利率水平，还影响外部融资利差，加大了货币政策的效果。这种影响最突出的表现就是“资产负债表渠道”和“银行借贷渠道”。

“资产负债表渠道”基于这样的理论基础：外部融资利差取决于贷款者的财务状况——流动资产和可转让的抵押品数量，数量越多，利差越低——健康的财务状况可实现自我融资或对向银行的借款负债提供更多的抵押品。由于借款者的财务状况影响外部融资利差从而影响到其信用额度，那么资产负债表质量的波动也会影响投资和支出决策。

由于企业财务状况方面的资料难以取得，实证研究难以进行，为此，伯纳克和哥特勒采取另一财务变量——支付利息/（税前利润 + 支付利息）——称为“覆盖比率”，覆盖比率的提高，证明企业的财务状况出现了不利的变化。图 6-6 为美国的联邦基金利率与覆盖比率的发展变化图，可以看出，联邦基金利率的提高立即提高了企业的覆盖比率，留给企业一个更弱的资产负债头寸。

（五）BGG 模型

以 DNK（dynamic new keynesian）模型为框架的 BGG 模型，为提高与实证主义研究成果的相关性，加入了三个新的假设：① 货币与价格的“黏性”，以便于研究信贷市场中的摩擦力；② 投资的“滞后性”，以产生实证研究中发现的“驼峰”状产出变化；③ 公司的“异质性”，表现出不同公司对信贷的不同依赖程度，以反映出向品质靠拢①（Bernanke，Gertler and Gilchrist，1996），强化了顺周期的金融加速作用。

1. 金融加速器机制

金融加速器机制实际上是对资产负债表渠道的模型化表述，着重突出了企业的外部融资利差与企业自有资本之间的关系。

---

① 向品质靠拢：反映出在经济条件不佳、企业的资信水平下降时，银行等金融机构向企业的贷款将主要集中于信用水平较高或财务状况良好的企业，而对于财务状况较差的企业，银行将减少贷款或停止贷款。

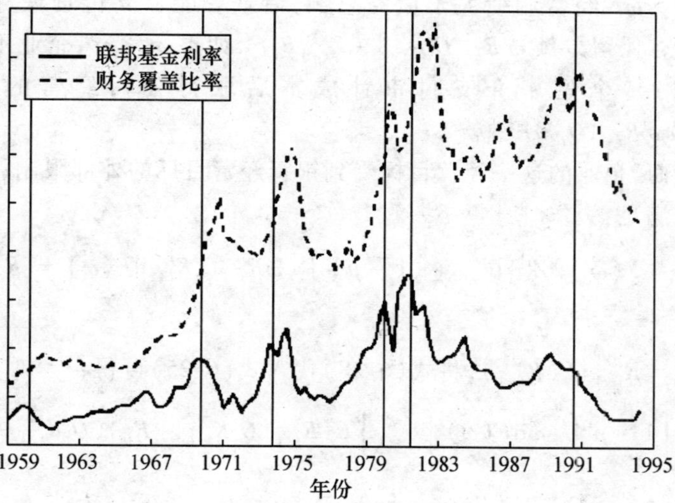


**图 6-6　联邦基金利率和美国财务覆盖比率的趋势图**

资料来源：Bernanke，B. S. and M. Gertler，Inside the Black Box：the Credit Channel of Monetary Transmission，*Journal of Economics Perspectives*，1995 Fall。

企业是风险中性，在每期有相同的失败率$(1-\gamma)$，即有 $\gamma$ 的可能性生存到下一期（即期望寿命为 $1/(1-\gamma)$）。每期 $t$，企业获得实物资本（失败企业不获得，只是消耗掉累积的资本）。实物资本和雇用的劳动以不变的规模收益在 $t+1$ 期生产。资本的获得以自有资本和借债融资取得，自有资本来自两个渠道：前期累积的资本投资利润（包括资本得利）和企业家劳务所得。

企业家的经营目标：

$$\mathrm{Max}E\left\{\left[1-\mu\int_0^{\bar{\omega}^j}\omega \mathrm{d}F(\omega)\right]U_{t+1}^{rK}\right\}E\{R_{t+1}^K\}Q_tK_{t+1}^j-R_{t+1}(Q_tK_{t+1}^j-N_{t+1}^j) \tag{6-25}$$

但企业家 $j$ 的净财富只有 $N_{t+1}^j$，为筹资，需要借入：

$$B_{t+1}^j = Q_t\cdot K_{t+1}^j - N_{t+1}^j \tag{6-26}$$

其中，$K_{t+1}^j$ 为 $j$ 在时间 $t$ 购买 $t+1$ 时期使用的资本，价格为 $Q_t$。$R_{t+1}^K$ 是事后的总资本回报率，$\omega^j$ 是公司 $j$ 经营业绩的异质性干扰指标，时间和空间上服从独立同分布，具有连续和一阶可微的累积分布函数 $F(\omega)$。$\bar{\omega}^j$ 为一临界值，满足：

$$\bar{\omega}^jR_{t+1}^KQ_tK_{t+1} = Z_{t+1}^jB_{t+1}^j \tag{6-27}$$

$\omega^j > \bar{\omega}^j$，经营业绩大于债务总额，借款者能够支付贷款，支付额为 $Z^j_{t+1}B^j_{t+1}$，保留差额 $\omega^j R^K_{t+1}Q_t K_{t+1} - Z^j_{t+1}B^j_{t+1}$，如果 $\omega^j < \bar{\omega}^j$，企业不能付款，宣布破产，金融中介支付审计成本后取得公司经营的全部，得 $(1-\mu)\omega^j R^K_{t+}1Q_t \cdot K^j_{t+1}$。

然而，企业的这一经营目标受到银行经营目标的外部限制，即贷款条件必须满足：

$$[1 - F(\bar{\omega}^j)]Z^j_{t+1}B^j_{t+1} + (1-\mu)\int_0^{\bar{\omega}^j} \omega R^j_{t+1}Q_t K^j_{t+1}\mathrm{d}F(\omega) = R_{t+1}B_{t+1} \tag{6-28}$$

设 $U^{rK}_{t+1} \equiv R^K_{t+1}/E(R^K_{t+1})$，将式(6-28)代入式(6-25)可得：

$$E\left\{\left[1-\mu\int_0^{\bar{\omega}^j}\omega\mathrm{d}F(\omega)\right]U^{rK}_{t+1}\right\}E\{R^K_{t+1}\}Q_t K^j_{t+1} - R_{t+1}(Q_t K^j_{t+1} - N^j_{t+1}) \tag{6-29}$$

设 $s_t \equiv E(R^K_{t+1}/R_{t+1})$，在此，$s_t$ 既可看做预期收益的折现值，亦可视为竞争性环境下的外部融资利差。在竞争性均衡中，$s_t \geqslant 1$。伯纳克、哥特勒和吉尔吉斯特证明，给定 $s_t \geqslant 1$，一阶必要条件产生资本购买的如下结果：

$$Q_t K^j_{t+1} = \psi(s_t)N^j_{t+1}, \quad \psi(1) = 1, \quad \psi'(\cdot) > 0 \tag{6-30}$$

将式(6-30)改写为：

$$\frac{E(R^K_{t+1})}{R_{t+1}} = s\left(\frac{Q_t K^j_{t+1}}{N^j_t}\right), \quad s'(\cdot) > 0 \tag{6-31}$$

因为资本市场是竞争性的，预期的资本收益率必须等于外部融资的成本，$s$ 是外部融资成本与无风险利率的比率，可视为外部融资成本利差。当企业的自有资本比率较低时，企业的经营风险较大，又因企业和金融机构是风险中性的，为弥补风险，要求预期收益增高，从而使得外部融资利差增加。这也解释了银行等金融中介在与企业信息对称而了解企业的经营风险时，会向高风险公司索取更高的贷款利率，而向低风险的公司索取较低的贷款利率。若信息不对称而无法了解企业的经营风险时，金融中介机构倾向于采取信贷配给或只贷款给自有资本比率高的公司(这一现象被称为“向品质靠拢”)。

2. 建立在金融加速器基础上的 BGG 模型

企业家的净财富变动有三个方面的来源：生产中的赢利、所持资本的价格变动和自己的劳动所得。

设生产函数为：

$$Y_t = A_t K_t^{\alpha} L_t^{1-\alpha} \tag{6-32}$$

资本变动函数为：

$$K_{t+1} = \Phi(I_t/K_t)K_t + (1-\delta)K_t \tag{6-33}$$

企业投资会导致一些附加成本，总投资 $I_t$ 产生新资本 $\Phi(I_t/K_t)K_t$，$\Phi(\cdot)$是上升的，且 $\Phi(0)=0$。在此，资本的价格是投资的函数，其变化推动了企业产出的变动。因此

$$Q_t = \left[\Phi'\left(\frac{I_t}{K_t}\right)\right]^{-1} \tag{6-34}$$

设 $1/X_t$ 为批发商品的价格，$X_t$ 为零售商的成本加利润率。$t+1$ 期每单位资本的租金为$\frac{1}{X_{t+1}}\frac{\alpha Y_{t+1}}{K_{t+1}}$，所以

$$E(R_{t+1}^K) = E\left\{\frac{\frac{1}{X_{t+1}}\frac{\alpha Y_{t+!}}{K_{t+1}} + Q_{t+1}(1-\delta)}{Q_t}\right\} \tag{6-35}$$

式(6-32)、式(6-34)、式(6-35)构成对资本的需求曲线，而式(6-31)为供给曲线。

企业家的劳动所得为净资本变动的第三个来源，设劳动力供给为：

$$L_t = H_t^{\Omega}(H_t^e)^{1-\Omega} \tag{6-36}$$

$H_t^{\Omega}$ 为家庭部门提供的劳动，$H_t^e$ 为企业家提供的劳动，是无弹性的，设为单位量。

设 $V_t$ 为企业的股份，$W_t^e$ 为企业家工资，$t$ 期末的净财富 $N_t$可表示为：

$$N_t = \gamma V_t + W_t^e \tag{6-37}$$

其中

$$V_t = R_t^K Q_{t-1}K_t - \left(R_t + \frac{\mu\int_0^{\bar{\omega}}\omega R_t^K Q_{t-1}K_t \mathrm{d}F(\omega)}{Q_{t-1}K_t - N_{t-1}}\right)(Q_{t-1}K_t - N_{t-1}) \tag{6-38}$$

若设 $U_t^{rK} = R_t^K - E_{t-1}\{R_t^K\}$ 为未预期到的资产总回报率变动，$U_t^{dp} = \int_0^{\bar{\omega}}\omega Q_{t-1}K_t\mathrm{d}F(\omega) - E_{t-1}\left\{\int_0^{\bar{\omega}}\omega Q_{t-1}K_t\mathrm{d}F(\omega)\right\}$ 为未预期到的条件违约成本的变动。则企业价值可表示为：

$$V_t = [U_t^{rK}(1-\mu U_t^{dp})]Q_{t-1}K_t + E_{t-1}\{V_t\} \tag{6-39}$$

对式(6-39)微分求弹性可得：

$$\frac{\partial V_t/E_{t-1}\{V_t\}}{\partial U_t^{rK}/E_{t-1}\{R_t^K\}} = \frac{E_{t-1}\{R_t^K\}Q_{t-1}K_t}{E_{t-1}\{V_t\}} \geqslant 1 \tag{6-40}$$

则意味着资产价格未预期到的变动是资本总回报变动的主要来源，对于

公司的财务状况有重要影响。

合并以上结果，可得：

$$N_{t+1} = \gamma\left[R_t^K Q_{t-1} K_t - \left(R_t + \frac{\mu\int_0^{\bar{\omega}} \omega \mathrm{d}F(\omega) R_t^K Q_{t-1} K_t}{Q_{t-1}K_t - N_{t-1}}\right)(Q_{t-1}K_t - N_t)\right] + (1-\alpha)(1-\Omega)A_t K_t^{\alpha} H_t^{1-\alpha} \tag{6-41}$$

式(6-41)和式(6-31)描述了经济波动中的两个重要变量，市场收入的变化影响净财富的变动，净财富的变动影响资本成本和财务状况，限制了企业资本扩张的规模，从而影响经济。伯纳克、哥特勒和吉尔吉斯特将该结果纳入描述宏观经济体系波动的联立方程中，以模拟货币政策的变动对宏观经济的影响。

BGG 模型对宏观经济因资产价格引致的信贷变更作用给予了充分的肯定，其动态发展过程也与实际经济相符。该模型关于微观经济主体的金融加速器机制从两个方面解释了货币政策的传导：① 公司的现金流效应，即未预期到的无风险利率的下降或收益流的增加将降低企业违约风险，从而使企业能够扩大资本规模、扩张生产；② 资产价格效应，在现金流效应的基础上，能够改变公司资本的价格，提高自有资本的价值，改善公司的财务状况，为公司的信用扩张提供更多的抵押担保品，促进生产的扩张。这种机制对于理解拥有完善的间接融资渠道又具有发达的资本市场的经济体系运行机制具有很大的帮助作用。宏观联立方程模型的优势在于它对现实经济的模拟性，对于预测短期内货币当局的政策效果具有很强的应用价值。但这种模拟会由于不同国家的具体情况而得到不同的结果，因为在各个国家中资本市场的发展情况不一致，导致了企业资产的流动性不同，也就使得资产价格的利率弹性有差异，再加上银行体系对企业净资产的重视程度有差别，如在东亚地区，企业的资产负债率普遍较低，而在西方国家，企业的资产负债率却较高，所以对该模型的应用不能呆板化。因此，以 BGG 模型对一国经济政策的效果进行模拟分析，必须首先根据相对稳定的一段时期内的经济数据得出相对稳定的系数作为参数，再根据各国不同的动态发展情况对这些参数进行设定，利用动态方程进行模拟，货币政策的运行效果才可以得到良好的预测。

## 第二节 “入世”对中国货币政策中介目标的影响

上一节介绍了当今货币经济学领域相对成熟的或为人们所普遍接受

的货币政策传导机制理论。传导机制理论的用途之一是为中间目标的选择提供依据，从图 6-7 可以看出，中间目标既是传导机制的一个环节，又是货币政策操作的一个指标，中间目标的选择是否得当，直接关系到货币政策能否有效地影响经济运行。

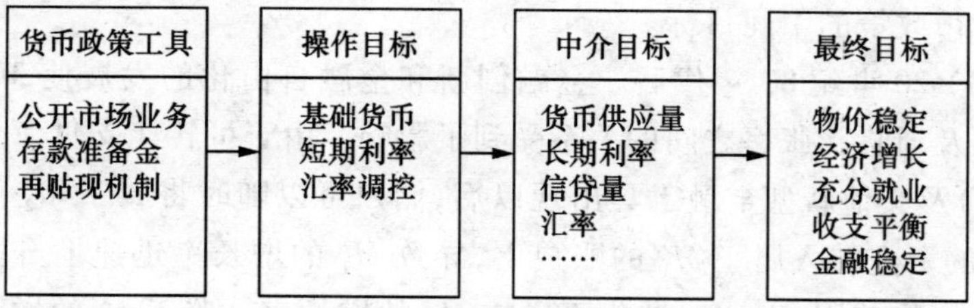


**图 6-7　货币政策传导机制过程**

正是由于中介目标是货币政策传导的一个环节，其与具体的传导机制是紧密联系的。一般来说，货币当局会将与主传导渠道紧密联系的指标作为货币政策的中介目标。譬如，如果利率为主要的货币政策传导机制，则货币当局会采用利率为中介目标；如果信贷对于产出的影响具有决定性意义，则货币当局会采用信贷量为中介目标，而对于小型开放经济，则往往将汇率作为中介目标，等等。

但一种传导机制是否是主传导机制，则受到众多因素，如金融深化程度、金融市场的发展程度、金融市场的发展时期、宏观经济变动所处的状态、经济规模、经济开放程度、资本账户的开放程度，以及产业结构、实体经济与虚拟经济的紧密程度、产业技术水平等的影响。因此，主传导机制经常会发生变动，货币当局选择的中介目标也需相应进行调整，并且这种调整还受制于货币当局的知识水平和判断能力。如从第二次世界大战后到现在，西方国家的经济环境发生了巨大的变化，尤其以美国为代表，经历了几个阶段，迫使货币当局也对中介目标的选择进行了调整。

(1) 第二次世界大战后到 20 世纪 60 年代中后期。美国的经济目标是防止经济衰退、积极争取实现资源的合理充分利用，历届政府采用了凯恩斯主义的经济政策，认为利率的变动与经济的周期流动成反向关系，利率上升容易促使经济衰退，利率下降将会促使经济回升。因此，这一时期利率(联邦资金利率)成为货币政策的主要中间目标。

(2) 20 世纪 70 年代。越战的爆发成为美国经济的转折点，军费支出造成财政赤字日益庞大，通货膨胀高企，经济陷入停滞状态，出现滞涨局面。美联储开始转向以稳定货币增长和物价水平作为货币政策的最终目标。高通胀下，名义利率随通货膨胀的上升而上升，其作为中间目标已失去意义，不能起到反映央行政策取向的作用。为医治滞胀，美联储转向了货币主义的规则货币政策纲领。1979 年，美联储对货币政策中间目标作了重大改革，“不以利率而以货币供应作为目标”来对付通货膨胀，所选择的货币层次是 $M_1$。美联储自此改为以货币供应量增长率取代利率作为货币政策的中间目标。

(3) 20 世纪 80 年代后。金融创新和金融自由化的发展使 $M_1$ 与经济增长及通货膨胀率之间的关系受到了影响。由于可转让支付命令账户(NOW)及其他新型金融工具出现以后，储户可以随时将属于 $M_2$ 但不属于 $M_1$ 的资金转入属于 $M_1$ 的账户上，导致 $M_1$ 的增长率迅速上升并突破预定目标值范围，而这一转化不影响 $M_2$ 的增长率。鉴于 $M_1$ 的增长率波动幅度大并且无规律可循，在 1982 年，$M_2$ 取代了 $M_1$ 成为货币政策中间目标。然而，金融市场的继续发展使人们的投资方式发生了更多的变化，社会上存在大量流动性很强的准货币，降低了公众对货币的需求。金融创新总体上逐步削弱了货币需求的稳定性，货币供应量作为货币政策的中间目标已不再具有较高的相关性、可控性和可测性。美联储虽然继续关注货币供应量指标，但是它们作为目标的功能逐渐减弱。在 1987 年，美联储完全停止了对 $M_1$ 的跟踪。

(4) 20 世纪 90 年代至今。经过长期的努力，美国的通货膨胀率一直维持在 2%—3%，世界其他国家的通货膨胀率也相对较低，为货币当局转向平稳的利率政策创造了条件。并且，金融创新的发展，进入了一个相对较平稳的时期；实体经济与虚拟经济的相关性也较好，货币的内生性特征更强；但虚拟经济的规模却一直在不断地扩大；同时不断加深的经济全球化、金融全球化，使货币供应量与经济增长之间的关系被打破。正是在这样的条件下，美国的货币政策转向了泰勒规则的操作方式，虽然很多其他国家转向了通货膨胀目标制，但没有人怀疑美国货币当局对通货膨胀的重视程度。于是，各国便名义上或实际上将通货膨胀作为中介指标。虽然通货膨胀在货币政策传导机制中并不是一个环节，而是一种结果表现，但由于在成熟平稳的经济体系中，很难找到主传导机制，且有效的市场经济能够通过内在的收益率实现经济的调节，货币当局只需要控制住通货膨胀即可保证充分就业、经济增长等目标的实现。

可见，货币政策中介目标的选择，不是货币当局的一种主观行为，而是对货币政策运行的经济环境的一种适应性调整。客观地说，变化的环境中，任何中介目标都不是最优的，而是一种权衡的结果，并且这种权衡过程中的利弊对比还会随着环境的变化迅速地变化，也就对中介目标的调整提出了要求。1996 年以前,贷款规模一直作为中国货币政策的主要中间目标。随着经济形势的变化和货币政策最终目标的调整,货币政策中间目标也发生了重大改变,1996 年正式把货币供应量作为中间目标。但中国经济在改革的过程中,运行环境迅速地发生着变化,在原来市场化改革的基础上,又加上"入世"这一重要事件的影响。因此,目前中国货币政策内外环境都发生着深刻变化,内部环境的变化包括:金融深化继续进行、企业和商业银行产权改革进一步加强、利率进一步市场化、金融市场规模不断扩大且机制逐步完善,与此同时,国内金融市场不断面临泡沫的干扰;外部环境的变化则主要是"入世"的影响。"入世"对中国货币政策运行环境的影响主要包括如下几个方面:

(1) 经济的外向度提高,发达国家的经济周期对中国的影响将进一步增强。"入世"意味着中国进一步融入世界经济,中国经济对国际市场的依存度提高,这样,发达国家的经济周期对中国经济的影响将大大增加,货币政策面对的局面更加复杂,维持经济内外均衡的任务更加艰巨。

(2) "入世"后,为了更好地利用外资、加快国内经济发展和从参与世界经济一体化中获取比较利益,外汇管制将逐步放松,人民币将逐步实现资本账户下的可自由兑换,这样,从近期来看本币和外币的替代效应将增强,远期资本流动规模将迅速增长。

(3) "入世"后,中国的资金要参加国际资金的大循环,中国的银行要参与国际竞争,也要求中国的利率实现市场化,与国际利率接轨。

(4) 目前全能型的商业银行已成为世界潮流,外资银行都属于这种类型。全能型的商业银行具有能满足客户多样化的服务需求、竞争实力强、经营稳定性高等优点,与分业经营型银行相比具有明显优势,这样,在与外资银行的竞争中,国内银行业未开局就已经处于不利地位,因此从长远来看,国内银行转向混业经营是大势所趋。

(5) "入世"后,为了改变传统体制下融资形式单一、企业风险集中在银行这种不合理的融资格局,资本市场直接融资将得到更大发展,融资结构中,直接融资比重进一步提高。

(6) 在外资银行竞争的"鲇鱼效应"和"示范效应"的带动下,国内金融创新活动将日益活跃,新的金融资产不断涌现。

综合内外环境的变化,可以看出,目前中国的货币政策运行环境正在发生着根本性的变革,主要体现在三个方面,即利率市场化、汇率浮动和资本账户开放以及资本市场发展、金融创新,这些变革对中国中介目标的选择具有根本性的影响。

## 一、利率市场化对中介目标的影响

利率市场化是中国金融改革的一个重要方面,也是公开市场业务操作影响经济的重要渠道之一,虽然公开市场业务操作可以通过改变货币供应量影响经济,但更重要的是通过对货币市场利率水平的变动和利率结构的变动对经济产生影响。利率市场化是指由金融机构依据自身的资金供求、头寸状况、赢利及风险等因素自行调节、自行控制利率,并使其成为引导资金配置的基本指标。它大致包括以下四个方面的内容:一是金融交易主体享有利率决定权;二是利率的数量结构、期限结构及风险结构应当由市场自发地进行选择;三是同业拆借利率或长期国债利率将成为市场利率的基本指针;四是政府或中央银行享有间接影响金融资产利率的权力。在这些内容中,金融机构对存贷款的定价权是利率市场化的核心内容。

利率市场化的核心内容是改变资金的定价方式和价格管理方式,基础条件则是微观经济主体在资金的定价方式和管理方式发生变化的情况下,根据自身的利益最大化动机和约束条件调整自己与其他经济主体的行为方式,这些微观主体既包括实体经济的企业,也包括金融机构,其经营目标中不应过多地加入赢利之外的其他责任,否则难以真正实现利率的市场化。但利率市场化还须防止一些强势利益集团利用自己的实力获取超额利益或转嫁风险导致风险的过分积累。

利率市场化的真正实现,可以消除经济体系中的一些结构性、制度性瓶颈障碍,如因产业政策而造成的行业间收益和贷款利率的不同,因微观经济主体的一些社会责任而不能以利润最大化为经营目标等。微观主体以利润最大化为经营目标,就会增强对利率的敏感性,对于中央银行的货币政策调控环境起到改善作用。且利率市场化的实现,能够加强经济体系内各行业的收益率均衡,使经济体系自动达到运行有效,货币当局便不再需要信贷政策、窗口指导等操作方式,届时也就可以选择利率为中介目标。

虽然利率市场化改革以利率制度为首要目标,但在既定的金融体系框架内,利率市场化改革的空间非常有限。理论上,利率市场化改革成功的必要条件是金融体系要进行相应的改革。不同国家所建立的金融体系不同,所面临的问题也不一样,因此,利率市场化并没有统一的模式。但总的来说,利率市场化需要配套的改革措施予以支持,尤其需要制度环境作为保障。如法国的利率市场化改革分为两个阶段:20 世纪 60—70 年代和 20 世纪 80 年代。其改革有两个主要特点：一是利率市场化改革伴随着整个金融体制的改革，并在金融管理当局的推动下进行；二是伴随着金融市场的逐步完善而循序渐进地进行。然而，在韩国、马来西亚、泰国等亚洲国家，虽然也采取渐进式改革，但在推进利率市场化改革的过程中，并没有有效地改善制度环境，致使资金定价机制与脆弱的制度环境之间的矛盾累积，爆发了金融危机。而拉美国家的激进式改革，则更是造成严重的后果。

在利率尚未市场化的前提下，强行实行利率中介目标，不但起不到中介目标的作用，还会使中央银行在判断合理的利率水平上出现问题。利率尚未市场化，经济体系间的不协调还会存在，经济主体的反应模式也未变化，对信贷的依赖性依然比较强，对利率缺乏敏感性，在这种环境下实行利率中介目标，将会使央行的调控陷入被动，甚至会出现调控无效的局面。

在中国利率市场化改革的过程中，金融深化依然在加强。金融深化(financial deepening) 通常指经济的货币化过程，这是一个综合性概念，其具体指标包括货币供应 $M_2$ 与 GDP 的比率、社会平均金融服务机构拥有量，以及金融工具多样性和规模大小、服务效率高低等因素。金融深化标志着社会资源流动性增强，也意味着产业结构调整和资源优化配置效率的提高。目前中国由于金融市场不发达、金融监管和服务效率低等原因，金融压抑因素还比较多。虽然 $M_2$/ GDP 比率相对较高，但并不意味着金融深化程度高，相反，它还会产生金融风险过分集中于银行体系等不良效应。从量上来看，虽然增加货币供应量并不是促进金融深化的有效手段，因为金融深化的阻碍因素不是货币供应不足，而是金融市场欠发达，但无疑，金融深化会增加金融资产的规模和交易量，这会促进货币需求的增长。在这种情况下，如果中央银行的货币供应无法满足这种内生的货币需求，虽然货币增长符合原来的计划，但依然会成为经济发展的限制条件。因此，在金融深化发展的过程中，货币供应量作为中介指标的准确性也会受到影响。

特别是在利率市场化改革和金融深化同时进展的过程中，似乎无论是利率还是货币供应量，都无法独立地充当货币政策中介目标，中央银行的货币政策操作不得不兼而考察其他一些指标。

## 二、汇率浮动和资本账户开放对中介目标的影响

实现市场调节的浮动汇率制是中国汇率体制改革的方向。2005 年 7

月21日，人民币对美元升值2%，人民币不再钉住单一美元，拉开了人民币汇率改革的新序幕。虽然人民币进行了价值调整，但在可预期的未来一段时期，人民币汇率仍将实行相对稳定的有管理的浮动汇率制。但"入世"后资本账户的变化和中国汇率制度改革的步调，将在未来一段时期对中国的货币政策中介目标产生冲击。

对于汇率制度、资本账户开放和货币政策的关系，蒙代尔-弗莱明、克鲁格曼等人作了精辟论证。蒙代尔-弗莱明在MF模型中分析了不同汇率制和不同资本流动程度下货币政策、财政政策等的不同。MF模型认为，在没有资本流动的固定汇率制情况下，货币政策和财政政策的作用与封闭经济下是一样的。在资本有限流动的情况下，货币政策的效果与没有资本流动的情况下差不多，但浮动汇率制下财政政策的效果要比固定汇率制下小一些。资本账户开放的固定汇率制下，小型开放经济的货币政策是无效的，财政政策是有效的；而在浮动汇率制下，则财政政策是无效的，货币政策是有效的，但对于大国经济，财政政策和货币政策都是有效的，只是其效果被开放的资本账户大大抵消，抵消程度取决于该国经济的规模。而克鲁格曼的三元悖论理论认为，开放的资本账户、固定汇率制和独立的货币政策这三个目标不能同时实现。

"入世"后，大量外资金融机构进入中国金融市场，充当传递货币政策效应的媒介，国际资本流动变得更为容易，本外币市场一体化趋势明显，国内货币结构受本外币机会成本差异的影响，对本币需求的利率弹性敏感度增强，货币替换程度增高，但同时，中国货币当局为维持汇率的稳定，不得不进行外汇吞吐。这种情况的出现，对中国的货币政策产生的严重的冲击，体现在如下几个方面：

首先，货币政策失去其调节国内总需求的能力。在目前这种有管理没有浮动的汇率制度下，货币供应量的扩张或紧缩为资本流动和外汇储备的变动方向和规模所左右。顺差时货币投放量随之增加，中央银行若采取中和操作措施可能牺牲经济增长。同时，这种通过牺牲内部均衡而得以稳定的汇率又吸引了投机资本，造成本币高估，使本币成为国际投机资本攻击的对象，这对中国的经济稳定具有很大的潜在破坏性。而如果本币被低估，又会刺激本币升值预期的形成，投机者纷纷抛售外汇，购入本币，造成外汇市场供大于求，造成双顺差。此时，中央银行实行以固定汇率为目标的政策操作，在买入外汇的同时，扩大了本币基础货币的投放，又会产生通货膨胀的压力。

其次，资本账户的开放可能导致利率政策的调控效果被抵消。比如在通货膨胀时,中央银行要提高利率以压缩需求,高利率会引起国际资本的流入,中央银行要维持汇率就要买进外汇、投放本币,结果反而扩大了货币供应量。

最后,在目前这种汇率制度下,强制结售汇制使外汇风险过度向中央银行集中。虽然这种冲击可以通过货币当局审慎有序的资本账户开放、灵活的弹性汇率制和完善有力的金融监管得到一定程度的缓解,但对于中国货币供应量的冲击却是无法消除的,从而使得货币供应量作为货币政策中介指标的可控性、与经济发展的相关性大大减弱,如果继续以之为中介目标,则需要参考外汇储备、利率等其他指标。

由于在外汇冲击和货币替代的影响下,微观经济实体在套利动机的刺激下,对利率的敏感性会增强,再加上货币供应量逐渐失去作为中介目标应具备的标准,将会使中介目标的选择指向利率。在实现了浮动汇率制后,虽然货币供应量从理论说上依然可以恢复作为中介目标,但由于国内经济与世界经济一体化程度的提高,中介目标的选择会更倾向于利率。

### 三、资本市场发展、金融创新对中介目标的影响

目前,中国的资本市场正趋于完善,规模不断增大,创新活跃,使得虚拟经济与实体经济量的对比开始发生实质性的改变,其自身的发展和其对实体经济的影响,对货币政策的操作方式、操作目标、工具选择等都产生了重要的影响。

资本市场发展的过程,实际上是证券化的过程。它改变了金融关系的状态:证券化资产具有更高的流动性,可以即时出售;改变了信贷风险的再分配,创造了新型资产,从而减少金融体系的脆弱性。而金融创新的过程,就是充分提高资金使用效率的过程,就是把原来游离于金融市场中的货币资金充分调动的过程,但该过程本身又需占用大量的资金。金融市场的发展和创新会在一定程度上改变货币供应量度量的有效性,美国20世纪80年代货币供应量为中介目标的迅速结束,便是最有力的证据。

#### (一)金融市场的发展和创新使货币供应的有效性开始受到挑战

首先,金融创新改变了货币的结构和内涵,狭义货币需求大为减少。随着金融创新的活跃,大量货币性较强且兼备安全性、流动性和赢利性的多样化金融工具的涌现,金融资产之间的可替代性空前提高,货币和其他金融资产的区别已经变得极为模糊,作为货币的货币和作为资本的货币难以区分,交易账户与投资账户往来频繁,广义的货币与狭义的货币互相兼容,本国货币和外国货币互相替代,货币的定义日益复杂。在这种情况

下，虽然在实质上可以说是货币种类结构的复杂化和丰富化，但在表面上直接减少了对传统货币 $M_1$ 的需求。特别是金融创新所带来的金融电子化和支付结算系统的改革，极大地节约了 $M_1$ 特别是现金的使用范围，直接导致了传统货币需求的大量减少。

其次，金融创新扩大了货币供给主体，削弱了中央银行对货币供应的控制力。与上面分析的货币结构与内涵变化相适应，金融创新模糊了存款货币银行（商业银行）和非存款货币银行（非银行金融机构）之间的业务界限，混淆了这两类金融机构在存款货币创造功能上的本质区别，使得货币供给由中央银行（提供通货）和商业银行（提供存款货币）二级主体，扩展为中央银行、商业银行和非银行金融机构三级主体。电子货币的发行"正以一种类似于商品生产的方式进行"，"银行、信用卡公司、IT 企业，甚至一些大型传统企业，都成为电子货币的发行主体"，货币的发行似乎回到了金币本位制时期，中央银行在此过程中的作用受到了极大的约束和限制。

结合供给和需求两个方面的因素，金融创新造成货币供给内生特性愈发明显，中央银行已经失去了对流动性的完全控制能力，传统的以控制货币供给量为中介目标的货币政策在很大程度上已经失效。

（二）货币供应量中介目标失效的原因分析

中间目标的选择虽然因各国有所区别，但是对充当中间目标的金融变量的"三性"标准却是相同的，即可测性、可控性和与经济的相关性，以往关于中间目标选择的理论和争论都建立在这种假设条件之上。在金融创新发展之前，货币供应量还符合这一条件，但金融创新破坏了这一假设条件，它使货币供应量偏离了中间目标应该具备的基本条件。

第一，金融创新削弱了货币供应量的可测性。金融创新模糊了货币与金融资产之间的界线，使得中央银行越来越难以对其观察、监测和分析。随着新的金融工具的不断涌现和金融市场的自由化，金融资产之间的替代性空前增强，交易账户与投资账户之间、狭义货币与广义货币之间的界限逐渐模糊，货币的定义和计量日益复杂化。

第二，金融创新降低了货币供应量的可控性。金融创新增强了货币的内生性，使之与政策工具之间的联系日益松散和不确定，中央银行控制的难度由此增大。金融创新使中央银行存款准备金率的覆盖面缩小、作用降低，再贴现率的被动性增强、作用范围缩小，而金融创新促进虚拟经济发展的同时，又会促进金融市场上对货币资金的需求，但这种需求面临很大的不确定性，变数较多。各个方面的综合作用使中央银行利用政策工具控制货币供给量的能力减弱。

第三，金融创新弱化了货币供应量与经济的相关性。货币乘数稳定，意味着基础货币与货币供给量存在一种密切的正向相关关系；货币需求函数稳定，意味着货币量与经济运行之间保持着一种高度相关的关系。而金融创新造成了货币乘数和货币需求的不稳定，控制住基础货币不一定控制得了货币总量；货币供给达到预期指标，不一定能够与经济发展的内生货币需求相一致。也就是说，金融创新降低了货币供给量作为中间目标的重要性。

金融创新的发展，似乎使中介目标转向利率，因为利率的可测性、可控性与相关性都符合中介目标的要求。然而随着金融创新的深化，利率作为货币政策中介目标的有效性也在逐渐减弱。首先，金融创新使得银行间资产的替代弹性大大提高。许多过去只能利用有限的融资渠道和信用形式的经济实体，现在可以利用金融创新工具来获取信用替代，利率调控对宏观经济变量的作用相对缩小。其次，金融创新使市场信息的传递十分灵敏和充分，利率的内生逐渐增强，利率的决定因素变得越来越复杂，减弱了中央银行对利率的可控性。特别是当资本市场出现泡沫时，泡沫导致的过高收益率将会提高市场利率，使中央银行难以判断利率的上升由何而生。货币政策的中介指标转向通货膨胀率的要求正在上升（关于通胀定标制，参见第七章第三节）。

## 第三节　中国托宾 q 效应、财富效应的实证分析

鉴于日益发展的资本市场和金融创新对整个经济体系的作用日益增强，不仅提高了经济运行的效率，使整个经济体系更加紧密地结合在一起，而且其本身也逐渐成为货币政策传导的重要渠道。资本市场对于货币政策传导的作用，不仅在于迅速地传递市场信号、透明化市场操作，使信贷市场的传导更为顺畅，更重要的在于资本市场价格的变动对于投资和消费具有直接的刺激作用。前面所述的托宾 q 传导机制和财富效应传导机制是资本市场传导渠道中主要的表现形式。本节的主要目的，就是对中国近几年资本市场对货币政策的传导作用进行考察。

### 一、对于货币政策传导机制研究的方法论述

货币政策的变动，对于原来运行的经济是一种冲击。货币政策从开

始实施,经过传导渠道,将影响到居民的消费和企业的投资。对于货币政策的这种传导机制的实证研究,继美国学者克莱因和戈德伯格(Klein and Goldberger, 1955)建立起对美国经济影响较大的宏观经济模型之后,美国联邦储备委员会和安多(Ando)与莫迪利安尼(Modigliani)又建立了充分联结广泛的金融部门的大型经济计量模型。由于金融市场和世界金融环境的变化,大型经济计量模型表现出它的局限性,近年来,国外的研究多采用 VAR 模型。

西蒙斯(Sims, 1980)在分析了大型经济计量模型的不足后,提出了运用 VAR 模型来研究货币政策。其研究成果推动了 VAR 方法在货币经济学领域的应用。如伯纳克(Bernanke,1986)运用结构向量自回归 VAR 模型分析了美国银行贷款的冲击对总需求的作用;克里斯迪亚若、艾肯鲍姆和伊万斯(Christiano, Eichenbaum and Evans, 1998)运用 VAR 模型研究了货币政策冲击对货币基数和 $M_1$ 的影响。

VAR 模型描述了产出和其他变量在货币冲击发生后的变化过程,可以建立系统的冲击响应函数与方差分解的动态反应。由于一种冲击发生后,它会对其他变量造成影响并使之变化,反过来,其他变量的变化又会对首先发生冲击的变量具有反作用,以使系统在这种交互作用中动态发展。譬如,因货币政策导致的货币供应量改变会使产出发生改变,而产出的变动继而会产生内生性的货币需求,又会促进货币供应量的改变。货币供应量变动对产出变动造成的影响多大,并且这种影响在多长时间后开始生效,对于这些问题的考虑使用 VAR 将变得相当方便。

在 VAR 方法的运用当中,首先应消除趋势因素,以反映出政策变动的效果,其次应解决变量间的协整问题,以防止“伪回归”。并且对于滞后项的选择,一般应根据最大似然法、赤池标准或施瓦茨标准来确定。

## 二、检验的理论根据

根据货币政策传导机制理论,中央银行的货币政策变动时,会造成资本市场上价格的变动。这种变动会通过托宾 q 效应和财富效应影响企业的筹资、投资和居民的消费,投资和消费的变化将会影响产出。

因此,要对资本市场货币政策传导渠道进行分析,我们需要分两步。首先,研究资本市场的变动与货币政策的关系。只有资本市场的价格变动与货币政策相关时,才能证明资本市场对货币政策有传导作用。其次,即使这种关系得不到证明,仍可研究资本市场上价格的变动与消费和投资的关系。因为如果存在托宾 q 效应和财富效应,虽然货币政策与资本市场存在较弱的关系，但只要疏通货币政策与资本市场的传导渠道，资本市场依然可成为可依赖的货币政策传导渠道。

## 三、检验结果

### （一）货币政策与股票市场价格变动的关系研究

对于货币政策变动，即货币政策冲击的确认，可以通过货币供应量的变化确定，也可以通过央行的利率变动进行确认，或者采用伯斯肯和米尔斯（1991）[①]的 FOMC 会议记录政策解读方法。但对于中国而言，央行制定的利率几乎不变，央行的会议记录分析可能会因人而异，主观性太强，分析货币政策变动的似乎只有货币供应量。

从货币供应量中分析央行政策的变化需要注意两个问题：趋势因素和季节性因素。因趋势所导致的货币供应量的增加不应认为是中央政策的变动，同样因季节性因素所导致的月度之间货币供应量的变化也不应视为是中央政策的变动，而只能看做是适应经济内生性货币需求而导致的变动。因此，对数据通过指数平滑后，得到趋势和季节因素影响下的内在货币需求。货币供应量的原始数据与指数平滑后的差额，才可视为因货币政策操作的冲击。将该差额占指数平滑数据的百分比视为货币政策操作变动指标。

而对于股票价格，采用上证综合指数为指标。在证券价格反映全部信息的假定前提下，如果没有外在冲击，则股票指数不会发生变动，因此，通过研究上证综合指数月度间的变动比率，可得股价变动。

本章采用 2001 年 1 月至 2005 年 4 月的月度数据以研究近几年中国货币政策与股票价格变动的关系。货币供应量采用 $M_1$ 指标。于是，我们可以得到货币政策变动与股票价格变动的图形表述，如图 6-8 所示。

从图 6-8 中可以看出，两数据都是平稳的，并且相互之间似乎不存在什么相关关系。而且对两数据平稳性的 ADF 检验也证明，数据是平稳的。于是，可以假定货币政策是自变量，股票价格指数是因变量，进行单向回归，又可假定货币政策与股票价格指数是双向影响的，进行 VAR 检验。

首先，进行单向检验，即认为货币政策是引起股票价格指数变化的原因。根据赤池标准和施瓦茨标准发现，在滞后期选择上，最好的结果就是无滞后期，即货币政策的变动只在当期对股票价格指数有影响。得到的

① 参见〔美〕卡尔·E. 瓦什，《货币理论与政策》，中国人民大学出版社 2001 年版，第 20 页。

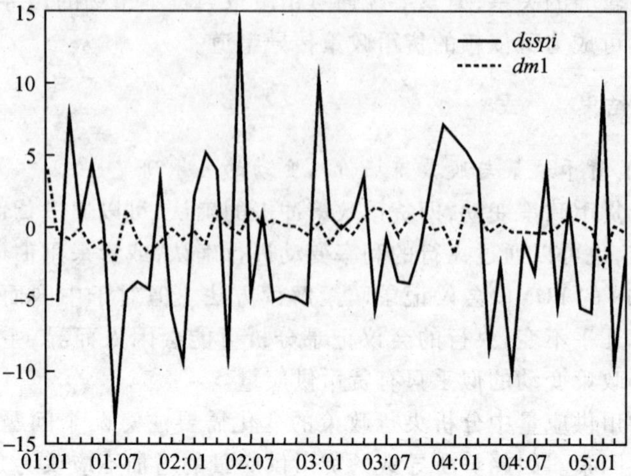


**图 6-8　中国货币政策变动与股价变动月度数据图**

注：*dsspi* 表示上证综合指数变动的月度百分比，*dm*1 表示 $M_1$ 对趋势值偏离的百分比。

资料来源：《中国经济景气月报》（2001.11—2005.5），中国经济景气月报杂志社。

结果如下：

$$dsspi = -0.198722dm1 + \mu \tag{6-42}$$

其中系数的 $t$ 值为 -0.223885，置信概率为 0.8238。可见，统计结果极其不显著，而且令人惊奇的还在于，系数的值是负数。可以认为，货币政策对资本市场不仅几乎没有什么影响。相反，还有一点很弱的逆向影响。

其次，进行 VAR 检验。虽然前面已经进行了单向的影响检验，但还不能确定货币政策变动是否与股票价格的变动存在交叉影响关系，因此进行 VAR 检验。同样，根据赤池标准和施瓦茨标准，进行 VAR 检验选择滞后一期，可得：

$$dsspi = -0.103029dsspi(-1) - 0.372286dm1(-1) + \mu_1 \tag{6-43}$$

$$dm1 = 0.014871dsspi(-1) + 0.045691dm1(-1) + \mu_2 \tag{6-44}$$

且系数的 $t$ 值非常小，证明了系数不显著。

至此，可以肯定地说，中国的货币政策变动对于资本市场的影响非常小或者几乎不存在影响。同样，在货币政策的变动中，也没有将资本市场因素纳入考虑之中。

（二）财富效应的检验

财富效应认为，股票价格的变化，使居民感到自己财富的变化，这种财富的变动会促进消费的变化。而对于消费变化的计量,也需去除趋势和季节因素的影响,即考察实际消费偏离趋势和季节因素影响下的预测值的百分比。此处消费指标以每月的全国零售总额来代表。

以 *dconsm* 表示实际消费的变化百分比。用图形表示股票价格指数变动百分比和消费变动百分比,得到图 6-9。

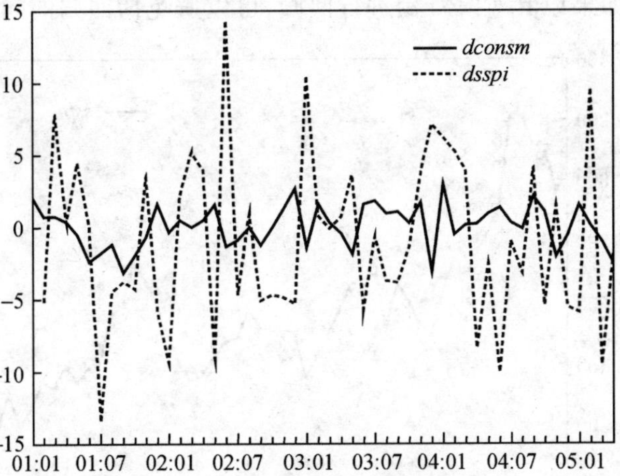


**图 6-9 消费和上证股票价格指数变动图**

资料来源:《中国经济景气月报》(2001.11—2005.5),中国经济景气月报杂志社。

用 ADF 进行的平稳性检验证明两序列的平稳性,于是在进行回归时,便可避免伪回归的问题。直接的检验没有发现显著的关系,但如果采用另一种经验选择方法,即首先进行多滞后期回归,得到结果后,将不显著的滞后项剔除,再对显著的滞后项进行回归,可以得出消费对滞后 6 期的股票价格指数变动却存在如下的关系:

$$dconsm = 0.069678 dsspi + \mu \tag{6-45}$$

系数的 $t$ 值为 1.912222,其概率为 0.0624,虽然在 5% 的置信水平上需拒绝存在影响关系,但在 10% 的水平却完全可以认为其存在影响关系。

股票价格的变动与消费的变动之间存在较微弱的关系,即有财富效应存在,只是这种财富效应的滞后期为半年。

(三) 托宾 q 效应检验

按托宾理论,如果股票价格与每股净资产重置成本之比大于 1,则会促进企业的融资,企业融资后会继而进行投资,按此理论,对股票价格指数的水平数据与企业融资数额进行回归,即可验证托宾 q 理论。

于是,对于托宾 q 理论的检验涉及两个方面:筹资和投资。

1. 筹资方面的变化

虽然在本章选取的样本区间中，股票市场价格基本呈下降的趋势（如图6-10所示），但这对于考察中国资本市场的托宾q效应不会造成影响。因为，筹资额是一个流量指标，而且ADF检验证明，其为平稳序列，而且自相关性质显示其季节性特征也不明显。而上证股票价格指数（SSPI）具有单位根，如果以其对筹资额进行回归，可以避免伪回归的问题。

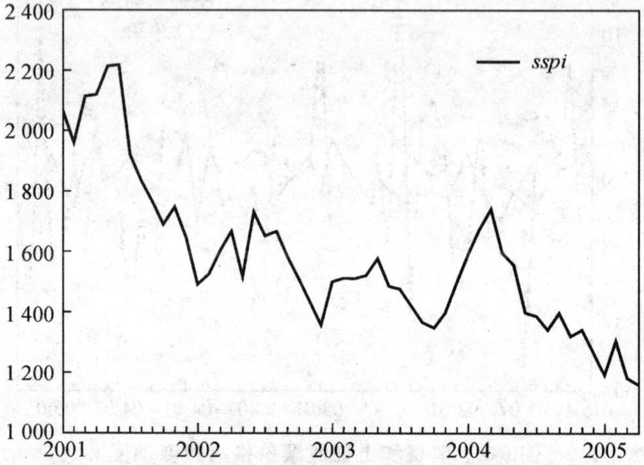


**图6-10　上证股票价格指数走势图**

资料来源：《中国经济景气月报》（2001.11—2005.5），中国经济景气月报杂志社。

根据以上检验方法可以发现：

$$finance = 0.028297sspi(-8) + \mu \tag{6-46}$$

$t$ 值为5.773752，置信概率为0.0000。可见，股票市场的价格指数与8个月后的筹资存在明显的相关关系。

2. 筹资与投资的关系研究

由于企业的投资数据难以取得，本章采用固定资产投资的数据。由于固定资产投资存在明显的趋势和季节性差异，因此本章考察企业的融资与投资变动额之间的关系（具体可如图6-11、图6-12所示）。

可见，固定资产变动与企业融资当期额之间的关系似乎还比较显著。但回归结果显示，其关系并不很明显。

$$dinvst = 0.024018finance + \mu \tag{6-47}$$

$t$ 值为1.724730，置信概率为0.0906。可见这种相关性在一定程度上尚可接受。

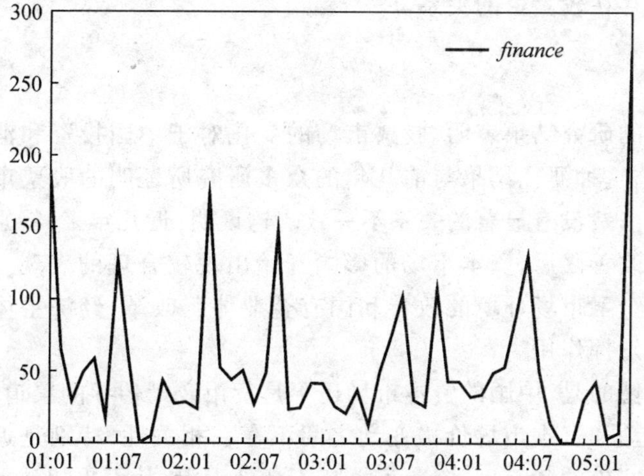


**图 6-11　A 股市场筹资额(单位:亿元)**

资料来源:《中国经济景气月报》(2001. 11—2005. 5),中国经济景气月报杂志社。

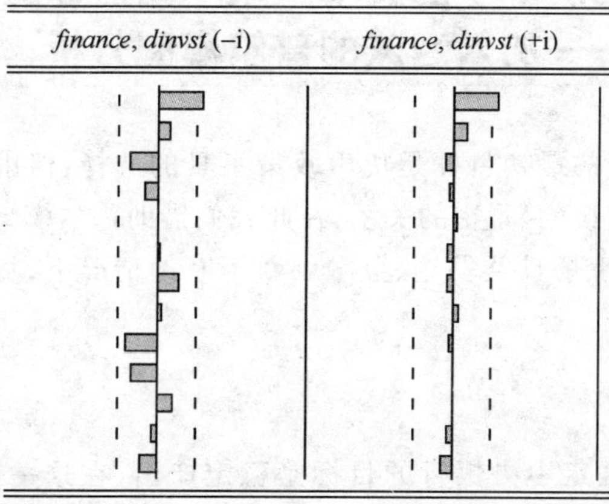


| i | lag | lead |
|---|---|---|
| 0 | 0.3195 | 0.3195 |
| 1 | 0.0827 | 0.0970 |
| 2 | –0.1918 | –0.0436 |
| 3 | –0.0861 | –0.0204 |
| 4 | 0.0036 | 0.0299 |
| 5 | 0.0214 | –0.0408 |
| 6 | 0.1621 | –0.0409 |
| 7 | 0.0309 | 0.0569 |
| 8 | –0.2162 | –0.0209 |
| 9 | –0.1821 | 0.0037 |
| 10 | 0.1226 | 0.0140 |
| 11 | –0.0397 | –0.0264 |
| 12 | –0.1096 | –0.0758 |

**图 6-12　固定资产投资变动与企业融资的相关图**

资料来源:《中国经济景气月报》(2001. 11—2005. 5),中国经济景气月报杂志社。

3. 股票价格与投资的直接关系研究

如果忽略企业的融资环节,直接考察股票价格与固定资产投资的关系,可以证明:

$$dinvst = 0.275696dsspi(-1) + 0.213136dsspi(-5) \quad (6\text{-}48)$$
$$(2.393759) \qquad\qquad (1.769930)$$

其置信概率分别为 0.0210 和 0.0837,可见股票市场的变动与投资的变动之间存在较紧密的关系。

### 四、结论

本文的研究结果表明，股票市场的变化对于中国投资和消费具有正向的关系，这种研究结果与前几年的众多研究所证明的股票市场的变化与投资和消费没有显著的关系不一致。这说明，近几年来，特别是通货紧缩的状况改善之后，资本市场的影响开始出现较合理的表现。这可能得益于宏观金融市场环境的改善和国有企业体制改革，经济主体利益约束机制开始发挥作用。

但遗憾的是，中国的资本市场还不是货币政策传导的渠道，因为在货币政策变动和资本市场价格变动之间不存在相关性，特别是近几年货币政策十分宽松的状态下，资本市场却不断地下滑，从而也招致了资本市场是经济的“反晴雨表”的批评。

## 第四节 开放经济下中国货币政策中间目标的选择——加入泡沫的普尔模型分析

虽然普尔模型分析的最初目标是货币政策工具的选择，但由于政策工具选择与中介目标直接的、紧密的关系，在此我们借助普尔模型分析在环境变化，特别是金融市场日益发达、金融创新不断的情况下，货币政策中介目标的选择问题。

### 一、普尔模型分析

普尔模型(1970)假定中央银行的目标是稳定产出，在这一前提下，对中央银行究竟是应当努力保持市场利率不变还是应当保持货币数量固定而允许利率变化这一问题，进行了讨论。在价格水平固定不变的假设下，以对数形式表达 IS-LM 基本模型得：

$$y_t = -\alpha i_t + u_t \tag{6-49}$$

$$m_t = -ci_t + y_t + v_t \tag{6-50}$$

式(6-49)是总需求关系式，其为利率的减函数，受到外生的干扰 $u_t$，式(6-50)为货币的需求公式，是利率的减函数、产出的增函数，受到 $v_t$ 的随机冲击。在均衡时，货币的需求等于其供给，$u$ 和 $v$ 可以视为不相关变量，因此 $y$ 是产出缺口的一个衡量标准。

假定政策制定者的目标是最小化产出的方差，即：

$$E[y_t]^2 \tag{6-51}$$

在没有冲击的情况下，均衡时产出缺口水平为 $y=0$。

模型分析需要解决一个时序问题。中央银行在期初设定 $i$ 或 $m$，而后出现随机冲击 $u$ 和 $v$，继而决定了外生变量的值（如果 $m$ 是中介目标，则 $y$ 与 $i$ 是外生变量；如果 $i$ 是中介目标，则 $y$ 与 $m$ 是外生变量）。

当货币存量是目标时，式(6-49)、式(6-50)联立可得：

$$y = \frac{\alpha m + cu - \alpha v}{\alpha + c} \tag{6-52}$$

设定 $m$ 值使 $E[y]=0$，得 $y=(cu-\alpha v)/(\alpha+c)$，所以在货币供给目标下的目标函数值

$$E_m[y_t]^2 = \frac{c^2\sigma_u^2 + \alpha^2\sigma_v^2}{(\alpha + c)^2} \tag{6-53}$$

如果 $i$ 是中介目标，由式(6-49)可直接解出产出值。由于固定了利率，央行可以使货币存量内生地调整到等于货币需求水平，所以

$$E_i[y_t]^2 = \sigma_u^2 \tag{6-54}$$

因此，当 $E_i[y_t]^2 < E_m[y_t]^2$ 成立时，利率操作是优于货币操作的。由式(6-53)、式(6-54)得：

$$\sigma_v^2 > \left(1 + \frac{2c}{\alpha}\right)\sigma_u^2 \tag{6-55}$$

成立时，条件得以满足，即货币需求干扰的方差比较大，LM 曲线比较陡峭，且 IS 曲线平缓时，利率程序要优；相反，如果总需求冲击的方差比较大，LM 平缓，IS 曲线陡峭时，货币程序要优。

然而，正向的 IS 曲线冲击导致利率提高，使总支出减少，货币规则部分抵消冲击，如果使 $i$ 固定，则会扩大产出波动；而当货币需求冲击时，利率规则可以实现产出的完全稳定，货币规则引起利率变动，继而引起产出波动。当两种冲击都出现时，两种规则的比较取决于 $u$ 与 $v$ 的相对方差。

由于中央银行对货币供给缺乏直接的控制力，控制的实施都是作用于基础货币这样的狭义货币总量上，如美国对非借入准备金的控制等。因此，普尔还分析了在基础货币和利率之间进行选择的比较。假设基础货币与货币供给之间：

$$m_t = b_t + hi_t + \omega_t \tag{6-56}$$

其中，$b$ 为基础货币（的对数值），并假定货币乘数（$m-b$）是利率的增函数，$\omega$ 为随机的货币乘数干扰项。在利率操作程序下，式(6-56)对于产出的决定是无关紧要的，因此和前面一样有 $E_i[y_t]^2=\sigma_u^2$。但在基础货币

操作程序下，则满足 $b_t = 0$，得：

$$y_t = \frac{(c+h)u_t - \alpha v_t + \alpha \omega_t}{\alpha + c + h} \tag{6-57}$$

从而有：

$$E_b[y_t]^2 = \left(\frac{1}{\alpha + c + h}\right)^2 [(c+h)^2 \sigma_u^2 + \alpha^2(\sigma_v^2 + \sigma_\omega^2)] \tag{6-58}$$

当且仅当

$$\sigma_v^2 + \sigma_\omega^2 > \left[1 + \frac{2(c+h)}{\alpha}\right]\sigma_u^2 \tag{6-59}$$

成立时，利率目标优于基础货币目标。由于利率目标下 $\omega$ 冲击对产出没有影响，因此货币乘数冲击的存在，就使得基础货币规则的魅力相对差一些，同时也似乎使得利率程序更容易带来比较小的产出方差。这种简单的分析，加强了普尔分析所传递的基本信息：金融部门易变性的提高会增强以利率导向的政策程序取代货币总量程序的意愿程度。如果把货币需求看做是高度不稳定的，并且在短期里难以预见，那么在允许货币总量波动的前提下，通过使利率稳定，可以实现更大的产出稳定。但如果短期不稳定的主要来源在于总支出方面，那么稳定货币总量的政策也能产生更大的产出稳定。

在式(6-56)中，如果存在如下情况：

$$b = \mu i \tag{6-60}$$

即货币当局根据利率的变化调整其政策工具——基础货币。如果 $\mu = 0$，则有 $b = 0$，于是我们得到基础货币操作程序，其中 $b$ 被固定下来，并不随利率的变化进行调整。如果 $\mu = -h$，表明 $m = \omega$，从而我们得出了货币供给操作程序的情况，此时 $b$ 是政策工具，而 $m$ 是中介目标。如果 $\mu \to \infty$，则此时为利率政策规则，即为保持利率稳定，放任货币自由变动。

若将式(6-60)与式(6-49)、式(6-50)及式(6-56)结合可以得到：

$$i = \frac{v - \omega + u}{\alpha + c + \mu + h} \tag{6-61}$$

$\mu$ 的取值，如前所述，确定了政策的特征。若将式(6-61)代入式(6-49)，产出由下式确定：

$$y = \frac{(c + \mu + h)u - \alpha(v - \omega)}{\alpha + c + \mu + h} \tag{6-62}$$

由式(6-62)，可以计算产出的方差

$$\sigma_y^2 = \frac{(c + \mu + h)^2 \sigma_u^2 + \alpha^2(\sigma_v^2 + \sigma_\omega^2)}{(\alpha + c + \mu + h)^2} \tag{6-63}$$

如果对其求关于 $\mu$ 的最小值，那么最优政策规则可表示为：

$$\mu^* = -(c+h) + \frac{\alpha(\sigma_v^2 + \sigma_\omega^2)}{\sigma_u^2} \tag{6-64}$$

所以，无论钉住利率($\mu \to \infty$)、基础货币($\mu = 0$)还是货币供应量($\mu = -h$)都不是最优的。不过，普尔证明了，政策对利率变动应当作出怎样的反应，要取决于基础性经济干扰的相对方差。

## 二、泡沫因素的影响

### (一) 泡沫上升时期

泡沫因素的变动，不仅影响消费，而且影响产出，更为重要的是它影响一国的货币需求。而泡沫对产出的影响究竟如何，其实是一个实证分析的问题。因此，从宏观的角度，我们将式(6-49)、式(6-50)改写为：

$$y_t = -\alpha i_t + \beta bl_t + u_t \tag{6-65}$$

$$m_t = -ci_t + \gamma bl_t + y_t + v_t \tag{6-66}$$

为与前面的基础货币相区别，此处用 $bl$ 表示泡沫。由于泡沫的存在，改变了传统 IS 曲线的作用机制，但 $\beta$ 值的符号，尚难以确定，可能为正，也可能为负。另一方面，由于泡沫的发展，即使利率没有发生变动，也可能影响到货币的需求。如果货币量是中介目标，则中央银行选择 $m$，得均衡解

$$y_t = \frac{\alpha m_t + (\beta c - \gamma\alpha) bl_t + cu_t - \alpha v_t}{\alpha + c} \tag{6-67}$$

但政府在设定 $m$ 值以使 $E[y_t] = 0$ 时，则面临技术难题，即对 $bl_t$ 性质的设定。在泡沫的上升时期，市场有效的假定条件下，如果 $E[bl_t] = 0$，则同样可得：

$$E[y_t]^2 = \frac{(\beta c - \alpha\gamma)^2 \sigma_{bl}^2 + c^2\sigma_u^2 + \alpha^2\sigma_v^2}{(\alpha + c)^2} \tag{6-68}$$

如果利率是中介目标，则由式(6-65)可得：

$$E[y_t]^2 = \beta^2\sigma_{bl}^2 + \sigma_u^2 \tag{6-69}$$

比较式(6-68)和式(6-69)，可得：

$$\alpha^2\sigma_v^2 - (2\beta c + \alpha\beta - \alpha\gamma)(\alpha\gamma + \alpha\beta)\sigma_{bl}^2 > \alpha(\alpha + 2c)\sigma_u^2 \tag{6-70}$$

时，利率目标要优。与式(6-55)相比较，如果 $-(2\beta c + \alpha\beta - \alpha\gamma)(\alpha\gamma + \alpha\beta) > 0$，则在泡沫的情况下，实施利率中介目标的条件要比没有泡沫的情况下宽泛得多。从式(6-65)、式(6-66)来看，直观地，我们可以认为 $\alpha > 0, c > 0, \gamma > 0$，如果如前面所研究的，$\beta < 0$，且 $\gamma + \beta > 0$，则原来货币供应量目标要优的情况可能也会转变为利率目标要优。这也可以解释为什

么20世纪80年代之后,许多西方国家都相继转而实行利率操作方式。

(二) 泡沫的破灭时期

但当泡沫破灭时,情况似乎有所不同,原来的参数将在剧变的环境中有所改变。泡沫的破灭伴随着产出的下降,所以式(6-65)中的$\beta$值将大于零。如果此时依然实行利率目标,需要能够实现

$$i_t = \frac{\beta}{\alpha} b l_t \tag{6-71}$$

但由于此处利率为名义利率,受到零下限的限制,因此利率不能无限制地下调,产出依然会出现下降。为防止产出的这种下调,似乎操作上必须作出改变,转而实行式(6-67)所决定的数量目标,尽管此时可能面临流动性陷阱的困扰。这也是为什么在2000年网络股泡沫破灭后,在面临名义利率下调空间有限的情况下,联储表达了将实行非传统的操作方式(货币程序)来阻止经济进一步陷入通货紧缩的可能的决心。

## 三、结论

正如普尔分析所指出的:金融部门易变性的提高,会增强以利率导向的政策程序取代货币总量程序的意愿程度。虚拟经济部门的扩大,其对经济体系影响能力的增强,由于泡沫的原因而使得金融部门的冲击幅度变大,都会使得货币需求公式的参数逐渐改变。这种改变,从中央银行偏好的角度来看,会逐渐将货币政策中介目标由货币或基础货币转变为利率方式。这种结论对于发展中国家而言也具有重要的借鉴意义。

但利率也不见得是最优的,有时中央银行必须一边进行利率的调整,一边进行货币量或基础货币的调整。特别是在泡沫经济的破灭时期,一味的利率目标可能限制了中央银行进行调控的能力,此时中央银行需要及时改变操作程序,尽量扩大货币供应,以抵消因泡沫的破灭而导致的货币损失。

## 参考文献

[1] 保定金融学会课题组:“货币政策在基层运行中存在的问题与对策”,《金融参考》,2002,(3):17—31。

[2] 陈亨光:《货币经济学导论》,北京:经济科学出版社2000年版。

[3] 陈野华:《西方货币金融学说的新发展》,成都:西南财经大学出版社2001年版。

[4] 陈雨露:《现代金融理论》,北京:中国金融出版社2001年版。

[5] 程建胜:“‘九五’时期的中国货币政策实践”,《海南金融》,2002,(2):4—9。

[6] 〔美〕本杰明·M.弗里德曼、〔英〕弗兰克·H.哈恩:《货币经济学手册》(第2

卷)，陈雨露等译，北京：北京科学出版社 2002 年版。
[7]〔美〕戴维·罗默：《高级宏观经济学》，苏剑、罗涛译，北京：商务印书馆 2001 年版。
[8]〔美〕卡尔·E. 瓦什：《货币理论与政策》，陈雨露主译，北京：中国人民大学出版社 2001 年版。
[9] 邱崇明：《现代西方货币理论与政策》，北京：清华大学出版社 2005 年版。
[10] 曾康霖：《金融经济学》，成都：西南财经大学出版社 2002 年版。
[11] Abel, Andrew B., Dynamic Effects of Permanent and Temporary Tax Policies in a Model of Investment, *Journal of Monetary Economics*, May 1982, Vol. 9(3): 353—373.
[12] Abel, A. B., Consumption and Investment, in *Handbooks of Monetary Economics*, Vol. II, North-Holland: Elsevier Science Publishers, 1990: 725—778.
[13] Bernanke, Ben., Nonmonetary Effects of the Financial Crisis in Propagation of the Great Depression, *American Economic Review*, June 1983, Vol. 73(3): 257—276.
[14] Bernanke, B. S. and A. S. Blinder, Credit, Money and Aggregate Demand, *American Economic Review*, May 1988, Vol. 78(2): 435—439.
[15] Bernanke, B. S. and A. S. Blinder, The Federal Funds Rate and the Channels of Monetary Transmission, *American Economic Review*, September 1992, Vol. 84(4): 901—921.
[16] Bernanke, Ben S. and Mark Gertler, Agency Costs, Collateral, and Business Fluctuations, *American Economic Review*, March 1989, Vol. 79(1): 14—31.
[17] Bernanke, Ben S. and Mark Gertler, Inside the Black Box: The Credit Channel of Monetary Policy Transmission, *Journal of Economic Perspectives*, Fall 1995, Vol. 9(4): 27—48.
[18] Blinder, A. and Louis Mccini, Taking Stock: A Critical Assessment of Recent Research on Inventories, *Journal of Economic Perspectives*, Winter 1991, Vol. 5(1): 73—96.
[19] Boldin, Micheal, Econometric Analysis of the Recent Downturn in Housing: Was it a Credit Crunch, Mimeo, Federal Reserve Bank of New York, 1994.
[20] Chirinko, Robert, Business Fixed Investment Spending: A Critical Survey of Modeling Strategies, Empirical Results, and Policy Implication, *Journal of Economic Literature*, December 1993, Vol. 31(4): 1875—1911.
[21] Christiano, Lawrence, Martin Eichenbaum, and Charles Evans, The Effects of Monetary Policy Shocks: Evidence from the Flow of Funds, Mimeo, Northwestern University, March 1994a.
[22] Christiano, Lawrence, Martin Eichenbaum, and Charles Evans, Identification and the Effects of Monetary Policy Shocks, Federal Reserve Bank of Chicago, Working Paper WP-94-7, May 1994b.

[23] Fisher, Irving, The Debt-Deflation Theory of Great Depressions, *Econometrica*, October 1933, (1):337—357.

[24] Gertler, M., Financial Structure and Aggregate Activity: An Overview, *Journal of Money, Credit, and Banking*, August 1988, Vol. 20(3): 559—588.

[25] Jaffe, D. and T. Russell, Imperfect Information, Uncertainty, and Credit Rationing, *Quarterly Journal of Economics*, November 1976, Vol. 90(4): 651—666.

[26] Keeton, W., *Equilibrium Credit Rationing*, New York: Garland Press, 1979.

[27] Hayashi, Fumio, Tobin's Marginal q: A Neoclassical Interpretation, *Econometrica*, January 1982, Vol. 50(1): 213—224.

[28] Laidler D., Monetarism: an Interpretation and an Assessment, *Economics Journal*, March 1981, Vol. 91: 1—21.

[29] Pentecost, Eric J., *Macroeconomics: an Open Economy Approach*, Palgrave Macmilian Press Ltd, 2000.

[30] Romer, Christina and David Romer, Does Monetary Policy Matter? A New Test in the Spirit of Friedman and Schwartz, *NBER Macroeconomics Annual*, 1989: 121—170.

[31] Swoboda, A. K., Monetary Approaches to Worldwide Inflation, in L. B. Krause and W. S. Salant (eds), *Worldwide Inflation: Theory and Recent Experiences*, Washington, D. C.: Brookings Institution, 1977:9—50.

[32] Stiglitz, J. E., and A. Weiss, Credit Rationing in Markets with Imperfect Information, *American Economic Review*, 71, No. 3(June):393—410. 1981.

[33] Tobin, James, Money and Economic Growth, *Econometrica*, October 1965, Vol. 33: 671—684.

[34] Tobin, James, A General Equilibrium Approach to Monetary Theory, *Journal of Money, Credit, and Banking*, February 1969, Vol. 1(1): 15—29.

[35] Townsend, Robert, Optimal Contracts and Competitive Markets with Costly State Verification, *Journal of Economic Theory*, 1979, Vol. 21(2): 256—293.

[36] Volcker, Monetary Policy Transmission: Past and Future Challenges, *Economic Policy Review*, Federal Reserve Bank of New York, 2002, Vol. 8(1):7—11.

[37] Williamson, S. D., Costly Monitoring, Loan Contracts, and Equilibrium Credit Rationing, *Quarterly Journal of Economics*, February 1987, Vol. 102(1): 135—145.

# 第七章
# 开放经济下货币政策规则的选择

## 第一节　货币政策博弈:文献综述

货币政策的最终目标,从理论上讲,一般包括物价稳定、充分就业、经济增长和国际收支平衡四个目标。在实际生活中,各国会根据不同时期的社会经济条件、经济政策以及金融体制的不同,选择不同的货币政策目标。一般而言,由于后三个目标具有正向相关性,因此,为了简化,现代宏观金融博弈分析中常用经济增长进行概括,并存在单一目标(物价稳定目标)与双重目标(物价稳定与经济增长)之争,而各国货币政策制定及执行机构对这两个目标给予的权重不同,因而导致不同的目标函数,并对货币政策最终目标的实现产生不同的影响。以下利用博弈论的分析方法,分析货币政策的控制与传导机制。

利用博弈论研究货币政策中,讨论最多的是货币政策的动态一致性①(dynamic consistency)问题,而对这一问题的研究又以基德兰德和普雷斯科特(Kydland & Prescott,1977)的货币政策模型为起点。该模型指出宏观经济政策的制定和执行是决策者与私人经济主体之间的博弈过程,提出了经济政策的动态不一致性,证明在私人经济主体具有理性预期、完全且对称信息、决策者具有理性的社会目标函数时,货币政策当局的最优政策是不一致的,没有激励维持初始的货币政策,并因此认为货币政策当局按简单的既定规则行使优于赋予其更多的相机抉择权。

### 一、货币政策动态不一致性:基本模型

假设私人经济主体对通货膨胀具有理性预期,对经济结构具有与决策者相同的信息(对称且完全信息),知道政府理性决策选择的隐性目标函数为社会目标函数。假定其单阶段福利损失函数为:

$$L(\pi,y) = -S(\pi,y) = \pi^2 + b\,(y - k\bar{y})^2,\quad b>0, k>1^{②} \qquad (7\text{-}1)$$

其中,$\pi$ 是实际通货膨胀率,$\bar{y}$ 是自然失业率下的均衡产量,$y$ 是实际产量,$b$ 反映了政府对通货膨胀的厌恶度,$b$ 越小,表示越厌恶通货膨胀。

由于工资和价格刚性③,假设菲利普斯曲线取如下线性形式:

---

① 政策的动态不一致是指,一个政策在制定阶段是最优的,而在执行阶段并不是最优的。

② $k>1$ 是关键假设,解释为由于市场的扭曲(如工资刚性、不完全竞争等)使自然失业率下的产量低于政府认为的理想水平 $y^* = \bar{y} - \Delta$。

③ 即价格和工资是在需求实现前制定的,交易费用企业不可能随时调整工资和价格。

$$y - \bar{y} = a(\pi - \pi^e), a > 0 \tag{7-2}$$

$\pi^e$ 是私人经济主体预期的通货膨胀率，$a$ 反映了产出对未预期的通货膨胀的敏感度。

由于政府是在给定私人经济主体通货膨胀预期的情况下选择货币政策的，政府的问题是：

$$\begin{aligned} &\min_{\pi} L(\pi, y) = \pi^2 + b(y - k\bar{y})^2 \\ &\text{s.t.} \quad y - \bar{y} = a(\pi - \pi^e) \end{aligned} \tag{7-3}$$

解上述最优化问题可得到政府的短期最优通货膨胀率为：

$$\pi^* = (1 + a^2 b)^{-1} ab(a\pi^e + (k - 1)\bar{y}) \tag{7-4}$$

进一步分析可得：

(1) 在私人经济主体对政府的目标函数具有理性预期的假设下，$\pi^e = \pi^* \neq 0$，代入式(7-4)得均衡通货膨胀率为：

$$\pi^e = \pi^* = ab(k - 1)\bar{y} \tag{7-5}$$

由于政府的通货膨胀率被私人经济主体正确地预期到，因此，由菲利普斯曲线可得 $y = \bar{y}$，实际产出水平独立于通货膨胀率。将 $\pi^*$ 代入政府福利损失函数并由菲利普斯曲线消去 $y$，得到政府的单阶段福利损失为：

$$L_D = b(k - 1)^2 \bar{y}^2 (a^2 b + 1) \tag{7-6}$$

其中，下标 $D$ 表示政府的欺骗行为(defeat)。

(2) 如果政府能保证实行零通货膨胀率政策，$\pi^e = \pi^* = 0$，则政府的福利损失为：

$$L_C = b(k - 1)^2 \bar{y}^2 = (a^2 b + 1)^{-1} L_D < L_D \tag{7-7}$$

其中，下标 $C$ 表示政府能够信守承诺的行为(commitment)。

由此可见，政府选择欺骗行为的福利损失大于信守承诺时的损失。因此，由于私人经济主体可以理性地预期到政府的欺骗行为，政府的短期行为不仅无法得到产出增加的收益，而且要承受更高的通货膨胀率，并导致更大的福利损失。

(3) 政府之所以不选择信守承诺的零通货膨胀率，是因为零通货膨胀政策不是一个动态一致的政策。如果政府承诺自己将实行零通货膨胀率政策，而且私人经济主体也相信政府的承诺，那么政府事后改变承诺是最优的，因此，使 $\pi^e = 0, \pi^* \neq 0$，则政府的最优通货膨胀率为：

$$\pi^*(\pi^e = 0) = (1 + a^2 b)^{-1} ab(k - 1)\bar{y} \tag{7-8}$$

对应的福利损失为：

$$L_U = b(k - 1)^2 \bar{y}^2 \frac{1}{1 + a^2 b} = \frac{1}{1 + a^2 b} L_C < L_C \tag{7-9}$$

其中，下标 $U$ 表示政府实施未预期(unexpected)通货膨胀的行为。

与第二种情况相比可以看出，$L_U < L_C$，政府在事后改变政策能得到更大的效用，即零通货膨胀政策是动态不一致的，因此，政府没有积极性兑现自己的承诺。而理性的私人经济主体可以预期到政府的这一政策改变，并将通货膨胀预期提高到政府的最优水平，使政府的福利损失为 $L_D$，而不是 $L_C$。政府的短期行为不仅达不到预期增加产出的收益，而且还要承受通货膨胀之苦。[①]

基德兰德和普雷斯科特 (1977) 模型为两个问题的研究提供了起点：一个是如何通过机制安排解决由于货币政策的动态不一致引起的问题，许多学者从放松该模型中的假设条件，或者加入更多的约束条件进行研究；另一个是货币政策应按一定的规则进行还是应赋予决策者更多的相机抉择权、何种规则是最优的、应赋予决策者多大的相机抉择权及如何进行约束等问题。下面将主要针对第一个问题展开分析。

## 二、信誉模型

在基德兰德和普雷斯科特(Kydland & Prescott, 1977)模型中，政府的零通货膨胀政策成为动态不一致的原因之一是：根据菲利普斯曲线，政府制造高于私人经济主体预期的通货膨胀率会增加产出，并增加政府的效用，因此政府具有事后改变政策的激励。但是由于私人经济主体具有理性预期，政府的短期行为不仅不能够取得产出增加的收益，反而丧失了信誉并要承受更高的通货膨胀率和福利损失。根据前一节的分析，政府信守承诺的福利损失是最小的。因此，对这一问题的解决，首先可从政府对信誉的考虑入手。

巴罗和戈登(Barro & Gordon, 1983)研究了在完全信息下，在重复博弈中，政府是否采取短期行为取决于其带来的收益与损失的比较。在政府与私人经济主体的有限次重复博弈中，由逆向归纳法(backward induction)，博弈结果等同于一次博弈，对各期的博弈结果没有影响，因此仍会产生动态不一致问题。在二者进行无限次重复博弈时，政府只有在意外通货膨胀所带来的短期收益，大于由于违背承诺而使私人经济主体提高通货膨胀预期所带来的长期损失时，才会违背原承诺。在这里，巴罗和戈登 (1983b) 认为私人经济主体采取的是一种触发战略(trigger strategies)，将其对通货膨胀预期的修正作为一种惩罚，一旦政府的行为发生偏离，则

① 巴罗和戈登(1983a)以此为基础，分析了在完全信息下政府实施未预期通货膨胀的激励问题。

在某一时间 $T$ 内自动引发惩罚机制，其目的是使政府没有动力违背承诺。

坎佐内里(Canzoneri,1985)认为，巴罗和戈登（1983b)模型的信誉解存在两个主要问题：第一个问题是信誉解太稳定以至于无法解释现实中存在的通货膨胀期的逆转现象(reversions to inflationary periods)。根据该模型，现实中应只存在从低通货膨胀率向高通货膨胀率的单向转换，而不应存在从高通货膨胀率向低通货膨胀率的逆转。第二个问题是政府对货币需求的预测为私人信息时，私人经济主体(工资设定者)无法确切地知道政府的违背行为，因此，无法确定何时执行触发战略，由于政府有误报的激励，可置信问题的稳定解无法依赖于政府宣布的预测结果，而必须是激励相容的。因此，货币政策博弈中的动态不一致问题的有效解更难得到。当考虑到政府对货币需求的预测为私人信息时，坎佐内里（1985)对巴罗和戈登（1983)模型进行了修改，不仅使触发战略可用于政府对货币需求具有私人信息的情况，而且能够解释现实中存在的定期的通货膨胀转换现象(periodic inflationary reversions)。

在现实世界中，几乎每届政府的任期都是有限的，有限次博弈比无限次博弈更为合理。因此，在有限次重复博弈中如何激励政府与私人经济主体之间的合作行为是更为有趣的问题。贝克斯和德里菲尔(Backus & Driffill,1985)等认为，当政府的类型为私人信息时(即公众不知道政府究竟是能顶住压力，坚定地贯彻稳定通货政策的强政府，还是只是暂时作出强硬姿态的弱政府)，在一定条件下的有限次博弈中，博弈结束前政府也可能采取零通货膨胀政策，政府通过任命具有反通货膨胀信誉的中央银行家来执行货币政策，能够消除由于私人经济主体不了解政府的类型所产生的有关成本，独立的(autonomous) 中央银行成为一种预先承诺(pre-commitment)，能使非通货膨胀政策更可信且成本更低。

李和田(Li & Tian,2002)通过采用最优停止理论并引入序贯弱均衡和序贯强均衡的概念，得出了在有限次博弈、随机和非随机环境中，触发战略解决时间非一致问题的条件。证明即使在非随机连续时间有限博弈中，也存在稳定的零通货膨胀政策，得到了与离散时间状态下不同的解。

信誉模型中，将政府的信誉作为一种约束政府行为的机制，当考虑信誉时，政府要对采取动态不一致的短期行为的边际收益与因此损失的长期信誉所带来的边际成本相比较。

与其他约束机制(如选择保守中央银行家和最优中央银行家合同方法)相比较，李和田(2002)认为，信誉机制是成本最低因而也是最有效的一种。如果政府出于信誉方面的考虑而不执行意外通货膨胀政策，则通过选择保守中央银行家或最优中央银行家合同的方法来约束是不必要且有害的。只有政府由于任期时间太短而无法达到均衡点时，这两种方法才可作为有效的补充方式。

在声誉模型中，除了在触发战略中多种均衡惩罚战略选择困难、私人经济主体之间协调困难之外，信誉模型还存在以下缺点：

(1) 信誉模型只关注中央银行家个体的品质和信誉。但是单个中央银行家的任期总是有限的，根据这一模型，当存在中央银行家的更替时，货币政策便存在很大的不确定性和可变性。因此，应研究一种关注整个中央银行机构的信誉而非中央银行家个人信誉的解决方法。

(2) 信誉模型不是通过改变中央银行家的目标函数，而是通过使政策选择动态化来改变中央银行家的行为。① 当中央银行机制向中央银行家提供了错误的政策激励时，则改变机制比仅仅依赖中央银行家个人行为来解决问题更为谨慎。

## 三、保守中央银行家模型

信誉模型中说明，当私人经济主体对政府的类型具有不对称信息时，弱政府可以从隐瞒产出和通货膨胀的权重，建立强政府的信誉来降低货币政策的动态不一致性。除此之外，政府还可以通过主动地确定较低的通货膨胀权重，来增加承诺的可置信度，降低私人经济主体的通货膨胀预期。由于政府的目标函数为社会福利最大化，不仅要保持价格稳定，而且要关心产出的增长，因此，由政府自己来执行货币政策必然使承诺的可置信度较低，无法消除动态不一致引起的通货膨胀偏差。一种可行的解决方法是改变货币政策的决策主体，同时改变它的激励结构，使其更关注或只关注于价格稳定，其目标函数中的通货膨胀权重保持较低的值甚至为零。政府可以将货币政策的制定权和执行权，委托给对通货膨胀具有相同偏好但赋予通货膨胀和产出稳定目标不同权重的中央银行家。有关保守中央银行家的研究主要有罗戈夫(Rogoff,1985)保守中央银行家模型和洛哈曼(Lohamann,1992)保守中央银行家加退出条款模型等。

罗戈夫(1985)证明，将货币政策授权给一个独立的、比整个社会更关注价格稳定目标的机构符合政府的利益，能够保证其不滥用货币政策工具的承诺。这一机构通常为中央银行，政府可以通过任命保守中央银行家来降低通货膨胀权重。

① 即使中央银行家未来的政策结果与现在的政策行为有关。

罗戈夫(1985)将货币政策授权给保守的中央银行家解释为中央银行的独立性。其所包含的思想是:只有当中央银行家的货币政策与政府的利益相抵触,且中央银行家也不偏离其职责、改变目标函数时,授权才有意义。如果政府在任命中央银行家后,中央银行没有独立执行货币政策的权力,政府可以任意地改变中央银行的预定目标,那这样的授权就是没有信誉的,起不到使承诺可置信的目的。这也是世界各国增加中央银行独立性的重要原因。

保守的中央银行家理论的假设前提是中央银行目标函数中的通货膨胀权重不会发生变化,无论面对何种经济状况,中央银行都保持相同的通货膨胀权重。实际上,这一假设是不合理的。在以下情况下,中央银行可能改变通货膨胀权重:① 自愿改变。中央银行根据经济形势的变化,根据所获得的信息改变通货膨胀权重。② 强制改变。中央银行的独立性要求政府在任命中央银行家后就不再过问中央银行的货币政策决策。但是,在某些情况[①]下,中央银行不改变通货膨胀权重是不合理的。即使允许中央银行改变货币政策,也可能存在与政府目标不一致的地方。在这种情况下,应存在某种机制安排使政府合理地改变中央银行的货币政策决策。

洛哈曼(1992)认为,政府在给予中央银行货币政策决策自主权的同时,可以加上一个可按预定条件撤换中央银行家的附加条款,使政府在经济发生严重冲击的时候,如果不同意中央银行的货币政策决策,就可以撤换中央银行家。但是撤换行动必然要花费一定的转换成本 $c$,如给予被撤换的中央银行家的补偿费、向私人经济主体解释撤换原因及撤换合理性所花费的成本(信息传递成本)、撤换具有不同权重的中央银行家而对私人经济主体的通货膨胀预期造成负面影响,以及中央银行独立性信誉的损失等。

洛哈曼(1992)认为,保守的中央银行家加退出条款的机制设计,可降低动态不一致的平均通货膨胀率,同时对产出冲击的反应能力也较强,因此优于保守的中央银行家模型。成本 $c$ 可作为反映中央银行独立性[②]的指标,在罗戈夫(1985)模型中,$c\to\infty$,表示中央银行家具有绝对的独立性;在本模型中,$0\leqslant c<\infty$。$c$ 越大,政府越难干预中央银行家的货币政策,因此,中央银行具有更高的独立性。

---

① 如经济受到严重冲击的情况。

② 中央银行独立性还可以其他指标来衡量,如中央银行家的任期长短、是否容易被撤换等。

## 四、最优中央银行家合同

罗戈夫(1985)保守中央银行家模型和洛哈曼(1992)保守中央银行家加退出条款模型都可视为政府与中央银行之间签订合同的一种,前者可认为是政府通过中央银行的预算约束中央银行家的行为,后者则是通过中央银行家的撤换来约束。在以沃什(Walsh,1995)为代表的最优中央银行家合同理论中,并没有假设中央银行家比政府对通货膨胀具有更低的偏好,而是假设二者具有相同的偏好,在此前提下,考虑政府通过对中央银行的转移支付①,来达到通货膨胀偏差与次优的产出稳定之间的最优权衡,并消除二者之间的矛盾。信誉模型和保守中央银行家模型存在的问题是:虽然可以减少通货膨胀偏差,但都需以经济的更大波动为代价。而最优中央银行家合同这种机制设计方法,通过将中央银行家的薪水、预算约束或是否被再任命与重要的宏观经济变量(如 GDP、通货膨胀率等)直接联系,激励中央银行采取低通货膨胀政策的同时,不违背其稳定经济的责任。

最优中央银行家合同研究的是政府如何通过博弈规则的设计,激励中央银行执行最优政策。沃什(1995)认为,货币政策博弈可视为一种两阶段的委托代理问题:私人经济主体首先把货币政策委托给政府,并假定政府的目标函数与私人经济主体的完全等同,为社会福利函数;政府再把货币政策授权给中央银行,中央银行对通货膨胀率和产出稳定具有与政府相同的偏好。

最优中央银行家合同不仅消除了中央银行私人信息对信誉模型解的影响,而且在消除通货膨胀偏差的同时,保证了中央银行根据所获得的私人信息对冲击作出最优反应,因而不再存在罗戈夫(1985)和洛哈曼(1992)模型中所讨论的信誉与灵活性之间的权衡,是优于信誉模型与保守中央银行家模型的一种最优机制安排。将政府对中央银行的转移支付与所实现的通货膨胀率相结合的合同,可称为状态依存工资合同(state-contingent wage contracts)。

但是,状态依存工资合同在现实中难以实施,原因如下:

1. 合同形式过于复杂

最优合同的转移支付意味着,在实际通货膨胀率很低,即 $\pi < \pi^* = 0$ 时,给予中央银行家规定的转移支付作为报酬,而在相反的情况下,即

① 转移支付可解释为直接给予中央银行的收入、对中央银行的预算或其他能够使中央银行合法地实现目标的因素。

$\pi > \pi^* = 0$ 时,则对中央银行家进行惩罚。因此,中央银行家承担了较高的风险。在中央银行家是风险中性的假设下,中央银行家对风险的增加根本不关心,只关心最后的转移支付;当中央银行家厌恶风险时,中央银行家不仅要进行通货膨胀与经济增长之间的权衡,还要进行风险与收益之间的权衡,最优合同的形式将更为复杂。此外,在考虑私人经济主体可观察到的一些随机冲击的情况时,支付也应随这些随机冲击而发生变化,更增加了合同的复杂程度。

2. 对合同执行情况的检查困难

除了合同过于复杂使得现实中这种合同根本不可能签订外,麦卡勒姆(1995)认为,只有当政府承诺不违背合同时,最优合同才得以执行。由于政府比中央银行更有兴趣推行动态不一致的政策,因此,若中央银行预测到政府不会对其执行意外通货膨胀的行为进行惩罚,则可能偏离合同的规定,使合同不具有重新谈判的稳定性(重新谈判检验)。因此,仍然存在动态不一致的问题,只不过是从是否遵守已公布的货币政策转向是否遵守已签订的合同上来。只有当第三方(如法院或私人经济主体)检查合同的执行情况比检查具体的货币政策措施更为容易时,使用中央银行合同才有好处。但是,复杂的最优合同设计阻止了检查的可能性。

因此,只有当政府能够无交易成本地与中央银行签订任意复杂的合同且这些合同可执行时,最优中央银行家合同才可能实现。

## 第二节　货币政策规则的讨论

19 世纪 60 年代以来,对货币政策规则的讨论一直持续至今。20 世纪 60 年代提出的固定的货币供给增长率规则由于 20 世纪 70 年代遭遇货币需求的不稳定而在 20 世纪 80 年代为许多国家所放弃。之后许多国家遵从汇率钉住的货币政策,但发达国家中极少有国家提倡这一方法。20 世纪 90 年代初期,随着新西兰、加拿大、英国、瑞典、芬兰、澳大利亚和西班牙等国实行通货膨胀目标制,西方学院派开始点燃了对通货膨胀目标制的研究,并重新强调采用货币政策规则来探讨货币政策的运行及其效果,主张在货币政策规则中采用前瞻性的模型,认为货币政策规则的选择,即货币政策的运行方式,对总体经济活动具有重要的影响。如 20 世纪 90 年代约翰·泰勒(John Taylor)提出的利率规则、广受赞同的通货膨胀规则等。而且 20 世纪 90 年代以来对货币政策规则的研究基本上是和对通货膨胀目标制的研究交织在一起的，如斯文森（Svensson，1998a）就把通货膨胀目标看成是一种货币政策规则，并比较通货膨胀目标、货币量目标和名义GDP目标的区别，提出通货膨胀目标比其他货币政策策略对于系统和优化货币政策都具有较强的承诺，并讨论了在开放经济下的通货膨胀目标制（Svensson，1998b），检验了严格的和灵活的通货膨胀目标、国内通货膨胀目标和CPI-通货膨胀目标的特性，尤其是与泰勒规则的特性进行了比较，认为灵活的CPI-通货膨胀目标在这些目标中显示了最优的特性。而劳伦斯·波尔（Lawrence Ball，1998a）在讨论封闭经济时认为最优的政策规则是泰勒规则和通货膨胀目标规则，二者是等同的。但在封闭经济中，泰勒规则的系数要加以调整，如对产出缺口的反应系数就应该大于0.5，而在开放经济中，波尔（1998b）认为货币政策工具是货币状况指数MCI，MCI要根据利率和汇率加以调整，纯粹的通货膨胀目标是危险的，因为它导致产出和汇率巨大的波动，因而主张采取一种渐进调整的通货膨胀目标的政策策略。

## 一、泰勒规则

泰勒（1993）以西方七个经济大国的经济计量模型为考察工具，研究了美联储的货币政策反应规则，即所谓的"泰勒规则"。泰勒规则是一个关于联邦基金利率对滞后的通货膨胀和产出而不是对它们的预期未来值作出反应的规则。

具体表达如下：

$$i_t = r^* + \pi^* + 1.5(\pi_t - \pi^*) + 0.5y_t \tag{7-10}$$

其中，$i_t$ 是 $t$ 季的联邦基金利率，$r^*$ 是均衡的实际利率，$\pi^*$ 是意愿的通货膨胀的目标水平，$\pi_t$ 是当前四个季度的通货膨胀率，$y_t$ 是产出缺口。联邦基金利率偏离通货膨胀率水平和偏离产出缺口的系数均为0.5，并且这一系数极好地模拟了战后美联储的经济政策。泰勒得出结论说，美国的货币政策实际上遵循这一个联邦基金利率反应的货币政策规则。之后许多经济研究者在泰勒规则的基础上进行扩展和变形，得到了许多适合不同国家、不同时期的货币政策规则。因而泰勒规则实际上已经成为发达国家评估利率政策的一个基准或指针。

## 二、CGG模型的前瞻性规则

理查德·克拉瑞达、乔狄·伽利和马克·哥特勒（Richard Clarida，Jordi Gali and Mark Gertler，1998）在泰勒规则的基础上建立了一个前瞻性的货币政策规则，简称为 CGG 模型，其表达式如下：

$$r_t^* = \alpha + \beta(E[\pi_{t,k} \mid \Omega_t]) - \pi^* + \gamma E[x_{t,q}\Omega_t] \quad (7\text{-}11)$$

用 $r_t^*$ 代表 $t$ 期名义联邦基金利率的目标利率。把每个时期的目标名义利率定义为预期通货膨胀率、产出与各自目标缺口的一个函数。$\pi_{t,k}$ 代表 $t$ 到 $t+k$ 之间价格水平变化的百分比。$\pi^*$ 是联储的通货膨胀目标。$x_{t,q}$ 是 $t$ 到 $t+q$ 期的平均产出缺口，即实际 GDP 和相应的联储产出目标之间偏离的百分比。$E$ 是预期运算符号，$\Omega_t$ 是联储采用利率工具中拥有的信息集。从模型的结构上看，$\alpha$ 是当通货膨胀和产出都在其目标水平上时意愿的名义利率。

CGG 模型及斯文森 1997 年的模型都把泰勒规则视为一个特殊的情形。CGG 模型认为如果滞后的通货膨胀或滞后通货膨胀和产出缺口的线性组合对预期未来的通货膨胀是一个足够的统计量的话，则方程(7-11)就蜕化为泰勒规则。但在这一情形下，所估计的参数对联储应对通货膨胀和产出变化的反应可能具有误导作用，因为除了反应的大小之外，所用的规则还应具有捕捉每个变量预期经济状况的能力。因此 CGG 模型允许中央银行考虑一个广泛的信息集（超过滞后的通货膨胀和产出）形成关于未来经济条件的预期。

如果考虑利率平滑，则利率方程就变为：

$$r_t = (1-\rho)r_t^* + \rho r_{t-1} + v_t \quad (7\text{-}12)$$

把部分调整的方程(7-12)与目标模型(7-11)联系起来产生利率方程：

$$r_t = (1-\rho)\tilde{\alpha} + (1-\rho)\beta\pi_{t,k} + (1-\rho)\gamma x_{t,q} + \rho r_{t-1} + \varepsilon_t \quad (7\text{-}13)$$

其中：

$$\varepsilon_t \equiv -(1-\rho)\{\beta(\pi_{t,k} - E[\pi_{t,k} \mid \Omega_t]) + \gamma(x_{t,q} - E[x_{t,q} \mid \Omega_t])\} + v_t$$

可见，CGG 所检验的政策规则的关键差异包括对预期通货膨胀的反应。他们以 1979 年为界，检验了 1979 年前后两个时期的美国货币政策的反应。他们得出的结论是：在 1979 年之前的前沃尔克时期，美国实际上遵循的是一个适应性的预期政策，表现为联储面对预期通货膨胀率的上升会相应地调整名义利率，但所调整的名义利率幅度小于预期的通货膨胀率上升的幅度，从而使实际利率总是保持在较低的水平上，无法有效地控制通货膨胀；相反，在沃尔克-格林斯潘时期，联储面对持续上升的通货膨胀，采取了前瞻性的事先主动出击的货币政策策略，使名义利率的上升始终超过预期通货膨胀率的上升，从而使实际利率始终处在一个合理的水平上，有效地控制了通货膨胀。也就是说直到沃尔克执掌联储之时，控制通货膨胀才成为货币政策的一个重心。因此，联储实际上实行的是某种形式的隐含的通货膨胀目标制的货币政策策略。

### 三、斯文森的最优通货膨胀预期目标规则

斯文森（Svensson，1998a）从广义上解释了"规则"，认为"规则"是指"行动的限制性指导"。相应地，斯文森把货币政策规则定义为"货币政策行动的限制性指导"。他还区别了工具规则（instrument rules）和目标规则（targeting rules）的概念。工具规则是在文献中最常被提及的货币政策规则，如泰勒规则就是典型的工具规则。工具规则可把工具表示为前定变量或前瞻性变量或者是二者结合的一个限制性函数。如果工具仅仅是前定变量的限制性函数，那么它就是明确的工具规则；如果工具是前瞻性变量的限定函数，也就是一个限定性的隐含的反应函数，那么它就是一个隐含的工具规则。目标规则是关于具体化要取得的目标（列示目标变量及这些变量的目标水平）和最小化相应的损失函数的规则。

但是，斯文森指出，在实践中，没有一个中央银行遵循明确的或具体的工具规则，因为每个中央银行都使用比简单的工具规则所使用的更多的信息，特别是在开放经济中。特别是没有一个中央银行以一个机械的方式对既定的信息集作出反应。现实中中央银行的货币政策委员会会在每一期根据所获的信息重新考虑它们的政策决策。这实际上是政策决策的相机抉择而不是承诺。因此，斯文森认为简单的或复杂的工具规则在实践中从不委托中央银行做什么，而仅作为一种基础的范式用于实际政策的比较、参考和评估。目标规则具有作为一种承诺的潜在特性，并潜在地接近实行通货膨胀目标钉住的中央银行的实践和决策框架。

斯文森（1997，1998a）指出使用提前两年的"条件预期的通货膨胀"作为货币政策的中间目标变量是最优的，这就是所谓的最优通货膨胀预期目标规则（the optimal inflation-forecast-targeting rules）。他认为让工具对目标变量作出反应和让工具对目标变量的决定性因素作出反应是不同的，前者常常无效。如果能构建一个"条件预期的通货膨胀"作为货币政策的中间目标，以监测货币政策实施的效果和增强货币政策的透明度，实现货币政策的最终目标，这样的政策规则才是最优的。而通货膨胀目标制的政策策略就是这样的最优政策。

同时，斯文森指出，当政策当局仅仅关注通货膨胀时，最优规则就是制定利率以把预期的通货膨胀在某个时间段内带回其目标值之内，即所

谓的严格的通货膨胀目标；当政策当局关注产出时，最优的政策规则不会完全地关注预期的通货膨胀与其目标值的缺口，而是还要关注产出缺口，即所谓的灵活的通货膨胀目标。

## 四、以通货膨胀预期为基础的规则（IFB）

安德鲁·霍尔丹、尼科尔里塔·巴提尼（Andrew Haldane, Nicoletta Batini, 1999）提出了一个以通货膨胀预期为基础的IFB（the inflation forecast-based）规则，他们发现这一规则比泰勒规则的表现更好，因为它在货币政策传导机制中加入了滞后因素，而且IFB规则和直接钉住产出的规则（名义GDP规则）一样能平滑产出，如在预期周期内可以改变。此外，IFB规则隐含地取决于所有的状态变量，因而在信息上是有效的。他们还认为，由于这些原因，通货膨胀目标规则如果伴随着具体的前瞻性变量的话，则通货膨胀目标规则就成为完全最优的规则。

IFB规则的表达式如下：

$$r_t = \gamma r_{t-1} + (1-\gamma) r_{t-1} + \theta [E_t \pi_{t+j} - \pi^*] \tag{7-14}$$

式（7-14）表示短期事前的实际利率 $r_t$（$r_t = i - E_t\pi_{t+1}$）等于均衡的实际利率 $r_t^*$（包括均衡实际利率的平滑项）加上预期的通货膨胀偏差。在此通货膨胀的预期 $E_t\pi_{t+j}$ 包括了 $t$ 期所有的信息。这个公式意味着中央银行决定名义利率 $i_t$ 以寻找短期实际利率 $r_t$ 的路径。其新颖之处在于其反馈项 $\theta[E_t\pi_{t+j} - \pi^*]$，即预期通货膨胀和通货膨胀目标水平（货币政策目标）的偏离引出了所应采取的货币政策的行动。

货币政策当局的政策选择参数是 $\{j, \theta, \gamma\}$。$\gamma$ 表示利率平滑的程度，$\gamma = 0$ 表示没有利率平滑，$\gamma$ 值越大表示中央银行平滑利率的幅度越大；$\theta$ 代表政策反馈参数，$\theta$ 越高，表示货币政策当局对通货膨胀预期目标值的偏差的反应程度越积极主动；$j$ 表示中央银行形成预期的目标钉住期限，如英格兰银行对通货膨胀预期的反馈期限为两年。这三个变量反映了在通货膨胀压力下，通货膨胀返回其目标值的速度，因为它们影响了通货膨胀变化的路径。这些参数也包含了产出的动态调整。

安德鲁·霍尔丹、尼科尔里塔·巴提尼把他们的模型看成是通货膨胀目标的一种，并与美国现任联储主席伯纳克（Bernanke）和米什金（Mishikin）把通货膨胀目标看成限制性的相机抉择的看法相一致。而相机抉择的选择包括通货膨胀预期形成本身和参数集 $\{j, \theta, \gamma\}$ 的选择，因而也更接近斯文森的灵活的通货膨胀预期目标规则。

## 五、有效的货币政策规则

劳伦斯·波尔(Laurence Ball,1999)提出了有效的货币政策规则的概念,认为“有效的货币政策规则”(an efficient rule for monetary policy)指最小化一个加权的产出方差和通货膨胀方差的函数,即通过选择产出方差和通货膨胀方差适合的权重达到一个最优的政策规则。他得到的关于有效性规则的结论是:首先,有效规则被看成是利率对产出和通货膨胀作出反应的“泰勒规则”,也就是说,有效规则仍然是泰勒规则的变化形式。但是他检验的有效泰勒规则的系数不同于符合美国实际政策的相应系数(即利率对产出和通货膨胀的反应系数均为0.5)。其次,他认为通货膨胀目标规则是有效的。事实上,有效规则等同于制定以不同速度调整的通货膨胀目标规则的政策。最后,他认为名义收入目标是高度无效的,它们使产出和通货膨胀急剧波动。

波尔的模型表达如下:

(1) $y = -\beta r_{-1} + \lambda y_{-1} + \varepsilon, \quad \beta > 0, 0 < \lambda < 1$ (7-15)

(2) $\pi = \pi_{-1} + \alpha y_{-1} + \eta, \quad \alpha > 0$ (7-16)

(3) $\mathrm{Var}(y) + \mu \mathrm{Var}(\pi)$ (7-17)

方程(7-15)是一个滞后一期的 IS 曲线模型。方程(7-16)说明了通货膨胀取决于前一期的产出缺口。方程(7-17)是最优的政策规则下的最小化损失函数。$\mu$ 代表政策制定者对通货膨胀方差相对于产出方差的厌恶程度。这一部分得出对于给定的 $\mu$ 的最优政策。$\mu$ 从0到无限的变化定义了有效政策。

因此,最优的政策规则就是寻找在满足方程(7-15)、方程(7-16)条件下,最小化损失函数(7-17)的利率规则。

而预期产出是

$$E[y_{+1}] = -\beta r + \lambda y \qquad (7\text{-}18)$$

于是有

$$E[y_{+1}] = -qE[\pi_{+1}] = -q(\pi + \alpha y) \qquad (7\text{-}19)$$

其中 $q$ 是大于0的待定参数。把这一方程和方程(7-19)联系起来得到利率规则

$$r = [(\lambda + \alpha q)/\beta]y + [q/\beta]\pi \qquad (7\text{-}20)$$

这一方程就是泰勒规则:利率正向地对产出和通货膨胀作出反应。

波尔设定基础参数值 $\alpha = 0.4, \beta = 1.0, \lambda = 0.8$。对于这些参数,有效性需要通货膨胀的系数在(0,2.5)的范围内,产出系数在(0.8,1.8)的范

围之内。虽然泰勒规则的0.5的实际通货膨胀系数在有效边界之内,但是产出系数太低。此外,他计算的产出系数为1.0,是实际值的两倍。因此他认为泰勒规则是无效的。有效性需要政策制定者比他们实际做的要更加积极地对产出活动作出反应。

波尔区分了严格的通货膨胀目标和渐进调整的通货膨胀目标,认为有效政策等同于通货膨胀目标的政策(即如果通货膨胀目标是部分调整的话,则它等同于有效政策)。上部分得到的有效的泰勒规则是以各种调整速度实施通货膨胀目标的利率规则。由于任何有效的规则都可以解释为通货膨胀目标,因此任何政策制定者都将选择这一规则。如果他更关心产出,他将会选择一个慢的调整速度,但他将整个以通货膨胀路径来定义政策。

综上所述,货币政策规则的讨论或多或少地与通货膨胀目标制的政策规则联系在一起。文献中普遍认为通货膨胀目标制的货币政策规则是迄今为止最优的政策规则,原因如下:第一,它克服了货币供应量单一增长率规则的货币需求不稳定的限制,在货币需求不稳定的情况下,钉住通货膨胀预期的货币政策可以有效地稳定经济;第二,它可以避免采用汇率目标导致不稳定性;第三,采用通货膨胀目标可以稳定预期。

## 第三节　开放经济下的货币政策规则

以上讨论的是封闭经济下的货币政策规则。而开放经济下的货币政策规则具有不同于封闭经济的特性。主要表现在货币政策传导机制的不同上。在开放经济下,货币政策除了影响经济中的总需求渠道、预期渠道之外,还影响汇率渠道。特别是在开放经济中,反应函数将取决于国外变量,如国外的通货膨胀、产出和利率,因为这些变量会有国内效应。

### 一、波尔的开放经济模型

斯文森(1997a)和波尔(1997)都认为最优政策就是通货膨胀目标和泰勒规则。因为通货膨胀目标的实现最终也通过调整利率达到,这时最优规则就从通货膨胀目标规则演变为泰勒规则。如波尔(1998a)认为,封闭经济中的最优规则是通货膨胀和产出的系数加以调整的泰勒规则,并等同于通货膨胀目标规则。波尔(1998b)把斯文森和波尔的模型扩展到开放经济并探讨最优政策将发生怎样的变化。在开放经济中,通货膨胀目标规则和泰勒规则是次优的，除非它们以重要的方式调整。因为在开放经济下，货币政策通过利率和汇率渠道影响经济。这以两种方式改变了在此提到的最优政策规则：第一，在泰勒规则的左边，货币政策工具用"货币状况指数"（monetary conditions index）——实际利率和实际汇率的加权指标——来代替利率。第二，在泰勒规则的右边，通货膨胀率用"长期的通货膨胀率"来代替。所谓"长期的通货膨胀率"，是指剔除汇率波动的暂时性因素的通货膨胀率，以避免汇率变化引起的通货膨胀率的过度波动，因为汇率影响通货膨胀率的滞后期为一年，比货币政策对通货膨胀率的影响期限短。此模型意味着纯粹的通货膨胀目标（the pure inflation targeting）在开放经济中是危险的，原因是要关注汇率通过进口商品的价格影响通货膨胀的效应，这是影响通货膨胀极快的渠道，因此纯粹的通货膨胀目标意味着货币政策过度积极，汇率的较大变化会引起产出的较大波动。但波尔指出对纯粹的通货膨胀目标加以调整会产生合意的结果，这一调整是钉住出现在最优工具规则中的变量的"长期的通货膨胀率"。钉住长期的通货膨胀可避免汇率和产出的急剧波动，并能产生一个近似最优的工具规则，因为长期的通货膨胀率不受汇率通过进口品影响通货膨胀的影响，因此钉住它不会引发大的汇率的波动。

波尔开放经济下的模型基本表达式如下：

$$y = -\beta r_{-1} + \delta e_{-1} + \lambda y_{-1} + \varepsilon \tag{7-21}$$

$$\pi = \pi_{-1} + \alpha y_{-1} - \gamma(e_{-1} - e_{-2}) + \eta \tag{7-22}$$

$$e = \theta r + v \tag{7-23}$$

此模型中汇率通过两个渠道影响通货膨胀：利率的上升引起汇率的同步上升，但利率和汇率影响产出有一期的滞后，产出影响通货膨胀又有一期的滞后。

把方程(7-23)带入方程(7-21)，消除利率 $r$。把时间的下标改成前瞻性的以示当前的汇率对未来通货膨胀和产出的影响，得到：

$$y_{+1} = -(\beta/\theta + \delta)e + \lambda y + \varepsilon_{+1} + (\beta/\theta)v \tag{7-24}$$

$$\pi_{+1} = \pi + \alpha y - \gamma(e - e_{-1}) + \eta_{+1} \tag{7-25}$$

用方程(7-24)、方程(7-25)右边的两个表达式定义模型的两个状态变量：$\lambda y + (\beta/\theta)v$ 和 $\pi + \alpha y + \gamma e_{-1}$。因此可以看出产出和通货膨胀的未来路径由这两个表达式、选择汇率的规则和未来冲击决定。由于模型是线性二次的，因而可以把最优规则看成是这两个状态变量的线性函数

$$e = m[\lambda y + (\beta/\theta)v] + n[\pi + \alpha y + \gamma e_{-1}] \tag{7-26}$$

其中，$m$ 和 $n$ 由模型之外决定。

在方程(7-26)中,汇率 $e$ 的选择取决于汇率冲击 $v$ 和可观测变量。由方程(7-23)得到 $\theta=e-\theta r$,将 $\theta$ 的表达式代入方程(7-26)并加以变换,得到:

$$wr+(1-w)e=ay+b(\pi+\gamma e_{-1}) \tag{7-27}$$

其中:

$$w=m\beta\theta/(\theta-m\beta+m\beta\theta)$$
$$a=\theta(m\lambda+n\alpha)/(\theta-m\beta+m\beta\theta)$$
$$b=n\theta/(\theta-m\beta+m\beta\theta)$$

可见波尔把最优货币政策表达成利率和汇率加权平均的形式。

总之,在开放经济中,波尔认为货币政策工具是货币状况指数 MCI,MCI 要根据利率和汇率加以调整。纯粹的通货膨胀目标是危险的,因为它导致产出和汇率巨大的波动,因此波尔方程钉住长期的通货膨胀率以消除汇率波动的暂时性影响。

## 二、斯文森开放经济下的通货膨胀规则

斯文森(1999)小型开放经济下的模型:

$$\pi_{t+2}=\alpha_\pi\pi_{t+1}+(1-\alpha_\pi)\pi_{t+3|t}+\alpha_y[y_{t+2|t}+\beta_y(y_{t+1}-y_{t+1|t})+\alpha_q q_{t+2|t}+\varepsilon_{t+2}] \tag{7-28}$$

$$\pi_t^c=(1-\omega)\pi_t+\omega\pi_t^f=\pi_t+\omega(q_t-q_{t-1}) \tag{7-29}$$

$$y_{t+1}=\beta_y y_t-\beta_\rho\rho_{t+1|t}+\beta_y^* y_{t+1|t}^*+\beta_q q_{t+1|t}-(\gamma_y^n-\beta_y)y_t^n+\eta_{t+1}^d-\eta_{t+1}^n \tag{7-30}$$

$$\rho_t\equiv\sum_{\tau=0}^{\infty}r_{t+\tau|t} \tag{7-31}$$

$$r_t\equiv i_t-\pi_{t+\tau|t} \tag{7-32}$$

$$q_{t+1|t}=q_t+i_t-\pi_{t+1|t}-i_t^*-\varphi_t \tag{7-33}$$

$$\pi_{t+1|t}^*=\gamma_\pi^*\pi_t^*+\varepsilon_{t+1}^* \tag{7-34}$$

$$y_{t+1|t}^*=\gamma_y^* y_t^*+\eta_{t+1}^* \tag{7-35}$$

$$\varphi_{t+1}=\gamma_\varphi\varphi_t+\xi_{\varphi,t+1} \tag{7-36}$$

$$i_t^*=f_\pi^*\pi_t^*+f_y^* y_t^*+\xi_{it}^* \tag{7-37}$$

$$L_t=\mu_\pi^c\pi_\pi^{c2}+\mu_\pi\pi_t^2+\lambda y_t^2+v_i(i_t-i_{t-1})^2 \tag{7-38}$$

方程(7-28)为总供给方程(菲利普斯曲线),方程(7-29)为 CPI 通货膨胀率方程,方程(7-30)为总需求方程,方程(7-31)$\rho_t$ 是预期的和未来的实际利率的总和,方程(7-32)$r_t$ 为实际利率,方程(7-33)为实际利率平价方程,方程(7-34)、方程(7-35)、方程(7-36)分别为国外通货膨胀、国外产出和国外汇率风险溢价的一阶平稳过程,方程(7-37)表示外国利率也遵

循泰勒规则,方程(7-38)为损失函数。

斯文森检验了严格的和灵活的通货膨胀目标、国内通货膨胀目标和CPI-通货膨胀目标的特性,尤其是与泰勒规则的特性进行了比较。检验结果显示了与严格的通货膨胀目标相比,灵活的通货膨胀目标将以一个较长的时期有效地钉住通货膨胀目标并导致其他变量(如产出和汇率)的较少波动,这说明了灵活的通货膨胀目标是渐进的(见 Clarida, Gali 和 Gertler(1998), Svensson(1998)及 Ball(1998a, b)等)。严格的 CPI-通货膨胀目标使用直接汇率渠道在较短的时期内稳定 CPI 通货膨胀率,但会引致相当大的实际汇率的波动。相反斯文森(1998b)证明了灵活的 CPI-通货膨胀目标要比严格的 CPI-通货膨胀目标和灵活的国内通货膨胀目标导致相当的实际汇率的稳定。因而在把权重放在稳定通货膨胀和实际变量方面,灵活的 CPI-通货膨胀目标更具有吸引力。此外,斯文森(1998a)认为泰勒规则不考虑国外变量,即便是在封闭经济中,泰勒规则也仅仅使用部分可获信息。虽然泰勒规则在实践检验中较稳健,但是泰勒规则的稳健性适用的范围是有限的,因为它没有反映更多的信息。

## 第四节　中国货币政策规则的选择——通货膨胀目标制在中国的可行性探讨

### 一、世界经济大环境下的中国现实

如前所述,20 世纪 90 年代以来货币经济学的主流主张遵循规则的货币政策,认为对规则的承诺可增加货币政策的透明度,降低政府失信的成本。而从货币政策的实践来看,货币政策经历了货币供应量、汇率和通货膨胀目标制的货币政策框架的演变。在这些政策框架下,可以说货币政策遵循了相应的货币供应量规则、汇率规则和通货膨胀目标制的政策策略。从 20 世纪 90 年代初期开始,一些工业化国家由于货币总量和通货膨胀最终目标之间的关系被打破,许多国家放弃了货币供应量目标,转而追逐通货膨胀目标制的货币政策策略。新西兰首先采用通货膨胀目标制,随后加拿大、英国、瑞典、芬兰、澳大利亚、西班牙等发达国家也相继实行了通货膨胀目标制,而一些极易遭受资本冲击的新兴市场经济国家和一些转型经济国家也放弃了汇率目标或货币供应量目标,改为实行通货膨胀目标制,如智利、以色列、巴西、南非、韩国、泰国等新兴市场经济国家和捷克、波兰、匈牙利等转型国家。德国、法国、意大利、瑞士等也相继宣布了数量化的通胀指标。目前已有 22 个国家实行了通货膨胀目标制。IMF 也极力推崇通货膨胀目标制在发展中国家的应用。由于货币乘数不稳定问题,美国的货币供应量目标在 20 世纪 80 年代也被放弃了,转而采取隐含通货膨胀目标的政策策略;而德国和瑞典实行的是某种混合的通货膨胀目标制(伯纳克和米什金,1997),因为它们仍然以货币供应量为货币政策的中介目标,但是在追逐价格稳定时允许货币供应量目标的重大偏离。

中国 20 世纪 90 年代中后期以来货币乘数不稳定、货币需求变化等问题也凸现,货币供应量目标难以为继。1996 年我国货币政策正式引入货币供应量作为货币政策中介目标,接着,1998 年中央银行取消了信贷规模控制转而钉住货币供应量。但 1997—2002 年中国面临通货紧缩,货币调控目标值与实际值出现较大的差异;货币供应速度不减,物价却持续下降。理论界把其定义为"失踪的货币"或货币的"溢出效应"。货币供应量作为货币政策的中介目标表现出明显的缺陷。学术界呼吁货币供应量已不能作为货币政策的中间目标(夏斌、廖强,2001)。究其原因,大多数学者认为这是货币乘数不稳定、货币流通速度下降、货币政策的传导机制出现障碍引起的。这就引发了面临新的经济形势和进一步开放的经济背景下,中国将选择何种货币政策的中间目标和最终目标?或者说货币政策的名义锚是什么?实际上对于中国货币政策操作规范的争论主要有两个焦点:一是在中国要遵循规则还是相机抉择?二是如果要遵循规则,那么遵循何种规则?货币政策将钉住怎样的名义锚?此节我们主要讨论第二个问题。

在本文的前几部分的分析中,我们赞成遵循规则的货币政策要比相机抉择的货币政策给经济带来更大的福利,因为规则强调的是中央银行对未来政策行动的承诺,避免或最小化相机抉择导致的货币政策的时间非一致性问题,同时它还可增强货币政策的透明度和责任感。中央银行对未来政策行动的承诺和增强货币政策的透明度、责任感则可稳定公众的预期,这在金融市场或实物市场遭受意外冲击时尤其重要,因为中央银行的货币政策立场在此时将起关键作用,它的稳定物价的承诺将可以稳定市场的信心,避免不必要的资产替代行为和产出波动。这一点在中国面临金融业的进一步开放、国际资本流动的冲击的新的经济形势下是极其重要的。

关于中国货币政策规则的讨论,过去都仅局限在货币供应量目标上。这一偏重也符合中国采用货币供应量为中介目标的实际。夏斌、廖强

(2001)的文章通过对我国1994—2000年的货币供应量目标的实际值和目标值进行比较，发现货币层次 $M_1$、$M_2$ 的实际值和目标值之间存在着差距，如表7-1所示。

表7-1 货币供应量增长率目标值与实际值比较 单位:%

| 年份 | $M_1$ | | $M_2$ | |
|---|---|---|---|---|
| | 目标 | 实际 | 目标 | 实际 |
| 1994 | 21 | 26.2 | 24 | 34.5 |
| 1995 | 21—23 | 16.8 | 23—25 | 29.5 |
| 1996 | 18 | 18.9 | 25 | 25.5 |
| 1997 | 18 | 16.5 | 23 | 17.3 |
| 1998 | 17 | 11.9 | 16—18 | 15.3 |
| 1999 | 14 | 17.7 | 14—15 | 14.7 |
| 2000 | 14 | 16.0 | 14 | 12.3 |

资料来源：夏斌、廖强，《货币供应量已不宜作为当前我国货币政策的中介目标》，《经济研究》，2001年第8期。

从1996年开始，我国正式确定 $M_1$ 为货币政策中介目标，$M_0$ 和 $M_2$ 为观测目标。但是从表7-1可知货币供应量的目标值几乎没有实现过。夏斌、廖强分析认为主要原因是我国实行的实际上是固定汇率制。为了维持固定汇率，中央银行对基础货币的投放受到外汇占款的制约，同时也受到邮政储蓄全额转存、化解金融风险的资金由中央银行承担等原因的制约。其次是货币乘数的不稳定。这两个原因导致了中央银行无法控制货币供应量。再次是货币流通速度下降，使中央银行控制货币供应量的能力大大减弱。同时，他们认为导致这些现象的根本原因在于在利率管制和证券市场异常发展的制度性约束下，公众（包括企业，下同）对证券投资的收益预期和固定资产投资的收益预期的非一致性导致了货币扩张传导机制受阻。他们的结论是我国1997—2002年面临的问题不是货币供应太少，而是货币供应过多，导致银行资金成本过低和银行信贷资金过于充裕，为过高证券收益预期的自我实现提供了资金基础，使得固定资产投资更加没有吸引力。这时，若简单地适应货币供应量指标所呈现的现象供应货币，不但不能解决紧缩问题，反而会导致证券投资收益预期和股市泡沫风险的进一步放大，埋下金融隐患，如股价下跌诱发的经济滞胀。

为此，鉴于我国已经出现的证券投资收益和固定资产投资收益的非一致性预期，夏斌、廖强提出放弃货币供给量，甚至放弃采用任何中介目标，而是直接钉住通货膨胀率，且货币政策的重心应是引导和改善公众的预期结构,同时将货币供应量、利率、经济景气指数等其他重要经济变量作为监测指标,即采取通货膨胀目标的货币政策策略。

目前中国采用的仍是监控货币供应量指标,但是当货币供应量指标失真时,货币政策的行动就失去明确的方向,因此我们也赞同夏斌、廖强的观点,认为中国未来的货币政策取向应该是钉住通货膨胀目标,建立起通货膨胀目标制的货币政策框架。要阐述此观点,首先要明确何为通货膨胀目标制,它与汇率目标、货币供应量目标的区别和优点如何?实行通货膨胀目标有哪些好处,对中国有何现实意义?通货膨胀目标制下的调控手段是什么?

## 二、汇率目标、货币供应量目标和通货膨胀目标比较

### (一)汇率目标制

自20世纪70年代的布雷顿森林体系崩溃以来,大部分发达国家实行了浮动汇率制,个别发达国家(如法国和英国)、大部分发展中国家和新兴工业化国家实行了固定汇率制或介于固定和浮动之间的某种汇率制度。相应地,货币政策的中介目标也服从于汇率制度安排。

米什金(1999)指出汇率目标制的优点在于:第一,实行汇率目标制的国家可以把"名义锚"钉住低通货膨胀率的"锚"国家的货币和"锚"国家的通货膨胀预期,从而可有效地控制通货膨胀。第二,汇率目标制具有强的承诺机制,会为货币政策的实施提供一个自动的规则以帮助减轻时间的非一致性问题。第三,汇率目标简明而清晰,极易为公众所理解。但是正如奥伯斯特费尔德和罗戈夫(Obstfeld and Rogoff,1995)论述的那样,汇率目标的缺陷在于:第一,随着资本市场的开放,汇率目标使货币政策丧失了其独立性,一方面表现为目标制国家丧失了使用货币政策回应国内冲击的能力;另一方面表现在对"锚"国家的冲击也会直接传递至目标钉住国家,因为"锚"国家的利率变化会引起钉住国家利率的相应变化(如欧洲汇率机制)。第二,由于汇率钉住国和"锚"国家的经济联系密切,极易形成风险转移。第三,汇率目标制使目标钉住国极易遭受货币的投机性冲击,诱发金融危机。如英格兰银行在试图阻止1992年9月英镑汇率崩溃的短短几个小时里就已经损失了超过50亿英镑;墨西哥在1994年花了250亿美元的储备和借入250亿美元的外汇来保卫比索对美元的汇率钉住;1997年亚洲金融危机的情形也极其相似,泰铢对美元钉住汇率遭受了投机者的冲击,泰国中央银行无法维持固定汇率而不得不让泰铢随市场而贬值,投机者得利。这些实例都说明了汇率目标并不总是能

保证对固定汇率的强的承诺,因为对固定汇率的强的承诺取决于该国中央银行充足的外汇储备、对经济的预测和判断能力以及该国经济金融体制的健全程度。由于新兴市场经济国家市场经济体制的不健全以及金融市场的脆弱性,这些国家的中央银行在遭受突发性的冲击时难以维持钉住汇率而不得不放弃汇率目标。同时,汇率目标制使货币政策失去独立性,成本是高昂的。但是像泰国这样的发展中国家或新兴市场经济国家由于政治或经济制度欠完善,它们还是更多地愿意采用具有强承诺机制的汇率目标而不是追逐货币政策的独立性。然而米什金(2000)强调,新兴市场经济国家的汇率目标存在着潜在危险,因为它极有可能推动金融的脆弱性和产生摧毁该国的经济危机。由于存在非对称信息,金融危机对金融市场会产生非线性的破坏,使金融市场不能有效地为具有最大生产投资机会的经济主体提供资金,从而阻碍了金融市场配置资源的有效作用,导致经济活动的急剧紧缩。如货币贬值是一个极高的非线性事件,货币贬值这一事件对发达国家和发展中国家的影响是不同的。当贬值发生时,在大多数发达国家,货币的低估对家庭、企业、银行的资产负债账户具有极小的直接效应,因为它们的负债以国内货币标价,货币价值低估反而使该国商品更具国际竞争力,使净出口和总需求增加。1992 年 9 月汇率危机之后英镑贬值正是这一情形。英镑贬值之后,英国的经济表现比 1992 年后依然留在 ERM 的那些国家更好(Mishikin,1999)。而在新兴市场经济国家,当国内货币贬值时,由于新兴市场经济国家的债务合同大部分以外币计值,国内企业的债务负担加重。同时,因为资产主要以国内货币计值,这时企业的资产价值并不同时上升,结果是贬值导致资产负债表的极度破坏,使净财富减少。此外,货币贬值导致新兴市场经济国家实际和预期的通货膨胀率上升,因为它们的中央银行不可能具有牢固的反通货膨胀的可信性。通货膨胀预期引致利率急剧上升,公司债务合同需要支付的利息急剧上升,削弱了公司的现金流状况,并削弱了它们的资产负债表。资产负债表的破坏,使公司贷款具有更大的道德风险,从而也使银行的资产负债表遭到破坏,银行减少贷款,投资和经济活动遭到萎缩,如汇率危机之后的货币贬值导致资产负债表的损害是 1982 年智利、1994—1995 年墨西哥、1997—1998 年亚洲经济收缩的主要原因。同时,在汇率目标下,由于货币价值太稳定,外资极易流入,推动国内过度借贷,在没有充足的银行监管的情况下,新兴工业国家此类借贷的繁荣引起大量的贷款损失和银行资产负债表的破坏,使银行减少借贷,从而损害经济,诱发货币危机和金融危机。

可见,汇率目标制极易遭受投机性冲击而导致灾难性后果。尽管如此,在政治和货币制度尤其弱小的开放的新兴市场经济国家或发展中国家,由于在经济发展过程中经历了高的通货膨胀,汇率目标制也许是打破通货膨胀倾向心理和稳定经济的唯一和最后的手段。但是,无论如何,新兴市场经济国家维持钉住汇率的成本是高昂的,如丧失货币政策的独立性,要吸纳来自于"锚"国家的通货膨胀和汇率风险等,并需要始终维持一个健全的政治和金融体制,才能抵御投机性资本的冲击。维持汇率目标的高昂成本也是一些新兴市场经济国家在20世纪90年代以后放弃汇率目标制而采用通货膨胀目标制的主要原因,如墨西哥、阿根廷、泰国、韩国等。

(二) 货币供应量目标

自弗里德曼提出固定的货币增长率的单一规则以来,20世纪七八十年代大部分发达国家,如美国和欧盟(欧洲汇率危机之后实际上欧盟也采用了货币供应量目标)、日本大都遵循单一的货币增长率规则。单一的货币增长率规则要求货币需求和产出之间具有稳定的关系,这一稳定关系决定了供应量的有效调节作用,也就是说,中央银行一旦控制住了货币供应量,就能控制住通货膨胀。这时的货币供应量目标可以等同于通货膨胀目标。但是,单一的货币增长率规则在80年代就遭遇了货币乘数不稳定问题,从而使美国、英国、加拿大、新西兰等国先后放弃了货币供应量目标。而许多新兴市场经济国家转而钉住汇率,以汇率作为货币政策的中介目标,美国则实行一种隐含的通货膨胀目标。

货币供应量目标优于汇率目标的主要优点在于,它能使中央银行适应国内条件而不断调整它的货币政策,一定程度上维护了货币政策的独立性,并使中央银行直接选择通货膨胀作为货币政策的最终目标,同时允许对产出波动作出反应。货币供应量目标可及时地向大众和市场传递货币政策立场和中央银行保持通货膨胀的意图,增强中央银行保持低通货膨胀的责任感,帮助限制货币政策制定者陷入时间非一致性问题的陷阱中。

但是,货币总量目标的有效性是建立在最终目标如通货膨胀、名义收入等指标和被钉住的货币量目标之间紧密而相互依赖的关系上的。如遇到货币乘数不稳定(velocity instability)、货币总量目标与最终目标之间的关系很微弱时,货币总量目标就无法实现最终目标,也不能为货币政策立场提供足够的信号,不能稳定通货膨胀预期和作为评估中央银行可信度的比较好的尺度。

德国和瑞士是至今依然实行货币总量目标的国家。这两个国家在过去20年成功地控制了通货膨胀,因而货币总量目标至今也为欧洲中央银行所推崇。德国、瑞士的货币总量目标制度成功的关键因素在于它不拘泥于弗里德曼不变增长率的货币目标规则,而允许货币总量在较长的时间内具有一定的调整空间。正如德国联邦银行首席经济学家奥塔马·依森(Otmar Issing,1996)指出的:"德国货币增长目标政策成功的秘密之一是不受货币主义传统教条的限制,而更关注操作的技术细节。"在实践中,德国、瑞士的货币总量规则相当灵活,如德国的联邦银行和瑞士的国家银行还关注产出和汇率等目标,货币增长的实际值在50%的时间里是偏离其目标值的。而且,德国联邦银行已表明允许通货膨胀目标随着时间而改变的灵活性,如在遭受供给冲击时扩大目标范围然后渐渐地让其落在长期通货膨胀目标的范围之内。

20世纪70年代,瑞士是一个正经历着货币市场重要制度性结构变化的小型的、开放经济的国家,实施货币总量目标时比德国呈现更多的问题。1972年秋到1978年秋,具有40%贸易权重的瑞士法郎升值,瑞士国家银行无法承受如此高的汇率水平,于1978年秋天暂时放弃了货币总量目标,转而采用汇率目标。但是汇率目标也维持不久,因为在开放经济中要维持既定的汇率目标,就得放松对货币供应量的监控,而一旦货币供应量失控,又会带来通货膨胀或通货紧缩问题。1979年春瑞士又重新引入货币总量目标但不公开宣布,并从钉住 $M_1$ 转向钉住基础货币。然而价格稳定是一个长期的过程, 1989—1992年通货膨胀反弹超过5%的水平。其原因有二:一是瑞士法郎从1985—1987年的上涨使瑞士国家银行(Swiss National Bank)允许货币基础以大于1987年目标值2%的比率增长,并于1988年把货币目标提高到3%;二是新的银行间支付系统的出现,瑞士银行间结算和1988年商业银行流动性准备需要大范围的修订。这两个原因使基础货币的需求改变,钉住货币总量目标出现了问题。这说明制度性变化引起商业银行流动性需求变化,从而使货币总量目标不能作为"名义锚"了。在此期间,瑞士国家银行对冲击作出了错误的估计,致使对货币基础的需求比预计的数量下降得更多,从而导致货币政策太松,尽管货币目标低调,但还是带来了5%的通货膨胀率。之后,瑞士国家银行对其货币供应量政策作了新的调整,于1994年末宣布一个新的1995—1999年货币基础增长的中期路径,期限为5年。可见,瑞士国家银行已经放弃了货币基础增长的一年期目标而转向采用更灵活的政策框架。而且,瑞士的货币政策已经持续成功地控制了通货膨胀,使通货膨胀从1989—1992年的通货膨胀率暂时下降到1%的水平。

正如伯纳克和米什金(1997)指出的,德国和瑞士的货币政策比通货膨胀目标制更接近于弗里德曼式的货币政策主张。

瑞士的经验也说明了即便是像瑞士那样的发达国家,采用汇率目标也有极限,当瑞士法郎升值时,瑞士银行也无法维持高的汇率而不得不放弃汇率目标转而采用货币总量目标;同时,为了维持汇率目标,货币供应量目标失控,导致了通货膨胀。此外,瑞士金融体系的制度性变革也使货币需求变得不稳定。当面临货币需求不稳定时,允许货币总量目标具有重大的偏离,即货币总量目标具有相当大的灵活性。而在中国,同样也面临着货币需求不稳定的问题,货币总量目标也有较大的偏离(1996—2002年)(夏斌、廖强,2001)。但是,中央银行的调控手段无法灵验,2002—2005年出现了较高的通货膨胀(年物价上涨率最高达到5.3%)。中央银行对1996—2002年"迷失的货币"缺乏估计,在利率缺乏调整的情况下,银行资金转向了房地产和股市,引发了资产的变换和替代,这是中央银行始料不及的。这也说明目前中国的利率政策的有效性还较低,利率调整不够灵活,同时利率调整缺乏规范和前瞻性,因为在中国没有规则可循,利率目标和汇率目标、通货膨胀目标、就业和经济增长目标都要兼顾,在不同的经济发展阶段无法取舍这些目标,从而导致了一种中庸的货币政策策略,走折中路线,缺乏应有的承诺,导致了货币政策的不透明和无约束,其结果是引致了非理性的预期和资产价格泡沫。但有些经济学家指出,对股市和房地产泡沫的出现,采用利率政策是无效的,因为利率政策会引起经济的全面调整,而在实物生产领域,物价表现平稳,没有必要紧缩,一旦采用利率政策,则会损害实物生产领域的投资,引发经济的停滞。那么这一问题如何解决呢?伯纳克等(1999)认为只有当资产价格影响到通货膨胀预期时,货币政策才会对资产价格作出反应,这时调整利率才成为必要;其推论就是,一旦通胀中已预期到资产价格的变化,货币政策就无须对资产价格进行特别干预。

而当资产价格还未对通货膨胀形成影响时,对利率加以调整就是危险的。这里的关键在于中央银行如何判断资产价格的变化对通货膨胀有无影响呢?在中国,预期是不完全理性的,资本市场有许多跟风行为,中央银行如何对这种跟风行为作出预测和判断?在这种情况下,中央银行只能未雨绸缪,紧密关注金融市场的变化和货币层次的结构变化,其中更具体的是存款结构的变化(包括外币存款结构),根据存款结构的变化和金融市场的变化预测未来的资金流动,形成对经济的一般看法从而作出正确的估计。

（三）通货膨胀目标制

1. 通货膨胀目标制的制度特征

米什金（1999）指出通货膨胀目标制包含几个因素：① 公开宣布一个中期的数量化通货膨胀目标；② 把对价格稳定的制度性承诺作为货币政策首要的、长期的目标并最终取得通货膨胀目标；③ 作为一个包含信息的策略，如货币供应量这样的中介目标的作用降低了；④ 通过与公众和市场交流货币政策制定者的计划与目标来增强货币政策策略的透明度；⑤ 增强中央银行取得通货膨胀最终目标的责任感。

伯纳克和米什金（1997）把通货膨胀目标制看成是一种货币政策框架而非一个铁定不变的规则，或者把其看成是“限制性的相机抉择”（constrained discretion）。这一看法的好处在于允许货币政策在追逐价格稳定时具有一定的灵活性，甚至相机抉择的货币政策也可采用（King（1996）也持同样的观点），并增强货币政策的透明度和责任感。

而斯文森（1998）把通货膨胀目标制看成一个货币政策规则。但是他把通货膨胀目标区分为严格的和灵活的通货膨胀目标。所谓严格的通货膨胀目标，是指仅把价格稳定作为货币政策压倒一切的目标，不考虑产出、汇率等实际经济变量。在通货膨胀目标水平的承诺期内中央银行调整货币政策工具利率以使通货膨胀达到目标水平，不考虑产出和汇率等实际经济变量的波动。但是，斯文森强调，在现实中，没有一个实施通货膨胀目标的中央银行是严格执行的，大部分中央银行都实行了一定程度的灵活的通货膨胀目标。所谓“灵活的通货膨胀目标”指的是，中央银行除了关注通货膨胀目标的实现之外，还关注产出、汇率的波动对经济的影响，并在设定的利率工具函数中，同时考虑赋予产出、汇率等一定的权重，目的是在达到通货膨胀目标时，不至于使产出损失太大、汇率波动太大对经济造成不必要的损害。如加拿大、瑞典等国在实行通货膨胀时，以货币状况指数作为货币政策的操作工具，而货币状况指数就同时考虑了利率和汇率问题，甚至还考虑了货币量、信贷量、商品价格、生产效能和工资水平。实际上，伯纳克和米什金（1997）把通货膨胀目标定义为“一种货币政策框架”与斯文森谈到的“灵活的通货膨胀目标”有共同之处。只不过伯纳克和米什金（1997）认为文献中对规则的定义过于严格。如西蒙（Simons，1936）把政策规则解释成对货币政策当局来说完全排除任何干扰的规则。西蒙写道：政策规则必须合理地与系统的平滑运转相适应。然而一旦建立，它们就机械地工作。显然，正是这一严格的、机械的解释使伯纳克和米什金(1997)反对以规则作为通货膨胀目标制的特征。

2. 通货膨胀目标制的优点

米什金(1999)指出通货膨胀目标制有如下五个重要优点:

第一,与汇率目标相比,通货膨胀目标能让货币政策顾及国内的经济状况并对国内的经济情况作出反应。通货膨胀目标与货币乘数冲击无关,因为通货膨胀目标的货币政策策略不再依赖于货币-通货膨胀之间稳定的关系。通货膨胀目标允许货币政策当局使用所有的可获得信息而不仅仅是某个信息来决定货币政策的最好实施背景。

第二,通货膨胀目标极易为公众所理解并有极高的透明度。相比之下,货币总量目标就不太容易为公众所理解。通货膨胀目标制下政策的透明度表现为中央银行频繁地与政府交流,同时致力于向公众公布和解释货币政策的信息,如英格兰银行发行的《通货膨胀报告》和加拿大的《货币政策报告》。这些发布的报告以简明的图示和文体与公众交流。通货膨胀目标制国家的中央银行向广大公众、金融市场参与者、政治家们解释货币政策的目标和局限、通货膨胀的目标值及其确定和达到目标值的路径、通货膨胀任何偏离目标的原因等问题。这些交流和努力增强了私人部门减少关于货币政策、利率和通货膨胀不确定性的计划,增加了货币政策的公共讨论,并明确了中央银行的职责和责任感。

第三,通货膨胀目标由于明确了具体的通货膨胀目标水平,可增强中央银行的责任感,减少中央银行陷入时间非一致性陷阱的可能性能力。因为通货膨胀目标制有助于把焦点集中于中央银行在长期内能做什么,即控制通货膨胀,而不是它不能做什么,即提高经济增长和就业量,实践证明,经济增长是不能通过长期地通过扩张性的货币政策得以实现的。因此,通货膨胀目标具有减少中央银行追逐通货膨胀倾向的货币政策政治压力的潜力和减少时间非一致性政策制定的可能性。

第四,通货膨胀目标制并不忽视传统的稳定化目标,具有一定的灵活性。一是表现为实践中几乎所有的通货膨胀目标制国家的中央银行都不仅仅钉住通货膨胀目标,而是同时关注产出、就业的波动。这些国家的中央银行采用通过降低中期通货膨胀目标并慢慢向长期目标靠近的渐进式方法来最小化紧缩中产出的下降。二是表现在对供给冲击的反应上。面对供给冲击,通货膨胀目标制的中央银行允许通货膨胀目标值的偏离。首先,作为官方通货膨胀目标基础的价格指数采用的是排除食品、能源价格或间接税的变化、贸易项目的变化、利率的变化等"供给冲击"效应的"核心通货膨胀率"。其次,伴随着供给冲击,如价值附加税的上升,允许中央银行具有“免责条款”，即允许中央银行在特殊的场合进行灵活的调整。

第五，较之汇率目标和货币供应量目标，通货膨胀目标的优点还表现在通货膨胀目标可以稳定预期，避免经济不必要的或非合理的波动；同时，稳定的通货膨胀预期可以熨平经济的波动。费希尔(Fischer，1993)指出，控制通货膨胀可以为经济创造好的经济环境，低的通货膨胀率对维持经济持续增长虽不是充要的却是必要的条件。因为高的通货膨胀率可以通过减少投资、降低生产力来降低经济增长。并证明了宏观经济政策对经济增长具有影响力。中国20世纪80年代以来的经济增长中不可避免地产生了经济的周期性波动。

## 三、实行通货膨胀目标制的现实意义

始于20世纪90年代初的通货膨胀目标制国家都是在经历了持续的高通货膨胀率的情况下采用这一货币制度框架的，同时如前所述，许多发达国家放弃了货币供应量作为货币政策的名义锚，同时一些新兴市场经济国家放弃了汇率目标转而采用通货膨胀目标。通货膨胀目标的现实意义在于：

(1) 通货膨胀目标制为货币政策提供了一个替代货币供应量和汇率的名义锚，至今没有为采用通货膨胀目标的国家所放弃。

(2) 通货膨胀目标制以价格稳定作为货币政策的首要目标，说明了货币政策的有所为和有所不为。就是指，货币政策在长期内是中性的，而在短期内是非中性的；货币政策在长期内不能影响产出、就业等实际经济变量，只能影响物价水平。因此，公众、政府和中央银行本身都应该明确知道一国的中央银行能做什么和不能做什么。而以长期的价格稳定作为货币政策的首要目标可以使货币政策避免短期因素的干扰，如供给冲击、政府的更迭和政治的不稳定因素对货币政策的影响。同时，长期的价格稳定对经济的持续增长是极其重要的，正如费希尔(1993)指出的，长期的价格稳定是宏观经济持续增长的必要前提条件。

(3) 通货膨胀目标制有利于稳定预期。在日益开放的资本市场经济背景下，资本的冲击给未来的经济带来更大的不确定性，因而预期对经济的影响显得日益重要。通货膨胀目标制主要通过以下途径稳定预期：① 中央银行对通货膨胀目标的承诺。② 货币政策的定期报告制度，如英格兰银行“货币政策报告制度”，以增强货币政策的透明度。公众对中央银行的信任可起到稳定预期的作用。而实施通货膨胀目标制被认为是最有透明度、可信度并可增强中央银行责任感的货币政策制度。③ 对目标偏离的调整。中央银行必须对目标偏离及时加以说明。而稳定预期的现实意义在于它可避免金融市场的过度预期导致的非理性的行为，如不合理的资产替代，避免经济不必要和非理性的波动。

（4）对新兴市场经济国家和转型开放经济的国家来说，通货膨胀目标制能使这些国家冲出汇率目标制的藩篱，摆脱国际投机性资本对汇率的冲击导致的国内经济不稳定的掣肘，使货币政策致力于稳定国内经济，一方面可以保持货币政策的独立性，另一方面又可以通过一定程度的浮动汇率，维护国内价格的稳定，抵御国际资本的冲击，为汇率的稳定提供一个内在的防御机制。在通货膨胀目标制下，货币政策的首要目标是维持国内价格的稳定，大部分实行通货膨胀目标制的国家都实行了浮动汇率（新兴市场经济国家实行了一定的汇率波动区间），但并不等于这些国家不关注汇率的波动。因为汇率的运动对开放的新兴市场经济国家经济的影响是致命的。新兴市场经济国家一旦遭遇货币的贬值，由于这些国家（如拉美的智利、巴西等国）的大部分债务美元化，贬值就会使其债务负担加重而本币资产贬值，从而使公司和个人的净资产下降。公司和个人资产负债表的损害增加了逆向选择和道德风险问题，导致金融的不稳定性和投资活动的下降，严重时甚至导致货币危机和金融危机。因此，新兴市场经济国家不会不关注汇率的波动。为避免能摧毁资产负债表并触发金融危机的货币急剧贬值，这些国家的中央银行必须关注汇率的运动。甚至在通货膨胀目标制下，也是如此。因此，新兴市场经济国家为应对金融不稳定的潜在问题，保留对通货膨胀的控制，在实行通货膨胀目标制时必须平滑汇率的波动。而平滑汇率的波动是通过利率工具的改变来实现的。这就既可以保证货币政策的透明度，又可避免两个名义“锚”——追求汇率目标和通货膨胀目标导致的矛盾。同时，中央银行必须增强汇率平滑的透明度，让公众明白干预的目的是平滑“过度”的汇率波动而并非阻止汇率达到其长期市场决定的均衡水平。对汇率平滑透明度的增强意味着名义“锚”是通货膨胀目标而不是汇率目标。汇率的平滑解决了新兴市场经济国家在实行通货膨胀目标制时面临的追逐汇率和通货膨胀目标的矛盾。

（5）通货膨胀目标制对发展中国家，包括中国，不仅是一种货币目标制，而且是一种新的货币制度设计、一种新的货币政策框架。这一框架不仅改变了过去半个多世纪以来发展中国家的货币政策的运行，而且也为这些国家在经济发展和开放中提供了一种抵御外界冲击、增强自我保护、维护货币政策独立性的机制。典型的表现是,曾经为发展中国家极力推崇的汇率目标极易遭受资本的冲击而引发金融或货币危机。而通货膨胀目标制的货币政策使货币政策致力于国内的经济变化,允许汇率的适度波动,以化解国际资本冲击对国内经济的影响。同时,通货膨胀目标制的政策透明度可以增强公众对货币政策的理解和中央银行的独立性和责任感。这对健全一国的中央银行体制是极其重要的。货币政策的透明度的重要性在于增强公众对货币政策的理解,有利于形成市场合理的预期,避免相机抉择下由于透明度不够而使公众面对意外冲击时中央银行和公众的博弈导致的错误的预期,从而引发金融市场不必要的波动;还在于公众对中央银行作出的保持价格稳定的承诺的监督,形成对中央银行的约束,并保证中央银行不屈从于政府的短期指令,而致力于经济的长期稳定。

## 四、中国实施通货膨胀目标制要讨论的几个问题

### (一)中国货币政策的目标与通货膨胀目标制下货币政策的目标有何异同

通货膨胀目标制下货币政策的首要目标是价格稳定。通货膨胀目标制国家对价格稳定的理解是,价格稳定在实践中从不意味着一个零的通货膨胀率,而常常指一个接近于2%的物价水平。追求零通货膨胀率是不现实的,其原因在于:① 大部分国家通货膨胀率的衡量指标一般是消费价格指数CPI。而消费价格指数CPI本身具有高估物价水平的特性。CPI指数衡量的是一篮子固定种类商品的价格变化情况,因而CPI指数不考虑因商品价格的变化而形成的对商品的替代,即当某种构成CPI权重的商品价格上涨时,人们倾向于用较便宜的商品替代它,从而使实际物价水平的上涨并没有CPI衡量的物价水平的上涨高。如美国的CPI高出实际通货膨胀率0.5—2.0个百分点。因此,学术界一致的意见是用CPI衡量的通货膨胀率不可能为零,如果中央银行要追逐价格稳定,那么通货膨胀率也必须大于零。② 阿克洛夫、狄更斯和佩里(Akerlof, Dickens, and Perry,1996)指出,太低的通货膨胀率可降低实际工资的弹性,损害劳动力市场的分配效率,通过模拟发现接近于零的通货膨胀率将持续地增加自然失业率。③ 通货膨胀率太低,易使经济陷入通货紧缩,将会产生严重的金融问题,将干预金融市场的正常机制,并使紧缩更为恶化。

在美国,政策制定者把“价格稳定”定义为一个“不再为公众关心的(担忧的)通货膨胀率”。实践中,介于0—3%之间的通货膨胀率似乎符合这一定义。实际上这是一个经验问题(斯文森,1997a 中也有谈到)。

德国联邦储备银行长期以来都有一个2%的官方通货膨胀目标。2个百分点也是欧洲中央银行建立的通货膨胀目标范围的最高界限。

可见,价格稳定指一个低的通货膨胀率水平,而不是指通货膨胀率为零;同时,价格稳定的目标也指一个区间而不是一个点。这一定义有利于政策制定者对目标偏离的调整。

对于我国货币政策的目标,理论界有不同的看法。但有一点是肯定的,即在不同的经济发展时期,面临的政策目标是不同的。第八届全国人民代表大会第三次会议于1995年3月18日通过《中华人民共和国中国人民银行法》,其中规定我国货币政策的目标是,"保持人民币币值稳定,并以此促进经济增长"。显然货币政策的目标是稳定币值,而稳定币值的目标又是发展经济。

赵海宽(2003)撰文指出,这实际上是把"币值稳定"作为货币政策的目标,他指出这一规定是根据中华人民共和国成立以来,特别是改革开放以来的货币流通和经济发展情况作出的。因为多年的经验已经证明,不首先实现币值的稳定,经济就不可能正常发展,反过来如果稳定了币值,经济发展速度自然就会加快,故稳定币值是货币主管部门最有效的支持经济发展的办法。如出现通货膨胀,初期可能会加快经济发展的速度,但从如遇经济过热不得不进行整顿治理的总过程看,经济发展速度就要放慢,发展就要受到损伤。显然,赵海宽从中国改革开放的经验出发,认为对我国在经济高速增长时期经历的高的通货膨胀不能不引以为戒,多发的通货膨胀不但不利于币值的稳定而且不利于经济的持续增长。这一解释说明了中国货币政策的目标首先是保持币值的稳定,因为币值的稳定是实现经济增长的前提条件。但他认为中国的货币政策目标仍然可归结为单一目标,即稳定币值的单一目标。而针对1997—2002年的通货紧缩,赵海宽提出中国货币政策的目标应改为稳定币值和发展经济的双重目标,这样既可保证币值稳定,又可实现经济的长期发展,因为经济的发展离不开币值的稳定;并认为稳定汇价和充分就业以及保证股票市场的健康发展不宜列入货币政策目标,因为保证汇价稳定的根本办法是国家买卖外汇,而充分就业也基本上是依靠其他政策和行政手段,货币政策在这两方面能够具体发挥的作用很有限。而对于股票市场,他认为也是不应该列入的。理由是:第一,股票市场的波动过于频繁。股价的敏感度很强,极易受各种短期因素的影响,如果把股票价格纳入货币政策的目标,则会使货币政策经常改变。第二,我国现在的股票市场基本上不反映国家经济的发展变化状况。如1997年的亚洲金融危机刚过,国内经济状况仍然低迷，但是股票市场却异常活跃。因此，不宜把保证股票市场的健康发展列入货币政策的目标。

李念斋(2003)认为从1995年至今中国实行的是"保持货币币值的稳定，并以此促进经济增长"的货币政策目标，认为中国的法定货币政策目标是以稳定币值为首要目标的，同时兼顾经济增长，这是中国当时的经济情况使然。因为到1996年为止改革开放以来中国的经济增长总是伴随着高的通货膨胀，因此维持币值的稳定应该是货币政策的首要目标。

而盛松成、刘斌(2004)认为币值稳定包括货币对内价值的稳定，即保持物价稳定，同时也包括货币对外价值的稳定，即汇率稳定两个方面。他们认为中国实际上要达到的货币政策目标不仅仅指传统的经济增长、充分就业、物价稳定和国际收支平衡这四个目标，还有支持国企改革、配合财政政策扩大内需、确保外汇储备不减少、保持人民币汇率稳定、防范金融风险和防止资产价格泡沫、维护金融稳定等。这么多目标放在一起，一方面反映了不同时期中国经济面临的不同问题，这些问题呈现出一定的周期性，而货币政策要围绕这些周期性稳定运转；另一方面又反映了政府解决这些问题时又主要依靠货币政策。事实上，货币政策的能力是有限的。货币政策不能解决上述中国面临的所有现实问题。他们提出在开放经济下应实现多重目标的均衡。他们指出，我国开放经济下货币政策的对内目标应是保持总量平衡，包含三层意思：首先，货币政策无法提供超过充分就业的经济增长率，货币政策的目标应该是可持续的长期经济增长，货币政策操作应侧重于熨平经济的波动和外部的干扰，增强经济增长的稳定性；其次，货币政策是宏观调控工具，调控对象应该是总需求、总供给和一般物价水平，尽量减少对微观部门的干预；最后，物价稳定既是供求平衡和稳定预期的结果，又有助于经济长期增长潜力的发挥，因此货币政策应该努力保持物价稳定。他们指出，在对内和对外的政策目标上，对内目标的实现应该优先于对外目标的实现；并提出改革人民币汇率的形成机制，实现真正的有管理的浮动汇率制，发挥利率和汇率杠杆的作用。

上述三篇文献都提到了货币政策的双重目标，即经济增长和币值稳定。但更多的是强调币值稳定在经济增长特别是长期的经济增长中的作用。同时，更强调货币对内价值稳定的重要作用，这与通货膨胀目标所追求的价格稳定的思想是一致的。在通货膨胀目标制里，价格稳定是货币政策的首要目标，不同的是通货膨胀目标是利用利率的手段来平滑汇率，允许汇率在一定限度内浮动，尤其是在新兴市场经济国家。而中国对内要钉住货币供应量目标，同时又要稳定汇率，即实行名为有管理的浮动汇率制，实则为固定汇率制的汇率制度。实际上这两个目标难以为继（见下文分析），中央银行的调控手段是极其有限和被动的。那么，究竟如何看待币值稳定和物价稳定呢？

（二）币值稳定和物价稳定

如前所述，币值稳定包括货币对内价值的稳定，即保持物价稳定，同时也包括货币对外价值的稳定，即汇率稳定两个方面。如果说我国在追求币值稳定的单一目标，那么这一单一目标实际上包含了国内物价的稳定和汇率的稳定两个方面。这两个方面是否可以同时实现呢？开放经济中一国物价的稳定不仅取决于国内因素，还取决于国外因素。国内因素包括总供求的关系、货币因素和政府财政行为和货币政策等因素；国外因素包括汇率、国外通货膨胀率、国际收支等因素。汇率的波动会通过直接汇率渠道和间接汇率渠道影响国内的物价水平。斯文森（1997）提出，“直接汇率渠道”是指当本币汇率升值时，意味着进口品以本币表示的价格变得便宜。由于计入消费物价指数的部分物品与服务是进口品，因此使CPI下降，这种渠道称为直接汇率渠道。而开放的新兴工业化国家基本上是通过这一渠道来传播的。所谓间接汇率渠道，是指本币升值也会使本国物品比外国物品相对昂贵，从而降低国外对本国物品的需求，同时也使国内的部分需求为进口品所替代。这两种情形都使本国总需求下降，最后更大幅度地降低国内的通货膨胀率。间接汇率渠道比直接汇率渠道具有更长期的效率。

在固定汇率制下，开放经济中汇率通过直接汇率渠道和间接汇率渠道向国内价格的传导就不存在了，而是通过国际收支来传导。国际收支的变化会传递至国内的物价水平。具体表现为：一方面，当一国持续发生国际收支顺差时（如20世纪90年代中期以来的中国），由于实行固定汇率，中央银行为了维持固定汇率必须买入外汇投入本币，使国内的基础货币增加，这就会增加国内通货膨胀的压力，这时一国往往通过公开市场业务进行对冲操作，吸纳由于顺差多投入的基础货币，抵消潜在的通货膨胀的压力。这一效果如何取决于对冲操作的容量和空间，中央银行要有足够的对冲操作空间才可以抵消顺差的持续冲击。另一方面，当一国同时面临国际收支顺差和国内通货膨胀时，维持固定汇率的成本更加高昂；如果货币当局采取提高利率的办法抑制国内通胀，其结果是国际收支又进一步顺差，因为利率提高会引致资本流入；如果想降低利率改善国际收支顺差，则又无法抑制通货膨胀。这种矛盾实则是“米德冲突”。2002年我国走出紧缩，出现了物价持续上涨和国际收支顺差急剧上升的状况，中央银行利用货币政策工具时就面临这样一种“米德冲突”的状况。这实际上也说明了在面临进一步开放的中国，货币政策调控手段遇到了新的困境和问题，这一问题表现在固定汇率下，维持稳定的汇率和稳定的国内物价水平的困难，货币政策稳定币值的目标无从实现。那么按照赵海宽、李念斋和盛松成、刘斌等对我国货币政策目标的看法和推理，既然币值都无从稳定，又如何追求经济的增长，尤其是经济的长期、持续增长呢？

而在浮动汇率下，汇率的波动可以通过直接汇率渠道和间接汇率渠道向国内的物价水平进行传递。因此汇率的波动对国内物价的影响是快速的。对新兴市场经济国家来说，汇率的急剧波动不仅威胁到这些国家的货币在国际资本市场上的可信度，导致资本的急剧流动，从而动摇它们的金融和经济基础，引致货币或金融危机；而且汇率通过直接和间接的渠道向国内物价水平的快速传递也使这些国家的物价极不稳定，造成国内经济不稳定的预期和经济波动。因此，新兴市场经济国家在实行通货膨胀目标时往往通过改变利率工具平滑汇率，以抵消汇率的波动对国内物价稳定造成的影响。这一做法值得我们借鉴。

（三）中国的现实需要建立一个新的货币政策框架

如前所述，中国经济目前呈现出来的问题不仅存在内部货币供应量难以控制、与经济发展的相关性差等问题，还存在着由外部因素的加入、外部经济冲击导致的内外均衡矛盾，如国内物价稳定和汇率稳定目标的冲突问题。这意味着本国经济的内在不稳定与外部经济的冲击正随着国内市场的逐步开放交织而来，也是中央银行未来所必须面对和解决的难题。

1. 财富的增长与人们资产结构的变化导致了货币需求函数的变化

影响货币需求的因素主要有收入或财富、股票市值等规模变量，利率、预期通货膨胀率等机会成本变量。改革开放20年来经济持续、高速的增长使人们手中积存了大量的财富，财富的持有形式主要是以保持流动性和储蓄为形式的货币，以商品、房地产为主的实物资产，以股票、债券为表现形式的有价证券及外币资产。20世纪90年代以来证券市场的迅速发展使其成为吸纳剩余货币资金的重要场所。当证券市场预期收益率与银行储蓄存款利率、实物投资预期收益率不一致时，人们就会在各种形式的资产之间进行替换；当本币或本币资产价值与外币或外币资产价值存在差异时，就会发生二者之间的套利与替代行为。因此，资产形式之间的替换导致了财富的持有形式与结构发生变化，从而使货币需求函数发生变化。1996年以来的连续降息，实物部门投资预期回报率下降，股票资产预期回报率上升,国债利率也高于相应期限的存款利率,从而吸引了大量资本从实物部门流向股票市场与证券市场,这其中也包括“三类企业”的自由资金。人们持有的投资性货币需求上升,交易性货币需求下降。随着B股市场对境外投资者开放,本币与外币市场之间的联系越来越密切,资本市场收益率与资产价格的变化对货币需求的影响将会越来越大。此外,如下文所述的本币汇率的升值或贬值预期导致的资本内流与外逃同样会影响到货币需求函数的稳定。

2. 内外均衡目标的矛盾也使货币供应量指标难以为继

与以资本市场开放、货币自由兑换、货币钉住某一货币或汇率的窄幅波动的开放新兴市场经济国家不同,在2005年7月21日以前,我国实行的是名为有管理的浮动汇率制实为固定汇率的汇率制度。而2005年7月21日以后,中央银行宣布我国可实行日汇率浮动在上下0.3%的范围内,并逐步向真正有管理的浮动汇率制过度。对于开放的新兴市场经济国家,汇率的浮动可自动吸收与化解由外汇市场的供求波动引起的各种干扰,避免中央银行大规模的外汇干预对货币供应量的影响。我国与开放的新兴市场经济国家不同,在资本账户的货币兑换管制下,汇率的稳定只能靠中央银行外币与本币公开市场业务的冲销操作来实现。这就意味着中央银行有可能以内部货币供求的波动来换取外部货币供求的均衡。

我国自1994年实行结售汇制与汇率并轨的外汇体制改革以来,外汇储备迅速增长。近年来,中国的外汇储备每年都以2 000亿美元左右的速度递增,截至2006年7月底,我国外汇储备已达9 545亿美元,距离万亿元大关近在咫尺。由外汇储备增加引致的外汇占款急剧增长,中央银行货币政策操作程序已经紧紧围绕外汇占款而非常被动。首先,在外部出现不均衡的情况下,即长期的经常账户、资本账户双顺差,本币存在升值压力,为维护汇率的稳定,中央银行不得不连续购进外汇以避免本币升值,这样就向流通中投入了等值的基础货币。其次,中央银行的对冲操作虽然保持了基础货币与货币总量目标值不变,但却使基础货币投放的渠道和货币供给结构发生了显著的改变。因为购汇满足了售汇企业的人民币资金需求,但冲销干预却收缩了国内信贷渠道投放的货币,压缩了国内经济的发展。况且,近年来外汇储备中有相当一部分是流入的短期套利资本。据估计,2002年就有200亿美元的短期套利资本流入我国。而2004年新增的2 000多亿美元外汇储备中,只有750亿美元来自外商直接投资(FDI)和外贸顺差的贡献,其余1 500亿美元都是各种各样的国际资金流入,后者主要源自充斥于国际市场且急于四处寻找投资机会的“热钱”。这部分资本主要是通过混入经常账户(其中大部分是通过境内居民和非居民经常账户收汇)流入我国的,如果央行实行非冲销干预,则会形成超额货币供给,虽然可消除汇率升值压力,稳定汇率,但却给国内造成通货膨胀隐患,影响人民币币值稳定。

由此可见,中央银行不得不牺牲内部货币供求结构的不均衡来保证外部汇率的稳定与国际收支的平衡。

3. 经济发展中的内外均衡矛盾日益突出,国际经济因素的加入及外部经济干扰给中央银行货币供给调控带来了难题

在2006年7月21日的汇率机制改革以前,我国中央银行对外实行人民币汇率相对不变政策,以力求实现国际收支平衡的对外均衡目标;对内钉住货币供应总量目标,实现物价稳定和经济增长的内部均衡目标。在严格的资本账户管制下,中央银行干预外汇的同时就可实现国内货币供给目标。但在经常账户可自由兑换、资本账户逐步放宽的条件下,中央银行长期大规模单向购进或售出外汇进行干预,无论是非冲销性干预,还是冲销性干预,都会对内外均衡目标造成冲击。尽管2006年7月21日进行了汇率机制改革,但是汇率的浮动幅度还是极其有限,对于化解外汇储备急剧增长,降低人民币升值预期的冲击力还是有限的。

根据汇率的资产组合理论,当央行进行非冲销性购进外汇干预避免本币汇率升值时,本币供给增加,本国利率下降,本币汇率贬值。可实现外部本币汇率贬值目标而不能实现内部货币供给目标。同时,非冲销干预引起的利率下降和货币贬值,会引发短期资本外流,引起资本账户逆差,可在一定程度上抵消内部的货币扩张。当央行进行冲销性购进外汇干预避免本币升值时,本币供给不变,本币汇率贬值,但贬值幅度小于非冲销干预下的贬值幅度,可实现内部货币供给目标而不能完全实现外部汇率贬值目标。这是因为本国债券供给增加引起利率上升,从而本国债券需求增加,外国资产需求减少,本币汇率升值,一贬一升最终使汇率低于非冲销干预下的汇率水平而高于原来的汇率水平。汇率目标没有完全实现,市场仍面临本币升值压力。与非冲销干预所不同的是,冲销干预将引起利率上升和货币升值预期,必然会引起套利性或套汇性短期资本内流,对外是资本账户顺差,对内则会产生通货膨胀压力。

可见,在开放条件下,由于国外因素的加入与外部经济的冲击和干扰,内部经济均衡就有可能为外部经济干扰所打破,使内外经济失衡,因而内外均衡问题成了政府经济发展中所必须面对和解决的主要问题,我国目前正面临这样的情形。

实际上,这不得不引发我们思考这一系列问题:中国货币政策追求内外均衡的众多目标中,到底什么是最重要的目标?哪些目标是货币政策所能达到的,哪些目标是货币政策无法实现的?可不可以尽可能减少目标的数量,通过把握其中一个最重要的目标来把握全局?这实际上涉及一个货币政策的运行框架问题。正如本章第二、三、四节所述,汇率目标、货币供应量目标和通货膨胀目标所追求的目标是不同的,货币政策的运行方式也应不同。汇率目标是一国严重依赖被"锚定"国经济的一种缺乏独立性的货币政策框架,开放的新兴市场经济国家为了维持本国货币的可信度不得已而为之,汇率目标也极易遭受国际资本的冲击从而导致维持汇率目标的高昂代价。货币供应量目标可使货币政策根据国内的经济状况变化作出调整,但它取决于货币总量目标和最终目标之间的稳定关系。在面临开放的经济条件下,要达到一定的货币供应量目标必须允许汇率波动。但是,由于货币需求的不稳定已经成为一个世界经济的趋势,货币供应量目标已经难以为继。而通货膨胀目标以价格稳定作为货币政策压倒一切的目标,可以兼顾产出、汇率目标等;同时,通货膨胀目标利用利率的手段来平滑汇率,允许汇率一定程度地浮动,尤其是在新兴市场经济国家。通货膨胀目标制在货币政策目标和货币政策的传导机制上都不同于前两种货币政策框架并且具有其独特的优点,目前已经实行通货膨胀目标制的国家也没有放弃这一目标制。

中国目前客观上要求建立一种适应新时期经济形势的货币政策框架,这一框架应该是货币政策通过把握一个最重要的目标来兼顾其他目标的实现。如前所述,通货膨胀目标制的政策框架应是这样一种理想的政策框架,因为它为开放经济下货币政策的操作提供了一种全新的理念和方法,提供了一种在开放经济下追求内外均衡的新的货币政策运行的模式,这一模式具有一定的灵活性,并有利于中央银行制度的建设,如增强中央银行的责任感和透明度,正确引导公众预期等,并且为中央银行提供了一种新的操作模式。

## 五、通货膨胀目标下的货币政策操作:货币状况指数——兼谈对泰勒规则的修正

波尔(1997)指出,在封闭经济中,通货膨胀目标是一个好的目标规则,泰勒规则是一个好的工具规则。但是波尔认为泰勒提出的利率对通货膨胀和产出变化的系数分别为 0.5(Taylor,1993)的值太低了,因而是一个无效的规则,应该加以修正。根据波尔的模型,对于给定的参数值,

即 $\alpha=0.4,\beta=1.0,\lambda=0.8$,泰勒规则的有效性需要通货膨胀的系数在(0,2.5)的范围之内,产出系数在(0.8,1.8)的范围之内,虽然0.5的实际通货膨胀系数在有效边界之内,但是产出系数太低。他推算产出系数应为1.0,是实际值的两倍。因此,有效的泰勒规则需要政策制定者要更加积极地对产出活动作出反应。

在开放经济中,泰勒规则和严格的通货膨胀目标制规则的政策表现极差,必须加以调整。具体来说,如果政策制定者最小化加权总和的产出和通货膨胀方差,最优政策的工具是基于利率和汇率的货币状况指数(monetary conditions index, MCI)。所谓货币状况指数,就是指利率工具并不简单地表达成泰勒规则,因为泰勒规则只适合封闭经济,而在开放经济下,利率规则不仅要考虑产出缺口和通货膨胀缺口,还必须考虑汇率的平滑,因此MCI定义为一个短期利率和汇率的加权平均数。这实际上是对泰勒规则的一种修正。波尔(1997)定义的货币状况指数可表达为:

$$wr+(1-w)e=\text{MCI}=a\gamma+b(\pi+\gamma e_{-1}) \tag{7-39}$$

式(7-39)的左边为短期利率和汇率的加权平均,右边为产出缺口和长期通货膨胀率——一个通货膨胀率和滞后的汇率的联合指标。这一公式表明,中央银行的政策工具为货币状况指数,调控的目标是产出缺口和长期的通货膨胀率,这样就剔除了短期因素对货币政策的影响和压力。

使用货币状况指数的创意始于20世纪80年代末的加拿大银行。当时加拿大银行意识到汇率和利率在货币政策行动中起重要作用,于是在货币政策操作中赋予汇率一个具体的权重。之后,加拿大银行不仅使用MCI作为货币政策立场的一个信号,而且也视其为货币政策的操作目标。20世纪90年代末以来新西兰、瑞典、芬兰、冰岛、挪威等国家的中央银行都采用了MCI,而与加拿大和新西兰不同的是,北欧国家使用MCI作为货币政策的指示器而不作为一个明确的操作目标。

MCI有用有两个原因:第一,由于通货膨胀的压力大部分来自于产出缺口,而货币政策影响产出缺口主要通过汇率和短期利率,自然就构造了这些变量的一个加权平均数。权重取决于它们影响总需求的相对重要性。第二,制定一个合意的MCI路径,货币政策当局可以通过调整MCI来实行松或紧的货币政策,也可以通过调整MCI中利率和汇率的相对权重来调节货币政策。

MCI的使用使这些开放经济国家可以在影响经济的两大路径——利率和汇率——之间寻求一个均衡点,这一均衡点不仅作为货币政策立场的信号,而且作为货币政策调控的工具,其目标只有一个,即达到既定的通货膨胀目标和产出缺口目标。可见,MCI 比泰勒规则的好处在于它不仅仅以利率作为调控的手段,还考虑到汇率的波动对经济的影响,这在开放经济中平衡内外经济的均衡不失是一种新的思路和手段。

中国对使用 MCI 的研究仅仅刚开始,由于我国利率还未市场化,汇率仍然是有管理的浮动汇率,因此构造中国的 MCI 作为调控手段还缺乏理论依据和经验。但是,随着我国进一步的开放和利率、汇率的市场化,研究适合我国的 MCI 作为中央银行新的调控手段是非常具有现实意义的。

## 参考文献

[1] 陈雨露、边卫红:"开放经济中的货币政策操作目标理论",《国际金融研究》,2003,(10):18—25。

[2] 陈涛、王习农:"浅析'热钱'流动对中国货币政策的影响",《中国外汇管理》,2003,(9):20—21。

[3] 李念斋:"论中国的货币政策目标",《中南财经政法大学学报》,2003,(2):44—48。

[4] 李惠芬:"人民币汇率相对不变政策在内外均衡中的成本效应与调整思路",《国际金融研究》,2003,(9):14—22。

[5] 卢宝梅:"试论市场化利率体系中基准利率的传导效应及其选择",《中国经济问题》,2002,(1):60—67。

[6] 邱崇明:"入世后中国货币政策的外部环境变化与对策",《金融研究》,2003,(5):127—135。

[7] 邱崇明、张亦春、牟敦国:"资产替代与货币政策",《金融研究》,2005,(1):52—64。

[8] 盛松成、刘斌:"中国开放条件下的货币政策目标",《银行家》,2004,(1):72—74。

[9] 吴晓灵:"2004 年中国的货币政策和利率政策",人民银行网,http://www.pbc.gov.cn。

[10] 汪洋:"中国货币政策最终目标的内在冲突分析",《金融与经济》,2001,(11):25—28。

[11] 汪昌云:"现代西方汇率理论与实证研究综述",《国际金融研究》,2003,(11):27—34。

[12] 夏斌、廖强:"货币供应量已不宜作为当前中国货币政策的中介目标",《经济研究》,2001,(8):33—43。

[13] 禹刚、胡晓炼:"中国外储已增加韩元等货币",中国债券网,www.cnstock.com,2006 年 9 月 18 日。

[14] 赵海宽:"现行货币政策目标应考虑修改",《金融经济》,2003,(7):16—17。

[15] 朱周良:"再促中国汇改 G7 不言人民币升值",中国债券网,www. cnstock. com, 2006 年 9 月 18 日。

[16] Akerlof, George, William Dickens, and George Perry, The Macroeconomics of Low Inflation, *Brookings Papers on Economic Activity*, 1996,(1):1—59.

[17] Backus, D., J. Driffill, Inflation and Reputation, *American Economic Review*, 1985, (75):530—538.

[18] Ball, Laurence, Credible Disinflation with Staggered Price Setting, *American Economic Review*, 1994, (84):282—289.

[19] Ball, Laurence, Efficient Rules for Monetary Policy, *International Finance*, 1998, 2(2):63—64.

[20] Ball, Laurence, Policy Rules for Open Economies, NBER Working Papers, 1998, 6760.

[21] Barro, Robert J. and David B. Gorden, A Positive Theory of Monetary Policy in a Natural Rate Model, *Journal of Political Economy*, 1983,(91): 589—610.

[22] Batini, Nicoletta and Andrew G. Haldane, Forward-Looking Rules for Monetary Policy, In *Monetary Policy Rules*, John B. Taylor, ed., Chicago: Chicago U. Press, 1999.

[23] Bernanke, Ben S., Thomas Laubach, Frederic S. Mishkin, and Adam S. Posen, *Inflation Targeting: Lessons from the International Experience*, Princeton: Princeton U. Press, 1999.

[24] Bernanke, Ben S. and Frederic S. Mishkin, Inflation Targeting: A New Framework for Monetary Policy, *Journal of Economic Perspectives*, 1997, (11): 97—116.

[25] Bernanke, Ben S. and Michael Woodford, Inflation Forecasts and Monetary Policy, *Journal of Money, Credit, Banking*, 1997,(29): 653—684.

[26] Clarida, Richard, Jordi Gali and Mark Gertler, Monetary Policy Rules in Practice: Some International Evidence, *European Economic Review*, 1998, (42): 1033—1067.

[27] Clarida, Richard, Jordi Gali and Mark Gertler, Monetary Policy Rules and Macroeconomic Stability: Evidence and Some Theory, NBER Working Papers, 1998, 6442.

[28] Clarida, Richard, Jordi Gali and Mark Gertler, The Science of Monetary Policy: A New Keynesian Perspective, *Journal of Economic Literature*, 1999, (37): 1661—1707.

[29] Canzoneri, Matthew B., Monetary Policy Games and the Role of Private Information, *American Economic Review*, December 1985, 75(5): 1056—1070.

[30] Fischer, Stanley, The Role of Macroeconomic Factors in Growth, *Journal of Monetary Economics*, December 1993, (32): 485—512.

[31] Friedman, Benjamin M. and Kenneth N. Kuttner, A Price Target for U. S. Monetary

Policy? Lessons from the Experience with Money Growth Targets, *Bookings Papers on Economic Activity*, 1996,(1):77—146.

[32] Freedman, C., The Use of Indicators and the Monetary Conditions Index in Canada, Balino, T. J. T., Cottarelli, C. eds., Frameworks for Monetary Stability-Policy Issues and Country Experiences, IMF, Washington, 458—476.

[33] Gerlach, S. and Smets, F., MCIs and Monetary Policy, *European Economic Review*, 2000, (44):1677—1700.

[34] Jiri Jonas and Frederic S. Mishkin, Inflation Targeting In Transition Countries: Experience and Prospects, NBER Working Paper, 2003, 9667.

[35] Kydland, Finn and Edward C. Prescott, Rules Rather than Discretion: Time Inconsistency of Optimal Plans, *Journal of Political Economy*, 1977, 473—491.

[36] Li, Jingyuan, Guoqiang Tian, Time Inconsistency and Reputation in Monetary Policy: A Strategic Modeling in Continuous Time, PERC Working Paper, Private Enterprise Research Center, Texas A&M University, 2002, 0219.

[37] Lohmann, Susanne, Optimal Commitment in Monetary Policy: Credibility versus Flexibility, *American Economic Review*, 1992, 82 (1): 273—286.

[38] Mishkin, F. S., International Experiences with Different Monetary Policy Regimes, *Journal of Monetary Economy*, 1999, (43): 579—605.

[39] Mishkin, F. S., Inflation Targeting in Emerging Market Countries, *American Economic Review*, 2000, (90): 105—109.

[40] Rogoff, Kenneth, The Optimal Degree of Commitment to an Intermediate Monetary Target, *Quarterly Journal of Economics*, 1985, (100): 1169—1189.

[41] Rogoff, K., The Optimal Degree of Commitment to a Monetary Target, *Quarterly Journal of Economics*, 1985(10):1160—1190.

[42] Svensson, Lars E. O., Inflation Forecast Targeting: Implementing and Monitoring Inflation Targets, *European Economic Review*, 1997, (41): 1111—1146.

[43] Svensson, Lars E. O., Inflation Targeting as a Monetary Policy Rule, *Journal of Monetary Economy*, 1998, (43): 607—654.

[44] Svensson, Lars E. O., Open-Economy Inflation Targeting, *Journal of International Economics*, 1998, (50): 155—183.

[45] Taylor, John B., Discretion versus Policy Rules in Practice, *Carnegie-Rochester Conference Series on Public Policy*, 1993, (39): 195—214.

[46] Walsh, Carl E., Optimal Contract for Central Bankers, *American Economic Review*, 1995, 85 (1): 150—167.

[47] Walsh, Carl E., *Monetary Theory and Policy*, Cambridge: MIT Press, 1998.

# 第八章

# 金融创新与货币政策有效性

# 第一节　金融创新的起源及中国近年来的主要金融创新成果

历史表明，在过去的几个世纪中，金融创新是经济增长的关键和持续动力。很多人认为金融创新是私人部门对经济中突然和逐渐的变化作出反应，以试图使他们的产品和服务与别人不同的一个不断进行的过程。金融创新被认为是“我们金融体系的基石之一，是有效和敏感的资本市场的生命之泉”（范·霍恩，Van Horne，1985）。

## 一、金融创新的定义

创新的英文单词是 innovation，这个词的词根源自拉丁语 novus（意为新的），其在美国词典学家韦伯斯特的词典里的定义为“提出新的或好像新的”。经济学家通常用 innovation 这个词来描述对经济的冲击以及对这些冲击的反应。根据帕尔格雷夫金融词典，金融创新发生在当“创造性的主体由于克服金融市场的不完美而获得报酬”和创新能“更加有效或低成本地完成金融任务”时。

金融创新这一术语通常被用来指影响金融市场的一系列广泛变化和发展。在狭义上，金融创新可以仅仅指新的金融产品的引入。在广义上，金融创新是创造并普及新的金融工具、金融技术、金融机构和金融市场的行为。弗雷姆和怀特（Frame & White，2002）认为金融创新代表降低成本、降低风险或提供一种改进的从而能更好地满足市场参与者需求的产品、服务、工具的新东西。

## 二、最近的金融创新背后的激发因素

金融创新的发展历史也就是整个金融业发展的历史，它最早可以追溯到古罗马和一些世界文明的发祥地。一般来说金融创新的主要动因有：使固有的不完全市场更加完全；减轻代理问题和信息不对称问题；使交易各方降低成本；规避监管和避税；技术进步的推动。但是在最近的几十年中，金融创新的速度远远超过了以往任何时期。是哪些因素刺激了最近的金融创新如此迅速地发展呢？

许多工业化国家在20世纪70年代和80年代初的高通货膨胀经常被认为是那个时期金融创新浪潮背后的激发因素。两位数的通货膨胀率增加了持有不付利息的现金余额的成本,并造成国内和国际金融市场的高波动率。许多国家在这段时期也经历了持续的高政府赤字,这导致了降低服务成本的需求。

在最近几十年中,在放松金融市场监管和全球化的普遍趋势的背景下,许多国家的金融部门都经历了巨大的变化。直接融资的重要性上升了,而不同种类的金融机构之间的区分界限却变得日益模糊了。金融结构的变化和信息技术的进步刺激了新金融工具的发展,许多机构将它们提供的产品范围超过传统的表内项目,扩展到包括各种风险管理工具的表外项目。

20 世纪 80 年代以后,在金融全球化浪潮的冲击下,激发了新金融产品和市场的发展。所谓金融全球化,即西方发达国家放松金融管制、开放金融市场、放开资本账户管理,使资本在全球各地区、各国的金融市场自由流动,最终形成全球统一的金融市场、统一的货币体系的趋势。金融全球化包括:金融自由化、国际化和一体化三个方面。金融自由化是一国国内金融管制的解除;金融国际化包括银行互设机构、发展境外金融中心和资本账户的开放等;金融一体化是指国内外金融市场互相贯通,并以国际金融中心为依托、通过信息网络和金融网络形成全球统一的、不受时空限制的、无国界的全球金融市场。随着全球化的不断深入和扩大,企业、投资者和政府暴露于巨大的风险之中(汇率、利率或政治风险),金融创新有助于他们管理这些风险。

全球化使资本筹集者能够从世界范围内的潜在投资者那里筹集到资金,但是他们必须要能满足不同投资者的需要。于是,为了满足特定投资者需要的各种创新应运而生。例如,各种创新的结构化产品以跨国监管套利的形式被设计出来,以满足日本保险公司投资者的特定需求。

同时,全球化也使得全球金融环境更加具有不确定性,风险日益加大,从而刺激了金融创新。史密斯、史密森和威尔福德(Smith, Smithson & Wilford, 1990)证明了利率、汇率和商品价格波动率的增加,并推断出这种风险的增加与金融创新之间的联系。由波动率的增加产生的金融创新产品包括:外汇期货、互换和期权,利率远期、期货、互换和期权,以及商品期货和期权等。通过金融创新,金融中介能够向他们的客户提供管理甚至利用这些风险的产品,同时金融中介也能更好地评估和管理自己的资产和负债。

### 三、金融创新的作用

金融部门通过使资源的配置更加便利,很显然在经济中起着关键的作用。在某种形式上，金融实际上影响着经济的每个部门。大量的文献表明金融创新、金融发展对经济增长有着重要作用。

许多证据表明新的金融产品和市场降低了交易成本并有助于降低摩擦，从而使金融市场更加完全。最新的金融创新的主要益处之一在于，它提高了管理风险的能力，并且存在着它们主要被用来进行套期保值而不是引致风险的证据。金融衍生产品的创新使得风险的分类定价和重新包装更加便利，这导致了风险在整个经济中更加有效的分配。这些产品允许将以前分开的市场联系起来（范·哈根和芬德，Von Hagen & Fender，1998），并使投资者能够更加完美地对他们的组合进行套期保值。金融衍生产品增加了标的资产市场的流动性，而这反过来又增加了银行对实际部门的投资提供融资的愿望（桑托马罗和德雷斯特，Santomero & Trester，1998）。

当然，使用新的金融工具来对标的头寸进行动态套期保值有可能导致金融市场不稳定的增加。这是因为动态套期保值经常要求在价格上升或下降时进行资产的购买或出售，这会增加市场价格的变动。但是经验证据并没有趋向于支持衍生产品使现货市场普遍不稳定的证据，虽然国际清算银行（1994）论证了在不平常的压力期间这有可能会发生。

一些研究找到了支持衍生工具和其他创新主要被用来实现基本的经济功能而不是仅仅引致风险的证据。例如，芬德（Fender，2002）指出“企业使用衍生产品起决定作用的动机是最小化企业现金流的波动”以及“使用最优的风险管理策略来控制公司现金流的利率风险敞口以试图稳定代理成本”。格林布莱特和朗斯塔夫（Grinblatt & Longstaff，2000）从对美国财政部本息分离债券（STRIPS）的研究中提供了投资者创造并使用新的 STRIPS 主要是为了使市场更加完全，从而克服金融市场摩擦的证据，这一结论得自于他们对市场的观察，那就是当很难从既有的附息票工具中合成贴现债券时，STRIPS 就被创造出来了。

### 四、中国近年来的主要金融创新

根据前文所述，金融创新可以主要分为金融机构创新、金融市场创新、金融产品创新和金融技术创新。下面我们对中国近年来金融创新取得的成效进行简要的回顾。

二十多年来，中国的金融业发生了巨大的变化。用金融发展理论的术语来说就是，中国的金融深化与金融发展取得了十分显著的成效。这在很大程度上要归功于金融创新的结果。

借鉴戈德史密斯的金融发展理论，我们发现，二十多年的中国金融创新促进金融结构发生了显著变化：金融总量规模迅速扩大，非银行金融机构在金融体系中的重要性不断提高，金融市场日益深化与完善，社会直接融资有了长足发展，金融资产结构趋于多元化。货币政策的运行环境因此发生了重大变化。

1. 金融总量规模的扩大

金融创新产生了许多新的金融工具、金融机构和金融市场，刺激和满足了企业、居民和政府新的金融需求，从而促进了社会各类金融资产规模的不断扩大，也提升了中国的金融深度。戈德史密斯提出的金融相关比率被广泛用于反映一国的金融发展规模与金融深化程度，但考虑到其存量金融相关比率指标中的国民财富数据难以获得，一般采用其变形形式。谢平等(1992)采用的金融相关比率指标形式是全部金融资产价值与同期国民生产总值GNP之比。麦金农(1988)则用广义货币供应量$M_2$与国民生产总值GNP之比来衡量金融深化程度。我们认为，实际上以国内生产总值GDP来替代国民生产总值GNP更合适一些。按照谢平等所用的指标衡量，中国的金融相关比率在1978年仅为95.2%，到2002年就迅速上升为370.2%，提高了2.9倍。按照麦金农的方法来衡量($M_2$与GDP之比)，中国1978年的金融深化程度仅为38%(参见洪琦，2000)，到2005年上升为163.9%，提高了3.3倍。从金融资产的绝对数的变化情况看，金融总量的增长也是十分迅速的。1978年，全国金融资产总余额为3 418亿元，2005年这一数字增加到了502 740.3亿元，增长了146倍，年均增长20.3%。

2. 非银行金融机构重要性的提高

在改革开放初期，中国的金融体系以银行机构为主导，当时的非银行金融机构只有农村信用社和1家保险公司。在金融创新的推动下，不仅银行机构进一步健全和发展，非银行金融机构也迅速崛起和壮大，在金融体系中的重要性有了大幅度提高，使得金融机构体系呈现出多元化发展的格局。至2005年年末，中国已拥有省、市、县三级农村信用社27 101家，城市信用社599家，信托投资公司59家，企业集团财务公司73家，金融租赁公司12家，证券公司125家，保险公司31家。上述非银行金融机构的资产规模已达128 043.7亿元，占全部金融机构资产总量的25.5%。这些数据表明了非银行金融机构在中国的金融体系中已经占有重要的地位。

3. 金融市场的深化与完善

中国金融市场的发展从20世纪80年代开始起步，经过二十多年的创新，金融市场现已初步形成一个具有较为完整的框架，并基本建立起了比较健全的市场机制。从市场交易的金融工具的期限和种类来看，有了货币市场和资本市场，货币市场又包括同业拆借市场、银行间债券市场、票据市场、短期国债市场等，资本市场又包括长期国债市场、企业债券市场、金融债券市场、股票市场、证券投资基金市场、风险资本市场等；从市场组织形式看，既有场内市场，又有场外市场；从市场交易功能看，既有一级市场，又有二级市场。金融期货市场也正在筹备中。货币市场利率水平已在相当程度上由市场决定，逐步成为反映整个金融市场资金供求松紧状况的标尺。股票市场的发行定价和交易方式也实现了市场化，国债、金融债券的发行已经实行了公开招标的市场方式。从数量上看，各类市场的总量规模已达到相当的水平。至2006年年末，国债余额为31 448亿元，政策性金融债余额为22 835亿元，企业债余额为5 532亿元，三者合计占当年国内生产总值(210 871亿元)的28.37%；股票市价总值为89 404亿元，其中流通市值25 004亿元，分别占当年国内生产总值的42.39%和11.86%；证券投资基金已达到301只，证券投资基金规模为6 020亿元。

4. 社会直接融资的发展

改革开放之前，中国的社会融资结构基本上是单一的间接融资，没有直接融资工具。改革开放后，新的融资工具陆续诞生，债券市场、股票市场相继出现，促进了直接融资的发展，打破了融资结构单一的局面。在迄今为止的二十多年中，直接融资中的国债、股票发展较快，企业债券的发展速度相对缓慢。特别是进入20世纪90年代后，随着证券交易所的建立，股票市场进入了快速发展的轨道。2005年，国债发行额为7 042亿元，企业债发行额为2 046.5亿元，境内股票筹资338.13亿元，境外股票筹资1 544.38亿元，四者合计相当于当年金融机构贷款增加额的66.5%，其中企业债与境内外股票融资金额相当于金融机构贷款增加额的23.82%。

以1990年作为对比基期，2005年的国债、企业债、股票筹资金额分别增长了29.1倍、1.6倍、223.8倍，年均分别增长32.8%、8.3%、57.0%。

根据2004年的资金流量表分析，住户部门的5 302.49亿元外部融资全部为贷款，非金融企业的17 707.57亿元外部融资中有11.4%为证券(债券、股票)融资，政府部门的3 292.68亿元外部融资中有96.4%为发行国债筹资。

5. 金融资产结构的多元化

金融创新为社会各类经济主体创造了大量新的金融投资工具,投资渠道已从单一的现金和存贷款转变为现金、存款、贷款、债券、股票、基金、保险准备金等多品种并存,实现了金融资产结构的多元化。在2006年年末的全社会金融资产总量中,现金占比3.67%,各项存款占比45.51%,各项贷款占比30.57%,各类债券占比8.12%,股票占比12.13%。可以看出,传统的存款、贷款资产的比重都已下降到了50%以下。住户部门作为全社会的主要资金净流出部门,其金融投资不再局限于传统的金融机构存款,证券投资已占其总投资的20.25%。

## 第二节 金融创新对货币政策的影响分析

### 一、金融创新对货币定义与计量的影响分析

自从货币出现之后,便在一国的经济中扮演着至关重要的角色。然而,随着金融环境的变化,特别是金融创新的发展促使日新月异的金融工具不断涌现,传统的货币定义和计量已经不能适应这种变化。那么,金融创新对货币定义以及货币总量究竟有什么样的影响呢?本文对此作了简要分析。

#### (一)传统的货币定义

货币在日常生活中的运用非常广泛,然而要给货币下一个精确的定义却相当困难。在金融创新出现之前,对货币进行定义就引起了巨大的争议。如在19世纪中叶英国的"通货之争"中,"通货学派"认为只有金属货币和银行券才构成货币,其他各种信用工具都不是货币;"银行学派"则认为不仅金属货币和银行券是货币,而且活期存款等信用工具也应纳入货币范畴,因为它们同样发挥着交换媒介的功能。

传统的货币定义主要从货币的功能出发,认为货币就是在商品交换、劳务支付或债务偿还中被普遍接受的东西。通货,即钞票和硬币,都符合这个定义,因而是货币的一种。大多数人所说的货币主要是指通货。因为支票在购买付款时也被普遍接受,所以支票账户存款也被看成是货币。这种看法为大多数人和经济学家所普遍接受。

#### (二)金融创新和货币的定义

传统的以货币的功能标准来对货币进行定义的划分方法存在很大的争议。例如,英国的拉德克利夫委员会(1959)就完全拒绝接受这种根据

功能标准来对货币进行定义的观点，该委员会的报告(《拉德克利夫报告》)对于20世纪80年代金融创新的效应显示了格外的预见力。该报告详述了"流动性"的概念，认为是流动性的需求决定支出水平，而不是持有货币的机会成本。该报告认为存在一系列广泛的资产，它们中的每种都不同程度地包含有货币性的特征；并进一步论证了在一个发达的金融经济中，存在许多高度流动的资产，它们是货币的近似替代。从而，货币在经济中只是更加广泛的流动性的一个组成部分。因此，在这个意义上，《拉德克利夫报告》中的货币就成了流动性。如果用流动性来定义货币，那么货币的范围不仅包括传统意义上的货币，而且包括银行和非银行金融机构所创造的所有短期流动资产。

然而，是否存在许多能高度替代或近似于货币的资产呢？许多研究者利用英美等发达国家的数据对此进行了实证研究，但却得出了相互冲突的结论。如果信用水平的变化与广义货币总量的变化一致，那么用广义的货币定义作为货币政策的目标，就不应该有什么问题。然而，后凯恩斯学派认为货币理论应该强调信用货币而不是存款货币，因为后者是由前者所派生出的。

而货币主义者认为哪些资产可以构成货币需要通过实证来进行检验。激进的货币主义者认为货币是名义收入的指示器，通过控制货币可以控制名义收入。那么对货币的正确定义就是指那些与名义收入保持最紧密关系的金融资产的总和(考夫曼 Kaufman，1969；弗里德曼和施瓦兹 Friedman & Schwartz，1970)。货币主义者认为对货币的定义应该通过实证来进行的观点起源于这样一种看法，那就是如果确定稳定的货币需求是可能的，那么货币供应的变化对经济的影响可能是可以预测的。因此，货币的正确定义是那些为货币函数提供了稳定的总量需求的资产。

由于《拉德克利夫报告》所强调的流动性的重要性，以及经过实证检验后存在稳定的需求函数，英格兰银行曾经一度将 $M_3$ 作为货币政策的目标。但后来，却又放弃了这一目标，这与《拉德克利夫报告》也存在着联系：诸如广义货币和狭义货币这些一般性的概念，对其进行任何准确的定义都需要在实际上连续的金融资产之间画一条线；而且以过去的关系为基础来进行划分可能会由于金融体系不断的发展而遭到削弱。特别是由于20世纪70、80年代以来的金融创新和金融自由化的快速发展，货币定义的问题变得更加敏感。1971—1984年，美国共修改了七次货币供应量指标，货币指标发展到 $M_1$、$M_2$、$M_3$、$L$ 和 Debt 五个统计口径；英国在此期间共修改了九次货币统计指标。这些体现了对货币和不是货币的资产进行明确的区分,已经越来越没有明显和正确的标准。

(三)金融创新和货币总量的重新分类

由于金融创新的不断深入,许多金融资产能够近似替代货币,从而经常对货币总量进行重新分类变得十分必要。因为新的金融工具的不断出现,意味着表现出货币功能的那些资产是随时间而不断变化的,同时也意味着货币当局为了达到货币控制的目的,不得不对这些新型金融工具作出评估。这两年中国金融衍生产品的发展非常迅速,人民币理财产品、外汇理财等产品的相继推出,在一定程度上满足了人们的流动性偏好,从而在某种程度上引起货币供应量中各个层次的比例发生了相应的变化。

另一个影响货币总量变动的因素是银行和非银行金融机构之间激烈的竞争。利率差额的变动和由于银行和非银行金融机构提供的不同条件,意味着在不同时刻,个人部门对短期资产组合的重新调整会导致广义货币增长率的扭曲。这有可能使货币状况变得模糊,从而不利于货币目标的实现。结果是使得不同的货币总量之间,以及货币总量和名义收入之间的关系变得更加不稳定。例如,1985 年,英格兰银行承认使用广义货币总量作为指示器在某种程度上是有限的。确实,英格兰银行规定了许多监测变量,而不仅仅是受到疑问的广义货币总量,而且,英格兰银行也从来没有仅仅机械地按照监控货币总量的规则进行政策操作,相反地,英格兰银行总是根据货币状况不断进行调整,以确保经济平稳运行。基于中国目前的制度背景,金融创新对货币量的影响受到一定程度的限制。中国现行的银行体制下,银行体系的创新能力并不是很强,也难以发挥,所以,金融创新带来的冲击应该说是微小的。

一直以来,许多国家的货币当局似乎总是把货币供应量既作为中介目标,也作为信息变量之一。中国在 1996 年正式开始以货币供应量作为货币中介目标,随着中国金融业对外开放的不断加深,货币供应量的有效性在很大程度上受到冲击。在金融创新日新月异的今天,这种做法已遭到越来越多的怀疑。然而,问题不仅仅是对货币总量进行一劳永逸的分类,而关键是应该意识到由于金融创新,需要不断地对货币总量进行重新分类。而这样做的可能结果是使得货币状况变得混淆,从而阻碍货币政策的操作。

(四)金融创新对货币总量的影响

如果货币总量被用来作为货币供应的目标,那么意味着在货币总量和最终目标之间存在合理稳定的关系。而且,持有货币的动机应该保持一致,以使得货币总量的增长率能对支出水平传递准确的信息。在货币控制条件下,货币总量增长率的降低隐含了可获得用于支出的货币量的减少。因此,在货币总量和名义收入之间应该有稳定和密切的关系。然而,金融创新对于广义货币总量的影响,却可能改变货币与收入之间的稳定关系。从英国的实际情况来看,$M_3$ 和名义收入,以及 $M_4$ 和名义收入之间的关系似乎从 1980 年开始就发生了显著的变化。

随着金融创新以及银行和非银行金融机构之间竞争的加剧,许多新的金融产品和服务被创造出来,这些新的金融产品和服务往往使得原来的纯投资账户和纯交易账户之间的界限越来越模糊,金融机构的客户通常只需要一个账户就可以同时实现投资和交易的目的,而不需要在投资账户和交易账户之间进行资金的转移。这意味着广义货币总量的流通速度倾向于下降。

在中国目前商业银行之间面临激励竞争的市场环境下,商业银行推出的各种理财产品和创新型的银行产品(如建设银行推出的新型通知存款[①]),有可能会使中国狭义货币总量 $M_1$ 与广义货币总量 $M_2$ 之间的界限变得模糊,甚至难以准确度量。

因此,在面对金融创新而引起的新的金融市场环境时,个人在资产组合中对持有额外的流动性资产如何进行选择,这对于一国货币总量的变动和货币需求的稳定性以及货币政策的实现,可能有重要的意义。首先,个人对于为了纯交易和为了投资便利或作为金融投资组合而持有资金,不再认为有必要分别持有不同的账户。其次,一般性利率水平的下降对于持有流动性交易余额的机会成本具有更低的效应。因此,可以预期这些变化对于货币总量增长率的影响将变得更小,同时也更加不可预测。再次,即使在货币增长率和一般利率水平之间能建立起可预测性的关系,也存在一个问题,那就是要确定个人如何调整在他们持有的金融资产中为交易目的和投资目的而分别持有的资金余额,几乎是不可能的。因此,一般利率水平的上升,有可能只是降低货物和服务的有效总需求,而不会引起货币总量的明显增长。因为个人不需要明确的行动(因此不会引起相关的交易成本)就能够改变他们持有的金融资产组合的分配,因此,货币当局对于利率水平的操纵会对私人的支出水平产生相当强的影响,而这种影响可能没有被货币当局意识到。这样的结果就使得个人持有流动性资金的动机的变化可能打破货币和收入之间的关系。如果个人持有交

① 传统的通知存款要求客户一定要按规定的天数提前通知,否则银行一律视为活期存款予以计息;而这种新型通知存款在客户和银行之间签订转存协定后,无论客户何时提取存款,银行都按满足通知存款的计息次数按通知存款的利率进行计息。

易余额是为了投资目的,而不是交易目的,那么货币供应量的增加可能不一定会导致收入的增加。货币供应量的增长快于名义收入,这可能仅仅表明了个人为投资目的而持有的高利率货币余额的愿望的增加。

如果广义货币的增加数量被合意地持有的话,非银行私人部门继续愿意持有这些余额关键取决于实际利率被维持在较高的水平上。然而,当实际利率保持较高的水平时,个人可能为了投资的目的而积聚大量的资产。一旦持有流动性资产的实际收益率开始下降,人们可能通过对货物、服务和实际资产的支出迅速地降低这种余额。因此,当货币总量的增长率超过国内产出的增长时,我们有必要担心短期内是否会出现通胀。只要货币当局保持对较高利率的限制,任何为减轻货币控制而采取的官方行动都会对私人部门的实际消费能力的增长率产生不成比例的影响。

当货币当局试图限制货币总量的增长时,作为对利率差额变化而引起的资金的短期运动,除了个人为投资目的而持有流动性余额的明显意愿之外,使得依赖于货币总量变得相当不现实。由于金融创新的不断发展,管制的放松以及其他原因,使得货币总量和政策最终目标之间的关系变化了的时候,就十分有必要利用除货币总量之外的信息。但这并不意味着在货币总量中没有有用的信息。虽然此时判断货币总量是否增长太快比在一个更加稳定的监管框架下更加困难,但货币总量仍然能够提供有用的信息内容。

总之,金融创新的影响会对货币当局的政策操作产生阻碍作用,使得货币当局控制货币总量变得更加困难。

(五)结论

金融创新对于货币定义和计量主要有以下两种影响:

第一,新的金融资产(被用来执行持有货币的传统动机:交易和预防)由于会导致货币总量增长率的扭曲,使得货币当局有必要对货币总量进行重新分类。

行使货币传统功能的金融创新阻碍了货币控制的短期操作。在创新的引进和货币当局对创新的确认之间经常会有时滞。而在分析创新和决定货币总量是否需要重新分类之间存在进一步的时滞。在这期间,新资产的增长率可能导致货币供应目标的扭曲,造成对货币条件解释的问题。对包含新资产的货币总量进行重新定义也可能产生对货币当局的货币控制方法的怀疑。

第二,存在可能为了货币的投资性质而被持有的金融创新。高度流动的货币资产的迅速发展,使得金融机构提供了极具竞争性的相关市场利率。而且,这些新资产也倾向于实现货币的传统功能。这些资产的特征在于它们并不要求持有者采取明确的行动将它们从投资账户转移到支付中介账户中。为了降低交易成本,投资和支出余额被保持在同一账户上,仅仅在持有者的心目中被认为是分开的。这种付利息的交易余额可能存在一定的利率弹性,因此对货币控制可能有更持续的影响。

以英国为例,上述关于货币总量增长的分析暗示,兼有交易和投资特征的高利率便利账户的出现,可能破坏了货币与收入之间关系的稳定。英国从1980年开始的广义货币的收入流通速度的降低,如广义货币总量比名义收入增长更快的趋势,可能的解释是因为英国居民将货币余额增加到投资性资产上。货币的高利率的吸引力似乎改变了货币和收入之间的关系,因为货币余额的持有者指派给了货币新的作用。

因此,货币政策的操作不应该仅仅通过事前制定的货币规则来被执行,而应该随着金融环境的变化而变化。而且,货币政策的有效性取决于货币当局控制货币供应和货币需求的能力。

## 二、金融创新对货币政策中介目标的影响

货币政策中介目标是实现货币政策最终目标的中间环节。作为货币政策的中介目标,必须具有可测性、可控性和相关性。然而金融创新使得货币政策中介目标逐渐偏离了对其“三性”的基本要求,从而使得货币政策中介目标的实际效果下降,货币控制的难度加大了。

### (一)金融创新降低了货币政策中介目标的可测性

金融创新使得货币政策中介目标变量的定义变得模糊,并使其难以观察、计量和分析,从而降低了货币政策中介目标的可测性。

当代信用货币的层次主要是以流动性强弱为标准来划分的,而金融创新使各种金融资产的流动性都发生了很大的变化,这就打乱了原有货币定义的界限。随着金融创新的进行、新型金融工具的不断涌现及金融市场自由化程度的提高,金融资产之间的替代性空前加大,交易账户与投资账户之间、狭义货币与广义货币之间、本国货币与外国货币之间的界限逐渐模糊,货币的定义与计量变得复杂。这种复杂性降低了货币政策中介目标的可测性。

同时,金融创新改变了货币需求的构成,这也影响了货币政策中介目标的可测性。随着金融创新的发展,涌现出了许多货币性极强的新型金融工具,例如NOW账户、超级NOW账户、MMDA等。这些新型金融工具具有良好的支付功能和变现能力,可以在很大程度上满足人们的流动性

需要。此外，金融创新带来的金融电子化和转账支付结算方式，缩小了现金使用范围，从而降低了人们对货币流动性偏好的需求，导致交易性货币需求下降。同时，金融创新使许多交易账户具备了投资账户的部分功能，使得证券化趋势增强、投资性货币需求上升。这也不同程度地降低了货币政策中介目标的可测性。

（二）金融创新降低了货币政策中介目标的可控性

金融创新使各种可充当货币政策中介目标的金融变量的内生性越来越强，而与货币政策工具之间的联系却变得日益松散和不确定，这降低了货币政策中介目标的可控性。

以最常用的中介目标货币供应量为例，货币供应量的内生性或外生性与货币政策的有效性密切相关。如果货币供应量是纯外生变量，则中央银行能完全控制，从而使货币政策达到较高的有效性；如果货币供应量是纯内生变量，则中央银行完全不能控制，这种情况下的货币政策是较为低效的；如果货币供应量兼具内生性和外生性，则中央银行对其的控制能力有限。金融创新不仅扩大了货币供应的主体，加大了货币乘数并使之复杂多变，增强了货币供应的内生性，而且中央银行法定存款准备金率的覆盖面缩小且作用降低，再贴现率的被动性增强而作用范围减少，使得中央银行对货币供应量的可控性大为削弱。

（三）金融创新削弱了货币政策中介目标的相关性

金融创新加大了货币乘数的可变性，使货币政策中介目标与最终目标之间的相关性降低了。货币乘数的公式为：

$$k_m = \frac{1 + k}{r_d + k + t \times r_e + e}$$

其中，$r_d$ 代表活期存款法定准备金率；$r_e$ 代表定期存款的法定准备金率；$k$ 代表通货漏出率；$t$ 代表活期存款转化为定期存款的比例；$e$ 代表超额存款准备金率。

在货币乘数公式中，金融创新对 $k$、$t$、$r_d$、$r_e$ 和 $e$ 都会产生影响。主要表现在金融创新使 $k$ 下降。各种新型金融工具的大量涌现提高了金融资产的整体报酬率，尤其是大量的业务创新使公众持有通货的机会成本加大，从而减少了流通中的货币量；此外，支付及清算技术的创新降低了转账清算支付成本，也使 $k$ 下降了。金融创新也使 $r_d$ 和 $r_e$ 趋于下降。$r_d$ 和 $r_e$ 由中央银行决定，活期存款的准备金率高于定期存款的准备金率。然而在金融创新的过程中，商业银行创造出介于活期存款和定期存款之间的新型负债类账户，如超级 NOW 账户等，这些账户都具有活期账户开支票功能，但平时资金余额却放在储蓄账户上。这样传统活期存款账户实际余额的下降导致法定准备金实际提取率下降,货币乘数加大,从而货币供应量作为货币政策中介目标与最终目标之间的相关性降低了。

在加拿大、英国、美国等国家,由于将传统交易工具的流动性特征与市场相关的收益率融为一体的金融工具的增多,货币目标总量的作用受到了损害,货币供给和名义支出变量之间的统计关系变得不稳定。在创新取得较大进展的国家,货币供给的变化激烈且难以捉摸,由于对货币供给中主要构成部分支付的市场相关利率有上升的趋势,货币总需求与在中央银行直接控制下的利率水平之间的反比关系已不那么明显,较广义的货币供给的利率弹性接近于零。由于新的信用工具的运用和增长,较为广义的信用基础的增长和稳定性的测定变得困难,导致一国信用总量与名义支出总量之间的关系发生重大变化。

## 三、金融创新对货币政策工具作用力的影响

### (一) 金融创新减弱了法定存款准备金率的作用力

首先,金融创新加强了融资证券化趋势。一方面,大量资金从银行流向非存款性金融机构和金融市场,绕开了存款准备金率的约束;另一方面,金融创新改变了金融机构的负债结构比例,尤其是商业银行,存款在其负债中所占的比例逐渐下降,而通过国内外货币市场如同业拆借、回购协议、欧洲美元借款等短期借入资金和其他较长期负债如发行金融债券等的比重却稳步增加。这两方面的变化导致整个银行体系的存款大为减少,法定存款准备金率的作用范围随之减小。

其次,存款货币银行通过创造出新型负债种类来减少甚至逃避法定存款准备金率的提缴。许多商业银行还通过不受法定存款准备金率约束的子公司和新型附属机构转移资金以逃避法定准备金的提缴。

再次,银行超额准备金率的弹性增强。法定存款准备金率作用机理的基本前提是银行的超额准备金率不变,那么提高或降低法定存款准备金率可以起到数倍收缩或扩张银行货币创造能力的作用,而金融创新恰恰破坏了这个基本前提。由于货币市场高度发达,银行调整超额准备的途径很多,而且十分便利,这就使银行超额准备金率的刚性降低、弹性加大。例如,当中央银行调高法定存款准备金率而银行不愿收缩信贷时,银行可以通过减少超额准备来保持其贷款规模,流动性不足的问题可以通过货币市场来解决,其结果是削弱了调整法定存款准备金率的作用力。

### (二) 金融创新削弱了再贴现政策的效果

再贴现政策通常包括规定贴现条件和调整再贴现率两项内容。金融

创新对这两项内容都有影响。

首先,金融创新使再贴现条件的规定向自由化方向发展。目前大多数国家的中央银行不再对再贴现条件作出严格规定。其原因一是金融创新使“真实票据说”的理论影响逐渐消失,活跃的工具创新使新型票据都能符合中央银行的规定;二是金融机构以政府债券作抵押向中央银行借入准备金的方式在再贴现业务中所占的比重越来越大,这种方式不受再贴现条件的约束。这两个原因使有关合格票据贴现的规定逐渐丧失作用。

其次,金融创新削弱了调整再贴现率的作用力。在调整再贴现率的操作中,中央银行本来就处于被动地位,金融创新使这种被动性更为明显。因为中央银行调整再贴现率后,只能坐等金融机构来申请再贴现时才能发挥出作用,所以,金融机构对再贴现的依赖程度与其作用的大小呈正比。金融机构对再贴现业务的依赖程度,取决于从其他途径借入准备金的难易程度。金融创新使得金融机构可以通过其他许多途径来弥补流动性的不足,如可以通过出售证券、贷款证券化、同业拆借、发行短期存单以及从国际金融市场上借款等多种方式来满足流动性的需要。此外,金融创新也使得金融机构借入资金的成本降低、便利程度提高,使得金融机构对再贴现业务的依赖程度降低。这就削弱了中央银行再贴现窗口的重要性,降低了再贴现政策的效果。

(三)金融创新强化了公开市场业务的作用

公开市场业务的运作实际上是中央银行在公开市场上买卖有价证券用以调节货币供应量。随着金融创新的发展,证券化趋势日益增强,金融市场高度发达,这十分有利于中央银行开展公开市场业务,并扩大了这一工具的影响面,增强了其作用力。

首先,金融创新为公开市场操作提供了大量可供买卖的工具,使中央银行吞吐基础货币的能力大为增强。同时,金融创新创造出回购协议等灵活有效的买卖方式,使中央银行能够在金融市场上主动地按既定的时间和数量注入或收缩基础货币。

其次,金融创新引起了金融机构资产负债结构的变化,使得金融机构在补充流动性资产或进行资产组合调整中日益依赖公开市场,它们积极参与市场买卖不仅在客观上配合了中央银行的操作,而且也有利于增强政策效果。

再次,金融市场创新和金融工具创新吸引了微观经济主体对各种经济信息、动态和金融市场行情的关注,中央银行可以通过公开市场业务影响公众和金融机构对经济前景的预期,这就加强了公开市场业务的“告示效应”,扩大了影响范围,使这一政策工具不仅可以调控货币供应量,而且可以调控信用总量,还可以通过操作发布明确的信息,对经济活动进行有效的引导与微调。

从西方国家20世纪70年代以来的实践来看,阻挠货币政策工具作用力的一个主要因素是可变利率工具和利率保值手段的广泛运用。当借贷者在利率高涨时期进行新的项目投资时,可变利率融资就可以使借款者避免长期负担高额利息支出,这就导致紧缩货币政策对企业和居民推迟投资和消费的刺激减弱了。期货、期权、利率互换和远期利率协议等金融衍生工具的运用会使风险转嫁到处于风险最前沿的经济行为体身上,货币政策变化的效果可能会降低,其影响会延迟;同时,新金融工具的风险实际上集中于那些对新金融工具进行评估和管理的机构上,因而货币政策变化的影响又会得到加强,影响速度会加快。其最终影响如何,尚不确知。现有金融市场和二级市场的不断深化增加了流动性,为经济行为体以较低成本迅速摆脱不利的资产负债地位提供了更多机会,因而在短期内很有可能阻碍货币政策有效性的发挥。

## 四、金融创新对货币政策传导机制的影响

金融创新对货币政策传导机制的影响主要表现在:

第一,金融创新削弱了商业银行的传导中介角色,强化了非银行金融机构的中介作用。首先,金融创新改变了金融市场的结构,导致金融机构的多元化,使得货币政策传统的主要载体——商业银行的作用下降,商业银行也被迫向业务的多样化、综合化发展;其次,金融创新工具的发展增强了金融资产的替代性、流动性,一定程度上推动了货币政策的有效传导;再次,金融市场的发展,使风险能单独估价并被广泛分散,使得金融资产价格的形式更趋真实,货币政策传导中风险与收益评价能准确进行,提高了货币政策意图传递的保真性。但是它在一定程度上加剧了资产价格的波动,削弱了整个金融市场的稳定性,也削弱了以市场为媒介的货币政策的传导基础。

第二,金融创新部分地改变了货币政策的传导机制,使传统的传导机制受阻。首先,金融市场的创新(如欧洲货币市场的建立)使中央银行执行货币政策的难度加大。其次,金融创新使得商业银行的存款结构发生了很大变化。大量的非银行金融机构分流了商业银行的资金来源,使商业银行的存款,尤其是活期存款大幅度下降,这就使中央银行通过增减法

定存款准备金来控制信贷规模的货币政策作用力降低,货币政策的作用被削弱。再次,金融创新使货币创造的主体实现多元化,非银行金融机构越来越多,其经营业务的范围越来越大,大量的活期存款涌入这些机构,创造出了大量的派生存款,使中央银行通过控制商业银行的派生存款来控制货币的供应量的货币控制能力降低。

第三,金融创新影响了货币政策的传导时滞。货币政策的时滞包括内在时滞和外在时滞,前者是指中央银行决策过程中的时滞,后者是指货币政策作用于经济过程中的时滞。一方面,金融创新可能使金融市场的运行更加复杂,资产价格也更具易变性,在多方面影响了金融运行的过程,加大了货币政策的内在时滞;另一方面,金融创新导致的金融业务交叉,分散了中央银行的控制点,大量金融工具的运用使得利率与汇率不断变动,从而加大了传导时滞的不确定性,使得货币政策的传导在时间上难以把握,影响了货币政策的外在时滞,从而给货币政策的决策和实施以及实施效果的判断带来较大困难。

从西方国家20世纪70年代以来的实践来看,金融创新对货币政策传导机制的影响主要通过两个渠道:

第一,资本流动与作为货币政策传导机制的汇率的作用。资本管制的逐渐废除和其他放松管制的措施促使资本流动对各种利率和汇率的变动变得更加敏感;同时,新金融工具的广泛运用也起了很大的作用,因为借贷双方已经能越来越容易地获取范围较广的一系列相近的信用替代形式,进而促进资本的国际性流动。欧洲货币市场的产生对此起到了重要的推动作用,并且因为蒙代尔机制①(Mundell Mechanism)的作用,促进了固定汇率制度的消亡,取而代之的是浮动汇率制,以保持国内货币政策的独立性。但是,较高程度的资本流动对货币政策的影响并不十分确定。因为这种影响除了取决于资本的流动程度外,还取决于其他一些重要假设,如短期价格和工资的弹性强度、对汇率未来走势的预期的形成方式,以及这种预期的可信程度。关于汇率预期形成方式的假设会影响到汇率的动态调整过程。在市场对汇率均衡水平的预期不能确定时,汇率的大幅度波动就会持续。在这种情况下,如果中央银行通过货币扩张来降低国内利率,将会导致汇率下降并发生波动。如果再加上通货膨胀预期,则货币政策的放松会引发恶性通货膨胀循环,货币政策的作用因此会受到制约。与此相关,国外的货币冲击会通过汇率的波动迅速传到国内经济

---

① 这里所说的蒙代尔机制,是指由蒙代尔提出的“三元悖论”或“不可能三角定理”,即固定汇率制、资本自由流动和独立的货币政策三者之间是不能同时并存的。

中，从而使一些小型和开放程度高的国家的独立货币政策受到干扰。资本的国际流动性不断增加，还会导致另外一个后果，即货币政策对外部经济部门的影响逐渐加重。

第二，利率作为货币政策传导机制的作用。金融创新所导致的金融体系的变化提高了利率在货币政策传导机制中的作用。这些重要的创新包括浮动利率贷款以及证券化的趋势等。金融创新使得一些国家对利率的上限规定和特定信贷数量的限制政策逐渐失效，从而导致信贷配额工具在货币政策传递中的作用降低了，利率在货币政策传递中的作用提高了。因为信贷限制政策是建立在融资渠道和信用形式有限的基础上的，而金融创新却使国内外资本市场的信用替代形式大量增加了。

总之，金融创新对中央银行的货币控制能力和货币政策的实施形成了很大的冲击，不可避免地影响到货币政策最终目标的实现。因此，中央银行应积极采取对策，以求在金融创新的浪潮推动下，能进一步增强货币政策操作的有效性。

## 第三节　金融创新形势下中国的货币政策

### 一、发达国家货币当局应对金融创新的主要对策

美国金融业所创新的一些货币市场工具、存款账户、金融期货、公司现金管理技术等都对该国货币政策形成了不同程度的冲击。① 这些新的货币市场工具包括大额定期可转让存单、回购协议、联邦基金市场、货币市场互助基金，新的存款账户包括自动转账服务（ATS）、可转让支付命令、超级可转让支付命令、货币市场存款账户，它们突破了货币当局的存款利率限制，导致美联储在 1979 年不再以利率作为货币控制工具。同时，货币市场工具为银行带来了新的存款资金和流动性，这在一定程度上规避了严厉的货币政策。新的存款账户则降低了货币持有人的交易成本，增加了货币供给中的生息货币资产，并减少了狭义货币 $M_1$ 的需求，利率敏感性也发生了变化，$M_1$ 的行为方式严重偏离了历史趋势，联邦公开市场委员会为此在 1982 年年末不再将 $M_1$ 作为货币政策目标变量。金融期货提高了银行、建筑商和所有企业对宏观政策约束的免疫力，降低了利率敏感性，从而削弱了货币当局通过提高官方利率可能达到的经济效

① 关于美英两国金融创新对货币政策的影响，参见波多利斯科（Podolski，1986）的研究。

果。新的公司现金管理技术提高了企业应对央行紧缩政策冲击的能力，并减少了狭义货币 $M_1$ 的需求，改变了企业在流动资产管理中对赢利机会的态度，增强了利率敏感性，从而可能影响货币需求弹性。

英国的银行、建筑协会、持牌存款机构、单位信托等金融机构的负债管理创新比资产创新更为活跃。负债创新主要表现在两个方面：一方面，出现了新型银行间货币市场工具，包括地方临时债务交易、融资中介机构存款交易、英镑 CD 交易、银行间存款交易；另一方面，产生了新的存款和综合性金融服务工具，包括与货币市场基金收益相联系的高息支票账户、信贷公会附提款工具的定期股金账户、建筑协会提供的兼具生息账户和银行经常账户功能的综合金融服务、类似于美国 ATS 和公司现金管理服务的其他一些金融工具。这些创新对货币政策的影响类似于美国。货币市场工具的创新为银行增加了获取资金的新来源，而且资金头寸宽松程度不同的银行之间还可以相互进行批发性存款交易，从而增强了银行对紧缩货币政策的缓冲能力，也使企业在严厉的货币政策时期更容易获得银行的稳定资金供给。存款账户的创新带来的主要变化是，传统的货币性服务与非货币性金融服务的区别进一步变得模糊，标准货币理论定义中关于货币是经济行为体银行资产中的零利率资产或带有固定名义利率的资产逐渐为一些具有“自身”利率的货币资产所取代。这些货币的“自身”利率随着一般市场利率而变化，货币当局影响相关利率的能力因此受到损害，特别是在较高层次货币供给中包括了大量其利率与市场利率相关的金融工具时更为明显。此外，私人部门的资金需求是对整个金融部门的一般利率水平变化作出反应的重要决定因素，而金融机构负债管理的创新则使这一反应变得迟钝。因此，货币需求的利率弹性降低，*LM* 曲线变得更加陡峭，控制货币会导致利率波动性加大，名义利率水平不能再作为一个可靠的货币控制工具。为了适应金融创新形势下控制货币的需要，英国货币当局从 1972 年开始不再继续使用货币供应量指标 $M_2$，并在 1971 年后对货币供应量指标 $M_1$、$M_3$ 作了几次修改。[①]1972 年 3 月、1973 年 3 月、1983 年 9 月，英国货币当局三次在货币供给中增加了一些新的要素。1975 年年中，又改进了银行统计制度，结果从 1975 年 5 月起在货币供给特别是 $M_1$ 中引入了新的信息，从而改变了货币供给内容。经常账

---

① 英国货币当局对货币供应量 $M_1$、$M_2$、$M_3$ 的传统定义是：$M_1$ = 通货 + 本国私人部门经常账户英镑存款，$M_2$ = $M_1$ + 本国私人部门账户英镑存款 + 票据贴现所私人存款，$M_3$ = 通货 + 本国私人部门在银行和票据贴现所的英镑存款 + 本国私人部门在银行和票据贴现所的外币存款 + 本国公共部门在银行和票据贴现所的英镑存款 + 本国公共部门在银行和票据贴现所的外币存款（波多利斯科，Podolski，1986）。

户由活期存款代替,以把隔夜拆借和存放货币包括进来,这就把英国私人部门存放在票据贴现所和包含在活期存款定义中的资金包括进了 $M_1$ 中。1981 年 11 月,英国货币当局对货币供给又作了一次重大修改,将原定义中的"银行部门"替换为"货币部门"。

加拿大的几项重大金融创新冲击了该国货币政策的实施。[①] 家庭账户的两项创新(按日计息储蓄账户和按日计息个人支票账户)和公司账户的现金管理技术创新使得交易账户中的资金流向这些新出现的账户,减少了对货币 $M_1$ 的需求,使得传统货币需求方程变得不稳定,给货币当局确定货币供给的目标增长区间带来了困难。加拿大银行针对第一次现金管理技术创新和按日计息储蓄账户的创新采取的措施是:削减货币供给增长率的基数,而不是目标增长率本身,因为这两项创新对货币需求函数的影响是常数项的一次性移动。但对于按日计息个人支票账户的引入和现金管理技术的创新扩散,由于它们对货币需求的影响不是一次性的常数项移动,因此,为了计算货币需求的减少数量,需要估计过去某一时点移动的规模和这一移动在将来对 $M_1$ 的影响。这是十分艰难的工作,故 $M_1$ 不再被认为是一个有用的指示器,加拿大银行不再制定 $M_1$ 的目标增长区间。加拿大银行还试图重新定义货币供给,以将这些货币需求的移动内部化,但未能取得成功。因为新出现的这些账户有其自己的利率,而这些利率的变化与市场利率并不完全相关,货币当局很难对其导致的货币供给增长背离目标区间而在货币政策上进行调整。

法国的金融创新在三个密切相关的方面损害了货币政策[②]:第一,传统上中央银行对交易账户和投资账户的定义是有区别的,但随着将流动性和收益融为一体的新金融工具的出现,这一规范的区别变得模糊了。因此,货币供给的有效性或多或少受到了怀疑。第二,一些金融工具的诞生或消失,改变了金融资产的替代范围,使得货币供给发生波动,削弱了货币存量的可控性。第三,金融创新使得货币政策中介目标和最终目标之间的关系日益变得不稳定,从而削弱了货币政策效果的可预测性。但目前这一影响相对于新的金融产品对货币需求的影响而言更加不确定,更没有让人深刻理解,因为缺乏金融创新理论的微观基础。

日本的金融创新对该国货币政策中介目标和货币政策效应的传导渠

① 参见弗里德曼(Freedman, 1983)的分析。

② 参见德·伯伊斯(De Boissieu, 1987)的研究。

道都具有显著的影响。[①] 第一，货币流通速度和货币需求的结构变化。自1975年起，日本银行强调以货币存量作为货币政策的中介目标，但货币和准货币的流通速度和货币需求函数已经发生了结构性移动。$M_1$ 的流通速度至1973年为止一直是下降的，其后至1980年基本保持稳定，1980年之后出现了上升趋势，这是由于现金货币和活期存款的"经济化创新"所致。[②] $M_2+CD$ 的流通速度一直是下降的，但迪维西亚（Divisia）指数[③] $M_2+CD$ 在1973年停止了下降，此后保持平稳，这是因为在 $M_2+CD$ 中，货币性低的资产成分在增加。就货币需求函数而言，$M_1$ 的收入需求弹性和 $M_2+CD$、$M_3+CD$ 的短期、长期利率弹性自1977年后下降了，其原因与流通速度的变化原因是相似的。前者是因为现金货币和活期存款的"经济化创新"所致，后者是因为其收益对公开市场利率敏感的资产成分增加了，即货币性低的资产增加了。但是，在日本，这些结构变化并不是如此剧烈，以至于最优货币数量与适当的需求总量一致的关系变得不清晰，特别是收入需求弹性的结构性变动并未显著改变对 $M_2+CD$（日本银行采用的主要指标）最优数量的估计。第二，货币政策效应传导渠道的变化。$M_2+CD$ 需求函数的利率弹性下降，表明货币政策传导渠道正在发生变化。变动的银行间利率对银行贷款的影响依赖于贷款利率的黏性，金融的非中介化比重上升依赖于存款利率、银行负债利率、货币信托和贷款信托利率的刚性。随着利率管制的放松，这些传导渠道的重要性下降了。此外，利率对支出的影响变得日益重要。因为在日本，支出的利率弹性高，货币政策总体上还是有效的。货币政策有效性越来越依赖于利率效应而不是银行贷款和货币数量，这意味着银行贷款或货币数量变化与GNP之间的时差缩短了，最后变成同时波动；因投融资渠道多元化，国内外资本流动增加，对具体部门的选择性金融控制变得越来越困难，窗口指导（window guidance）的作用下降了。

## 二、中国金融创新的发展趋势

对于中国而言，近几年来，随着经济体制改革的深化，金融产业获得了令人瞩目的发展，金融制度、金融工具、金融技术、金融机构等方面都实

---

① 参见铃木（Suzuki，1987）的研究。

② 这里所指的"经济化创新"，是指能够为所使用的金融服务节约成本或增加收益的创新，包括信用卡、薪酬通过银行汇款、税费自动转账、现金取款机和自动柜员机的安装、综合性账户和现金管理服务等。

③ 迪维西亚指数货币总量是指对某一层次的货币供给构成成分按照其货币性的高低，分别赋予各成分资产大小不一的权重，然后再进行加总所获得的货币总量。

现了一系列的创新，而且随着中国的“入世”和金融业的全面对外开放，可以预计，一场大规模、全方位的金融创新浪潮正在向我们逼近。

(1) 随着金融改革的深入推进，中国将形成富有活力的金融创新主体。近年来，中国的金融改革迈出了重要步伐，并且日渐深入。新一轮农村信用社改革首先从 2000 年 8 月开始在江苏省拉开试点的序幕，继而在 2003 年 8 月扩大到全国八个省(市)，现在正在向全国各地推广。这一轮农村信用社改革的主要内容是改革农村信用社的产权制度和监督管理体制，并由政府在财税、金融政策上给予适当的扶持。国有独资商业银行的改革也已起步，并且取得了突破性进展。中国银行、中国建设银行和中国工商银行已经完成了股份制改造并已上市。国家利用外汇储备为这两家国有商业银行注入了 450 亿美元资本金。中国农业银行的股份制改革也在积极酝酿和研究当中，即将推出整体改革方案。国有保险公司也已先期完成了股份制改革，并成功实现了上市。这些金融改革措施有利于减轻农村信用社、国有独资商业银行多年积累下来的历史包袱，建立起完善的金融企业法人治理结构，形成科学有效的激励约束机制。这将进一步增强这些金融机构的内部经营活力，为其实施金融创新提供内在动力。

(2) 金融对外开放将加剧金融业的市场竞争，增加金融创新的外部压力。自 2001 年以来，中国政府按照加入 WTO 的承诺，加快了金融业对外开放的进程。外资银行、保险公司、证券机构加速进入国内，并不断扩大经营地域和业务领域。到 2006 年年底，银行业对外开放的过渡期结束，外资银行经营外汇和人民币业务不再受到地域和客户限制。随着越来越多的外资金融机构进入中国金融业，中国金融市场的竞争必将越来越激烈，寡头垄断性市场结构必将为竞争性市场结构所取代。在强大的市场竞争的压力下，中外资金融机构只有通过不断地开展金融创新，才能赢得更多的客户，稳定并拓展市场。这种竞争格局已在近年初现端倪，各类金融机构的创新速度明显加快，创新产品明显增多。

(3) 金融对外开放的不断扩大，将使国内金融创新的模仿和传播速度加快。中国金融业的对外开放是双向的，不仅外资金融机构不断进入国内市场，而且中资金融机构也在逐渐走出国门，进入外国金融市场，融入金融全球化的浪潮。近年来，国内金融机构不仅在国外增设了越来越多的分支机构，而且还与外国金融机构合资或控股设立了一些独立法人金融机构。这种国际和国内金融市场的对接、中外资金融机构的融合，大大增加了国内金融机构与外国金融机构交流的机会，降低了国内金融机构学习、借鉴、模仿发达国家金融创新的成本，有利于中国金融业尽快缩小与发达国家在金融创新上的差距，增强国内金融业的整体竞争实力。这是由金融创新产品没有专利保护制度的特征所决定的。

(4) 中国经济金融的快速发展和世界经济的日益一体化，将刺激金融创新需求的迅速增长。自改革开放以来，中国经济一直保持着快速增长的势头，成为世界经济增长的强大动力。人们预计，这一增长趋势仍将维持较长一段时间。经济的增长，带来了城乡居民收入水平的大幅提高，全社会的金融财富快速积累。为此，人们迫切需要有更多新的金融产品来运用金融财富，需要有更多新的金融工具来管理金融财富。与此同时，随着中国经济金融的持续发展和世界经济日益走向一体化，经济金融活动中的不确定因素增多，市场风险不断增大，人们越来越需要金融机构创造出大量新的金融工具来分散和转移经济金融风险，以保持经济金融的健康、稳定运行。可以观察到，近年来国内银行、证券机构、保险公司推出了很多各具特征的新的理财产品，即是响应了社会各类经济主体在运用金融财富中合理组合收益和风险的多元化需求。

## 三、中国货币政策面临的挑战和变化

从前面的研究中可以知道，二十多年的金融创新已经对中国货币政策体系带来了一定的影响。随着金融创新的进一步深入和加快，货币政策所受到的影响和冲击将越来越显著、越来越深刻、越来越广泛，货币政策的实施将面临许多挑战、困难和诸多新的变化。

### (一) 面临的挑战和困难

(1) 货币当局对货币需求的预测将更加困难。金融创新的深入推进和不断拓展，尤其是证券市场的创新和发展，将推动中国的货币需求继续增长。传统货币需求模型已不能有效地模拟金融创新带来的新的货币需求，而要重建新的货币需求模型也是一件困难的工作。这是因为金融创新的冲击往往存在着随机性、不确定性，建立的货币需求模型可能会在结构上不稳定，缺乏良好的预测性能。如果没有一个可靠的货币需求模型，就难以准确预测和估算货币需求总量，从而也就不能合理地确定货币供给总量调控目标，以实现货币供求均衡的目标。

(2) 货币乘数的波动将更加频繁而不稳定。在金融创新的过程中，影响货币乘数变化的超额准备金率、现金比率和非交易存款比率将会受到更多冲击，其波动频率和幅度将会越来越大，从而使得货币乘数的变化方向和变化幅度将变得难以准确预测。在此情况下，货币当局对于基础货币投放数量的规划就会更加困难，实现货币供给总量调控目标也就存在着很大的不确定性。

(3) 货币供应量作为中介目标的有效性将受到质疑。首先,金融创新将对“货币”的传统定义产生冲击,使货币与非货币的界线变得更加模糊,难以进行准确的计量。目前很多银行机构推出的理财账户实际上已经存在这种现象,这类账户不属于银行存款账户,因而不纳入货币供应量的统计范围,但其流动性实际上十分接近于存款账户。其次,正如上文所述,由于货币乘数的非规则性波动,货币供应量可能会变得不可控。最后,由于货币需求受到金融创新的影响,货币供应量与国民收入的相关性也可能趋于下降。

(4) 货币政策实施效果的精确评估和预测难度增大。金融创新将使得中国的货币政策传导渠道出现多元化的局面,货币供给与实体经济变量之间的关系会变得越来越复杂,货币政策向实体经济传导的时滞和效果将会存在诸多不确定性。这将使货币当局不能精确地评估货币政策的实施效果,从而也就难以依据政策的实施效果及时对现有政策进行必要的调整和矫正。

(二) 货币政策实施的有利条件

对于金融创新对货币政策的影响,我们应该全面而深刻地加以认识,不能仅仅看到金融创新对实施货币政策的不利影响,而应该辩证地看到金融创新对实施货币政策的有利影响。金融创新通过提高金融资源的开发利用程度和再配置、提高社会投融资的满足度和便利度、增强货币作用效率等效应,提高了金融作用力,扩大了对经济的影响程度。

(1) 货币当局调控基础货币和货币供给的可用市场工具更加灵活多样。金融创新的不断发展使得金融市场更加发达、融资证券化日益盛行,货币市场的交易品种将逐渐增加,交易规模日益放大,这有利于中央银行运用公开市场操作这一理想的货币政策工具,使中央银行有足够的可操作工具进行交易,灵活调控基础货币数量,从而有效控制货币供给总量。这将有利于提高操作反应的灵敏度,增强操作的力度和效果。

(2) 货币当局运用利率工具进行货币政策调控的条件日趋成熟。在金融市场各类交易工具创新的推动下,货币市场和资本市场将不断发展和完善,并趋于一体化,使得货币政策传导渠道得以疏通。因此,利率市场化的进程也将进一步加快,逐步形成能反映市场供求关系的短期均衡利率和长期均衡利率,货币政策利率传导机制将日趋成熟。在此条件下,货币当局通过利率这一价格工具进行政策调控的有效性将会提高,通过利率进行市场化调控的频率将会增加。

(3) 货币政策的股票价格传导机制将有效地发挥作用。股票市场的创新,必将促进股票市场的进一步规范和发展,股票价格的传导效应将会更加显著,股票价格传导机制也必将在货币政策的实施中发挥重要作用。这对于提高货币政策的传导效率具有重要意义。

(4) 从影响货币政策的整体经济环境来看,金融创新还创造了如下的有利条件:各种金融衍生工具如期权、期货以及金融交易制度如卖空机制的出现,放大了交易量,从而使得中央银行的操作更易于引导社会公众的预期;金融创新将促进非银行金融机构的发展。金融创新削弱了商业银行的货币政策传导中介角色,因而发展非银行金融机构,疏通货币政策传导机制成为必然。这将促进中国金融市场向广度和深度进一步发展;金融创新将促进利率、汇率等价格形成机制的市场化。金融创新使得中央银行对利率、汇率等金融价格的管制越来越困难,这将加快中国的利率、汇率的市场化进程,完善对商业银行的监管。金融创新提高了商业银行运营的风险,这将迫使商业银行改善内部治理,重新定义商业银行的资产负债,重新定义风险资产并提取相应的准备金,促进商业银行业务向多样化、综合化方向发展。

(三) 中国货币当局应采取的相关政策措施

我们应该看到,金融创新只是对货币政策的实施提出了新的挑战,对于中央银行来说,并不存在因此而无法实施货币政策的问题,只是难度加大了。这种新的挑战对于中央银行而言未必就是件坏事,这在很大程度上可以成为推动中央银行实施政策的发展。中央银行需要以积极的态度来面对金融创新,不能因为创新给货币政策的实施带来困难就否定它,更不能靠压制创新来保持货币政策的传统轨迹。

中央银行应该认识到,金融监管与金融创新是互为补充的,规范的监管是创新的制度保障,富有生机的创新是节约监管资源、提高监管效率的重要途径。要利用市场化的手段管理风险和配置风险,提高监管水平,在监管制度与政策方面,需要解决好交易工具、交易市场和交易主体的规范问题。一是要严格规范金融创新的程序和制度管理。金融创新产品的研发、设计、性质与法律关系的界定、营销、投资管理、统计报告等,都应遵循科学规范的管理规定;应放宽对金融创新业务品种的直接限制,尽可能丰富金融创新产品。二是尽快建立可供金融创新产品交易和发展的国内市场,解决诸如利率衍生产品、资产支持债券、次级债券、结构性存款等金融工具的交易规模和流动性。三是逐步放松对参与金融创新产品交易的主体的限制,提高风险配置的效率。

从国际上看,面对层出不穷的金融创新,各国中央银行都采取了积极的应对措施,并取得了一定的效果。但基于金融创新过程本身的长期性和复杂性,在金融创新日益深化的趋势下寻求卓有成效的货币政策操作任重而道远。

针对金融创新对中国的货币政策实施带来的挑战和变化,中国货币当局应该相应采取什么样的政策措施,以提高货币政策的有效性呢?

(1) 密切关注金融创新的进程和动向。跟踪研究在金融创新的背景下,货币政策实施中所涉及的相关变量及其相互之间关系的变化,并在政策实施过程中充分考虑金融创新带来的这些变化。

(2) 对于金融创新的基本监管策略思路,金融监管当局要根据金融市场与金融组织创新后的实际情况作出反应,以创新的监管方式来进行监管。所以应更新监管理念,加快监管体制创新,缩小监管与创新之间的摩擦,形成一种鼓励和支持制度创新、自动协调和平衡制度创新供求的监管体制安排。监管当局要实现适时、适当干预,而不是时时事事干预。金融监管制度创新的重点应放在保护性管制和预防性管制这两个方面。中国的三大金融监管机构应积极借鉴各国先进、成熟的监管经验,构建符合国际惯例的监管模式,逐渐由目前的机构性金融监管制度向功能性金融监管制度过渡,把防范金融风险、提高金融监管效率以及建立规范的公平竞争环境作为金融监管的主要目标。

(3) 根据各种新出现的短期金融工具的流动性的变化,适时修正"货币供应量"中的定义,将一些具有货币功能的金融工具及时纳入货币供应量的统计范围,以客观、真实地反映货币供给及其与相关经济变量之间的关系。

(4) 货币政策中介目标从货币供应量走向钉住通货膨胀率。事先确定一定的通货膨胀目标值(或者目标区间值),如果通货膨胀预测值高于目标值,则采取紧缩性货币供应政策,以控制物价上涨率;如果低于目标值,则实行扩张性货币政策以防止通货紧缩发生。这样做不但可以使货币政策的透明度以及政策制定者的责任感加强,而且可以提高中央银行货币政策的灵活性,也有利于缓解金融创新对货币需求与货币流通速度造成的不确定影响。

(5) 要充分注意到金融创新形势下,货币政策工具的使用效率变化及其对货币供应量调节作用的日益复杂化和不可控性的增强。应大力发展货币市场,加大公开市场操作力度。大力发展资本市场的同时,也应大力发展货币市场,放宽市场主体的资格限制,大力发展商业票据和银行票据，打通货币市场和资本市场的通道，使资金能够在两个市场间自由流动。除国债市场外，也应注重外汇市场公开业务。其他替代资产，如公司债券和金融债券等金融工具经过创新，也可作为央行进行公开市场业务操作的工具。

(6) 应将以股票价格为代表的金融资产的价格纳入货币政策的视野，并将其作为辅助的监测指标，作出相应判断。还要充分关注资本市场价格信息的变化及其与货币政策传导的关系，研究分析股票价格传导机制的演进进程，以及将股票价格纳入货币政策中介目标体系的可行性和方式。

综上所述，面对层出不穷的金融创新，中央银行的明智选择是顺应市场潮流，变被动应付为主动驾驭，采用引导监管与调整适应相结合的策略。一方面，加强对金融创新活动的引导，使之向正确的方向发展，同时加强监管，将创新活动纳入法制与规范的轨道，扬利抑弊，确保金融业的安全稳定与健康发展；另一方面，打破因循守旧、墨守成规的观念，主动进行调整与转换，增强货币政策的应变能力，使之能不断适应新的情况。

## 第四节　金融创新对中国货币需求的影响分析

稳定的货币需求对一国的货币政策甚至宏观经济政策的有效性有着重要的影响。然而，近年来的实证研究发现，由于金融创新的影响，货币需求在许多国家呈现出不稳定性。本章对中国的货币需求进行了估计，发现金融创新对中国的货币需求有着重要的影响，只有考虑金融创新的影响，中国的货币需求与实际产出等变量之间的协整关系才能够成立。

### 一、引言

很多国家都把货币需求作为货币政策的中介目标。稳定的货币需求对一国的货币政策甚至宏观经济政策的有效性有着重要的影响。然而，近年来，许多学者的实证研究发现，货币需求在相当多的国家呈现出不稳定性。也就是说，货币需求和产出等变量之间不存在长期稳定关系，即协整关系不成立。这意味着，我们需要进一步找到另外的变量，使得这些变量之间的线性组合存在平稳关系，这时我们才能获得货币需求与产出等变量之间的稳定关系，进而为货币政策的制定提供借鉴。大量学者的实证研究表明，另外的变量很可能就是金融创新。广义地讲，金融创新是创造和普及新的金融工具、金融技术、机构和市场的行为。正如格利和肖(1960)、托宾(1965)以及鲍德和乔农(Bordo & Jonung, 1987,1990)所论证的，这些金融市场的发展不可能被完全包括进入传统的货币需求方程中。西科罗斯(Siklos, 1993)对几个工业化国家、梅尔尼克(Melnick, 1993)对以色列的研究都证实了只有当金融创新的代理项作为一个回归项被包括进去的时候，协整关系才能成立。

长期以来，在货币需求的文献中，就存在着将金融创新或技术变化的作用包括进货币需求的争论。较早的文献包括格利和肖(1960)以及托宾(1965)，他们论证了货币替代的创造使得货币需求更加具有利率弹性。利伯曼(Lieberman, 1977)论证了信贷使用的增加，收到的款项和支出越来越同时发生，货币替代更彻底地使用以及更加有效的支付机制倾向于随着时间的推进降低货币的交易需求。在对美国的狭义货币需求进行的估计中，利伯曼(Lieberman)将时间趋势作为不可观察变量的代理项——技术变化包含在货币需求方程中。集中于通货需求，奥克斯和拉什(Ochs & Rush, 1983)论证了一旦节约通货使用的创新发生，对于通货需求的影响可能是永久的。因为这些创新要求具有巨额的沉没成本和低操作成本的长期资本投资。在类似的方面，穆尔(Moore, 1990)等在美国 $M_1$ 的长期需求中包含进了一个时间趋势。鲍德和乔农(Bordo & Jonung, 1987,1990)以及西科罗斯(Siklos, 1993)更加明确地对金融创新和机构因素进行了模拟，运用诸如非银行金融资产同总的金融资产的比率和通货与货币比率的时间序列作为对不能观察到的过程的代理。

从上述的文献回顾可以看出，针对金融创新对货币需求影响的研究基本上都集中于对发达国家的研究。中国国内学者对这一方面的研究基本上还处于起步阶段。丁东洋和周丽莉(2003)分析了中国的主要金融创新，发现货币需求的收入弹性和利率弹性呈不断下降的趋势。但该文只是简单地比较了两个子样本中货币需求的收入弹性和利率弹性的变化，并未从实质上检验金融创新对中国货币需求的影响。

本章的目的即在于检验金融创新对中国货币需求的影响。检验结果表明金融创新对中国的货币需求有着不可忽视的重要影响。本章的剩余部分是如下安排的：第二部分为本章采用的货币需求方程，它是所有估计的理论基础；第三部分是对中国货币需求方程的检验；第四部分是对金融创新对中国货币需求影响的模拟以及最后一部分结论。

## 二、理论框架

我们从经典的卡根(Cagan, 1956)货币需求方程开始,其形式为:

$$M^d = kPY^{\phi}e^{-\lambda R} \tag{8-1}$$

其中,$M^d$ 为名义货币需求,$P$ 为物价水平,$Y$ 为实际产出,$R$ 为名义利率,$k$、$\phi$ 和 $\lambda$ 为常数。在卡根货币需求方程中,货币需求与物价水平和实际产出呈正比关系,当物价上升时,人们需要多持有同样比例的货币以满足交易需求;当实际产出增加时,人们需要的货币也随之增加。名义利率是持有货币的机会成本,因而同货币需求成反向变动关系,当名义利率上升时,人们需要的货币量将降低。

我们将方程(8-1)两边同时除以 $P$,即得到实际货币需求与实际产出和名义利率之间的关系:

$$M^d/P = kY^{\phi}e^{-\lambda R} \tag{8-2}$$

再将方程(8-2)两边取对数,可以得到:

$$\ln(M_d/P) = \ln k + \phi \ln Y - \lambda R \tag{8-3}$$

为了简化起见,我们用变量 $m$ 代替 $\ln(M_d/P)$,$\alpha$ 代替 $\ln k$,$\beta_1$ 代替 $\phi$,$y$ 代替 $\ln Y$,$\beta_2$ 代替 $\lambda$,再加入随机扰动项,并考虑各个变量的时间序列时,方程(8-3)可以变形为:

$$m_t = \alpha + \beta_1 y_t + \beta_2 R_t + \varepsilon_t \tag{8-4}$$

方程(8-4)就是我们需要估计的方程形式。

## 三、对传统的货币需求方程的检验

### (一) 数据

因为从 1989 年开始,中国工商银行率先在全国开展信用卡业务,我们将其视为中国金融创新过程序幕的开始,所以我们所选取数据的样本期为 1989—2004 年。数据来源为各年的《中国统计年鉴》和《中国金融年鉴》。货币需求变量选择 $M_1$,实际产出为 GDP,名义利率为一年期定期存款利率。需要说明的是,我们使用的一年期定期存款利率是经过调整后的年利率,即若利率在一年内有一次或两次调整,则最终该年的一年期定期存款利率是各种不同利率以实际执行时间为权重的加权平均。

### (二) 检验方法:协整检验

我们首先检验在不考虑金融创新时,中国的货币需求与实际产出以及名义利率之间是否存在协整关系。根据计量经济学原理,如果时间序

列 $x_{1t}, x_{2t}, \cdots, x_{nt}$ 都是 $d$ 阶单整，即 $I(d)$，则存在一个向量 $\boldsymbol{\alpha} = (\alpha_1, \alpha_2, \cdots \alpha_n)$，使得 $\boldsymbol{\alpha} x_t' \sim I(d-b)$，这里，$x_t = (x_{1t}, x_{2t}, \cdots, x_{nt})$，$d \geqslant b \geqslant 0$。则称序列 $x_{1t}, x_{2t}, \cdots, x_{nt}$ 是 $(d-b)$ 阶协整，记为 $x_t \sim CI(d, b)$，$\boldsymbol{\alpha}$ 为协整向量。

为了检验中国的货币需求与实际产出以及名义利率之间是否存在协整关系，我们首先需要对序列 $m_t$、$y_t$ 和 $R_t$ 分别进行单整检验。从样本期内 $m_t$、$y_t$ 和 $R_t$ 的数据图（图 8-1、图 8-2 和图 8-3）中可以看出，$m_t$ 和 $y_t$ 都具有明显的随时间递增的趋势，因而我们设定带趋势和截距的 ADF 方程为：

$$\Delta x_t = c + \delta t + \gamma x_{t-1} + \xi_1 \Delta x_{t-1} + \xi_2 \Delta x_{t-2} + \cdots + \xi_{p-1} \Delta x_{t-p+1} + e_t$$

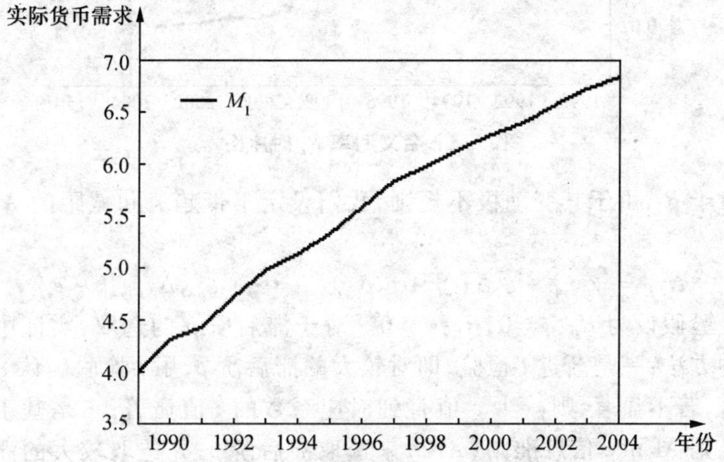


**图 8-1　实际货币需求 $m_t$ 时序图**

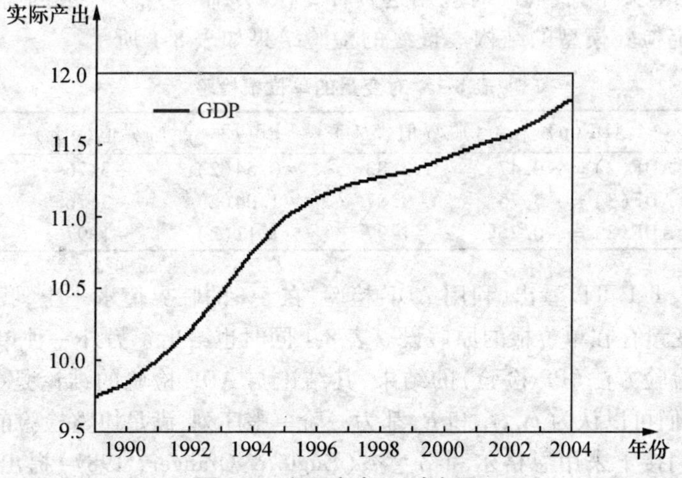


**图 8-2　实际产出 $y_t$ 时序图**

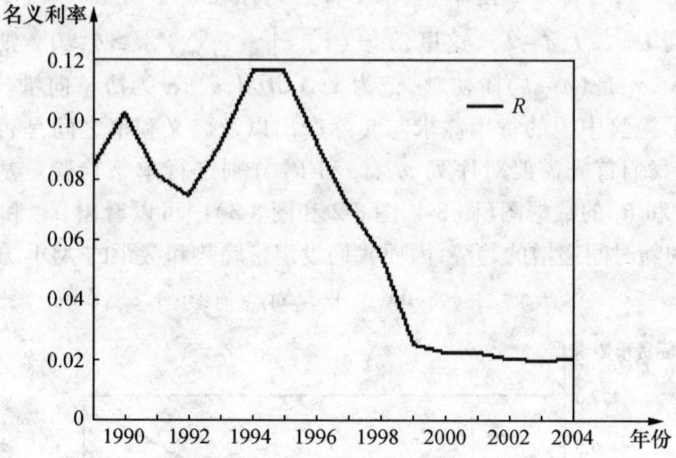


图 8-3　名义利率 $R_t$ 时序图

对于 $R_t$，由于其变动极不规则，我们设定不带趋势和截距的 ADF 方程为：

$$\Delta x_t = \gamma x_{t-1} + \xi_1 \Delta x_{t-1} + \xi_2 \Delta x_{t-2} + \cdots + \xi_{p-1} \Delta x_{t-p+1} + e_t$$

检验假设为 $H_0:\gamma = 0, H_1:\gamma \neq 0$。对于滞后阶 $p$ 的选取，实证中通常有两种方法：一是渐进 $t$ 检验，即对较大的滞后阶 $p$，用 $t$ 检验确认 $\hat{\xi}_{p-1}$ 是否显著，若不显著，则减少 $p$ 值直到对应系数的 $t$ 值显著；二是基于最小信息准则 Akaike 信息准则（AIC）来选取滞后阶 $p$，先选取较大的滞后阶 $p$，计算对应的 AIC，然后减少 $p$，直至 AIC 最小并基于此确定最终的滞后阶 $p$。在本文中，我们同时应用这两种方法，从而实现从一般到特殊的思想来确定检验模型的结构。最终的检验结果如表 8-1 所示。

表 8-1　对变量的单位根检验

| 变量 | ADF($p$) | 临界值(5%) | PP($p$) | 临界值(5%) | 结论 |
|---|---|---|---|---|---|
| $m$ | ADF(2) = -0.47 | -3.83 | -0.54(2) | -3.76 | $I(1)$ |
| $y$ | ADF(3) = -3.75 | -3.87 | -1.04(2) | -3.76 | $I(1)$ |
| $R$ | ADF(2) = -0.76 | -1.97 | -1.11(2) | -1.97 | $I(1)$ |

从表 8-1 可以看出，利用 ADF 检验，在 5% 的临界值水平上，我们都不能拒绝变量存在单位根的原假设。表 8-1 同时也给出了另外一种单位根的非参数检验方法（PP 检验）的结果，其结论与 ADF 检验的结论是一致的。因此，我们可以认为 $m_t$、$y_t$ 和 $R_t$ 都为一阶单整序列，满足协整检验前提。

我们接下来用恩格尔和格兰杰（Engle & Granger, 1987）提出的两步检验法（EG 两步法）来检验 $m_t$、$y_t$ 和 $R_t$ 之间是否存在协整关系。我们直接估计方程（8-4），估计结果如下：

$$m = -6.24 + 1.11y - 5.35R \quad (8\text{-}5)$$
$$(-13.15) \quad (27.63) \quad (-7.12)$$

其中，$R^2 = 0.99$，$DW = 1.86$，方程下面的括号内为 $t$ 值。然后我们对这一方程的残差序列 $e_t$ 进行单位根检验，ADF 的检验结果如表 8-2 所示。

**表 8-2　对方程(4)的残差序列的单位根检验结果**

| | |
|---|---|
| ADF 检验统计值：-2.126858 | 1% 水平的临界值：-4.1366 |
| | 5% 水平的临界值：-3.1483 |
| | 10% 水平的临界值：-2.7180 |

从表 8-2 中可以看出，即使在 10% 的临界值水平下，ADF 的检验统计值也不能拒绝残差序列存在单位根的原假设，即残差序列此时为非平稳序列，从而意味着 $m_t$、$y_t$ 和 $R_t$ 之间不存在协整关系。我们认为，对于缺乏协整的一个相当合理也更加可能的解释是，传统的货币需求方程不能说明金融创新或其他因素对中国货币需求的影响。

## 四、模拟金融创新对中国货币需求的影响

从上述我们对中国货币需求的实证检验可以看出，仅仅利用传统的货币需求方程，我们无法获得货币需求、实际产出和名义利率之间的长期稳定关系，即协整关系。我们接下来考虑金融创新对中国货币需求的影响。

在某种程度上，金融创新可以被刻画为现金管理技术相当平滑的改进，因此，我们可以把时间趋势作为金融创新的一个比较合理的代理。我们重新估计下列方程：

$$m_t = \alpha_1 + \alpha_2 t + \beta_1 y_t + \beta_2 R_t + \varepsilon_t \quad (8\text{-}6)$$

估计结果如下：

$$m = -167.15 + 0.082t + 0.67y - 2.27R \quad (8\text{-}7)$$
$$(-3.81) \quad (3.67) \quad (5.35) \quad (-2.28)$$

其中，$R^2 = 0.99$，$DW = 2.14$，方程下面的括号内为 $t$ 值。我们再对这个方程的残差序列进行单位根检验，检验结果如表 8-3 所示。

**表 8-3　对方程(7)的残差序列的单位根检验结果**

| | |
|---|---|
| ADF 检验统计值：-2.967559 | 1% 水平的临界值：-2.7570 |
| | 5% 水平的临界值：-1.9677 |
| | 10% 水平的临界值：-1.6285 |

从表 8-3 中可以看出，即使在 1% 的临界值水平下，ADF 的检验统计值仍然拒绝接受残差序列存在单位根的原假设，即残差序列此时为平稳序列，从而意味着此时 $m_t$、$y_t$ 和 $R_t$ 之间存在协整关系。这表明，在中国，我们可以用一个确定性的时间趋势作为金融创新的代理，分析金融创新对中国货币需求的影响。

我们从对两次的估计结果方程(8-5)和方程(8-7)的比较中可以发现，虽然在方程(8-4)中，变量的符号与我们所预计的一致，即实际产出的符号为正、名义利率的符号为负，但是收入的弹性系数为 1.11，这与通常的经济意义不太符合。因为在通常情况下，当人们的收入增加一个单位时，所需要的货币量应该小于一个单位，也就是说，收入的货币需求弹性应该小于 1。而在方程(8-7)中，所有变量的符号也与我们所预计的一致。在考虑金融创新的影响因素后，收入的弹性系数变为 0.67，这显然更加符合通常的经济意义。而且，确定性的时间趋势的 $t$ 检验值也表明这是一个显著的变量。

## 五、结论及今后进一步研究的方向

货币政策乃至财政政策的传递机制需要稳定的货币需求。然而，实证研究表明，利用传统的方法模拟货币需求在许多国家呈现出不稳定性，而造成这种不稳定性的原因很可能是没有考虑金融创新对货币需求的影响。

本文利用中国的数据，对金融创新对中国货币需求的影响进行了分析。实证检验的结果表明金融创新对中国的货币需求具有重要的影响。在不考虑金融创新的影响因素时，同国外许多学者的研究结论相同，我们无法获得中国货币需求、实际产出和名义利率之间的长期稳定关系，即协整关系不成立；而在考虑了金融创新的影响之后，我们获得了中国货币需求、实际产出和名义利率之间的稳定关系，协整关系成立。同时，在不考虑金融创新的影响时，估计出的参数在经济意义上不太合理；而在考虑了金融创新的影响后，估计出的参数在经济意义上更加合理。

然而，根据对金融创新的普遍理解，无论是新的金融产品的开发还是金融技术的进步，金融创新会降低居民或企业对于流动性的需求，因此，随着金融创新的发展，货币需求应该倾向于下降。本文利用确定性的时间趋势来模拟金融创新，最后估计出的参数的符号为正，这似乎是一个不太合理的地方。同时也表明，确定性的时间趋势似乎很难充分地模拟金融创新的过程。我们可以尝试用其他的方法来模拟金融创新，比如说可以考虑是否能用随机的趋势而不是确定的趋势来模拟金融创新，这也是本书今后进一步的研究方向。

## 参考文献


[1] 丁东洋、周丽莉："我国金融创新对货币需求弹性的影响"，《金融与经济》，2003，(11)：28—29。

[2] 洪崎：《金融深化理论与实证分析》，北京：中国金融出版社2000年版。

[3] 〔美〕罗纳德·I.麦金农：《经济发展中的货币与资本》，卢骢译，上海三联书店1988年版。

[4] 谢平等：《中国的金融深化与金融改革》，天津：天津人民出版社1992年版。

[5] Bank for International Settlements, Macroeconomic and Monetary Policy Issues Raised by the Growth of Derivative Markets, 1994.

[6] Bank of England, Financial Change and Broad Money, *Bank of England Quarterly Bulletin*, 1986, 26, (4): 499—507.

[7] Bordo, M. and L. Jonung, *The Long-run Behavior of the Velocity of Circulation: The International Evidence*, Cambridge University Press, Cambridge, UK, 1987.

[8] Bordo, M. and L. Jonung, The Long Run Behavior of Income Velocity: The Institutional Approach Revisited, *Journal of Policy Modeling*, 1990, (12): 165—197.

[9] Cagan, P., The Dynamics of Hyper-inflation, In M. Friedman, eds., *Studies of the Quantity Theory of Money*, Chicago University Press, Chicago, 1956.

[10] De Boissieu, C., Lessons from the French Experience as Compared with Some Other OECD Countries, In Marcello de Cecco, eds., *Changing Money: Financial Innovation in Developed Countries*, Oxford: Basil Blackwell, 1987.

[11] Engle, R. F. and C. W. J. Granger, Co-integration and Error-correction: Representation, Estimation and Testing, *Econometrica*, 1987, (55): 251—276.

[12] Fender, I., Corporate Hedging: The Impact of Financial Derivatives on the Broad Credit Channel of Monetary Policy, Bank for International Settlements Working Paper, 2002, No. 94.

[13] Frame, W. S. and L. J. White, Empirical Studies of Financial Innovation: Lots of Talk, Little Action, Federal Reserve Bank of Philadelphia, 2002.

[14] Freedman, C., Financial Innovation in Canada: Causes and Consequences, *American Economic Review*, 1983, (73): 101—106.

[15] Friedman, M. and Schwartz, A. J., Monetary Statistics of the United States: Estimates, Sources, Methods, National Bureau of Economic Research, 1970.

[16] Grinblatt, M. and F. A. Lonstaff, Financial Innovation and the Role of Derivative Securities: An Empirical Analysis of the Treasury STRIPS Program, *Journal of Finance*, 2000, (55): 1415—1436.

[17] Gurley, J. G. and E. S. Shaw, *Money in a Theory of Finance*, The Brookings Institu-

tion, Washington DC, 1960.

[18] Kaufman, A. G., More on an Empirical Definition of Money, *American Economic Review*, 1969, (59): 78—87.

[19] Lieberman, C., The Transaction Demand for Money and Technological Change, *Review of Economics and Statistics*, 1977, (18): 307—317.

[20] Melnick, R., Financial Services, Cointegration, and the Demand for Money in Israel, 1993.

[21] Moore, G. R., R. Porter and D. H. Small, Modeling the Disaggregated Demand for $M_2$ and $M_1$: The U. S. Experience in the 1980s, In Board of Governors of the Federal Reserve System, Financial Sectors in Open Economies: Empirical Analysis and Policy Issues, Board of Governors, Washington, DC, 1990.

[22] Ochs, J. and M. Rush, The Persistence of Interest-rate Effects on the Demand for Currency, *Journal of Money, Credit and Banking*, 1983, (15): 499—505.

[23] Podolski, T. M., *Financial Innovation and the Money Supply*, USA: Basil Blackwell, 1986.

[24] Radcliffe Committee, Report on the Working of the Monetary System, Cmnd 827, London: HMSO, 1959.

[25] Santomero, A. and J. Trester, Financial Innovation and Risk Taking, *Journal of Economic Behavior and Organization*, 1998, (35): 25—37.

[26] Siklos, P. L., Income Velocity and Institutional Change: Some New Time Series Evidence, 1870—1986, *Journal of Monetary Economics*, 1993, (8): 387—393.

[27] Smith, C., C. Smithson and D. Wilford, Strategic Risk Management (Institutional Investor Series in Finance), Harper and Row, New York, 1990.

[28] Suzuki, Yoshio, Financial Innovation in Japan: Its Origins, Diffusion and Impacts, In Marcello de Cecco, eds., *Changing Money: Financial Innovation in Developed Countries*, Oxford: Basil Blackwell, 1987.

[29] Tobin, J., The Monetary Interpretation of History, *American Economic Review*, 1965, (55): 464—485.

[30] Van Horne, J., Of Financial Innovations and Excesses, *Journal of Finance*, 1985, (40): 621—636.

[31] Von Hagen, J. and I. Fender, Central Bank Policy in a More Perfect Financial System, *Open Economies Review*, 1998, (9): 493—531.

# 第九章

# “入世”后中央银行最后贷款人职能的两难及建设

中国银行体系具有不稳定性，一般认为，其集中体现在"一高两低"上，即不良贷款率高、经营效率低①、资本充足率低②。在这一方面的实证研究有伍志文(2002)对中国金融脆弱性进行的实证分析、刘卫江(2002)对中国银行体系脆弱性进行的专门性实证研究等。与中国银行体系的脆弱性相对应的是中国金融深化进程的加速以及"入世"后开放期的到来。"入世"对中国经济的影响是多方面的，那么，"入世"是否会增加中国银行的不稳定性？进一步地，对中国中央银行的最后贷款人职能又会产生怎样的影响？

## 第一节 "入世"与中国银行体系的不稳定性

如果说"入世"会导致中国银行体系不稳定性增加，那么归根结底是来自金融自由化和金融全球化这两大方面。金融自由化可以概括为金融价格自由化、金融产品自由化以及金融参与自由化。金融价格包括利率和汇率；金融产品自由化涵盖了金融创新、银行混业经营和融资形式自由化等。以融资形式自由化为例，企业和银行双向选择，好企业选择资本市场融资，这会造成银行的资产结构短期化，客户结构低端化、存款流失、贷款市场份额缩小等问题，并最终使银行收益减少，抵御风险的能力下降，直接增加信贷风险；金融参与自由化包括放松对金融机构审批的限制和对外资银行开放本国市场等，这会使国内银行的市场份额缩小，竞争加剧，业务风险增加。金融全球化包括开放本国金融市场，主要是开放资本账户，而国际短期资本的大进大出会影响利率和汇率的稳定，增加银行的利率和汇率风险。此外，金融自由化还意味着要建立市场金融体制，要允许银行自由竞争、自负盈亏，要减少政府对银行经营的干预，银行要实现治理结构转变，建立现代企业制度。在这一过程中，旧的约束机制失灵了，新的约束机制又未建立起来，委托代理和内部人控制问题变得特别突出；同时，随着银行现代企业制度的建立，政府对银行的隐性担保将逐渐减少。这些都会增加中国银行体系的不稳定性，一旦发生银行危机，中央银行便被推向风口浪尖，其最后贷款人职能必然经受考验。下面，我们仅就金融全球化、金融自由化两方面来探讨"入世"对中国银行体系稳定性

① 相关数据详见王益："中国银行业竞争力分析"，《管理现代化》，2002 年第 5 期，第 5 页。

② 中国各银行的资本比率详见《中国金融年鉴 2004 年》，中国金融出版社 2004 年版。

的影响。

## 一、金融全球化对中国银行体系稳定性的影响

金融全球化并不仅仅指全球金融市场联为一体，或者是国内金融机构走向国际、按国际惯例开展业务，依照何泽荣(2002)的定义，金融全球化是以货币的国际化为前提，以资本的国际化为基础，以金融市场的一体化为表现形式，以金融机构的跨国经营为载体，以中央银行货币政策的协调和法律式与协议式金融监管为保障的金融资源在全球范围内的优化配置。

因为金融全球化是适应全球经济金融发展的客观需要而产生的，因而具有客观必然性，发展中国家不能不顺应大势，融入金融全球化浪潮。但是，金融全球化又是由发达国家推动和主导，主要是为了满足发达国家金融资本的逐利和扩张需要而产生的，而发展中国家的金融业的竞争能力较弱，发展中国家对金融的监管能力和防范风险的能力都较弱，几乎不可避免地要遭受金融全球化带来的冲击，这使得发展中国家在金融全球化面前又有几分底气不足甚至胆怯。从金融全球化产生的背景和动机中，可以推断出金融全球化会给中国金融业尤其是银行体系稳定性带来冲击的结论。金融全球化是随着经济全球化的产生而产生的，而经济全球化的首倡者安杰尔在提出这一概念时就指出，推行经济全球化是为了达到战争所不能达到的目的，即为一个国家建立经济长远发展的基础，实现这一目的的手段是国际竞争，通过这种竞争谋求财富和资源的占有权和分配权，而且这种竞争也会有胜负。由此可见，金融全球化并非对所有的国家都是一种福祉，发达国家将是获益者，是赢家，而发展中国家则未必能从金融全球化中分得一杯羹。相反，如果发展中国家的金融机构尤其是银行的“强身健体”工作没有做好，监管和防范风险的工作没有做好的话，将不得不承受金融全球化带来的巨大冲击及由此造成的重大损失。“双赢”是一种理想的结局，但未必能够实现。就金融全球化对中国银行不稳定性的影响而言，主要体现在以下几个方面：

### (一) 金融全球化使中国银行体系的发展面临不利的外部环境

(1) 竞争加剧。由于短期内中国融资方式仍以间接融资为主，致使银行体系处于对外开放的关键地位。一方面，大量外资银行的引入将把国际银行业的先进管理经验带到中国，通过其利润和创新机制的输入，逐步打破中国银行业竞争不足、管理低效的局面，促使中国银行业提高经营管理水平；另一方面，金融对外开放也使中国银行业面临严峻挑战，短期

内，中国银行业竞争力较弱的情况会比较突出。与国际银行业相比较，中国银行业的竞争弱势主要来自资本金不足、不良贷款比例较高、税负重、内控机制不健全、透明度较低等因素。

(2) 外部投机冲击。目前全球有近 10 万亿美元的国际热钱（hot money）在世界各地寻找投机机会，并且屡屡得手，其破坏力之大已经世人皆知。金融全球化使得国际投机资本得以进入中国金融市场，恶化中国银行业的经营环境，并可能通过货币危机与银行危机的交叉感染直接对中国银行业造成致命打击。

(3) 外部经济金融危机的传染效应。在金融全球化背景下，银行业的发展不仅仅受本国经济金融运行状况的影响，其他国家和地区发生的经济金融波动或危机也会通过资产业务和负债业务直接或间接地影响本国银行业的发展，甚至可以不通过资产业务和负债业务，而直接通过影响储蓄者、投资者的信心，影响本国银行业的稳定发展。

### （二）金融全球化强化了中国银行体系的内在不稳定性

金融全球化在某种程度上扩大了银行业的脆弱性，因为金融全球化加剧了信息不对称的程度。金融全球化使银行的业务、职员和客户都全球化了，使得银行及其客户获得有关信息的难度更大了，不管是本国有海外分支机构的银行，还是海外银行在本国设立的分支机构，都是如此。对发展中国家的银行业来说，其民族银行业的海外业务及海外分支机构的业务，可能因为信息不对称而增强脆弱性，海外银行在本国的分支机构同样可能会因为信息更不对称而增强脆弱性，并通过业务联系或信心增强发展中国家民族银行业的脆弱性，甚至海外银行在发展中国家的分支机构本身的经营并无问题，但是其海外母行或其他地区的分支机构的经营出了问题，也会因信息不对称而累及发展中国家的银行业，使海外银行在发展中国家的分支机构出现挤提，并可能同样因为信息不对称而导致发展中国家的民族银行也出现挤提等问题，危及发展中国家银行业的稳定性。

金融全球化除了加剧信息不对称的程度，还可能因为其带来的激烈竞争甚至过度竞争而强化银行经营过程中固有的道德风险。无疑，金融全球化会增强发展中国家银行业的竞争程度。在竞争激烈的情形下，很可能会有银行为了扭转不利的局面，不惜铤而走险，从事高收益、高风险的交易，尤其是竞争能力较弱、制度和管理不够完善的民族银行。在中国最后贷款人制度和存款保险制度不健全的情况下，这种情形很有可能出现。

（三）金融全球化使中国银行机构的汇率风险暴露程度更高

在金融全球化背景下，中国的银行机构将有更多的外汇负债和资产。在对汇率风险的管理制度不健全、管理手段缺失的情况下，外汇负债和资产的增加显然会使发展中国家银行机构的汇率风险的暴露程度更高。较高的汇率风险暴露直接影响银行机构的稳定性和赢利性，同时还增加了银行遭受因本国货币危机引起的银行危机的可能性。东南亚金融危机爆发前，银行在政府的隐含担保之下，过度对外贷款，尤其是短期贷款，导致在货币危机发生时，受货币危机与银行危机交叉感染效应的影响，引起并加重了银行危机。

（四）金融全球化导致的银行体系流动性提高也不利于银行的稳定

一般来说，当银行的流动性大幅提高时，银行就会贷给利润较低或信用等级较差的借款人，这样就会带来新的信用风险，造成贷款质量的下降。当金融账户开放后，面对可贷资金的急剧膨胀，很多银行的内部风险管理显得极不适应。几乎所有的银行都在不同程度上存在着信贷决策程序混乱、风险评价和控制能力（包括对道德风险的控制能力）严重不足的问题。对于涉及外国资本流动和汇兑事务的信贷活动更是缺乏风险控制和管理的经验和能力。可以肯定的是，同资本管制时期相比，这些银行面临更多的风险和更复杂的内部管理问题。另一方面，国家并不能马上形成有效的银行监管体系。其主要表现是：对银行投入某一部门或行业的贷款比例未作严格限制；对银行的信贷业务和财务状况缺乏严密的审查和监管，从而无法及时发现银行违规操作现象并及时加以制止等。监管的严重滞后与不力，使许多银行纷纷放松风险约束，大举涉足高风险行业和部门。如将贷款直接投向房地产和有价证券等具有高回报率的领域，或是通过参股、控股房地产公司和证券公司变相将资金投放进去。银行资金的大量进入，使这些部门的资产价格迅速膨胀，而房地产和有价证券价格的膨胀，又使利用这些资产进行的抵押贷款进一步膨胀。如此循环下去造成泡沫成分的加速放大。当泡沫破裂时，巨额的不良贷款便相应产生。另一方面，一旦意识到银行部门坏账问题严重，资本就会外流，为汇率和债务危机埋下伏笔。

同样，如果不采取适当的对策，资本账户开放导致的银行体系资产负债表结构的变化也不利于银行的稳定。当一国银行体系的资产负债表表现为对外净负债且规模较大时，本币的意外贬值就会将银行置于不利甚至混乱的境地。在 1981 年智利、20 世纪 90 年代初北欧国家、1994 年土耳其和 1995 年墨西哥发生的银行危机的一个重要原因就是银行的对外净负债因本币贬值而招致了严重损失。

总之,金融全球化(主要是资本账户开放)往往会带来大规模的外资流入,不管外资以何种方式流入,银行体系的资产负债表的规模和结构都会发生变化。如果不采取相应的政策和对策,这种规模和结构的变化将不利于银行体系的稳定。

20 世纪 80 年代以来,共有一百多个 IMF 成员国先后发生过银行部门的严重问题或危机,其中包括相当部分的发展中国家。我们不能不注意到,这一时期正是金融全球化加速发展的时期。虽然银行部门有其内在的脆弱性,而且这些发生银行危机的国家的经济结构、外汇体制也存在问题,但是由金融全球化带来的外部冲击或其负面效应不可否认地起到了导火线和推波助澜的作用。苍蝇叮的都是有缝的蛋,也许外部冲击在一定程度上有助于危机发生国修补缺陷,但是却要让这些国家付出沉重的代价,这对急需发展国民经济、提高国民生活水平的发展中国家来说,是非常不公允的。东南亚、拉美发生的金融危机使这些地区的经济发展倒退若干年,使大批人沦为贫民,而且还为今后的经济发展蒙上了一层阴影。包括中国在内的广大国家尤其是发展中国家,不能不对此引起高度的关注和重视。

## 二、金融自由化对中国银行体系稳定性的影响

金融自由化是相对于金融抑制而言的,按照麦金农和肖(1988)的观点,所谓金融自由化就是要打破市场的分割状态,形成一个统一的、有效的资本市场;就是要解除对银行体系的社会中介作用的约束;就是要改变政府对利率水平和贷款发放的限制作用;就是要发展有效的货币市场,改变企业靠自身积累的内源融资状况。金融自由化的内涵是一个国家的金融部门由政府管制转变为由市场决定的过程。而威廉姆森(Williamson,1998)则把其范围扩大为:① 放松利率管制;② 消除贷款控制;③ 金融服务业(包括银行业)的自由进入;④ 银行产权私有化的普及;⑤ 银行经营自主权的获得;⑥ 国际资本的自由流动。结合中国金融自由化所面临的挑战,我们把金融自由化的范围精练为四个方面的内容:① 利率自由化;② 业务经营自由化;③ 市场准入自由化;④ 资本账户自由化。

### (一) 利率自由化

利率自由化的好处在于增加储蓄,并且通过利率的市场机制更好地配置资源。但在中国特殊的体制下,这种初衷恐怕难以达到。我们国家是从计划经济渐进到市场经济的转轨国家,国有企业改革仍未到位,公司

治理结构的缺陷是一个棘手的问题，同时政府参与经济的行为还是很严重。据有关部门统计，2002年年底国有企业占全部银行信贷资金的65%左右，因其治理结构尚未完善，其非市场化行为倾向依然严重，预算约束软化问题还是不能得到很好的解决，因此它们的经济行为对利率仍会缺乏弹性，从而使利率自由化合理配置资源的正常功能难以发挥。与此同时，各级政府部门门类众多的基础设施投资构成了的信贷资金的又一大需求，其实政府作为非营利机构往往也只关注资金的获得性，而很少考虑融资的成本及其产生赢利的能力。因此，国有企业和政府部门的融资行为共同妨碍了利率自由化正常功能的发挥。

在中国利率自由化的好处目前很难得以实现，然而利率自由化的冲击效应却可能使原来存在很大风险的商业银行雪上加霜，表现为三个方面：一是利率自由化后，必然引起金融机构为获得资金来源而进行激烈的竞争，并且很有可能出现贷款利率下降而存款利率上升，那么这必将导致银行的利差变小，所以利率自由化的冲击效应必然导致银行的利润大幅度减少，削弱了银行的自生能力，加重了处理不良资产的难度。二是由于银行本身存在产权和公司治理结构的缺陷，极有可能出现不计成本的利率竞争行为和加重原有信贷市场的“逆向选择”和“道德风险”，必然导致严重的不良后果。三是中国的商业银行还没有作好准备并且目前也没有能力进行利率风险的管理，因为在银行治理结构存在缺陷、缺乏规避利率风险的金融工具和信用风险仍占主导地位的情况下，快速的银行利率自由化必然使银行处于非常窘迫的境界，因此银行利率的完全自由化，还有很长的路要走，这主要包括市场微观主体和银行自身改革的市场化行为的成熟、金融市场的充分发展、政府调控行为和金融基础设施的完善等。

（二）业务经营自由化

业务经营自由化的含义包括两方面的内容。首先是银行的经营自主权，这涉及银行产权和治理结构，而中国国有银行在这一方面存在严重的缺陷，当前正在着手做这方面的改革，力求建立产权清晰、治理结构良好的现代银行制度，从而也就解决了经营自主权的问题。其次，关于是否发展全能银行制的问题。已有的研究表明全能银行制是金融发展的必然内在规律，发展全能银行利大于弊。随着金融市场不断发展和金融工具的持续创新，金融中介机构发挥着越来越重要的作用，全能银行比传统银行更具有竞争优势，更能促进金融稳定和安全。就我们国家而言，推行银行经营自主权能够产生正面的冲击效应，而如果不顾条件地推行全能银行制则会产生很强的负面冲击效应，加大银行的潜在风险。虽然混业经营是大势所趋,但在目前的经济环境条件下,分业经营在中国有其存在的合理性和必要性。

首先,当前中国金融风险具有三重性:一是市场经济条件下共有的系统风险;二是源于产权不明晰和不正当权利操纵的体制风险;三是金融不发达的风险,即弱者风险。体制风险放大了共有风险,也助长了弱者风险(叶辅靖,2001)。实行分业经营有利于防止共有风险的扩大,有利于克服混业经营中不同业务之间存在的冲突,防止产权缺位的商业银行信贷资金进入股市后,一旦投资失败所引起的整体的风险。

其次,中国推行混业的条件和环境很不充分,存在许多制约因素。由于中国金融市场和金融工具很不发达,金融创新受到限制;金融基础设施不发达,尤其是监管水平低下;商业银行还没有面临"脱媒"而导致的生存危机等,这些制约因素决定了我们国家还没有向混业经营转变的经济背景。

再次,分业经营与中国转轨经济和金融演进路径具有内在逻辑的一致性。中国经济的快速发展得益于渐进式的改革,2001—2005 年股票市场低迷,但并没有对经济发展造成很大的负面影响。作为资金配置的银行业在其中发挥了极其重要的作用,可见中国在支持渐进性改革方面至今具有很强的正面效应,国有银行的改革尚处于梯状的演进阶段,当前改革的核心内容不是经营模式的选择,而是产权结构的改革。从制度层面上讲,外资全能银行的产生正是随着经济和科技水平的变化而基于产权清晰要求节约交易费用的必然结果。但随着中国金融基础设施的不断改善、金融自由化的不断推进以及国内居民和企业对金融服务的多样化和综合化的需求,中国行业走向混业经营是一个必然的结果。

(三)市场准入自由化

市场准入的限制是保持目前银行相对稳健性的一个重要支柱。按照WTO 的协议,中国 2007 年对外资银行全面开放,因而外资银行的进入是不可避免的。市场准入自由化对于中国银行业的冲击效应主要表现在以下两个方面:一方面,外资银行的进入,特别是声名卓越的国际大银行的进入可能会对提高竞争程度和本国整体银行业的效率起到有益的积极作用,同时外资银行的进入可以对中国银行监管部门起到强化效应,并带来先进的管理经验、技术和人才。另一方面,外资和民营银行的进入将会稀释国有银行的资金来源,尤其是外资银行以其优质的金融服务争夺赢利性好的优质客户、高附加值的中间业务和高素质的金融人才,这必然使得中国银行的赢利受到很大的冲击进而威胁到银行业的稳健性。同时,进入壁垒的解除降低了银行业的特许经营权,导致银行可能从事高风险的信贷活动,从而加重了信贷市场中的“逆向选择”问题,因而不利于银行的稳健性。市场准入自由化的另一个方面是开放民营银行问题,国际经验表明在制度不健全的情况下,大力发展民营银行往往存在相当大的风险。例如,印尼、俄罗斯和墨西哥等。

(四)资本账户自由化

众所周知,资本账户自由化有其先决条件,同时资本账户的管制也是当前中国银行业保持相对稳健的一个重要支柱。纵然实行资本账户的自由化存在潜在的收益,但如果不顾国内的条件贸然实行资本账户自由化,往往会对银行业的稳健性产生强烈的冲击效应,其表现为国有银行的潜在风险暴露在国际金融的大市场中,那么游资之乱和宏观金融风险必然会加剧银行业的不稳健性,导致银行危机或是货币危机。东南亚危机的教训已经很深刻,而我们国家能够幸免,很大程度上归功于资本账户管制。

虽然我们国家实行的是资本账户的管制,但实际上却正在逐步放松,资本账户的可兑换范围和可兑换程度已经较大,对照国际货币基金组织确定的资本账户下的43个交易项目,中国完全可兑换和基本可兑换的有12项,占28%;有限制的有16项,占37%;暂时禁止的有15项,占35%,QFII制度的引入标志着资本流动逐步拉开序幕。同时我们应注意到无论采取何种资本管制,其实际的开放度都不会受到削弱。通讯技术的飞速发展,使得跨国交易迅速而且成本极少,资本管制也只有在危机时尚能发挥作用。

中国目前尚没有满足资本完全自由化的先决条件,尤其是在银行业高度脆弱的情况下,特别要处理好商业银行的不良资产,形成富有活力和竞争性的现代银行体系,同时要建立一套有效的金融监管体系,在这样的条件下再考虑资本账户的完全兑换,从而减弱资本账户自由化的冲击效应。金融自由化进程中产生的冲击效应必将大大降低银行业的自生能力,进而危及银行业的稳健性,所以政府在金融自由化的进程中应采取审慎的宏观经济政策和一些“软工具”来保护本国银行业的发展,做到金融自由化与银行业稳健性的协同发展显得尤为重要。在金融自由化的浪潮中世界上众多国家(尤其是发展中国家)的银行体系遭受到了史无前例的严峻考验,爆发了形形色色的银行危机,尤其是始于1997年的东南亚金融风暴,以货币大幅贬值为导火线,在银行体系中引爆,给实体经济发展造成了巨大的不良后果,由此全球众多的经济学家和有关的国际性组织已高度关注金融自由化中的银行业稳定性问题。面对“入世”的承诺和挑战，中国的银行业改革与发展已进入了一个非常关键的时期。

## 第二节　银行危机与中央银行最后贷款人职能

### 一、银行不稳定性向银行危机的转化

银行不稳定性的累积在一定外部因素的影响下容易演变为银行危机。这样的外部因素可以是经济中的泡沫破灭，也可能是市场失灵、政府干预与监管制度缺陷等原因。

经济中的泡沫极容易诱发银行危机，这是因为在泡沫经济时期，银行以股票投资及房地产贷款或投资为主要资产的价格脱离其价值，像吹气球一样迅速膨胀，而在经济泡沫破灭时，资产价格迅速回落，资产价格甚至低于其实际价值。在资产价格剧烈波动的情况下，银行机构资产负债表中的资产一方以隐形收益（账面价值与市价之差）的形式锐减；而负债一方即使资产价格下跌，也仍以原数额保留下来，由此造成了资产负债的失衡。就银行而言，其资产构成主要包括两个部分：有价证券和对社会公众的债权，在经济泡沫破灭过程中，有价证券因价格狂跌会带来巨额经济损失，同时对企业的债权会因为企业破产倒闭等原因出现“悬空”现象而难以收回，二者最终形成银行机构的不良资产或不良债权，银行危机产生。这方面的实证可从美、日、英等国获得，但尤以日本为典型，日本正是由于泡沫经济而导致全局性的银行危机。这一点在“入世”后资本账户开放、资本市场直接融资逐步发展以后将得到凸显。

市场经济要求金融市场公平而高效地配置金融资源，但在金融市场的发展过程中，由于经济人的道德风险、金融创新、监管制度的缺陷等原因，金融市场往往会出现失灵现象，不仅不能高效、公平地分配金融资源，甚至出现金融资源的浪费。这就为政府和监管当局的介入提供了理由。但是，如果政府在修正金融市场失灵的过程中没有适度的规模边界，成为“无限政府”，那么，它不仅不能完成修正金融市场失灵的任务，反而会加剧金融市场的失灵，这一点在中国一些地方政府对银行人事任免和信贷决策等金融资源配置行为的不恰当干预中已有所体现。此外，监管制度缺陷也可能使银行的经营活动缺乏强有力的制度约束，并成为银行危机的外在因素之一，具体体现为对银行违规行为的监管宽容与对危机银行的干预时机不当，这可以在法国的金融实践中得到例证。法国监管当局

早在1991年就了解了里昂信贷银行的问题，但在1993年第一次救助之前并没有及时对其实施有效监管，而是继续听之任之，默许其迅速发展和大量持有高风险的不动产以及将贷款集中在少数几个借款人身上，这直接导致了需要在1995年对其进行第二次援助。

银行危机，按照国际货币基金组织的定义，指的是现实或潜在的银行挤兑或银行失败引致银行停止偿还负债或迫使政府通过提供大量援助进行干预以防止这种情况出现的情形。当然，银行危机有别于金融危机，但研究发现在各种金融危机中，银行危机是核心，这不仅因为银行的基本功能之一是将储蓄间接转化为投资，是一国经济最重要的融资渠道，更因为银行是一个通过资产负债持续的不匹配来创造流动性的行业，它潜伏着被挤兑的特殊风险，而挤兑的传染性将会破坏银行支付系统的运行，进而形成对整个经济的破坏。从历史数据来看，银行危机发生的频率和次数要远远高于股市崩盘的频率和次数，仅20世纪的后20年，就有93个国家先后爆发了112次系统性银行危机，有些银行危机对一国经济的影响甚至是毁灭性的。实证分析也表明，在金融危机中银行危机所造成的损失也是最大的。比如，美国20世纪30年代的大萧条并不能直接归咎于1929年的美国股市崩溃，而是由1933—1934年大量银行倒闭所形成的银行危机造成的。日本20世纪80年代末泡沫经济的破灭导致了长期的经济衰退，归根到底，日本经济长期低迷的真正原因在于日本银行业的失败。①

## 二、中央银行最后贷款人职能的作用

银行危机具有负外部性。在信息不对称和个体理性与集体非理性的冲突下，由于银行业的部分准备制，银行危机外部性的存在使得个体银行的挤兑行为就可能演变为全行业的恐慌。当存款人发现其存款行有大量的提款时，由于害怕银行破产倒闭，他们也会相应地提取其存款。当提款超出预期的流动性需求时，会造成正经历流动性短缺的银行的声誉受损，该银行倒闭的可能性增大。由于信息的不对称，投资者无法识别好银行和坏银行，如果存款人将个体银行的挤兑、倒闭看成是整个银行业发生困难的征兆，则银行业的总体信用也会发生动摇，银行恐慌就可能产生，进而对货币的需求增加，存款数量和货币总量急剧下降，整个银行体系的储备干涸。由于银行体系的部分准备金制度，储备的减少必然伴随着银行

① 〔日〕奥村洋彦：《日本“泡沫经济”与金融改革》，余熳宁译、余明校，中国金融出版社2000年版。

存款和货币供应的多倍紧缩。若没有最后贷款人机制对市场体系注入流动性资产，将可能导致整个金融体系的失败，并对实体经济部门产生严重影响。

（一）桑顿的观点

桑顿（Thornton）[①]早在1802年"对大不列颠纸币信用的本质和效应的探讨"一文中，对最后贷款人理论就有所论述，他认为最后贷款人出现有两个原因：一方面源于部分储备的银行体系，在这一体系下，流动性不足问题对货币存量存在着有害的收缩机制；另一方面源于中央银行对包括发行金币和英格兰银行券等高能基础货币的垄断，只有具备创造高能货币的能力才能完全满足商业银行的流动性需求。这样不仅产生了对最后贷款人的需求，而且最后贷款人只能由中央银行来承担。

对于最后贷款人的职责，桑顿认为是宏观而不是微观的。也就是，最后贷款人的职责是对整个经济而言的，而不是针对单个银行的。在任何情况下，最后贷款人都不能维护无清偿能力的银行，即使那些被认为"大而不倒"的银行。除了减少道德风险问题之外，最后贷款人无须阻止银行倒闭等震荡的发生，而只需要最小化其在金融体系传播蔓延的效应。

桑顿认为中央银行的最后贷款人功能与货币控制职责并不冲突。货币控制职责要求维持非金属货币存量的稳定而无通货膨胀的增长，而最后贷款人功能只会对货币的稳定增长产生短暂且相对微小的偏离。这是因为，一方面，如果最后贷款人紧急发行的基础货币仅仅抵消货币乘数的下降，它们不会影响货币存量；另一方面，决定性的最后贷款人行动将在基础货币远远偏离轨道之前制止恐慌。对此，贝格呼特（Bagehot）补充认为，一旦恐慌结束，最后贷款人的惩罚性利率就将加速对紧急发行的货币的偿还。总之，最后贷款人职能恰恰是，通过阻止与恐慌和危机有关的货币的不稳定，增加中央银行的货币控制责任。

（二）贝格呼特的观点

贝格呼特[②]在1873年的《伦巴德街》一书中延续了桑顿的观点，并提出了一些成为经典最后贷款人理论的独创观点。首先，他认为最后贷款人职责不只是在恐慌期间向市场提供流动性，还包括事前公开地重申在未来所有的恐慌时期将迅速而有力地提供贷款的承诺。这种事前的透明

---

① Henry Thornton, 1802, *An Enquiry into the Nature and Effects of the Paper Credit of Great Britain*, Ed. Von Hayek, London: George Allen & Unwin, 1939; Reprinted, New York; Augustus Kelly, 1962.

② Walter Bagehot, 1873, *Lombard Street: A Description of the Money Market*, London: H. S King; Reprinted, Homewood: Richard D. Irwin, 1962.

减少了公众的不确定性并产生了稳定的预期,也提高了最后贷款人的有效性。其次,他倡导最后贷款人必须以惩罚性高利率进行调节,因为它不仅将高能货币的扩张限制在结束恐慌所必需的最小范围内,而且它将促使银行在求助于最后贷款人手段之前发展更好的货币管理技术以及利用现存流动性的新渠道。最后,他确定了最后贷款人应给予融资的借款人的类型、应接受资产的种类以及用来决定这些资产的可接受性标准。他认为最后贷款人应在按恐慌前的价格估算的优良资产的基础上向任何有清偿力的借款人贷款。

按照贝格呼特的观点,大多数国家的中央银行担负着最后贷款人的角色。这意味着,在特定条件下,面临流动性问题的商业银行可以求助于中央银行获得短期贷款的支持。而这种体系之所以存在,是因为市场机制不足以向商业银行提供防范流动性冲击的保障。当贷款人贷款给面临危机的银行时,利率上升可以补偿借款人承担的不断上升的风险,但实际上,利率的上升却表明了借款银行面临不利的情况,从而打击了潜在的贷款人。用贝格呼特的话说,“每个银行家都知道如果他必须证明他是可信赖的,那么不管他的辩解有多么美妙,实际上他已经丧失信誉”①,这强调了银行在危机中如果必须向市场传递可靠信息则会面临的问题。因此,贝格呼特认为,中央银行是货币体系唯一的最后贷款人,在银行提供好的抵押担保物的前提下,中央银行以高于市场利率的惩罚性利率对暂时无流动性而有偿付能力的银行提供大量的、即时的贷款。②

基于此,贝格呼特将最后贷款人归纳为如下四点:

(1) 最后贷款人具有贷款给缺乏流动性支付的金融机构的作用;

(2) 这些贷款必须有惩罚性的利率,使金融机构不能将其作为当前的贷款操作;

(3) 只能贷款给提供了良好抵押的有偿付能力的金融机构,而这些抵押物必须按照恐慌前的价格来评估,在没有恐慌的正常经济环境下是可销售的,不应仅仅限于正常时期向中央银行申请再贴现的合格票据;

(4) 最后贷款人必须事先清楚有无准备向满足偿债和抵押条件的机构发放任意数量的贷款。

这也被称为贝格呼特法则,成为判断最后贷款人机制实施与否、检验

---

① Walter Bagehot, 1873, *Lombard Street: A Description of the Money Market*, London: H. S King, p.68.

② Curzio Giannini, 1999, *Enemy of None but a Common Friend of All? An International Perspective on the Lender of Last Resort Function*, IMF Working Paper, p.6.

最后贷款人机制实施效果的一个重要标准，梅尔兹甚至认为“出现最糟糕的金融恐慌的情况是由于中央银行不遵从贝格呼特法则”。

（三）古典最后贷款人理论的延伸

汉弗莱（Humphrey，1986）、梅尔兹（Meltzer，1986）、古德哈特（Goodhart，1985，1987）和博德（Bordo，1990）等都发展了贝格呼特的观点，对最后贷款人的定义、职责、作用以及最后贷款人制度的模糊性进行了深入的论述，其中以古德哈特[①]和索罗（Solow）[②]为代表。他们认为，如果最后贷款人通过公开市场操作而不是贴现窗口贷款来提供流动性，那么最后贷款人所提出的合格性要求、惩罚性利率以及所有确保把援助送达可信的借款人的措施都是不必要的。

他们认为不能仅仅给予有偿付能力的借款人援助，而应该把最后贷款人贷款扩大到特定的无偿付能力的借款人。这是因为，首先，对陷入困境的银行的资产进行估价是困难的，在最后贷款人必须行动的时刻也几乎不可能把无清偿力与缺乏流动性区分开来；其次，如果让危机银行破产，那么失去的将是极有价值、难以替代的银行与客户的关系，而保持这些关系的社会利益超过援助的成本；最后，大银行的破产将毁灭整个银行体系的信心，因而最后贷款人只能被迫向无偿付能力的大银行贷款。

当然，这些观点也有其不足之处，比如低估了最后贷款人的过度援助可能引致的道德风险，也忽视了有效率的经济实体和稳健的银行体系有效防止个别银行挤兑而引发的对货币存量的冲击的能力，因此，没有理由过分担心个别经营不善的银行的破产。

（四）古典最后贷款人理论的批判

以塞尔金（Selgin）和萨斯曼（Salsman）为代表的自由银行制度学派从根本上否定了最后贷款人存在的必要性，塞尔金（1989）[③]认为，去除一切对银行业的法律限制将排除对最后贷款人的需要，萨斯曼甚至认为，中央银行制度的建立对完整的货币体系和安全的银行系统是有害的，因为中央银行的最后贷款人职能可能被非常严重地误用，“大而不倒”的原则已经使最后贷款人职能从暂时为缺乏流动性的银行提供贷款，转变为为

---

① C. A. E. Goodhart，1985，*The Evolution of Central Banks*，London：London School of Economics and Political Science；1987，*Why do Banks Need a Central Bank*，Oxford Economic Papers 39：pp. 75—89.

② R. M. Solow，1982，*On the Lender of Last Resort in Financial Crises：Theory，History，and Policy*，Kindleberger and J. P. Laffague，Cambridge：Cambridge University Press.

③ G. A. Selgin，1989，Legal Restrictions，Financial Weakening and the Lender of Last Resort，*Cato Journal* 9（2）.

那些永远也不会有偿付能力的银行提供额外贷款,并最终破坏银行系统的财务状况,因此,必须彻底消除政府干预,废除最后贷款人制度。

当然,这些观点是建立在自由银行业内在稳定基础上的,它忽视了商业银行创造的内在货币和中央银行发行的外在货币之间的根本区别。即使商业银行能完全自主地发行自己的银行券,也不能满足其存款人由于战争威胁和大公司倒闭这样的偶然性冲击而引发的对外在货币的需求,这些银行仍不得不求助于最后贷款人。

## 第三节　最后贷款人职能的两难

从历史的角度看,组建中央银行起初是为了推动支付体系,后来则是要维护银行业的稳健,近来才赋予中央银行制定和执行货币政策的职责。作为中央银行货币政策的一个方面,货币管理得到了充分的重视,货币政策基本上都是集中在注意稳定本国货币币值这个宏观经济目标上,而越来越多的人也把稳定本国币值等同于稳定国内价格水平。实现和维持价格稳定固然重要,但不能说中央银行就没有别的职责了。

作为货币政策的另一个方面,维持一个有竞争力、有清偿能力的银行体系的稳定这一目标应该得到足够的认识,因为支持宏观经济和货币的实绩,常常需要努力提高银行部门的效率与稳健程度。稳健的银行体系的整体微观经济目标,通常是以清偿能力这样一些概念来衡量的,如果清偿能力成为普遍问题,或者是由于共同的因素影响了一大批银行,或者是个别银行的困难已经传染到了整个体系,此时中央银行就有必要考虑作出具体的政策反应,以保障整个银行体系的稳定,最后贷款人干预可能就不可避免。就币值稳定、银行稳定与最后贷款人机制的关系而言,需要注意以下几个问题。

### 一、币值稳定目标的实现需要一个健康有序的银行体系

1. 币值稳定应为现阶段货币政策的最终目标

物价稳定、经济增长、充分就业、国际收支平衡曾一度被认为全部属于货币政策应当实现的政策目标,然而理论与实践均表明,由于目标之间的内在冲突性,货币政策无力同时实现全部调控目标。以币值稳定和经济增长目标为例,货币供给量↑→利率水平↓→投资和消费↑→总产出↑→经济增长,同时货币供给量↑→物价↑、汇率↓,即币值稳定与经

济增长在长期相互抵触，无法同时达到理想的目标区间，必须根据宏观经济运行中存在的主要问题选择单一的货币政策最终目标。中国经济体制内在的缺陷和货币流通的实践表明，货币政策应当以稳定币值作为单一目标。回顾中国改革开放二十多年来的经济运行和货币流通实践，中国经济和货币形势一直处于“膨胀—紧缩—再膨胀—再紧缩”的循环过程，货币政策的历史就是稳定币值的历史。多年来，由于产权机制的不健全，盲目追求经济发展速度造成的投资饥渴症，对货币供给形成倒逼机制，加上一直以来固有的货币政策财政化情结，货币政策执行了本应由财政政策承担的职能，这些都容易引发币值的不稳定。因此，把币值稳定作为货币政策的最终目标，是宏观经济运行的基本条件，有利于社会货币供给总量与国民经济所需求的货币量相适应，货币购买力形成的社会总需求与社会总供给相适应。中国人民银行研究局在2005年3月推出的《未来金融改革研究报告》中称，目前中国金融业主要面临的问题中，尤以币值稳定最为严峻。报告称，目前存在的相当大的隐性财政赤字以及经济泡沫过大问题，都是导致币值不稳定的重要潜在因素。除了股市和房地产泡沫问题不可忽视外，经济泡沫还可能出现在制造业、原材料加工业或其他加工工业等方面，主要表现在生产能力过剩上。一旦经济泡沫破裂，银行会产生大量不良资产，并影响币值稳定。

2. 银行体系的行为直接影响货币政策的传导效果

新凯恩斯主义的信贷传导机制理论认为，货币政策除了对借款人资产负债的影响外，还会通过商业银行贷款的供给来影响外在融资溢价。由于在大多数国家，银行贷款是借款人的主要资金来源，如果由于某种原因导致银行贷款的供给减少，许多依赖于银行贷款的借款人，特别是中小企业就不得不花费大量的时间和成本去寻找新的资金来源，因此，银行贷款的减少将增加外在融资溢价和减少实质经济活动。中央银行实施紧缩性的货币政策后，例如，采取公开市场业务减少商业银行的头寸，使商业银行可供贷款的资金数量下降，就会限制银行贷款的供给，通过银行借贷渠道使企业减少投资，收缩生产，减少雇员，产生经济紧缩的效应。该学派还通过对货币政策的信贷传导机制进行实证分析，表明在20世纪80年代以后货币需求越来越不稳定和银行贷款占主要外部资金来源的情况下，银行贷款在货币政策传导中的作用非常明显。

在市场经济发达的国家，货币政策的传导途径通常有两条：一条是“中央银行→金融市场→企业或居民”，另一条是“中央银行→金融机构→企业或居民”。而中国作为发展中国家，市场经济体制建立的时间较短，金融市场尚不完善，货币政策传导主要通过"中央银行→金融机构→企业或居民"这条路径，传导中介过于依赖金融机构，传导渠道单一，刚性强，作为货币政策传导主要载体的金融机构的行为直接影响货币政策的传导效果。

在中国历来把货币政策调控重点放在信贷总量变化的情况下，银行体系信贷渠道在中国货币政策传导中具有特殊的地位，贷款总量与货币供应量这一货币政策中介目标之间也存在着相当紧密的联系。改革开放二十多年来，中国初步建立了政策工具→操作目标→中介目标→最终目标的货币政策间接调控和传导机制。从政策工具、操作目标到中介目标的信息传递的顺畅性在很大程度上决定着货币政策的有效性。从政策传导主体来看，中国的货币政策传导呈现从中央银行→金融机构→企业和居民的过程。以国有商业银行为主导的金融机构是货币政策传导的关键环节，它是连接金融市场和微观经济主体的中介，其运行状况直接决定着企业、居民对市场信号的反应程度以及货币政策效果，而金融机构运行状况受到金融生态的重大影响。

3. 币值稳定需要一个健康有序的银行体系

然而，币值稳定这一货币政策最终目标的实现却需要一个稳健、健康的银行体系。如果银行体系中出现了脆弱的银行，中央银行对政策手段与经济实绩之间的联动作用的预期，就会比正常情况下更加不稳定，使制定适当政策的过程更加困难；如果银行部门的问题越来越严重，银行不能对货币政策信号作出反应，中央银行政策手段的功效就会降低；此外，银行经理们的道德风险和逆向选择行为也可能干扰整个传导机制的正常运行。一些商业银行对货币政策认识简单化，认识上不统一，以及银行自身考核机制不健全，没有建立正向激励机制，也在很大程度上影响了货币政策传导机制的效果。比如，在2005年的宏观调控中，对钢铁、水泥、房地产等一些投资过快的行业，采取适当的紧缩政策是恰当的，但在执行过程中，部分商业银行对诸如高科技、中小企业、农业企业，以及有市场、管理健全的企业贷款也采取紧缩政策，则是不恰当的。

从具体的政策执行效果来看，为规范金融机构的信贷行为，发挥信贷政策在产业结构调整中的作用，央行出台了如个人住房抵押贷款、汽车消费信贷、下岗职工再就业贷款等有关政策，引导金融机构调整信贷投向，加大信贷投放力度，但因为执行货币政策的主动权在金融机构手中，在金融信用环境不完善的情况下，金融机构更多地考虑信贷资产质量问题，而不是单纯的信贷结构调整问题，政策的实际效果并不理想。从货币政策的作用程序看，首先作用于商业银行总行，然后再通过总行影响分支机构。但是近年来，由于金融信用的缺失，商业银行贷款责任约束机制日益严格，实行更加审慎的信贷投放政策，授权授信更加严格。基层机构贷款权限普遍上收，更加人为地中断了货币政策传导链条。具体而言，就是：

首先，企业信用缺失导致银行惧贷、惜贷，是货币政策基层受阻的根本原因。前几年部分企业通过不规范的破产改制，恶意逃废了大量银行债务，出现了银行资产所有权向企业的转移，让银行承担了企业改革的成本，获得了部分短期利益，但损失了企业赖以生存的信用资源，挫伤了基层银行发放贷款的积极性，引起了恶性连锁反应。商业银行基于"收益性、安全性、流动性"原则，普遍上收了系统内的管理权限，对信贷人员重惩罚轻奖励，削弱了基层银行的业务拓展动力，从而中断了货币政策的传导链条，导致很多地区呈现"银行难贷款、企业贷款难"的两难局面，一方面银行资金充足而没有放款意愿，另一方面企业有资金需求却不能获得借款。

其次，部分金融机构因违规经营等产生流动性风险，对央行容易形成资金倒逼机制。金融机构的经营行为是否规范，金融秩序是否正常，直接关系到货币政策的实施效果。部分金融机构仍然存在有章不循、违章操作现象，高息揽存、违规放贷、违规拆借等行为时有发生，形成了相当数量的不良资产，导致资金周转出现困难，加大了对中央银行资金的依赖性，再贷款等就成为保证这些金融机构清偿能力的最后手段，而扩大信贷投放、刺激经济增长的作用被削弱。

再次，金融机构对央行的"窗口指导"贯彻不力，削弱了货币政策的实施效果。金融机构慑于人民银行的权威，名义上接受人民银行的道义劝告，但实际工作中，对信贷政策却采取变通的做法，制约了货币政策效能的有效发挥。为刺激居民消费、拉动经济增长，人民银行制定了消费信贷政策，但在金融机构执行过程中政策却变形走样。例如，汽车消费信贷是为了支持居民购买轿车，促进中国汽车工业的发展，但在商业银行执行中，有的却支持个人购买营运型车辆，成为汽车消费贷款风险的主要成因；再如，票据贴现是为了增加企业的融资渠道，支持重点行业和中小企业的发展，但多数金融机构规定企业达到一定信用等级才能开立承兑汇票，并根据信用等级收取不同比例的保证金，中小企业办理承兑汇票要缴纳高额保证金，因此，票据市场的对象大多是大型企业或优势企业，中小企业难以获得收益。

## 二、中央银行的最后贷款人行动可能影响到币值稳定这一宏观经济目标

1. 货币供给内生性突出了中央银行在承担最后贷款人职能上的被动与无奈

20 世纪 70 年代的卡尔多-温特劳布的内生货币供给理论突出了中央银行在承担其最后贷款人职能和货币保卫者职能上的被动与无奈,其中,以卡尔多在"货币主义的惩罚"一文中的描述为代表,他从中央银行作为银行的最后贷款人职能出发说明了货币供给的内生性。他认为中央银行的基本职能是作为最后的贷款人,通过贴现窗口,保证金融部门的偿付能力,"中央银行不能拒绝对'合法票据'的贴现……如果它这样做了,即如果每天或每周为打算贴现的票据确定一个固定的数量限制……中央银行就不能履行其作为银行体系最后贷款人的职能。而这一职能对于确保清算银行不致因缺乏流动性而丧失偿付能力,保证银行体系的流动性是极为重要的。正是因为货币当局不能接受银行体系崩溃这一灾难性的后果……在信贷-货币经济中,'货币供给'是内生的而不是外生的——它直接随公众对持有现金和银行存款的需求的变化而变化,而不能独立于这种需求的变化"①。这也就是说,在中央银行制定和维持的任何利率水平上,货币供给曲线是水平的,货币供给的弹性无穷大,货币需求创造了自己的供给,且这种供给能完全满足社会对货币的需求。中央银行通过确定的利息率,影响投资与产出,即:贴现率→利息率→投资→总产出→货币需求→货币供给。

在实践中,货币供给的"倒逼"机制也从一个侧面说明了中央银行最后贷款人职能的无奈。对此,莫尔的水平主义理论有过精辟的阐述。莫尔将金融市场划分成商业银行筹资的批发市场和商业银行发放贷款、吸收存款的零售市场。商业银行通过将零售市场的存款和批发市场的负债所筹资金转换成零售市场上的收益性资产(贷款)和批发市场上的预防性资产(现金和债券),借此获得资金成本之上的收益部分。

零售市场上,一方面,现代商业银行为其客户提供的透支便利使得贷款者可以随意地增加他们的贷款;另一方面,商业银行出于稳定客户关系和自身收益的考虑,总是会按适当的条件满足市场上合理的贷款需求,而零售贷款资产缺乏变现能力的事实又使得商业银行不能随意地减少其贷款数量。现代商业银行的贷款数量完全取决于他们的客户,商业银行成

---

① 〔美〕斯蒂芬·罗西斯:《后凯恩斯主义货币经济学》,中国社会科学出版社 1991 年版,第 88 页。

为零售市场贷款条件(价格)的决定者和贷款数量的接受者。

由于商业银行在零售市场上对其客户的贷款需求的反应是被动的,商业银行只能相应地在批发市场上采取必要的措施维持它们的储备头寸,一方面,商业银行通过负债管理按市场利率从银行同业获得资金以满足零售市场上的贷款需求;另一方面,当商业银行的同业借款能力达到极限时,也转向中央银行寻求借款。在商业银行贷款规模给定的情况下,中央银行为保持商业银行流动性,保持信用体系的正常秩序,就只能通过公开市场操作买入债券,或按既定的贴现率或一定的贷款条件直接向商业银行提供资金以扩大其准备金规模。因此,商业银行成为批发市场贷款规模的决定者和贷款条件(价格)的接受者。

商业银行在这两个市场上的角色转换,使得零售市场上的资金需求通过商业银行传导到批发市场上,而对批发市场上资金需求的满足也就是对零售市场上资金需求的满足,所以批发市场上的资金需求最终是由零售市场上的资金需求决定的。批发市场上的资金需求又直接传导给中央银行,迫使中央银行增加货币供给。

2. 中央银行政策目标的多元性强化了最后贷款人职能与币值稳定职能的冲突

价格稳定这一宏观经济目标和保护困境中的银行体系这一微观经济政策目标,都是中央银行经济政策的目标,都要涉及中央银行资产负债表变化的政策手段。货币政策既是以货币总量的一定轨迹为依据的规则,又以此为目的,最后贷款人的贷款也要受到这个规则的制约。中央银行作为最后贷款人,其出于稳定危机银行这一微观经济目标考虑时所提供的贷款,就可能得以改变预想的宏观经济政策轨迹。当银行问题普遍存在,而且这些问题所反映的是银行无清偿能力,而不仅仅是缺乏流动性时,中央银行的最后贷款人干预就必然以牺牲价格稳定这一宏观经济目标为代价,因为对危机银行,特别是对那些已经丧失清偿能力的问题银行的救助,势必要增加市场流动性的供给,而这一扩张性的货币政策只能使货币供应增加,价格偏离稳定性目标。

中央银行政策目标多元化所带来的最后贷款人与货币保卫者职能之间的冲突,也成了从理论上支持货币政策和银行监管政策分立的理由。因为,一方面,货币政策是短期政策,是逆经济周期的,即中央银行应该在经济繁荣的时期实行紧缩政策以防止经济过热,产生通货膨胀的危险;而在经济萧条的时期实行扩张性的货币政策,增加货币供给以刺激经济的发展。而银行监管是政府的一个长期的政策,而且具有顺经济周期的特点。另一方面，由于中央银行肩负着最后贷款人的角色，在商业银行可能发生危机的时候，中央银行总会去救助，这会导致央行总是出手过早，使金融危机进一步地隐藏和加深。而且，由于央行身兼二任，它会更倾向于保护商业银行的利益，结果使得央行在制定和实施监管的时候被商业银行捕获，因为央行采取行动的出发点总是保护商业银行的利益而非公众的利益。此外，银行监管是一门非常专业的知识，往往是非常具体的、微观的，而货币政策却是非常宏观的，它要对整个经济形势把脉。由于微观、宏观之间巨大的差异使得做微观和做宏观的职能不能兼容。这种中央银行政策目标的多元化导致的角色冲突使得中央银行在最后贷款人职能与货币保卫者职能间往往难以协调。

3. 中央银行的弱独立性更激化了最后贷款人职能与货币保卫者职能间的冲突

在中国，中央银行并不具有独立的货币政策制定权，而只是一个执行机构，每次发表的报告也只是货币政策的执行报告。因此，将货币政策和银行监管分立并不能解决中央银行在最后贷款人职能与货币保卫者职能上角色的冲突。在中央银行身兼二任的时候，受到限制的货币政策和银行监管都是在中央银行内部作出的，现在设立银监会只是把这种冲突外部化了。更严重的是当身兼二任时，中央银行是有比较准确的关于商业银行的信息的，也能较为及时和正确地行使最后贷款人的角色。分立之后，银监会和中央银行各司其职，但是银监会是没有货币创造功能的，因此也没有能力对陷入困境的银行实施救助。此时，由于中央银行不具有监管的职能，中央银行就没有充分的动机去获得详细的信息，这容易导致中央银行行使最后贷款人职能时将更多地依赖于银监会对银行困境的判断而不是自身的判断，这使得中央银行行使最后贷款人角色时的效能降低，错过最佳时期。因此，如果不进行其他的制度安排，设立银监会容易进一步地削弱中央银行行使职能时的效能。在西方国家，政府总是一手在拿而一手在给，即给中央银行完全独立的货币政策制定权，拿走金融监管权，而成立一个统一的超级监管机构。因此，我们现在首先要做的就是给中央银行独立的货币政策权。

经济理论和各国实际均表明，央行能否有效制定和实施货币政策，保持币值稳定，在很大程度上取决于央行独立性的强弱。目前中国央行的独立性还是较弱的，表现在央行根据客观经济形势制定的货币政策很难得到独立的体现，货币政策中往往掺杂着各经济部门的意志；同时，货币政策工具的决定权不在央行，需得到有关部委的同意。这样既延长了货币政策的时滞，也降低了货币政策的效力。另外，货币政策的制定实施还受到国有商业银行的制约。当中央银行的货币政策与国有银行的利益相冲突时，国有商业银行就会以种种理由和措施抵消货币政策的效果，或向央行讨价还价，阻碍货币政策的制定和实施。还有各级地方政府的制约，在财政分灶吃饭的体制下，各级政府均有自己独立的利益，当中央银行货币政策与其存在利益冲突时，各级政府总会想方设法对付央行的货币政策。这一点在银根紧缩时尤为突出。银根紧缩时，地方政府或设法压缩中央企业的贷款，增加地方政府的资金，或挤占挪用农副产品收购资金，迫使中央银行放松银根。由此可以看出，只有中央银行货币政策的独立性得以加强，中央银行角色的冲突才有可能得到缓解。

### 三、为稳定币值采取的紧缩性货币政策又可能威胁到危机银行的生存

货币政策具有逆经济周期运行的特点，即在经济高涨时期，货币政策为了抑制通货膨胀往往会收紧银根，减少货币供应；在经济衰退时期，货币政策为了抑制通货紧缩往往放松银根，扩大货币供应。银行监管则具有顺周期运行的特点，即在经济高涨时期，银行经营效益好，风险低，银行监管对银行经营的风险约束较松；在经济衰退时期，银行业务拓展困难，并往往伴随着大量的不良资产。银行监管对银行经营的风险约束较紧。由于在同一经济周期阶段，货币政策与银行监管行为的方式不同，导致二者之间经常产生利益冲突。如在经济高涨时期潜在的通货膨胀压力要求将利率提高并维持在较高的水平，这将导致银行经营成本增加或业务萎缩，从而带来风险，与监管目标冲突。

1. 紧缩性货币政策可能威胁到危机银行的生存

为保持货币稳定，实现低通胀，客观上要求中央银行采取紧缩性的货币政策，提高利率以控制市场上的流动性需求，而对于危机中的银行，它们需要更多的流动性支持以摆脱困境，此时，它们对于利率变化极其敏感，微小的利率上升都可能威胁到它们的生存。利率的提高会影响银行的生存，这个道理很简单。在亚洲金融危机期间，IMF 鼓励各国提高银行利率来支撑这些国家的货币，以减缓它们的快速贬值。可是银行利率一经提高（在印度尼西亚年息被提高到 30% 以上），那些银行所拥有的长期借贷和短期借贷的组合失调却对银行的资产平衡产生了影响。利率上浮，银行就得支付给存款人更高的利息，而与此同时，银行却无法因此而从长期贷款中获利，因为长期贷款的利率已经被锁定在以前的低水平上。换言之，银行的债务在提高，而它的资产的价值却在下降。这就很容易导

致银行破产。这也正是1980年美国德州储蓄贷款社危机的主要原因。当时联邦政府大幅度提高利率以抑制通货膨胀,储蓄贷款社需要支付存款人更高的利息,而它们大量提供的房屋按揭(一般是长期贷款)的利息却维持在过去的水平上。高利率带来了银行危机和更多的坏账,最终导致几十亿美金的损失。

2. 紧缩性的货币政策加大了中央银行进行最后贷款人干预的可能性

进一步地,为稳定货币、防止通货膨胀而采取的提高贴现率和准备金率、进行公开市场出售等紧缩性的货币政策也加大了中央银行进行最后贷款人干预的可能性。因为提高贴现率和准备金率的结果是直接减少了银行的流动资金,使其应对兑付风险的能力下降,一旦面临挤兑,流动资金不足以支付,必须变现长期资产,而短期内变现长期资产,银行会遭受损失,从而银行的流动性不足问题很可能转变为资不抵债问题。而中央银行公开市场出售的结果是提高了市场利率,市场利率的提高一方面使得流动性不足的银行难以在市场上及时获得必要的流动性补充,另一方面又使得其原有的负债成本提高。这些都降低了银行应对风险的能力,使得中央银行进行最后贷款人干预的可能性增大。

所以,最后贷款人制度和货币政策作为一国货币当局对宏观金融活动进行调控和管理的两大基本手段,有着千丝万缕的联系,两者在根本目标一致的基础上既相互区别又紧密联系,既相互促进又彼此矛盾。两者的协调发展会共同维护金融体系的稳定和繁荣,反之,则会给金融体系带来严重的隐患。

首先,两者的根本目标是一致的,都是为一国的经济和社会发展营造良好的货币金融环境,在此基础上相互促进。最后贷款人旨在当金融体系陷入暂时的流动性困难或者某个金融机构发生短暂的传染性风险时,对该金融机构,进而对市场提供流动性援助,从而缓解金融体系的流动性不足,提高公众对金融体系的信心,遏制银行恐慌,维护金融的稳定。货币政策则是中央银行为实现既定的经济目标运用各种工具调节货币供给和利率,进而影响宏观经济、维护货币稳定的措施的总和。可以说,最后贷款人制度侧重于短期的金融稳定,而货币政策侧重于长期的货币稳定。最后贷款人制度与货币政策既对立又统一,二者具有内在的一致性。一方面,稳定的金融体系是货币政策顺利实施的重要基础和保证,货币政策的操作、传导与效果需要健康完善的金融体系和银行间市场予以配合和支持,金融体系的动荡不安显然不利于货币政策的制定和实施;另一方面,成功的货币政策保持了币值和物价稳定,可以为银行业的发展创造良好的货币环境,减轻了金融业的系统性风险(因为如果货币不稳,金融业是难以保持其稳健与安全的),从而减轻了最后贷款人制度实施的压力,拓展了其实施的空间。因此,在一国金融市场化运作与发展的过程中,实施最后贷款人制度与制定执行货币政策具有同等重要的地位与作用。

其次,最后贷款人制度与货币政策之间也存在着一定的矛盾冲突。这种矛盾冲突主要来自于政府的道德风险。最后贷款人制度提供的弹性货币供给功能向政府提供了一种能够影响宏观经济绩效的货币政策手段,从而使它产生了利用"意外的货币政策"提高就业和产出水平以及出口能力的动机。这种动机在货币政策效果不明显的情况下,尤为显著。

(1) 货币政策目标的不确定性。在货币政策目标演变的历史长河中,政策目标是否可调控以及"单目标论"、"多目标论"的争论一直是理论界争论的焦点。从弗里德曼、卢卡斯的"货币中性论"到曼昆的真实经济周期模型,从"米德冲突"、"丁伯根原则"到"不可能三角"似乎都在探讨两个问题:选择什么样的政策目标才最有效果?选择几个?理论上的不统一造成了实践操作的不确定性,进而给货币政策带来了不利的影响。货币政策目标随着当时的社会经济问题一变再变,货币政策渐渐地操纵在政府手中,经常体现或实现着政府的某些意图。

(2) 政策工具的不合理性。最后贷款人制度和货币政策在政策工具上存在着交集——都是通过再贷款(再贴现)以及公开市场操作来调整和控制货币供给量的。这就给中央银行借助最后贷款人进行货币扩张带来了可能性:当货币政策效果不明显时,中央银行必然会利用"最后贷款人"职能来投放基础货币,以缓解其他货币政策工具的有限性。这种做法实际上就是政府通过对中央银行的间接控制将央行的货币政策功能与最后贷款人职能混淆化,从而把部分金融机构的不良贷款"货币化",以企图缓解金融体系的系统性风险,对于央行的两种独立的职能来说,不能不算是一种"角色冲突"。

(3) 软性的预算约束。在资金来源方面,货币政策的扩张总是由贷款总量的高增长来实现的,表现为资产规模的扩张,而中央银行的资产规模并不受负债量的约束,因此,货币政策的扩张能力不存在资金来源方面的约束。在自身均衡机制方面,信贷资金的透明度很弱,尽管也有收有支,但收支之间总是一种恒等关系,从表面来看,并不存在失衡问题。在人们的观念中,银行仿佛总是有钱的,信贷的扩张,不仅不存在债务负担,而且能够为银行体系带来更高的利息收益。所以,货币政策的扩张能力在中央银行的自身均衡机制方面也没有任何约束。在弥补收支差额方面,信贷的收支差额实际上就是流动中的现金,然而,发行货币(现金)并不是为了弥补信贷收支差额,并且信贷的扩张也与这个差额无必然联系。因此,货币政策的扩张与中央银行自身的收支差额无必然联系。所以说,货币政策的扩张约束从本质上说是一种软性约束,其扩张程度很难受到限制,容易发生失控问题。一旦产生失控现象,必然会影响货币政策的调控效果,从而很容易让中央银行在外界(政府)压力的作用下,转嫁到最后贷款人制度的弹性货币供给功能。

(4) 政治的商业周期性。经济运行往往围绕大选日期而波动,在大选之前政府一般都采取有利于自己当选的经济措施,而把不利的经济后果留到当选之后。这意味着货币政策的运营包括最后贷款人制度的实施都将成为政府谋取连任的伎俩。

最后,贷款人制度和货币政策的矛盾冲突主要来自于货币政策效果不明显时的政府的道德风险,而导致货币政策效果不明显的根源在于中央银行货币政策的非自主性,受政府的干扰很大。因此,中央银行的独立性问题是最后贷款人制度和货币政策协调的桥梁,中央银行只有在高度独立的情况下,才可以协调好两者之间的关系,充分发挥各自的职能。成功的货币政策会促进金融体系的稳定,从而减轻最后贷款人制度的压力,扩展其实施的空间;有效的最后贷款人制度则会给货币政策的实施创造良好的宏观环境。然而,两者之间关系的不协调只能给经济社会带来严重的安全隐患,积压大量的货币风险。

## 第四节 最后贷款人职能建设的原则建议

尽管如前文所述,中央银行的最后贷款人职能与货币保卫者职能存在着内在的冲突,然而现代银行体系没有最后贷款人的支持,或者最后贷款人机制不能有效地运作,都将是灾难性的。美国 20 世纪 30 年代的经济大危机就是最好的证明。正是美联储在履行最后贷款人职能上的重大失误,没有对金融机构的流动性危机采取行动,面对货币存量的缩减,没有投放足够的高能货币加以防止,才导致经济的大萧条。①

① T. M. Humphrey, 1989, Lender of Last Resort: the Concept in History, *Federal Reserve Bank of Richmond Economic Review* 75, March-April: pp. 8—16.

雅各·帕罗斯(Jacob Paroush,1988)[①]在考察了金融系统的稳定程度、银行体系的大小、银行所考虑的负外部性大小、监管的直接和间接成本等因素后,建立了一个银行挤兑的多米诺效应模型,论证了银行挤兑的传染效应可能导致金融体系的失败,得出了必须对银行进行监管的结论。这些都为中央银行最后贷款人制度的实施提供了现实的理论基础。从最后贷款人机制的实施效果来看,米农(Miron,1986)在研究了美联储的政策效果后得出结论:最后贷款人机制对限制银行挤兑具有重要作用;博德(Bordo,1990)在检验了美国和英国建立最后贷款人体系前后变化的情况后,得出结论:通过监督银行的支付能力和支付系统,最后贷款人机制减弱了危机传染性的风险。

就中国的最后贷款人建设而言,有观点认为,最后贷款人制度是与西方市场经济中私人银行占主导地位相联系的,而中国银行业的主体是国有商业银行,有强大的国家信用做后盾,不存在流动性不足的问题,因而,没有必要研究和建立最后贷款人制度。当然,这种观点有其片面性。尽管中国目前没有明确的最后贷款人制度,但实际上,三大监管机构仍承担着最后贷款人职能,谢平(2000)甚至将最后贷款人的作用方式延伸为:省政府通过地方商业银行向中央银行借款,承诺在若干年后还款并支付较低利率;中央银行贷款给资产管理公司用于冲销国有商业银行的呆账等。[②] 尽管这些最后贷款人的作用方式有待商榷,但在中国国有商业银行不良资产日益扩大的情况下,银行发生系统性风险的可能性也在增大,特别是在开放条件下,伴随着中国金融深化的进程,研究并建立中国的最后贷款人制度仍有极其重要的现实意义。这一点也在2006年召开的中央经济工作会议中关于"金融安全"的论述及中国人民银行发布的《中国金融稳定报告(2006)》中得到了体现。

## 一、最后贷款人引发的道德风险问题

尽管最后贷款人机制在限制银行挤兑、防范银行恐慌、避免金融体系失败等方面具有一定的作用,但最后贷款人机制对市场体系、银行行为以及货币政策的影响却是难以准确估量的。中央银行引入最后贷款人机制,其本意是通过建立具有公共品性质的最后贷款人制度,将个体银行倒闭的市场成本转嫁给社会来承担,但这在一定程度上,也削弱了市场自身

---

① Jacob Paroush, 1988, The Domino Effect and the Supervision of the Banking System, *The Journal of Finance*, Vol. 43, No. 5, pp. 1207—1218.

② 谢平:"新世纪中国货币政策的挑战",《金融研究》,2000年第1期。

的调节作用。按照自由银行学派的观点,银行倒闭现象是个必然的存在,市场总是比公共性的最后贷款人机制更能达到资源的最优配置,而最后贷款人机制恰好违背了这一市场纪律,并可能滋生银行的道德风险,肆意助长银行违背稳健性原则以从事高风险经营活动,并最终带来整个金融体系更大的不稳定。

道德风险作为委托-代理关系所产生的一种特殊问题,指的是在信息不对称和合约成本存在的情况下,代理人在签约后隐藏信息或行动以牺牲委托人的利益为代价来最大限度地增进自身效用。最后贷款人机制作为一种保护措施,是中央银行对商业银行众多支持行为中的一种,也是它对银行危机进行监管的一个主要政策工具,从微观层面上看,这是中央银行为维持金融体系稳定应尽的职责。但由于中央银行的最后贷款人机制具有公共品的性质,其对危机银行的救助是一种公开信息,而中央银行却无法控制商业银行对于自身风险的估量和防范,双方的信息是不对称的。商业银行在中央银行必会援助的信息下,对风险的期望降低,就有从事高风险投机活动的激励。大银行尤其如此,低效益、高风险的大银行的资本充足率往往低于行业的平均水平,不良贷款率却高于行业平均水平,风险意识十分淡薄。

最后贷款人机制这种政府救助与担保行为所导致的道德风险在中国银行业中的具体表现就是,政府和中央银行在理论和实践上都奉行大银行"大而不倒"的准则。这直接导致了"隐性政府担保"下的道德风险的恶化,大量存款集中于四大国有银行,储户在选择银行时,实际上是把信用集中在政府身上,商业银行的负债又转化成政府和中央银行的隐性负债。在目前缺乏多元化的选择手段的市场环境下,不仅商业银行经营出现问题时,期望最后贷款人机制的支持,其他许多金融风险的化解也开始求助于最后贷款人机制,如农村信用社改革中大量的中央银行再贷款投入。从这一意义上说,中央银行因为最后贷款人机制而成为银行业的"俘虏",在一定程度上,最后贷款人机制使得银行业以及其他金融机构变得更不稳定。

正是由于最后贷款人机制不以赢利为目的,在某种意义上具有公共品性质,而公共品通常是市场失灵的重要领域,因此最后贷款人机制在一定程度上妨碍市场机制发挥作用的同时,这一深层次诱因也使得存款人、银行和监管当局所关注的目标函数发生了变化,道德风险得以产生。具体而言,在实施了最后贷款人机制的情况下,道德风险问题主要体现在以下几个方面:

（1）来自于存款人的道德风险。由于最后贷款人机制所提供的政府隐性担保,存款人不必为银行倒闭而担忧,这使得存款人在选择银行时,较多考虑存款收益而较少关心银行的经营状况,也没有动力去监督银行的风险状况,存款人的市场约束力量便大大削弱,银行有可能忽视存款人的利益,为追求高收益而进行高风险的投机。此外,最后贷款人机制不仅使存款人失去了关注银行经营风险的动力,也使银行其他债权人的警惕性下降了。

（2）来自于银行的道德风险。这又包括两个方面:一方面是银行的所有者对债权人和外部社会的道德风险,因为最后贷款人机制使银行免于市场失败而被清算,从而不造成银行所有者任何的投资损失,银行所有者必然疏于监督银行的投资行为;另一方面,银行的经营者对银行所有者和整个外部社会也存在着道德风险,因为银行经营者相信在出现危机时中央银行会通过最后贷款人机制来提供紧急援助,而最后贷款人机制的救援行动使得银行经营者为了自身福利的增加,在资产管理方面偏好高风险的投资项目,人为增加了银行经营的风险。这两个方面体现为银行体系中两级委托-代理关系所产生的道德风险,以及基于这一道德风险所产生的逆向选择问题。银行所有者和经营者存在过度承担风险的动机,因为从事高风险投资往往利润丰厚,一旦成功则归银行所有者和经营者享有,而失败却由最后贷款人机制下的政府和公众来承担,银行仅仅损失少量的自有资本,这种风险与收益的不对称性必定会加大银行道德风险发生的几率。

（3）来自于银行监管机构的道德风险。由于最后贷款人机制的存在,银行监管机构对“问题银行”的处理倾向于资助、救援“问题银行”,而不是将该“问题银行”关闭后清算拍卖。这样处理的结果往往是延误了纠正危机银行错误、防止损失进一步扩大的时机。加上各国中央银行、银行监管当局一直以来奉行的“大则不倒”原则,更加大了这些大银行的道德风险。

综上所述,最后贷款人机制道德风险的负面效应在于:首先,隐性或显性的政府担保改变了储户、银行所有者、银行管理者和金融市场面临的激励,因而产生了道德风险和逆向选择;其次,获得公共资金援助的可能性改变了承担更大风险的风险收益替代,降低了银行的总体稳定性;最后,由于存款人的损失得到了保障,最后贷款人机制可能降低存款人监督银行行为的激励,而银行对业务活动谨慎的激励可能也会降低,因为他们仍然能够吸收存款并把收益投资在风险更大的项目上,他们知道最后贷款人会承担项目失败的风险而自己却安然无忧。

一般认为为解决上述的道德风险问题，中央银行在履行最后贷款人责任的时候，遵循创造性的模糊原则，比遵循透明的原则更加好些。但这样履行最后贷款人职责，往往需要很大的判断力。有人认为这就是要"让市场去猜测"，另一些人则认为，这是要求给市场一个"明确的指导"。那么，到底是要让市场去猜测，还是要给市场一个明确的指导呢？以日本中央银行为例，他们认为中央银行无限制地提供资金会削弱金融机构的约束机制和鼓励不负责任的管理，为避免这种道德风险，日本银行规定只有满足下列四个条件时，才能向一家有问题的银行提供资金：

(1) 发生系统性风险的可能性很大；

(2) 没有其他替代方法，而且中央银行的援助是成功解决问题所不可缺少的；

(3) 所有有关责任方都应承担责任来避免发生道德风险；

(4) 中央银行的金融稳健性将不会受到破坏。

这四个条件即为中央银行给市场一个"明确的指导"，但中央银行对危机银行的救助方式、救助时机、救助程度等则要"市场去猜测"，这些是由中央银行自主、相机决定的。这就涉及最后贷款人政策的透明与模糊。

## 二、最后贷款人建设的模糊性

所谓中央银行最后贷款人政策的模糊性，指的是中央银行在实施最后贷款人政策的时候，是否做、何时做、如何做等实质性内容事先是不确定的，中央银行根据对银行危机的具体情况、产生背景、采取行动的成本收益分析等来判断实施最后贷款人政策，在保持中央银行最后贷款人政策实施的自主性的同时，也使市场无法洞悉中央银行的救助行动，从而防范道德风险的产生。

那么，最后贷款人政策的模糊性是否真能有效防范道德风险的产生呢？我们引入一个简单的完全信息静态博弈模型加以分析，其支付矩阵如下：

| | | 中央银行 | | | |
|---|---|---|---|---|---|
| | | 市场退出惩戒 | | 最后贷款人行动 | |
| | | 银行 | | | |
| | | 超高风险项目 | 常规风险项目 | 超高风险项目 | 常规风险项目 |
| 社会公众 | 不监督 | (−2,−1,−3) | (0,1,2) | (−3,3,2) | (3,2,2) |
| | 监督 | (−2,−3,0) | (0,1,1) | (−3,2,1) | (3,2,1) |

由这一支付矩阵有：

(1) 博弈的参与方为中央银行、银行和包括存款人在内的广大社会公众。这里，中央银行的支付函数与社会公众采取监督或不监督的战略无关，只与自身的战略和银行的战略选择有关；银行的支付函数不仅受中央银行战略选择的影响，而且受社会公众战略的影响；社会公众的支付函数也同时受到中央银行和银行的战略选择的影响。

(2) 中央银行的策略空间 $S_z=\{$市场退出惩戒、最后贷款人行动$\}$；银行的策略空间 $S_y=\{$超高风险项目、常规风险项目$\}$，这里内化银行经营者和所有者的利益差别，将其视为一个利益整体；社会公众的策略空间 $S_s=\{$不监督、监督$\}$。

(3) 博弈参与三方的混合战略分别为：中央银行的混合战略 $\sigma_z=(\theta,1-\theta)$；银行的混合战略 $\sigma_y=(\gamma,1-\gamma)$；社会公众的混合战略 $\sigma_s=(\rho,1-\rho)$。

(4) 博弈各方的期望效用函数如下：

中央银行的期望效用函数：

$$\begin{aligned}U_z=&\theta\{\gamma[(-2)\rho+(-2)(1-\rho)]+\\&(1-\gamma)[(-1)\rho+(-1)(1-\rho)]\}+\\&(1-\theta)\{\gamma[(-3)\rho+(-3)(1-\rho)]+\\&(1-\gamma)[3\rho+3(1-\rho)]\}\end{aligned}$$

对 $\theta$ 求一阶偏导，则中央银行期望效用最优化的一阶条件为：

$$\frac{\partial U_z}{\partial\theta}=5\gamma-4=0$$

银行的期望效用函数：

$$\begin{aligned}U_y=&\gamma[(-1)\theta\rho+(-3)(1-\rho)+3(1-\theta)\rho+2(1-\theta)(1-\rho)]+\\&(1-\gamma)[\theta(1-\rho)+2(1-\theta)\rho+2(1-\theta)(1-\rho)]\end{aligned}$$

对 $\gamma$ 求一阶偏导，则银行期望效用最优化的一阶条件为：

$$\frac{\partial U_y}{\partial\gamma}=\rho-4\theta-\theta\rho=0$$

社会公众的期望效用函数：

$$\begin{aligned}U_s=&\rho[(-3)\theta\gamma+2\theta(1-\gamma)+2(1-\theta)\gamma+2(1-\theta)(1-\gamma)]+\\&(1-\rho)[0\theta\gamma+\theta(1-\gamma)+(1-\theta)\gamma+(1-\theta)(1-\rho)]\end{aligned}$$

对 $\rho$ 求一阶偏导，则社会公众期望效用最优化的一阶条件为：

$$\frac{\partial U_s}{\partial\rho}=1-4\theta\gamma-4\theta=0$$

联立三个一阶条件，可求得混合战略的纳什均衡为：

$$\sigma^* = (\sigma_z^*, \sigma_y^*, \sigma_s^*) = \left(\frac{5}{36}, \frac{4}{5}, \frac{20}{31}\right)$$

这一纳什均衡告诉我们，中央银行以5/36的概率选择以市场退出惩戒的方式来对银行进行监管、选择以31/36的概率来施行最后贷款人行动显然是最优的，其结果都优于中央银行严格偏好于市场退出惩戒的纯战略或严格偏好于最后贷款人救助的纯战略，也就是说，最后贷款人政策的模糊性是有效的。

中央银行最后贷款人政策的模糊性之所以能限制道德风险、降低道德危害，就在于中央银行以制度的模糊性来实施其最后贷款人政策，不预先宣布其救助政策，用一种不确定性来避免自己的行动策略被银行猜中。由于把不确定性因素引入支持条款，原则上能保持对银行谨慎行为的压力，这样就可以防止银行冒险经营的道德风险。对此，巴塞尔十国集团认为，当局应当避免支持金融机构特别行动方向的任何承诺，对于是否、何时和在什么条件下提供支持应当保持相机性。当作出这种决定时，重要的是要彻底分析是否存在系统性威胁，如果存在，应该采取何种措施处理系统性传染效应，以限制对市场纪律的逆向冲击。①

在实践中，当一家银行由于不谨慎经营而出现流动性危机时，最后贷款人在提供流动性支持的同时，可以要求经营者和股东承担一定的成本。这种流动性支持附加条件的模糊性，能保持对经营者和股东对其轻率行为导致银行缺乏流动性所承担的成本的不确定性的压力。此外，干预的模糊性还意味着可以秘密地提供流动性支持，避免对个别银行问题本身的处理可能触发的系统性后果。实践证明，在惩罚不谨慎经营的经营者和股东时，最后贷款人政策的建设性模糊在限制道德危害方面的效果较好，而且它还有助于直接约束和间接鼓励银行和其他金融机构谨慎行事，包括管理其资本和流动性。

当然，最后贷款人政策的模糊性也有其负面影响，那就是它在银行危机处理和管理过程中所产生的较大的相机性，而这种相机性将会导致最后贷款人干预时间上的不一致性问题。

---

① Bank for International Settlements, 1997, G10 Report on Financial Stability in Emerging Market Economics, Basel.

## 三、最后贷款人政策的透明度

所谓最后贷款人政策的透明度，指的是一种环境，即在易懂、容易获取和及时的基础上，让公众了解有关最后贷款人政策的目标及其法律、制度和经济框架、政策制定及其原理、与最后贷款人政策有关的数据和信息以及机构的职责等。这种透明度主要集中在：① 明确中央银行最后贷款人的作用、责任和目标；② 公众对最后贷款人政策的信息可获得性；③ 中央银行最后贷款人政策的责任和诚信保证。

这种最后贷款人政策的透明度，一般被认为，可以诱导公众形成更为精确的预期，作出更优的决策，带来更多的福利收益，同时提高中央银行政策的可信性。分析整个最后贷款人救助行动，决策者的主要资产是信誉，人们赋予中央银行的信誉越大，中央银行处理银行危机的能力也就越大，而信誉并不能被永远拥有，它只能被租借，也就是良好的信誉需要不断被维持。中央银行作为最后贷款人在实施建设性的模棱两可政策时，其核心精神就在于中央银行在整个救助过程中应该始终保持良好的信誉。① 而中央银行良好信誉的建立，除了在法律上保持中央银行的独立性之外，就要求中央银行建立明确并能被理解的规章制度，因为透明的规则能影响人们的预期，为中央银行政策的实施打下基础。因此，为维护中央银行的信誉，中央银行最后贷款人政策的模糊性应该用明确的事前和事后的透明度来平衡，而这种透明度可以在银行危机期间降低不确定性，并由此对市场产生稳定效应。

（一）事前的透明性

（1）中央银行在实施最后贷款人的建设性模棱两可政策的过程中，应明确宣称放弃“大而不倒”的政策，尽管这可能事关系统风险，但中央银行只是随时准备为剩余的银行体系铺设安全网络，防范第一家大银行倒闭可能引发流动性风险传染和更严重的系统风险②，在中央银行拯救危机银行的过程中，银行规模是中央银行考虑的因素，但银行规模对中央银行决策的影响应该是不确定的，一般而言，如果整个银行体系很不稳定，银行规模往往不是中央银行关心的问题，失败的大银行并不必然被支持，这一点应该为公众所明确。

---

① Xavier Freixas, Optimal Bail Out Policy, Conditionality and Constructive Ambiguity, June 23, 1999.

② Frederic S. Mishkin, Financial Consolidation: Dangers and Opportunities, NBER Working Paper, 1999.

(2) 中央银行应明确其作为最后贷款人对危机银行的救援条件,如日本银行规定只有满足上文所述四个条件时,才能向一家有问题银行提供最后贷款人援助,但中央银行的这一救援条件只能是危机银行获得最后贷款人支持的必要条件,而非充分条件;中央银行必须让每一家金融机构明确,当其陷入流动性困境时,并不必然获得中央银行的救助。

(二) 事后的透明度

为避免动摇市场信心,防止引起挤兑风潮以及尽量不影响受助银行的正常运行和声誉,中央银行作为最后贷款人对危机银行提供紧急救助时,并不立即披露相关的救助信息,但必须有“事后”的信息披露制度作为配套,要求中央银行公开解释它的行动和对它的行动负责,以增加政策的透明度,消除公众对最后贷款人救援这种有“暗箱操作”特点的政策的不信任。这种事后的透明度有助于提高中央银行的信誉,即使市场参与者相信中央银行是在认真负责履行其稳定整个金融体系的职责,又能减少中央银行对个别机构进行庇护或公众对类似问题进行猜测和怀疑的可能性,对总结回顾任何援助的适当性和维护当局未来信誉及政策可信度都是至关重要的。

## 四、市场机制下的最后贷款人建设

尽管最后贷款人的建设性模棱两可可以通过“制度的模糊性”与“透明而清楚的准则”之间的平衡来部分地解决道德风险问题,但不可避免的是,最后贷款人机制还是会破坏一个重要的管理机制,那就是市场机制,即以市场为基础的纪律性管理机制。如果市场机制让无偿付能力的银行倒闭以及对可能倒闭的银行提高成本,以此来约束银行的风险投资,那么这样的最后贷款人建设将有效地降低道德风险。即使在道德风险和稳定的银行体系之间取得平衡也应该使一些银行失败,作为一条规则,恰当的平衡应该是:包括最后贷款人机制在内的官方安全网应该是一些银行能够漏出去的网,而不是防护墙,建立有效的市场退出机制本身就是对这一官方安全网的一个有力补充。

无论在理论还是实践中,在中央银行的最后贷款人职能中,“贷款”被高度重视,而“最后”被忽视。流行的理解是,中央银行是除了市场投资者之外“最后”的资金供给者,这无疑在现实运行中将导致极大的行为扭曲。中国的中央银行家对此的认识是十分深刻的。周小川和吴晓灵均论证过金融稳定机制下遏制道德风险的必要性和可能性,尤其提出了金融机构破产、关闭等市场退出手段的重要性。从成本、收益上而言,银行道德风险等负面激励主要来自其在金融稳定政策中并不承担或较少承担成本，而收益却非常可观。那么，银行破产与相关责任人的追究就是降低负面激励的重要手段。从政策上而言，中央银行在确认该机构流动性问题会给支付体系造成影响的前提下，可以提供必要的流动性支持，但同时可以采取两种手段：一是对于小机构提请关闭或破产，二是对于无法清盘的大机构实施重组。无论以上哪种情形，必须伴随着对经营层和责任人的民事责任追究。这样，中央银行的贷款才是“最后”的贷款，因为，这种贷款本身对银行而言就是缺乏现实吸引力的。

因此，在金融稳定机制下，不应该采取任何防止银行倒闭的态度，因为这种态度将使脆弱、低效的银行及其不当行为永远存在，从而加剧道德风险。从这个意义而言，危机银行的市场退出对整个银行体系而言起到了自动稳定器的作用。一方面，它可以解决“过度银行化问题”，避免由于银行供给过剩而导致类似于东南亚那样的金融危机[①]；另一方面，有序的危机银行市场退出应当视为是对其他银行管理者的一种强有力的提示，即市场机制在发挥作用，其他银行必须保持稳健才能继续经营。

当然，强有力的市场退出政策，需要实现观念的转变。在包括中国在内的许多国家中，银行的市场退出往往被视为是政治上或监管方面的失败，所以监管当局总是试图避免银行的破产倒闭。而从经验上看，避免措施往往是失败的，这是一个需要实行以规则为基础的政策问题。以规则为基础的市场退出政策需要一个强有力的法律框架来支持监管者，使得监管者有权力、有能力超越标准的公司破产程序和不需要事先获得政府或法院批准而采取行动。此外，这也涉及监管当局向一般公众提供信息，以努力支持市场力量，当然，向公众提供信息，可以由政府直接进行，更重要的是要制定严格的信息披露制度。总之，只有在市场机制下，让市场发挥更大的作用，最后贷款人建设才能更有成效。

## 第五节　中国的最后贷款人职能建设

虽然中央银行先天就是作为最后贷款人而存在的，但是中国的最后贷款人制度并没有与中央银行同步出现，而是制度和经济环境不同变化下，作为货币政策工具的再贷款演进分化的结果。直到 1998 年后，中国

---

① 胡祖六：“东亚的银行体系与金融危机”，《国际经济评论》，1998 年第 5—6 期。

人民银行才开始扮演真正意义上的最后贷款人的角色。从制度角度，其标志是1999年《中国人民银行紧急贷款管理暂行办法》的颁布。

## 一、中国现行最后贷款人制度的发展

中国最后贷款人制度的发展大体经历四个阶段，这四个阶段以四个文件为标志。

(1) 1998年颁布的《防范和处置金融机构支付风险暂行办法》首次提出了最后再贷款的概念，该办法第二十一条明确提出"对于出现支付风险后必须通过人民银行再贷款方式给予流动性支持的金融机构，应由人民银行省级分行提出方案，报总行审批"。

(2) 1999年颁布的《中国人民银行紧急贷款管理暂行办法》从申请条件、程序、再贷款的用途、期限、利率等方面搭建起了最后贷款人制度的框架。

(3) 2000年颁布的《地方政府向中央专项借款管理规定》将紧急再贷款从流动性支持明确地扩展到对撤销地方性金融机构的偿付性支持。因为按照该《管理规定》地方政府承借的专项借款实质上是以地方财政为保证的再贷款。

(4) 2004年中国人民银行、财政部、中国银行业监督管理委员会、中国证券监督管理委员会联合颁布《个人债权及客户证券交易结算资金收购意见》。该《意见》明确地将偿付性支持扩展到除期货经纪公司和保险公司以外的所有金融机构，并明确债权人、中央和地方损失分担的原则，但是地方政府和中央承担部分均来自人民银行再贷款。

## 二、中国最后贷款人制度实施过程中存在的问题分析

中国银行业问题多、风险大、整体资产质量差，是理论界和实务界早已形成的一个共识。为化解日益显现的金融风险，防止出现系统性银行危机，中国人民银行对部分管理差、风险大的金融机构采取重组、注资、债转股等措施进行了救援；对于一些违法违规、资不抵债、问题极为严重的金融机构，进行了接管、关闭或破产处理。最后贷款人政策对缓解中国金融机构的支付危机、消除存款人及其他债权人的恐慌心理以及稳定金融市场均起到了极为重要的作用。但是，在中国最后贷款人制度实施过程中仍然存在着很多亟待解决的问题，正是因为这些问题的存在导致了中国最后贷款人救助行为的非有效性，并带来相当严重的道德风险。

1. 制度上的模糊不清

国外的最后贷款人制度是在中央银行制度变迁过程中逐渐发展起来的,具有深厚的理论和实践基础。而中国正处于金融体制改革时期,各项制度建设都还不完善,最后贷款人的制度安排与国际惯例相比较,还存在着一定的不合理性,呈现出明显的隐性特征。从再贷款来看,由于现实中长期存在着中央银行的再贷款,使得再贷款已成为商业银行重要的资金来源渠道,同时也成为国家对存款人无限制的隐性保险和资不抵债金融机构的隐性保释。从再贴现来看,各国中央银行普遍采用的做法是,针对各储蓄存款银行,实行无差别的但是有贴现条件限制的平价贴现政策(Frederic S. Mishkin,1999),而中国的再贴现利率则长期低于同业拆借利率,这样的利率结构使得问题机构首先求助于中央银行而不是同业拆借市场,违背了求援者应该在自身融资渠道枯竭时才求助于最后贷款人的国际通行做法,从而使得最后贷款人沦为银行资金头寸不足的隐性庇护者。造成这种隐性制度安排的原因,一方面是由于中国到目前为止还没有发生过系统性的金融风险,而"现存的大量银行业风险还不至于导致银行体系的支付困难",再加上市场主体的风险意识薄弱,因而在宏观层面上不足以形成对此制度的显性需求;另一方面是由于个别金融机构的流动性困难而造成的破产倒闭不断发生在我们身边,从客观上要求理应承担最后贷款人责任的央行不得不出于保护存款人利益的考虑而对问题机构实施救助。两方面的矛盾冲突,使得央行的最后贷款人身份虽然没有得到法律上的明确认可,却不得不行使最后贷款人职能,导致中国最后贷款人制度的模糊不清。

制度上的模糊不清造成了救助原则的模棱两可。这种"模棱两可"是制度安排上的漏洞,而非现代最后贷款人理论的"建设性模棱两可"。它使得救助政策缺乏科学、严格的标准,导致商业银行存在侥幸心理,认为无论是何原因引起的支付危机甚至经营失败都有央行的"鼎力相助"。央行的这种"保驾护航"既有损政策的严肃性,又会扭曲市场激励机制,无法让审慎经营的银行继续审慎经营,从而银行便会肆无忌惮地进行高风险活动,大大增加银行资不抵债的可能,带来严重的道德风险问题。另外,制度上的模糊不清使得在提供紧急救助时缺乏完善的配套措施以惩罚银行不谨慎行为的决策者或受益各方,无法有效遏制银行经营决策层中的盲目乐观或过度投机倾向。再者,原则上的不确定也造成了救助时机的选择不当,不该得到救助的银行获得了紧急贷款,而应该救助的银行却得不到足够的支持,降低了公共资金的使用效率,影响了救助行为的有效性。简而言之,由于中国最后贷款人制度的模糊不清,造成救助原则的不确定,进而导致救助对象以及救助时机的不当,引起严重的道德风险和救助行为的非有效性。

2. 利率及期限不合理,救助方式单一

为规范紧急救助行为,中国人民银行于 1999 年 12 月颁布了《中国人民银行紧急贷款办法》。该办法对紧急贷款的前提条件、贷款用途、期限和利率等主要内容作了较为详细的规定,标志着中国最后贷款人制度建设的新突破。但是,最后贷款人旨在提供短期融资机制,因此,期限不宜过长,而且利率应高于中央银行的基准利率(同业拆借利率),但又不能过高,一方面,避免加剧救助者的道德风险,另一方面,不违背最后贷款人救助的意愿,即防止流动性资金不足演变为无力偿债的事件。而此办法中的有关规定由于中国特殊的现实背景,并不能完全合乎规范:紧急贷款申请人没有涵盖四大国有银行和新兴股份制商业银行;贷款适用条件缺乏量化标准,随意性大;贷款期限较长(两年);未明确放款利率等。虽然 2004 年 3 月 25 日起实施的再贷款浮息制度,从一定程度上有利于提高再贷款管理的科学性、有效性和透明度,有利于再贷款利率制度逐步过渡到国际通行做法,但仍需进一步完善。

谢平(2000)指出,中国中央银行"最后贷款人"作用有多种方式:"省政府通过地方商业银行向中央银行借款,承诺在若干年后还款并付较低利率;中央银行贷款给资产管理公司用于冲销国有商业银行的呆账;中央银行向农村信用社贷款;中央银行向中小金融机构(如城市商业银行)直接贷款;其他紧急救助贷款。"通过上文的历史回顾,我们不难发现,虽然中国的中央银行在处理问题机构时的手段已经逐渐向市场化发展,但是救助方式仍显单一,很大程度上是由政府直接干预银行机构的破产倒闭,从而导致市场行为和政府行为的矛盾冲突,带来救助行为的非有效性。以海南发展银行为例,1995 年在合并原海南 5 家信托投资公司的基础上由海南省政府发起设立了海南发展银行,1997 年 12 月地方政府为改变日趋恶化的海南金融业经营状况,仅凭片面考虑使海南发展银行在没有足够实力的情况下兼并 28 家出现支付困难的城市信用社,最终由于信用社储户挤兑,使海南发展银行出现清偿危机而被关闭。

3. 有"借"无"还",无法发挥弹性货币供给功能

最后贷款人制度发挥作用的前提在于其独特的弹性货币供给功能,可以在银行危机时期向社会注入资金以提供流动性支持,在危机缓解时期收回贷款回笼资金以达到弹性调节的目的。在中国,处置银行不良资

产与处理有问题的金融机构行为的结果往往要增加央行的最后贷款，导致基础货币供给大量增加，同时，由于救助资金难以回笼，大量增加的货币供给量并不能通过货币回收达到双向调节的目的。例如，在不良资产处理方面，1999 年，四大金融资产管理公司按账面价值接收国有商业银行不良贷款 13 929 亿元，其资金来源除了向国有商业银行定向发行金融债券 8 200 亿元外，还向人民银行再贷款 5 729 亿元（其中，1 729 亿元为新增再贷款，4 000 亿元为存量划转）。再贷款及债券利率均为 2.25%。经过这种剥离后，国有商业银行不仅向中央银行可以少付再贷款利息，而且还可以向金融资产管理公司收取债券利息。银行风险得以释放，但金融资产管理公司却背负了沉重的债务负担。据中国人民银行统计，截至 2006 年 3 月底，金融资产管理公司共处置不良资产 8 663.4 亿元（不包括政策性债转股 4 000 亿元），共回收资产 2 096.54 亿元，资产回收率达到 24.20%；回收现金 1 805.6 亿元，现金回收率达到 20.84%。通过对比我们可以看出，即使不考虑偿还利息，金融资产管理公司也难以偿还债券和再贷款本金。如此，中央银行给金融资产管理公司的再贷款将被长期占用，最终必将增加基础货币的投放。同样，处理有问题的金融机构的救助资金也存在回收困难的问题。根据一份调查报告，1997 年以来，在清理整顿信托投资公司、城市信用社、农村基金会、城市“三乱”（即乱批设金融机构、乱从事金融业务、乱集资）过程中，为解决被撤销金融机构支付个人合法债务和外债的资金缺口，中国人民银行共发放了 1 411 亿元的再贷款，据财政部在“2002 年全国金融财务监管和外国政府贷款管理工作会议”上披露，截至 2002 年上半年，有 19 个省（区）不同程度存在欠还本息的问题，占借款地区总数的 73.1%。

4. 政策不协调

最后贷款人制度的功能特点在于可以通过流动性支持来遏制银行危机，然而此举会带来严重的道德风险，而且并不能通过该制度本身的完善和修整来完全解决道德风险问题，它依赖于整个金融体系各项制度建设的协调发展。由于中国正处于金融改革时期，各项制度建设均不完善，最后贷款人制度与其他相关制度建设还存在许多不协调的地方，这在很大程度上影响了其优越性的发挥。第一，中国人民银行的独立性并不强，这使得央行在执行最后贷款人职能时往往不得不贯彻政府的意图，而最后贷款人制度提供流动性支持时的预算软约束，迫使央行在政府的干预下发放大量的再贷款，以期解决银行的巨额不良资产以及释放中国银行业积压的大量金融风险。正如谢平（2000）指出的，这些再贷款“实际上是将不良贷款货币化",是一种无效的再贷款,在较长期中必将转化为现实的通货膨胀压力,最终危及货币政策目标。第二,如果说央行身兼银行监管和最后贷款人职能时具有内在的矛盾冲突,两者分离后仍然存在着协调困难的问题:央行与银监会之间信息、责任、权力的不对称不利于有关部门及时、准确地作出形势判断,从而央行行使最后贷款人时的审慎性可能明显削弱,而且当人民银行、银监会等相关部门就应采取的措施产生分歧并争执不下时,最终可能还是会集中到国务院层面进行统一决策。这实际上只是把原来在央行内部可能存在的角色冲突更多地转移到国务院层面,而这一转移必然会导致决策效率在一定程度上降低,从而贻误救助的最佳时机。第三,由于中国并没有建立存款保险制度,对风险的救助和风险的事后处理混为一体,最后贷款人制度不得不同时承担存款保险的责任,造成不必要的"角色冲突"。一方面使得在处理问题机构时,由于没有正式的存款保险制度,不能实施市场退出,而更多的是一种"行政退出",损失不得不由政府或中央银行承担,增加了政府财政支出,影响了财政政策的独立性;或倒逼中央银行发放再贷款,影响了中央银行最后贷款人救助的审慎性和有效性。另一方面造成了对"太大而不能倒闭"或"太重要而不能倒闭"的默许,不利于金融机构的公平竞争。第四,最后贷款人救助是一种短期的救助行为,必然要求有发达的货币市场,以丰富救助的方式和手段。中国的金融市场是在市场机制与传统体制摩擦碰撞中发展起来的,各类市场发展结构上的不平衡问题比较突出。加之,在中国金融市场的发展过程中采取了"先资本市场、后货币市场"的政策去向,货币市场的发展明显滞后。虽然目前已初步形成了一个以同业拆借市场为主体的货币市场框架,但远未形成一个独立的市场体系,大部分子市场仍处于市场形成阶段,各子市场及子市场内部发展失衡。货币市场在发展上滞后,一定程度上制约了最后贷款人制度功能的顺畅和正常发挥。第五,虽然中国金融市场尚未完全对外开放,但是已有不少外资金融机构开始进驻中国市场,因此,最后贷款人制度的国际协调已成为我们亟待解决的全新课题之一。

### 三、完善中国最后贷款人制度的政策建议

第一,确立明确的救助原则。尽管学者们对此褒贬各异,但是笔者认为在中国制定一个明确的救助规则是必要的。其一,可以防止中央银行受非法干预,导致紧急贷款救助的滥用。预先设立规则,可以帮助判定是否滥用权力的行为,增强公众对中央银行行为的监督。其二,在缺乏经验

的情况下，明确的规则可以使救助工作有章可循、有法可依，减少贷款决策的随意性、盲目性。其三，紧急救助的透明度可以减少不确定性，对金融机构和存款人有镇定效应，产生中央银行会救助危机的良好的心理预期，从而减弱存款人参与挤兑的心理动机，维护公众信心。

第二，积极稳妥地继续推进利率市场化改革。如前所述，紧急救助的利率应根据市场条件、状况确定其大小，既不能过高，也不能过低。中国近年来的再贷款利率普遍偏低，不仅带来了严重的道德风险，同时也造成了央行大量的不良债权。2004 年 3 月 25 日起实行的再贷款浮息制度是稳步推进利率市场化的重要步骤，有利于完善中央银行的利率形成机制，逐步提高央行引导市场利率的能力；有利于提高再贷款管理的科学性、有效性和透明度；有利于再贷款利率制度逐步过渡到国际通行做法。

第三，深化改革中国人民银行制度，加强央行的独立性建设。中国的中央银行制度随着金融体制改革的深化已逐渐完善，但是对其进行改革的任务远没有结束。一方面，中国央行在逐步放弃了以分配资金和管理商业银行为核心的对金融活动和金融机构的直接管理方式之后，尚未建立起有效的以风险防范为核心的监管体系，而且在监管职能的分与合上还存在着协调层面的问题；另一方面，虽然已经取消了对贷款实行规模控制这一典型的计划调控手段，但显然没有建立起以间接调控为主的货币政策工具体系。同时，由于最后贷款人制度的弹性货币供给功能很容易被政府追求“意外的货币政策”而利用，独立性越差的央行，这方面的道德风险越严重。中国货币政策的决策权，实际上在很大程度上掌握在政府手中，中央银行作为政府的众多部门之一，只有货币政策的具体建议权和执行权，这种状况极大地影响了最后贷款人制度实施的有效性。

第四，建立中国人民银行与监管部门（尤其是银监会）之间稳定的协调机制，同时加强对公众信息的披露。首先，要建立人民银行与监管机构的信息共享机制。及时、准确、全面的金融信息统计是掌握金融运行的基础，要尽快建立统一、独立的金融信息系统，形成集中、统一、高效的金融信息来源，防止数据统计的重复计算或统计遗漏，使之更具有权威性、科学性、独立性，并通过定期报送制度或系统共享等方式实现监管机构与中央银行之间的监管信息共享。其次，要建立金融稳定的经常性和紧急性磋商协调机制。制定科学权威的规章制度以确保监管机构与中央银行的良好合作，建立起有效的以风险防范为核心的监管体系并形成合力，及时、有效地对高风险金融机构实施救助，保证经济金融的稳定。建立紧急磋商机制，完善紧急救助安排，以应对突发性事件，防止因部门间协调效率低下导致情况恶化。在加强协调的同时，提高金融业的透明度，特别是银行信息的公开披露。向公众披露某个银行及其经营环境方面的信息是实施市场纪律的重要方式。由于一些银行信息对市场是敏感的，中央银行应有选择地向公众披露信息。披露的信息要能满足所有市场需求者的要求。公开披露主要是通过在年度财务报告和季度财务报表中发布数量化和定性化的信息来进行的。

第五，设立明确的存款保险制度。中国虽然没有建立起存款保险制度，但是实际上中国人民银行隐性地承担着存款保险的责任。这种隐性的制度安排使得中国央行既承担着风险救助的最后贷款人责任，又担负着风险最后处理的存款保险职责，央行的救助资金在很大程度上充当了存款保险角色，造成不必要的“角色冲突”。一个高效、明确、设计合理的存款保险制度有利于抑制银行的内在趋险性，使其注重风险管理，提高资产质量；同时，与全额的国家信用担保相比较，存款保险制度的有限理赔计划仅仅保护广大中小存款人的利益。这可促使大额存款人为保障保险额以外的存款去积极选择并监督银行，通过转移存款的方式制约银行的风险行为，督促银行不断提高管理水平，增强定力。因此，我们应当建立明确的存款保险制度，制定《存款保险法》，对存款保险机构的设置及其职能、投保方式、投保机构范围、保险标的、保险基金的筹集及保险费率核定、存款保险限额、保险金给付等内容进行设计与规范，以立法形式构架存款保险制度。存款保险制度的建立有利于规范商业银行的市场退出机制，有利于发挥人民银行最后贷款人职能和稳定货币的职能。

第六，完善货币市场和公开市场操作，为中央银行最后贷款手段的及时、灵活、有效的运用创造条件。同时，要建立和完善再贷款中的抵押贷款制度，保证中央银行再贷款的安全。

第七，促进中国最后贷款人制度的国际协调发展，坚持松散性协调与紧密性协调并重的发展思路，在建立区域性危机管理机构的基础上，有效地促进 IMF 的制度改革，真正地完善国际最后贷款人制度，从源头上切断银行危机的国际性传播，进而减轻本国最后贷款人制度的压力，维护中国的金融安全与稳定。

坚持在协调发展中完善中国最后贷款人制度建设，只有通过作为金融体系基本要素之一的最后贷款人制度和其他基本要素之间相互协调、健康发展，才能充分发挥最后贷款人制度的优越性，避免或减少最后贷款人制度带来的道德风险，才有可能保持金融的稳定，从而维护中国金融的安全。

## 四、小结

多年来中国金融机构发展过程中积累了巨大的风险,突出地表现为占银行体系主体地位的四大国有商业银行资本充足率较低,资本严重不足,不良资产比率高,资产流动性差,资产负债结构单一、不合理,赢利水平较低;中小商业银行资本金不足,经营规模小,资产质量差,不良资产比例高,赢利状况不佳,技术水平低,服务手段落后,从业人员业务素质不高。如此的金融风险虽然暂时不会导致金融体系的全面崩溃,但留给我们的思考则是建立完善的以风险救助为主要功能、以防范暂时流动性危机演变成为系统性金融危机为主要目的的最后贷款人制度。从中国最后贷款人救助行为的历史回顾中可以看出,最后贷款人制度对缓解中国金融机构的支付危机、消除存款人及其他债权人的恐慌心理以及稳定金融市场均起到了极为重要的作用。但是,在中国最后贷款人制度实施过程中仍然存在着很多亟待解决的问题:制度上模糊不清;利率及期限不合理,救助方式单一;有"借"无"还",无法发挥弹性货币供给功能;政策不协调。鉴于实施过程中存在的种种弊端,我们必须采取一系列有效措施尽快完善中国的最后贷款人制度建设,使其与经济体制中各项制度建设协调发展。

## 参考文献

[1] 曹郡、张成:"央行独立性仍待强化对货币政策传导的影响欠佳",《中国经济时报》,2006年1月20日。

[2] 陈利平:"中央银行货币政策的透明与模糊",《世界经济》,2005,(2):3—12。

[3] 〔美〕查理士·恩诺克、约翰·格林:《银行业的稳健与货币政策——全球经济中的一些问题及经验教训》,北京:中国金融出版社1999年版。

[4] 〔美〕德沃特里庞、泰勒尔:《银行监管》,石磊、王永钦译,上海:复旦大学出版社2002年版。

[5] 〔美〕哈维尔·弗雷克斯、让·夏尔·罗歇:《微观银行学》,刘锡良译,成都:西南财经大学出版社2000年版。

[6] 韩俊:《银行体系稳定性研究》,北京:中国金融出版社2000年版。

[7] 何泽荣:《"入世"与中国金融国际化研究》,成都:西南财经大学出版社2002年版。

[8] 何自云:《商业银行的边界:经济功能与制度成本》,北京:中国金融出版社2003年版。

[9] 江春、许立成:"金融监管与金融发展:理论框架与实证检验",《金融研究》,2005,(4):79—87。

[10] 江孔亮:"最后贷款人机制研究",厦门大学财政金融系硕士学位论文,2000 年。
[11] 李扬、王国刚、何德旭:《中国金融理论前沿Ⅲ》,北京:社会科学文献出版社 2003 年版。
[12] 林顺辉、占硕:"降低官方安全网内在道德风险研究",《投资研究》,2005,(2):26—29。
[13] 陆磊:"非均衡博弈、央行的微观独立性与最优金融稳定政策",《经济研究》,2005,(8):32—43。
[14] 刘士余:《银行危机与金融安全网的设计》,经济科学出版社 2003 年版。
[15] [美]罗纳德·I. 麦金农:《经济发展中的货币与资本》,卢骢译,上海:上海三联书店 1988 年版。
[16] 阙方平:《有问题银行处置制度安排研究》,中国金融出版社 2003 年版。
[17] 邱崇明:《现代西方货币理论与政策》,北京:清华大学出版社 2005 年版。
[18] 沈闻一、谢婷:"论危机救助的'建设性模棱两可'及其对中国的启示",《国际金融研究》,2005,(7):38—43。
[19] 唐旭:《金融理论前沿课题》(第二辑),北京:中国金融出版社 2003 年版。
[20] 王自力:"金融稳定与货币稳定关系论",《金融研究》,2005,(5):1—11。
[21] 吴竞择:《金融外部性与金融制度创新》,北京:经济管理出版社 2003 年版。
[22] [美]爱德华·肖:《经济发展中的金融深化》,邵伏军译,上海:上海三联书店 1988 年版。
[23] 谢平、程均丽:"货币政策透明度的基础理论分析",《金融研究》,2005,(1):24—31。
[24] 杨培鸿:"如成立银监会应相机而动",《中国经济周刊》,2003,(14)。
[25] 张晓慧:"改善金融生态、提高货币政策有效性",《金融时报》,2005 年 7 月 18 日。
[26] 周道许:《现代金融监管体制研究》,北京:中国金融出版社 2000 年版。
[27] 周仲飞:《银行监管案例精编》,上海:上海财经大学出版社 2004 年版。

# 第十章

# 外资银行扩张与货币政策有效性

"入世"以来,中国按照有关承诺逐步开放金融市场,外资银行在中国的业务扩张不断加快;与此同时,自 2003 年起中国中央银行剥离了银行监管的职能,建立在监管基础上的一些货币政策手段渐渐失效,货币政策实施的范围也不断扩大。外资银行作为完全按照市场规则运行的微观经济主体,推动着中国银行业的改革,为从计划经济时代发展而来的央行货币政策的制定和实施提出了挑战,也为中国货币政策的发展和完善带来了机遇。在外资银行扩张的背景下,如何畅通现行货币政策传导机制,如何顺应经济市场化的趋势发展货币政策调控机制,增强货币政策实施效果,是需要认真研究的课题。

## 第一节　外资银行扩张及其效应分析

"入世"以来,中国银行业对外开放步伐不断加速,甚至实施了超出入世承诺的开放政策。伴随着中国经济的高速发展和限制性开放政策的不断放松,外资银行不断涌入中国,利用自身经营优势不断扩张,给中国经济发展带来了一定的影响。

### 一、中国银行业开放步伐与外资银行扩张现状

自 1994 年 8 月起,中国开始对外资金融机构开放内陆城市,允许在北京等 11 个内陆中心城市设立营业性外资金融机构。在开放人民币业务方面,1996 年 12 月中国人民银行宣布允许符合条件的外资金融机构在上海浦东试点经营人民币业务;1998 年 8 月又批准在深圳的 5 家外资银行开办人民币业务。1999 年 1 月,中国人民银行取消了外资金融机构在华设立分支机构的城市地域限制。

中国于 2001 年 12 月"入世"以来,严格按照"入世"协议逐步放松对外资银行的业务限制,适时调整法规,简化市场准入程序,并主动加速银行业对外开放的步伐,实施超出承诺的开放政策(如表 10-1 所示)。比如,将单个外资参股中资银行的比例从 15% 提高到 20%,允许外资银行从事衍生品业务和保险公司外汇资金境外托管业务等。

表 10-1 银行业"入世"承诺与实际开放比较表

| 时间 | "入世"承诺 | 实际开放步伐 |
|---|---|---|
| 2001 年 12 月"入世"时 | 1. 允许外国金融机构向所有客户从事外汇业务，无地域限制；<br>2. 人民币业务先放开上海、深圳、天津和大连 | 1. 允许外国金融机构向所有客户从事外汇业务，无地域限制；<br>2. 首批开放了深圳、上海、大连、天津 4 个城市的人民币业务 |
| 2002 年 12 月 | 人民币业务开放广州、珠海、青岛、南京和武汉 | 第二批开放了广州、珠海、青岛、南京、武汉 5 个城市的人民币业务 |
| 2003 年 12 月 | 1. 人民币业务开放济南、福州、成都和重庆；<br>2. 允许外国金融机构向中国企业提供人民币业务服务 | 1. 进一步对外资银行开放中资企业人民币业务；<br>2. 开放济南、福州、成都和重庆 4 个城市的人民币业务；<br>3. 将单个外资机构入股内地银行业金融机构的比例由 15% 提高到 20%；<br>4. 合计外资投资所占比例如低于 25%，被入股机构的性质和业务范围不发生改变；<br>5. 减少外资银行分行、在华注册独资、合资银行的营运资金的档次和数量要求，并进一步简化市场准入程序 |
| 2004 年 12 月 | 人民币业务开放昆明、北京和厦门 | 1. 开放昆明、北京、厦门、西安、沈阳 5 个城市的人民币业务，其中西安和沈阳提前开放，以促进外资金融机构更好地为中国经济发展提供金融服务，特别是为中国西部大开发和振兴东北老工业基地战略的实施提供支持；<br>2. 放宽对设在西部和东北地区的外资银行的人民币业务准入要求 |
| 2005 年 12 月 | 人民币业务开放汕头、宁波、沈阳和西安 | 2005 年 12 月，在汕头、宁波、哈尔滨、长春、兰州、银川、南宁 7 个城市向外资银行开放人民币业务 |
| 2006 年 11 月 | | 颁布《中华人民共和国外资银行管理条例》以及《中华人民共和国外资银行管理条例实施细则》 |
| 2006 年 12 月 | 人民币业务取消地域限制，允许向所有中国客户提供服务 | 取消外资银行经营人民币业务的地域和客户限制，允许外资银行对所有客户提供人民币服务；取消对外资银行在华经营的非审慎性限制 |

配合中国银行业逐渐加快的开放步伐，外资银行积极拓展在华业务，广泛参与中国金融市场的竞争。一是外资银行机构数量稳步增加。截至2006年年末①，在中国注册的外资独资和合资法人银行业机构共14家，下设19家分支行及附属机构；22个国家和地区的74家外资银行在中国25个城市设立了200家分行和79家支行；42个国家和地区的186家外资银行在中国24个城市设立了242家代表处；营业性机构增加到了312家，比2001年年末增长64%。二是进一步拓宽经营地域范围。2006年年末，我国依照"入世"承诺，取消了外资银行经营人民币业务的地域和客户限制，外资银行在中国25个城市设立分支行；在中国24个城市设立了代表处。三是资产规模迅速扩张。截至2006年年末，在华外资银行本外币资产总额1 033亿美元，占中国银行业金融机构总资产的1.8%；外汇资产总额676亿美元；人民币资产总额2 788亿元。四是积极拓展业务领域，截至2006年12月底，外资银行经营的业务品种超过100种，115家外资银行机构获准经营人民币业务。五是加强与中资银行互利合作。中外资银行已在资金拆借、代理清算、票据贴现、国债投资、衍生产品交易、银团贷款、信用卡、贸易融资等诸多业务领域进行了广泛合作。外资金融机构积极入股中资银行尤其是中小股份制商业银行，截至2006年年末，已有29家境外机构投资入股21家中资银行，入股金额190亿美元。六是在华业务赢利情况逐步好转，资产质量持续改善。2006年在华外资银行实现赢利7.26亿美元，比2005年增长63%，2005年赢利增幅高达90%以上。截至2006年底，外资银行不良贷款率仅为0.78%，比2005年年末下降0.27个百分点。

总体而言，在华外资银行的发展呈现以下几个特点：一是差异化发展趋势明显。外国银行分行的发展策略各有侧重：批发类银行，如摩根大通等通过以点带面服务大宗客户；全能性银行，如花旗、汇丰、渣打等有选择的抢占繁华地段，争取提高市场份额；纽约银行等专业化较强的银行则立足于金融服务职能，加强集约化业务处理功能，成为区域业务中心。二是机构布局格局明朗，地区发展不均衡。外国银行逐渐确立了以重点城市为中心，同城营业网点和其他服务形式为补充的发展模式。八成以上的外资银行集中于上海、北京、深圳和广州等几个经济活跃的城市，借助设置支行、自助银行、ATM机、电话中心和网上银行等拓展业务渠道。三是非传统领域业务优势明显。如银团贷款、贸易融资、个人零售业务、资金

① 以下数据来源均为中国经济信息网："2007年中国行业年度报告系列之银行"。

管理和衍生产品等，外资银行的扁平化管理、风险控制技术和国际经验能够发挥有效的作用，其市场敏感星级服务意识也能很好地迎合客户需求，在与中资银行的竞争中明显处于优势。四是外资银行在华法人化，2006年12月25日，银监会即批准了9家外资银行将境内分行改制筹建为法人银行的申请。9家外资法人银行的注册地均在上海市，分别是：渣打银行、东亚银行、汇丰银行、恒生银行、日本瑞穗实业银行、日本三菱东京日联银行、新加坡星展银行、花旗银行、荷兰银行。

2003年12月，中国将外资银行人民币业务的客户对象扩至中资企业；2006年12月，中国向外资金融机构全面开放人民币业务，取消外资银行经营人民币业务的地域和客户限制，允许外资银行对所有客户提供人民币服务；取消对外资银行在华经营的非审慎性限制。在开放政策的直接影响下，外资银行的人民币业务迅速发展，截至2006年年底，获准经营人民币业务的外资银行有115家，人民币资产总额2 788亿元，存款总额1 706亿元，贷款余额2 003亿元。从总体上来看，外资银行人民币业务呈现以下几个方面的特点：一是主要负债来源和资产投向呈现短期性，负债业务主要以活期存款为主，资产业务主要以短期贷款为主；二是存款的强势增长带动外资银行人民币出现存差，盈余资金大多投向国债、金融机构债券和央行票据；三是近3/4的存款份额集中在几家大机构手中，造成大部分外资机构人民币资金紧张；四是资产质量良好，人民币不良资产率远远低于中资银行平均水平。

## 二、现有政策框架下的外资银行经营优势

中国的商业银行长期以来经营效率较低，赢利能力差，风险较高，主要有四方面的原因。第一，现有体制和机制的原因导致大部分中资银行不是以利润最大化为经营目标的，公司治理结构不完备，缺乏先进的经营理念。原计划体制下四大国有商业银行所形成的特殊地位，在市场经济体制下仍在延续，而股份制银行的出资人也基本上是国有企业，国有企业自身的所有者缺位问题同样被复制到股份制银行中。中资银行不同程度地带有行政色彩并普遍存在内部人控制和道德风险问题。产权制度的缺陷与不足，使得商业银行在行为特征上偏离了商业准则，表现为既要服从政府的干预、追求非经济目标，又要为了自身的利益，不断扩大高收益贷款规模和投资项目。中资银行的经营管理仍属于粗放型，管理理念不是以市场为主，对经营者的考核并非以经营业绩为基础，存在着官本位管理的倾向，商业银行自主经营、自担风险，以资产收益率最大化为经营目标

的体制尚未建立,因此也无法真正按照市场经济准则建立风险控制机制和激励机制。第二,中资银行,特别是国有银行长期以来为政府承担向国有企业融资的任务,带来严重的不良贷款负担。在发展中国家经济起飞阶段,国家为控制经济,在金融业采用了近乎垄断的国有银行体制,并通过该体系将聚集的社会闲散资金重点投向国有企业,国有银行在为经济增长提供支持的同时,降低了自身的经营效益并承担了较大的风险。第三,四大国有银行长期处于绝对垄断地位,抑制了银行界的竞争和金融产品创新。在金融开放程度不够、市场准入成本较高的情况下,金融资源总量在原有金融结构和制度框架下进行简单扩张,中资银行缺乏金融创新的动力和能力。中资银行目前仍主要以存款、贷款和结汇等传统业务为主。四家国有商业银行的收入构成中,利息收入仍占80%以上。中资银行的中间业务品种仍较单一,仅限于结算、代理收费等劳动密集型产品,基本上没有开展技术含量较高的投资银行业务、资信调查、资产评估等中间业务,银行业务品种少,利润来源单一。第四,垂直化的管理体制导致较低的运作效率。国有商业银行仍实行垂直化的管理体制,经营活动按部门设立,形成职能群体,每一个职能群体只从事业务流程中的一部分,完整的业务流程被人为地分割开来,因而不能满足客户的需要,导致一体化程度低、服务质量不高,从而降低了工作效率。

相比之下,外资银行特别是花旗、汇丰等知名外资银行,产生发展于成熟的市场经济环境,在经营、管理、创新等各方面具有竞争优势。一是外资银行均是以利润最大化为经营目标的成熟的市场经济主体,市场优胜劣汰的竞争中形成高效运作的公司治理结构和先进的经营理念和管理方式;二是大多数外资银行在进入中国市场前已经积累了雄厚的资金实力、强大的产品业务创新能力和市场开拓能力,风险小、成本低和利润高的中间业务已成为花旗、汇丰等国际金融机构的重要利润来源,而且这些外资银行都在积极推进证券化和银行网络化等金融创新,努力向全球客户提供一站式服务,已获得收益,并借助其丰富的市场竞争经验,主要开发新的金融产品;三是外资银行具有广泛的国际融资渠道和成熟的国际融资经验;四是许多外资银行母行与在华外资公司母公司长期以来建立了良好的业务关系,许多外资企业将其业务委托给外资银行办理。

### 三、外资银行扩张带来的正负经济效应

外资银行在华业务的拓展既有利又有弊。一方面,外资银行的进入提高了中国获得国际资本的能力,为中国的经济增长提供资金支持,并通

过对外资企业的金融服务间接促进了中国先进技术和设备的引进、经济结构的调整以及产业升级。外资银行对中国经济最根本的促进方式是,以引入竞争的方式有力推动了中国金融业的改革和发展,从而支持经济的快速发展。第一,外资银行开展人民币业务加剧了银行业的竞争,促进中资银行经营效率的提高;第二,外资银行对外汇市场和资本市场的积极参与有力推动了中国金融市场的完善和发展;第三,外资银行在华业务的拓展推动了中国银行业的金融创新;第四,外资银行加强了中国与国际金融市场的联系,加快了中国金融业的国际化进程。另一方面,外资银行在华业务的急速扩张也带来一定的负面效应。第一,对中国金融监管带来新的挑战;第二,可能影响中资银行的生存;第三,将国际金融风险导入中国金融业;第四,弱化中央银行现行货币政策的效果,这将在后文中展开具体论述。

## 第二节　外资银行扩张对货币政策的冲击与促进

商业银行作为货币政策传导体系的重要组成部分,对货币政策有效性具有举足轻重的作用。中外资银行对货币政策传导机制的影响各有优劣之处。外资银行的扩张对于货币政策的有效传导,既有负面的影响,也有正面的效果。

### 一、中外资银行货币政策传导作用差异性分析

中外资银行由于业务限制、融资渠道、产权结构和经营机制的不同,对货币政策传导机制的影响也不尽相同,各有优劣之处。中资银行业务以本币为主,外币业务则受到一定的限制,包括不能在境内从事信托投资、股票、非自用不动产投资,以及不能提供外汇的异地服务。中资银行国际融资渠道较少,资金约束受国内基础货币投放的影响明显,是中国货币政策传导机制的主力。然而中资银行,特别是四大国有商业银行,由于产权结构、传统理念和历史遗留问题等原因,仍然没有摆脱传统计划经济体制所留下的"官本位"特征,企业的经营目标往往是个人的职位级别摆在利润指标之前。不追求利润最大化的微观基础,难以保证以市场为基础的间接宏观调控的有效实施。

2006 年 12 月 11 日我国银行业全面开放,最新颁布的《外资银行管理条例》的一个基本导向就是鼓励外资银行在本地注册,非法人外资银行

开展小额的人民币零售业务将受到一定限制，只能吸收100万元以上的居民个人定期存款。外资银行经营行为对货币政策实施效果的影响逐步扩大。外资银行是中国金融市场上成熟的微观经济主体，以利润最大化为经营目标，对货币市场的价格信号反应灵敏。然而，目前外资银行的业务仍以外币为主，借助总部的资金优势，具有灵活、简便的资金筹集手段，受到中国货币政策的影响和约束较小。同时，外资银行对东道国政府的愿望不敏感，中国的窗口指导等信贷政策对外资银行的约束力相对较小。

## 二、外资银行扩张对现行货币政策的冲击

在中国实施外汇管理，外资银行只经营外汇业务的情况下，外资银行对中国货币政策的实施无法构成威胁。现实的情况是，一方面，越来越多的外资银行经营人民币业务，外资银行在中国金融体系中的地位越来越重要，越来越多地融入中国货币政策的传导体系中来。另一方面，1996年底人民币经常账户可兑换，资本账户逐步实现部分可兑换，根据中国共产党十六届三中全会精神，跨境资本交易的限制逐步放宽，资本账户向可兑换方向发展，汇率机制朝着更适应市场经济体制的机制迈进。外资银行的外汇资产可能带来的对现行货币政策的冲击，目前通过资本账户管制的方式来屏蔽。[①] 资本账户逐步实现可兑换，外资银行对中国货币政策及其传导的影响将越来越大。

在华外资银行在扩张的同时，中国货币政策机制也在不断地调整和改善。外资银行给货币政策带来的影响，必须辩证地看待。从短期看这些影响可能是负面的；但从长远来看，随着中国货币政策机制的调整和发展，这些影响可能是正面的，或者促进货币政策机制的市场化调整，或者适应机制的发展方向。由于货币政策机制是不断发展的，我们强调，以下讨论的是外资银行扩张对现行货币政策的冲击。在中国开放金融领域和放松外汇管理的趋势下，外资银行对中国货币政策的影响必然逐渐扩大。外资银行的扩张对现行货币政策的冲击，不仅体现在对货币政策工具、中介目标和传导机制的影响上，还体现在对中国货币政策独立性的挑战上。

（1）外资银行受到的资金约束较小，并以外汇业务为主，其扩张削弱了央行通过再贷款等数量型工具和人民币利率等价格型工具实施货币政

① 典型的例子是2004年5月颁布的《境内外资银行外债管理办法》，其中第十条规定“除出口押汇外，境内外资银行向境内机构发放的外汇贷款不得结汇”。该规定制止了外资银行外汇贷款大幅增长的局面，有效控制了国内的信贷规模，在一定程度上保证了2004年宏观调控的效果。

策的效果。在华外资银行的扩张,减小了存款准备金率、再贷款、再贴现总量等数量型货币政策工具的作用。国内金融市场相对不发达,国内银行受到资金约束时弥补流动性的途径有限,央行利用再贷款、再贴现总量和存款准备金率对银行资金来源的制约,影响信贷总量,达到控制货币供应量的效果。但外资银行往往拥有资金雄厚的母行支持和广泛的国际融资渠道,可以便利地从国外获得资金,对央行的资金依赖性较低,央行难以通过数量型货币政策工具来影响外资银行的信贷规模。此外,中央银行在发放再贷款和再贴现时处于被动的地位,随着金融市场的发展,银行融资渠道的增加,这两项工具的效力将越来越小。而存款准备金率则被普遍认为是一个有较大杠杆作用的工具,不宜频繁使用。另一方面,外资银行的扩张还会在一定程度上削弱央行通过人民币利率管制实施货币政策的效果。目前,中国对人民币利率仍实行一定的管制,2004 年 10 月 29 日起人民银行对人民币存、贷款利率分别实行上、下限管理。央行通过利率管理来调节资金供求关系,从而达到控制物价和影响国民经济的目的。相比之下,中国外汇利率则完全由市场来决定。2000 年 9 月人民银行对外币利率进行三项改革:一是外币贷款利率由金融机构自行确定;二是外币小额存款利率由银行业协会统一制定,人民银行审批;三是 300 万美元以上的大额外币存款利率由商业银行与客户协商确定。目前外资银行业务以外币为主,外资银行在华扩张,无疑将扩大中国的外汇存贷款业务量,意味着不受利率管制的金融业务量将大幅增加,缩小了货币政策的覆盖比例,使货币政策在一定程度上发生"泄漏",削弱了央行通过利率管制实施货币政策的效应。当然,从 1998 年之后的利率政策来看,中国正在坚定不移地走利率市场化的道路。所以,随着人民币利率的市场化,利率管制的进一步放松,外资银行将不再成为利率这个货币政策工具实施效力的障碍,相反将成为央行利用利率调节经济的传导体系中最有效的部分。

(2) 外资银行的扩张,导致"窗口指导"等信贷政策的难度加大,成本提高,作用减弱。首先,外资银行比较不关注信贷政策。斯蒂格利兹(Stiglitz,1993)认为外资银行通常不会按照东道国政府的愿望行事或者对东道国的愿望不敏感。中国的"窗口指导"只是一种道义劝说,对于商业银行来说只是一个软约束。国内银行出于传统思维和管理机制等方面的原因,仍遵循人民银行的信贷指引;而外资银行作为追逐利润最大化的微观主体,在价格信号的导向下,选择发展前景好、收益覆盖风险的优质客户作为贷款重点投放对象,对中国信贷政策关注较少,使窗口指导等信贷政策工具的有效性减弱。其次,外资银行的扩张,导致“窗口指导”等信贷政策成本提高。外资银行带来中国银行融资渠道的多元化,也使金融机构的数量猛增,这不仅加大了“窗口指导”的难度,也提高了实施信贷政策的成本。

(3) 外资银行的扩张带来更多的外汇存款和金融创新产品,导致目前定义中的 $M_2$ 逐渐不能胜任货币供应量最核心指标的角色。首先,外币存款在经济中越发重要,导致 $M_2$ 指标的有效性减弱。中国国际贸易日趋强大,外商投资日益增多,外汇资金成为中国经济建设的重要渠道之一,然而目前定义中的 $M_2$ 不包含外币存款。2004 年末,存款货币银行的外币存款占其对非金融机构负债的 5%。随着以外币业务为主要业务的外资银行的扩张,遗漏外币存款对 $M_2$ 指标有效性的负面影响将更加显著。其次,外资银行便利的国际融资渠道和金融创新,降低了 $M_2$ 作为货币供应量核心指标的有效性。与中资银行相比,外资银行可以较为便利地从国际金融市场上筹集资金,而且有着多元化的金融创新产品,这些都游离于 $M_2$ 之外,或者不纳入货币供应量的统计指标,$M_2$ 的指代有效性随之降低,或者模糊了货币供应量各层次之间的界限,从而降低了货币供应量指标的可测性和可控性。第三,外资银行新业务所起的示范效应将激发国内金融业的产品创新浪潮,进一步削弱 $M_2$ 作为货币供应量指标的有效性。

(4) 外资银行的扩张改变着中国银行体系及其与央行的关系,并扩大了国内外金融市场的联系,无形间增强了货币政策传导机制的不确定性和时滞性。货币政策传导机制本身就存在着较大的不确定性,然而外资银行的扩张则增强了现有传导机制的不确定性。第一,商业银行是货币政策传导体系中的重要导体,而外资银行的迅速发展,在短时间内较大程度地改变着中国现有的银行体系结构、银行业整体资产结构,处于改革阶段的银行业更加复杂多变。第二,金融市场在货币政策传导过程中的作用日益重要,外资银行有着深厚的金融市场操作经验,随着他们对中国金融市场介入程度的加深,金融市场将更有活力,也将更为复杂。第三,外资银行是国际金融市场上最为活跃的参与者,其在华业务的扩张将中国内外金融市场更加紧密地联系在一起,可能利用国外金融市场化解国内市场波动,也可能将国际金融市场的波动引入国内市场,破坏市场的稳定状态,从而货币政策的传导受到国际市场的影响,不确定性增强。第四,善于金融创新的外资银行将带来现代、新型的金融衍生工具,货币传导体系更加纷繁复杂。计划的直接调控比市场的间接调控产生的效果要快得多,类似地,带有一定计划色彩的货币政策传导比完全市场化的货币政策更快。由于最主要的中资银行属于国有银行,在计划经济传统思维和做法的影响之下,目前央行的货币信贷政策有时跳过"货币市场",而直接作用于商业银行,这样的政策带有一定的计划色彩,无形中减少了政策传导的时间。外资银行是产权明晰、自主经营的微观主体,货币政策通过外资银行的传导必须是市场化的,因此外资银行的扩张将导致带有计划色彩的货币信贷政策传导的时滞增加、效果减弱。

(5) 外资银行的扩张,使国际金融市场和国外货币当局的政策取向等外部因素对中国货币政策制定和执行的影响加大。在华外资银行,特别是汇丰、花旗等国际知名的银行,一直活跃在国际金融市场,它们连接着中国和国际的金融市场,随着它们在华业务的扩张,外资银行在国内外市场之间的中介作用将逐步加深。一方面,国际金融市场的波动将影响中国金融市场和外资银行这些传导体系主体,从而影响货币政策的实施。另一方面,中国货币政策的实施效果由于国际金融市场而减弱。比如,央行为控制经济过热而减少货币供应量,但国际金融市场的资金通过外资银行进入国内银行业从而进入企业等经济主体,弥补了央行减少货币供应量而产生的资金缺口,抵消了央行货币政策实施的效果。目前人民币尚不能完全自由兑换,是阻碍国际和国内金融市场之间联系的主要手段。但随着人民币资本账户的逐步放开,国际金融市场通过外资银行对中国货币政策实施的影响效力将日益明显。根据开放经济下的内外均衡理论,在开放经济条件下,一国的货币政策与他国货币政策、财政政策、汇率政策及其他经济政策之间存在着一定的外溢效应(spill-over effect),即一国的货币政策会通过一定的渠道和方式影响另外一个国家的经济政策,从而导致宏观经济政策丧失独立性。毫无疑问,与国际金融市场更密切联系的外资银行的扩张将使中国货币政策的制定受制于西方主要发达国家的货币政策,较为被动。主要发达国家的货币,如美元、欧元和日元,是国际金融市场上的主要货币,且在国际市场上均可自由兑换,于是这些国家的货币政策直接影响着国际金融市场,比如美国近年来每次调息都会引发全球性的利率变动。在资本流动日益频繁的情况下,除非实行纯粹的浮动汇率,各国国内货币政策都受到国际金融市场的影响,受到美欧日等主要经济体货币政策的影响。中国实行有管理的浮动汇率制度,而且金融行业日渐开放,人民币正逐步实现自由兑换,因此西方主要发达国家的货币政策必然通过国际金融市场和外资银行间接地影响中国货币政策。

(6) 外资银行的扩张,加大了外汇管理的难度,并给中国金融体系带来了一些不稳定的因素。第一,外资银行的进入,增加了资本隐性流动的渠道,加大了外汇管理和宏观控制的难度。比如,早先中国金融监管部门是将外资银行定位于境外机构进行管理的,因此在华外资银行似乎先天就具备了经营离岸业务的功能,一些银行甚至将自己定位于离岸银行来开展业务经营,再加上监管办法和处罚依据的缺失①,外资银行的离岸业务普遍存在起存金额低、提现频繁、在岸和离岸资金高度渗透以及以离岸账户存单质押给境内企业发放贷款等,直接影响了外汇管理的实际效果。又比如2004年7月之前,外资银行发放外汇贷款结汇不受限制,企业纷纷通过向外资银行借入外汇贷款后结汇,规避宏观调控下中资银行信贷收缩带来的不利影响,后果是不仅削弱了宏观调控的力度,还带来了外汇储备以及实际货币供应量的大幅度增加。第二,外资银行在资本跨境流动中扮演着主要角色,会产生相应的政策效应,随之而来可能也会诱发金融风险。例如,作为跨境资金流动的主渠道,外资银行业务的开展会产生代客资金的流动和自身资金的流动。就前者而言,外资银行为客户提供跨境的结算、投资、融资服务必然涉及资金跨境流动,使其成为境内外企业资金联通的重要途径。就后者而言,外资银行往往借助与国际金融市场的紧密联系,频繁、大量地从境外拆入或向境外拆出资金,进而成为资金跨境运作的主力军。又如,当前大量的国际资本流动脱离于贸易和直接投资的背景,虚拟经济的扩大增加了资本流动的敏感性和不确定性。特别是外资银行的外汇衍生产品发展势头迅猛,由于衍生品大多利用杠杆原理进行运作,所以会成倍地放大或缩小国际资本流动。在跨境资本流动中,外资银行因为业务的需要可能会发生期限错配(短借长贷)和货币错配(借A币贷B币)的行为。一旦其过度失衡或外部经济金融环境突然变化(如汇率大幅调整),很容易孕育并传递金融风险。第三,外资银行资产跨境、客户跨境和授信跨境经营的特点可能会带来金融体系的不稳定。为了就近管理资产,协助内地分行获得经营人民币的资格,外资银行与境外总行以及联行间不时会有资产跨境转移的行为发生。方式之一就是将内地的不良贷款转移给境外母行,以达到连续两年赢利的市场准入要求。除向境外剥离资产外,为加强资产管理和改善赢利基础,外资银行也向境内转移资产。这种资产跨境转移业务不仅会给税务部门带来利润和税基核定问题,还会影响到经营风险的真实披露和反映。另外,外

① 目前的《离岸银行业务管理办法》只适用于中资银行,不适用于外资银行。

资银行的客户对象主要是来华投资的外资企业，而这些企业的境外母公司本身就已经是其母行或联行的长期服务对象，而对这些客户实行统一的授信是外资银行的一大业务特点。如某外资银行为避免集团对同一公司贷款过于集中而导致的风险，针对大型跨国公司客户设立专门的环球客户经理，负责跨国集团的总体授信和全球各分行的贷款管理。在这种模式下，跨国企业的本外币负债结构可以根据本外币利差及汇率预期来调整；同一跨国公司的境内外不同企业均在外资银行的母子行或海内外联行开户，理论上也存在境外贷记外汇账户、境内借记人民币账户的可能性。第四，外资银行经营人民币业务，国际炒家介入人民币的渠道比以前较为通畅，加上某些国外资本通过贸易项下进行资本流动，国际炒家进入中国的条件逐步形成，给汇率和国内金融市场带来不稳定因素。此外，外资银行的进入可能挤占国内银行的市场份额，分流中资银行的优质客户，增加中资银行的经营风险，给国内金融体系的稳定带来压力。

## 三、外资银行扩张对货币政策机制的促进

从以上的分析不难看出，在华外资银行的扩张对现行货币政策的冲击，不单纯是外资银行的原因，还在于外资银行的经营和融资方式与中国现行货币政策机制不匹配。一是大多数外资银行来自成熟的、开放的市场，追求风险和资本双重约束下的利润最大化，也善于开发利用各种资金资源。二是中国的货币政策则是脱胎于计划经济并逐步向市场调控发展的，仍在不断地调整和改善。三是中国货币政策的外部运行环境也不断向市场经济的方向发展着，对货币政策走势和发展的研究应该基于利率市场化、人民币自由兑换和金融领域的完全开放这三个趋势的基础上。从长期来看，随着中国货币政策机制的调整和外部环境的市场化，外资银行为适应机制的发展方向，将促进货币政策机制的市场化调整，强化货币政策机制的有效性。

(1) 促进微观基础的发展。中国货币政策传导机制发展的趋势是利用市场手段对国民经济和物价进行间接调控，逐步加强价格型货币政策工具的运用。市场化货币政策传导机制的健全依赖于微观基础的加强。微观基础是否追求利润最大化，对价格信号是否灵敏，直接影响货币政策的传导机制和效果。微观基础不仅包括企业，也包括商业银行，因此中国货币政策传导机制作用的发挥要求商业银行以追求利润最大化为目标。外资银行的进入和扩张，促进中资银行向追求利润最大化的微观主体转变。随着经济改革的不断发展，中资商业银行的经营目标在逐步向利润

最大化目标转变,然而还不能满足市场经济的要求。国有银行的产权结构、经营方式仍然没有完全摆脱传统计划经济体制遗留的“官本位”特征,同时面临资本软约束。相比之下,外资银行就是面临风险和资本双重约束下追求利润最大化的标准的市场经济微观主体。外资银行的进入和扩张,带给中资银行强烈的竞争冲击,并带来先进的经营理念和管理方式。对于中资银行来说,外资银行带来的竞争是改革的动力,而它们的经营管理和融资经验则是改革进程中可用于学习和参考的宝贵资料。外资银行的扩张,加剧了中国银行业的竞争,促使中资银行进行反省、改革并建立追求利润最大化的经营目标,使市场化的货币政策传导机制发挥更大的作用。

(2) 促进利率的市场化。外资银行成熟的利率制定机制有力地促进了中国利率的市场化。2004 年 10 月 27 日起,央行对人民币存贷款利率实行上、下限管理,金融机构可以在浮动范围内自主决定存贷款利率,在政策上向利率市场化走出了关键的一步。外资银行在资金定价方面有着较为丰富的经验,具有更好的信贷风险定价技术,中资银行在与外资银行的竞争和合作中,能观察到外资银行的定价行为,通过认真的学习和借鉴,可以加快探索利率制定的步伐,从而促进整个银行业资金定价机制的完善和成熟,推动中国利率的市场化进程。中国已经开始逐步注重价格型货币市场工具的运用,利率在货币政策中的作用将更加重要,而且货币政策传导机制将继续向市场化方向发展。外资银行推动利率市场化,这不仅符合中国货币政策发展的趋势,还将促进市场化宏观调控的实现。

(3) 促进银行体系的稳定。中国货币政策传导体系中重要的一环是商业银行,货币政策的有效实施依赖于银行体系的稳定。外资银行的进入和扩张有助于引入竞争,改进中国银行业的运行效率,有利于银行体系的稳定。首先,外资银行能够运用复杂的金融衍生工具,在全球范围内分散金融风险,从而降低中国银行体系的风险。其次,外资银行扩张促使中国银行业贷款及处理方法和信息披露向国际惯例靠拢,有助于提高中国银行业的信息质量,为监管当局创造良好的监管环境。再次,外资银行复杂的金融创新,迫使监管当局提高监管水平,加强对银行风险的监测。最后,外资银行通过潜在的竞争压力提高国内银行市场的竞争程度,从根本上改善中国较为脆弱的银行体系。叶欣、冯宗宪(2004)表明,外资银行进入数量的增加将显著减少银行体系危机发生的可能性。

## 第三节 外资银行扩张背景下的货币政策调整建议

虽然从短期来看,外资银行的扩张将使中国现行货币政策的有效性得到削弱,但长期来看却是符合中国货币政策发展趋势的。外资银行的扩张对于中国货币政策来说,是严峻的挑战,也是促进发展的机遇。我们认为,必须密切关注外资银行扩张对货币政策调控的影响;同时,为增强货币政策调控的有效性,使货币政策适应经济发展市场化、金融体系对外开放的趋势,中央银行和监管当局应当从改变货币政策自身传导机制和金融环境入手,积极采取相应的应对措施。

### 一、密切关注外资银行扩张对货币政策调控的影响

目前,中国货币政策调控实施过程中,在一定程度上存在着"重中资银行轻外资银行,松外资银行紧中资银行"的现象,不仅没有实现货币政策调控政策对中外资银行的"全覆盖",而且客观上还造成货币政策的"泄漏",这样必然会削弱货币政策调控的实施效果。随着中国金融对外开放进程的加快,外资银行市场份额的增加,在制定、实施货币政策调控政策时,要密切关注外资银行扩张对货币政策调控的影响,尽可能地考虑外资银行的因素,努力消除中外资银行在货币政策调控中的"差别待遇",将其纳入货币政策调控的有效范围之内,最大限度地提高货币政策实施的有效性。如在开展货币信贷运行分析时,要高度关注外资银行市场份额变化对中国经济发展和金融稳定的影响,加强对其经营发展态势的监测分析,抓紧建立外资银行市场份额变化的监测预警指标体系。

### 二、加快构建市场化取向的货币政策调控体系

为了将外资银行纳入货币政策调控的有效范围,必须继续坚持市场化的货币政策调控方向,具体包括以下几个方面:

(1) 扩大公开市场操作主体,允许更多的外资银行进入银行间债券市场。公开市场操作是央行可主动调控的政策工具,具有作用范围广、灵活性高和时效性强等特点,在金融宏观调控中越来越重要。在开放的经济条件下,外部的随机性的经济冲击和经济波动增多,需要及时而且灵活地调控措施,而公开市场操作成为最佳的选择。允许更多的外资银行进

入银行间债券市场，扩大公开市场操作作用主体，将外资银行纳入货币政策的作用范围，是避免由于外资银行游离于政策传导体系之外而降低货币政策有效性的最好方式。

（2）加快利率市场化改革进程，适时采用以利率为主的货币政策中介目标。首先，要继续加快利率市场化改革。货币政策是一种间接的宏观调控手段，是以市场利率为前提的，而中国目前的利率体制是中央银行统一确定及调整基准利率水平和结构。尽管金融机构的利率浮动权越来越大，但仍然存在利率结构复杂等问题。建立由中外资银行共同参与的货币政策传导体系，需要取消对利率的各种限制和管制，让金融机构自主地决定存贷款利率水平，使利率灵活反映资金的供求关系，充分发挥优化资源配置的作用，为利率这个价格型工具作用的发挥创造良好的环境。其次，在加强以货币供应量为中介目标的现行货币政策的同时，更多地使用价格型工具，适时采用以利率为主的货币政策中介目标。货币供应量为货币政策中介目标，有一定的局限性。谢平（2004）和夏斌、廖强（2001）等都对货币供应量作为中介目标的有效性提出质疑，认为货币供应量的变动一定程度上是内生的，与货币政策的操作关系不大；长期来看，货币供应量对产出没有影响；货币乘数不稳定，货币供应量不可控。对比之下，基准利率作为中介目标具有更强的可控性和相关性。中央银行可以运用公开市场操作等工具影响货币市场上的基准利率，进而影响资本市场利率和商业银行存贷款利率，控制货币流量来实现货币政策的最终目标。泰勒规则也指出，在各种影响物价和经济增长水平的因素中，真实利率是唯一能够与物价和经济增长率保持长期稳定相关关系的变量。目前，美国等西方国家均采用利率作为中介目标。随着利率市场化的推进，实际资金价格趋近均衡值，价格弹性增大，应适时把利率作为货币政策的中介目标。当然，在目前改革和市场化进程中，货币供应量仍需要继续承担中介目标的重任。

（3）改进货币供应量度量指标和统计口径，提高货币政策的透明度、公信力和政策导向作用。中国现行货币供应量指标的统计范围应继续拓展到外汇存款，与国际惯例保持一致。与此同时，针对金融创新、网络金融等新兴事物的发展，应对货币供应量指标进行改进和创新；同时，应提高货币政策的透明度、公信力和政策导向作用。央行应利用窗口指导为下一步的货币政策进行宣传，并随之采用其他货币政策工具着手实施该政策。商业银行和企业等微观主体相信央行窗口指导给出的政策信息，对即将实施的政策产生合理的预期，事先采取措施应对，提高货币政策的效率。举个简单的例子,央行给出经济过热的信息,企业预期未来基准利率带动市场利率上扬,投资需求因预期投资成本的增大而受到抑制。

(4) 大力发展国内金融市场,构建一个交易高效率、低成本、公开透明、有序统一的金融市场。一是积极培育货币市场交易工具,逐步扩大交易主体,推广商业承兑汇票,完善贴现制度,逐步使票据贴现市场成为企业和银行进行短期融资的重要场所,以及中央银行使用公开市场操作和再贴现等货币政策工具的载体。开发公开市场交易工具,鼓励大型企业发行债券,并进入市场流通。二是加强资本市场与货币市场的联动,保证市场正常有序的运作。修改和完善相关法律法规,加强监管,规范金融市场,促进国内金融市场健康有序发展,尽可能降低人民币自由兑换后国际金融市场波动可能带来的风险。

## 三、努力促进中外资银行货币政策调控的"和谐"发展

当前,在中国货币政策调控中,由于历史和体制的原因,中资银行还承担着较大的"宏观调控责任",而外资银行却享受着一定的"超国民待遇",因此要真正实现货币政策调控的"全覆盖",必须营造中外资银行公平竞争的政策环境,促进中外资银行货币政策调控的"和谐"发展。

1. 实行国民待遇政策,加强对外资银行的监管

首先,健全和完善对外资金融机构监管的法律法规,规范外资银行的离岸业务,并对中外资银行一视同仁,将外资银行纳入统一的离岸业务监管办法中。同时,还要进一步细化原有的法规,比如设置离岸账户的开户程序和条件,限定离岸账户的收支范围,对外币提现和离岸在岸账户相互担保进行严格限制等。其次,在给商业银行以产品创新主动权的同时,高度重视对金融衍生产品的监管,加强对高风险创新产品的管理和监督。一方面,加快步伐推进商业银行发行金融债、次级债、资产证券化等业务的发展,减少对金融业务和产品的创新限制,取消行政审批,鼓励新业务和新产品的推出;另一方面,监管部门应督促银行制定和健全关于新业务的规章制度,并及时向银行了解创新产品的设计原理、风险点,观察一段时间后从风险和外汇管理的角度出台关于该衍生产品交易的法规,同时还要注意外资银行和中资银行的适当区别。目前《商业银行中间业务暂行规定》列出的适用审批制和备案制的中间业务品种共有 25 种。其中,有的品种是商业银行已经开展多年的业务,有的是商业银行尚未开展的中间业务,如经批准可以开办的金融衍生业务、代理证券业务和基金托

管、咨询、财务管理等服务。由于外资银行的产品开发和资金调度均受制于境外总行,因此必须要求外资银行在产品报批时对新产品的设计原理、风险点予以详细说明。

2. 加快国有银行体系改革,提高中资银行的综合竞争实力

一方面,货币政策的有效实行是建立在健康高效的银行体系基础上,必然要求占市场主导地位的四大国有银行审慎经营并且能够自我发展;另一方面,外资银行不断涌入,竞争愈发激烈,中资银行在产权、经营等各方面的改革压力日益增大。2003 年底,中国开始对国有银行进行股份制改革,改革总体上分为三个步骤:一是财务重组。在国家政策的扶持下消化历史包袱,改善财务状况。二是公司治理改革。根据现代银行制度的要求并借鉴国际先进经验对银行的经营管理体制和内部运行机制进行改造。三是资本市场上市。通过在境内外资本市场上市进一步改善股权结构,真正接受市场的监督和检验。目前工行和中行、建行已完成股份制改造并上市。股份制银行正纷纷引入外资银行进行股权合作,继续深化股份制改革。最典型的是 2004 年 8 月汇丰银行投资人民币 144.61 亿元入股交通银行,入股比例为 19.9%,是迄今为止外资入股中国商业银行的最大宗交易。

加快国内银行体系改革,必须提高中资银行的综合竞争实力,既要对四大国有银行进行股份制改造,又要帮助股份制银行进一步改善股权结构和经营绩效。首先,以产权改革为突破口,抓紧对四大国有商业银行实施股份制改革,使其真正变为自主经营、自负盈亏、自担风险、自我发展的经济实体。其次,以积极的态度促进中外资银行的股权合作,充分引进国外先进的银行管理和经营经验。再次,严格考核已改革银行的经营绩效、资产质量、审慎经营等主要方面,督促银行的稳健经营,确保改革的成果。最后,帮助和督促中资银行在保持传统业务优势的基础上,大力发展新兴业务,比如大力发展信托、咨询、代客理财、代理收付、汇兑结算等中间业务,建立以咨询服务为核心的银行信息管理与咨询中心,积极发挥其结算与代理职能,以大幅度提高非利息收入的比重。

3. 调整金融监管队伍的人才结构,加强队伍建设

外资金融机构的大量涌入和金融创新产品的不断推出,对金融监管和外汇管理提出了更高的要求,需要监管人员的监管理念和监管知识的及时更新,因此必须加强监管人员在外语、计算机、金融事务和现代企业财务等方面的知识培训,不断提高综合分析监管的水平。

## 四、加强货币政策的国际协调和合作

随着经济全球化的发展，货币政策的国际协调问题也日益受到各国中央银行的重视。伴随着外资银行的扩张，相应地也会带来货币政策与汇率政策以及国与国之间货币政策的矛盾和冲突，这就要求围绕汇率稳定、国际收支平衡等问题，与其他国家特别是经济大国进行协调，避免他国的货币政策、财政政策、汇率政策以及其他经济政策的"外溢效应"给中国带来不利影响。一是在制定和协调货币政策时，应着眼于国际化的视角，充分考虑外部因素的协调，比如对外部经济和金融形势的变化进行深入的分析和预测，主要考虑世界经济周期的变动、世界经济增长率、世界贸易总额、世界通货膨胀、国际资本的流动、主要国际资本市场的股票价格指数、主要国际货币的汇率、世界贸易和资本流动管理方面的国际协定和变动趋势及其对内部经济金融的影响等。二是加强国际间货币政策的协调，央行作为政府对外金融关系的全权代表，利用世贸组织、全球性或区域性的国际金融组织和"八国集团"等提供的机会，与其他国家特别是主要经济体，对货币政策特别是利率和汇率政策进行协调，以此实现国际收支平衡，促进国内金融市场的稳定。三是加强外资银行监管的国际合作，使外资金融机构接受中国和母国监管部门的双重监督，发现并阻止一些不稳健经营机构的跨国设立，减少金融风险。

总而言之，外资银行的进入和扩张对于中国货币政策的影响是深远的。短期内，它可能带来较为剧烈的冲击，但长期来看，它是顺应中国货币政策发展趋势，且促进货币政策传导机制向着市场化方向发展的。因此，我们要放长眼光，扬长避短，避免和减少外资银行扩张对现行货币政策的冲击，发挥外资银行对货币政策向前发展的促进作用。在世界经济一体化的趋势下，在中国"入世"的事实面前，外资银行的扩张不可避免，这对于中国货币政策来说，是挑战更是机遇。关于外资银行和货币政策，最根本的思路是发展和完善中国的货币政策传导机制和调控机制，使之适应更加市场化的经济和金融环境，促进国民经济的持续、快速、健康发展。

## 参考文献

[1] 陶媛："'入世'后央行货币政策有效性的思考"，《现代企业》，2002，(2)：42—43。

[2] 王勇："试论中国金融开放条件下货币政策的新变革"，《南方金融》，2002，(5)：13—18。

[3] 夏斌、廖强："货币供应量已不宜作为当前中国的货币政策中介目标"，《经济研究》，2001，(8)：33—43。
[4] 谢平："中国货币政策分析：1998—2002"，《金融研究》，2004，(8)：1—20。
[5] 叶欣、冯宗宪："外资银行进入对本国银行体系稳定性的影响"，《世界经济》，2004，(1)：29—36。
[6] 余文建、阮峥："外资银行扩张与货币政策的有效性"，《上海金融》，2005，(7)：12—15。
[7] 张华庆、彭振胜："外资银行对中国货币政策的影响分析"，《经济纵横》，2002，(9)：34—36。
[8] 中国人民银行青岛市中心支行课题组："微观主体的宏观政策效应：外资银行业务拓展对货币政策传导的影响"，《金融研究》，2003，(8)：121—128。
[9]《中国人民银行统计季报》，2005，1。
[10] 中国银行业监督管理委员会：《2004 年外资银行综合监管报告》，2005。
[11] Stiglitz, J. E., The Role of the State in Financial Market, Proceedings of the World Bank Nual Conference on Development Economics, 1993, 19—52.

[3] [illegible]：“[illegible]中国[illegible]政策中[illegible]”，《经济研究》2004,(8):[illegible]—43.
[4] [illegible]：“中国货币政策[illegible]：1998—2002”，《经济研究》2004,(3):[illegible]—20.
[5] [illegible]：“[illegible]对[illegible]金融[illegible]体系稳定性的影响”，《世界经济》2004,[illegible]—16.
[6] [illegible]：“[illegible]银行[illegible]货币政策的有效性”，《[illegible]》2005,(1):[illegible]
[7] [illegible]：“[illegible]中国[illegible]的[illegible]分析”，《经济研究》2005,[illegible]94—[illegible]
[8] [illegible]中国人民银行[illegible]，《经济研究》2003,(8):12—[illegible]
[9] 中国人民银行：《[illegible]年报》，2005年。
[10] [illegible]：《2004年[illegible]报告》，2005年。
[11] Stiglitz, J. E., "The Role of the State in Financial Markets", Proceedings of the World Bank Annual Conference on Development Economics, 1993, 19—52.

# 第十一章

# 国际资本流动与货币政策

## 第一节 引言

国际资本流动是经济全球化的集中体现。进入20世纪90年代以后,国际资本流动的规模迅速扩大,达到了空前的水平。它对世界各国经济的发展无疑起到重要的推动作用。大多数发达国家与发展中国家在其经济成长的过程中,都不同程度地利用国际资本流动来推动本国经济的发展。改革开放以来,中国的经济之所以会发展得这么迅速,其中就有国际资本流入的功劳。但是,国际资本的流动在促进各国经济发展的同时也存在很多问题,它增加了宏观经济运行的不稳定性和风险性,国际资本的流出或者流入都有可能削弱一国货币政策的有效性,从而对该国金融安全造成极大的冲击。例如,20世纪80年代的拉美债务危机以及90年代的墨西哥金融危机、东南亚金融危机和俄罗斯金融危机,都与国际资本流动有关。中国在1997年亚洲金融危机中之所以没有受到直接冲击,主要原因在于一直实行了较为严格的资本管制,保持了较好的外债结构。

2001年12月11日,中国成为世界贸易组织的一员。加入世贸组织以后,中国根据世贸组织的基本原则放松市场准入限制、给予外资金融机构国民待遇并提高市场的透明度,等等。这些做法降低了国际资本进入中国的"门槛",使得中国国际资本流动的规模逐年增加,资本和金融项目的顺差不断扩大,而且其中不论资本还是金融项目的贷方或是借方,其数额都持续、稳定增长。2005年,中国资本和金融项目顺差629.64亿美元。其中,贷方余额4 189.56亿美元,比上年增长22.02%;借方余额3 559.92亿美元,比上年增长52.99%。由于中国的汇率制度是参考美元为主的软钉住的汇率制度①,在这种制度下,当国外的资本流入时,外汇市场上的外汇供应增加,央行必须随时干预外汇市场以防止汇率升值,这就会导致国际资本流入转化为央行的外汇储备,储备的增加使央行创造出更多的基础货币,从而导致货币供应量的增加,央行货币政策的有效性遭到削弱。中国目前外汇储备已经超过日本居世界第一,2006年6月底达到9 411亿美元的新高。高增的外汇储备,使得央行不得不放出巨额基础货币,一方面加大了通货膨胀的压力,另一方面造成了大量外汇占款,致使市场上的资金更为充裕,给银行扩张信贷提供了便利条件。这一局

① 参考见金永军、陈柳钦:"人民币汇率制度改革评述",《国际金融研究》,2006年第1期。

面，与央行抑制信贷、紧缩银根的货币政策相矛盾，加大了金融调控的操作难度。因此，在经济全球化的今天，如何在国际资本大量流动的背景下，提高货币政策的有效性、防范国际资本流动的冲击是一个重要课题。

## 第二节　国际资本流动的概念、类型及趋势

### 一、国际资本流动的概念

国际资本流动，简言之，是指资本在国际间转移，或者说，资本在不同国家或地区之间作单向、双向或多向流动，具体包括：贷款、援助、输出、输入、投资、债务的增加、债权的取得、利息收支、买方信贷、卖方信贷、外汇买卖、证券发行与流通等（朱孟楠，1999）。

国际资本流动，按其流动方向，可分为国际资本流入和国际资本流出。前者表示资本从境外流入境内，后者表示资本从境内流往境外。资本流入，表现为本国对外国负债的增加和本国在外国的资产的减少，或者说，外国在本国资产的增加和外国对本国负债的减少。资本流出，表现为本国对外国负债的减少和本国在外国资产的增加，或者说外国在本国的资产减少和外国对本国负债的增加。对一个国家或地区来讲，总存在资本流出入，只不过是流出入的比例不同而已。

### 二、国际资本流动的类型

国际资本流动的类型多种多样，如果从资本流动的主体来看，可以分为官方资本流动和私人资本流动，其中私人资本以投资的对象来划分，可以分为外国直接投资、外国证券投资（包括外国股票投资和外国债券投资）、外国银行贷款等；从资本流动的时间来看，则可分为短期资本流动和长期资本流动。

#### （一）短期国际资本流动

1. 短期国际资本流动的概念

短期国际资本流动，是指期限为1年或1年以内或即期支付资本的流入与流出。这种国际资本流动，一般都借助于有关信用工具，并通过电话、电报、传真等通信方式来进行。这些信用工具包括短期政府债券、商业票据、银行承兑汇票、银行活期存款凭单、大额可转让定期存单等。由于通过信汇、票汇等方式进行国际资本转移，相对来说，周转较慢，面临的

汇率风险也较大,因此,短期资本流动多用电话、电报、传真等方式来实现。

2. 短期国际资本流动的形式

(1) 贸易资本流动。这是指国际间贸易往来的资金融通与资金结算而引起的货币资本在国际间的转移。世界各国在贸易往来中,必然会形成国际间的债权债务关系,而为结清这些关系,货币资本必然从一个国家或地区流往另一个国家或地区,贸易资本流动就形成了。

(2) 银行资本流动。这是指各国经营外汇业务的银行金融机构,由于相互间的资金往来而引起的资本在国际间的转移。这些流动在形式上包括套汇、套利、掉期、头寸调拨以及同业拆放等。

(3) 保值性资本流动。这是指短期资本持有者,为了避免或防止手持资本的损失而把资本在国际间进行转移。这种资本流动,也称资本逃避,其动机是为了资本的安全性和赢利性。

(4) 投机性资本流动。这是指投机者为了赚取投机利润,利用国际市场上汇率、利率及黄金、证券等价格波动,通过低进高出或通过买空卖空等方式而引起的资本在国际间的转移。

(二) 长期国际资本流动

1. 长期国际资本流动的概念

长期国际资本流动,是指期限在 1 年以上的资本流入与流出。它与短期资本流动一样,也分为政府和私人的长期资本流动。引起长期资本流动的根本原因是世界生产力的发展与国际分工的不断深化。长期国际资本流动形成的基本条件是各国拥有的相对优势,如所有权优势、内部化优势和区位优势等,而长期国际资本流动的动机则是多样化的,包括利润驱动、生产要素驱动、市场驱动以及政治投机等。

2. 长期国际资本流动的形式

(1) 直接投资。这是指一个国家的投资者直接在另一个国家的工矿、商业和金融服务业等领域进行投资,并取得投资企业的部分或全部管理控制权的一种活动。从直接投资的手段来看,主要有四种形式:创办新企业、直接收购、购买另一个企业的股票并达到一定比例、利润再投资。

(2) 证券投资。这是指投资者在国际证券市场上购买外币有价证券而进行的一种投资方式。证券投资的形式主要包括股票投资和债券投资。

(3) 国际信贷。这是指各国政府、国际金融机构和国际银行等单方面或相互间提供的中长期贷款。国际信贷主要有政府贷款、国际金融机构贷款和国际银行贷款三种形式。

（4）国际经济援助。这是指有关国家和经济组织对发展中国家的赠与和提供的优惠贷款。国际经济援助的形式主要有官方开发援助、民间资金、其他官方资金等。

## 三、20 世纪 90 年代以来国际资本流动的趋势

### （一）国际资本流动规模不断扩大，私人资本取代官方资本成为国际资本流动的主要形式

1984—1989 年，流入新兴市场国家和地区的私人资本年平均为 152 亿美元，官方资本为 239 亿美元。20 世纪 90 年代后，私人资本取代官方资本成为国际资本流动的主要形式，其主要原因是国际间保护投资者权益的协调性加强，世界经济平稳增长，提高了企业的赢利能力和水平，为增加资本积聚和积累创造了条件。资本积累和积聚的提高使资本过剩成为可能，而新兴市场的兴起和发展为这些过剩资本提供了新的投资机会和赢利机会，特别是许多发展中国家实行经济改革和大规模私有化，为资本流入创造了条件。国际资本市场中的私人资本日益占据主导地位，这不仅表现在资本的流量受私人部门控制，而且资本的接受者也是如此。据世界银行统计，2005 年流向发展中国家的私人资本就达 4 910 亿美元，私人资本流动已占全球资本流动的 3/4 左右。

### （二）国际资本地区流动呈现以发达国家为主体的双向化发展

由于资本具有趋利性的特点，在更多地关注投资安全性及所持有资产的质量的情况下，资本会出现“避险趋优”现象。西方发达国家拥有发达完善的金融市场、良好的投资环境、健全的制度体系，世界经济区域集团化的发展，特别是北美自由贸易区、欧洲统一大市场的相继建立，使发达国家在当今国际资本流动中占据主体地位；发展中国家由于放宽了对资本输出入的限制，加上经济增长，其在国际资本流动中所占的比重上升。因此，国际资本地区流动呈现以发达国家为主体的双向化发展的特征。图 11-1 显示，2005 年发达国家的国际债券发行净额比 2000 年增长 45%，而发展中国家则增长 57%。

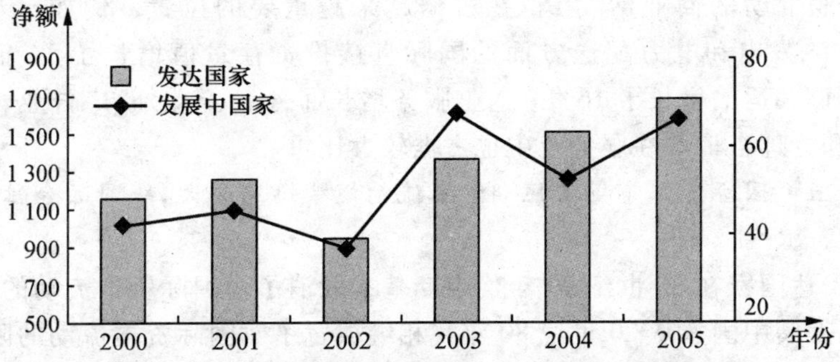


**图 11-1 国际债券发行净额(单位:10 亿美元)**

资料来源:BIS, 2001—2006, *Quarterly Review: International Banking and Financial Market Developments—Statistical Annex*, BIS, New York, NY。

(三) 国际资本流动的形式全面发展,间接投资的相对比重上升

随着金融创新,大量新金融工具涌现,当代国际资本流动中国际直接投资、国际贷款、国际证券投资等全面发展。国际直接投资是国际资本流动的重要形式之一,它主要采取合资经营、合作经营、独资经营、跨国并购、BOT 投资等具体形式;国际贷款是国际资本流动的主要形式,主要有国际商业银行贷款、国际金融机构(IMF、世界银行、国际农业发展基金会以及地区性国际金融机构等)贷款,以及政府贷款;国际证券是当代国际资本流动的首选形式,在证券投资方面,国际资本流动更多地采取以股票、债券等形式流动。

20 世纪 90 年代以来,国际投资的多元化和国际金融市场的一体化程度不断提高,各个工业化国家的金融管制政策也趋于宽松,国际间接投资在国际资本流动总额中的比重上升,而直接投资的比重则稳中有降。据统计,国际债券的净发行额 1995 年仅为 3 132 亿美元,2005 年则达 18 694 亿美元,增长 497%。而国际直接投资总额 1995 年为 3 341 亿美元,2005 年增加到 8 950 亿美元,仅增长 168%。

(四) 国际资本流动的行业流向发生改变,服务业的比重显著提高

在 20 世纪 70 年代初期,服务业仅占全球国际直接投资存量的 1/4,2000 年这一比例上升到将近一半,2002 年则达到了 60%,服务业成为国际直接投资的第一大产业。根据世贸组织协议,各成员国的服务业将会进一步对外开放,这为服务业国际直接投资进一步扩大提供了法律和政策基础。

服务业国际直接投资的构成也正在发生变化,主要集中在贸易和金融领域,两者 2002 年占服务业国际直接投资内流存量的 47% 和流量的 35%(而 1990 年分别占 65% 和 59%)。供电、供水、电信和企业活动(包

括IT业带动的商业活动）正在占据越来越重要的位置。例如，1990—2002年，发电和电力配送方面的国际直接投资存量值增长了14倍，电信、仓储和运输增长了16倍，企业服务增长了4倍。此外，广告业、会计事务和管理咨询等在服务业中也占据较大比重。

（五）国际资本市场上短期资本流动规模迅速扩大，给国际金融市场带来巨大冲击

发达国家在20世纪90年代中期基本取消了对国际资本流动的汇兑管制，发展中国家从20世纪80年代相继放宽了对国际资本流动的限制。宽松的、自由化的国际资本流动政策，以及金融创新和发展中国家金融市场的形成，加速了国际短期流动资本的发展。短期资本流动的膨胀可以从外汇市场交易量的剧增中得到反映。表11-1显示，近年来，国际金融市场中的外汇日平均交易量持续上升，2007年4月已达到32 100亿美元，比1989年上升了4.44倍，数额相当于所有国家外汇储备的53.5%。

**表11-1　国际外汇市场交易量**

| 项目 \ 年份 | 1989 | 1992 | 1995 | 1998年4月30日 | 2003年10月30日 | 2007年4月30日 |
|---|---|---|---|---|---|---|
| 全球外汇交易日平均额（亿美元） | 5 900 | 8 200 | 11 900 | 14 900 | 20 000 | 32 100 |
| 占世界商品和服务出口比重（%） | 15.8 | 19.4 | 19.1 | — | — | — |
| 占各国非黄金储备的比重（%） | 75.9 | 86.0 | 84.3 | 87.4 | 66.26 | 53.5 |

资料来源：BIS, 1997, *Annual Report*, BIS, New York, NY; IMF, 2002, *International Capital Market*, American Elsevier Press, New York, NY。

国际短期流动资本具有很强的投机性和流动性，一旦受资国的收益减少或出现资金风险，它将会因其利益需要而迅速撤离，造成受益国经济金融风险加大。如果受资国对短期资金的依赖程度过高，国内储蓄率又不足，资本市场开放程度超越本国实际状况，或金融机制不健全，势必造成金融动荡或危机，对经济造成破坏性影响。1997—1998年爆发的东南亚金融危机在很大程度上就是国际短期流动资本投机的结果。

（六）国际证券市场融资规模迅速扩大，证券投资已成为国际投资的主要方式之一

20世纪90年代以来，随着科学技术以及金融全球化的发展，国际证券市场融资规模迅速扩大。目前，国际证券市场占国际资本市场份额的70%，证券投资已成为国际投资的主要方式之一。从国际证券市场的内部结构来分析，股票市场的地位有所下降，债券市场的地位相对上升。

2005 年底,国际股票市场和国际债券市场的发行净值分别为 3 070 亿美元和 18 694 亿美元,分别比 1990 年增长了 6.6 倍和 8.5 倍(如图 11-2 所示)。

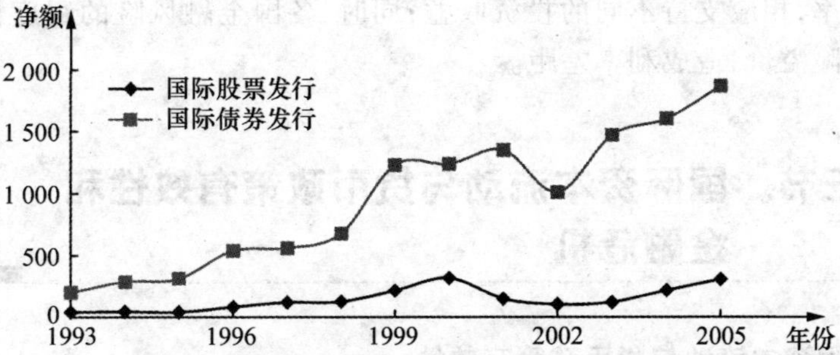


**图 11-2　国际证券市场发行净额(单位:10 亿美元)**

资料来源:BIS, 1996—2006, *Quarterly Review*: *International Banking and Financial Market Developments —Statistical Annex*, BIS, New York, NY。

国际证券市场迅速发展的原因是世界通胀率普遍降低,利率下降,这使得债券获利水平远远高于银行存款;享有信誉等级的政府、企业为降低成本而到证券市场直接融资;一些西方国家对资本市场的管制也促进了证券市场的发展。

（七）资本市场的价格呈现趋同趋势,利率的波动具有明显的联动性

国际资本流动的全球化使不同国家和地区在国际金融市场的筹资条件趋同,不同国家或地区的利率差异缩小。以 90 天银行间利率为例,过去二十多年间西方发达国家的利率差异不断缩小,尤其是进入 20 世纪 90 年代以后,这一趋势更加明显(如图 11-3 所示)。此外,随着欧元的启动,欧盟成员国的利率趋同过程完成,主要欧洲国家利率水平实现统一。从利率水平的调整看,主要国家央行决策的相关性更为明显,几乎主要国家每次的利率调整都会引起其他国家的快速反应。

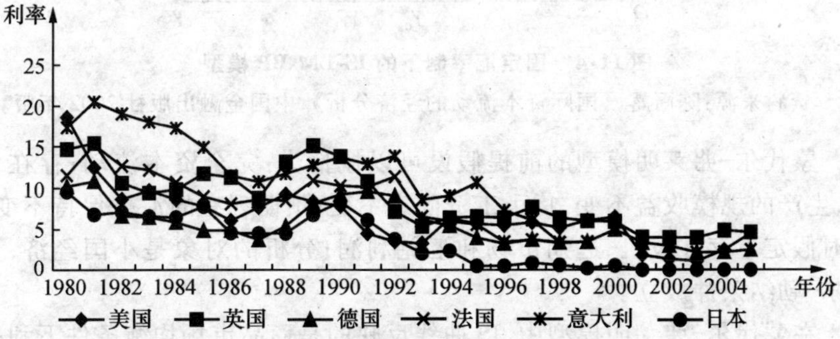


**图 11-3　主要发达国家 90 天银行间利率(%)**

资料来源:万德资讯库。

在主要国家利率水平日益趋近的同时,世界各国之间仍存在明显的利率差异,其主要原因在于各国处于不同的经济发展阶段,具有不同的经济增长率,相应支持不同的投资收益;同时,各国金融风险的程度性差异引起风险溢价,造成利率差距。

## 第三节　国际资本流动与货币政策有效性和金融危机

### 一、国际资本流动与货币政策有效性

(一) 固定汇率制下的国际资本流动

1. 固定汇率制下的 IS-LM-BP 模型

对固定汇率制度下使用货币政策的经典分析是蒙代尔和弗莱明发展的蒙代尔-弗莱明模型,又称 IS-LM-BP 模型(如图 11-4 所示)。这一模型用一般均衡的方法,对宏观经济学中一国经济达到内部均衡和外部均衡的货币政策进行了分析。

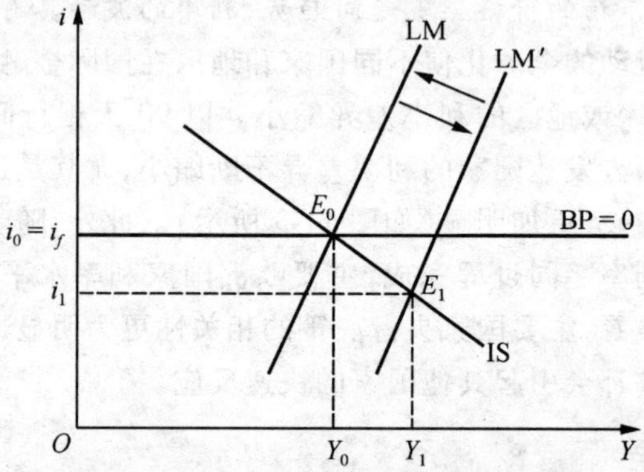


**图 11-4　固定汇率制下的 IS-LM-BP 模型**

资料来源:陈雨露,《国际资本流动的经济分析》,中国金融出版社 2002 年版。

蒙代尔-弗莱明模型的前提假设可以概括为:完全资本流动;存在失业,生产的规模收益不变,货币工资固定不变;预期现有的汇率保持不变,同时假定不存在投机、远期市场和汇兑利润;分析的对象是小国经济;马歇尔-勒纳条件成立。

在蒙代尔-弗莱明模型中,IS 曲线反映的是商品市场均衡条件下利率与国民收入的对应关系;LM 曲线反映的是货币均衡条件下利率与国民

收入的对应关系;BP=0曲线反映的是一国国际收支均衡时,国民收入水平与利率水平的对应关系。在小国经济模型中,由于假定资本具有完全的流动性,资本流动对利率变动的弹性变为无穷大,所以BP=0曲线呈水平状态,在BP=0曲线上方,意味着国际收支顺差,在BP=0曲线下方,意味着国际收支逆差。在初始状态下,IS、LM、BP=0曲线交于一点($E_0$点),经济达到内外均衡。此时的国民收入为$Y_0$,利率$i_0$与国外利率$i_f$一致。

当一国出现经济衰退、通货紧缩的现象时,央行会采取扩张性的货币政策,这将带来LM曲线右移至LM′曲线。LM′曲线与IS曲线新的交点$E_1$就是经济的短期平衡点。在这一点上,收入增加,利率降低。$E_1$点位于BP曲线的下方,国际收支出现逆差,造成这一现象的原因是:(1) 国内利率的下降($i_0 \to i_1$),低于国外利率水平$i_f$,利率差异($i_f - i_1$)导致国内资本的外流,资本账户出现赤字;(2) 国民收入的增加($Y_0 \to Y_1$)使进口需求增加,经常账户出现赤字。

随着大量国际资本的流出,该国国际收支出现恶化,本币存在贬值的压力。由于名义汇率固定,资本流出使本国的外汇储备减少,本币的货币供给也相应减少,从而使LM′曲线左移,一直持续到LM′曲线恢复原状为止。此时除基础货币的内部构成发生变化外,货币供应量、利率、收入、国际收支等变量均恢复原状,即货币政策完全失效。

同理,当一国经济出现较高的通货膨胀时,该国央行欲通过紧缩性货币政策,提高利率,降低社会总需求,抑制通货膨胀。然而利率的提高会吸引套利资金的大规模流入,使该国的货币供应量增加,从而导致利率下调至原水平,并使减少总需求的初衷化为泡影,还可能加剧通货膨胀。

另外,即使由于汇率变动或其他原因而造成国际资本的流动与货币政策目标同向,由于国际资本的流动一方面会缩短货币政策的时滞,另一方面可能会使货币政策的效果超过制定政策时的预期目标效果,从而造成经济过热或萧条,仍降低了货币政策的有效性。

2. "三元悖论"与政策搭配选择

在蒙代尔-弗莱明模型的基础上,克鲁格曼进一步提出了"三元悖论",即各国在资本自由流动、货币政策独立性与汇率的稳定性三个目标中从理论上讲只能实现两个,而不能三个同时实现,如图11-5所示。

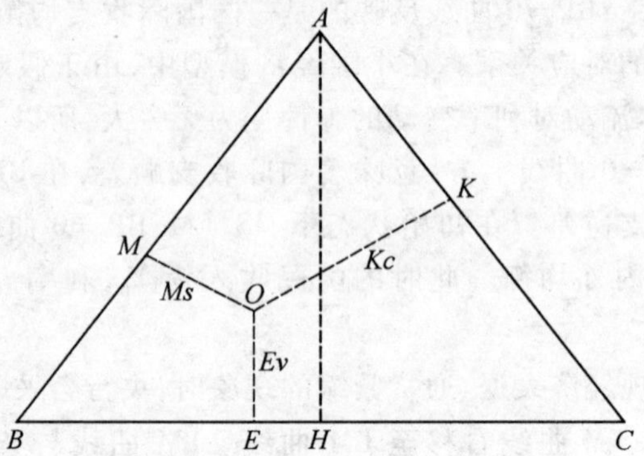


**图 11-5　克鲁格曼的“三元悖论”**

图 11-5 中的等边三角形 *ABC* 就是“三元悖论”中的不可能三角形。其中,三个顶点分别表示三种政策安排:*A* 表示汇率自由浮动;*B* 表示资本完全管制;*C* 表示货币联盟。三条边分别代表政府想要取得的三种政策目标:*E* 表示汇率稳定;*K* 表示资本完全流动;*M* 表示货币政策完全独立。

我们知道等边三角形有一条重要性质,即其内任何一点到三条边的垂直距离之和等于高(沈国兵,史晋川,2001)。因此,我们可以根据这个三角形的重要性质进行资本自由流动下的政策搭配选择。

设在等边三角形内(含顶点或边长)取任意一点 *O*,*O* 点到三条边的垂直距离分别为 *Ev*、*Kc* 和 *Ms*,其中,*Ev*、*Kc* 和 *Ms* 分别表示汇率变化程度、资本流动程度和货币政策依附程度。$Ev=0$ 表示汇率变动程度最低,即实行固定汇率制度;$Ev=1$ 表示汇率变动程度最高,即实行浮动汇率。$Kc=0$ 表示资本流动程度最高,即资本自由流动;$Kc=1$ 表示资本流动程度最低,即实行资本管制。$Ms=0$ 表示货币政策依附程度最低,即货币政策完全独立,$Ms=1$ 则表示货币政策依附程度最高,货币政策丧失独立性。

为简化起见,令等边三角形高 *H* 为 1,则根据等边三条形的重要性质,有:$0\leqslant Ev$、$Kc$、$Ms\leqslant 1$ 且 $Ev+Kc+Ms=1$。这样,当 $Kc=0$,即资本自由流动时,有三种情况:

(1) $Ev=0, Ms=1$,即资本自由流动 + 固定汇率 + 货币政策丧失独立性;

(2) $Ev=1, Ms=0$,即资本自由流动 + 浮动汇率 + 货币政策完全独立;

(3) $0<Ev<1, 0<Ms<1$,即资本自由流动 + 汇率有限浮动 + 货币政

策相对独立。

以上分析表明，在资本自由流动的条件下，要想有效地协调货币政策独立性和固定汇率制之间的冲突是很困难的。1994 年的墨西哥金融危机、1997 年的亚洲金融危机也都十分清楚地表明了这种冲突和由此产生的连带反应。自 20 世纪 90 年代初起，拉美和亚洲的许多新兴市场国家都经历了大规模的资本流入，尤其是以证券投资和商业信贷形式存在的外国资本，它们大部分都进入了这些国家的商业银行体系，并迅速转化为私人信贷，最终被用于私人消费。消费的不断增长使非贸易品的需求急剧增大，从而对实际汇率的升值产生明显的拉升作用。持续的实际汇率升值使这些国家的资源由可贸易品部门转向非贸易品部门，经常项下的国际收支出现恶化。当经常账户的赤字变得难以维持时，名义汇率的贬值预期就会迅速增强，资本流入发生逆转。僵化的汇率制度安排，使政府不得不大量抛售美元，买入本币。面对大规模的资本外逃和货币的急剧贬值，一国的外汇储备根本无法应对，为了避免外汇储备的迅速消耗，许多国家都被迫放弃了固定汇率制。

（二）浮动汇率制下的资本流动

1. 浮动汇率制下的 IS-LM-BP 模型

根据蒙代尔-弗莱明模型及克鲁格曼的“三元悖论”，若放弃固定汇率的要素，国际资本流动与货币政策独立性两者间还是可以互相兼容的。仍以 IS-LM-BP 模型进行分析。

如图 11-6 所示，假定继初始状态 $E_0$ 之后，一国出现经济衰退、通货紧缩的现象，央行采取扩张性的货币政策，LM 曲线右移至 LM′曲线。LM′曲线与 IS 曲线相交于 $E_1$ 点。在这一点上，国民收入由 $Y_0$ 上升至 $Y_1$，利率降至 $i_1$。$E_1$ 点位于 BP 曲线的下方，国际收支出现逆差，同理，其原因

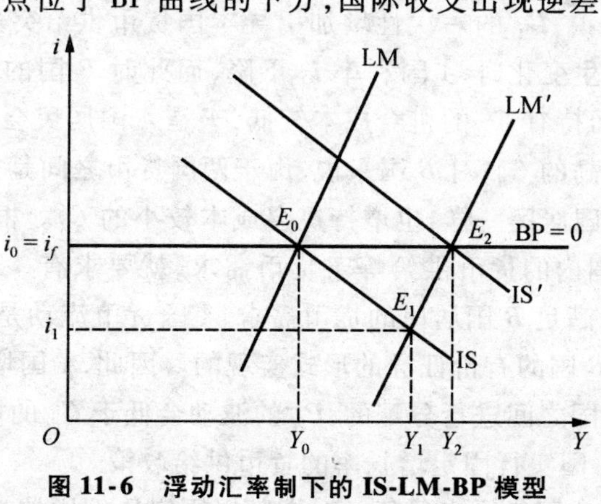


**图 11-6　浮动汇率制下的 IS-LM-BP 模型**

是:① 由于国内利率的下降($i_0 \to i_1$),利率差异($i_f - i_1$)导致国内资本的外流,资本账户出现赤字;② 国民收入的增加($Y_0 \to Y_1$)使进口需求增加,经常账户出现赤字。

随着该国逆差程度的加重,该国国际收支出现恶化。在浮动汇率制下,本币贬值,IS 曲线向右移动,利率水平上升,直至 IS 曲线右移至 IS′的位置,利率水平恢复至 $i_0$ 时为止。此时资本外流停止,国民收入水平上升至 $Y_2$,市场重新达到均衡,即 IS、LM、BP = 0 曲线交于 $E_2$ 点。可见,在资本完全流动的浮动汇率制下,货币政策完全有效,央行完全可以根据国内的经济情况独立地制定和实施本国货币政策。

2. 货币替代与货币政策的有效性

蒙代尔和克鲁格曼的观点为许多经济学家所赞同。在固定汇率与浮动汇率孰优孰劣的争论中,这也成为许多学者支持浮动汇率的一个重要理由。然而,马可 · A. 迈尔斯(Marc A. Miles,1978)率先对这一传统论断提出了质疑,其研究表明:由于存在着货币替代现象,即使在浮动汇率制下,一国货币政策的独立性和有效性仍会受影响。

迈尔斯(1978)建立了开放经济下的两国模型,其理论的前提假设可以概括为:$A$、$B$ 两国间存在对称性的货币替代现象;两国货币之间是完全自由兑换的,资本市场也是高度开放的;世界范围内货币供给与需求总是平衡的;两国的利率水平是人们持有本外币余额的相对机会成本;价格浮动是弹性的,不存在时滞。

迈尔斯假定 $A$、$B$ 两国分别发行各自的货币 $C_A$ 和 $C_B$,两国居民也同时持有 $C_A$ 和 $C_B$,$P_A$ 和 $P_B$ 分别为两国的物价水平。

情况一:$A$ 国一次性地增加 $C_A$ 的供给。

对 $A$ 国来说,$C_A$ 的一次性增加引导本国货币供给突然大幅增加,在货币需求未发生变化时,$A$ 国利率 $i_A$ 下降,而此时 $B$ 国的利率 $i_B$ 并没有发生变化,因而持有 $C_A$ 的机会成本较低,于是 $A$ 国居民会自发地增持 $C_A$ 以替代成本较高的 $C_B$;对 $B$ 国来说,由于两国货币之间是完全可兑换的,$B$ 国居民同 $A$ 国居民一样,也增持机会成本较小的 $C_A$。根据假设条件之一,即世界范围内的货币供给等于货币需求,就要求有一部分的 $C_A$ 从 $A$ 国流入 $B$ 国来满足 $B$ 国居民的货币需求,$A$ 国货币流动是通过 $A$ 国居民用 $C_A$ 来购买 $B$ 国的有价证券的形式实现的。因此,$A$ 国增加的货币供给量应该是在两国之间进行分配的,$P_A$ 的波动会低于 $C_A$ 的增幅。

情况二:$A$ 国实行固定增长率的货币供给政策。

这意味着 $A$ 国货币当局每一时期都以固定比例增加 $C_A$ 的供给量,在这种政策下，会引起人们的通胀预期以及为反通胀而提高 $i_A$ 的预期。为抑制通胀，$i_A$ 上升而 $i_B$ 不变，从而两国居民都会增持机会成本较小的 $C_B$，以替代机会成本较大的 $C_A$。而这一过程是通过 $P_A$ 的大幅上升来实现的。$P_A$ 的上升分为两个阶段：第一阶段，$C_A$ 的货币供给刚开始增加，这与情况一相似，$P_A$ 的增长幅度要小于 $C_A$ 的增长幅度。第二阶段，$C_A$ 的供给持续增长，$C_B$ 将成为两国居民增持的对象。$P_A$ 的增长幅度要大于 $C_A$ 的增长幅度，$P_A$ 的大幅上升又将导致 $i_A$ 的再度提高，不断引发 $C_B$ 对 $C_A$ 的反向替代。

因此，由于存在着货币替代现象，即使在浮动汇率制下，一国货币政策的独立性和有效性也将打折扣。就一国而言，如果发生本币替代外币，本国增加的货币供给会大量流出境外，从而导致货币政策达不到预期效果，如想实现既定的政策目标则需要更大力度的政策措施，而这又会加大政策的波动性，打击居民的信心，从而进一步降低货币政策的有效性；反之，如果发生外币替代本币，则外币的大量流入会导致本国货币供给被动增加，从而使原本紧缩的货币政策达不到预期效果。

此外，道格拉斯・H. 琼斯（Douglas H. Joines, 1985）、琼・H. 罗杰斯（John H. Rogers, 1990）、卡洛斯・A. 罗德里格斯（Carlos A. Rodriguez, 1993）等人也均从货币替代角度入手，指出在浮动汇率制下，货币政策并非是有效和独立的。

琼斯（1985）认为：在开放经济中，若两国之间私人部门把本外币均视为生产货币服务的可替代投入，那么持有一种货币的机会成本上升，在其他条件不变的时候会引起两国对另一种货币的需求增加，从而导致货币的跨国流动，削弱了本国货币政策的独立性和有效性。

罗杰斯（1990）研究了货币替代条件下外国较高的通货膨胀率对本币的实际需求、本币流通速度，特别是对本国通货膨胀率的影响。他认为外币实际余额的初始存量和对外币余额的需求弹性是形成本国经济对浮动汇率制“隔绝效应”的两个主要变量。

罗德里格斯（1993）认为：由于货币替代的作用，一国从银行渠道投放的信贷货币总量会大大超过经济增长和控制通胀的需要。因此，在那些货币替代程度一直较高的国家，如阿根廷、秘鲁等国家在国内银根紧缩的情况下，公众会利用以外币转换成本币的方式获得所需资金，规避严格的货币政策限制，致使政策效果受到削弱。

## 二、国际资本流动与金融危机

国际资本流动不仅削弱了各国货币政策的有效性，还对各国金融安全造成了极大的冲击。20世纪以来的几次金融危机表明,金融危机的爆发总是与国际资本的大规模、无序流动有关,或者说国际资本流动是新型金融危机爆发的外部条件。

(一)国际资本的流动机制与金融市场的动荡

国际资本流动是通过本身的流动机制引起金融市场动荡甚至金融危机的。国际资本流动机制可以理解为国际资本流动的途径、方式及由此而产生的与金融市场的关系。国际资本流动如何通过自身的机制对金融市场产生影响呢(朱孟楠,林莹,2002)?

机制一:通过间接融资市场。国际资本流动的这种机制实际上是通过间接融资的形式进入实体经济并使后者产生变化而导致金融危机的。这种流动机制的关键点在于银行的贷款行为。

国际资本流入使银行获得大量可用于增加贷款的资金来源,而且降低了银行负债约束,在金融监管不健全和利益机制的驱动下,银行容易产生道德风险,即在股市和房地产市场价格不断攀升时,为了获得较高的收益,会将资金投入股市、房地产或生产过剩的领域,此举又会吸引更多的国际资本流入。国际资本通过银行业大量流入高风险行业,在一国经济泡沫破裂、经常账户出现持续逆差等情况下,必然使银行不良资产剧增,货币贬值压力加大,直致严重的通货膨胀,结果国际资本尤其是短线的国际游资就会出现大量抽逃,最后导致危机的发生。

可以说,东南亚货币危机爆发的一个重要原因,就是这些国家的金融机构存在着相当严重的道德风险问题。例如,泰国在大量外资流入后,银行将资金大量投向房地产市场或向房地产发放贷款。有关统计资料表明,1997年,泰国银行投向房地产的资金约占其放贷总额的30%,房地产价格短期之内一涨再涨,加大了国民经济的泡沫成分,一旦经济的基本条件发生变化,房地产市场泡沫破灭,银行坏账便急剧增加。据统计,泰国1997年的银行呆坏账总额超过200亿美元。此时,恶劣的经济环境使国际资本加速抽逃,导致金融危机发生。

机制二:通过证券市场。国际资本通过证券市场流入,主要是指国际资本大量流入股市(也有相当部分流入房地产市场),而后推高股价形成非理性的泡沫经济,当投资者预期资产价格将缩水时,大量资本逆转抽逃,导致金融危机。例如,泰国从1988年到1993年,证券资本的流入额由5亿美元增加到40亿美元,同期股票市场价格收益比率由12%提高到26.1%。泰国股市最兴旺的1993年,年股票交易额相对于GDP的比例接近于70%。而韩国20世纪90年代初由于外国资本的大量流入,证券资本流入在1996年达到历史性高峰的211亿美元。1988—1993年是韩国资本流入最为显著的时期，同时也是它的资本市场发展最为迅速的时期，这5年间，韩国年度证券资本流入净额由-5亿美元增加到107亿美元，同期，股票市场上价格收益比率从13.9%提高到17.7%。

简言之，资本的大规模频繁进出，加大了一国金融市场的波动性，使该国金融体系的脆弱性增加。这种资本流动机制实际上是通过证券市场引起金融动荡。特别是在一国的证券市场发育程度比较低、金融监管相对薄弱的情况下，国际资本流动通过证券市场的传递机制极易诱导危机的爆发。

机制三：通过外汇市场。国际资本通过外汇市场，主要是在一定的汇率制度下因国际收支的变化而使外汇市场的供求关系出现变化，进而使一国货币对外价值发生变化，导致资本外逃，而资本外逃又加剧了货币的贬值。一般来说，这里的一定汇率制度主要是指欠灵活的固定汇率制。在这种制度下，巨额外资的持续流入，会导致本币汇率高估，从而损伤了企业的出口竞争力，进而导致巨额的贸易逆差，形成经常账户逆差和资本账户顺差共存的危弱的国际收支平衡。当经常账户逆差达到一定程度、经济情况渐趋恶化时，逐利性的国际资本开始外流，结果本币汇率就会出现持续下跌，投机者也会就势对该国货币发起攻击。机构投机者1994年对墨西哥比索的打击就是一例。1994年初，墨西哥的经常账户出现逆差，但政治经济情况还未达到爆发金融危机的程度，外汇市场上却出现了抛售比索的情况，结果资本大量外流，比索大幅贬值，外汇储备急剧下降，终于在1994年12月爆发了比索危机。

（二）国际资本流动与金融危机实现的博弈分析

国际资本的大规模流动是以逐利为目的的。投机者依靠众多国内和国外投资者的集体行为导致资本外流才最后得逞，其所造成的金融恐慌导致了市场信心的自我丧失。例如，股票价格的暴跌不仅使银行的借款者无力还贷，也使银行本身蒙受巨额损失，从而导致信用紧缩；国际投资者对证券组合的调整及开放式基金投资者对投资的赎回造成了资本流动的逆转；国外债权人撤资和停止对信用额度的展期加剧了流动性不足。

下面具体以国外债权人撤资为例进行两阶段的完全但不完美信息博弈分析。假设有两个债权人$A$、$B$，分别贷款$L$给某债务人，债务人将这些钱投资于某一长期项目，预期项目结束后可以产生$2R$利润（$R>L$），假设将其全部用于还贷。如果债权人提前收回贷款，则项目被迫搁浅，债务人

以项目残值 $2r$ 抵债，其中 $L>r>L/2$。

为简单起见，我们假定债权人收回贷款的日期分为两个阶段：阶段 1 表示在项目结束之前收回，阶段 2 表示在项目结束之后收回。在阶段 1，如果两个债权人同时收回贷款，则每人只能收到 $r$；如果只有一个债权人收回贷款，则收回贷款的债权人得到 $L$，另一债权人只得 $2r-L$；如果两债权人均不收回贷款，则项目得以完工，进入阶段 2。在阶段 2，如果两个债权人同时收回贷款，则每人得到 $R$；如果只有一个债权人收回贷款，则收回贷款的债权人得到 $2R-L$，另一个债权人只得 $L$；如果两个债权人均不收回贷款，则每人仍收到 $R$。这就构成了一个两阶段的完全但不完美信息博弈（Robert Gibbons，1992），其支付矩阵如表 11-2 和表 11-3 所示。

**表 11-2　阶段 1 的博弈**

| | | B：撤资 | B：不撤资 |
|---|---|---|---|
| A | 撤资 | $r,r$ | $L,2r-L$ |
| | 不撤资 | $2r-L,L$ | 下一阶段 |

**表 11-3　阶段 2 的博弈**

| | | B：撤资 | B：不撤资 |
|---|---|---|---|
| A | 撤资 | $R,R$ | $2R-L,L$ |
| | 不撤资 | $L,2R-L$ | $R,R$ |

由于 $R>L$ 且 $2R-L>R$，我们可知，在阶段 2 的博弈中，撤资严格占优不撤资，因此，在这个博弈中，只有唯一的纳什均衡：（撤资，撤资），双方的利得为 $(R,R)$。将这一结果代入表 11-2，博弈的支付矩阵变为表 11-4。

**表 11-4　两阶段的博弈**

| | | B：撤资 | B：不撤资 |
|---|---|---|---|
| A | 撤资 | $r,r$ | $L,2r-L$ |
| | 不撤资 | $2r-L,L$ | $R,R$ |

由于 $r<L$ 且 $2r-L<r$，因此在表 11-4 中可以看到两个纯战略纳什均衡：（撤资，撤资）和（不撤资，不撤资），其对应的利得分别为 $(r,r)$ 和

$(R,R)$。这样，该两阶段的博弈产生了两个子博弈完美结果：① 在阶段1两个债权人均撤资，其利得为$(r,r)$；② 在阶段1两个债权人均不撤资而在阶段2两个债权人均撤资，其利得为$(R,R)$。

我们可以利用子博弈完美结果中的第一种结果来解释在国际资本流动冲击下金融危机发生的现象：尽管两个债权人都知道在阶段1双方均不撤资便能获得最大的收益，但如果债权人A认为债权人B将在阶段1撤资，那么债权人A的最好选择就是也撤资，于是债务人投资的项目被迫搁浅，债权人遭受损失，金融危机爆发。这种现象在危机发生时比比皆是。例如，泰国的Somprasong Lond公司无法支付一笔1997年2月5日到期的外债，暴露出其因过度投资于房地产业而陷入窘境。1997年3月，泰国政府许诺买进财务公司39亿美元的债务，但很快又反悔。人心惶惶之势使得国外债权人决定提前撤资，因为每个债权人都理性地预期其他债权人都会撤资，于是国内马上陷入流动性不足，加速了向金融危机的演化。

（三）国际资本流动的规模与金融危机的关系

1. 国际资本流出的规模与金融危机的关系

（1）国际资本流出的测量方法。国际资本的流出在资本账户管制的情况下表现为合法的资本流出和非法的资本流出即资本外逃，由于合法的资本流出是受一国货币当局严格监控的，所以资本外逃是造成危机发生的主要力量。在资本账户开放的情况下，资本账户管制时的一部分资本外逃也就成为合法的资本流出。当国际资本流动达到一定规模时，就会成为金融危机爆发的推动因素，甚至直接导致金融危机的爆发。那么，资本外逃在多大程度上能导致危机的发生呢？要解决这个问题，我们得先分析一下测量资本外逃的基本方法。目前国际上测量资本外逃的主要方法有：

第一，直接测量法。这种方法直接通过一个或几个对国内异常风险反应迅速的短期资本外流项目来估计资本外逃额，又称为国际收支平衡法。该法是一种比较直观的测算方法。

第二，卡廷顿（Cuddington，1986）测算法。该法认为：资本外逃额为国际收支平衡表中的其他部门（除官方和货币当局外）的其他短期资本账户，即“游资”，必要时加上错误与遗漏项目（代表以隐蔽方式流出的资本）。该方法只包括了短期资本外逃，并未包括在二级市场上具有较强流动性的、可以作为短期资本替代品的长期资本外逃。

鉴于国际金融工具日益丰富，肯特（Kant，1996）在估计资本外逃时发展了卡廷顿的方法，根据资本外逃范围的不同，分别以“游资1”、“游资

2”、“游资3”来表示。

“游资1” = -(其他部门其他短期资本账户中的其他资产项目 + 错误与遗漏项目)

“游资2” = -(其他部门其他短期资本账户 + 错误与遗漏项目)

“游资3” = -(“游资2” + 债券和公司股权方面的证券投资)

凯特的测量方法比卡廷顿的测量方法全面些,可以对资本外逃的规模进行不同层次的计算分析。

第三,间接测量法。根据这种方法,资本外逃 = 对外债务增加 + 外国直接投资净流入 + 官方储备增加 + 经常账户逆差。相对于直接测量方法,间接测量方法所估计的资本外逃范围更广,不仅包括了私人部门(包括银行系统)所有对外资产(除对外直接投资外)的净增额,而且对长期与短期、投机性与非投机性的资本流出不加区分。

第四,摩根保证信托公司修正法。这种方法将间接测算法中的银行系统的短期外币资产扣除,因为它主要用于满足外汇交易需求,不会构成恐慌性的资本逃避。

第五,克莱因修正法。该方法对摩根保证信托公司法进行了进一步的修正,从摩根保证法的资本外逃估计额中减去外国直接投资中的再投资部分。

(2) 几项重要指标。资本外逃在多大规模时会导致或成为金融危机爆发的因素呢?下面我们利用有关的几项指标作初步的分析:

第一,国际资本流动规模与GDP的比例。国内一些学者采用直接测量法对墨西哥和韩国的资本外逃作出估计,同时分别采用直接测量和间接测量法对中国从1987年开始的资本外逃规模进行了估计,并作了一定的修正。表11-5和表11-6是部分估计结果。

**表11-5 墨西哥1994年和1995年的资本外逃情况**

| 墨西哥 | 1994年 | 1995年 |
|---|---|---|
| “游资1”(亿美元) | 59.41 | 58.13 |
| “游资2”(亿美元) | 67.08 | 64.75 |
| GDP(亿美元) | 4229.68 | 2894.69 |
| “游资1”占GDP比重(%) | 1.4046 | 2.00885 |
| “游资2”占GDP比重(%) | 1.5859 | 2.23762 |

资料来源:朱孟楠、林莹,“论国际资本流动与金融危机的关系——兼析加入WTO后不断加剧的国际资本流动给中国带来的风险”,《集美大学学报》(哲学社会科学版),2002年第12期。

**表 11-6　韩国 1996 年和 1997 年的资本外逃情况**

| 韩国 | 1996 年 | 1997 年 |
|---|---|---|
| “游资 1”(亿美元) | 36.75 | 100.06 |
| “游资 2”(亿美元) | 43.28 | 103.26 |
| GDP(亿美元) | 4 849.27 | 4 521.40 |
| “游资 1”占 GDP 比重(%) | 0.75785 | 2.213 |
| “游资 2”占 GDP 比重(%) | 0.8925 | 2.2838 |

资料来源:朱孟楠、林莹,“论国际资本流动与金融危机的关系——兼析加入 WTO 后不断加剧的国际资本流动给中国带来的风险”,《集美大学学报》(哲学社会科学版),2002 年第 12 期。

从这些数据中可见,游资占 GDP 的比重达到 1.4% 以上时,就会成为影响经济发展的不稳定因素,甚至导致危机爆发。当然这并不是绝对的,一国是否会爆发危机,还应结合一国经济增长率、经常账户收支状况以及外汇储备变动等因素来一起考虑。

第二,国际资本流出与外汇储备额的关系及其理论上的解释。外汇储备代表一国的国际清偿力。在外汇储备充足且不断增长时,货币当局会有更好的能力来保证预定的汇率机制与币值的稳定,外汇储备不足或减少时,货币当局干预外汇市场的能力有限,在国际游资的冲击下,外汇储备很容易枯竭,货币当局会被迫放弃原来的汇率,进而导致危机爆发。因此,金融危机爆发的过程在某种程度上也是国际资本流动与外汇储备二者力量的较量过程。

19 世纪 60 年代,蒙代尔就提出:在固定汇率制下,投资者对一国货币的信心取决于中央银行外汇储备水平的高低,外汇储备越多,投资者对这个国家货币的信心就越强。也就是说,投机资本运动对经济体系的不稳定作用与中央银行采取的冲销措施在多大程度上能使经济体系保持稳定有关。

克鲁格曼的第一代货币危机模型也以国际储备为重要变量。他运用货币分析法,认为一国货币需求等于国内货币供给和外汇储备之和,即:

$$Md = \gamma D_t + (1 - \gamma) R_t, \quad 0 < \gamma < 1 \tag{11-1}$$

其中,$Md$ 表示货币需求,$D$ 表示国内信贷,$R$ 表示折算为本币价值的外汇储备,下标 $t$ 表示时间。

当中央银行采取不恰当的扩张性货币政策,导致国内货币存量增加时,假设国内信贷以稳定速度增长,则有:

$$\mathrm{d}Dt/\mathrm{d}t = \mu, \quad \mu > 0 \tag{11-2}$$

式(11-1)可变为:

$$Rt = (Md - \gamma Dt)/(1 - \gamma) \tag{11-3}$$

对式(11-3)按时间取导数,并将式(11-2)代入,可得:

$$\mathrm{d}Rt/\mathrm{d}t = -\mu \cdot \gamma/(1 - \gamma) \tag{11-4}$$

式(11-4)说明,外汇储备必然随国内信贷的增加而减少,其减少速度与信贷扩张的速度保持一定的比例关系,随着时间的推移,当外汇储备降至一国对国际储备水平设定的最低限 $R_0$ 时,政府将宣告放弃平价,汇率大幅贬值之后自由浮动。该理论强调危机发生的一般过程是投机攻击导致外汇储备降至最低限使政府放弃维持汇率平价而爆发的,而且认为储备存量是决定平价放弃与否的中心变量。

可见,外汇储备不仅对国际资本流动的冲击能起到一定的抵御作用,还可对投资者的信心起到很大的保证作用。

1994 年墨西哥金融危机爆发前,墨西哥巨额外贸赤字使政府不得不动用外汇储备来填补,造成外汇储备从 1994 年 10 月底的 170 亿美元降到 12 月 20 日的 60 亿美元,不到两个月降幅达 65%,迫使墨西哥政府在 12 月 20 日宣布比索贬值 15.3%。而此举被看成是比索进一步贬值的信号,因而资本外流更加迅猛。墨西哥政府又被迫继续动用外汇储备购买比索,但在两天之内就失掉了 40 亿—50 亿美元的外汇储备。到 12 月 22 日外汇储备几近枯竭,最后政府不得不宣布让新比索自由浮动。

那么,国际资本(主要指游资)在多大程度上影响金融稳定呢?下面,我们以"游资/外汇储备"的关系来进行分析。1994 年墨西哥的外汇储备为 170 亿(取危机爆发前的外汇储备),"游资 1"和"游资 2"分别为 59.41 亿美元和 67.08 亿美元,"游资 1"/外汇储备为 0.3495,"游资 2"/外汇储备为 0.3946。韩国在 1996 年由于外贸赤字巨大,外汇储备很少,仅为 305 亿美元,低于世界银行规定的外汇储备至少应达到月平均进口额的 2.5 倍的警戒线。到 1997 年 10 月外汇储备已跌至 150 亿—300 亿美元的低水平。根据表 11-6 中的数据,1997 年"游资 1"和"游资 2"分别为 100.06 亿美元和 103.26 亿美元,则"游资 1"/外汇储备为 0.3335—0.6671,"游资 2"/外汇储备为 0.3442—0.6884。

从上述两个国家的分析可看出,游资与外汇储备的比例达到 0.33 的水平就已发出爆发金融危机的信号,该指标具有一定的预警作用。

2. 国际资本流入的规模与金融危机的关系

国际资本流入包括外国直接投资、证券投资、举借外债等。国际资本流入的积极作用毋庸置疑,但它也会带来各种各样的风险,其中,举借外债直接构成一国将来的还本付息负担,而直接投资虽然不构成一国的外债，但国外投资者利润的汇出是统计在国际收支项下的，表现为国际资本的流出。一国吸引的国际资本流入规模、结构不当，就会对经济造成冲击，引起债务危机甚至金融危机。墨西哥和东南亚的金融危机以及最近的阿根廷金融危机，其爆发的原因之一就是外债过多、结构不合理、使用效益低及由此引起的偿债能力不足，进而影响外国投资者的投资信心。所以，研究国际资本流入引起金融危机爆发的规模也有很大意义。我们可以通过几个相关指标来揭示国际资本流动在多大规模上会对一国金融安全构成威胁，甚至可能导致危机爆发。

(1) 外汇储备占短期外债之比。这是衡量一国快速偿债能力的指标，反映承担短期债务的能力，警戒线为80%。1996 年泰国外债总额为907.78 亿美元，而外汇储备不及 390 亿美元，该国 13 个月内将要到期的外债已超过全部外汇储备，即该比例已远远高于国际警戒线，实际已发出金融危机的预警信号，如果当时泰国政府根据该指标有意识地控制金融风险，情况就不一定会那么糟。

(2) 短期外债占外债总额之比。该比例反映外债的期限结构，是衡量一国资本流入结构是否合理的指标，如果数值较大，表明目前的还债压力较大，如果没有足够的外汇储备做后盾，极易引起债务危机，甚至金融危机。国际上公认的安全线为25%以下。韩国金融危机的一个征兆就是短期外债增长过快，1996 年的短期外债为 665.27 亿美元，外债总额为 1 158.03 亿美元，短期外债与外债总额之比为 57.5%，大大超过了国际安全线。

(3) 负债率。该比例是外债总额与 GDP 之比，这是衡量一国负债能力和风险的主要指标。国际上一般认为负债率应低于 20%。1996 年泰国外债总额达 907.78 亿美元，占其 GDP 的 50% 以上，大大超过公认的警戒线。

(4) 偿债率。它是指一国当年外债还本付息额占当年商品和劳务出口收入的比重，这是一国还款能力的主要参考指标，警戒线为 20%。东南亚危机国之一的印尼 1996 年和 1997 年该指标分别达到 36.63 和 29.98%。

(5) 债务率。这是一国当年外债余额与当年贸易和非贸易外汇收入之比，一般认为债务率应在 10% 以下。

## 第四节　防范国际资本冲击的政策选择

上述分析表明，在国际资本流动日益频繁的情况下，国际资本流动有可能降低某个国家货币政策的有效性，或使该国产生金融和经济动荡。

尤其值得注意的是,在金融全球化的条件下,这种金融和经济动荡可能导致地区性或全球性的金融危机。因此,各国在推进资本流动自由化以取得资本流动的利益时,应采取适当的政策措施以防范国际资本流动的冲击。

## 一、外汇市场冲销政策

外汇市场冲销政策是指当国外资本大量流入或流出一国时,该国中央银行出于稳定汇率或其他目的,在外汇市场上买卖外汇,导致国内基础货币供应量发生变化。此时货币当局采取一定措施,抵消由于干预而带来国内货币存量变动的影响,这些措施被称为冲销政策,或称消毒干预、对冲操作等(余珊萍、钟伟,1998)。

国际上常见的冲销政策包括公开市场业务、变动存款准备金率以及管理公共部门存款。表 11-7 显示了 20 世纪 90 年代一些国家使用冲销政策的形式及优缺点。

**表 11-7　各国冲销政策的运用情况**

<table>
<tr><th>冲销方式</th><th>国别</th><th>冲销形式和工具</th><th>优点</th><th>缺点</th></tr>
<tr><td rowspan="5">公开市场业务</td><td>智利</td><td>提高长期债券和短期票据利率</td><td rowspan="5">1. 央行操作主动、灵活、连续,效果确定准确<br>2. 不会增加银行系统的额外负担,也不受银行体系反应程度影响</td><td rowspan="5">1. 扩大国内外利差,引起更多短期资本流入<br>2. 国内外利差的拉大,使政府为支付央行所发行债券的利息超过其国外资产收益,增加准财政支出或导致央行遭受经济损失</td></tr>
<tr><td>印尼</td><td>抛售印尼银行券</td></tr>
<tr><td>韩国</td><td>拍卖货币稳定券</td></tr>
<tr><td>墨西哥</td><td>出售政府票据</td></tr>
<tr><td>马来西亚</td><td>发行银行券与储蓄券</td></tr>
<tr><td rowspan="3">调整存款准备金率</td><td>斯里兰卡</td><td>提高所有国内货币存款的准备金率</td><td rowspan="2">降低货币乘数,降低货币扩张能力</td><td rowspan="2">实质是对银行系统征税,银行将此部分转嫁给顾客,借款利率上升,刺激资本流入</td></tr>
<tr><td>哥伦比亚</td><td>对新增存款征收 100% 的准备金</td></tr>
<tr><td>菲律宾</td><td>降低准备金率</td><td>降低国内利率以减少资本流入</td><td>货币扩张能力加大</td></tr>
<tr><td rowspan="3">管理公共部门存款</td><td>马来西亚</td><td>部分政府存款和职工退休储蓄基金转入央行货币市场操作账户</td><td rowspan="3">既不是对银行征税,也不会提高利率,准财政成本小</td><td rowspan="3">1. 增加银行管理现金头寸的难度<br>2. 非严格意义上的公共部门存款(如基金)引起出资者损失<br>3. 转移幅度有限</td></tr>
<tr><td>菲律宾</td><td>政府发行证券的收入存入央行</td></tr>
<tr><td>泰国</td><td>提高央行持有的政府存款比重</td></tr>
</table>

资料来源:宋文兵,《国际短期资本的流动机制》,复旦大学出版社 2000 年版。转引自胡景芸:"国际短期资本流动的经济效应分析及风险防范",厦门大学硕士学位论文,2003。

在各种冲销政策中，公开市场业务最为常用，其前提是国内货币市场较发达。这种公开市场业务是以控制货币和证券数量为目的的，对货币数量的控制效果较好，但因此也引起利率变动，带来较大的干预成本。如智利中央银行在1990—1992年的准财政损失为GDP的1.4%，墨西哥在1993年的损失为GDP的0.2%—0.4%。调整存款准备金率的效果较大，但由于货币乘数作用，引起的震动也较大，不能频繁使用。这两者的共同不足之处是都可能引起利率变动和资本流动，这也证实了冲销干预的抵消效应。管理公共部门存款能克服以上两者的缺陷，但操作的可行性有限。

对冲销干预的进一步探讨，见本书第十六章。

**二、适当的资本管制**

布雷顿森林体系解体以后，国际货币体系一直致力于推进全面的资本账户自由兑换，但是，20世纪80年代以后频繁爆发的国际金融危机威胁了自由兑换的维系：一些原来已实现资本账户自由化的发展中国家，如马来西亚、智利等，在遭受严重的金融危机冲击后，又重新实施了资本账户的管制措施，一些发达国家也对短期资本流动采取了某些限制措施。

在资本流动可能对一国经济的承受力产生较大威胁时，一定程度的资本管制是必要的。若一国在一定期间内接受的资本流入量超过其本身可以吸收的规模，那么资本流入对这个国家的经济政策特别是货币政策和汇率政策的执行将带来很大的困难。在这一情况下，实行某种形式的资本管制，可以有效地弥补类似冲销政策等传统措施的执行不力，限制资本流入的规模，使其适应本国经济发展的需要。此外，对于经济基础本身不太健全的经济体来说，一定程度的资本管制也是隔离外部冲击的有效屏障。哈佛大学经济学家罗德力克的比较研究表明，从1973年以来减少对资本流动限制的23个国家的增长速度并不比其他实行资本管制的国家快，通胀率也不比这些国家高。另外，在亚洲金融危机中，中国由于没有实施资本账户开放而成为受危机影响最小的国家。可见，一定程度的资本管制不会对经济构成伤害。

当然，在经济日益全球化和一体化的今天，实行完全的资本管制并不可取。实施适当资本管制的目的并非单纯地与外部经济隔绝，而是为本国经济基础的健全设置一个暂时的壁垒，待经济足以抵抗外部冲击时，多数国家都会选择放松管制。如智利、哥伦比亚包括马来西亚所实行的外汇管制，仅是针对短期资本的流动进行的限制。可见，资本管制是资本账户自由化的一种补充措施,是有必要的。

对资本管制作用和形式的详细探讨,见本书第十四章。

## 三、适合国情的汇率制度

从第二节的分析可知:在资本自由流动的条件下,固定汇率制与货币政策的有效性是无法兼得的。因而,克鲁格曼和奥布斯菲尔德的第一、第二代货币危机模型也都是以固定汇率制为假定前提的。另一方面,从发生货币危机国家的实例看,几乎所有发生货币危机的国家在当时都实行固定汇率制。如 1994 年发生金融危机的墨西哥,1997 年发生金融危机的泰国、韩国、印尼、马来西亚等国家。

应该说固定汇率制与浮动汇率制两种制度各有优缺点(如表 11-8 所示),因而才能在当今世界并存,但就引发金融危机的可能性而言,固定汇率制的可能性更大。

**表 11-8　固定汇率制与浮动汇率制可能性比较**

| | 固定汇率制 | 浮动汇率制 |
| --- | --- | --- |
| 外汇风险集中度 | 承诺将外汇风险集中于中央银行,易引起货币危机 | 外汇风险被市场交易主体分散承担,市场交易主体可以用各种金融衍生工具套利避险 |
| 风险积累程度 | 货币政策调节失效使自由市场固有的风险不能及时化解,具有风险积累的特点 | 可以灵活运用货币政策及时解决国内经济问题,具有内在风险自动调节机制 |
| 外汇投机冲击发生的可能性 | 政府是外汇风险的承担者,投机资本不用承担投机风险,因此容易引发诱致性货币危机 | 政府不承诺维护某个汇率水平,投机者要自担风险,恶意投机的可能性较小 |

资料来源:杨兰,"汇率制度对金融危机的影响机制分析",《上海财经大学学报》,2001 年第 8 期。

固定汇率制使许多实行资本账户自由化的发展中国家在墨西哥金融危机及此后的亚洲金融危机中遭到重创,在此之后,这些国家开始改为实行浮动汇率制,但危机也由此愈演愈烈。可见,并不是将固定汇率制转向浮动汇率制便能解决金融危机问题,由固定汇率制向浮动汇率制的演化需要具备一定的条件;否则,汇率制度的改革本身就可能成为引发金融危机的导火线。

就目前的状况而言,发展中国家不适宜采用浮动汇率制。诺贝尔经济学奖获得者——芝加哥大学的加里·贝克尔教授认为:"由于发展中国家经济比较脆弱,所以不宜采用浮动汇率制。"这是因为,发展中国家存在着更高的通货膨胀率，在实行浮动汇率制的情况下，政府不需要承担维持汇率即本币价值的责任，但却有着大量发行货币应付财政的需要，这样就必须导致本币价值的下跌，本币可能出现持续的贬值。另外，当资本发生大规模流动时，实际汇率可能突然出现大幅度的波动，使整个经济背上沉重的调整负担，战略经济部门（非传统出口部门）可能会受到影响。

因此，无论是哪种汇率制度，均需要合适的经济政策、健全的制度以及有效率的市场基础来配合。在开放经济条件下，对于发展阶段各异的发展中国家来说，应依据不同国家的经济规模、通货膨胀程度、国内金融市场的深度和广度以及资本的流动性等综合因素，平衡取舍，选择适合本国国情的汇率制度。

对汇率制度选择问题，下一章将展开详细讨论。

## 四、国际货币体系的改革

20世纪70年代以来，为了逃避金融管制，规避利率风险，大规模的国际金融创新开始成为一股势不可当的潮流。80年代，金融衍生工具成为最重要的金融创新内容，并将新产品的开发逐步演化为一种“金融工程”，金融衍生工具越来越复杂。国际金融创新的兴起为投机资本的活跃创造了条件，而目前的国际货币体系对于每天活跃在国际金融市场上数以万亿美元计的庞大投机资本缺乏有效的监督和约束，使得一些国际投机资本能够无所顾忌地进行金融投机，在国际金融市场上兴风作浪，加剧了国际金融市场的动荡。

针对国际货币体系存在的缺陷，许多学者提出了改革建议。例如，托宾（1982）建议对所有的货币兑换交易，包括远期交易，征收一个较低的税收，如0.25%。因为这个税收比较低，所以对商品和服务贸易、长期资本流动几乎没有什么影响，但对短期货币兑换的交易则是一个相对较大的成本，以此降低社会效用较低的短期交易，减少汇率波动。麦金农（1984）计划围绕三种货币，即世界经济中三个主要贸易集团的关键货币：美元（北美集团）、德国马克（欧洲共同体集团）和日元（亚洲集团）来进行。该计划打算在固定汇率基础上，至少在长期，建立新的国际货币本位。其最终目标是使这三个货币集团的国际贸易物品价格以三种货币中任何一种来表示都相同，即某种形式的绝对购买力平价是该体系的长期稳定器。威廉姆森和米勒（1987）建议主要国家的货币建立汇率目标区。该扩展的目标区建议与麦金农建议尽管目标不同，但都强调在稳定汇率方面进行多边合作（卢萍，2003）。

由上述不同的观点可以清楚地看出，理论界在改革国际货币体系的问题上还存在着很大的分歧。从实践的角度来看，国际货币体系的形成与发展是一个多方参与、多方协调的历史选择过程。

关于国际货币体系改革和下文的地区性货币合作问题，第十七章将作进一步分析。

## 五、地区性货币合作

机构投资者索罗斯在《全球资本主义》一书中写道："世界金融系统注定要崩溃，只有国际规模的合作和改革才能避免。金融市场本应像钟摆一样在一个均衡点上停顿下来，但它并没有这样，而是从一个国家到另一个国家。"

随着全球经济和金融一体化的进一步推进，金融和经济危机很容易从一国传递到另一国。在现代开放的国际金融体系中，国际资本能以极快的速度和极大的规模在世界各地流动，加上金融衍生工具的广泛应用，倍增了国际资本的冲击力量，所有这些都使得单个国家很难抵御国际资本的冲击，金融风险和金融危机不再单纯是某个国家的问题。泰国金融危机不仅导致了东南亚地区的金融动荡，而且使全球股票市场股价大跌，就充分证明了这一点。因此，为了对国际资本进行管理，必须进行国际地区性货币合作。

1. 地区间国际融资合作

这种合作一是为国际收支赤字国提供融资，二是为遭受资本冲击或货币危机的国家提供融资支持。主要是政府间直接的融资合作与通过国际组织进行的融资合作。融资合作的目的有：弥补国际收支赤字，维持汇率的稳定，缓解国际收支不平衡要求进行内部宏观经济政策调整的压力，避免赤字国为纠正国际收支不平衡而采取直接管制政策和竞争性汇率贬值。缓解、解决合作双方各自面临的问题及国际公共问题，而不影响国内经济目标的实现及经济政策的独立性。

2. 汇率联合管理

汇率联合管理是对国际间发展不平衡及政策差异的症状进行管理的一种治标的实践，通过这种实践避免对国内宏观经济政策的调整。它包括汇率政策的国际协调与外汇市场联合干预两个方面。汇率联合干预的主要目的有：维持固定汇率；抑制汇率短期的大幅度单向波动；保卫汇率目标区以及配合政策目标；表明政府的某些政治、经济政策立场。

3. 货币政策的国际协调

这是指相关国家调整各自的货币政策，对相互间的经济关系和经济活动进行调整和干预，以实现特定的目标。货币政策的国际协调主要是协调利率水平和货币供给量，其主要目的是：降低、消除国家间的收支不平衡；保持汇率稳定；减弱或消除短期资本流动对本国货币政策效力的影响和约束，提高一国货币政策的有效性；对金融危机进行有效管理。

## 参考文献


[1] 陈雨露：《国际资本流动的经济分析》，北京：中国金融出版社 2002 年版。

[2] 窦祥胜：《国际资本流动与宏观经济运行》，中国财政经济出版社 2005 年版。

[3] 胡景芸："国际短期资本流动的经济效应分析及风险防范"，厦门大学硕士学位论文，2003 年。

[4] 金永军、陈柳钦："人民币汇率制度改革评述"，《国际金融研究》，2006(1)：74—80。

[5] 联合国贸易和发展委员会：《2002 年世界投资发展报告》，北京：中国财政经济出版社 2003 年版。

[6] 卢萍："从国际货币基金组织的贷款条件性谈国际货币体系的改革"，《世界经济与政治论坛》，2003(3)：40—43。

[7] 沈国兵、史晋川："汇率制度的选择：不可能三角及其扩展"，《世界经济》，2002(10)：3—10。

[8] 宋文兵：《国际短期资本的流动机制》，上海：复旦大学出版社 2000 年版。

[9] 杨兰："汇率制度对金融危机的影响机制分析"，《上海财经大学学报》，2001(8)：27—34。

[10] 叶奕："资本流动性、货币政策独立性与固定汇率制"，《金融教学与研究》，2000(2)：2—5，25。

[11] 钟伟、余珊萍："论冲销操作和外汇体制改革"，《经济科学》，1998(6)：44—49。

[12] 朱孟楠：《国际金融学》，厦门：厦门大学出版社 1999 年版。

[13] 朱孟楠、林莹："论国际资本流动与金融危机的关系——兼析加入 WTO 后不断加剧的国际资本流动给中国带来的风险"，《集美大学学报》（哲学社会科学版），2002(4)：50—56。

[14] BIS, *Annual Report*, BIS, NY, New York, 1997.

[15] BIS, 1996—2003, *Quarterly Review: International Banking and Financial Market Developments —Statistical Annex*, BIS, New York, NY.

[16] Douglas H. Joines, International Currency Substitution and the Income Velocity of Money, *Journal of International Money and Finance*, 1985, (4): 303—316.

[17] IMF, *International Capital Market*, NY, New York, American Elsevier Press, 2002.

[18] Robert Gibbons, *Game Theory for Applied Economists*, Princeton University

Press, 1992.
[19] Marc A. Miles, Currency Substitution, Flexible Exchange Rates, and Monetary Independence, *American Economic Review*, 1978, (68):6.
[20] Carlos A., Rodriguez, Money and Credit under Currency Substitution, IMF Staff Papers, 1993, (40): No. 2.

# 第十二章

# 开放经济条件下人民币汇率制度改革

如前所述，根据蒙代尔-弗莱明模型，开放经济背景下，如资本完全流动，则采取固定汇率安排（即追求汇率的稳定目标）将导致货币政策无效；相反，如果采取浮动汇率安排（即放弃汇率的稳定目标），则货币政策是有效的。这就是所谓的开放经济下的“三元冲突”，即货币政策的独立性、汇率的稳定和资本自由流动三个目标不可兼得。克鲁格曼将此悖论用一个“不可能三角”来表示，三角形三个顶点目标同时实现是不可能的。

我国现行汇率制度是实行以市场供求为基础、参考一篮子货币进行调节、有管理的浮动汇率制度。这种汇率制度安排的特点表现为：① 名义上是参考一篮子的有管理的浮动汇率制度，但由于中美贸易往来的密切，美元在货币篮子中的特殊地位，实质上在某种程度上仍然是钉住美元的汇率制度；② 汇率变化的幅度依旧很小；③ 货币对外价值很大程度上与所挂钩或参考的货币存在紧密的联系，被钉住国家货币政策的变化一定程度上会影响我国的货币政策或汇率政策。这种汇率制度在我国资本账户管制情形下有一定的积极作用。

进一步开放条件下，随着国内外市场相互融合的加深，资本账户的开放已成为可以预期的政策目标，继续保持固定汇率制度显然将使货币政策的独立性、货币政策的操作目标、货币政策的运用、货币政策的执行带来制约，货币政策的有效性越来越难以得到保证。近几年我国持续多年的贸易顺差带来外汇储备的急剧增加给货币供应的持续单边扩大带来压力，原本作为货币政策操作工具的货币供应于是丧失了（至少是部分地丧失了）独立性就是其中的一个证明。

“入世”过渡期结束后，现行汇率制度安排存在的缺陷，与进一步开放条件下资本的充分流动、机构竞争的加剧、内外市场的深度融合等产生摩擦或矛盾，我国经济的深层次、结构性问题也将显得更加突出。在金融全球化不断深化的大背景下，在我国现有开放经济的条件下，改革现行人民币汇率制度，重新选择汇率制度已是大势所趋。

本章首先回顾人民币汇率制度改革历程及不同历史条件下人民币汇率的特点，阐述进一步开放下维持现行人民币汇率制度对货币政策独立性和有效性的影响，说明现行汇率制度的不可持续性，并对正进一步开放环境下的人民币汇率制度的选择提出了自己的见解。

# 第一节　人民币汇率制度改革历程

人民币汇率制度是指对于确定、维持、调整与管理汇率的原则、方法、方式和机构等所作出的系统规定。汇率制度作为一国主要的经济制度，在一国的经济发展过程中发挥着重要的作用。但是，没有一种汇率制度适合于所有的国家和时期，随着一国国内经济发展状况与经济体制的变迁以及外部国际环境的变化，各国均不断改革与完善本国的汇率制度。

## 一、人民币汇率制度改革的历史回顾

人民币汇率制度的演化与改革主要分为以下几个时期：

1. 国民经济恢复时期的汇率制度（1949—1952 年）

1948 年 12 月 1 日，中国人民银行在河北省成立，并发行人民币作为新中国的货币。这一阶段，正值我国百业待兴时期，国内外汇十分短缺，为了恢复与发展国民经济，扶植出口，积累外汇资金，进口国内急需的一些物资，人民币汇率的制定实行了“奖励出口，兼顾进口，照顾侨汇”的方针，并首先制定出了人民币与美元的汇率，于 1949 年 1 月 18 日在天津首次挂牌。这种汇率制定方法采用“物价对比”法。具体的计算是以 75%—80% 的厂家出口商品的加权平均换汇成本，加上 5%—15% 的合法利润，得出出口商品理论比价，再参照进口商品理论比价和侨汇购买力比价（按内地与香港侨眷四口之家的日常生活费指数计算的比价）制定，并按照国际市场相对价格水平的变化和国内经济的恢复程度来调整。

这一阶段汇率变动较大，这与当时国内物价波动十分剧烈的金融环境直接相关。1949 年 1 月至 1950 年 3 月，国内通货膨胀严重，物价不断上涨。若以 1949 年 6 月上海批发物价指数为 100，则至 1950 年 3 月上涨至 2 243。但国外物价相对稳定，因此，人民币对外价值不断下降，外汇牌价不断调高。例如，1949 年 1 月 18 日为 1 美元兑换 80 元人民币，1950 年 3 月 13 日为 1 美元兑换 42 000 元人民币。直至 1952 年 12 月，由于国内物价趋于稳定并下降，国外物价相对上涨，加上我国的汇率政策宗旨也改“推动出口”为“进出口兼顾”，因此，人民币对外价值转而升高，外汇汇率则相对不断下跌。到 1952 年 12 月，人民币对美元汇率已升至 1 美元兑换 26 170 元人民币。

这阶段人民币汇率有这样三个特点：① 汇率的安排采取钉住美元的

方法实行浮动。② 汇率的调整依照国内物价和国外物价相对水平的变动予以调整。根据汇率变化与国内物价紧密联系和物价决定汇率的原理,只有汇率追随物价,才能使汇价比较符合实际情况,发挥调节进出口贸易与鼓励侨汇的积极作用。③ 人民币币值随着整个国民经济的恢复与好转而不断提高,相对地,外汇水平则呈下降趋势。

2. 计划经济体制下的汇率制度(1953—1980 年)

这时期我国的汇率制度又分为两个阶段:

(1) 1953—1972 年。这阶段,一方面国际社会实行的是布雷顿森林体系,该体系实行固定汇率制度,因此主要国家货币汇率相对稳定;另一方面我国国民经济实行计划体制,物价受国家控制且长期稳定,人民币官方汇率坚持稳定的方针。因此,人民币汇率变动呈现出基本稳定的特征,汇率保持在 1 美元兑换 2.46 元人民币的水平上。这阶段人民币汇率具有三个特点:① 强调人民币汇率的稳定性,进行汇率"压制",高估人民币汇率。② 汇价政策采取与国际上个别主要国家货币挂钩的办法,在某种外国货币贬值或升值时,相应调整一下人民币对该国货币的汇价。③ 国家不以汇率作为调节对外经济关系的工具,外贸盈亏全部由国家财政负担与平衡。如 1965 年我国出口平均换汇成本为 1 美元兑换 6.5 元人民币,而汇率为 1 美元兑换 2.46 元人民币,出口 1 美元的商品要亏损 4.04 元人民币。可见,汇率定值过高,脱离物价,对进出口贸易不能发挥调节作用。

(2) 1973—1980 年。这一阶段,由于 1973 年石油危机,世界物价水平上涨,西方国家普遍实行浮动汇率制,汇率波动频繁。为了适应国际汇率制度的这种转变与现实中国际主要货币汇率变动带来的不利影响,根据有利于推行人民币计价结算、便于贸易、便于为国外贸易所接受的原则,人民币汇率参照西方国家货币汇率浮动状况,采用一篮子货币加权平均计算方法进行调整。为此人民币兑美元汇率从 1973 年的 1 美元兑换 2.46 元逐步调至 1980 年的 1.50 元,美元对人民币贬值了 39.2%,同期英镑汇率从 1 英镑兑换 5.91 元调至 3.44 元,英镑对人民币贬值 41.6%,大体上和西方主要工业国家的货币贬值相一致。

钉住汇率制与布雷顿森林体制下的固定汇率制不同。它是将汇率"钉住"在其他国家的可浮动的货币或特别提款权或一篮子货币之上,汇率随着被"钉住"国家的汇率浮动而浮动。可见,这种汇率仍可以归入广义的浮动汇率制内。其优点为:① 汇率相对地处于比较稳定的状态,尤其实行一篮子货币钉住制度时,汇率的相对稳定性更大。② 具有比较大的可操作性,便于在外汇市场上实施干预政策,以符合内外均衡的要求。对我国来说,保证了汇率安排的稳定性,就可使固定汇率制的一些好处得以承继下来,避免对经济造成过大的冲击。不过这种汇率安排也有三个不足:① 钉住汇率的变动呈被动性。钉住汇率是钉住一组有关货币,汇率依这种货币汇率的涨落情况进行调整,即汇率变动权掌握在被钉住的这些货币的发行国的手中,俯仰他人,缺乏主动性。② 钉住政策比较刻板,不能灵活运用。也就是说,这种制度缺乏弹性或弹性小,难以适应国际金融市场复杂的变化。因为其一,这种制度不可否认地会受到被钉住国家货币不稳定造成的各种影响;其二,在世界经济形势发生重大变化时,人民币名义汇率将不能反映真实的经济情况,从而加剧与国内外物价脱节的程度,进而阻碍对外经济贸易的发展。③ 就钉住汇率本身来说,货币篮子里的币种选择和权数确定的客观依据不是很充分,有可能导致所制定出来的汇价不尽合理,强制付诸实践带有很大风险性。由于有这些缺点,近年来采取钉住汇率政策的国家,有改向弹性汇率安排的发展趋势。

3. 经济体制转轨时期的双重汇率制度(1981—1994 年)

这一时期又可分为三个阶段:① 1981—1984 年,初步实行双重汇率制度,即除官方汇率外,另行规定一种适用进出口贸易结算和外贸单位经济效益核算的贸易外汇内部结算价格,该价格根据当时的出口换汇成本确定,固定在 2.80 元的水平。人民币官方汇率因内外两个因素的影响,其对美元由 1981 年 7 月的 1.50 元向下调整至 1984 年 7 月的 2.30 元,人民币对美元贬值了 53.3%。② 1985—1991 年 4 月复归单一汇率制度。汇率继续向下调整,从 1984 年 7 月的 2.30 元下调至 1985 年 1 月的 2.80 元,之后又多次下调。这一阶段虽然恢复了单一的汇率制度,但在具体的实践中随着留成外汇的增加,调剂外汇的交易量越来越大,价格也越来越高,因此名义上是单一汇率,实际上又形成了新的双重汇率。③ 1991 年 4 月至 1993 年年底。这一阶段对人民币汇率实行微调。在两年多的时间里,官方汇率数十次小幅度调低,但仍赶不上出口换汇成本和外汇调剂价的变化。到 1993 年年底,人民币对美元官方汇率与调剂汇率分别为 5.7 元和 8.7 元。

这一时期人民币汇率制度演化与改革的特点是:① 培育和改革双重汇价制,最后又终结于单一汇价制;② 汇率调整频繁,而且呈一面倒——均是下调;③ 这种汇率安排与调整是“先走后看”,而非“先看后走”,因此,其结果必然使每次行为均达不到理想的效果,从而又隐示了下一步调整的到来，以至反复循环，事倍功半，产生了一定的负效应。例如，增加通货膨胀压力，带动国内物价的上涨等。总之，人民币汇率制度的不断改革和汇率不断予以下调矫正，有其合理性，但对如何改革和确定下调的时机与幅度，仍须审慎行事。

4. 1994 年外汇体制改革后以市场机制为基础的汇率制度（1994—2005 年）

1994 年 1 月 1 日取消了双重汇率制度，人民币官方汇率与市场汇率并轨，实行以外汇市场供求为基础的单一的、有管理的浮动汇率制。1994 年 4 月 4 日，银行间外汇市场正式运营，各外汇指定银行依照中国人民银行公布的汇率，在规定的上下幅度内决定挂牌汇率，对客户买卖外汇。这一时期人民币汇率有以下几个特点：① 人民币汇率不再由官方直接制定，而是由外汇指定银行自行确定和调整；② 由外汇指定银行制定出的汇率以市场供求为基础，并以此形成了统一的汇率；③ 亚洲货币危机后人民币汇率处于超稳定状况，并单一钉住美元（如表 12-1 所示）。

**表 12-1　人民币历年基准汇价**　单位：人民币元/100 美元

| 1994 | 1995 | 1996 | 1997 | 1998 | 1999 | 2000 | 2001 | 2002 | 2003 | 2004 | 2005 |
|---|---|---|---|---|---|---|---|---|---|---|---|
| 862.12 | 834.90 | 831.43 | 828.97 | 827.91 | 827.83 | 827.84 | 827.70 | 827.70 | 827.70 | 827.68 | 827.65 |

资料来源：根据人民银行网站公布的数据整理得到。

这种汇率制度安排是鉴于我国的金融脆弱而制定的。这种汇率制度为我国市场经济体制改革的顺利进行提供了有力的保障，为我国进出口总额的快速增长提供了有力的政策支持，并且经受了东南亚金融危机的考验。但随着我国金融改革深入与市场开放度的扩大以及与国际社会的日益接轨，这种汇率制度日益显示出不适应性，维持这种汇率制度的成本和代价愈来愈大，这不可避免地会将人民币汇率再次推到改革的前列。

5. 2005 年 7 月 21 日起实行以市场供求为基础、参考一篮子货币进行调节、有管理的浮动汇率制度（2005 年至今）

2005 年 7 月 21 日，按照主动性、渐进性、可控性等原则，我国对人民币汇率制度进行了一定的改革，并向上调整了人民币汇率水平，即我国开始实行以市场供求为基础、参考一篮子货币进行调节、有管理的浮动汇率制度，并根据对汇率合理均衡水平的测算，人民币对美元升值 2%，由 1 美元兑 8.2765 元人民币调为 1 美元兑 8.11 元人民币。在前一交易日收盘价的基础上，人民币汇率每天的波幅在 ±3‰内。

2005 年 7 月的人民币汇率改革有三个特点：① 重在改革人民币汇率形成机制，而非人民币汇率水平在数量上的增减。完善汇率形成机制，既是现在也是将来我国汇率制度改革的重头戏。2005 年下半年的改革，扩大了市场的交易主体，增加了交易工具，放宽了汇率的波动幅度，增加了企业等外汇留成的比例等，这对完善我国汇率形成机制产生了积极的影响。② 人民币汇率从原来实际钉住美元更改为参考一篮子货币来调节，改变了从 1994 年以来的单一钉住美元的政策，这是一种实质性的改革，它意味着人民币汇率的制定与调整已越来越考虑市场和国际因素。③ 对人民币币值进行了重估，表现为汇率水平向上微调 2%，使人民币与美元汇率达到 1 美元兑换 8.11 元人民币的水平，并形成了新的中心汇率，市场汇率会在新的中心汇率的基础上上下波动。④ 扩大了汇率的波动范围，特别是人民币对非美元货币汇率的波动幅度，为汇率的市场化改革进一步创造了条件。预计之后人民币对美元的汇价波动幅度将逐步放开。⑤ 根据汇率波动幅度扩大可能带来的风险，我国相应引入了一些新的避险工具，例如远期结售汇率制度、掉期交易等。⑥ 这次人民币汇率制度改革是我国政府根据现行的经济和政治环境进行综合博弈、主动进行的。

## 二、我国现行汇率制度安排的特点及其对货币政策的制约

我国现行汇率制度是实行以市场供求为基础、参考一篮子货币进行调节、有管理的浮动汇率制度。这种汇率制度安排具有三个典型的特点：① 在某种程度上仍然是钉住美元的汇率制度。钉住的政策是政府制定的，融入或体现了政府的浓厚的管理意识。② 汇率波动的幅度还是有限的。从汇率变动的实际情况来看，波动幅度还是很小(如图 12-1 所示)。③ 货币对外价值很大程度上与所挂钩或参考的货币存在紧密的联系，被钉住国家货币政策的变化一定程度上会影响我国的货币或汇率政策。

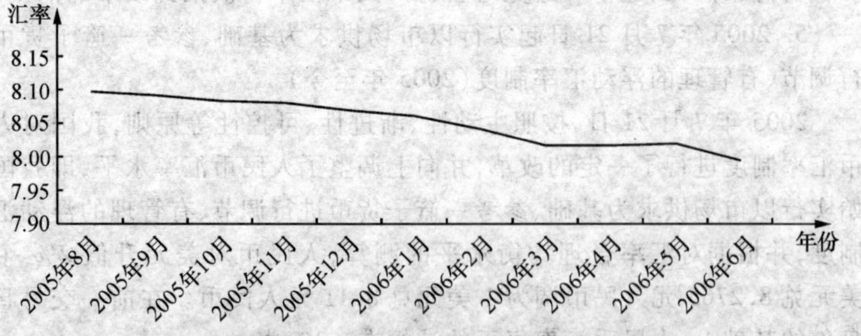


**图 12-1　2005 年 8 月—2006 年 6 月人民币汇率波动情况**

资料来源：根据人民银行网站公布的数据整理得到。

从实际运作来看，现行汇率制度已产生了一定的积极影响。但是，从我国进一步开放的角度和现行汇率制度安排的特征来看，现行的汇率制度安排仍然存在明显的缺陷，与进一步开放条件下资本的充分流动、机构竞争的加剧、内外市场的深度融合等产生摩擦或矛盾，现行汇率制度无法满足进一步开放条件下市场灵活多变的要求，维持现行汇率制度的各种成本十分可观。现行汇率制度对货币政策的制约表现在：

1. 货币政策的独立性难以维持

现行的钉住汇率制度本身存在着不易克服的“米德冲突”（Meade conflict），也就是维持国际收支平衡和汇率稳定的外部均衡与实现国内充分就业和物价稳定的内部均衡之间存在着矛盾。这一矛盾迫使政府在一定程度上牺牲内部均衡以换取相对的外部均衡。

在我国，汇率市场失衡是必然的和经常的，央行必须被动参与买卖，这个过程实际上也就是基础货币投放与回收的过程。这样本国货币供应在很大程度上成为一个内生变量，结售汇制度导致的基础货币的投放随着国际收支和外汇储备的变化而变化，货币当局无法像控制外生变量那样主动、灵活地加以控制。虽然中央银行在运用货币政策维护固定汇率的同时能够同时执行冲销性的货币政策，但由于冲销干预的效果与公开市场业务规模、财政赤字承受能力、资本管制程度、微观经济主体的资产调整有很大的相关性（姜波克，1996），另外，我国国债市场规模不大，大规模的冲销干预也不能完成。

这一状况在我国目前更加突出。“入世”过渡期已经结束，关税和非关税壁垒的取消、外贸经营权的下放，意味着贸易管制进一步放松。资本账户和经常账户的持续顺差使得外汇储备日益剧增。这给货币供应的持续单边扩大带来更大压力。因此，目前的汇率制极大地限制了我国实行货币政策的能力，原本作为货币政策操作工具的货币供应于是丧失了（至少是部分地丧失了）独立性，货币政策的独立性越来越难以得到保证。

2. 推迟了国内利率市场化改革进程，货币政策的操作目标难以实现从货币供应量到利率水平的转变

由于在固定汇率制下，政府运用外汇管制保持资本账户基本平衡。自1998年以来，我国产生了汇率稳定和本外币利差倒挂的矛盾，以一年期存款利率为例，人民币和美元利差最大时达到3 125个百分点，一定程度上阻碍了利率市场化改革进程。

3. 资本流动障碍的不断减少对货币政策运用提出更高的挑战

有很多学者认为中国的资本市场还很封闭，资本流动存在许多障碍。

笔者以为,实际情况并不完全如此。首先,中国对资本账户的管理现状并不像外界所说的“严格管制”,很多所谓的管制实际上是真实性审核。其次,对居民开放 B 股使境内居民第一次进入了一个与非居民直接进行交易的资本市场。与直接投资和债务资本相比,B 股外资的流入和流出从时间和金额上均难以控制,具有较强的投机和不稳定性。此举对中国国际收支和外汇管理的影响是深远的,中国的资本账户可兑换自此进入小步快跑的状态。再次,“入世”后外资银行逐步享受业务上的“国民待遇”,资本流动的障碍进一步减少,对利率、汇率信号异常敏感的跨境资金的流动规模和频率都会增加。随着资本流动自由化程度的提高,利率、汇率通过利率平价机制产生的联系日益紧密,最终会使独立于货币政策的汇率政策范围越来越受到限制。最后,资本管制的实际程度不同于法律规定的程度。研究表明,资本管制的实际程度往往要比法定程度低(Dooley,1997)。在国际资本流动性日益增强的情况下,由于人民币汇率的非均衡是必然的和经常的,不能形成市场均衡汇率(陈平,2002),中央银行对外汇交易的干预必然是频繁的(实践中几乎是每日干预)。因此,随着资本流动障碍不断减少,在“汇率非均衡”到“汇率超稳定”的实现过程中,我国的货币政策将经受更高的挑战。

4. 外汇储备的内生性决定了执行货币政策时存在一定难度

在我国现行汇率制度下,外汇储备内生于国际收支,外汇储备的增减是国际收支的结果和残差项;同时,外汇储备的变化是货币政策和汇率政策的一个重要结合点。储备的增加和减少已经成为影响基础货币投放和收缩的重要渠道。

我国已连续 11 年出现了大量的国际收支顺差,大量的国际收支顺差导致外汇储备急剧增长(如图 12-2 所示)。到 2006 年 6 月,我国外汇储备余额已经达到 9 411 亿美元。

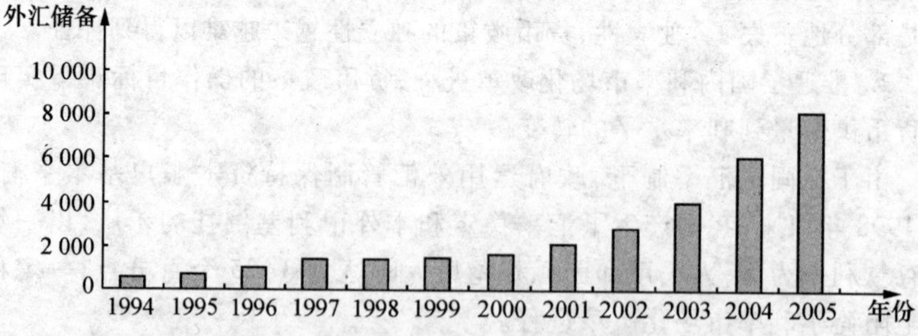


**图 12-2　1994—2005 年中国外汇储备增长图(单位:亿美元)**

资料来源:根据中经网、国家外汇管理局公布的数据整理得到。

外汇储备增幅波动，使人民币汇率出现贬值或升值压力。如表12-2所示，1998年外汇储备仅增长50.69亿美元，远低于1994年以来年均300多亿美元的年增长幅度。受外汇市场供求形势变化、公众预期等因素影响，1998年以来的两年左右时间内，人民币承受着较大的贬值压力。这种贬值压力客观上为货币政策的制定、实施增加了难度。而2002年开始，又面临升值的压力。在钉住美元的汇率制度下，央行大量持有外汇储备的同时也集中了所有的汇率风险。中国的外汇储备以持有美元资产为主。最近的官方数据指出，中国的外汇储备中美元大约占60%。实际上，从近几年中国对外汇资产的运用情况可知，中国的外汇运用仍然以购买美元债券为主，其中1997—2001年中国净增购买的美国债券达796亿美元，占其外汇运用总额的64%。在美元可能持续贬值、主要国家货币汇率波动日益动荡的情况下，外汇储备的保值和增值格外值得关注。外汇储备的这种汇率风险同时也加大了货币政策的执行难度，人民银行在进行货币供应量的调控时，除了要关注外汇储备运用中美元资产和其他资产的比例问题，更要关注美元和其他货币之间的汇率波动问题，避免美元汇率对其他主要货币的波动（如欧元）造成人民币基础货币投放不稳定。

**表12-2　2001—2005年我国国际收支状况**　　单位：亿美元

| 年份 | 1995 | 1996 | 1997 | 1998 | 1999 | 2000 | 2001 | 2002 | 2003 | 2004 | 2005 |
|---|---|---|---|---|---|---|---|---|---|---|---|
| 外汇储备增长 | 219.59 | 314.50 | 348.62 | 50.69 | 97.16 | 105.48 | 465.91 | 742.42 | 1 168.44 | 2 066.81 | 2 089.40 |
| 外汇储备余额 | 739.25 | 1 053.75 | 1 402.37 | 1 453.06 | 1 550.22 | 1 655.7 | 2 121.65 | 2 864.07 | 4 032.51 | 6 099.32 | 8 188.72 |

资料来源：根据中经网、国家外汇管理局公布的数据整理得到。

5. 基础货币投放渠道的变化引起社会资金分配结构的变化

作为基础货币的一部分，外汇占款的确引起社会资金分配结构的变化。有的学者认为，涉外企业收到外汇以后可以通过结汇即刻获得人民币资金，如果把货物内销，同样可以在合同约定的时间内获得人民币销售收入，二者在本质上没有区别；从货币创造和货币供应角度看，全部企业和个人的结售汇行为汇集为结售汇顺差，由银行卖给中央银行，同时，中央银行的基础货币（外汇占款）流向商业银行在中央银行的准备金账户，引起商业银行的准备金增加和货币供应量的多倍扩张，进而认为这种基础货币投放渠道和通过对金融机构贷款投放基础货币的渠道没有本质不同。笔者以为，上述观点有待商榷。首先，内向型企业与涉外企业在资金、技术、管理水平上先天存有差距,这就决定了在既定的企业发展策略、产品竞争力水平的情况下,内向型企业和涉外企业并不能实现在产品内销和外销之间的自由转换。其次,从宏观机制上看,基础货币投放量的确在某一既定规模存在外汇→基础货币→商业银行准备金的转换过程,但对企业来说,银行存款存在收益,银行贷款存在成本,资金充裕和资金匮乏企业并不能在相同的成本收益水平下使用资金,客观上造成了社会资金分配结构不合理问题。1994 年、1995 年外贸形势好转,企业赢利增加,外贸企业资金相对充裕,货币政策在维持国内物价水平的约束下,分配给内向型企业的资金只能缩减。

总之,在金融全球化不断深化的大背景下,在我国现有开放经济的条件下,如果我国继续维持这种制度安排,将使货币政策的有效性不断降低,此外还面临着运行成本和风险递增的约束。毫无疑问,随着"入世"过渡期后对外开放进程进一步加快,这些问题和矛盾将日益突出,成为影响我国金融安全的重要因素。因此,现行人民币汇率制度必须改革,重新选择汇率制度已是大势所趋。

## 第二节　当前国际汇率制度选择的理论与现实发展

汇率制度是货币制度的重要组成部分,是各国和国际社会对于稳定、维持、调整与管理汇率的原则、方法、方式和机构等作出的系统规定。进入 20 世纪 90 年代后期,不少国家,特别是发展中国家,先后爆发了一系列的金融危机,如 1994 年年底的墨西哥危机、1997—1998 年的亚洲金融危机和 1998 年的俄罗斯、巴西金融危机以及 2000 年的阿根廷金融危机。危机的爆发使这些国家多年的经济发展势头受到影响,也由于传导机制的作用给周边国家和地区乃至整个世界经济带来了动荡和不安。而金融危机的过程自始至终都伴随着各国汇率的调整和汇率制度的变革,因而 IMF 在总结东亚金融危机的原因时,将"汇率政策管理不当"排在重要位置。因此,选择正确的汇率制度对于各国经济的增长和社会稳定具有十分重要的意义。

### 一、汇率制度选择的理论发展

汇率制度的选择一直并将继续是中外学者研究的热点。从早期的固定汇率与浮动汇率优劣的争论到20世纪五六十年代的最优货币区理论，从开放条件下蒙代尔-弗莱明模型到汇率目标区理论，可谓仁者见仁、智者见智。至于20世纪90年代以后，随着新兴市场国家频繁发生金融危机，汇率制度选择理论出现了新的发展。围绕着发展中国家汇率制度如何选择及其现实选择中的困境，出现了“中间制度消失论”、“原罪论”、“害怕浮动论”等，这些理论从新的角度分析了发展中国家和新兴市场国家的汇率制度选择。

（一）原罪论

原罪论是由埃根格林和霍斯曼尼（Eichengreen and Hausmann, 1999），霍斯曼尼、帕尼兹和斯坦（Hausmann, Panizza and Stein, 2000）等学者提出的，它是指由于发展中国家金融体系的不完全性，本国借贷人不能用本国货币在国际金融市场上筹资，也不能在本国金融市场上取得本国货币的长期贷款，借贷人就面临着两个选择：一是用外币在国际金融市场上借贷，二是在本国金融市场上借入本币短期贷款。但这两类借贷行为都会造成金融风险，首先是外币贷款可能产生货币不匹配（currency mismatch），即投资项目的收益货币与借贷货币不一致；其次是国内融资可能产生期限不匹配（maturity mismatch），即用短期贷款来为长期投资项目融资。

“原罪”导致一国金融变得脆弱（financial fragility）。由于“原罪”的存在，发生货币错配时（企业借外币用于国内业务），汇率变动会引起资产平衡表效应（the balance sheet effect）：一旦本币贬值则其资产负债表上的负债数额立即上升，借款余额很大时，贬值可能会使其在账面上立刻资不抵债乃至破产。而借用本币，在期限错配的情形下，利率上升其借款成本亦会大增。因此，汇率或利率稍有波动便会有一批企业应声倒地，进而银行也被拖入，整个金融体系变得十分脆弱。另外，国际贷款人一旦感到形势不妙，很有可能未等贬值实际发生，便事先逼债或抽逃资金，从而也易触发金融危机。由于不能像发达国家那样在国际市场上借取本国货币贷款，发展中国家较发达国家更易发生金融危机。

两种不匹配使汇率制度选择陷入困境。如果实行固定汇率，则当出现冲击需要利率升高来稳定汇率时，货币当局会减少金融系统的流动性，银行融资成本提高需要收缩资产回收贷款，而由于期限结构的不匹配，银行将不能及时收回贷款，这时银行危机就可能发生。因为公众担心银行此时的呆坏账增加，为保护自己的存款不受损失，就会争相提取存款发生挤兑，一种典型的自我实现的银行危机就会发生。而如果允许汇率浮动贬值,国内借贷人的外债负担就会增大,为避免由汇率进一步贬值导致的更大损失,外债持有人就会争相兑换外币,结果导致汇率进一步下降,货币危机就会爆发。

货币和期限的错配之所以出现,并非是公司和银行不谨慎,不去对冲(hedge)它们暴露的头寸,而是因为无法进行这种对冲——在外币对冲的市场上不存在这种交易的另一方,因为如果市场上存在着提供对冲的另一方,就是等于存在可以用本币到国际市场上融资的借贷者了,这与"原罪"的前提是矛盾的。同样,期限错配的出现,也不是公司和银行缺乏远见,不去把它们资产和负债的期限结构搭配恰当,而是因为它们只能如此。由于"原罪"的存在,汇率政策方面的第一个直接后果是无论企业或政府都不愿汇率变动,更不愿贬值,久而久之汇率便会变得浮动不起来。其次,政府的汇率政策会陷入两难:遇到投机攻击之时,一方面政府无法用货币贬值来缓解压力,另一方面也不能提高利率来保卫本国货币,最后只得听任金融崩溃。再次,无论采取浮动汇率制度或固定汇率制度都会有问题,因为对大多数发展中国家而言,不管在何种汇率制度下,这种"原罪"状况及造成的种种不利后果都会存在。在文献中因一般企业对外负债都以美元进行故又称为负债美元化现象,如某一经济体并未全部采用美元,便可称为部分美元化(Calvo, 2001)。原罪论最重要的政策结论就是,解决上述问题最好的办法便是把部分的美元化变为全部的美元化。换言之,根据这种理论对发展中国家来说应当干脆没有汇率,方法是放弃本国货币而采用某种国际货币,实行美元化或某种类似于欧元的制度。

原罪论对发展中国家所面临的困境有一定的揭示,但美元化也并非是完美的汇率制度安排,美元化也存在种种弊端。发展中国家为减少由于"原罪"带来的风险,应减少对外债的过分依赖,相关的国际和地区组织也应加大对发生危机国家的救援力度,以防止危机的加深和扩大。

(二) 害怕浮动论

所谓的害怕浮动论,解释的是这么一个现象,即在过去几年,许多经历了严重货币危机的发展中国家纷纷宣布有管理的浮动汇率制度。但在实际运作中,这些归类为实行弹性汇率制的国家往往将其汇率维持在对某一货币(通常为美元)的一个狭小幅度内,那些声称允许汇率浮动的国家多半没有浮动。这反映了这些国家对大规模的汇率波动长期心存恐惧。

相对于汇率浮动的国家如美国、日本,这些“害怕浮动”的国家汇率的变动率很低。而低的变动率并不是由于这些国家缺乏经济冲击,事实上与美国、日本相比,这些国家大多数在贸易条件方面都受到更大、更频繁的冲击。这些国家的国际储备额变动很大,名义和实际利率变化明显高于真正实行浮动汇率制的国家,这表明这些国家较低的汇率变动率是由政策行动有意识造成的,它们不但在外汇市场进行干预,而且也利用利率变动进行干预。这在典型的浮动汇率制下是很少发生的。那些自称管理浮动的国家大多实行不可信的钉住汇率。因此,所谓固定汇率已死的说法只是一种迷思(myth),甚至在一些发达国家也存在着害怕浮动,最典型的是日本,由于其经济严重依赖出口,为避免本币过度升值影响出口竞争力,日本不断对汇率进行干预,结果使日元汇率波动越来越陷于窄幅区间,日本的外汇储备也越来越多。

发展中国家不愿实行浮动汇率的根本原因是多重的。当情况有利时,许多发展中国家不愿意允许本币升值,这可能是缘于“荷兰病”,害怕丧失竞争力和出口多样化受损。当情况不利时,这些国家会强烈抵制本币大幅贬值,因为这些国家私人和公共部门所欠债务中大多数是以“硬外币”(大部分是美元)来定值的。贬值具有紧缩效应,不仅会导致经济衰退,而且还可能进一步引发通货膨胀,侵蚀政府信誉。所以“害怕浮动论”认为,能同时避免浮动汇率和信誉问题的唯一方式是完全美元化。但是,美元化的成本毕竟昂贵,它不仅使一国丧失了货币政策的独立性,而且使一国丧失了一种有用的调节手段。所以,许多国家声称离开了可调节的钉住汇率制度,但实际上由于害怕浮动,许多宣称实行浮动汇率制的国家,实际上采用的是软钉住,包括可调节的钉住、爬行钉住、汇率目标区。

### (三) 中间制度消失论

20世纪90年代以后,新兴市场经济国家爆发了一系列货币危机。关于几次金融危机的起因,尽管各方列出的原因不同,但公认的是在国际资本高度流动的情况下,这些国家实行的钉住汇率制有问题。由此引发了汇率制度安排的热烈讨论,关于“中间制度消失论”的争论成为其中的焦点。

一般认为,“中间制度消失论”(the hypothesis of the vanishing intermediate regime)的首倡者是美国加州大学伯克莱分校的埃根格林(Eichengreen),此后还有奥布斯特菲尔德(Obstfeld)、罗格夫(Rogoff)、德格罗夫(De Grauwe)等。不过,在更早期的文献中,斯沃博达(Swoboda)已经有类似于"中空论"的思想。他认为,目标区制度和各种类型的可调节钉住,不具有公信力或宏观经济政策不相协调,在资本高度流动的情况下,尤其如此。"中间制度消失论"认为,唯一可持久的汇率制度是自由浮动制,或是具有强硬承诺机制的固定汇率制(如货币联盟、货币局制度或完全的美元化)。介于两者之间的中间性汇率制度(intermediate regime)包括"软"钉住汇率制,如可调节的钉住、爬行钉住、目标汇率制以及管理浮动制等正在消失或应当消失。因此,未来各国不是选择完全自由的浮动汇率制,就是选择"硬"钉住汇率制。由于中间制度消失,形成所谓"空缺的中部"(the hollow middle)。因而这一理论又称为"两极汇率制度理论"(the two poles)或"中空汇率制度理论"(hollowing out theory of exchange rate regimes)。

"中间制度消失论"认为,日益增长的资本流动性使得政府对汇率的承诺变得十分脆弱。也就是说,由于国际资本的自由流动,"软"钉住汇率制变得不可行。萨默斯(Summers)认为,由于资本自由流动下的三难问题(trilemma),中间制度应让位于自由浮动汇率制或真正的固定汇率制。由于金融市场一体化是由国际和国内因素同时造成的,一国难以阻挡其发展(除非实行资本管制),一国政府实际能做的,要么是选择汇率稳定而放弃货币主权(硬钉住汇率制),要么是放弃汇率稳定而坚持货币独立(自由浮动汇率制)。在这种情况下,政府的汇率决策,类似于寻求运筹学中单纯形方法的"角点解"(corner solutions),即位于约束条件边界交点上的最优解。埃根格林(1999)对汇率制度的"端点解"给出了另一个解释。他认为,在钉住汇率制的情况下,银行和企业会低估货币下跌或崩溃的风险,因而会过分持有未对冲的外币债务。当贬值发生时,其本币收入会因不足以偿还这些债务而破产,并对经济带来破坏性影响。所以,在资本高度流动的情况下,只有两种可行的汇率政策,一种是不仅把汇率固定,而且还要锁住它;另一种是让货币浮动,因为这可以使银行和企业有动机去对冲外汇风险。

"中间制度消失论"的另一个理论依据是弗兰克尔、施穆克勒和塞文(Frankel, Schmukler, Serven, 2000)以及弗兰克尔、法尼赞尔伯、施穆克勒和塞文(Frankel, Fajnzlber, Schmukler and Serven, 2000)提出的汇率制度的"可核验性"(verifiability)理论。他们指出,当政府宣布实行某种汇率制度时,要使这宣布有公信力,就必须使这种制度简单而又透明,具有"可核验性"。这里"可核验性"是指市场参加者能从所观察到的资料中,在统计上推断出政府所宣布的汇率制度确实是实际上实行的制度。而只有有了公信力,国际投资者才会有信心。处于“角点”上的汇率制度,如完全的钉住制或完全自由的浮动制,对公众来说就比较简单,比较容易自己进行核实。对汇率制度的可核实性进行蒙特·卡罗模拟检验的结果证实,为核验汇率制度所需的信息随汇率制度的复杂程度而增加。而汇率制度的复杂程度,则由所需估计的参数数目来衡量,这些参数包括爬行速率、波动幅度、货币篮子中各货币所占的权重等。所以,各国会最终选择这些易核验的两极汇率制度而放弃中间制度。

但反对中间制度消失论的专家学者也大有人在。弗兰克尔(2000)指出,虽然根据不可能三角原理,政府不可能同时达成货币主权、汇率稳定和金融一体化这三个目标,而必须在三个目标中放弃一个,但是并没有令人信服的理由。为什么不可以放弃其中的两个目标,或者一个各放弃一半,从而有一半的汇率稳定性,同时有一半的货币独立性。而且,克鲁格曼曾论证过,在资本完全流动的条件下,一国可以采取中等波幅的目标区汇率制;一国也可以采取这样的管理浮动的汇率制度,对其货币需求的变动,政府可以用外汇市场干预来吸收其中的一半,另一半则可让它反映在汇率中,中央银行只需“逆风向而行”。针对埃根格林认为在钉住汇率的情况下,银行和企业会过分持有未对冲的外币债务,而钉住汇率制又使得它们缺乏动机去对冲外汇风险的说法,反对者认为这是把该理论建立在银行和企业的不理性上,不是一种强有力的分析方法。事实上,并没有证据表明实行钉住汇率国家的银行和企业不关注外汇风险,而且通过汇率波动使外汇风险增大也未必就适合该国国情。因此,用不可能三角、过度积累的未对冲的外币债务来解释为什么必须有“端点解”,看来不足以令人信服。

另外,根据“可核验性理论”的说法,相对于一篮子钉住或管理浮动,自由浮动具有较高的“可核验性”,因而较具有公信力。那么,在这种制度下,国际投资者较具有信心,从而短期资本不会突然撤资。但是,显而易见,国际投资者是否对某国货币有信心,汇率的自由浮动与否只是其中的一个因素而已。而短期资本是否撤资常常涉及多方面的因素。其他一系列条件(包括该国经济基本面的情形)事实上更重要。因此,“可核验性理论”的解释有失偏颇。而更关键的是,一项制度容易检验并不等于该项制度就有公信力。例如,在布雷顿森林体系下的可调节钉住汇率制,在当时就是容易核验的,但它并不具有多少公信力。可见,“可核验性理论”并不能为“中间制度消失论”提供更多可令人信服的理论依据。

弗兰克尔指出,没有一种汇率制度是万能药(panacea)。“角点解”并不是对所有国家普遍适用，它只是在一定的时间内对某些国家适用。对某些国家，端点解确实是好的：比如，对一些大国来说，实行浮动汇率制是合意的；而在一些小的开放经济体，固定汇率制则比较适合。但是，对许多国家来说，中间制度经常比“端点解”更合适。马森（Masson，2000）也指出：“对于许多发展中国家来说，自由浮动汇率是不可行的，因为缺乏发达的金融市场及相关制度；货币局的严格限制在政治上也不可接受。结果发展中国家汇率制度的选择是不稳定的，在各种中间汇率制度之间波动，并取决于给定维持汇率或限制通货膨胀的相对权重以及经济遭受的冲击等。”

## 二、汇率制度选择的现实发展

### （一）汇率制度选择的现实演化趋势

20 世纪 90 年代以来，尽管各国在选择何种汇率制度上态度不一、结果不同，但从相关的资料来看，总体而言呈现了一种趋势，即更多的国家选择了更加灵活的汇率制度（如图 12-3 所示）。

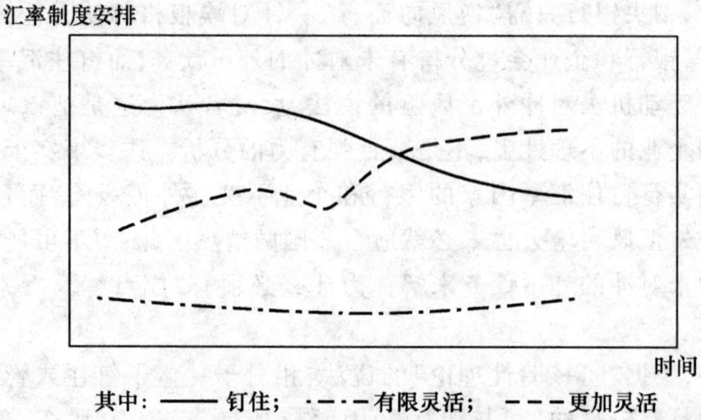


图 12-3　国际汇率制度的演化

表 12-3 中的第 3、4、5、6、7 类汇率制度，就是通常所说的“中间汇率制度”；第 1、2、8 类汇率制度则是“角点”或“端点”汇率制度，其中第 1 类汇率对内绝对固定，对外则浮动；第 2 类汇率则完全固定；第 8 类汇率，政府虽偶尔干预但不控制，可以说完全浮动。括号内数据，前为 1999 年 1 月 1 日、中为 2003 年 4 月 30 日、后为 2005 年 7 月的数据。从统计资料来看，各国在选择汇率制度上有趋于两端的态势。例如，1999 年实行两端汇率制度的国家有 92 个，实行中间汇率制度的国家有 93 个；但是到 2005 年选择 1、2 类的国家为 48 个，更多国家选择第 7 类，即不事先公布干预

方式的管理浮动汇率制度。可见,在各国的实践中选择更加灵活的汇率制度的国家和地区仍然是占大多数的,同时也表明这是一国未来汇率制度选择的一个重要取向或参考依据。

**表 12-3　汇率制度进行重新分类**

1. 无独立法定货币的汇率安排(37,41,41)。
2. 货币局制度(8,7,7)。
3. 其他传统的固定钉住制(包括管理浮动下的实际钉住)(39,42,41)。
4. 水平(上下 1%)调整的钉住(12,5,4)。
5. 爬行钉住(6,5,5)。
6. 爬行带内浮动(10,5,5)。
7. 不事先公布干预方式的管理浮动(26,46,50)。
8. 单独浮动(47,36,34)。

资料来源:IMF 官方网站公布的数据。

发展中国家由于具体情况千差万别,汇率制度的演变也不尽相同。20 世纪 90 年代,发展中国家的汇率制度曾经出现过实行中间汇率制度的国家逐渐减少而采用角点汇率制的国家增多的趋势。而近两年,一些在 90 年代金融危机后被迫实行浮动汇率制度的新兴市场国家又重新实行中间汇率制度(特别是不预先公布干预方式的管理浮动制),如表 12-4、图 12-4 所示。发展中国家汇率制度选择的总的趋势是从严格的固定汇率制逐步向更有弹性的汇率制过渡。

**表 12-4　新兴市场国家的汇率制度安排(2003 年 4 月 30 日)**

| 非洲 | | 亚洲 | | 中东欧 | | 拉丁美洲 | |
|---|---|---|---|---|---|---|---|
| 国家 | 汇率安排 | 国家 | 汇率安排 | 国家 | 汇率安排 | 国家 | 汇率安排 |
| 摩洛哥 | FP | 中国 | FP | 保加利亚 | CBA | 阿根廷 | MF(CBA) |
| 尼日利亚 | MF | 印度 | MF(IF) | 捷克 | MF | 巴西 | IF |
| 南非 | IF | 印度尼西亚 | MF(IF) | 希腊 | NS(HB) | 智利 | IF |
| 埃及 | MF(FP) | 韩国 | IF | 匈牙利 | HB(CB) | 哥伦比亚 | IF |
| | | 马来西亚 | FP | 波兰 | IF(CB) | 厄瓜多尔 | NS |
| | | 巴基斯坦 | MF(FP) | 俄罗斯 | MF(IF) | 墨西哥 | IF |
| | | 菲律宾 | IF | | | 巴拿马 | NS |
| | | 斯里兰卡 | IF(CB) | | | 秘鲁 | IF |
| | | 泰国 | MF(IF) | | | | |
| | | 卡塔尔 | FP | | | | |
| | | 以色列 | CB | | | | |
| | | 约旦 | FP | | | | |
| | | 土耳其 | IF(CP) | | | | |

资料来源:IMF 官方网站公布的数据。括号内为 1999 年的情况,列出作为对比。

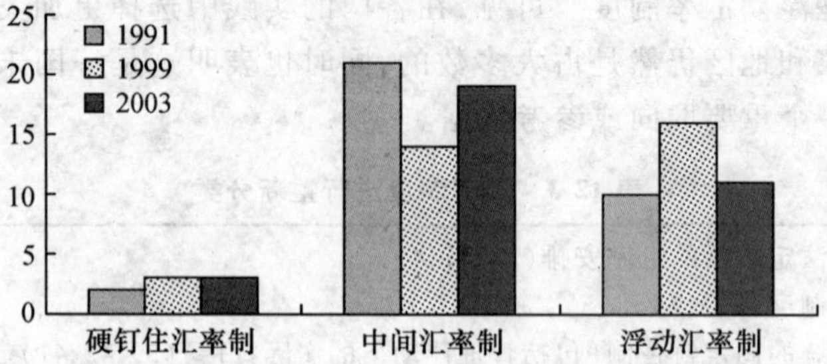


**图 12-4　新兴市场国家的汇率制度安排(1991 年,1999 年,2003 年)**

资料来源:根据 IMF 的资料整理。

(二) 发展中国家汇率制度选择的现实困境

许多发展中国家(尤其是拉美国家)的通胀率在 20 世纪 80 年代急剧上升,汇率常被用做反通货膨胀的"锚",如 20 世纪 90 年代初阿根廷实施的"兑换计划"以及巴西执行的"雷亚尔计划"。实践表明,将"汇率锚"作为反通胀的工具,在一定程度上是有效的,尤其在通胀惯性较强的情况下。但是,首先,它极容易使币值高估,从而损害国际竞争力;其次,它容易使决策者忽视财政政策在反通胀计划中的重要作用;最后,它在初期常能取得明显成效,但随着时间的推移还必须使用常规的紧缩性财政政策和货币政策,同时密切关注国际储备的变化。发展中国家引进"汇率锚"的同时也意味着"引进"钉住国的货币政策,极易丧失独立货币政策对经济的调控功能。例如,阿根廷从 20 世纪 90 年代初开始实行与美元 1:1 挂钩的钉住制度,通胀即刻刹车,比索汇率稳定,树立了投资者的信心。大量国外投资涌入,加上一系列经济自由化措施,阿根廷经济实现了连续数年的高速增长。但是在享受钉住汇率制"免费午餐"的同时,阿根廷也慢慢积累了危机。在钉住制度下,一方面政府要维持固定不变的汇率;另一方面允许资本的自由流动,货币政策就完全丧失了独立性,这就是开放经济下的"三元冲突"。如果政府实行扩张性货币政策,降低国内利率,资本就会流出,使政府扩大货币供给的目标无法实现。1994 年,美国采取紧缩性货币政策,阿根廷银行也被迫进行信贷紧缩,使经济步入衰退,而政府又不能通过货币供给的扩张使经济摆脱衰退。1995 年以后,美元的持续升值又使比索被动地随美元升值。东南亚金融危机使得亚洲货币大幅贬值,从而又使阿根廷的国际竞争力下降。由于阿根廷实行严格的钉住汇率制,无法对汇率进行适当的调整以实现经济的外部均衡,因此对于本币的实际升值和持续的经常账户赤字无能为力。无法偿还巨额外债的阿根廷终于在 2002 年年初放弃了钉住美元的汇率制度。

相比之下，亚洲发展中国家在20世纪80年代，基本上过渡到实行钉住美元的“有管理浮动”的汇率制度。由于通胀率不高，而且采取了积极的汇率管理政策，因而没有出现严重的币值高估情况。但进入20世纪90年代，一些东亚国家或地区在汇率管理上的失误和不当越来越明显。泰国是一个典型的例子，其实施钉住一篮子货币（其中美元占80%）的时间长达14年，钉住汇率制曾对泰国吸引外资产生了积极影响。但“成也萧何，败也萧何”，面对已发生变化的国内外因素，泰铢钉住美元的弊端日益明显。首先，由于20世纪90年代美元升值，泰铢币值被高估，使泰国出口贸易处于不利地位；其次，钉住制使泰国中央银行难以有效地调控外资流入量，也增加了运用货币政策的难度；最后，缺乏弹性的钉住汇率制为投机性外资攻击泰铢提供了机遇。

通过对拉美及亚洲部分国家爆发的金融危机进行分析，可能会得出这样一个结论：钉住汇率制是这些国家爆发金融危机的罪魁祸首，解决的办法是实行自由浮动的汇率制度。那么自由浮动的汇率制度真的适用于发展中国家吗？

从理论上讲，在自由浮动的汇率制度下，汇率由市场供求关系决定，围绕均衡汇率水平波动。但是，市场并非十全十美的，由于商品市场和劳动力市场的价格调整始终慢于金融市场的价格调整，出现汇率超调现象，汇率经常大幅振荡，长期偏离均衡汇率水平。外汇市场上名义汇率的波动往往引起实际汇率即出口竞争力的变动。而发展中国家的金融市场大多不发达，缺乏有效对冲汇率风险的金融工具，自由浮动汇率制引起出口竞争力下降的风险是难以规避的，自由浮动汇率制不适用于发展中国家。具体原因有：① 发展中国家多为小型开放的经济实体，进出口结构比较单一，出口主要是初级产品，进口则基本上是本国经济发展急需的高技术产品。由此导致了出口供给弹性不足，进口需求的价格弹性也很低，加上它们还不是国际价格的制定者，不能通过汇率政策影响以外币表示的进口价格，从而汇率变动对促进资源配置和改善国际收支的效果并不明显。而经济的开放性却使汇率的频繁波动对经济其他方面的消极作用相当明显。② 浮动汇率制具有通货膨胀倾向。这种倾向来源于两个方面：一是国际收支纪律的放松，使各国在采取扩张性财政货币政策时可以不必考虑国际收支；二是浮动汇率制下通货膨胀的传递具有不对称性。当本币汇率下浮时，进口成本上升，物价上升；而当本币汇率上浮时，进口成本则因价格刚性而不容易下降或下降不足，其净效应便是物价的上涨。发展中国家由于在经济发展中往往实行“赶超型”的发展战略，多采取扩张性的财政货币政策，本来国内就有通货膨胀倾向，如果实行浮动汇率制，将会加重通货膨胀的程度。③ 浮动汇率制的正常运行需要以外向型的国内金融市场为前提，但广大发展中国家，一方面国内发行的证券种类稀少、规模有限，缺乏外向的性质，另一方面缺乏规避外汇风险的各种金融工具。如果像发达国家那样任凭汇率自由浮动，狭小的外汇市场不加以管理，就会出现相当剧烈的波动。

通过以上分析我们可以看出，无论是固定汇率制还是自由浮动的汇率制度，都有各自的缺陷。实行严格的固定汇率制意味着货币政策独立性的丧失，而发展中国家又不具备实行完全浮动的条件。从这个意义上说，发展中国家汇率制度选择面临“两难”的困境。

## 第三节　开放条件下人民币汇率制度的选择

从国际汇率制度发展的历史进程以及各国汇率制度改革的实践来看，没有一种大家公认的“最好”的汇率制度可放之四海皆适用，也没有一种汇率制度适用于一个国家或地区的任何经济历史阶段。汇率制度的选择和改革过程是一个随着外部国际环境和内部经济环境的变化而不断调整的动态过程。一国可以根据本国的具体情况，例如整体经济发展状况、市场开放与发展程度、货币自由兑换进程、金融当局素质与监管水平、国际收支情况以及其他诸如市场投机力量等来具体确定本国的汇率制度，并随着外部环境和内部环境的变化而进行改革，汇率制度的选择总的趋势是更加灵活。

### 一、开放条件下人民币汇率制度选择的现实争议

针对人民币汇率制度的现实选择，国内专家学者提出了许多观点与见解，可谓仁者见仁、智者见智。有人认为在资本账户开放的情况下，唯一可持久的汇率制度是自由浮动制或是具有强硬承诺机制的固定汇率制，中间性汇率制度应当消失或正在消失（王学武，2000；汤弦，2001；张志超，2002）；有人从中国改革开放过渡时期两极制度对中国经济的均衡调整存在缺陷的角度出发，认为“BBC” 等（即目标区、一篮子货币和爬行式调整等）中间汇率制度对有效和稳定的均衡调整才是最合理的。其中，冯用富（2001）、杨柳（2001）认为中国渐进性的汇率制度改革符合汇率目标区的特点，是向浮动汇率过渡的最佳选择；胡祖六（2000）认为中国能

够有序地退出当前事实上的钉住汇率制，向管理浮动汇率制过渡；史晋川、沈国兵(2001)运用汇率制度选择的多变量标准，通过对人民币汇率走势的分析得出：人民币实际实行的汇率制度与其合意的汇率制度完全不符，东亚货币危机后人民币汇率制度的选择无非是货币当局在实际中重归真正的管理浮动；孙立坚等(2002)认为，资本流入对本国经济的动态影响会引起本国经济的波动更为明显，为了防止货币危机，应该选择目标汇率区或一篮子货币的汇率制度。还有人从"区域汇率制度合作"角度阐述了自己的观点，其中，仇海华(1999)认为对于发展中国家来说，必须通过国际货币体系的改革来创造国际汇率制度的选择环境；张斌(2003)、李飞等(2001)认为东亚发展中国家应成立"亚元区"，在区域内实行相对固定汇率制。

此外，学者们还从不同的角度、运用不同的研究方法，对不同汇率制度的选择进行了比较。朱孟楠、林莹(2002)通过实证得出中间汇率制度的确比角点汇率制度更容易引发金融危机，并指出，从长远观点看，人民币汇率制度应向浮动汇率制度的方向发展，但这一发展不是一步到位的，而是一个渐进的、不断完善的过程，人民币汇率制度应该随着体制和市场的不断健全和完善不断进行转变，趋势是日渐灵活，并最终选择完全浮动；张志超(2002)、余永定(2003)从"害怕浮动"角度，解释了为何一些归类为实行弹性汇率制的国家，由于对大规模的汇率波动存在一种长期的害怕，而将其汇率维持在对某一货币(通常为美元)的一个狭小幅度内的原因；朱孟楠、余玉平(2006)从新制度经济学角度分析了新兴市场国家货币汇率"害怕浮动"的原因，并指出新兴市场国家的"害怕浮动"是在现有经济形势下，作为汇率制度供给者的政府和作为汇率制度需求者的微观经济主体的一种理性选择，虽然害怕浮动对于现阶段的新兴市场国家来说，有其必然性，但从长期来看，新兴市场国家在汇率选择上将最终由"害怕浮动"转为"选择浮动"，我国可以先实行并完善现行的有管理的浮动汇率制度，等到条件进一步具备时再选择更有弹性的汇率制度；孙立坚、周赟、秦培景等(2005)则利用新政治经济学的方法，证明目前有管理的一篮子汇率制度符合我国利益，并提出在中国形成了成熟的资本市场，并且资本市场成为推动经济增长的主要动力后，中国从战略的角度出发，应该放弃有管理的汇率制度，而采用浮动汇率制度。

对人民币汇率制度选择的讨论和争议还将继续，但就人民币汇率制度本身发展的方向来看，理论界几乎达成了共识，即人民币汇率制度应该更具有灵活性。

## 二、浮动汇率制度实现的现实约束

浮动汇率的前提是资本自由流动。如果马上完全放开资本管制,大多数国有企业或私营企业会不顾偿还能力而大借外债,从而面临货币错配;加上我国资本外逃现象日趋严重,二者导致的结果是金融体系脆弱性加强。因而短期内不可能放弃资本管制实现资本自由流动。另外,要实现浮动汇率制,一国必须具有同国际金融市场一体化的发达的金融市场。发达的金融市场要求市场是有效市场且利率由市场供求决定。而目前我国利率还未完全实现市场化,金融市场还比较狭小,本国证券与外国证券之间的替代性低,普通股票、证券和票据市场不发达,金融中介主要是银行,而银行提供的金融工具范围小,国内证券的利率被钉在不切实际的低水平上,从而导致市场的分割和利率结构的多重性以及政府对外汇市场进行的局部垄断。在这种情况下,让汇率完全由市场力量调节是不现实的。

事实上,迄今为止,在基金组织 185 个成员国中,仅有 51 个国家实行浮动汇率制、45 个国家实行固定汇率制(其中,实行近似完全固定汇率制的有 37 个,实行货币局制度的有 8 个);实行其他各种中间汇率制度安排的国家多达 89 个(其中,传统钉住汇率制 44 个,水平调整钉住 7 个,爬行钉住汇率制 5 个,爬行带内浮动 7 个,事先没有宣布路径的管理浮动 26 个),占一半左右。即使是在实行两极汇率制度安排的国家,也是固定中有调整,浮动中有干预。

综上所述,选择浮动汇率制度在我国进一步开放中是不适宜的。我国汇率制度的选择必须有一个中间过程。

## 三、开放条件下人民币汇率制度的现实选择

进一步开放条件,很大程度上可以表述为更加成熟的市场经济条件。我国的市场经济实际上是从计划经济、商品经济发展而来的,在这一发展过程中,它的典型表现之一是市场的开放度增大了,中外经济互为交融,中国进一步融入了国际市场,参与了更多的国际事务,体现了更多的大国风度,更大、更广的层面上认知了当代世界;同时,它的另一个典型表现是国内制度、政策的持续改革与实施,以适应开放条件下产生的种种需求。具体来说这种变革需求有以下几方面:① 政府的直接行政干预降低,甚至为零;② 国内中央银行的货币主权部分地转移至一个统一的区域性金融组织,国际间的协调与合作加强;③ 在资本流动不断加强的前提下,诸

如汇率制度等经济制度也更加趋于开放与更加灵活；④ 不断健全制度与运行机制，防范金融风险与危机爆发。显然，当前我国汇率制度的选择状况与这一要求存在很大的差距。基于这样的一种认识并根据我国的改革情况，我们认为目前我国宜实行波动幅度较宽但汇率也可以约束在一定区间范围内的目标区制度。在条件进一步成熟后转换为类似于某些发达国家的完全由市场决定的浮动汇率制度。

所谓的汇率目标区制度，在学术界尚有不同的看法，但基本上可表述为将汇率浮动限制在一定的区域内（例如中心汇率的上下各 10%）的汇率制度（如图 12-5 所示），即中央银行根据近、中期经济发展目标，以通货膨胀率、经济增长率和国际收支等变量为参考，确定人民币汇率的目标水平（中心汇率）和变动区域。目标区内人民币汇率由市场供求自发调节，超过目标区的人民币汇率波动，才由央行入市干预。

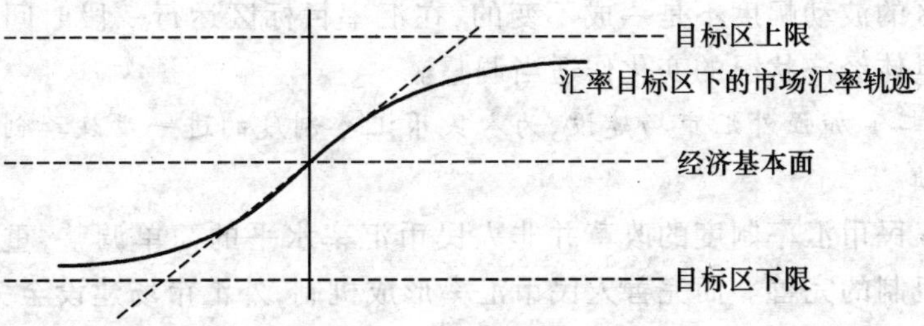


**图 12-5　汇率目标区**

这种汇率制度安排的优点在于：该制度下，中央银行只有在汇率波动冲击目标区上下限时，才干预外汇市场，这给市场发出明确的信号，能够增强公众心理预期的透明度和稳定性，从而提高央行干预市场的有效性；汇率在目标区内变化，具有一定的灵活性，可以及时调节外汇的供求，减少套利套汇的游资，使投机冲击在目标区内被汇率的波动冲销；由于汇率弹性的冲销作用，中央银行无须被动、经常性地干预外汇市场，这也有助于一国保持货币政策的独立性和实现国民经济的发展目标。

这种汇率制度安排的不足体现在当经济基本面向某一方向的变动程度很大且已表现为长期的趋势、市场交易者普遍预期汇率目标区的中心汇率将作较大的调整，此时汇率目标区不再具有可信性。这种情况下，对中心汇率的投机就会发生，市场汇率变动将不再自动倾向于中心汇率；相反，汇率变动非常剧烈，一般会超过浮动汇率制度下正常汇率变动的程度。这种情况下容易引起外汇市场的动荡和增加汇率风险。但从综合的角度来看，这种汇率制度具有它的重要的实践价值。

为了顺利向这种汇率制度转换，必须着手推进以下几项重要的工作：

（一）确定中心汇率，选择篮子货币，合理地设计目标区区间范围

我国目前的中心汇率由经济基本面来决定，篮子货币主要由与我国贸易、资本往来密切的国家和地区的货币组成，主要有美元、欧元、日元、英镑、港元、韩元等。今后工作的关键是根据实际情况的变化及时调整篮子货币结构以及货币之间的构成比例。

在确定了中心汇率、篮子货币以后，设置目标区的上下波动幅度就显得十分重要。若定得过宽，则失去了其控制汇率波动的作用；若定得过窄，则形同固定汇率制度。从目前来看，笔者认为将人民币汇率目标区波动幅度定为上下1%比较合适。设置1%是因为我国自1997年以来，汇率一直呈“超稳定”状况，所以在设置波动幅度时，不宜将幅度定得太大；如果定得太大，在目前人民币升值情况下，可能引起市场呈现较大的动荡，有可能使汇率波动幅度超过目标区，甚至造成货币危机。人民币汇率目标区的波动幅度不是一成不变的，在汇率目标区运行一段时间后可以根据具体经济状况的变化作适当调整。

（二）加强外汇市场建设，为人民币汇率制度的进一步改革创造坚实的基础

人民币汇率制度的改革并非人民币汇率水平的简单调整，重点在于汇率机制的完善。而完善人民币汇率形成机制，外汇市场建设至关重要。从微观结构角度分析，完善的外汇市场应包括多元的机构参与者、丰富的交易品种和完善的交易机制。市场对交易价格和交易量的信息可随时披露。外汇市场可通过订单流、做市商报出的买卖差价反映私有信息。在这种成熟的外汇市场上，汇率由外汇供求的均衡状况来决定，而外汇供求的力量源于私人经济部门（企业和居民）的自主性经济行为，外汇市场的数量归集和汇率的传递是同步的，且汇率的变化随着外汇交易的变化而变化。从宏观方面来看，一个完善、发达、有效的金融市场的建立还包括人们投资理念的培育、熟练的专业人才、健全的金融法规、宽松的税收制度、高水平的监管能力等，这些条件的具备需要相当长的时间。当前我们应该做的是：

1. 进一步增加市场交易主体，培养和巩固外汇市场参与者

完善的外汇市场既包括银行间的交易又包括银行与客户间的交易，市场的交易是通过多个做市商机制来完成的。我们应进一步增加外汇市场的交易主体，培养实力相当的、非垄断的、多元化的交易主体，让更多的企业和金融机构直接参与外汇的买卖，共同影响市场，有助于避免大的、机构集中性的交易垄断市场价格水平，防止汇率的大起大落。

2. 增加外汇市场交易品种，完善市场交易工具

目前中国外汇市场交易币种单一，交易工具单一，与国际规范的外汇市场还相差较远。为更好地发挥外汇市场的服务作用，应增加外币交易币种，积极发展外汇避险工具，建立银行间外汇拆借市场，在现有改革的基础上进一步增加外币期货和外币期权等交易方式。

3. 健全信息披露制度，培育市场理性预期

汇率决定的新闻模型认为，任何"新闻"因素通过影响外汇市场上交易者的预期都会影响到即期和远期汇率。培养市场主体对汇率信号的反应敏感度，减少非理性投资，既可以培育、促进金融市场的发展，又可以进一步培养、提高微观主体规避汇率风险的意识，为中央银行减小干预创造必要的条件。

4. 减少央行直接入市干预，提高外汇市场监管者的管理水平与信誉

改善中央银行在外汇市场进行操作干预的手段，逐步减少央行的干预行为，使汇率形成逐渐市场化。目前央行直接入市干预市场供求的做法使中央银行金融监管者的身份和市场参与者的身份存在一定的冲突，也令潜在的市场参与者产生地位不对等的不良预期，因此不利于市场的健康发展，也不利于央行干预的有效进行。可选择的路径是改变央行的干预手段，提高干预质量，实现调控手段多样化和市场化。由央行进行机构创新，成立专门的外汇平准基金，由专职的外汇市场投资家通过纯粹的市场操作贯彻央行的干预意图也是比较合理的选择。

（三）加强外汇储备的有效管理

外汇储备的管理和汇率政策是一个统一的整体，随着外汇储备的增加和今后汇率波动幅度的加大，加强外汇储备管理的有效性至关重要。应调整管理观念和方式，在保证安全性、流动性的基础上，加强赢利性管理；学习和借鉴其他国家和地区有效的管理方式，成立专门的外汇储备管理与投资机构，由此促进储备资产的保值与升值以及汇率的稳定波动。

（四）正确处理外汇制度改革与人民币汇率制度改革的关系

汇率制度应该同外汇管理制度相匹配。一般而言，一个国家汇率制度的改革是伴随着外汇管理制度的改革而逐步推进的。正常情况下，外汇管理制度的改革先于汇率制度的改革。

人民币实现浮动汇率是一个过程，这个过程应该随着资本账户的开放而不断推进。我们应该协调好资本账户开放与人民币汇率制度改革的关系。一方面应该看到，我国资本账户开放的条件还远不具备，汇率机制僵化，国际贸易刚刚开始自由化，国内价格尤其是利率还没有市场化，微

观基础尤其是商业银行还没有实现商业化运作,货币当局的监管能力还十分不足。在这种情况下,开放资本账户尤其是短期资本账户必然带来对人民币汇率的投机性攻击,造成国内经济的动荡。与资本账户开放的收益相比,开放的成本相对较高,因此,资本账户的开放应贯彻积极稳妥的原则,在资本账户尚未完全放开之前人民币汇率应继续实行有管理的浮动,在资本账户完全放开之后再采用独立浮动的汇率制度。

另一方面我们要看到,要形成真正由市场外汇供求关系确定的汇率运行机制,必须实现人民币资本账户下的可兑换,使外汇资金供求完全放开。在逐步实现资本账户开放的条件下,实现人民币的自由兑换是人民币与外币的价值比较和自由兑换形成的市场均衡汇率的基础。只有这样,才能把国内外市场的价格信号更直接、更迅速、更准确地反映出来,才能使中国经济与实行自由竞争和自由贸易原则的国际经济融合,才能使国内价格体系逐步与国际市场价格体系真正接轨。

从目前的情况看,虽然 1996 年 11 月我国开始实现经常账户下的人民币可兑换,但同时实施了贸易项目下的强制结售汇制度。近年来,尽管允许外贸企业自由持有部分外汇,但是强制结售汇的本质没有发生变化;在金融与资本账户下,尽管也有所改变,但从性质上看依然属于管制型的外汇管理制度。因此,在人民币汇率制度改革之前,首先需要改革的是我国的外汇管理制度。

在经常账户下,尽快从强制结售汇制度向意愿结售汇制度转变,全面实现经常账户下的人民币可兑换。要取消强制性的结售汇要求,扩大外汇指定银行的周转头寸,提高其外汇储存水平;允许企业保持一定的外汇并逐步提高其比例,这不仅能有效地增加市场供给,培养多元化的市场主体,减轻中央银行经常以做市商身份入市干预的压力,而且有利于企业主权和用汇灵活性,并且给它们以控制、管理外汇风险的压力,有利于其逐渐适应将来更大弹性的人民币汇率,也可以减轻我国外汇和外债双增长的局面。

### (五) 正确协调利率市场化改革与汇率制度改革的关系

人民币汇率制度改革应当协调推进。人民币汇率制度改革实际上是市场化取向的改革,这一改革过程必然与整个金融体系的市场化改革,特别是与利率市场化改革进程紧密相关。汇率和利率从来就是金融机构套利投机的基准,在固定汇率制度下,套利资金的流动导致汇率的超调机制,而减少汇率调整中可能出现的这种震荡、防止投机资金引起的汇率错位,推进利率市场化改革是有效途径。正是基于这样的考虑,麦金农提出了利率市场化应当先于汇率市场化的论断。当然,在明确利率市场化先行的前提下,还应注重汇率改革与利率改革的协调推进,避免就汇率而论汇率或只考虑利率不考虑汇率。

(六)加强产权制度建设,为人民币汇率制度改革奠定微观基础

从新制度经济学的角度来看,我国经济、金融市场化改革离不开产权制度建设。只有进行产权改革,使所有的经济主体都成为真正拥有独立财产、法律地位完全平等、具有自我激励和自我约束机制的合格的市场主体,才真正有内在动力或压力为避免亏损或破产的命运而紧紧钉住汇率及国内外市场价格的变化,并对汇率变动及国内外市场价格信号作出灵敏的反应。在这种情况下,政府也就没有必要采取行政手段干预贸易活动并持有大量的外汇储备。这将有利于实现中国对外贸易的自由化及经济的国际化,并保证我国经济的内外均衡。

更重要的是,在产权改革的基础上实行浮动汇率制度,让人民币汇率由真实的市场供求关系决定,则由此而形成的人民币汇率将能真实地传递国内外价格信息,市场供求的自动调节机制会自动纠正人民币的"高估"或"低估",从而促使人民币汇率趋向均衡点,在这种情况下,有关人民币汇率的争端将不会再出现。

(七)促进东亚各国货币合作,建立国际货币合作制度

目前国际资本流动,特别是具有很强投机性的短期游资对各国汇率制度选择的影响越来越大。一个国家想单独依靠自身的力量来保护该国汇率制度不受冲击和汇率稳定几乎是不可能的。东南亚金融危机发生时各国的表现就是一个明证。因此,加强国际货币合作对于稳定汇率、避免汇率制度崩溃意义重大。

东亚货币合作目前仍存在许多条件不成熟的因素,在政治制度方面,存在资本主义、社会主义和其他制度的差别;在经济体制方面,存在市场经济体制、转轨经济体制和计划经济体制的差别,彼此之间融合的能力差;加之东亚各国和地区长期以来存有政治分歧,既有历史上的积怨,也有现实的领土争议,还有宗教信仰和价值观的差异等。因此,东亚货币合作必须遵循渐进主义的理念,在合作的地域范围上以及合作的具体内容上采取分步走的形式。

目前,东亚各国在开展货币合作方面已经进行了一些实质性的工作,如 1999 年 11 月,东盟"10 + 3"峰会在马尼拉通过了《东亚合作的共同声明》,同意加强金融、货币和财政政策的对话、协调和合作;2000 年 5 月东盟"10 + 3"财政部长在泰国清迈达成了《清迈协议》(*Chiang Mai Initia-*

*tive*)，使东亚货币金融合作从构想变成现实；2000 年 8 月东盟“10＋3”的中央银行又将多边货币互换计划的规模由 2 亿美元扩展到 10 亿美元，2000 年 11 月互换协议扩展到所有东盟成员，总额达到 10 亿美元，扩展了东盟互换协议（ASA）与双边互换网络和回购协议（BSA）；2005 年 5 月 27 日中、日、韩三国央行行长在首尔签署了新的掉期协议，韩国央行与中国央行和日本央行达成协议，扩大换汇数额分别达 40 亿美元和 30 亿美元，该协议成为《清迈协议》的延续。清迈构想的实现及其拓展显示了东亚各国开展货币金融合作的信心，为进一步开展深层次的合作奠定了基础。

## 参考文献

[1] 储幼阳：“人民币汇率制度转换的实证分析”，《上海金融》，2004，(3)：42—45。

[2] 〔美〕鲁格迪·多恩布什、斯坦利·费希尔：《宏观经济学》（第六版），李庆云、刘文忻校译，北京：中国人民大学出版社 1996 年版。

[3] 冯用富：“中国金融进一步开放中汇率制度选择的方向”，《金融研究》，2000，(7)：52—61 年版。

[4] 冯小兵：“论可持续人民币汇率制度”，《世界经济研究》，2004(8)：42—44。

[5] 关志雄：“亚洲告别钉住美元的汇率制度”，《国际经济评论》，2000，(3—4)：10—12。

[6] 蒋锋：“汇率制度的选择”，《金融研究》，2001，(5)：49—56。

[7] 〔美〕杰弗里·埃德蒙·柯里：《国际经济学》，陆晓红等译，北京：经济科学出版社 2002 年版。

[8] 〔美〕保罗·克鲁格曼、茅瑞斯·奥伯斯法尔德：《国际经济学》（第 4 版），海闻等译，北京：中国人民大学出版社 1998 年版。

[9] 刘淄：“中国加入 WTO 之后汇率制度的选择”，《南京经济学院学报》，2000，(5)：66—69。

[10] 李怀定：“从‘三元悖论’谈我国人民币汇率制度的选择”，《华东经济管理》，2005，(3)：128—129。

[11] 李靖华、顾备华：“汇率制度选择陷阱与东亚金融危机”，《中南工业大学学报》，2000，(12)：304—307。

[12] 李天德、刘爱民：“世纪之交国际汇率体系的发展方向：灵活的汇率约定与政策协调”，《世界经济》，2000，(10)：36—40。

[13] 〔美〕马克·斯考森、肯那·泰勒：《经济学的困惑与悖论》，吴汉洪等译，北京：华夏出版社 2001 年版。

[14] 马勇、高翔：“现行汇率制度对我国货币政策的制约”，《上海金融》，2003，(8)：15—17。

[15] 钱慧：“浅析人民币汇率制度安排的内在矛盾”，《当代财经》，2001，(4)：44—46。

[16] 王勇:“从行为金融学的角度看人民币汇率制度改革”,《当代财经》,2004,(6):53—56。

[17] 王爱俭:《国际金融理论研究:进展与评述》,北京:中国金融出版社 2005 年版。

[18] 易纲:“汇率制度的选择”,《金融研究》,2000,(9):46—52。

[19] 易刚、汤弦:“汇率制度‘角点解假设’的一个理论基础”,《金融研究》,2001,(8):5—10。

[20] 朱孟楠、傅俊霖:“东亚货币合作的理论意义、难点与对策建议”,《厦门大学学报》,2002,(5):46—54。

[21] 朱孟楠、陈文奇:“发展中国家汇率制度的困境与对策”,《亚太经济》,2004,(2):94—96。

[22] 朱孟楠、余玉平:“新兴市场国家货币汇率‘害怕浮动’现象分析——以新制度经济学为视角”,《厦门大学学报》,2006,(4):106—113。

[23] 张志超:“汇率制度理论的新发展:文献综述”,《世界经济》,2002,(1):13—22。

[24] Maurice Obstfeld, Kenneth Rogoff, *Foundations of International Macroeconomics*, The MTT Press, 1998.

[25] Frankel, J. A., No Single Currency Regime is Right for All Countries or At All Time, NBER Working Papers 5700, 1999.

[26] Obstfeld, M. Rogoff, The Mirage of Fixed Exchange Rates, NBER, WP5191, 1995.

[27] Diamond, Douglas W. and Philip H. Dybvig, Bank Run, Deposit Insurance, and Liquidity, *Journal of Political Economy*, 1983, (4).

[28] Guillermo A. Calvo and Carmen M. Reinhart, Fear of Floating, *National Bureau of Economic Research*, 2000, (11).

[29] Eichengreen, Barry and Ricardo Hausmann, Exchange Rates and Financial Fragility, NBER Working Paper No. 7418, 1999.

[30] Frankel, Jeffrey, Sergio Schmukler, and Luis Serven, Verifiability and the Vanishing Intermediate Exchange Rate Regime, NBER Working Paper No. 7901, 2000.

[31] Paul R. Masson, Exchange Rate Regime Transitions, *Journal of Development Economics*, Vol. 64, 2001.

[32] Domac, I. and M. Pecia, Banking Crises and Exchange Rate Regimes: Is There a Link, The World Bank Policy Research Working Paper, No. 2489, 2000.

[33] Poirson, Helene, How Do Countries Choose Their Exchange Rate Regime, IMF Working Paper WP/01/46, 2001.

# 第十三章

# 人民币均衡实际汇率与人民币升值的宏观经济影响评价

## 第一节 导论

### 一、问题的提出

1994年人民币汇率并轨后，中国相应地改革了汇率的形成机制和调整机制，开始实行以市场供求为基础的、单一的、有管理的浮动汇率制度。新汇率制度下汇率政策的目标是保持汇率的相对稳定和实现国际收支基本平衡。但1995年以来，人民币汇率的波动幅度非常狭小，"有管理的浮动汇率制度"某种程度上已经退化为钉住美元的内在固定汇率制。这段时期内，由于中国对资本账户实施管制，固定汇率制度和货币政策的独立性并不存在本质上的冲突。但是，随着中国"入世"承诺的兑现以及金融全球化的逐步深入，中国资本账户的开放已成必然趋势。根据蒙代尔的"不可能三角"原理，开放经济条件下，货币政策的独立性、资本的自由流动和固定汇率制度三大政策不可能同时实现，届时，货币政策独立性和固定汇率制度的内在冲突就可能激化。因此，长期而言，解决问题的关键就是要在货币政策的独立性和固定汇率制度上进行抉择。对中国这样一个经济大国来说，货币政策的独立性不可丧失是一个共识，这就决定了中国的汇率制度必将向浮动汇率制度转变。也就是说，在开放经济条件下，要保证货币政策的独立性，从长远来看与中国汇率制度的改革息息相关。

但短期而言，中国资本账户开放的条件尚未成熟，贸然取消资本管制，可能带来严重的后果，这是亚洲金融危机给我们的经验教训。同时，受国内产业结构等因素的限制，中国现阶段对汇率波动的承受能力有限，汇率制度的改革不可能一步到位，必须走渐进式的道路。这就决定了中国现阶段的政策选择是实施适当的资本管制，保证货币政策的独立性，并逐步改革当前钉住美元的内在固定汇率制度，使其向更具弹性的汇率制度发展，最终走向浮动汇率制度。

在人民币汇率制度向更具弹性的汇率制度转变的过程中，理论研究者和政策制定者必然要弄清楚两个问题：第一，人民币汇率相对于其实际经济情况是被高估还是被低估。这是判断人民币汇率是应该贬值还是升值，或者说是判断人民币汇率调整方向的重要依据。第二，人民币汇率调整的宏观经济影响如何，这是判断人民币汇率调整幅度的重要依据。从理论上，前者涉及的是对人民币均衡实际汇率的估计问题，后者涉及的是对人民币币值调整的宏观经济影响进行评价的问题。

## 二、本章的结构安排

本章的主要目的就在于回答上述两个问题。因此,本章的安排如下:第二节是人民币均衡实际汇率的估计,我们在回顾亚洲金融危机以来有关人民币均衡汇率研究的基础上,采用肖(1981)的最优解释变量选择程序,筛选人民币汇率的决定因素,运用计量模型估计1980—2004年的人民币均衡实际汇率,并测算人民币汇率的错位程度;第三节将构建中国的可计算一般均衡模型(CGE),评价人民币升值的宏观经济影响。

# 第二节 人民币均衡实际汇率研究

1994年人民币汇率并轨以来,中国开始实行以市场供求为基础的、单一的、有管理的浮动汇率制度。但实际上,人民币汇率的波动幅度非常狭小,有管理的浮动汇率制度某种程度上已经演变为钉住美元的内在固定汇率制。亚洲金融危机期间,亚洲主要货币都大幅度贬值,而人民币却保持名义汇率不变,引发了人民币的贬值预期和学界的激烈争论;而近年来,中国持续的外贸顺差和资本流入又促成了人民币升值的呼声,人民币汇率问题再次成为关注的焦点。当人们讨论人民币是否应该贬值或升值时,实际上是在对人民币币值是高估还是低估,也即人民币汇率错位(exchange rate misalignment)状况进行判断。从理论上讲,持续的汇率错位会破坏经济的内部均衡和外部均衡,并引发一系列破坏宏观经济稳定和经济可持续增长的问题(张斌,2004),因此,人民币汇率是否错位是汇率政策调整的重要依据。

判断汇率错位的一个核心问题是均衡汇率水平的确定。早期的均衡汇率概念与购买力平价有关,该理论的核心思想是两国货币之间的名义汇率会因通货膨胀的差异而发生变化,以保持实际汇率的恒定(张晓朴,2001)。但事实上,均衡汇率水平可能随着一国内外经济环境的变化而变化。因此,这种汇率错位的衡量方式也就备受争议。

20世纪60年代以来,经济学家们逐渐认识到基本经济要素的变动也会影响实际汇率的均衡水平。威廉森(Williamson,1985)提出基本要素均衡理论(fundamental equilibrium real exchange rate,FEER),将要素均衡实际汇率定义为:对于给定的其他相关变量(例如税收、国际价格及技术水平等)的可持续值,使得内部均衡和外部均衡同时实现的实际汇率。内部均衡意味着当前的不可贸易品市场在现在和未来能实现供求均衡，并且失业水平处于“自然”状态；外部均衡意味着经常账户余额（现在和未来）与长期可持续的资本流动相匹配。因此，实际汇率错位就是指现实的实际汇率对其要素均衡汇率水平的偏离。

但 FEER 是一种“理想化”的均衡汇率，在实证研究中很难验证。与 FEER 理论不同，行为均衡汇率理论（behavioral equilibrium real exchange rate，BEER）并不是从宏观经济均衡模型中推导出均衡汇率①，而是关注实际汇率本身，采用简约方程，从统计意义上确定实际汇率与各种汇率决定因素的长期均衡关系。BEER 因具有操作性强的特点而得到广泛的运用，但 BEER 方法的运用却依赖于选择决定因素的理论指导。② 一旦识别出决定因素，我们便可采用协整（cointegration）技术检验实际汇率与这些决定因素之间的长期均衡关系，并以此作为计算汇率错位的基础。

爱德华兹（Edwards，1989 和 1994）和艾奥巴德维（Elbadawi，1994）提出的均衡实际汇率模型充分考虑了发展中国家宏观经济的特征，如外汇管制、贸易壁垒和平行汇率等，为研究发展中国家均衡实际汇率问题提供了理论依据。

## 一、常见的均衡汇率模型

在介绍均衡汇率模型之前，必须对常用的汇率概念，包括名义汇率、实际汇率、有效汇率和均衡汇率进行辨析。

名义汇率是两种货币的兑换之比，它由外汇市场的供求关系决定；而实际汇率是进行价格调整后的汇率，它反映了一国商品与服务相对于另一国商品与服务的价格。在实际计算中，由于用于调整的物价指数不同，就有不同意义上的实际汇率。主要分为两大类：内部实际汇率和外部实际汇率。前者是利用国内贸易品价格和非贸易品价格计算的，后者是利用国内外相对价格水平计算的，可以用消费品价格，也可以用工业品批发价格。

实际汇率也是一种理论抽象的汇率，是人为计算出来用于分析研究的一个指标，反映的是实际购买力水平或变化。从短期来看，实际汇率的变动可能由名义汇率的变动引起，也可能由两国物价水平的相对变动引起；但从长期来看，实际汇率的变动是由实体经济层面的各种因素，比如

---

① 见本章参考文献[29]，克拉克和麦克唐纳（Clark and MacDonald，1998）。

② 见本章参考文献[43]，蒙蒂埃尔（Montiel，1999）指出均衡实际汇率的长期决定因素可概括为：国内供给因素、财政政策、国际经济环境的变化和经济自由化政策。

劳动生产率、消费偏好、贸易条件、经济结构、政府支出等的变化引起的。

有效汇率是对各种双边汇率加权平均而得到的一种汇率，权数一般为一国对另一国的贸易额在其对外贸易总额中所占的比重。这种汇率用来综合反映一国货币的对外价值及其变化情况，以避免单一双边汇率在反映本国货币对外价值方面的片面性和不准确性，也就是说，有效汇率能反映一国货币对外价值的总体变化情况。名义汇率和实际汇率都可用来计算有效汇率，从而得到名义有效汇率和实际有效汇率。

均衡汇率是一种理论上的汇率水平，在现实经济中无法观测到，只能通过模型进行测算。早期，人们通常采用购买力平价方法来测算均衡汇率，但它仅从价格水平上考虑均衡问题；后来，经济学家认为基本经济变量也会影响汇率水平，由此提出了均衡实际汇率的概念，也即在中长期内，能使一国经济处于内外均衡的汇率水平。均衡实际汇率无论是在理论研究上，还是在政策操作上都具有重要的意义。从理论上讲，均衡实际汇率是现实汇率的形成基础，在一定程度上决定着现实汇率中长期的变动方向，当现实汇率接近均衡实际汇率时，它就相对稳定；当现实汇率明显偏离均衡实际汇率时，就会产生回归均衡汇率的反弹动力，偏离越远，反弹动力越强。从政策操作上讲，均衡实际汇率是政府制定、调整名义汇率，或通过干预引导市场汇率变化的重要依据，因为政府在调整汇率或进行干预之前，必须明确：合理的汇率水平在哪里？市场汇率在多大程度上偏离了合理水平？

国际上广泛接受的均衡汇率模型主要有以下几种：

### （一）基础因素均衡汇率理论

基础因素均衡汇率理论（fundamental equilibrium exchange rates，FEER）最早是由威廉姆森（1985）提出的，并得到了广泛的使用和实证检验。FEER 所定义的均衡汇率是与宏观经济因素内外均衡相一致的实际有效汇率，这些内部宏观经济均衡主要是指开放经济条件下的充分就业（失业率为自然失业率水平）、低通货膨胀率；外部宏观经济均衡是指经常账户的可持续性。

宏观经济均衡的核心方程式是经常账户与资本账户之和为零，即：

$$CA + KA = 0 \tag{13-1}$$

FEER 方法所关注的重点是经常账户的影响因素，这些因素可以认为是国内和国外产出或需求的加总（$y_d$ 和 $y_f$）。实际有效汇率 $q$ 被用来估计均衡汇率。与资本账户相关的许多中期因素也要考虑在内，方程（13-1）可以改写为：

$$CA = b_0 + b_1 q + b_2 \overline{y_d} + b_3 \overline{y_f} = -\overline{KA} \quad (13\text{-}2)$$

其中,$b_1 < 0, b_2 < 0, b_3 > 0$。

解方程(13-2)可以得到:

$$\text{FEER} = (-\overline{KA} - b_0 - b_2 \overline{y_d} - b_3 \overline{y_f}) / b_1 \quad (13\text{-}3)$$

方程(13-3)表明 FEER 是与中期宏观经济相一致的均衡汇率。FEER 通过外生给定变量的办法来估计均衡汇率,而这些变量必须是满足内外均衡条件的。就方法本身而言,FEER 并不是汇率决定的理论,该方法隐含假定了实际有效汇率会收敛于 FEER。因此,该理论可以认为是中期经常账户决定理论。

### (二) 自然均衡汇率理论

自然均衡汇率理论(natural real exchange rate, NATRE)由杰罗姆·L. 斯坦(Jerome L. Stein, 1995)系统提出。自然均衡汇率是指在不考虑周期性因素、投机资本流动和国际储备变动的情况下,由实际基本经济要素决定的、使国际收支实现平衡的实际汇率。自然均衡汇率是一种动态的均衡,它会随着各种内生、外生基本经济要素的持续变动而变动。在资本高速流动的情况下,劳动生产率、资本密集度以及对外净负债等经济要素都会影响所需长期资本的流入,改变均衡实际汇率。NATREX 模型可以用下式描述:

$$I - S + CA = 0 \quad (13\text{-}4)$$

其中,$I$ 表示所需的投资,$S$ 表示所需的储蓄,$CA$ 表示所需的经常账户差额,假定上述各项经济指标是在充分产出、对通货膨胀预期正确的状态下取得的。当存在对货物的过度需求时,实际汇率升值,以实现新的均衡。

一国所需的储蓄和投资依赖于本国当前的资本和财富存量以及对国外的净负债。当这些反映存量的指标变动时,NATREX 所描述的均衡汇率也是变动的。只有当经济达到长期均衡状态,即基本经济要素和实际资产的存量保持不变时,NATREX 均衡汇率才恒定不变。

NATREX 的核心是一组一般均衡模型,这些模型为经验数据提供了有逻辑的经济判断。迄今为止自然均衡汇率理论已被成功地应用于西方许多国家。

### (三) 适用于发展中国家的均衡实际汇率理论

适用于发展中国家的均衡实际汇率理论(equilibrium real exchange rate, ERER)最早是由爱德华兹(Edwards, 1989)提出来的,后来经爱德华兹(Edwards, 1994)本人和艾奥巴德维(Elbadawi, 1994)等人的修正和扩展而逐步得到完善。均衡实际汇率采用贸易品对非贸易品的相对价格表示。假定其他变量(如税收、国际贸易条件、资本流动和技术等)可持续,那么将会同时实现经济的内外部均衡。当非贸易品市场现在和将来出清时,实现内部均衡;当前和将来的经常账户余额与长期可持续的资本流一致时,就实现了外部均衡。

除了通过基本经济要素变量估计均衡实际汇率以外,爱德华兹构建了一个最能体现理论核心的实际汇率向均衡汇率调整的动态方程:

$$\Delta \log e_t = \theta(\log e_t^* - \log e_{t-1}) - \lambda(Z_t - Z_t^*) + \phi(\log E_t - \log E_{t-1}) - \varphi(PMPRT_t - PMPRT_{t-1})$$

其中,$e_t$,$e_t^*$ 分别是实际汇率和均衡实际汇率,$Z_t$ 是代表宏观经济政策的指标(如国内信贷增长速度等),$Z_t^*$ 是宏观经济政策的可持续水平,$PMPR_t$ 是名义汇率,$\theta,\lambda,\phi,\varphi$ 是黑市汇率相对于官方汇率的升贴水,反映调整过程的参数。从而,该模型充分考虑了发展中国家的外汇管制、平行汇率等特征,常被用做发展中国家均衡实际汇率研究的理论基础。

(四)行为均衡汇率理论

行为均衡汇率理论(behavioral equilibrium exchange rates,BEER)是由克拉克和麦克唐纳(Clark 和 Macdonald,1998)提出的,其表达式为:

$$q_t = \boldsymbol{\beta}_1' \boldsymbol{Z}_{1t} + \boldsymbol{\beta}_2' \boldsymbol{Z}_{2t} + \boldsymbol{\tau}' \boldsymbol{T}_t + \varepsilon_t \tag{13-5}$$

其中,$\boldsymbol{Z}_1$ 是长期内影响汇率的基本经济因素向量;$\boldsymbol{Z}_2$ 是中期内影响汇率的基本经济因素向量;$\boldsymbol{T}$ 是影响汇率的短期、临时因素组成的向量;$\varepsilon$ 是随机扰动项。

在式(13-5)中,可观测到的实际汇率完全由基本经济因素 $Z_1$ 和 $Z_2$、短期因素 $T$、随机误差 $\varepsilon$ 解释。定义现时均衡汇率 $q'$ 为:

$$q_t' = \boldsymbol{\beta}_1' \boldsymbol{Z}_{1t} + \boldsymbol{\beta}_2' \boldsymbol{Z}_{2t} \tag{13-6}$$

$q_t'$ 是由中、长期基本经济要素的现时值确定的汇率水平,相应地,定义现时汇率错位(current misalignment)$cm_t$ 为实际观测到的汇率与现时均衡汇率之差,即:

$$cm_t = q_t - q_t' = q_t - \boldsymbol{\beta}_1' \boldsymbol{Z}_{1t} - \boldsymbol{\beta}_2' \boldsymbol{Z}_{2t} = \boldsymbol{\tau}' \boldsymbol{T}_t + \varepsilon_t \tag{13-7}$$

但是基本经济要素本身也会偏离可持续的、预期水平,因此有必要进一步定义总的汇率错位水平 $tm_t$,$tm_t$ 是实际观测到的汇率与基本经济要素可持续的长期值所确定的汇率之差:

$$tm_t = q_t - \boldsymbol{\beta}_1' \overline{\boldsymbol{Z}_{1t}} - \boldsymbol{\beta}_2' \overline{\boldsymbol{Z}_{2t}} \tag{13-8}$$

式(13-8)中的 $\overline{\boldsymbol{Z}_{2t}}$、$\overline{\boldsymbol{Z}_{2t}}$ 代表基本经济要素可持续的长期值。对式(13-8)右边进行变换,减去和加上 $q_t'$,总的错位水平可以分解为两部分:

$$tm_t = (q_t - q_t') + [\boldsymbol{\beta}_1'(\boldsymbol{Z}_{1t} - \overline{\boldsymbol{Z}_{1t}}) + \boldsymbol{\beta}_2'(\boldsymbol{Z}_{2t} - \overline{\boldsymbol{Z}_{2t}})] \tag{13-9}$$

由于 $q_t - q_t' = \tau' T_t + \varepsilon_t$，因此式(13-8)可改写为：

$$tm_t = \tau' T_t + \varepsilon_t + [\beta_1'(Z_{1t} - \overline{Z_{1t}}) + \beta_2'(Z_{2t} - \overline{Z_{2t}})] \quad (13\text{-}10)$$

在式(13-10)中，总的汇率错位被分解为三方面的因素：短期临时因素、随机扰动因素和基本经济要素偏离其可持续水平的程度。

BEER 模型既可用于测算均衡汇率，又可用于解释实际观测汇率变动的原因，并且具有较强的可操作性。因此，我们采用 BEER 模型来确认人民币的均衡汇率。

## 二、人民币均衡汇率文献综述

亚洲金融危机发生以来，对人民币均衡汇率的研究方法主要有购买力平价法、BEER 模型、发展中国家均衡实际汇率模型和一般均衡模型，具体如表 13-1 所示。

**表 13-1　人民币均衡汇率主要研究成果综述**

| 作者 | 均衡汇率模型 | 变量选取 | 样本与协整检验方法 | 主要结论 |
|---|---|---|---|---|
| 施建淮、余海丰(2005) | BEER | 贸易条件；非贸易品与贸易品相对价格比；净对外资产；贸易政策变量 | 1991 年 $q_1$—2004 年 $q_3$；Johansen 协整检验 | 1992 年 $q_1$—1994 年 $q_4$：低估，其中，1992 年 $q_2$—1992 年 $q_3$：严重低估；1995 年 $q_1$—1999 年 $q_2$：高估，其中，1997 年 $q_1$—1998 年 $q_2$：严重高估；1999 年 $q_3$ 以后，汇率转为低估，且低估程度有进一步扩大趋势 |
| 张斌(2003) | 简约一般均衡下的单方程模型(BEER) | 贸易条件；开放度；外商直接投资；国际市场出口品价格；国内投资占总吸收的比例；HBS 效应 | 1992 年 $q_1$—2002 年 $q_4$；Johansen 检验确定协整个数；Engle-Granger 两步法构建协整方程 | 贸易条件和开放度对人民币实际汇率的影响不显著；1994—2001 年保持稳定的升值趋势；2002 年以后处于低估状态 |
| 张晓朴(1999) | BEER | 贸易条件；劳动生产率；广义货币供应量；国外净资产；人民币利率 | 1984 年 $q_1$—1999 年 $q_1$；Engle-Granger 两步法 | 1984—1985 年：高估；1989—1990 年：高估；1987—1988 年年末：低估；1997—1999 年：人民币并没有明显高估 |

（续表）

| 作者 | 均衡汇率模型 | 变量选取 | 样本与协整检验方法 | 主要结论 |
| --- | --- | --- | --- | --- |
| 王维国、黄万阳(2005) | Edwards 的均衡实际汇率模型 | 贸易条件；开放度；政府支出；全要素生产率 | 1980—2003 年；Johansen 检验确定协整个数；Engle-Granger 两步法构建协整方程 | 1982—1985 年：持续高估，其中，1983—1984 年：严重高估；1986—1994 年：持续低估；1996—2002 年：持续高估，其中，1997—1998 年严重高估；2003 年轻度低估，其余年份接近均衡水平 |
| 储幼阳(2004) | Edwards 的均衡实际汇率模型 | 贸易条件；开放度；财政支出占 GDP 比重；国外净资产占 GDP 比重 | 1980—2002 年；Engle-Granger 两步法 | 1982—1985 年：显著高估；1995 年轻度高估；1997—1998 年高估程度加剧，其后高估幅度变小；2002 年基本处于均衡状态 |
| 林伯强(2002) | Elbadawi 的发展中国家均衡实际汇率模型 | 贸易条件；开放度；广义货币增长率 | 1955—2001 年；Johansen 协整方法 | 计划经济时期：高估；改革开放后：长期低估；1997—1998 年明显高估；2000 年根本性好转 |
| 张晓朴(2000) | Elbadawi 的发展中国家均衡汇率模型 | 贸易条件，开放度，政府支出占 GDP 比重 | 1978—1999 年；Engle-Granger 两步法 | 1986—1988 年：低估；1991—1995 年：低估；1983—1985 年：高估；1989—1990 年：高估；1997—1999 年：高估 |
| 窦祥胜、杨炘(2004) | 购买力平价、外汇的影子价格和因素回归 | | 1981—2001 年 | 1985 年以前：人民币长期高估；1985 年以后低估高估交替出现 |
| 陈学彬(1999) | 相对购买力平价 | | 1990—1999 年 | 20 世纪 90 年代以来，人民币兑美元的汇率不是高估而是低估 |
| 卜永祥、秦宛顺(2002) | 动态一般均衡模型 | 探讨关税税率调整、货币供应量增长率变化，财政政策变化对均衡实际汇率的长期效应 | | 降低关税使人民币面临贬值压力；政府增加税收，减少对贸易品的消费则有利于人民币的升值；国外实际利率下降，实际货币供应量增长率都将引起人民币贬值 |
| 卜永祥、Rod Tyers(2001) | 扩展的 Devarajan-Lewis-Robinson 三商品一般均衡模型 | 估计均衡实际有效汇率的时间路径 | | 1996 年以前的均衡实际有效汇率较为平坦；推测亚洲金融危机以前，人民币汇率低估在 5%—12% |

注：表中 $q$ 表示季度，$q_1$ 表示第一季度，$q_2$ 表示第二季度，以此类推。

从表 13-1 我们可以看出,由于所采用的理论模型不同,多数文献在变量的选取上就存在差异。但应该看到的是,即使采用相同均衡汇率模型作为理论依据,变量的选取也存在差异。例如,林伯强(2002)通过肖的最优变量选择程序进行变量筛选,认为实际汇率的决定因素有贸易条件、开放度和广义货币增长率;而张晓朴(2000)却认为实际汇率的决定因素有贸易条件、开放度和政府支出占 GDP 比重。同样的差异也存在于王维国、黄万阳(2005)和储幼阳(2005)之间。另外,由于数据的可获得性,实际汇率决定因素通常采用替代变量来衡量,但不同研究所选取的替代变量也存在差异。例如,张晓朴(1999)采用 GDP 反映劳动生产率;王维国、黄万阳(2005)采用全要素生产率来反映劳动生产率。再加上样本区间和数据频率的差别,人民币均衡汇率的结论并非完全相同,如张晓朴(1999)认为 1997—1999 年,人民币并没有明显高估,而其他研究(购买力平价法和一般均衡模型除外)均认为这段时间人民币汇率明显高估。

购买力平价法从价格本身入手,没有考虑实际经济变量对实际汇率的影响,用其作为均衡汇率的衡量方式受到经济学家的诸多批判;而采用一般均衡框架来测算均衡汇率却要面临如下问题:第一,模型方程设定和参数的准确估计存在相当难度;第二,难以剔除短期动态过程;第三,过多的方程模糊化了影响实际均衡汇率的解释因素。因此,本文不采用这两种研究方法,而是采用计量模型来研究人民币的均衡汇率与汇率错位问题。

从人民币实际汇率决定因素来看,几乎所有的研究(购买力平价法和一般均衡模型除外)均包括贸易条件和开放度,但张斌(2003)认为贸易条件和开放度对人民币实际汇率的影响不显著。这种结论并不奇怪,因为协整方法仅是从统计意义上发现变量之间的长期均衡关系,再加上中国是个转型经济,经济结构相对不稳定等因素,一些理论支持的汇率决定因素可能对实际汇率的影响不显著,而一些不包含在理论框架中的因素却对实际汇率有影响。鉴于此,我们采用 BEER 理论,从蒙蒂埃尔(Montiel,1999)建议的基本面变量中,选取可能的变量,然后运用肖的最优解释变量选择程序,逐一对解释变量进行筛选,得出最优解释变量,而后进行协整分析。

## 三、变量选取

为反映人民币对外总价值的变化情况,我们采用实际有效汇率(REER)[①]来衡量实际汇率。根据蒙蒂埃尔(Montiel,1999)并借鉴近年来

---

① 间接标价法,REER 升高表示人民币升值,下降表示贬值。1995 年 =100,数据来源于 IFS。

人民币均衡汇率研究的文献中的变量选取情况，我们选取的实际汇率决定因素包括贸易条件（TOT）、开放度（OPEN）、政府支出（GEXP）、投资变量（INVEST）、劳动生产率（PROD）、外商直接投资（FNIV）和广义货币增长率（M2G），其中，开放度采用不变价格的进出口总额占不变价格的GDP比重来衡量，政府支出采用不变价格的财政支出占不变价格的GDP比重来衡量，投资变量采用不变价格的固定资产形成占不变价格的GDP比重来衡量。贸易条件的数据来源于世界银行，生产率采用郭庆旺、贾俊雪（2005）的估计数值，其余数据均来源于各期的IFS（*International Financial Statistics Yearbook*）和《中国统计年鉴》，样本区间为1980—2004年，数据为年度数据。对各变量取对数，分别记为：LREER、LTOT、LOPEN、LGEXP、LM2G、LINVEST和LFNIV，这样它们之间的线性系数就是弹性系数。PROD时间序列存在负数，无法取对数，我们保持原序列。

## 四、实证分析

### （一）最优解释变量的选择

肖的最优解释变量选择程序是以格兰杰（Granger，1969）的因果概念和赤池（Akaike，1970）的最终预测误差（FPE）标准为基础的，采用一个多元分布选择过程来同时决定有关的解释变量和它们的最优滞后期。步骤如下：

第一步，将所有非平稳时间序列转化为平稳时间序列。首先对各序列进行单位根检验，判断每个变量的平稳性。

第二步，应用最小化FPE准则，决定因变量自身的最优滞后期。如果$LQ$是一阶差分平稳的，则需对$\Delta LQ$进行自回归：

$$\Delta LQ_t = \mu + \sum_{j=1}^{m} \beta_j \Delta LQ_{t-j} \tag{13-11}$$

使FPE($m$)最小化的$m^*$就是因变量自身的最优滞后期限。FPE准则的定义是：

$$\mathrm{FPE}(m) = \left[\frac{(T+m+1)}{(T-m-1)}\right] \times \left[\frac{RSS(m)}{T}\right] \tag{13-12}$$

式（13-12）中$T$是样本长度，$RSS$表示残差平方和，$m$为自回归方程的滞后期。在本研究中取$m=1,2,3,4$。

第三步，将因变量的滞后期$m^*$视为给定，用因变量自身的最优滞后变量加上其余的一个解释变量进行二元回归。对解释变量集合中的每个变量均重复这一步骤。并计算：

$$\text{FPE}(m^*,n) = \left[\frac{(T+m+n+1)}{(T-m-n-1)}\right] \times \left[\frac{RSS(m^*,n)}{T}\right] \quad (13\text{-}13)$$

其中 $n$ 为二元回归中解释变量的滞后期。对于任一解释变量,都有一个 $n^*$ 使式(13-13)最小化。如果 $\text{FPE}(m^*,n^*) > \text{FPE}(m^*)$,则可认为该潜在的解释变量未在格兰杰因果关系的意义上影响被解释变量。任何未在格兰杰因果关系的意义上影响人民币实际汇率的变量均应从模型中剔除。与所有二元回归中最小的 $\text{FPE}(m^*,n^*)$ 相应的解释变量便是这一步中最优的选择。

第四步,进行一系列三元回归,每个三元回归都包含前两步的最优选择,并从其余的解释变量中选出第三个解释变量。采取类似步骤,直到所有的解释变量要么被包括到模型中来,要么被剔除出去。

根据以上方法,我们首先采用 ADF 单位根检验方法,对各经济变量的时间序列的平稳性进行检验,检验结果表明各时间序列均是一阶单整的,如表 13-2 所示。

**表 13-2 ADF 单位根检验结果**

| 变量 | 检验形式($C,T,L$) | ADF 统计量 | 5%临界值 |
|---|---|---|---|
| $LREER$ | $(C,T,0)$ | -1.0070 | -3.6122 |
| $\Delta LREER$ | $(N,N,0)$ | -2.7398** | -1.9564 |
| $LTOT$ | $(C,T,0)$ | -2.4663 | -3.6122 |
| $\Delta LTOT$ | $(C,N,0)$ | -5.0662** | -2.9981 |
| $LOPEN$ | $(C,T,0)$ | -2.1341 | -3.6122 |
| $\Delta LOPEN$ | $(C,N,0)$ | -4.4984** | -2.9981 |
| $LGEXP$ | $(C,T,1)$ | -1.3403 | -3.6220 |
| $\Delta LGEXP$ | $(N,N,0)$ | -2.5719** | -1.9564 |
| $LM2G$ | $(C,T,0)$ | -1.9521 | -3.6122 |
| $\Delta LM2G$ | $(C,N,0)$ | -3.9529** | -2.9981 |
| $LINVEST$ | $(C,N,1)$ | -2.1780 | -2.9981 |
| $\Delta LINVEST$ | $(N,N,1)$ | -3.3998** | -1.9572 |
| $LFNIV$ | $(C,N,1)$ | -0.2228 | -3.0207 |
| $\Delta LFNIV$ | $(N,N,0)$ | -1.9989** | -1.9572 |
| $PROD$ | $(C,T,0)$ | -2.9234 | -3.6122 |
| $\Delta PROD$ | $(C,N,0)$ | -5.6600** | -2.9981 |

注:检验形式 $C$、$T$ 和 $L$ 分别表示单位根检验方程中的常数项、趋势项和滞后阶数,$N$ 指不包括常数项或趋势项;**表示在 5% 水平下显著。

根据肖的选择程序(如表 13-3 所示),投资变量($\Delta LINVEST$)、劳动生产率($\Delta RPOD$)和外商直接投资($\Delta LFNIV$)并没有在格兰杰因果关系上影响实际汇率,我们将其从模型中剔除。这样,我们筛选的实际汇率决定因素包括贸易条件(*LTOT*)、开放度(*LOPEN*)、政府支出(*LGEXP*)和广义货币增长率(*LM2G*)。

**表 13-3　肖的最优解释变量选择结果**

| 最优变量 | 最优滞后期限 | *FPE* |
|---|---|---|
| *LEER* | 1 | 0.010093 |
| *LTOT* | 3 | 0.007939 |
| *lOPEN* | 2 | 0.006817 |
| *LGEXP* | 0 | 0.00647 |
| *LM2G* | 0 | 0.002792 |

(二) 协整分析

协整关系描述的是两个或多个非平稳时间序列的均衡关系。虽然两个或多个变量的时间序列是非平稳的,但是它们的某种线性组合却是平稳的,那么这种线性关系就体现了变量之间的长期关系。

恩格尔和格兰杰(Engle 和 Granger,1987)给出了协整的定义:

对于 $m$ 维向量时间序列$\{x_t\}$,如果

(1) $\{x_t\}$的分量序列是$I(d)$序列;

(2) 存在一个向量$\boldsymbol{\beta}\neq 0$,使得$\boldsymbol{\beta}'X_t \sim I(d-b)$, $b>0$。

则称$\{x_t\}$的分量序列存在$(d,b)$阶协整关系,记为$\{x_t\}\sim CI(d,b)$,而$\boldsymbol{\beta}$称做协整向量。

当 $m=2$ 时,协整向量$\boldsymbol{\beta}$是唯一的;当 $m>2$ 时,向量时间序列$\{x_t\}$中可能存在多个协整关系,设有 $r$ 个线性独立的协整向量,按顺序排列成一个 $m\times r$ 的矩阵$\boldsymbol{\beta}$,称为协整矩阵,矩阵$\boldsymbol{\beta}$的秩称为协整的秩。

协整关系的确定一般有恩格尔和格兰杰(Engle & Granger,1987)基于最小二乘估计的两步法和约翰森(Johansen,1988 和 1991)、约翰森和朱斯罗斯(Johansen & Juselius,1990)提出的极大似然估计方法(maximum likelihood method)。由于约翰森的极大似然估计法对小样本偏差较为敏感,相比之下两步法对滞后阶数的不恰当设定和均衡模型中的序列相关更为稳健(Hargreaves,1994),且能得到具有一致性的系数,因此,我们采用约翰森方法确定协整个数,而后采用两步法估计协整方程。

由于研究样本仅有 25 个数据,可能存在小样本偏差,我们采用陈和莱(Cheung & Lai,1993)的方法对临界值进行矫正,作为判断协整个数的基础。检验结果表明存在一个协整关系(如表 13-4 所示)。

表 13-4　约翰森协整检验结果

| 协整方程个数 | 迹统计量 | 5%临界值 | 矫正后的 5%临界值 |
| --- | --- | --- | --- |
| None* | 104.70280 | 69.81889 | 96.97076 |
| At most 1 | 63.54125 | 47.85613 | 66.46690 |
| At most 2 | 27.49441 | 29.79707 | 41.38485 |
| At most 3 | 7.15693 | 15.49471 | 21.52045 |
| At most 4 | 0.04729 | 3.84147 | 5.33537 |

注：矫正因子为 $T/(T-nk)$，$T$ 为样本观测值，$n$ 为解释变量个数（包括常数和虚拟变量），$k$ 为滞后阶数。

采用恩格尔-格兰杰两步法估计协整等式，估计结果如下：

$$\begin{aligned} LREER = & -0.269LOPEN + 2.847LTOT + 0.658LGEXP - \\ & \quad(-4.093) \qquad\quad (7.808) \qquad\quad (9.227) \\ & 0.185LM2G - \quad 7.648 \\ & (-4.603) \quad (-4.578) \end{aligned} \tag{13-14}$$

调整后的 $R^2$ 为 0.9788；$DW$ 统计量为 1.502，递归残差累计和（CUSUM）检验以及递归残差平方累计和（CUSUM of Squares）检验表明模型参数是稳定的。对估计方程的残差进行单位根检验，不带趋势项的 ADF 统计量为 -3.5902，在 5%的显著性水平下拒绝原假设，说明残差是平稳的，等式（13-14）反映了变量之间的长期均衡关系。

协整等式（13-14）表明开放度提高会引起实际有效汇率贬值，两者之间的弹性系数为 -0.269；贸易条件改善会引起实际有效汇率升值，两者之间的弹性系数为 2.847；财政支出占 GDP 的比重上升，实际有效汇率升值，两者之间的弹性系数为 0.658；广义货币增长率上升，从长期来看将引起实际有效汇率贬值，两者之间的弹性系数为 -0.185。

## 五、人民币汇率错位的测算与分析

协整等式（13-14）可用来计算均衡实际汇率，但要先剔除基本经济变量的短期成分，提取长期可持续值。我们采用 HP 滤波法提取基本经济变量的长期成分，代入等式（13-14），可求出人民币的均衡实际汇率（ERERHP）（如图 13-1 所示）。

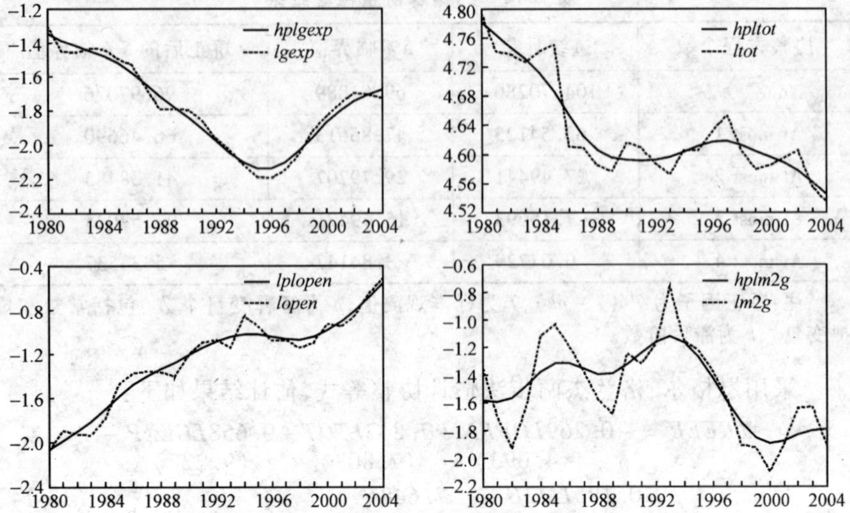


**图 13-1　基本汇率决定变量的 HP 滤波图①**

人民币实际汇率错位可通过如下公式计算：

$$Misalignment = \frac{reer - ererhp}{ererhp} \times 100\% \tag{13-15}$$

$Misalignment > 0$ 表示人民币实际汇率高估，$Misalignment < 0$ 表示人民币实际汇率低估。

图 13-2 显示了人民币均衡实际汇率与实际有效汇率走势的偏离程度。

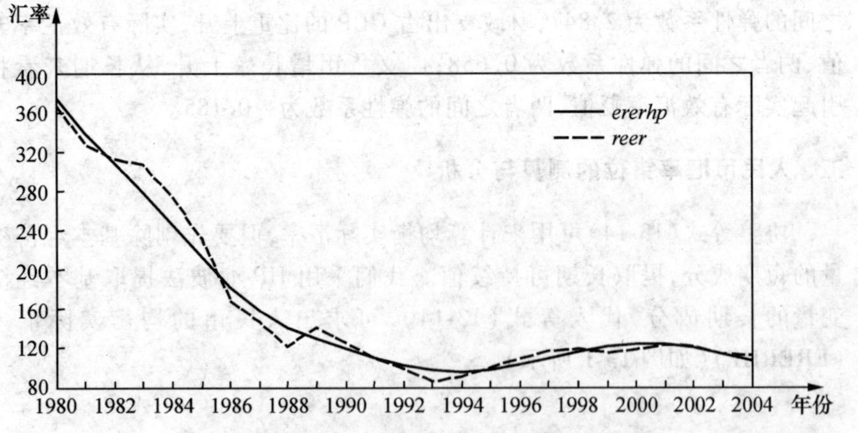


**图 13-2　人民币实际有效汇率与均衡实际汇率**

① *hpltot* 表示经过 HP 滤波后的对数贸易条件序列，*ltot* 的含义如前所述。其余序列含义类似。

从图 13-3 可以看出,1994 年汇率体制改革前,中国经历了两次汇率高估:一次发生在 1983—1985 年;另一次发生在 1989—1990 年。这段时间内,人民币汇率也经历了两次低估:一次发生在 1986—1988 年,另一次发生在 1992—1994 年。我们所估计的人民币汇率错位情况与张晓朴(1999)基本是一致的,但错位程度却相对较小,高估程度超过 10% 的年份只有 1983 年和 1984 年,低估程度超过 10% 的年份只有 1988 年。

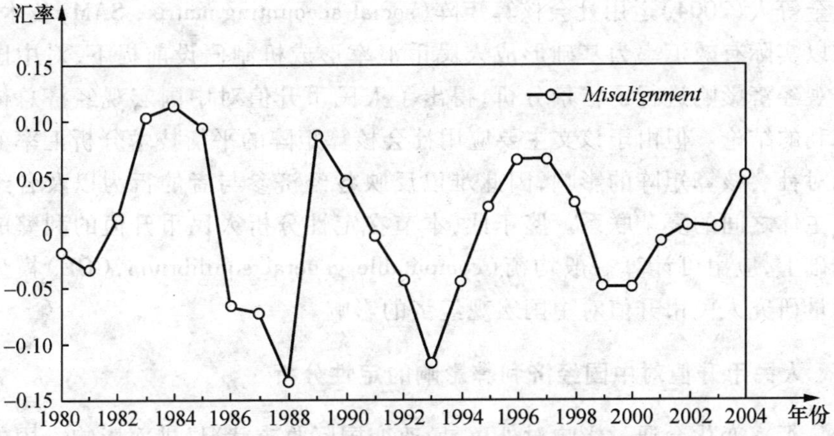


**图 13-3　人民币实际汇率错位情况**

1994 年汇率体制改革后,人民币币值高估和低估也是交错发生的。1996—1998 年亚洲金融危机间,人民币币值存在高估现象,但高估幅度仅在 7% 左右,低于 10% 的警戒线。到了 1999—2000 年,人民币币值进入低估阶段,但低估幅度仅在 5% 左右。2001—2003 年,人民币币值基本处于均衡状态,但 2004 年来却有高估的趋势。

## 第三节　人民币升值的宏观经济影响评价——可计算一般均衡模型

2005 年 7 月 21 日,中国人民银行发布了完善人民币汇率形成机制的公告。其主要内容包括:① 人民币对美元升值 2%;② 人民币汇率不再钉住单一美元,而是按照中国对外经济发展的实际情况,选择若干种主要货币,赋予相应的权重,组成一个货币篮子。同时,根据国内外经济金融形势,以市场供求为基础,参考一篮子货币计算人民币多边汇率指数的变化,对人民币汇率进行管理和调节,维护人民币汇率在合理均衡水平上的基本稳定。

人民币的小幅升值是符合中国的现实经济情况的,大幅度的汇率调整必然会造成宏观经济的较大波动。尽管此次人民币汇率体制改革的影响在短期内还难见端倪,但其"宏观效应如何"无疑是一个值得深入研究的重要课题。最近以来,张曙光(2005)应用经济计量学及弹性分析法研究了人民币升值的成本效益问题。而系统研究汇率变化的宏观经济影响的理想工具是一般均衡理论与方法,但这方面的研究成果目前尚不多见。范金等人(2004)运用社会核算矩阵(social accounting matrix, SAM)技术,在以实际有效汇率为基础形成人民币汇率形成机制假设前提下,对中国宏观经济影响进行了情景分析,得出了人民币升值对中国宏观经济总体有利的结论。但由于该文主要应用社会核算矩阵的平衡技术分析汇率变化对社会核算矩阵的影响,因此难以反映各经济参与者的行为以及各经济主体之间的复杂联系。鉴于此,本节在定性分析人民币升值的利弊的基础上,应用可计算一般均衡(computable general equilibrium, CGE)模型定量研究人民币升值对中国宏观经济的影响。

## 一、人民币升值对中国经济利弊影响的定性分析

汇率变化会通过影响对外贸易,改变国际收支状况,进而影响一国的经济增长。显然,人民币升值也是一把双刃剑,它将从正反两个方面影响中国经济(刘艳辉等,2003)。

### (一)积极影响

从正面分析,人民币升值有如下好处,这也是国内赞同人民币升值的观点体现:

(1)国外产品价格将下降,有利于增加中国对国外高质量消费品和生产设备的进口,提高生活水平和产业制造水平。人民币如果升值,在中国强大的经常账户平衡作用之下,中国家庭的平均收入有可能会有所增加,购买能力也会相应提高,从而帮助十多亿人提高现有的生活水平,也为国内制造业向制造高质量产品转轨提供条件,进而提高中国各个产业的竞争力。

(2)企业的国外投资能力将增强。当前,中国更注重出口和引进外资。但随着同国际市场的进一步融合,中国企业为开拓销售渠道,将不断扩大海外投资,而人民币升值有利于提高企业在国外市场的投资能力,促使企业"走出去",这样不仅能够降低使用进口原材料比率较高的厂商的生产成本,也会促进中国企业进一步加快国际化步伐。

(3)偿还外债还本付息所需人民币的数量会相应减少,一定程度上可减缓外债负担。

(4) 人民币升值将有利于中国公民出国学习，将有更多家庭能送子女到海外自费留学。

(5) 增加中国货币的吸引力，有利于中国经济在世界经济中的地位的提升。中国 GDP 在世界经济中所占的比重（按美元计算）1980 年为 2.5%，1990 年降到 1.8%，1998 年为 3.4%。其原因就在于人民币对美元汇率在 1980—1994 年大幅贬值。如果人民币升值，中国的 GDP 就会超过德、法，成为世界第三经济大国。

(二) 消极影响

人民币升值对中国经济的影响将主要体现在所产生的负面影响上。如果人民币升值，将影响到中国对外贸易、吸引外资、国内就业、物价水平以及金融改革的稳定发展，影响到中国许多产业的国际竞争力。特别是在中国财政赤字已经扩大、货币政策调整的空间有限、房地产泡沫等不利的国内经济条件下，人民币升值可能将对中国的经济增长带来极为不利的负面影响。蒙代尔教授简单而且全面地概括了人民币升值对中国经济至少将产生的六大影响：首先将影响中国出口，给中国出口带来极大的危害；同时，将使中国货币政策面临更大压力；导致中国对外资的吸引力下降，减少外商对中国的直接投资；降低中国企业的利润率，增大就业压力；财政赤字和银行呆坏账可能因人民币升值而增加；进而影响中国货币政策的稳定。

(1) 出口增长将受到制约。近十年来，特别是近年来，中国对外出口不仅保持了较快增长，而且相当于 GDP 的比重基本稳定在 20% 左右，成为拉动中国经济快速增长的重要因素。今后继续保持出口的较快增长，对中国经济稳定和快速发展意义十分重大。如果人民币升值，出口商的生产成本和劳动力成本均会相应提高。在国际市场价格保持不变的情况下，出口利润的下降将严重影响出口商的积极性。另一方面，如果出口商为维持一定利润而提高价格，将会削弱出口产品的国际竞争力，不利于出口的持续扩大和产品在国际市场上占有率的提高。特别是目前中国主要以极易替代的制造业产品出口为主，一旦出口受阻，极易发生制造业向国外转移，从而失去中国作为发展中国家所具有的低劳动力成本的优势。由于作为中国优势产业的劳动密集型企业的产品档次不高，附加值含量低，人民币升值将对中国大量劳动密集型出口产品的国际市场价格竞争力造成伤害。与此同时，国际贸易领域新的保护主义又不断抬头，一些发达国家设置各种非关税壁垒如环保标准、质量标准、技术标准和卫生标准等对进口实行限制，并滥用反倾销手段保护其国内市场，中国劳动密集型出口产品很容易受到这些壁垒限制,出口形势并不乐观。而“入世”后,随着中国同世界市场的进一步融合,进口将呈不断上扬的势头,增长速度将日益加快,因此今后几年贸易顺差将逐步缩小甚至出现反转,如果人民币被迫升值,将使目前的这种状况更加恶化。

(2) 不利于吸引外资和加工贸易产业升级。从20世纪90年代中期开始,中国吸引外商直接投资迅速增长,2006年达到694.08亿美元(实际数)。外商直接投资已经成为促进中国经济发展的重要力量。如果人民币升值,不仅会直接增加外商在华投资建厂、购置设备的成本,而且还会提高外商在华的劳动力成本,对中国进一步吸引外资产生影响。此外,在华外国企业的经营目前已逐步进入成熟发展期,外资利润汇出的要求也在逐年增大,人民币升值将提高其利润的外汇收益,并可能因此加大资本外流规模,对国际收支平衡产生压力。这都将影响到外商投资企业投资与利润再投资的规模以及产业本地化的进程,不利于中国加工贸易产业的持续发展、升级。

(3) 不利于中国缓解通货紧缩。自从1997年以来,中国统计的消费者价格指数每年上升1%—1.5%,已经接近通货紧缩的警戒线。中国目前的通货紧缩主要来自劳动力市场。由于有效劳动力迅速增长,质量也逐步提高,但经济的快速增长并不足以抵消这种压力,所以工资增长缓慢,造成通货紧缩。如果人民币升值,经济增长将更趋缓慢,劳动力市场由于供给过剩,竞争将加剧,工资不会上涨,通货紧缩将更严重。另外,由于通货紧缩提高了货币的购买水平,使人们的储蓄倾向增加,而消费和投资减少,将造成有效需求的进一步萎缩。同时,通货紧缩导致的物价持续下跌将使实际利率水平上升,企业生产和投资的成本升高,迫使企业减少投资需求,缩减产量,导致利润水平下降。这将会影响中国各项培育和刺激内需政策的效用,可能会加大中国公司赢利的难度,使不良贷款恶化,中国经济的良好前景将因此受到损害。而且,通货紧缩发展到一定程度,可能导致财政危机、外汇危机和货币危机,还可能进一步转变为恶性通货膨胀,最终导致人民币大幅度贬值。

(4) 不利于缓解国内就业压力。2003年中国城镇登记失业人数近800万人,此外,约2.15亿农村低技能劳动力也需要寻找就业岗位,中国的劳动力就业形势相当严峻。目前外经贸行业提供的就业机会超过7000万人,很多新增就业机会也是由本国出口企业和外资企业提供的。人民币升值对出口行业和外商直接投资的影响,最终将体现在就业上,势必对当前就业环境的改善造成一定冲击。另外,人民币汇率上升还会导致中国非贸易品(诸如土地、劳动等生产要素)价格的上升,从而减弱国内需求,进而给就业市场带来严重的负面影响。

(5) 不利于货币政策的有效发挥。由于人民币面临升值压力,为保持人民币汇率的基本稳定,央行必须在外汇市场上大量购进外汇,从而使以外汇占款形式投放的基础货币相应增加。而增发的货币会主要流入持有外汇的机构和个人手中,它们的投资意愿和方向与经济发展对资金运用的需求有可能存在偏差,可能导致无投资意向或无生产性投资意愿的群体获得大量的资金,而有项目和投资愿望的一些民间投资者却缺乏资金支持。由此将出现货币供应量虽在持续增长,但供给结构差异造成资金使用效率低下的现象,从而影响货币政策的作用力度。

(6) 影响国际收支的平衡和金融市场的稳定。由于中国金融监管体系不健全,金融市场发展相对滞后,在人民币升值的市场预期的影响下,国际套汇投机资本会通过各种渠道进入中国。如果人民币升值,将使这些投机资本的套汇成为可能,并将导致国际套汇投机资本的继续进入,对人民币升值形成新的压力。这部分具有投机性质的资本,不太可能投向实业,而是流入变现容易、流动性极高的金融证券市场。在这种情况下,大量短期资本通过各种渠道流入证券市场的逐利行为,将成为金融市场动荡的潜在因素,容易引发货币和金融危机,对中国经济持续健康发展造成不利影响。另外,中国各类金融机构内在激励和风险控制机制严重缺失,若放开人民币汇率,实行主要由市场供求决定的浮动汇率制度,金融机构还不具备承担汇率风险的能力,还无法承受人民币汇率自由浮动所带来的冲击。

综上所述,人民币升值将对经济产生复杂的影响,而具体的效果如何尚需综合量化分析。

## 二、可计算一般均衡模型①

### (一) 模型概述

可计算一般均衡模型是目前应用经济管理领域最基本的组成部分。该模型自其产生至今的三十多年来,已在发达国家和发展中国家得到了广泛应用。不仅大多数国家和地区开发了自己的 CGE 模型,一些多区域的 CGE 模型也被建造出来。它们被广泛地应用于政策分析的研究。中国虽然在 CGE 模型的研究和开发方面起步较晚,但发展势头迅猛,目前

① 由于本研究的 CGE 模型系统涉及了大量数学公式和程序计算,为节省篇幅和便于阅读,本文仅对此进行概括性的介绍,而将数学公式等全部省略。

已取得了较丰富的研究成果(郑玉歆等,1999;李善同等,2000;王慧炯等,2000;张金水,2000)。事实上,CGE 模型已成为政策分析的一个标准工具。与其他模型相比,CGE 模型具有如下特点:(1) 模型中具有多个相互作用的经济主体和市场;(2) 主体行为由最优化条件推出;(3) 模型不是对某一计划制订者的目标进行优化,而是确定一种分权均衡;(4) 通常有非常详细的部门划分;(5) 适合于政策模拟分析。

CGE 模型在著名的阿罗-德布鲁(Arrow-Debreu)模型一般均衡理论的框架下,明确而具体地定义了经济主体的生产函数与需求函数,因而它能够反映出不同部门之间和不同市场之间的相互依赖和相互作用的关系。它所能揭示的经济联系比部分均衡或宏观计量经济模型更为广泛。尽管用于实际政策分析的 CGE 模型规模一般都比较大,但由于它们清晰的微观经济结构以及宏观与微观之间的连接关系,包含对因果关系和行为机制的描述,因而不是一个“黑箱”。通过 CGE 模型,对不同政策选择的争论最终可归结为行为假设、模型参数和所考虑的政策目标方面的差异。这种模型可以作为政策分析人员与决策者之间沟通的桥梁,成为他们对话的基础。

CGE 模型的一般均衡框架使它能描述多个市场和机构的相互作用,可以估计某一特殊的政策变化所带来的直接和间接影响,以及对经济系统整体的全局性影响。而且,CGE 模型通常对经济系统结构有详细的描述,这些结构包括产业结构、就业结构、增加值的构成等。CGE 模型可以包括详尽的产业部门和居民家庭组。该模型的多居民组的特点使其能作详细的消费者剩余和收入分配分析,而这对于本课题的政策评价是非常重要的。人们一般认为,当价格、经济结构和宏观经济现象都是重要的影响因素时,CGE 模型是较为合适的分析工具。

建立 CGE 模型的基础是社会核算矩阵(social accounting matrix, SAM),它是一个反映经济中的商品和服务流(包括贸易流)、生产要素和各种支付的矩阵。不同政策对均衡价格和 SAM 中各个元素的影响都反映在这个矩阵中。CGE 模型能够保证其结果具有一致性,换言之,任何外部的冲击或内部的政策变化所带来的后果都必然要在模型的解中反映出来。在既定的技术水平(即生产函数)下,产出增加必然伴随着相应的投入增加。根据需求的变化,任何增加的产出必须在国内得以消费或出口,而需求变化又依赖于相对收入和价格。同时,居民的收支必须相等,每个地区的国际收支也必须平衡。至于政府,账户平衡要求任何补贴和转移支付都必须有其来源。

本研究在CGE模型中运用对比实验,它是比较静态分析方法的实证模拟。这种实验首先假设模型中的经济系统处于一个在给定政策框架下的一般均衡状态,利用给定基期的数据计算出模型中的各种参数值,从而使模型的数值正好能够重生成基期的数据(即标定)。通过比较基期年数据和政策参数变化后的模型解,我们可以对不同幅度的人民币升值进行对比分析。

(二)模型结构及其特征

本节使用的中国CGE模型是在我们参考其他学者的同类模型的基础上,以国际食品政策研究所的标准CGE模型为蓝本开发的(Lofgren等,2002;Robinson,1999;Ginsburgh,1997)。该模型由六大方程模块组成:数量方程、价格方程、收入与储蓄方程、支出方程、供给—需求平衡以及宏观闭合(Robinson,1999)。

数量方程模块描述供给方的行为。模型假设每个生产部门通过使用进口品和国产品的合成品投入、劳动和资本等要素投入,生产一种用于内销或出口的商品,这种多投入多产出的生产设定,在一系列可分性假设下,各部门的总产出是各种投入之间的两层嵌套的列昂惕夫/不变替代弹性(CES)生产函数的结合(如图13-4所示);各部门的总产出是出口品和内销品之间的不变转换弹性(CET)函数。在生产过程中,作为竞争性价格市场的价格接受者,每个生产部门都要进行投入构成决策和产出构成决策。鉴于此,假设在给定生产技术条件下,每个生产部门的投入决策按成本最小化原则确定其与产出水平相应的有效投入及其构成,假设每个生产部门的产出决策按收入最大化确定该部门产出中用于内销

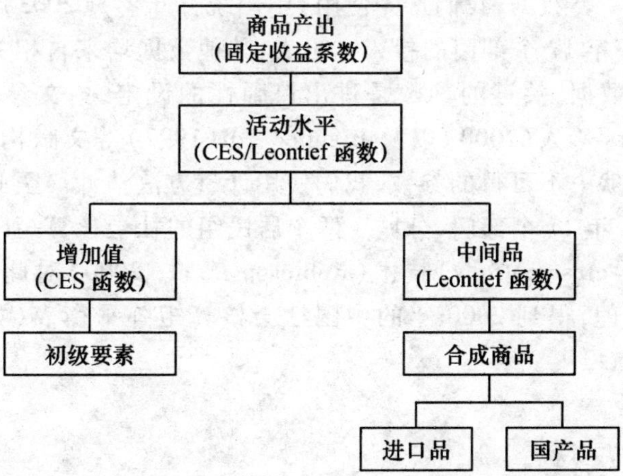


**图13-4 生产技术框架**

和出口的比例。

在进口方程中，模型使用阿明顿（Armington，1969）假设来处理国产品和进口品之间的不完全替代性，同时假设进口品的世界价格外在给定，中国是价格的接受者。在该价格下，进口供给具有无穷弹性，即接受小国假设。

在CGE模型中，当汇率可浮动时，国际收支平衡条件给出关于外汇的过度需求方程，该方程解给出名义汇率。由于贸易品的国内价格由名义汇率乘以外生的世界价格给出，此名义汇率用做贸易品与不可贸易品之间的相对价格。如果选择国内价格为基准价格，则名义汇率对应于实际汇率。因此，实际升值就意味着贸易品将变得相对便宜。本模型的闭合准则为：实际汇率固定，外资净流入由国际收支条件内生决定。从而可模拟人民币汇率变化的影响。

需要指出的是，不能既将此处的汇率定义为“美元”换算成人民币的转换因子，又定义为被称为一篮子可贸易品价值与一篮子不可贸易品价值之间的比率。但容易证明，当我们选择总价格水平为基准价格时，汇率仍然是可贸易品与不可贸易品的相对价格的线性单调函数（何新华等，2003），即此时的本币升值对应于本币的实际升值。

（三）基准数据与模型闭合

CGE模型的数据要求主要包括两类信息：第一类是某一年的总体信息，如国民经济核算信息、居民家庭收入与支出、投入产出系数、税收、贸易以及国际收支数据；第二类数据包括国际贸易弹性、贸易政策参数、替代弹性以及阿明顿加总函数等系统的重要参数。

对于第一类数据，我们首先使用《中国统计年鉴》（2003）公布的最新的中国2000年17个部门的投入产出表，其他数据均来自相关统计年鉴。至于第二类数据，关键的参数是进出口弹性的设定，本文参考范金等人（2004）、Cerra等人（2000）以及Brender Adi（1992）等文献构造而成。对于一些从文献中不可得的参数，我们使用计量方法估计。至此，我们构造出中国2000年17个部门、分城乡两个居民组的社会核算矩阵原始表，进而应用跨熵（cross-entropy）技术（Robinson et. al，2000）对此原始表进行平衡优化处理，得到2000年的中国社会核算矩阵平衡表（如表13-5所示）。

**表 13-5　中国社会核算矩阵平衡表(2000)**

单位:万元

| | 活动 | 商品 | 劳动力 | 资本 | 企业 | 家庭 | 政府 | 金融 | 资本形成总额 | 国外 | 合计 |
|---|---|---|---|---|---|---|---|---|---|---|---|
| 活动 | | 2 575 925 608 | | | | | | | | | 2 575 925 608 |
| 商品 | 1 652 050 832 | | | | | 457 191 467 | 114 521 084 | | 321 952 582 | 233 474 404 | 2 779 190 369 |
| 劳动力 | 491 825 452 | | | | | | | | | 165 700 | 491 991 152 |
| 资本 | 147 444 515 | | | | | | | | | 10 386 092 | 157 830 606 |
| 企业 | 147 505 651 | | | 136 205 204 | | | 2 792 101 | 18 096 930 | | | 304 599 885 |
| 家庭 | | | 491 423 884 | | 3 751 127 | | 11 920 455 | 725 545 | | | 507 821 011 |
| 政府 | 137 099 158 | 7 671 868 | | | 9 982 396 | 1 574 157 | | | | 5 842 698 | 162 170 277 |
| 金融 | | | | | 68 199 247 | 49 025 481 | 17 684 326 | | | 76 269 942 | 211 178 996 |
| 资本形成总额 | | | | | 222 667 115 | | 14 810 036 | 67 241 692 | | 17 233 738 | 321 952 582 |
| 国外 | | 195 592 893 | 567 268 | 21 625 402 | | 29 906 | 442 274 | 125 114 829 | | | 343 372 574 |
| 合计 | 2 575 925 608 | 2 779 190 369 | 491 991 152 | 157 830 606 | 304 599 885 | 507 821 011 | 162 170 277 | 211 178 996 | 321 952 582 | 343 372 574 | |

CGE模型的宏观闭合,主要是区分内生变量和外生变量。外生变量的不同选择,反映了对宏观行为和要素市场的不同假设。鉴于本研究的主要目的是模拟人民币升值对中国经济的短期静态效应,我们选择比较静态的宏观短期闭合,假设:① 各部门的资本存量不变;② 实际总投资外生;③ 以国内总价格水平为基准价格;④ 实际汇率固定并且它仅能通过升(贬)值外生变动,而外资净流入由国际收支条件内生决定;⑤ 政府收入内生决定,而政府支出外生。

## 三、人民币升值对中国经济影响的模拟分析

应用上述模型,我们就可以模拟各种幅度的人民币升值对中国宏观经济、不同产业的影响,宏观影响模拟结果如表13-6所示,部门影响模拟结果如表13-8到表13-12所示。

**表13-6 人民币升值对中国宏观经济的影响(相对于基期的变化率%)**

| 变量 | 升值2.5% | 升值5% | 升值10% | 升值15% | 升值20% |
|---|---|---|---|---|---|
| 汇率 | -2.50 | -5.00 | -10.00 | -15.00 | -20.00 |
| GDP削减因子 | 0.00 | 0.00 | 0.00 | 0.00 | 0.00 |
| 投资 | 0.00 | 0.00 | 0.00 | 0.00 | 0.00 |
| 总税收 | -0.09 | -1.79 | -3.20 | -7.01 | -10.52 |
| 实际GDP | -0.08 | -0.29 | -0.73 | -1.79 | -2.18 |
| 实际总出口 | -2.50 | -5.27 | -11.31 | -20.20 | -31.53 |
| 实际总进口 | 1.48 | 3.14 | 7.07 | 12.22 | 18.92 |
| 总就业 | -0.13 | -0.37 | -1.01 | -1.68 | -2.25 |
| 城镇居民消费 | 0.04 | -0.05 | -1.62 | -3.37 | -5.22 |
| 农村居民消费 | -0.06 | -1.14 | -2.38 | -6.37 | -9.22 |
| 总储蓄 | -0.22 | -2.65 | -5.29 | -7.06 | -10.59 |

### (一)宏观经济影响

表13-6给出了人民币各种升值幅度下对主要宏观经济变量的影响。根据模拟结果,我们将人民币升值对宏观经济的总体影响概括如下:

(1)人民币升值10%将使实际GDP下降0.73个百分点。但这种影响是非线性的,随着人民币升值幅度加大,对实际的负面GDP影响也在快速上升,当升值20%时,实际GDP则下降近2.2个百分点。与此相反,当人民币升值5%时,实际GDP仅下降0.29;而当人民币升值2.5%时,实际GDP仅下降0.08。

(2) 由于假设投资和资本存量保持不变,GDP 的下降只能来自于劳动力使用的下降,即就业的下降。例如,当升值 10% 时,就业下降 1.01%。由表 13-6 中可见,就业变化具有和 GDP 相同的趋势,这可能和生产函数的设定有关。

(3) 本币的升值直接作用于贸易品的国内价格,从而使进出口数量呈明显的变化趋势。这在表 13-6 中也得到了体现。但不论是进口还是出口,它们的变化也并非和汇率之间表现出线性趋势,即进出口对人民币汇率的弹性是变动的:随着升值幅度的加大,出口下降的幅度在加大,而进口并未显著上升。这是因为本币的大幅度升值的直接后果是使本国出口大幅下降,产生巨额贸易赤字,致使国际收支状况恶化,本国经济萎缩,失业率上升,国民收入下降。

(4) 人民币升值对居民消费的影响呈现有趣的现象。当人民币仅升值 2.5% 时,城市居民消费不降反升 0.04 个百分点,但农村居民消费下降 0.06。这是因为本币升值增加的进口消费品的购买者主要是城镇居民,而升值带来的农产品的增加会损害农民的利益,加大城乡差距;而当升值幅度进一步加大时,所有居民消费均快速下降。

(5) 税收与 GDP 呈现相似的变化态势。由于我们假定政府支出固定,本币的大幅升值使政府收入快速下降,自然会使财政赤字上升。

综上所述,人民币升值对中国宏观经济总量的影响虽各有千秋,但有一点是确定的:人民币小幅度升值(比如 5% 以下)对宏观经济总体并无大的影响,而大幅度升值对宏观经济的危害极大。

(二) 部门影响

为便于分析人民币各种升值的部门影响,我们将分部门的基准数据列于表 13-7 中。表 13-8 到表 13-12 分别提供了人民币升值 5%—20% 对各部门的影响效果。总体来看,升值幅度越高,对各部门的影响就越大;而同一幅度的升值对不同部门的影响又不同,具体数值参见各表。总体而言,制造业较其他行业大,能源行业受到的影响也较大。制造业是中国出口的主要行业,也是吸纳劳动力大军的主战场。因此,制造业出口受阻将对中国极为不利,不仅会使出口下降,而且会使目前严峻的就业状况雪上加霜。目前中国的宏观经济状况已不同于 2000 年,能源又再次成为中国经济发展的约束,人民币升值将降低能源进口的本币成本,缓解能源短缺的压力。

表 13-7 中国 2000 年分部门的基准数据

| | 产出（10 亿元） | 出口（10 亿元） | 进口（10 亿元） | 就业（万人） |
|---|---|---|---|---|
| 农业 | 1 529.6 | 58.5 | 54.3 | 33 355.0 |
| 采掘业 | 468.0 | 40.1 | 159.6 | 932.0 |
| 食品制造业 | 461.1 | 93.1 | 58.1 | 779.4 |
| 纺织、缝纫及皮革产品制造业 | 449.5 | 445.9 | 113.0 | 1 348.8 |
| 其他制造业 | 299.6 | 130.6 | 120.2 | 700.0 |
| 电力及蒸汽、热水生产和供应业 | 346.1 | 0.0 | 0.0 | 284.0 |
| 炼焦、煤气及石油加工业 | 207.2 | 22.6 | 50.8 | 162.5 |
| 化学工业 | 522.0 | 191.9 | 269.1 | 1 263.6 |
| 建筑材料及其他非金属矿物制品业 | 185.6 | 39.4 | 23.1 | 642.6 |
| 金属产品制造业 | 313.9 | 145.1 | 205.3 | 1 056.9 |
| 机械设备制造业 | 998.0 | 815.6 | 810.3 | 2 050.2 |
| 建筑业 | 594.3 | 2.5 | 4.1 | 3 552.0 |
| 运输邮电业 | 544.6 | 76.2 | 15.8 | 2 029.0 |
| 商业饮食业 | 735.3 | 149.9 | 6.9 | 4 686.0 |
| 公用事业及居民服务业 | 506.1 | 100.4 | 52.2 | 4 352.0 |
| 金融保险业 | 384.3 | 1.6 | 20.5 | 327.0 |
| 其他服务业 | 689.5 | 6.7 | 4.8 | 5 643.0 |
| 总计 | 9 234.7 | 2 319.9 | 1 968.2 | 63 163.8 |

资料来源：根据《中国统计年鉴》(2005)中的“2000 年中国投入产出表”及《中国劳动统计年鉴》(2001)计算。

表 13-8 人民币升值 5% 情景下的部门影响(%)

| | 产出 | 出口 | 进口 | 就业 |
|---|---|---|---|---|
| 农业 | −0.3 | −0.9 | 1.0 | −0.1 |
| 采掘业 | −0.6 | −3.7 | 3.2 | −1.4 |
| 食品制造业 | −0.1 | −1.2 | 1.8 | −0.1 |
| 纺织、缝纫及皮革产品制造业 | −0.6 | −6.5 | 1.5 | −0.5 |
| 其他制造业 | −0.5 | −3.9 | 2.9 | −0.8 |
| 电力及蒸汽、热水生产和供应业 | −0.4 | 0.0 | 0.0 | −0.6 |
| 炼焦、煤气及石油加工业 | −0.6 | −7.5 | 3.1 | −0.9 |
| 化学工业 | −0.4 | −3.0 | 1.2 | −0.6 |
| 建筑材料及其他非金属矿物制品业 | −0.3 | −10.1 | 4.2 | −0.5 |
| 金属产品制造业 | −0.5 | −6.1 | 1.7 | −0.8 |
| 机械设备制造业 | −0.2 | −1.5 | 0.6 | −0.3 |
| 建筑业 | 0.0 | −0.5 | 1.2 | 0.0 |
| 运输邮电业 | −0.3 | −4.5 | 2.5 | −0.4 |
| 商业饮食业 | −0.2 | −2.1 | 1.5 | −0.3 |
| 公用事业及居民服务业 | −0.2 | −2.0 | 2.4 | −0.3 |
| 金融保险业 | −0.2 | −7.5 | 5.1 | −0.4 |
| 其他服务业 | 0.0 | −0.9 | 1.8 | 0.0 |

**表 13-9 人民币升值 10%情景下的部门影响(%)**

| | 产出 | 出口 | 进口 | 就业 |
|---|---|---|---|---|
| 农业 | −6.8 | −1.9 | 2.1 | −0.9 |
| 采掘业 | −5.1 | −13.1 | 6.8 | −3.6 |
| 食品制造业 | −4.5 | −15.2 | 3.8 | −4.8 |
| 纺织、缝纫及皮革产品制造业 | −11.7 | −13.1 | 3.2 | −3.6 |
| 其他制造业 | −8.2 | −8.2 | 6.2 | −5.5 |
| 电力及蒸汽、热水生产和供应业 | 0.0 | 0.0 | 0.0 | 0.0 |
| 炼焦、煤气及石油加工业 | −9.3 | −51.0 | 6.6 | −8.0 |
| 化学工业 | −8.4 | −6.4 | 2.6 | −3.2 |
| 建筑材料及其他非金属矿物制品业 | −1.2 | −3.7 | 8.8 | −2.7 |
| 金属产品制造业 | −2.8 | −12.8 | 3.5 | −3.1 |
| 机械设备制造业 | 3.1 | −11.1 | 1.3 | −6.8 |
| 建筑业 | −1.1 | −1.1 | 2.5 | −0.1 |
| 运输邮电业 | −9.5 | −9.8 | 5.2 | −0.6 |
| 商业饮食业 | −4.4 | −4.6 | 3.3 | −3.1 |
| 公用事业及居民服务业 | −4.2 | −5.7 | 5.0 | −0.4 |
| 金融保险业 | −15.9 | −16.3 | 10.7 | −3.1 |
| 其他服务业 | −1.8 | −1.9 | 3.8 | −0.7 |

**表 13-10 人民币升值 15%情景下的部门影响(%)**

| | 产出 | 出口 | 进口 | 就业 |
|---|---|---|---|---|
| 农业 | −1.5 | −9.0 | 2.9 | −3.6 |
| 采掘业 | −15.0 | −17.8 | 11.4 | −2.8 |
| 食品制造业 | −6.5 | −15.4 | 5.5 | −9.3 |
| 纺织、缝纫及皮革产品制造业 | −5.4 | −16.6 | 12.2 | −6.2 |
| 其他制造业 | −8.2 | −17.7 | 11.1 | −7.5 |
| 电力及蒸汽、热水生产和供应业 | −6.0 | −1.0 | 0.0 | −3.8 |
| 炼焦、煤气及石油加工业 | −9.3 | −32.0 | 25.8 | −1.2 |
| 化学工业 | −6.5 | −13.8 | 5.3 | −3.0 |
| 建筑材料及其他非金属矿物制品业 | −5.4 | −45.8 | 36.0 | −2.3 |
| 金属产品制造业 | −5.7 | −27.5 | 9.7 | −6.2 |
| 机械设备制造业 | −3.5 | −2.5 | 1.7 | −2.1 |
| 建筑业 | −0.2 | −2.3 | 2.0 | −1.9 |
| 运输邮电业 | −4.7 | −20.4 | 42.2 | −5.3 |
| 商业饮食业 | −3.6 | −9.5 | 83.6 | −2.1 |
| 公用事业及居民服务业 | −3.1 | −8.9 | 9.7 | −2.7 |
| 金融保险业 | −4.2 | −34.1 | 7.1 | −3.8 |
| 其他服务业 | −0.4 | −3.9 | 4.3 | −0.9 |

**表 13-11　人民币升值 20%情景下的部门影响(%)**

| | 产出 | 出口 | 进口 | 就业 |
|---|---|---|---|---|
| 农业 | -2.6 | -21.0 | 8.1 | -3.9 |
| 采掘业 | -21.1 | -34.1 | 26.6 | -12.9 |
| 食品制造业 | -2.6 | -28.9 | 14.7 | -13.9 |
| 纺织、缝纫及皮革产品制造业 | -9.1 | -38.7 | 12.6 | -12.7 |
| 其他制造业 | -13.6 | -41.6 | 24.1 | -21.4 |
| 电力及蒸汽、热水生产和供应业 | -10.1 | 0.0 | 0.0 | -2.0 |
| 炼焦、煤气及石油加工业 | -15.6 | -52.3 | 25.9 | -6.5 |
| 化学工业 | -10.8 | -35.6 | 10.0 | -6.7 |
| 建筑材料及其他非金属矿物制品业 | -9.0 | -21.8 | 34.3 | -7.7 |
| 金属产品制造业 | -14.0 | -35.4 | 13.7 | -5.3 |
| 机械设备制造业 | -5.9 | -48.0 | 5.2 | -7.2 |
| 建筑业 | -0.3 | 0.0 | 9.7 | -3.6 |
| 运输邮电业 | -7.8 | -14.5 | 20.4 | -3.4 |
| 商业饮食业 | -5.9 | -3.5 | 12.7 | -4.8 |
| 公用事业及居民服务业 | -5.1 | -5.2 | 19.5 | -3.8 |
| 金融保险业 | -7.0 | -1.6 | 41.7 | -1.2 |
| 其他服务业 | -4.6 | -6.5 | 0.0 | -3.5 |

**表 13-12　人民币升值 20%情景下的部门增加值、就业和贸易的变化(%)**

| | 出口 | 进口 | 产出 | 就业 |
|---|---|---|---|---|
| 农业 | -0.07 | 8.14 | -2.55 | -2.55 |
| 采掘业 | -1.35 | 26.64 | -24.94 | -24.94 |
| 食品制造业 | -0.10 | 14.70 | -2.56 | -2.56 |
| 纺织、缝纫及皮革产品制造业 | -0.12 | 12.60 | -9.07 | -9.07 |
| 其他制造业 | -0.32 | 24.12 | -13.63 | -13.63 |
| 电力及蒸汽、热水生产和供应业 | 0 | 0 | -10.05 | -10.05 |
| 炼焦、煤气及石油加工业 | -2.22 | 25.88 | -15.59 | -15.59 |
| 化学工业 | -0.25 | 9.97 | -10.81 | -10.81 |
| 建筑材料及其他非金属矿物制品业 | -0.82 | 34.31 | -9.01 | -9.01 |
| 金属产品制造业 | -0.49 | 13.69 | -14.03 | -14.03 |
| 机械设备制造业 | -0.04 | 5.17 | -5.88 | -5.88 |
| 建筑业 | -0.04 | 9.72 | -0.31 | -0.31 |
| 运输邮电业 | -0.36 | 20.37 | -7.83 | -7.83 |
| 商业饮食业 | -0.17 | 12.71 | -5.92 | -5.92 |
| 公用事业及居民服务业 | -0.16 | 19.50 | -5.14 | -5.14 |
| 金融保险业 | -0.61 | 41.69 | -6.99 | -6.99 |
| 其他服务业 | -0.07 | 0.03 | -0.64 | -0.64 |

## 四、结论及政策含义

本研究以2000年的数据为基准,应用可计算的一般均衡模型综合评价了人民币升值对中国经济的影响。现将主要发现总结如下:

(1) 人民币升值对中国实际GDP增长的影响(即中国实际GDP对人民币汇率的弹性)不是线性变化的,而是呈现出拟指数的快速上升趋势。也就是说,实际GDP对人民币汇率的弹性不是常数。例如,当人民币升值5%时,实际GDP下降0.29%;而当人民币分别升值10%和20%时,实际GDP分别下降0.73%和2.18%。

(2) 人民币升值对中国进出口的影响的模拟结果与理论观点和直观判断是一致的。升值降低了进出口品的人民币价格,从而使得出口下降、进口增加。但进出口贸易额对人民币汇率的弹性也不是常数,它们的绝对值也是随着升值幅度的加大而加大的,即随着升值幅度的加大,出口更快速下降,而进口也较快上升。

(3) 人民币升值对就业不利,这也与人们的直观判断和理论分析是一致的。但就业的下降幅度也是随着升值幅度的上升而上升的。

(4) 人民币升值对城乡居民消费的影响不同。极小幅度(2.5%)的升值会导致城镇居民消费上升,加大升值幅度,使城镇居民消费下降。而对于农村居民而言,任何升值都是不利的。可见,升值会加大城乡差距,不利于农村扶贫。

(5) 人民币升值对不同部门的影响不同,受冲击较大的是劳动密集型的制造业。对此应引起高度重视。

基于上述分析,我们可得出的基本结论是,人民币的大幅度升值(10%以上)对中国经济整体不利,而小幅度的升值(5%以下)对中国宏观经济的负面影响甚微。可见,此次人民币汇率形成机制的改革,既缓解了要求人民币升值的巨大的国内外压力,形成了更为灵活的汇率机制,又形成了微乎其微的负面的宏观影响。因此,此次汇制改革是一个正确的选择。不过,我们的计算结果也表明:有关部门要设法避免10%以上幅度的人民币升值,因为人民币的大幅度升值对中国宏观经济整体不利。

## 参考文献


[1] 卜永祥、Rod Tyers:“中国均衡实际有效汇率:一个总量一般均衡分析”,《经济研究》,2001,(6):21—32。

[2] 卜永祥、秦宛顺:“关税、货币政策与中国实际均衡汇率”,《经济研究》,2002,(5):13—21。

[3] 陈学彬:“近期人民币实际汇率变动态势分析——兼谈分析实际汇率应注意的问题”,《经济研究》,1999,(1):22—28。

[4] 储幼阳:“人民币均衡汇率实证研究”,《国际金融研究》,2004,(5):19—24。

[5] 窦祥胜、杨炘:“人民币均衡汇率估计——不同方法的比较”,《数量经济技术经济研究》,2004,(4):34—41。

[6] 范金、王艳、梁俊伟:“中国进出口弹性研究”,《当代经济科学》,2004,(4):87—92。

[7] 范金、郑庆武等:“完善人民币汇率形成机制对中国宏观经济影响的情景分析——一般均衡分析”,《管理世界》,2004,(7):29—42。

[8] 郭庆旺、贾俊雪:“中国全要素生产率的估算:1979—2004”,《经济研究》,2005,(6):51—60。

[9] 何新华、吴海英、刘仕国:“人民币汇率调整对中国宏观经济的影响”,《世界经济》,2003,(11):13—20。

[10] 李善同、翟凡、徐林:“中国加入世界贸易组织对中国经济的影响——动态一般均衡分析”,《世界经济》,2000,(2):3—14。

[11] 林伯强:“人民币均衡实际汇率的估计与实际汇率错位的测算”,《经济研究》,2002,(12):60—69。

[12] 刘艳辉、张静、汪寿阳:“人民币升值对中国和世界经济影响分析”,《国际技术经济研究》,2003,(4):1—8。

[13] 施建淮、余海丰:“人民币均衡汇率与汇率失调:1991—2004”,《经济研究》,2005,(4):34—45。

[14] 王慧炯、李泊溪、李善同:《中国实用宏观经济模型 1999》,北京:中国财政经济出版社 1999 年版。

[15] 王维国、黄万阳:“人民币均衡实际汇率研究”,《数量经济技术经济研究》,2005,(7):3—14。

[16] 张斌:“人民币汇率重估与汇率制度改革——基于均衡汇率理论的视角”,《管理世界》,2004,(3):58—66。

[17] 张斌:“人民币均衡汇率:简约一般均衡下的单方程模型研究”,《世界经济》,2003,(11):3—12。

[18] 张金水:《可计算非线性动态投入产出模型》,北京:清华大学出版社 2000 年版。

[19] 张曙光:“人民币汇率问题:升值及其成本-收益分析”,《经济研究》,2005,(5):17—30。

[20] 张晓朴:《人民币均衡汇率研究》,北京:中国金融出版社 2001 年版。

[21] 张晓朴:“均衡与失调:1978—1999 人民币汇率合理性评估”,《金融研究》,2000,(8):13—24。

[22] 张晓朴:“人民币均衡汇率的理论与模型”,《经济研究》,1999,(12):70—77。

[23] 郑玉歆、樊明太:《中国 CGE 模型及政策分析》,北京:社会科学文献出版社

1999 年版。

[24] Akaike, H., Statistical Predictor Identification, *Annals of the Institute of Statistical Mathematics*, 1970, (22):203—217.

[25] Armington, P. A., A Theory of Demand for Products Distinguished by Place of Production, IMF Staff Papers, 1969, Vol. 16.

[26] Brender Adi, China's Foreign Trade Behavior in the 1980s: An Empirical Analysis, WP/92/5, 1992.

[27] Cerra V., Saxena S., An Empirical Analysis of China's Export Behavior, IMF Working Paper, WP/02/2000, 2000.

[28] Cheung, Y-W and K. Lai, Finite Sample Sizes of Johansen's Likelihood Ratio Tests for Cointegration, *Oxford Bullet in of Economics and Statistics*, 1993, (55): 313—328.

[29] Clark, Peter B. and MacDonald, Ronald, Exchange Rates and Economic Fundamentals: A Methodological Comparison of BEERs and FEERs, International Monetary Fund Working Paper, WP/98/67, Washington, DC: IMF, 1998.

[30] Edwards, Sebastian, *Real Exchange Rates, Devaluation, and Adjustment Exchange Rate Policy in Developing Countries*, MIT Press, 1989.

[31] Edwards, Sebastian, Real and Monetary Determinants of Real Exchange Rate Behavior: Theory and Evidence from Developing Countries, In John Williamson, ed., *Estimating Equilibrium Exchange Rates*, Washington, DC: Institute for International Economics, 1994.

[32] Elbadawi Ibrahim A., Estimating Long-Run Equilibrium Real Exchange Rate, In John Williamson, ed., *Estimating Equilibrium Exchange Rates*, Washington, DC: Institute for International Economics, 1994.

[33] Engle, Robert F. and C. W. J. Granger, Co-integration and Error Correction: Representation, Estimation, and Testing, *Econometrica*, 1987, (55): 251—276.

[34] Ginsburgh, V. and M. Keyzer, *The Structure of Applied General Equilibrium Models*, Cambridge, Mass, MIT Press, 1997.

[35] Granger, C. W. J., Investigating Causal Relations by Econometric Models and Cross-Spectral Methods, *Econometrica*, 1969, (37): 424—438.

[36] Hargreaves, C., *Nonstationary Time Series Analysis and Cointergration*, Oxford: Oxford University Press, 1994.

[37] Hsiao, C., Autoregressive Modeling and Money-income Causality Direction, *Journal of Monetary Economics*, 1981, (7): 85—173.

[38] Jerome L. Stein, Polly Reynold Allen etc., *Fundamental Determinants of Exchange rate*, Oxford University Press, 1995.

[39] Johansen, S. and K. Juselius, Maximum Likelihood Estimation and Inference on Cointegration with Applications to the Demand for Money, *Oxford Bulletin of Eco-*

*nomics and Statistics*, 1990, (52): 169—210.

[40] Johansen, S., Estimation and Hypothesis Testing of Cointegration Vectors in Gaussian Vector Autoregressive Models, *Econometrica*, 1991, (59): 1551—1580.

[41] Johansen, S., Statistical Analysis of Cointegration Vectors, *Journal of Economic Dynamics and Control*, 1988, (12): 231—254.

[42] Lofgren H., Harris R. L. and Robinson S., A Standard Computable Equilibrium (CGE) Model in GAMS, International Food Policy Research Institute, 2002.

[43] Montiel, Peter J., The Long-Run Equilibrium Exchange Rate: Conceptual Issues and Empirical Research, In Lawrence Hinkle and Peter J. Montiel, eds., *Exchange Rate Misalignment: Concepts and Measurement for Developing Countries*, pp. 219—263, A World Bank Research Publication, Oxford: Oxford University Press, 1999.

[44] Robinson, S., A. Yúnez-Naude, R. Hinojosa-Ojeda, J. D. Lewis and S. Devarajan, From Stylized to Applied Models: Building Multi-sector CGE Models for Policy analysis, *North American Journal of Economics and Finance*, 1999, (10): 5—38.

[45] Robinson, S., Cattaneo A. and El-said M., Updating and Estimating a Social Accounting Matrix Using Cross Entropy Methods, IFPRI, Discussion Paper No. 33, 2000.

[46] Williamson John, *The Exchange Rate System*, 2nd ed., Washington, DC: Institute for International Economics, 1985.

# 第十四章
# 资本账户开放进程中的资本管制

20 世纪 80 年代以来,随着经济全球化和市场化等经济思潮逐步占据主导地位,经济界更多地研究和考虑放松资本管制和促进资本自由流动的问题。特别是进入 90 年代以后,发展中国家的资本账户开放进程出现了明显加快的趋势。据 IMF 的一项研究,1986—1996 年,发展中国家的资本管制指数从 0.66 下降到 0.58,一些国家甚至完全实现了资本账户的可兑换。[①] 但西方发达国家 30 年代经济危机、拉美国家债务危机、东南亚金融危机等一系列经验使人们看到,资本账户开放是一把"双刃剑"。一方面,资本账户开放有利于改善消费者福利水平,提高投资者的资产收益率,通过全球资产组合投资可以最大限度地回避风险、推动经济增长、促进金融深化;另一方面,资本账户的开放以及由此产生的大规模资本流入,使得一国经济容易受到各种国际经济因素的影响,并且不慎重地开放资本账户很容易带来金融动荡甚至金融危机。

1996 年,中国已实现经常账户下的人民币可兑换。2001 年,随着中国"入世",资本账户的开放进程进一步加快。中共十六届三中全会《中共中央关于完善社会主义市场经济体制若干问题的决定》第 23 条明确提出,要"在有效防范风险的前提下,有选择、分步骤放宽对跨境资本交易活动的限制,逐步实现资本账户可兑换"。资本账户可兑换的总体发展方向已经确定,但这并不意味着要一举撤销全部资本管制项目,也不意味着在资本流动危及中国宏观经济稳定时不能对资本流动实施某种控制。鉴于目前中国资本账户开放的前提条件尚未完全成熟,以及资本自由流动的巨大负面影响,中国开放资本账户需要加倍谨慎,采取渐进主义的开放模式,即根据国内经济和金融改革的进程,分阶段地逐步放松和解除不同类别的资本管制措施。同时,这也意味着,在一个较长的时期内,中国仍然需要对某些资本交易项目在不同程度上保持限制。但是,在人民币实现可自由兑换以前,资本管制效率成为影响货币政策有效性的重要因素。在经济全球化的今天,资本自由流动,放松资本管制已成为不可逆转的趋势。如何在不断放松管制的背景下,提高管制的有效性,并设法降低其实施成本才是问题的关键。

本章首先就资本账户开放的核心条件展开探讨,在此基础上分析现阶段实行适度资本管制的必要性和有效性,最后就开放进程中如何提高资本管制的效率提出对策建议。

---

① IMF,《汇兑安排与汇兑限制年度报告》,1997。

## 第一节 资本账户开放的核心条件：理论与实证分析

20世纪90年代以来，随着金融全球化的进展，许多国家为了抓住机遇，获取金融全球化所带来的利益，纷纷加大资本账户开放的步伐，但众所周知，资本账户开放在给开放国带来利益的同时也蕴涵着巨大的风险，如果条件不成熟就过早开放，势必会大大增加金融体系的脆弱性，对国家经济安全形成严重威胁。所以，能否正确认识资本账户开放的条件，科学掌握开放进度，成为事关国家经济与金融安全的一个关键问题。

### 一、资本账户开放的基础条件辨析

迄今为止，文献中对资本账户开放的前提条件有多种说法。IMF的专家认为前提条件是：健全的宏观经济政策框架、强有力的金融制度、一个有力和有自主权的央行，以及及时、准确和综合性的信息披露。姜波克(1999)提出资本账户开放的八大条件：稳定的宏观经济状况、一定的发展水平、国内金融体系的深化、微观经济主体的塑造、高效稳健的金融监管、合适的汇率制度和汇率水平、外汇短缺的消除、可维持的国际收支结构、合适的货币自由兑换。尽管众说纷纭，但不难看出，共识性的条件可以归纳为以下三类：制度安排（如合格的微观经济主体、合适的汇率制度）、宏观经济表现和与开放相协调的宏观经济政策（如财政与货币的稳定、充足的外汇储备）、经济实力（如一定的经济规模和竞争力）。应该说，上述观点基本上把开放所必需的条件都包括进去了，但也存在不足之处，就是没有分清轻重主次，胡子眉毛一把抓，若以此来指导开放的实践，不能准确掌握开放的时机，不是过于超前，造成金融风险的增加；就是过于保守，不能充分利用金融全球化来为本国谋取更多经济利益。近几年来中国在外汇管理中，时而宽进严出，时而宽出严进，为形势所左右，不能根据自身条件的具备状况来自主决定开放进度，与对开放条件缺乏准确的把握不无关系。这种认识上的模糊还容易导致在创造开放条件时舍本逐末，分散力量，不能收到纲举目张之效。近年来，有的专家提出，国际收支结构的可维持性才是资本账户开放成功的核心条件，并认为，国际收支结构的可维持性就是指"内外均衡目标的同时实现"（姜波克、朱云高,2004)[①],这一看法把核心条件突出出来,改变了以往研究中将表层条件与深层条件混为一谈的缺陷,无疑是这方面研究的重大突破,笔者深表赞成。但这一条件比较抽象,在实践中不便掌握;对诸如近年美国在面临经常账户和财政"双赤字"形势下仍能保持国际收支结构的可维持性等新现象不能给出令人信服的解释;更重要的是,它没有回答国际收支结构的可维持性由什么因素决定这一至关重要的问题。因此,我们认为,这一看法还可以作进一步改进。

笔者认为,资本账户的开放条件可以分为两类,一类属于开放所必备的市场经济基础设施即硬件,如汇率形成机制的市场化、合格的微观经济主体、健全的金融监管等,因这类条件不属本文主题,故不拟展开。第二类属于保证开放能够持续的条件,这类条件又可以分为两个层次:第一个层次是诸如财政、货币、汇率政策与资本账户开放的一致性和协调性,以及充足的外汇储备等;第二个层次是一国产业的国际竞争力。从根本上说,后者在深层次上决定了前者,前者是后者的外在表现。后者满足了,则资本账户开放自然水到渠成,即使遇到一定的震荡和曲折,也能渡过难关;反之,如果只满足第一层次的条件,则外汇储备变成无源之水、无本之木,资本账户开放的基础无异于建立在沙滩上,一旦遇到国际游资冲击,开放可能难以为继,因为与巨额国际游资相比,一国外汇储备再多也只是杯水车薪;没有产业国际竞争力这一基本面的支持,一旦市场预期发生逆转,再得当的经济政策也回天无术,这一点已在亚洲金融危机中得到充分的证实。研究资本账户开放的条件,不能仅停留在表层条件上,更重要的是要看这些条件的形成基础是否稳固。譬如,对外汇储备不能仅看数量多还是少,更要看外汇储备的来源主要是贸易顺差和直接投资还是短期资本的流入;对宏观经济也不能仅看短期内表现如何,还要看这种良好表现是否建立在可持续发展的基础上。我们认为,资本账户开放的核心条件应为一国产业的国际竞争力。所谓产业的国际竞争力,按照美国著名经济学家波特(1990)的意见,是指一国特定产业通过在国际市场上销售其产品所反映出来的生产率,它反映一国经济在国际舞台长期竞争中获胜的能力。产业国际竞争力决定于比较优势和竞争优势两个基本因素。其中,传统经济理论认为,比较优势源于各国因资源、劳动力和资金等要素禀赋条件的差异所造成的成本优势,在新技术革命方兴未艾的今天,科技已成为第一生产力,科技进步在产品价值创造和资金积累中发挥着越

---

① 姜波克、朱云高:"资本项目开放研究:一种基于内外均衡的分析框架",《国际金融研究》,2004 年第 4 期。

来越重要的作用，比较优势不再仅仅依靠资源禀赋，也不仅仅依据工资成本的差异，更重要的是技术差距。而一国的竞争优势从宏观的角度来看则来源于生产要素、国内需求、相关产业、企业战略结构四个基本因素和机遇、政府的作用两个辅助因素。

## 二、产业竞争力对资本账户开放可维持性的影响机制分析

前面我们指出，产业竞争力是资本账户开放的核心条件，那么，产业竞争力是通过什么途径影响资本账户开放的可维持性呢？下面作些分析。

首先，由于经常账户在货币危机和金融危机防范过程中仍然起着非常重要的作用，而经常账户的主体是贸易账户，稳健的贸易收支不仅影响一国在国际金融市场上融资的资信力，“从而影响资本账户，而且也是防范货币危机的最后保障，在对外融资出现问题以后，是积累外汇储备的唯一来源”（姜波克、朱云高，2004）。所以这里我们侧重对贸易收支均衡的决定因素作些分析。大家知道，世界贸易格局是由各贸易国的要素禀赋决定的，如果一国的某种生产要素相对充裕，则该国倾向于出口密集使用这种生产要素的商品，而进口密集使用其相对缺乏的生产要素的商品。而生产要素在全球的分布是不均匀的，例如，5 个高收入地区（美国、加拿大、日本、欧盟和澳大利亚及新西兰）拥有世界资本存量的 75%，其熟练劳动力占全世界的份额是其全部劳动力所占份额的 2—3 倍。要素禀赋的不均匀分布导致不同地区间要素密集度和要素成本的巨大差异，从而也就决定了发达国家和发展中国家的国际贸易结构。发展中国家资本相对匮乏和劳动力供给充裕，因此出口结构以初级产品或劳动密集型的制成品为主，进口则以技术和资本密集型的产品为主。前者具有替代弹性大而需求的价格弹性小的特点，后者正好相反。发展中国家进出口结构的这种特点对其国际收支产生了两个方面的不利影响：第一，减少了发展中国家的出口收入。李翀指出（2005），经济发展水平高的国家，由于其出口产品的替代弹性小而进口产品的替代弹性大，出口收入呈现稳定增长势头，在其他条件不变的情况下导致该国货币汇率升值，所以它们的货币对美元的市场汇率与购买力平价的偏离小；同理，一国经济发展水平越低，其货币的市场汇率越低于购买力平价。这样，发达国家可以利用发展中国家货币的市场汇率低于购买力平价的差异，以一定价值的财富与发展中国家数倍价值的财富相交换。以中美贸易为例，根据其推算，美国用 1 单位价值的商品可以与中国 3.31 倍价值的商品相交换。这种不平等

交换不仅使发展中国家创造的财富大量流失到发达国家，严重影响了它们的经济发展，还使其外汇收入减少，国际收支平衡的难度加大。虽然从理论上说，发展中国家可以用本币对美元升值来避免这种事实上不等值的商品交换，但由于发展中国家进口的商品多为发展经济所必不可少的资本品、先进技术和中间产品，需求的价格弹性很小，而发达国家则相反，如果本币升值，发展中国家就会失去市场，产值和就业将随之减少。商品竞争力的差异，使发展中国家不得不忍受这种表面上平等而实际上不平等的贸易。第二，它使得在遇到外部冲击导致国际收支逆差时，发达国家与不发达国家在调节逆差中所处的地位存在天壤之别。由于发达国家的出口产品难以替代，因此发达国家可以通过对出口产品提价来抵消外部冲击的影响，譬如在20世纪70年代两次石油危机后，虽然油价暴涨使一些发达国家的国际收支也曾一度陷入困境，但它们旋即以高制高，通过提高本国出口价格将油价上涨所增加的支出负担转嫁给其他国家。而发展中国家中的非产油国由于出口产品的附加值低，需求的价格弹性小，所以出口收入增长缓慢。石油危机爆发后，国际市场陷入萧条，那些经济上过分依赖初级产品或低档制成品出口的国家一方面出口锐减，另一方面进口支出大幅增加，外汇储备迅速枯竭，不少国家相继爆发债务危机。可见，产业竞争力是国际收支结构可持续性的基础，它直接影响一国的贸易条件和国际收支地位，只有不断提高产业竞争力，才能增强抵御和化解资本账户开放所带来风险的能力，使国际收支顺差建立在稳固的基础上。

其次，从产业竞争力与内外均衡的关系来看，资本账户开放的可持续性要求不能以牺牲内部均衡为代价来换取外部均衡，对中国这样一个大国来说尤其如此。内部均衡即国内的总供需均衡，一国产业竞争力越强，产业结构的层次越高，就越能以较少的劳动耗费创造较多的使用价值，然后通过国际贸易这一要素转换器换取更多的外汇，而外汇是国际一般等价物，外汇收入的增加意味着有效供给的增加，这就为内部均衡奠定了坚实的基础。

再次，从产业竞争力与经济增长、财政状况关系的角度看，大家知道，从国际收支账户与国民经济账户的关系来看，经常账户差额反映了国内经济的储蓄和投资行为，经常账户差额等于储蓄减去投资后的余额，在投资不变的条件下，储蓄增长引起经常账户的顺差增加或逆差减少。另外，根据产品的生命周期理论，任何一种产品的生命周期，都要经历创新、成长、成熟和衰退这几个阶段，在产品的创新和成长阶段，由于新产品的生产技术尚未扩散，创新国拥有新产品的垄断优势，可以得到超额利润。由此推论,一国如果具有较强的科技实力和新产品开发能力,能不断地提供不同的出口新产品,并把处于衰退期的产品及时转移到别国,使本国的出口结构适时升级,它的经济就能一直处于产品生命周期的创新期和成长期,在国际竞争中就居于制高点的地位,保持竞争优势,获得较多的出口收入和国际比较利益。水涨自然船高,出口收入的增加必将带来储蓄的增加和国际收支顺差的扩大。而储蓄又是资本形成的来源,储蓄的增加意味着资本积累的加快,按照哈罗德-多马模型,经济增长是人均资本密度的增函数,通货膨胀归根到底是过多的货币追逐过少的商品的结果,所以一国出口结构的层次越高,则财政盈余和外汇储备(这是储蓄的两种存在形态)越多,通胀率和失业率也就越低。世界银行在其专论经济发展战略的《世界发展报告》中,曾收集占发展中国家(地区)总产出 2/3 的 41 个国家(地区),对这些国家(地区)的实际国民生产总值增长率、国内积累总额、通货膨胀率等指标进行分析对比,结果发现,实现结构优化的外向型经济国家(地区),其实际经济增长率明显高于其他国家,财政赤字和通货膨胀率则低于其他国家,这有力地证明了产业竞争力与经济增长和宏观经济稳定之间存在着非常密切的内在联系。

最后,从资本账户收支的决定因素看,由比较优势和竞争优势(这两者是国际竞争力的两个基本决定因素)所决定的各国投资回报率的差异,是影响资本流动的最重要的原因。正如 A. 曼斯拉里和 S. 爱克斯哈帕(2003)所指出的:当一国出现经常账户赤字时,经常账户的可维持性不只看当前的贸易赤字水平,还要看为这种赤字融资来源的可维持性。① 近年美国经济出现的新现象,就是最有力的证明。近年来美国财政赤字和经常账户赤字一直居高不下,目前外债净额超过 2 万亿美元,经常账户赤字已超过 GDP 5% 的临界值,这种情况如果发生在其他国家,早就爆发资本外逃和货币危机了。但美国在财政和经常账户巨额“双赤字”下,金融市场对美元的信心依然没有崩溃,各国资金依然源源不断地流入美国,成为支撑美国经济增长的重要因素。这里面固然有种种复杂原因,但不可否认的是,其中最重要的原因在于美国经济持续得到固有活力的支撑,这些活力表现在:从企业来看,美国企业的创新能力和赢利能力强,市场价值高,财务管理健全,这些因素促使海外的投资者看好美国企业,从这个角度说,美国企业外债的增加并不是其国际竞争力下降的结果,而是其利用财务杠杆来争取高赢利的行为所致。从政府债务来看,虽然据估计

① Ahmet Mancellari and Selami Xhepa, 2003, Current Account Sustainability, A Presentation in the Conference Organized by the Bank of Albania and Faculty of Economics, September, 2,3.

到2009年美国政府债务余额将突破10万亿美元大关，对GDP的比率将提高到39%，但与日本这一比例已经远远超过了100%相比只是小巫见大巫。只要美国经济继续发展，美国政府就可以依靠征税来偿还外债。至于经常账户收支赤字的原因之一储蓄率低的问题，如果将不断上涨的住宅价值加以现金化加进家庭财富的话，那么美国的储蓄率将上升到26%。更重要的是，美国的外债与发展中国家的外债有着本质上的区别：发展中国家的外债中没有或者较少有来自海外的民间直接投资与债券投资的收益，本国企业在海外筹集资金也很困难，美国的情况跟这些国家的情况有着明显的不同。只要回顾一下从20世纪90年代至今澳大利亚、巴西、墨西哥和美国等的国际收支变迁就会发现：市场从来不是一个中性的机制，市场对强者和弱者历来是双重标准，市场只青睐强者，这是经济全球化进程的一个严峻现实。由于市场双重标准的存在，与发达国家相比，发展中国家对恐慌的抵抗力非常脆弱，而市场双重标准的存在是有其合理性的，这就是强国与弱国竞争力的差异。

## 三、中国国际收支账户竞争力的实证分析

前面我们分析了一国产业竞争力如何决定资本账户开放可维持性的作用机制，下面，我们先通过计量检验模型来验证这一假设，再对中国竞争力的现状作实证分析。

### （一）中国贸易账户竞争力的实证分析

在经常账户中，市场占有率是反映产业竞争力的最常用的指标，也是各国市场竞争的终极目标，市场占有率高，表明一国产业的国际竞争能力强，经常账户的平衡也就有坚实的基础。杨柳勇（2003）曾以出口份额$Sh_x$、真实有效汇率指数$REER$、国内经济增长率$GDP_d$和外商直接投资流入量占GDP的比重$FDI'$作为解释变量，分析贸易差额$TB$的决定因素，得出比较满意的拟合结果。

$$TB = -76\,563.41 + 39\,157.434Sh_x + 115.089REER - 745.558GDP_d - 4\,670.195FDI'$$

可以看出，出口份额$Sh_x$是贸易顺差最重要的解释变量，出口份额每提高一个百分点，可以带来392亿美元的顺差，其对贸易顺差的影响程度大大超过其他因素，笔者曾在上述模型的基础上，用最新统计数据进行回归分析，得出类似的结论，这些均验证了本章关于产业竞争力是决定贸易顺差最重要因素的看法。

如果仅看市场份额，中国近年来取得的进步是令人瞩目的。根据联

合国贸易和发展会议的统计资料,2001—2005 年,中国出口产品占世界市场的份额已经从 3.9% 上升到 7.5%;出口结构也发生了巨大的变化,机电产品占整个出口的比重,从 2001 年的 44% 提高到 2006 年的 56%,高新技术产业产品则从 2001 年的 17.5% 提高到 2006 年的 28.6%。但评价一国产业竞争力不能光看其出口的市场份额和出口的结构,更重要的是看其所依托的技术来源,即看其出口增长主要由谁提供。如果考察这一指标,则情况远不乐观。同样根据上述统计,2001 年跨国公司占中国出口总额的比例为 48%,在技术密集型产业,2000 年跨国公司的子公司出口占中国技术密集型产品出口总额的份额为 81%,其中,电子电路产品为 91%,自动化数据处理设备为 85%,移动电话为 96%,可以说,中国大部分高端产品的出口都是由跨国公司在华的子公司提供的。相比之下,中国本土企业在低技术产品部门的出口中占支配地位,尤其是玩具、旅行包和纺织品的出口[①]。即使在这些传统的出口支柱行业,竞争力状况也不容乐观。譬如,中国吨纤维制品创汇水平为 7 743 美元,比起德国的 21 494 美元、法国的 13 581 美元、意大利的 17 460 美元和日本的 16 943 美元,均有相当大的差距。[②] 这些数据均说明中国出口结构尚未进入高级化阶段,虽然已成为世界上第三贸易大国,但还远远算不上贸易强国。

从定性角度分析,一国出口结构处于初级阶段时的典型特征是:出口产品主要是初级产品、劳动密集型产品或粗加工产品,销售策略以价格低廉、数量扩张为主,总体上没有名牌产品和长远的具有竞争力的产品,在国际市场上具有很多的发展中国家竞争对手。而当迈入出口阶段高级化时,则具有以下特征:出口产品以技术密集型和资本密集型为主,具有出口主导产品或名牌产品和主导产业,并以此带动国内经济成长,在市场销售上采取非价格竞争,产品附加值和工资含量高,出口结构和产品符合世界需求和潮流变化,并具有自己独立或完善的技术,产品具有长远的市场潜力,直接的强有力的竞争对手有限。对照上述特征,中国目前可以说还处于初级化阶段的后期。中国本土企业的出口产品尚处于全球生产链和价值链的低端,资源消耗多,附加值少,知名品牌少,产品虽拥有强大的制造能力但却没有较高的增值赢利能力。在 2005 年 4 月世界品牌实验室发布的 2005 年度《世界品牌 500 强》中,中国只有 4 个本土品牌入选。其中第一名海尔只名列第 89 位。由于缺乏品牌,中国企业大都只能赚点辛苦钱。比如,中国出口一双鞋的平均价格只有 2.5 美元,出口 840 万双鞋

---

① 见联合国贸发会议:《2002 年世界投资报告:跨国公司与出口竞争力》,第 148—149 页。
② 见余永定、郑秉文:《中国"入世"研究报告:进入 WTO 的中国产业》,第 172 页。

才能换一架空客式飞机。中国 IT 产业销售额达到 26 000 亿元,但附加值估计不足 20%,净利大约只有 3% 左右。作为世界上最大的服装出口国,中国 50% 以上的服装出口为来料加工,30% 左右由进口国提供商标、款式、纸样进行来样加工,自己的品牌仅占 10% 左右。在合资汽车企业,通常外方以 30% 的资本及品牌技术拥有 50% 的股份,拿走 70% 的利润。中国航空设备、精密仪器、医疗设备、工程机械等具有战略意义的高技术含量产品,80% 以上尚依赖进口;重大装备制造业中,70% 的数控机床、76% 的石油化工装备、80% 以上的集成电路芯片制造设备、100% 的光纤制造设备为国外产品所占领①,这些进口需求都是难以压缩的。这方面的例子可谓比比皆是。由上可见,中国要实现出口结构的高级化,还有很长的路要走,这种局面若不能从根本上改观,国际收支均衡的基础必然是脆弱的,在遇到外部严重冲击(如油价暴涨、国际贸易保护主义严重抬头、贸易摩擦大大加剧)时,顺差锐减甚至发生逆转并非不可能。

(二)资本账户国际竞争力的实证分析

因为中国目前尚实行资本管制,外资证券投资规模不大,因此资本账户收支差额可以以外资规模(包括直接投资和对外借款)作代表。资本账户中最能体现产业竞争力的指标当为外商投资收益率与国际利率水平之差,因为产业竞争力是决定外商投资收益率最重要的因素,而收益率之差又是影响国际资本流向的主要因素之一。但目前这一指标由于以下原因严重失真:第一,国际收支平衡表的投资收益不包括外商利润再投资,而这一块又占外商收益的很大一部分,目前没有这方面的权威统计数据;第二,外商利用价格转移来作低利润乃普遍现象,许多外资企业长期"名亏实盈"都是公开的秘密。

尽管无法利用收益率之差来分析中国资本账户的竞争力,但这并不会对我们的分析构成太大的影响,因为收益率之差只是表层现象,更重要的是要看构成这种差异的因素是什么以及这些因素能否持久地起作用。这才是决定中国资本账户融资能力的最重要的因素。众所周知,中国目前吸引外商投资除了庞大的市场外,主要还是靠税收优惠、低劳动力成本和低地价等手段,而这些优势是难以持久的:靠廉价劳动力来实现相对高的外商投资收益率,终将陷入国民收入水平低→内需难以启动,对外需的依赖性加强→为扩大出口,需要进一步压低劳动力价格的怪圈中;而且根据国际经验,当一国人均收入超过 1 000 美元时,劳动力成本会有一个较

① 上述统计数字见"提高自主创新能力,推进经济结构调整",《经济日报》,2005 年 2 月 8 日和阎卡林:"培育自主品牌要下更大决心",《经济日报》,2005 年 3 月 28 日。

快上升的时期,所以随着今后人均收入的提高,廉价劳动力这一比较优势将逐渐消失。再如出口退税,这本是鼓励出口的手段,但由于企业的创新能力低,利润微薄,现在有些企业已到了依靠出口退税维持生存的境地,长此以往,财政终将不堪重负。特别需要指出的是,近两年有很大一部分顺差是国际游资在人民币升值预期的驱动下流入套利的结果,这些短期资本一旦有风吹草动就会大量流出;同时,目前国内许多非法收入正急于到国外去"漂白",一旦资本账户开放,可能发生大规模的资本外逃,资本流动的形势可能发生逆转,可见资本账户顺差的基础也并不稳固。

总之,从表面上看,中国目前正面临着双顺差、外汇储备剧增带来人民币升值和通货膨胀的压力,这已成为困扰货币当局和导致贸易摩擦的一大问题,开放资本账户似乎已在所难免;但实际上,中国的国际收支顺差在很大程度上是靠消耗资源和环境,以低成本的劳动力和减少财政收入为代价换来的,是不符合可持续发展要求的,因此基础是不稳固的。

## 四、几点初步看法

综上所述,可以得出几点初步结论:

1. 资本账户开放没有也不应有日程表

中国离资本账户开放的条件尚有不小的距离,因此在决定资本账户开放的速度时,要审时度势,谨慎行事。这里不想对中国资本账户开放的日程表妄作推测,我们认为,这种推测没有意义,因为归根结底资本账户开放的进度很大程度上取决于中国科技创新能力和产业竞争力提高的速度,临渊羡鱼不如退而结网,与其花精力去探讨开放的进度,倒不如去思考如何扎扎实实地加快中国科技进步的步伐。最佳的策略应是"紧烧火,慢揭锅"。根深自能叶茂,水到自然渠成,如果为某一时期的庞大的外汇储备假象所迷惑,不顾本国与发达国家竞争力的差异,拔苗助长,结果只会欲速则不达,这也是东南亚金融危机留给人们的深刻教训。

有一种观点认为,20 世纪 80 年代末、90 年代前期,一些发展中国家在恶劣的国际收支状况下实现了资本账户的自由化,如哥斯达黎加、委内瑞拉等;一些前苏联和东欧国家也都在极其困难的宏观经济形势下实现了资本账户的开放或部分开放,这说明保证资本账户可兑换最关键的是宏观政策、金融和汇率政策与资本账户开放的一致性和协调性,只要这一要求满足了,资本账户开放就可能得以持续。这种观点是值得商榷的,它没有看到,小国的货币自由兑换与像中国这样的大国货币实现自由兑换其难度是大不相同的。像哥斯达黎加这样的小国即使实现了货币自由兑换，与大国货币相比，所面临的维持自由兑换的风险和压力也是不能相提并论的，因此，哥斯达黎加等小国的经验对中国来说实在不足为训。

还有人认为，对开放条件不必过于苛求，船到桥头自然直，出了问题，还可以重新恢复管制。我们认为这种想法是危险的，它低估了重新恢复管制的阻力和难度，以及这样做给国家信誉所带来的损失。只要回顾一下亚洲金融风暴中，香港特区政府为了保卫港币而不得不入市干预这一本无可非议的正确措施却遭到包括格林斯潘和诺贝尔经济学奖获得者弗里德曼、米勒在内的一大批主张自由主义的经济学家和西方舆论群起而攻之那一段历史，就可以知道这种事是说起来容易做起来难，是万不得已才使用的下策。当初西方媒体指责香港特区政府背弃了自由经济的宗旨，是错误的，使特区政府面临巨大的国际压力，为此，香港特首董建华还不得不出面公开声明此举是迫不得已，"可一而不可再"，可见一旦遇到危机希冀借助恢复管制来摆脱危机的想法往往受制于复杂的国际环境而无法付诸实施。

2. 现阶段资本账户开放的收益有限，风险巨大，收益与风险不匹配

必须指出的是，资本账户可兑换不等于人民币成为国际储备手段。笔者认为，资本账户开放与本国货币成为国际储备资产是两个不同的发展阶段，对本国经济的意义和约束条件都是有区别的。前者属于低级阶段，其意义主要在于吸引外资，降低对外经贸中的汇率风险，提高经济运作效率；后者属于高级阶段，其意义还包括获得铸币税和通货膨胀税，减少主要世界货币发行国（美国）的货币政策对本国的负外溢效应，减少美元贬值给本国外汇储备造成的损失，提升抵御金融冲击的能力，增加在国际金融体系中的话语权等（陈雨露、王芳、杨明，2005）。[①] 从资本账户开放到成为区域性国际货币乃至像美元、欧元那样成为为各国所接受的全球性国际货币，不可能一蹴而就，要经过一个相当长的历史演进过程。截至 1999 年底，实现资本账户可兑换的 IMF 成员国和地区共计 61 个（姜波克、朱云高，2004），但这里面真正成为国际储备手段的只有美元、欧元和日元这三大货币。可见，人民币可自由兑换后相当长的一段时间内，资本账户开放的主要好处还局限于吸引更多的外资，在国际贸易和投资中避免汇率变动风险；只有在人民币国际化（至少成为区域性的国际货币）后，才能真正得到摆脱以美元作为储备手段所必须承受的美元定期贬值损失、使中国经济摆脱美国国内经济周期和货币政策的影响、获取铸币税

① 陈雨露、王芳、杨明："作为国家竞争战略的货币国际化：美元的经验证据"，《经济研究》，2005 年第 2 期。

收益这三大好处。虽然货币国际化可以使发行国得到数额可观的铸币税收入,但这是以人们相信发行国能够合理地控制货币供应量,从而能够维持该信用货币的币值稳定和可兑换性为前提的。如果滥发行,终究要受到市场用脚投票机制的惩罚,届时,不是被赶下世界货币的宝座,就是以发行国爆发货币危机,将此前收入的外国财富回吐出来的结果收场。此外,国际货币的发行国还要付出内外政策协调困难、金融市场易受冲击等代价(陈雨露、王芳、杨明,2005)。其实美元成为国际货币后,美国平均每年所得到的铸币税好处也不过区区200亿美元左右,与同期美国财政收入规模相比所占比重甚小。人民币国际化后,铸币税收入估计不会超过美元,但因此却必须付出牺牲国内货币政策独立性等代价,收益与成本显然不能匹配。

总之,在初期,人民币即使实现了完全可兑换,短期之内也难以被大部分国家接受作为储备资产,从而也就难以得到铸币税等好处,既然如此,中国似乎不必冒那么大的风险急于实现资本账户的自由兑换,而应把主要力量放在提高产业结构,夯实开放基础上,在开始阶段,应将开放的目标定位于"上了安全阀的开放",这里的"安全阀"指在大部分资本账户开放后,仍对短期资本流动施加诸如托宾税之类的限制投机的手段。

3. 对资本账户开放吸引外资的作用不宜高估

对外商直接投资来说,资本输入国的货币是否可兑换,不是其考虑的最主要因素。笔者认为,目前主流的观点似乎对资本账户开放对吸引外资的作用估计过高。事实已经证明,资本账户开放与否并不是影响外商投资决策最重要的因素。美国经济学家罗伯特·斯托伯(Robert Stobaugh)1969年9月在《哈佛商务评论》杂志上发表的"怎样分析外国投资气候"一文中首先提出,目前已成为国际上最流行的一种评估国际直接投资环境的等级尺度法中货币完全自由兑换仅占总分的1/5。中国利用外资的成就也证明了这一点。虽然中国迄今未对短期资本开放,但这并不影响中国成为外商直接投资规模最大的国家。对外资来说,诸如投资回报率、引资国的政局、政府行政效率、经济规模、市场潜力、劳动力的素质和成本、基础设施完善程度、工业配套能力乃至宗教语言文化等都是决定其投向的重要因素。

## 第二节　资本账户开放进程中适度管制的必要性

### 一、资本账户开放的负面影响

（一）资本账户开放与金融控制力

（1）开放国宏观金融政策的自主性和政府控制力下降。按照蒙代尔-弗莱明模型，固定汇率制度下开放资本账户意味着放弃货币政策的自主权，浮动汇率下开放资本账户意味着放弃财政政策的自主权。克鲁格曼的"不可能三角"也表明，货币政策独立性、资本流动和汇率稳定政策三者不可能同时实现。目前，中国汇率虽然已开始浮动，但幅度还很小。随着中国金融进一步开放，资本管制将逐步放松，本外币资产的替代程度将逐步提高。在固定汇率下，资本的大量流出入将影响中国的外汇储备，而外汇储备的增减已成为影响中国基础货币投放和收缩的重要渠道。中央银行采取对冲方式抵消资本流动对货币供应量的不良影响，但对冲操作将增加中央银行的操作负担，使货币政策操作复杂化，并有可能延长货币政策的时滞，而且对冲的效果还取决于公开市场业务的规模、财政赤字承受能力、资本管制程度和微观经济主体的资产调整等多种因素，所以资本的大量流出入将削弱一国中央银行控制基础货币的能力，而且还会因资本流动的不稳定性而影响货币需求与供给的稳定性，进而从整体上影响货币当局控制货币供应量的能力，导致政府对金融的最终控制能力下降。金融控制能力的下降意味着政府应付突发性、系统性危机的能力下降，容易造成局面失控。

（2）在经济全球化下，各国经济存在结构性相互依存关系，各国宏观经济政策相互影响，一国政策会对其他国家产生溢出效应（spill-over effect），同时国外的宏观经济政策也会通过各种渠道波及国内，影响国内宏观经济政策的效果。这种政策影响主要通过贸易渠道和资本流动渠道进行，最终削弱一国宏观经济政策的自主性。

（二）资本账户开放与泡沫经济

对于任何一个国家而言，开放资本账户的一个重要目的是希望借此吸引国外资本，促进本国经济发展。然而，资本账户开放后，资本流动有可能出现结构性扭曲，即与实体经济增长密切相关的资本流动重要性在降低，对实体经济发展贡献不显著的短期金融资本逐步取代直接投资，成为资本流动最主要的内容。这种结构性扭曲意味着资本账户开放对实体经济的贡献在不断下降,经济中的泡沫成分不断增加,因而增加了整个经济的脆弱性。

一般来说,资本账户开放可能引发以下几种泡沫:

(1) 货币市场泡沫。如果资本流入国实行浮动汇率制,本币可能升值而被高估,本币汇率中出现泡沫。货币市场泡沫必然削弱出口贸易部门的竞争力,使出口部门和进口竞争部门衰退,经常账户出现赤字,贸易收支恶化。即使资本流入国实行固定汇率制度,但因为保持了名义汇率的稳定,资本流入所引起的通货膨胀也会使实际汇率升值。

(2) 股市和房地产泡沫。若资本流入国实行固定汇率制,同时央行又不采取冲销政策,则国内货币大量增加,充裕的资金必然会流向股市和楼市,形成泡沫。大量资金的流入必然导致供给弹性较小的金融资产价格陡然上涨,搅起泡沫或在已有泡沫上火上加油。即使实行浮动汇率制度,如果内部利率水平高于世界利率,大量外资的流入也会在股市和房地产市场上掀起巨大的泡沫。

(3) 外债泡沫。流入发展中国家和地区的国际资本中的绝大多数是对外借款即外债。根据伯格(Berg)和萨克斯(Sachs)考察,拉美国家所借的"石油美元"主要用于弥补财政赤字、投资于公共事业和增加社会福利,而没有转化为可赚取外汇的生产能力。显然外债中存在相当的泡沫,一旦国际市场利率上升,这些国家政府就可能成为"蓬齐借款者",外债泡沫趋于膨胀,这种泡沫的破灭是拉美 20 世纪 80 年代爆发债务危机的重要原因。

(三) 资本账户开放与金融危机

资本账户开放不是危机产生的充分条件,但资本账户开放对金融危机有一定的催化作用,即资本账户开放的同时,金融危机发生的可能性会增加。主要表现在:

1. 国际资本流动规模与金融危机有一定的联系

一般而言,资本的大量流入将导致一国的实际汇率升值。在固定汇率下,为维持汇率稳定,中央银行必然会对流入的外国资本进行干预,在外汇市场上以本币购买外币,这种干预将引起本币货币供应量的增加和通货膨胀,并最终导致实际汇率的升值;在浮动汇率下,资本的流入将同时引起名义汇率和实际汇率的升值。由于金融市场的调整往往比商品市场的调整更为迅速,容易造成汇率超调。资本流入的高潮,通常意味着金融危机发生的可能增加。

2. 资本流动的负面影响主要在于资本流动方向的突然改变,即资本流动逆转

一般认为,资本流动逆转是触发宏观经济不稳定和货币危机发生的直接因素。一旦资本流动逆转,整体国际收支将转变为赤字,并因此导致外汇储备下降,这不仅将导致国际清偿能力的危机,而且带来国内银行业危机。并且当国内对于产权或者收入保护不利时,资本自由流动可能会带来大量的财富转移,破坏国内的资本积累和经济增长。表 14-1 列出了每次爆发严重金融危机之前若干年各国的私人资本流入占 GDP 的比率。14 个国家中有 7 个国家危机当年的资本流入对 GDP 比率较危机爆发前两年资本流入对 GDP 比率的平均数下降 35%。在马来西亚,资本流入比率下降了 75%。表 14-1 最后一列是危机爆发当年短期债务对出口收入的比率。13 个国家中,有 6 国家这一比率超过 50%,超过 30% 的则有 11 个国家。

**表 14-1　资本流入与金融危机**

| 国家及发生金融危机的年份 | | 私人资本净流入/GDP(%) | | | 短期债务/出口(%) |
|---|---|---|---|---|---|
| | | 危机当年 | 前 1—2 年 | 前 3—4 年 | 危机当年 |
| 阿根廷 | 1980 | 4.52 | 4.31 | 1.52 | 92.7 |
| | 1989 | 0.40 | 0.89 | 2.28 | 70.8 |
| | 1995 | 3.23 | 4.29 | 2.00 | 35.9 |
| 智利(1981) | | 11.77 | 9.14 | 6.20 | 53.2 |
| 墨西哥 | 1982 | 4.62 | 5.01 | 4.13 | 85.2 |
| | 1994 | 4.92 | 3.89 | 3.48 | 50.4 |
| 委内瑞拉(1994) | | 0.23 | 20.70 | 1.90 | 19.3 |
| 马来西亚(1985) | | 2.52 | 10.37 | 16.14 | 15.1 |
| 菲律宾(1981) | | 2.52 | 2.59 | 4.11 | 106.6 |
| 泰国 | 1983 | 1.90 | 2.96 | 4.05 | 35.8 |
| | 1997 | 7.30 | 4.52 | 4.95 | 49.9 |
| 南非(1985) | | -0.81 | 0.70 | 0.31 | n.a |
| 土耳其 | 1985 | 0.15 | 0.48 | 0.22 | 36.2 |
| | 1991 | 0.71 | 1.69 | 2.65 | 35.3 |

资料来源:转引自黄金老,《金融自由化与金融脆弱性》,中国城市出版社 2000 年版,第 135 页。

造成资本流动逆转的因素是多方面的,但最主要的原因在于一国经济前景不确定性增大。政府财政状况的急剧恶化、金融部门的脆弱性程度的提高,以及某些不利于国际投资者的政策法规的出台等,都可能加大经济前景的不确定性。可见,资本账户开放本身并不是资本流动逆转的直接原因,但由于资本账户开放过程中往往存在着明显的资本过度流入

倾向,这又很可能是导致开放条件下宏观经济过热最重要的因素。而宏观经济过热引起的基本经济面的急剧恶化却是最终促发货币危机的主要原因。因此,资本账户开放与资本流动逆转无疑有着某种间接的联系。另一方面,在资本逆转的过程中,一个开放资本账户也为国际投资者提供了更加便捷的通道。

3. 资本账户开放会加大金融市场的不稳定性

主要表现在:资本输出国的金融市场会受到工业国家金融市场波动的溢出影响;新兴国家之间的关联影响和交叉感染影响增加;资本账户开放环境下,机构投资者取代银行成为国际资本流动的主体,由于其行为特征表现出很强的"羊群效应",在危机时,表现为危机传染的"多米诺骨牌"效应。

4. 国际资本流动结构失衡可能引发债务危机

国际资本流动结构主要是指期限结构、长短结构,也可以指诸如直接投资、证券投资、国际银行贷款以及官方资本等方面的结构。一般而言,长期资本流入较多,短期资本流入较少,国际资本输入国的经济较为稳定;官方资本、直接投资流入较多,证券投资、国际贷款流入较少,则输入国的经济较为稳定。费雪的债务-通货紧缩模型表明,债务膨胀会削弱经济金融的稳定性,并产生交互式的紧缩通货循环。资本账户开放后,债务结构中外债的比重不断上升,这使引发债务危机甚至金融危机的可能性增大。钟伟(2000)认为,对小型开放经济而言,经济发展既得益于国际资本又受制于国际资本。钟伟将两缺口模型动态化后,认为为了保持外资推动型经济增长,如果不重视国内投资-储蓄机制的健全,经济发展将会导致受资国偿债压力不断增大,而且,还会由于国际收支状况恶化而导致外资内流的逆转,出现资本外逃和货币替代,进而引发债务危机。

5. 由银行体系的不稳定引发危机

资本的大量流入,在缺乏足够严格的金融监管下,资本流入国的银行突然面对大量"热钱"流入导致的流动性增加,将出现过度贷款的倾向,助长了不稳健银行的道德风险,降低了国内银行客户的平均质量,进而导致银行资产负债结构脆弱化。

## 二、客观评价资本账户开放进程中资本管制的作用

1. 中国资本账户开放的长期性

1996 年,当中国实现经常账户下人民币可兑换时,有学者认为完全取消资本管制将是不远的将来便能实现的事情。2001 年,随着中国加入

WTO,国内外企业对于加快资本账户开放进程的预期进一步增强。有学者认为中国在大约五年左右的时间可完全实现资本账户的自由化。但是成功的资本账户开放是需要具备一系列前提条件的,如成功的国内企业改革、对外贸易自由化的完成、灵活的汇率安排、国内金融的自由化和金融监管体系的建立、健康的宏观经济政策体系和充足的外汇储备等,而中国目前国有商业银行的公司治理结构改革尚未完成,银行体系的脆弱性问题依然十分严重,利率尚未完全市场化,人民币汇率生成机制还缺乏弹性,这些客观条件决定中国的资本账户开放更要加倍谨慎,中国必须采取渐进主义的开放模式,即根据国内经济和金融改革的进程,分阶段地逐步放松和解除不同类别的资本管制措施。这意味着,在一个较长的时期内,中国仍然需要对某些资本交易项目在不同程度上保持限制。

中国对实现资本账户自由兑换并没有设立具体明确的时间表,主要考虑到建立和维持资本账户的自由兑换要求长期的经济改革和全面的政策调整。实现人民币资本账户的自由兑换是中国外汇体制改革和经济体制改革的最终目标,而在将来一段时间内,中国外汇管理体制改革的阶段性的中期目标是实现人民币资本账户下的基本可兑换。总的来说,人民币可兑换的内涵包括三层含义:一是经常账户的可兑换加资本账户的管制,即人民币部分可兑换;二是经常账户的可兑换和资本账户有条件兑换,即对金融性短期资本流动仍实施一定的管制;三是经常账户的可兑换加资本账户的可兑换,即人民币的完全可兑换。

2. 资本账户开放进程中资本管制的长期性

20 世纪 90 年代接二连三爆发的金融危机,迫使人们对资本自由流动的副作用进行了深刻的反思。马哈蒂尔指责国际投机资本是金融危机的罪魁祸首,主张通过资本控制来减轻国际资本无规则流动的冲击。1999 年的 7 国集团财长会议也指出:“一国在强化国内金融体系的制度环境和管制环境时,资本管制的使用在一段过渡时期内或许是合理的。如果金融部门和监督体系是软弱的,防卫可能是限制外国货币进入本国银行体系的适当手段。”[①]这里所说的“防卫”即指资本管制。国际经济组织内部也出现不同的声音,世界银行前副行长斯蒂格利茨提出:亚洲金融危机与有关国家资本账户的不适当开放有关,发展中国家和新兴市场国家在一定阶段实行资本控制有其必要,而对国际资本的无序流动实施必要的管制是可行的。但 IMF 和世界银行的主流观点仍然坚持贸易投资自

---

① Peter B. Kenen, The New International Financial Architecture: Reconstruction, Renovation, or Minor Repair, *International Journal of Finance and Economics*, February 2000, p. 12.

由化，认为即使是遭受危机打击的国家也要进一步开放自己的市场。但与以前历次争论不同的是，关于资本控制的观点受到前所未有的重视，就连被誉为“金融大鳄”的美国金融家索罗斯也认为：“对于现在的资本市场转移资本，政府是没法收税的。也就是说，转移实物有税收，但资本转移很快，现在却没有收税。所以我赞成建立一种对资本流动收税的机制。”①

整体上，大多数国家对资本账户可兑换采取了非常谨慎的态度。关贸总协定成立于20世纪40年代中期，而资本账户开放最早发生在德国，直到20世纪60年代，发达国家才普遍开始了资本账户开放的进程，20世纪90年代中期才全部实现资本账户可兑换。发达国家的资本账户开放过程整整花了30年时间才基本完成。发展中国家的资本账户开放除个别国家之外，基本上是从20世纪80年代开始的，20世纪90年代较为普遍。正如世界上没有纯粹的市场经济一样，世界上也没有纯粹的、完全的自由兑换货币。从世界有关国家的经验来看，资本账户从来都不是绝对放开的，都有一定的边界，货币的完全可兑换是一个理论上的概念，它实际能达到的边界是货币的基本可兑换。尽管20世纪90年代各国资本账户开放迈开了很大步伐，但是由于资本账户开放的复杂性及所面临的风险，不少国家始终对资本账户开放持谨慎的态度。一些发达国家在放开资本管制后，也同样还保有在特定条件下恢复管制的权力。如20世纪60年代西方国家取消资本管制，一时短期资本流动十分频繁，而且规模很大。一些发达国家不得不进行官方干预，最后不得不重新实行官方管制。如1964年美国对居民购买外国证券征税，对资本输出征收平衡税。前联邦德国、瑞士等国为防止国际资本冲击本国经济，曾采取过诸如对非居民存款不付利息、倒收利息、限制外币进口等措施。而对于发展中国家来说，由于受国内经济环境的限制或国内经济条件准备不足，资本账户开放后随之发生了国际支付危机，从而使这些过早开放资本账户的国家经济陷入了困境。这些国家为了阻止资本的大规模外逃，缓解其支付危机，对资本账户开放多持谨慎态度。至1998年，绝大多数发达国家及发展中国家仍存在着某种形式的资本管制（如表14-2所示）。所以，从各国开放实践来看，几乎所有实行资本账户自由兑换的发展中国家和地区都对资本跨境流动保留了一定的限制（特别是对短期资本），即使号称完全自由可兑换的发达国家，也仍然存在着或明或暗的、间断的、短暂的对经常账户

① 索罗斯于2001年9月10日来北京参加“21世纪的中国与世界国际论坛”。这是他在接受《北京青年报》记者采访时发表的评论。见《北京青年报》，2001年9月19日，第18版。

或资本账户的管制。IMF 的原则是：在经常账户开放后，不允许再进行管制；对资本账户兑换后，一般不鼓励使用或重新实行管制，但是如果确实需要，可以重新实行资本管制。因此，在各国资本账户可兑换进程中，可以看到开放——管制——再开放——再管制的循环是非常普遍的。推动资本账户开放并不是取代管制，相反，越是开放越要加强管理，但这种管理是逐步用市场化手段取代行政干预。

**表 14-2　2000 年末 IMF 成员国经常和资本交易监管框架**

| | 总计 | 中国 | 美国 | 英国 | 法国 | 德国 | 日本 |
|---|---|---|---|---|---|---|---|
| 第八条款（经常账户开放） | 150 | ✓ | ✓ | ✓ | ✓ | ✓ | ✓ |
| 资本账户交易 | | | | | | | |
| 资本市场证券 | 133 | ✓ | ✓ | | | | |
| 货币市场工具 | 115 | ✓ | ✓ | | ✓ | | |
| 集体投资证券 | 103 | ✓ | ✓ | | ✓ | | |
| 衍生工具和其他工具 | 87 | ✓ | | | | | |
| 商业贷款 | 105 | ✓ | | | | | |
| 金融贷款 | 112 | ✓ | | | | | |
| 抵押贷款额度 | 88 | ✓ | | | | | |
| 直接投资 | 149 | ✓ | ✓ | ✓ | ✓ | | ✓ |
| 直接投资兑现 | 52 | | | | | | |
| 不动产交易 | 134 | ✓ | | | | | |
| 私人资本流动 | 82 | ✓ | | | | | |
| 对商业银行和其他信贷机构 | 155 | ✓ | | ✓ | | | ✓ |
| 对机构投资者 | 82 | ✓ | | | ✓ | ✓ | ✓ |

资料来源：国际货币基金组织编写、国家外汇管理局编译，《各国汇兑安排与汇兑限制》，中国金融出版社 2000 年版。

从 20 世纪 90 年代早期开始，发展中国家的政策一直受华盛顿共识的影响，即依赖金融自由化实现经济繁荣。1997 年 4 月，IMF 临时委员会(1999)提出支持修改 IMF 条款以实现资本账户自由化，使之成为 IMF“目标”之一。但是，20 世纪 90 年代的金融表明，大量投机性资本流入是金融危机的导火线，不少国家为此付出了沉重的代价。面对这种现实，世界银行 1999 年的年报告中指出：“考虑到在发展中国家出现金融危机的高风险，尤其是国际资本市场存在缺陷这一问题更加严重，所以资本账户自由化必须谨慎、循序渐进地进行，必须权衡相关的收益和成本。显然，外国直接投资和长期资本流入的收益超过了可能出现金融危机的相关成本,发展中国家必须实行开放的政策。但是,对于债务投资组合的波动和银行间短期债务的流动以及资本账户完全兑换的政策,存在着金融危机的高风险和收益的不确定性。在国内管理和保障比较脆弱的情况下,更谨慎的银行监管,以及限制变化无常的短期资本内流,使不正当动机最小化,尽可能地减少市场化带来金融危机的风险。"1998 年 IMF 在关于国际资本市场的报告中,总结了东亚国家易受资本流动冲击的一些内部原因(Adams,1998)。它们是:第一,过高的信用杠杆比率,使企业承担的风险过大;第二,监管不力造成了银行资本金不足,贷款条件控制不严;第三,过分依赖短期的境外银行同业融资;第四,官方对金融体系的支撑,鼓励了金融机构过分冒险,使公共债务与私人债务之间的区别变得模糊,从而产生了所谓的"道德风险"问题;第五,过度的政治干扰弱化了中央银行的作用;第六,在融资媒介方面,过于依赖银行的间接融资作用。目前,绝大部分新兴市场国家的国内经济状况很难达到开放资本账户所要求的前提条件。而其中的核心问题是银行体系的脆弱性,这也正是开放资本账户前提条件要求严格避免的。在国内市场经济制度建设没有达到发达国家水平的时候,没有任何约束的资本流动往往会引致货币危机乃至金融危机的爆发。这些都向我们表明了,资本账户是一个漫长的过程。资本管制对于维护宏观经济稳定和经济增长来说至关重要。新兴市场国家可以通过适当的资本管制,为难以预测的国际资金流入的变化提供一定的安全保障,减少国际资本流动对国内银行体系的冲击,从而为完善自身的银行体系争取一段时期的稳定环境。

3. 资本管制的重要作用

(1) 有利于限制投机性的短期资本流动,维护一国金融安全。在浮动汇率制度下,管制资本流动的情况取决于金融部门和实质部门不同的调整速度。当名义汇率对出清的资本市场即刻反映时,实体经济部门则要经过缓慢调整,如实际工资的黏性、投资决策的不可撤销性等。托宾认为,这种调整速度的不一致性,加上金融市场内在过度投机性,可能会导致过度的汇率投机,对实质经济造成负面的影响。托宾建议,在快速动转的国际金融飞轮下面撒些沙子,让飞轮转得慢一点,这就是著名的"托宾税"。在固定汇率下,没有限制的短期资本的大量流动会引起外汇储备急剧变动,从而导致固定汇率制度失败或国内利率攀升。可见,通过对短期资本流动的管制,在一定程度上可以缓解投机性短期资本的大规模流入或流出,为宏观经济的稳定争取时间,减少外汇储备和国际收支的异常波动,从而减少国际资本对国内经济造成的负面影响。大多数实施资本自由化的国家仍保持一定的资本控制项目,如20世纪80年代以来,美国对外来直接投资一直保留着一些限制,如禁止外资介入核能和航空等部门;严格限制外资介入广播和电讯等部门;有选择地限制外资介入石油和铁路等。其目的是捍卫国家主权、维护和加强其国家安全。

(2) 有利于维护国家的货币政策独立性。资本管制有利于维持货币政策独立性主要表现在:一方面,资本管制可为实施货币政策提供一定的回旋余地。发达国家一般将资本管制看做一种有用的工具,用来避免汇率出现剧烈的波动。对于中国,汇率改革的目标是实行有管理的浮动汇率制度。要实行有管理的汇率制度可以依靠三种工具:货币政策工具(主要是利率)、中央银行对外汇市场的对冲性干预、一定程度的资本管制。中国目前利率尚未市场化,更重要的是,在开放性经济背景下,当中国与发达国家(主要是美国)经济周期不一致时,利率会出现相反走向,这时中国必须从国内的经济需要出发来决定利率政策。因为中国的经济拉动主要靠内需,处理内外均衡的原则必须把内部均衡放在首位,不能用牺牲内部均衡来换取外部均衡。这样,利率政策与汇率政策的目标就会出现冲突。这本可用冲销操作来消除两者的冲突,但中国的外汇市场又不成熟,因此,资本管制就成为解决这一矛盾的难以替代的选择。另一方面,中国现阶段汇率的浮动幅度有限,要改变汇率形成机制不灵活的弊端涉及方方面面利益的调整,非一日之功(因为要保持汇率稳定,其深层次决定因素是一国经济结构层次和产业国际竞争力)。目前中国汇率浮动幅度有限使汇率尚无法发挥调节国际收支的作用,并且目前中国外汇市场仍缺乏深度和广度,随着资本流动规模的日益扩大,在长期大量顺差、对冲操作受财力限制难以为继的情况下,采用资本管制作为一种辅助手段有助于实现国际收支的平衡、维持货币政策独立性。另外,资本管制大大降低了爆发金融危机的概率,从而也淡化了央行在金融危机爆发时所必然遇到的如何处理最后贷款人与货币保卫者的双重角色冲突。

(3) 有利于保障国内的资本积累和经济增长,并且有利于维持国内税基的稳定。很多发展中国家需要将其稀缺的国内储蓄转化为投资而不是购置外国资产,同时,在很多国家印花税、证券交易税和金融收入所得税是政府收入的重要来源。有效的资本管制可以使政府得以根据自己的意愿实行货币政策,对持有国内货币工具的人们征收"通货膨胀税"。这既可以减少国内债务的实际成本,也可以增加政府铸币税收益。并且,在有效的资本管制下，可以避免金融交易转移到国外进行，并减少资本的外逃，保证政府取得稳定的金融业税收来源。

## 第三节 资本管制的有效性

### 一、资本管制的有效性分析

目前，对于资本管制的争论已不再是是否实施资本管制，因为在经济全球化的今天，资本自由流动，放松资本管制已成为不可逆转的趋势。从全球范围内的经验看，资本管制在长期内的效力是逐渐衰减，管制的成本会不断上升，而管制的效率会相应地丧失。如何在不断放松管制的背景下，提高管制的有效性并设法降低其实施成本才是问题的关键。

理论文献中，对于什么是有效的资本管制并不存在一个被普遍接受的定义。一类关于管制效率的主要观点是，它是否能在实施资本管制和没有实施资本管制的国家的某些相同的经济变量，比如说利率之间造成可以持续的差距。另一类主要观点是，资本管制能否帮助政府持续维持宏观经济政策不一致的政策体制。而在具体评价资本管制效率时，多数的经济学文献是采用经济计量学的方法评估同种金融工具的国内外价格差距的可持续性。格诺斯（Gros，1988）检验了 1979—1987 年的比利时法郎和 1982—1986 年的墨西哥比索的商业当期汇率和金融市场当期汇率水平的差距，结论是资本管制可以造成二者之间的差异达到一年的时间。杜利和依沙德（Dooley & Isard，1980）比较了 1970—1974 年德国国内银行存款的利率和该银行或类似银行海外分支机构的利率水平之间的差异。Gros（1987）比较了欧洲货币和意大利与法国国内存款的利率差异。奥布斯特菲尔德（Obstfeld，1995）比较了五个工业国家离岸和在岸市场的利率差异，得出的结论是离岸和在岸市场利率很接近，但是，政府干预是波动时期的一个重要决定因素。秦和弗兰克尔（Chinn & Frankel，1994）比较了亚洲一些发展中国家的抵补利率差异，结果发现尽管各个国家之间的金融市场一体化程度不高而且各国都存在着资本管制，但是抵补利差很小。麦尔文和施莱根豪夫（Melvin & Schlagenhauf，1985）扩展了以上方法，把政府资本管制威胁加入到模型当中，他们发现管制在 20 世纪 80 年代的墨西哥资本流动过程中发挥了重要作用。还有很多其他文献评估资本管制的有效性问题，大多是通过比较金融工具价格差异的可持续性来评价资本管制效率。总之,赞同资本管制的学者普遍认为,从保持国内外利差的角度看,资本管制是有效的。尽管逃避管制不可避免,但是任何逃避管制都不能使利率均等化。逃避管制的大量存在并不能说明资本管制是无效的。①

（一）资本管制的成本与收益比较

资本管制的收益主要从上面提到的资本管制的重要作用来看,而管制的成本可分为直接成本和机会成本。直接成本包括:管制机构的设置、管制法规的制定以及管制执行时所需耗费的人力、物力和财力。成本的大小与逃避资本管制的行为密切相关。而逃避资本账户管制的动机取决于这种行为的成本收益分析。其预期收益主要来源于国内外金融资产的名义收益率、金融产品和服务的类型差异以及金融机构的稳健性差异。另外,金融资产面临没收和通货膨胀风险也是促成逃避管制的原因。而逃避管制的成本主要包括交易、通信及行贿等费用,并且逃避管制行为被惩罚的轻重也是其成本的一个重要成分;机会成本指实行资本账户管制所丧失的利益。包括:对资本流动的控制会影响到正常的资本流动,有时会影响到与经常账户相关的资本流动;资本管制一旦实施,就必然被迫不断进行强化,以及时弥补开始实施的资本管制在实际中的漏洞,最终必然导致管制无所不在,一方面会降低经济效率,另一方面也会增大管制的成本;资本管制后因资本未能流向收益率最高的地区而出现资本使用效率的降低;资本管制后,一国金融部门在保护下缺乏活力和效率,市场改革进程缓慢,丧失了因与国外同业竞争压力而带来的机遇;资本管制后一国对外开放程度相对降低,从而减缓了本国市场经济体制建设的进程等。

（二）资本管制的有效性标准

从前面提到有关资本账户开放的种种负面影响和资本管制的重要作用可以看到,资本自由流动使得实施固定汇率制的货币当局丧失了货币政策的独立性,从而丧失了调节宏观经济稳定的能力这一点显得尤为突出。宏观经济基本面的不稳定会直接导致资本自由流动带来的其他不利影响的迅速膨胀。一系列货币危机和金融危机的例子表明,当宏观经济基本面不稳定时,国际资本往往会在短时间内大量外流,居民财富转移、资本市场的急剧动荡以及货币危机或者金融危机都浮出水面。因此,具体定义资本账户的管理目的时,资本管制目标和其他宏观经济政策目标一样,而宏观经济政策的终极目标是熨平经济波动、维持经济的可持续增

① 丁志杰:《发展中国家金融开放——效应与政策研究》,中国发展出版社 2002 年版,第 92—93 页。

长。资本管制政策作为现代开放经济中宏观经济政策的一项重要组成部分，其最终的服务目标也应该和其他宏观经济政策目标一致。服务于这个终极目标，资本管制有效性的标准应该是它是否成功地促进了宏观经济稳定、维持了经济的可持续增长（张斌，2002）。因为在不同国家、不同时期，服务于宏观经济稳定、维持经济的可持续增长的终极目标，对资本管制有效性的要求不同。比如，一些发展中国家濒临货币危机时，资本管制的主要目的在于防止资本外逃，改变投资者预期。资本管制有效性的关键在于它是否成功防止了资本外逃。而对于经济稳定发展时期的中国，资本管制有效性的标准应从维护货币政策独立性出发，因为在资本管制保障下的货币政策独立性更能够发挥稳定宏观经济、维持经济可持续增长的终极目标。防止资本外逃在某些场合内也可以作为中国资本管制有效性的一个标准，但是，它仅是一个较低层次的衡量标准，要服从于维护货币政策独立性的目标。

## 二、目前中国资本管制的有效性

自 1994 年外汇体制改革实现人民币汇率并轨以来，中国逐渐放松了对经常账户的管制，并于 1996 年 12 月接受国际货币基金组织第八条款，实现了经常账户的可兑换，但对资本账户一直保持着较为严格的管制。长期以来，中国资本账户放松管制的一个显著特点，是较多考虑当时的外汇收支状况和短期的政策需要。并且，中国境内的资本账户实行的是一种“名紧而实松”的管制，即尽管在名义上对资本账户中的许多子项目仍然保持着较为严格的管制，但在实践中，资本账户下的大部分子项目也有相当程度的开放。根据国家外汇管理局的统计，目前国际货币基金组织划分的 43 类资本账户交易中，按照中国现有法律法规及执行情况可以划分为可兑换、较少限制、较多限制和严格管制四类，其中可兑换的有 8 项，占 18.6%；较少限制的有 11 项，占 25.6%；较多限制的有 18 项，占 41.9%；严格管制的有 6 项，占 13.9%（郭树清，2003）。可兑换的项目主要包括：非居民对内直接投资、直接投资清盘、非居民向居民提供资本捐赠、移民向国内的资本转移等。可见，与不少发展中国家的情况类似，由于历史原因，中国资本账户放松管制也具有宽进严出的特点，外汇收支状况在放松管制过程中是最重要的考虑因素之一。事实上，为了吸引侨汇，中国很早就允许居民个人持有外汇账户，而通常各国到了资本账户开放的最后阶段才这样做。又如，中国在改革开放之初，对经常账户仍实行严格管制，却允许并鼓励资本项下的外商直接投资。相比之下，对资本流出的管制则严得多。虽然早在1996年就实现了经常账户的可兑换，但此后仍对居民个人用汇、中资企业开立外汇账户和账户限额的核准等进行一定的限制。对资本项下的资本流出，政策限制就更多了。亚洲金融危机后，人们常把中国作为有效管理资本流动赢得金融市场稳定的范例来说明控制国际资本流动的必要，但是，应该看到，中国的成功之处更在于对资本流入结构的控制及宏观经济环境的基本稳定。近年来由于人民币受到巨大的升值压力，从流向来看，中国已从净资本输入国转变为净资本输出国，面临大量资本流入的挑战。许多学者也对中国资本管制的有效性提出了质疑。

从理论上讲，只要经常账户可兑换，资本账户的管制就难以完全实施，开放的经常账户使得资本管制难以完全有效。贸易瞒报、不遵守结售汇制、逃避官方对对外借款的批准和监督、走私和骗税及贪污等成为资本外逃的重要渠道。贸易体制越开放，资本遗漏和外逃的渠道就越多，而外商直接投资流入和跨境经营企业数量的增大，无疑也会加大资本管制的难度。此外，作为"入世"条件的一部分，中国将大幅度开放金融服务业，外资金融机构的大量存在，以及各种衍生金融工具的开发使用，势必会创造出更多逃避资本管制的渠道。穆怀朋等(2001)就中外利差与贸易项目下的结售汇率之间的相关度作了分析。根据相关系数较高的结果得出结论，在中国经常账户开放之后，只要存在中外利差，资本就可能通过各种渠道逃避管制。李庆云等(2000)利用国际收支表测算了中国的资本外逃量，指出资本外逃量历年增加的测算结果说明了中国资本管制的有效性在减弱。世界清算银行2000年8月的季度报告对中国银行系统中外币存款量的变化、人民币与外币及其内地与离岸市场利率间的关系作了分析：它们用中国银行系统和非银行系统中外币存款的绝对量和相对量作为衡量中国金融开放度的指标，得出了中国金融开放度出乎意料地已超出了一些发达地区的平均水平的结论。孙立坚等(2003)通过建立一个直接体现"资本管理有效程度"的参数，利用动态参数估计方法得到随时间变化的资本市场的实际开放程度，其分析表明：中国现在的资本管理有效程度已降低到了0.5以下。这说明尽管中国还没有开放资本市场，但资本管理的有效程度在降低，这就意味着中国的经济将开始受到国际资本市场变动的影响。同时，也说明尽管中国实施了一些相应的管制措施，但管制效果并不理想。目前，中国资本管制的有效性下降主要表现在以下几个方面：

(一) 外汇管理体制不够完善

中国现存外汇管理体制存在诸多问题，严重影响监管的有效性，主要

表现在:

1. 监管重点没有随着形势的变化及时调整

长期以来,外汇管理部门一直把监管重点放在对逃套汇、骗购汇行为的防范和打击上,而对资金流入的关注则相对较少。

2. 外汇管理方式比较落后

目前外汇收支的监管方式比较原始落后,仍大量采用行政审批、数量控制等直接管制手段。这种监管方式的灵活性差,难以及时进行调整,限制了资本的合理流动和市场在更大范围内有效地配置资源。与此同时,间接调控体系不完善,利率市场化、人民币汇率市场化尚未取得实质性进展,价格信号失真,不利于对资本流动进行市场自发的调节。例如,在汇兑环节方面,主要实行资本交易事先审批制度,对外商投资外汇管理采取的是逐笔审核真实性为主的管理模式,既增加了监管部门的管理成本,也加大了被监管者的经营负担。外管局在日常管理中缺乏与海关、商检及税务等部门的沟通与协调,对商品或劳务的价格缺乏衡量标准和权威论证,因而对跨国公司内部转移价格行为无法识别,给资本的非法流动提供了可乘之机。

3. 监管手段和技术仍不完善

外汇局电子政务建设不够完善,部门之间的职能交叉重叠,组织协调力度不够。缺乏对外汇信息的全面管理,尚未建立有效的短期资本跨境流动的动态监测体系。在外汇资金管理中,多以手工为主,缺乏有效、全面的电子监测系统。

4. 外汇管理当局与外汇指定银行之间存在激励冲突

目前,中国外汇管理体制主要通过外汇指定银行来实行间接的监管。外汇指定银行作为经营者的同时,还具有监管的职能。职能的双重性,以及外汇指定银行在经营中面临的目标多元化的问题,使得当其自身利益与监管职能发生冲突时,外汇指定银行往往会出现"道德风险"问题。

(二) 国际收支状况分析显示资本异常流动现象日益严重

1. "净误差与遗漏"项大幅增加

一般来说,不正常的资本流动主要有两种形式:一是资本外逃,多指从发展中国家向发达国家的不正常的资本流动;另一种就是热钱,追求短期、高额回报的资本流动。在中国,就这些资本流向而言,有时主要表现为资本违规净流出(如1992—1993年、1997—1998年),有时则主要表现为资本违规净流入(如1994—1996年和2002年至今)。学术界比较一致的看法是,在存在外汇管制的情况下,国际收支平衡表中的"净误差与遗漏”项的变动也可以作为观察非正常资本流动的一个重要指标。一般认为，当净误差与遗漏项出现借方（为负数）时，表示资本流出低估，即存在一定数量的资本外逃；反之，则表示资本流入低估，即存在一定数量的热钱。根据国际惯例，只要净误差与遗漏项占国际收支口径的货物进出口额的比重不超过5%，都是可以接受的。

从表14-3第2列可见，20世纪90年代中期开始，中国“净误差与遗漏”项数字大幅增加，这其中至少有一部分可归因于资本非法外逃，况且，有不少形式的非法交易甚至都无法在“净误差与遗漏”项下反映出来。因此，中国的资本管制的有效性还存在高估。并且，1994年以来，净误差与遗漏出现在借方，只有1995—1998年这四年的净误差与遗漏超过了当年货物进出口额的5%，可以认为这四年的资本外逃现象较为严重；从2002年开始，净误差与遗漏出现在贷方，虽然与当年的货物进出口额相比，数量不大，但也在一定程度上反映了非正常资本流向逆转，即热钱开始涌入中国的趋势。国际短期资本大量流入的原因，可简单概括为：随着亚洲金融危机的平息，国际市场和世界投资回暖，西方国家继续对中国进行产业转移以及中国经济快速增长，特别是美联储在2001年至2003年6月以来13次降息，使美国基础利率处于45年来的历史低位（下调至1%）。而同期人民银行仅在2002年2月降息一次，这使得人民币利率不仅高出美元利率，而且两者之间的利差不断扩大。由于国内美元存款利率参照国际市场美元利率进行调整，2003年底，一年期人民币与美元储蓄存款利差达1.42%，而2002年底的利差为1.17%。

**表14-3　1994—2003年净误差与遗漏和货物进出口额的比较**

| 年份 | 净误差与遗漏（百万美元） | 货物进出口额（百万美元） | 所占比例（%） |
|---|---|---|---|
| 1994 | -9 775 | 197 832 | -4.9 |
| 1995 | -17 830 | 238 170 | -7.5 |
| 1996 | -15 547 | 282 619 | -5.5 |
| 1997 | -22 254 | 319 118 | -7.0 |
| 1998 | -18 724 | 320 445 | -5.8 |
| 1999 | -17 788 | 353 451 | -5.0 |
| 2000 | -11 893 | 463 788 | -2.6 |
| 2001 | -4 856 | 498 133 | -1.0 |
| 2002 | 7 794 | 607 135 | 1.3 |

（续表）

| 年份 | 净误差与遗漏（百万美元） | 货物进出口额（百万美元） | 所占比例（%） |
|---|---|---|---|
| 2003 | 18 422 | 831 888 | 2.2 |
| 2004 | 27 045 | 1 154 550 | 2.3 |
| 2005 | －16 766 | 1 421 910 | －1.18 |
| 2006 | －12 877 | 1 760 400 | －0.73 |

资料来源：根据国家外汇管理局网站公布的资料整理。

2. 短期资本流动的比重大幅度提高

从资本流入中短期资本的构成看（如表14-4所示），1994—1996年，短期资本的比例一直维持在2%的水平，相当低；1997年猛增至23%，到2000年一直维持在较高的水平；2001年以来，短期资本流入的比重逐年大幅提高，2003年达到历史最高水平59%；而资本流出方面，1994—1996年，短期资本流动的比重维持在较低的水平，1997年猛增至78%，1998年也高达51%，此后直至2003年，短期资本流出都维持在较高的水平，而这一最高水平正是对应人民币升值预期最高的2002—2003年。短期资本流出在亚洲金融危机发生的1997—1998年达到了历史最高水平。

（三）外汇占款波动幅度加大

张斌（2003）提出除了利差因素之外，衡量中国资本管制有效性的一个更积极的标准是降低货币供给中外汇占款的波动。中国存在大量的国际储备，这些储备直接反映为货币当局货币供给中的一个重要组成部分。如果每年货币供给中外汇占款波动非常严重，就会对货币当局稳定的货币供给造成威胁。1993年中国发生通货膨胀的一个很重要的原因就是外汇占款突然增加并带动货币供给量的大幅上升。中国实行资本管制限制了短期资本的流动，但同时又鼓励稳定的长期资本的流入以及经常项目的大量顺差，使得银行体系内积累了大量的外汇资产。中国实行强制的结售汇政策，银行和企业持有的多余外汇头寸都要结售汇，因此就成为中央银行基础货币投放的重要渠道。从这个层面出发，为了能更好地反映我国货币政策的独立性，还要看基础货币供给中外汇占款的比重和外汇占款增加额的波动幅度。

在现行的资本管制下，资本的流入和流出基本上就反映为中央银行资产负债表上外汇占款的变化额，由此影响本国基础货币投放。如果外汇占款引发基础货币投放比重很大或者波动很大，就会影响中央银行货币政策的执行。表14-5给出了我国1997—2004年外汇占款与基础货币投放之间的关系。

表 14-4　1994 年以来的资本流动及其期限结构

| 年份 | 1994 | 1995 | 1996 | 1997 | 1998 | 1999 | 2000 | 2001 | 2002 | 2003 |
|---|---|---|---|---|---|---|---|---|---|---|
| 资本 | | | | | | | | | | |
| 净流入 | 32 644 | 38 674 | 39 967 | 21 015 | −25 671 | 5 180 | 1 922 | 34 775 | 32 291 | 52 726 |
| 净流入/GDP(%) | 6.0 | 5.5 | 4.9 | 2.3 | −2.7 | 0.5 | 0.2 | 3.0 | 2.6 | 3.7 |
| 流入 | 61 793 | 67 711 | 70 977 | 92 637 | 89 327 | 91 754 | 91 986 | 99 531 | 128 321 | 219 631 |
| 流入/GDP(%) | 11.4 | 9.7 | 8.7 | 10.3 | 9.3 | 9.3 | 8.5 | 8.6 | 10.4 | 15.6 |
| 流出 | 29 149 | 29 037 | 31 010 | 71 622 | 114 998 | 86 574 | 90 064 | 64 756 | 96 030 | 166 905 |
| 流出/GDP(%) | 5.4 | 4.1 | 3.8 | 7.9 | 10.2 | 8.7 | 8.3 | 5.6 | 7.8 | 11.8 |
| 长期资本 | | | | | | | | | | |
| 净流入 | 35 756 | 38 249 | 41 554 | 54 826 | 13 107 | 19 623 | 24 851 | 25 179 | 40 707 | 6 596 |
| 所占比例(%) | 110 | 99 | 104 | 261 | −51 | 379 | 1 293 | 72 | 126 | 13 |
| 流入 | 60 789 | 66 067 | 69 721 | 70 925 | 69 145 | 59 515 | 64 062 | 60 381 | 73 784 | 89 196 |
| 所占比例(%) | 98 | 98 | 98 | 77 | 77 | 65 | 70 | 61 | 57 | 41 |
| 流出 | 25 033 | 27 818 | 28 167 | 16 099 | 56 038 | 39 892 | 39 212 | 35 202 | 33 077 | 82 603 |
| 所占比例(%) | 86 | 96 | 91 | 22 | 49 | 46 | 44 | 54 | 34 | 49 |
| 短期资本 | | | | | | | | | | |
| 净流入 | −3 112 | 425 | −1 587 | −33 811 | −38 778 | −14 444 | −22 929 | 9 596 | −8 417 | 46 133 |
| 所占比例(%) | −10 | 1 | −4 | −161 | 151 | −279 | −1 193 | 28 | −26 | 87 |
| 流入 | 1 004 | 1 644 | 1 256 | 21 712 | 20 182 | 32 239 | 27 924 | 39 150 | 54 537 | 130 434 |
| 所占比例(%) | 2 | 2 | 2 | 23 | 23 | 35 | 30 | 39 | 43 | 59 |
| 流出 | 4 116 | 1 219 | 2 843 | 55 523 | 58 960 | 46 683 | 50 853 | 29 554 | 62 954 | 84 302 |
| 所占比例(%) | 14 | 4 | 9 | 78 | 51 | 54 | 56 | 46 | 66 | 51 |

资料来源:1994—2003 年中国国际收支平衡表。

表 14-5　外汇占款与基础货币的关系

| 年份 | 外汇占款（亿元） | 外汇占款增加额（亿元） | 基础货币 $M_0$ | 外汇占款基础货币投放比重（%） | 外汇占款增加额增长率（%） | 基础货币 $M_0$ 增长率（%） |
|---|---|---|---|---|---|---|
| 1997 | 12 649.30 | 3 319.30 | 10 177.60 | 32.60 | 15.52 | 13.52 |
| 1998 | 13 087.90 | 438.60 | 11 204.20 | 3.90 | -656.79 | 9.16 |
| 1999 | 14 061.40 | 973.50 | 13 455.50 | 7.20 | 54.95 | 16.70 |
| 2000 | 14 814.52 | 753.12 | 14 652.70 | 5.10 | -29.26 | 8.17 |
| 2001 | 18 850.19 | 4 035.67 | 15 688.80 | 25.70 | 81.34 | 6.60 |
| 2002 | 22 107.39 | 3 257.20 | 17 278.00 | 18.90 | -23.90 | 9.20 |
| 2003 | 29 841.80 | 7 734.41 | 1 9746.23 | 39.20 | 57.89 | 12.50 |
| 2004 | 45 939.99 | 16 098.19 | 21 468.30 | 75.00 | 51.95 | 8.02 |
| 2005 | 62 139.96 | 16 199.97 | 24 032.82 | 67.00 | 35.26 | 11.95 |
| 2006 | 84 360.81 | 22 220.85 | 27 072.62 | 82.00 | 35.76 | 12.65 |

注：外汇占款基础货币投放比重 = 外汇占款增加额/基础货币 $M_0$。中央银行基础货币的投放渠道有再贷款、再贴现、国债公开市场操作、外汇占款等。

资料来源：中国人民银行网站。

由于我国长期以来经常项目和资本项目双顺差（1998 年除外），我国货币当局积累了大量的外汇储备，中央银行就要投放大量的基础货币吸收外汇储备，这样外汇储备就反映在货币当局资产负债表中的资产方的外汇占款中。外汇占款的增加额就是中央银行用于吸收结售汇体制下多余的外汇头寸所引发的基础货币投放额。

从表 14-5 中可以看出，我国外汇占款基础货币投放比重很高（1998、1999、2000 年除外），这就充分说明外汇占款的变化对我国基础货币投放量的影响很大。如果外汇占款变化不稳定，就容易引起基础货币投放量的大幅波动，使中央银行货币政策的执行受到一定的影响。外汇占款基础货币投放比重 1997 年在 30% 以上，1998、1999、2000 年此指标又下降到 10% 以下，2001、2002 年此指标在 20% 左右，2003 年上升到 39.2%，增加近一倍，2004—2006 年更是达到 75%、67% 和 82%。我国外汇占款的波动很大，可以从外汇占款增加额增长率指标看出，增长率变化最大的为 -656.79%，最小的为 15.52%。我国基础货币投放的变动也较大，最高增长率为 1999 年的 16.7%，最低为 2001 年的 6.6%。波动率可以从外汇占款增加率的标准差和变化系数看出，经过计算，外汇占款增加额增长率标准差为 2.46，变化系数为 -4.39，说明外汇占款的波动很大，外汇占款增加额的变化方向也是不确定的，一些年份增加，一些年份减少，可测性较差。

由于再贷款、再贴现投放基础货币，中央银行是被动的，而我国国债市场规模并不大，操作空间比较小，外汇占款增加额的剧烈波动对中央银行基础货币的投放影响很大。这个可以从表 14-5 中的数据看出，基础货币增长率为 6.6%—16.7%，基础货币增长率标准差为 0.034，变化系数为 0.327。其变化幅度要远低于外汇占款增加额的变动幅度，说明中央银行可以应用其他方法（如发行中央银行票据、公开市场买卖国债等）冲销一部分，并且央行对冲外汇占款的巨大成本将影响央行持续大规模干预外汇市场的可持续性。2004 年 1—10 月央行发行的对冲票据，央行总计约需要支付利息 210 亿元，如果我国新增外汇储备资产的 60% 用于购买美国国债，则 2004 年 1—10 月央行的票据亏损约为 90 亿元（曾秋根，2005）。1994—2004 年我国货币当局的外汇干预操作亏损 2 695 亿元，同期冲销操作亏损高达 8 377 亿元（时卫干，2005）。因外汇占款增加额变化引发基础货币投放的不稳定性，而货币政策的独立性也受到了一定的影响。

外汇占款如果增加过快，就会造成中央银行基础货币的过量投放，进而引发通货膨胀。我国 2003、2004 年外汇储备的急剧增加导致外汇占款急剧上升，由此投放的基础货币数量增加。2003、2004 年的通货膨胀就与外汇占款急剧增加引发的基础货币投放有一定的关系。如果实行紧缩的货币政策，如加息，就会引起资本的流入，又会形成外汇占款引发基础货币投放，影响货币政策的执行效果，货币政策的独立性就受到了一定的影响。从表 14-5 的数据可以看出，外汇占款引发基础货币投放的比重过大，货币政策的执行受到影响，资本管制的有效性在下降。

（四）存在大量隐蔽的资本流动渠道

在实践中，资本管制远非滴水不漏，大量短期资本可以通过许多渠道逃避资本管制。

1. 贸易渠道

贸易项下资本转移主要涉及以外商直接投资方式流动的长期资本流动，而跨国公司是直接投资的主要载体。跨国公司主要通过以下几种方式进行资本的转移：第一，利用时间差，通过出口预收货款和延期付款的方式。预收货款和延期付款本是正常的贸易结算方式，由于两者均存在物流与资金流不匹配的特点，这使得涉汇主体在规避现行外汇管理政策上有机可乘，异常资金通过这两种渠道流入。第二，利用价格转移方式。跨国公司在原材料采购方面，采取由母公司统一采购、内部定价、货款垫付的方式，从集团角度控制成本；在产品销售方面，大部分子公司的产品均销售给母公司或关联公司，母公司通过关联交易，利用内部价格转移来调节境内子公司的利润，从而实现转移外汇和避税的目的。第三，伪造贸易凭证。制作货到付款、信用证及托收项下的假合同和假进口单据，骗购外汇汇往国外，特别是异地购付汇业务中，由于进口付汇核销的"二次核对"时间长、管理难度大，"假委托、真骗汇"、重复购汇现象十分突出。第四，虚报进出口商品价格，即进口高报和出口低报，从而达到资本外逃的目的。第五，利用银行远期信用证进行资本非法流出入。一些国内企业打着进口的幌子申请开出进口远期信用证，外方收到远期信用证后可到当地银行申请打包放款而获得贸易融资，然后汇回国内企业以出口收汇名义结汇成人民币进行套利或投机活动，当贷款到期后则以进口付汇名义买汇汇出，由外方偿还当地银行贷款。

2. 通过非贸易项下转移的资本

非贸易的范围主要包括运输、旅游、通信、建筑、金融保险、广告、咨询、会展、法律服务等。在此项目下资本外逃形式主要表现为，以支付佣金或国外旅游费用的名义，或者以外国投资者在中国的投资收益为名汇出或携带出境，或以支付投标保证金、海运、航运部门的国际联运费、邮电部门支付的国际邮政、电信业务费等名义向银行购汇或从其外汇账户中支出。目前"热钱"通过非贸易项下流入中国主要有两个途径：第一，企业的收汇、结汇。一些企业利用向境外提供运输、建筑等服务的机会，收到远远超过服务价值的外汇收入，引入短期资金。并且，由于非贸易收汇缺乏实质性的真实性审核规定，企业将以往滞留境外的资金调回境内结汇的情况时有发生。据 2003 年国家外汇大检查统计表明，1—6 月某省非居民收汇单笔 1 万美元以上占全部收汇的 83%，同一收款人在半年内发生两次以上收汇的占 84%，其中 5 次以上收汇的占 31%。大额收汇基本上都有贸易或投资背景，而且结汇意愿强烈。结汇后用于生产经营或投资房地产和证券市场的现象较为普遍。第二，个人的收汇、结汇。① 沿海地区，侨汇流入量增长较快，由于人民币升值的预期和人民币与外汇之间的巨大利差，非居民个人外汇结汇后，通常转为人民币存款。② 贸易项下资金通过个人渠道流入，主要集中在小商品市场发达的地区和沿海加工贸易发达的地区。③ 私人外贸企业对人民币资金的需求以及体外循环资金回归正常渠道都促成了个人外汇的大量流入及结汇。④ 资本项下资金有部分通过个人渠道流入，主要是为规避税收及外汇管理等政策限制，表现为以下特点：汇款人或收款人多数为企业法人代表或董事会成员；结汇后人民币资金划往境内商业机构、生产企业、证券公司和房地产公司,用于生产经营、股权收购、证券及房地产投资。

3. 通过资本与金融项目转移的资本

第一,资本外逃。① 借助境外融资渠道,包括:通过外商投资制造"外债",使得资本流出成为合法,通过"平行贷款"在国外投资、货币互换、虚报外商直接投资形成事实上的外逃等。② 在境外投资中大量转移资本,包括:对外投资时低估资产的价值,隐瞒、截留境外投资收益和溢价收入用于再投资,通过内部价格转移,抬高从国外公司进口的设备、原材料和中间产品的价值,压低国内出口产品的价格。③ 通过其他投资项目,主要是与贸易有关的贸易信贷项,如违反有关规定推迟出口收汇与结汇,或以提前偿还外债本息、支付货款为名,将外汇资金滞留境外,甚至与外商勾结,以外商逃毁约、拖欠等形式,将本应收回的外汇转移到外国账户上。

第二,资本流入。① 外商提前注资或虚假投资结汇套利。外商投资企业外方以现汇出资的比重明显增加,资金到位较以往显著加快。有的企业将原定分期到位的资本金一次性全部汇入并迅速结汇,有的再增资企业甚至在资金到位后才办理增资手续。② 国内外汇贷款和贸易融资大幅上升,外汇存款结汇和用于对外支付明显增加。③ 外资银行大量借入短期外债。国际短期资本可以通过该渠道流入。据统计,2003—2004年,中国短期外债余额猛增500亿美元左右,其中90%左右为外资银行借入。④ 中、外资银行频繁调入资金,不排除其中有国际"热钱"流入。到2003年6月末,中资金融机构外汇存贷比接近规定的85%这一警戒线。为解决贷款资金来源,中资银行不断调回以往"折放及存放境外"的资金,2003年上半年,已达百亿美元。由于可调回的境外资金减少,中资银行又通过从境外拆入资金的方式来补充境内外汇资金的不足。同时,部分外资银行也调入境外资金用于发放外汇贷款。⑤ 外商投资企业股东贷款及其境内外资金联动(属于外债性质融资)猛增,国际短期资本可以渗入其中。

4. 其他渠道

第一,离岸金融中心跨境资本流动迅速增长。2004年第一季度,全球著名离岸金融中心英属维尔京群岛、开曼群岛、西萨摩亚对中国实际投资金额分别为17.52亿美元、7.52亿美元和3.07亿美元,在中国外资来源地中分别排行第二、第七和第九位。与此同时,据民间估计,在离岸金融中心注册的中国离岸公司也已经数以万计,其中不乏新浪、网易、金蝶、联通等知名公司。可见,离岸金融中心投资迅速增长是近年来中国资本内流中的突出现象。第二,通过地下金融通道的方式转移的资本。近年来,中国内地与香港特别行政区以及台湾地区的金融业务余额迅速成长,根据台湾金融部门近期公布的最新资料显示,两岸 2004 年 1—5 月金融业务总额已达 420 亿美元,平均每月金额比 2003 年增加近 40%。在这巨额数字之外,还有数额惊人的资金为规避投资审批障碍,通过中国内地与香港特别行政区以及台湾地区的地下金融通道转移。根据国家外汇管理局 2004 年 4 月 28 日公布的 2003 年中国国际收支平衡表,"净误差与遗漏"项目为 184.22 亿美元。这一数据比 2002 年的 77.9 亿美元有大幅增加,后者是中国该项目多年来首次出现的正值。净误差与遗漏数据为正值,侧面印证了神秘资金的流入。第三,中国的房地产等行业事实上已通过所谓"外销房"方式向境外投资者开放。如房地产的设计费、购置费、转让等就是充分利用房地产前期投入大、资金回笼时间长的特点,在需要的时候以合作设计、境外展览等名目汇出,再以购买房屋、出租等名目汇入,尽管需要缴纳较高的契约税,但这种洗钱或资金套利的方法却可以满足大额资金流动的需要。

(五)国内外利差逐年缩小

在没有汇兑管制的情况下,国内和国外市场之间的套利行为会使一种货币的国内利率与其国外利率基本一致。但在严格的汇兑或资本管制下,这两种利率之间会存在较大的差别。因为资本管制的一个主要目的是在国内和国外金融市场之间产生分割,这种分割本身为逃避管制提供了利益驱动,而管制的有效性取决于利益驱动相对于逃避管制成本的大小。如果管制是有效的,资本流动对国内利率的敏感度下降,这样货币当局就可以使国内利率更多地为国内经济目标服务。考虑人民币是不可兑换货币,难以计算其同类金融工具国内与国际收益率的差别,同时,由于人民币离岸银行存款业务规模很小,难以比较国内银行存款利率和离岸业务银行提供的同类存款利率,所以,我们选择比较中国国内美元利率和国外美元利率的差别,从一个侧面来分析资本管制的有效性。

从表 14-6 可见,国内美元利率持续低于美国大额可转让存单(CD)利率和美元 LIBOR。因为目前国内调整美元存款利率主要以同期美元 LIBOR 为参考,比较国内一年期美元存款利率和调整利率当日的一年期美元 LIBOR,两者之间的利差在 1999 年最大,达到 1.2675%,而在 2003 年最小,仅为 0.6269%。

**表 14-6　国内外美元利率比较**

| 年份 | 国内美元存款与美国 CD 利差 | 国内美元存款与美元 LIBOR 利差 |
|---|---|---|
| 1994 | 1.8700 | -0.9375 |
| 1995 | -1.5450 | -1.1445 |
| 1996 | -0.4525 | -0.8750 |
| 1997 | -0.6200 | -1.0078 |
| 1998 | -1.7200 | -1.0272 |
| 1999 | -0.5175 | -1.2675 |
| 2000 | -1.4600 | -1.0000 |
| 2001 | -2.4400 | -0.9000 |
| 2002 | -0.9175 | -0.8038 |
| 2003 | -0.5875 | -0.6269 |

资料来源：国内美元存款利率数据来自人民银行，美国 CD 利率数据来自 IMF 国际金融统计，美元 LIBOR 数据来自 www.bba.org.uk/public/libor。

如果管制有效，那么在资本管制强度大的年份，两者的利差应该最大；反之，则最小。因此，可以根据利差变化反映资本管制的强度。如亚洲金融危机之中及之后一年，即 1998—1999 年，外汇管理部门实施的强度最大，实际上这两年的利差比较大。而 2000 年之后，利差逐年缩小，基本反映了外汇管理部门逐渐放松管制，即资本管制强度逐渐下降。

## 第四节　提高中国资本管制有效性的对策

### 一、综合使用多种监管手段

（一）一定时间内实行必要的行政管制手段

1. 直接禁止或限制某些类型的跨境资本交易

（1）控制跨境资本交易项目。巴西从 1993 年年中起，明确禁止合法渠道流入的基金投资固定收益债券及其衍生产品；1994 年，进一步扩大了禁止投资的资产范围，同时加强对出口信贷规模和期限的管制，限制短期资金流入，鼓励长期资本流入。马来西亚于 1994 年初，禁止居民向非居民出售一年期以下的私人和政府债券和货币市场票据，禁止对外借款投资房地产和购买股票，同时禁止商业银行与非居民进行无真实贸易背景的掉期和远期交易。2004 年，印度限制国外授权交易商对其短期大额进口贸易提供贷款，禁止金融机构接受非居民新增外币存款，加强对贸易信贷和对外借款的规模控制。这些措施有利于减少资本流入，避免经济过热和通货膨胀。2004 年 4 月,印度资本流入较上年同期减少了 33.6 亿美元。同时,这些措施改善了资本流入结构,短期资本流入占比从过去的 10% 下降到 4%,外债压力也得以减轻。

(2) 控制资本流入期限。该措施在新兴经济体开放国(地区)证券市场和货币市场初期以及金融危机期间得到了广泛的应用。如我国台湾地区在向境外的合格机构投资者开放其股票市场初期时规定:汇入本金满一定期限后才能汇出本金,投资收益每年汇出一次,汇出本金一定期限后才能再行汇入等。1991 年,智利对直接投资和证券投资设置最低期限。巴西从 1993 年中期起,将分期偿还贷款最低平均年限从 30 个月延长到 36 个月。菲律宾自 2000 年 1 月起,对银行存款设置最短期限。马来西亚曾规定非居民出售马来西亚股票所得资金需等待 12 个月才能转换为外币。中国已经在 2002 年 12 月开始实施的合格境外机构投资者制度中,为防止合格境外机构投资者的资金频繁出入境,鼓励长期投资,对其投资本金在境内的停留时间也作出了规定,但对收益的汇出没有时间限制。今后,国家外汇管理局可根据国家外汇收支平衡的需要,对合格境外机构投资者汇出本金及收益的期限予以调整。

2. 加强对流入的行政审批和真实性审核

政策性审核主要集中在对外借款。1991 年,智利当局对国内机构进行国外借款设定包括评级在内的管制规定。2000 年,菲律宾要求国外投资和私人部门对外借款提供相关证明材料,如项目是否在“优先”名单之列,借款条件是否合理等。2004 年,印度将 5 亿美元以上的国外借款审批权集中到印度储备银行,并严格监控贷款投向,并将偿还期从 3 年左右提高到 10 年以上。

3. 允许或鼓励某些类型的跨境资本交易

这与禁止或限制性的管制手段目的相近,旨在调整资本流入的渠道,通常是以允许境内发债方式替代对外负债。例如,2000 年,马来西亚允许国际金融机构和跨国公司发行以林吉特标值的债券。2004 年,印度储备银行允许国际金融组织在境内发行以本币标值的债券,发债所得资金既可借给当地机构,也可通过外汇掉期交易转为外币。

### (二) 积极使用价格型调控手段

推动资本账户开放并不是取代管制,相反,越是开放越要加强管理。但这种管理是逐步用市场化手段取代行政干预。借鉴国际经验,在资本管制中,较多地以价格性管制取代数量性管制,有利于提高资本管制的效率。在发展中国家货币开放的历史中,一般通过引入征收税收或无息准备金等做法来协调货币政策与汇率政策的冲突。

1. 以税收抑制短期资本跨境流动

近年来引起广泛关注的一个建议是在全球范围内对外汇交易和短期跨国境的银行借款征税。这种"往飞速运转的国际金融市场这一车轮中掷些沙子"的做法是托宾税的一个现代变形。把"托宾税"思想用于系统的实际,即通过金融交易税的方式增加短期资本交易成本,减少国际资本的不稳定流动。一般来说,主要包括以下几个税种:托宾税、庇古税、预扣税以及所得税等。由于托宾税和庇古税在具体实施中,有一些制度上和技术上的障碍,所以较少使用,而较多地使用预扣税和所得税。如哥伦比亚政府1991年末进一步放开了资本流出的限制,加快进口自由化的进程,于1992年7月通过税收方案,对资本转移和非融资性私人业务征收10%的预留税,旨在限制国际游资利用某些经常账户交易进行投机活动;而巴西在1987年对资本账户实行进一步开放,采取各种措施调整国际资本的投向,通过对一些国际资本征收较高的税费,对同期限的投资征收不同的税率,延长投资的期限,以及延长贷款的平均摊销期限和退税期限等方式,将资金从固定收益证券投资分流至股票投资、固定资产投资和长期投资等方面。智利和哥伦比亚对国内企业在国外融资施加了税收限制。泰国在资本流入的高峰期间对支付给非居民的利息征收10%的预扣税款。

2. 推行无息外汇存款准备金制度(URR)

这是一种最常用的价格型手段,是对国际资本流入的间接课税,它要求银行或非银行机构向中央银行缴纳其资本流入或外币净头寸一定比例的无息准备金。虽然这一措施并不是对流入的资本征税,但通过冻结部分资金,可以提高资金流入的成本,具有市场特征。此外,虽然是一种资本管制,但它也可以被看做是一种对冲工具,而且具有自动对冲的功能。它自动地将流入国内的借款冻结一段时期,从而直接对冲了一部分的资本流入。它具有内在的对短期资本惩罚更严厉的特征,可以抑制投机性的资本运动。智利于1991年6月开始采用该手段,最初只对贸易信贷之外的外汇贷款设定20%的无息准备金要求,后来逐步扩大到贸易信贷、外商直接投资等所有可能包括短期资本流入的渠道,准备金比例也随之提高到30%。1998年9月,为应对资本大量流出的局面,智利将该比例下调至零,但并未取消准备金要求。1993年9月,哥伦比亚对期限不满18个月的国外借款(包括部分贸易信贷)设置外汇存款无息准备金要求,后来根据需要多次调整准备金的比例和范围。1994年初,马来西亚规定，商业银行必须将国外银行一定比例的林吉特资金存放于央行的无息账户。1995年，泰国对非居民持有的一年期内的泰铢账户和金融机构的短期外汇借款规定7%的准备金要求，1996年又扩展到非居民一年期内的泰铢借款以及期限小于一年的商业银行或泰国离岸中心的离岸短期借款。

征收无息准备金的具体做法是：规定所有从国外获得的贷款必须将其融资额的20%无息地存放于央行；贷款期限在90天以内的，将该项准备金存满90天；贷款期限在90—365天的，需存满与贷款期限相同的时间；期限在一年以上的，需存满一年。最初，无息准备金涵盖的范围是除了贸易信贷之外的国外借款，后来，逐渐拓展至国际游资可能利用的其他非借贷性渠道，例如商业银行外币存款、二级市场存托凭证、投机性国外直接投资等。虽然有一些因素使得无息准备金难以完全发挥作用，如无息准备金的范围不包括贸易信贷，对短期资本流入的管制不完全；市场不断地进行金融创新规避管制，为政策的实施带来困难。但总的说来，无息准备金旨在限制短期资本流入，对长期投资不会造成太大影响；征收无息准备金还有助于提高货币政策的自主性，减少紧缩性货币政策对汇率的不利影响；通过限制大量的资本流入，还可以减少中介机构的风险。所以，中国如果能对短期资金的流动有比较准确的监测管理，并且，在国际收支顺差过大，涉外经济部门又不足以承担本币升值压力时，可以考虑向国外短期资本征收预扣税或对不同期限的投资征收不同税率的方式来缓解压力。

3. 预约定价制（APA）

APA是相对传统的转让定价而言的一种新的税制，原是税务机构针对跨国公司利用转让定价手法来进行逃避税的一种管理手段。诸如比较价格法、比较利润法等传统的转让定价调整方式为事后调整，它存在一些问题，如调整的价格难定、举证资料难收集、新的双重征税现象难消除等。而APA是转让定价税制的发展产物。它的具体做法是：纳税人事先提出其同境外关联企业之间内部交易与财务收支往来所涉及的转让定价的方法，同税务部门协商讨论，预先确定税务机构和企业双方同意的关联交易定价原则，经税务机关审定后，作为计征所得税的会计核算依据，并免除事后税务机关的转让定价的调整。OECD于1999年10月发布了《相互协议程序下制定预先定价安排指南》。据统计，到目前为止，有三十多个国家和地区相继实行了这一制度。这一制度目前已经成为国外发达国家普遍使用的反避税调整方法。

APA的特点是把主动权交给企业，税务机关则以静制动，将跨国公司涉及转让定价的纳税义务从事后调整模式转变为事先协议模式，即所谓的变“治病”为“预防”，这样可以减低政府部门的漏征风险和审查成本。随着全球化的进一步推进，跨国公司成为一国直接投资的主要载体，转让定价越来越多地成为跨国公司进行资本跨境流动的重要手段。鉴于此，笔者认为可以在外汇管理领域引进APA这一新工具来对跨国公司的资本流动进行管理。

为说明其作用机理，我们以跨国公司在市场预期人民币升值时企图从事汇率投机为例。在这种背景下，由于跨国公司在多个不同的国家经营业务，母公司与子公司之间存在大量内部关联交易，它的资金也要在不同国家之间进行统一调度运营，这样，这家跨国公司可以通过出口高报、进口低报的价格转移方式将资本调入我国，一旦人民币升值，它又可以通过出口低报、进口高报将获利的资金调出。这是跨国公司运用其内部交易的优势获取最大化利润的一种常用方式，它加大了外汇管理部门对以外商直接投资形式进行的资本流出入管理的困难。

现假设，如果一家跨国公司已和交易涉及的国税务机关达成了使用预约定价制的协议。跨国公司事先将其和关联公司之间的内部交易与财务收支往来所涉及的转让定价方法向税务机关报告，协议规定将在受控制的交易进行之前，确定一套适当的标准用以确定某一特定时间内哪些交易具有转让定价行为。这样，采用预约定价制一方面使跨国公司无法以高于协议的价格高报出口、以低于协议的价格低报进口来从境外调入外汇资金；另一方面，如果届时市场价格低于协议规定的出口价、高于协议规定的进口价，则企业可以沿用协议价，这意味着此时企业从事外汇资本调入活动是合法的。从上面的机理可以看出，这种价格选择类似于企业在面对未来交易价格的不确定性时，为其出口交易买进一项看涨期权，同时为其进口交易卖出一个看跌期权。换言之，预约定价制度给予事先签订协议的跨国公司一种权利，即在规定的期限内以事先约定的价格进行内部关联交易，这实际上给跨国公司在某一时间内交易的出口价格设置了一个上限，而给交易的进口价格设置了一个下限，使企业能够从对价格的正确预期中获利，并且把可能的损失限定在一定范围内，这无异于给企业一个正向的激励，鼓励企业自愿采取预约定价协议以获取正确估价的好处，这也是预约定价制优于传统转让定价调整方法之处。同时，对税务和外管部门来说，通过与企业谈判预约定价协议，可以掌握更多的企业经营的内部信息，减少税收和外汇管理中的信息不对称，把企业的进出口价格以及由此决定的外汇流动额事先锁定。可见,采用 APA 对于税企双方都具有有利的一面。因此,外汇管理部门可以考虑与海关、税务建立预约定价合作机制,通过信息共享,利用税务部门的信息,时刻关注跨国公司价格转移所造成的外汇流动的量和方向的异常变化,一旦发现问题,应和海关、税务协同合作,堵住源头。对于外汇管理部门来说,把 APA 运用于资本账户管理,可以有效地借助税务部门这支重要力量和利用税收所特有的技术、法律等手段提高外汇管理的有效性,这实际上等于将税收部门纳入资本管制的合作协调体系,动员更多的力量来加强外汇管理。

另外,从国际经验来看,运用 APA 来防止跨国公司通过转让定价途径逃税和资本跨境转移,是符合国际惯例和潮流的。近年来,为打击愈来愈烈的国际避税,不少国家纷纷出台了规制转让定价的法则,发达国家对企业逃税这类行为的监管政策越来越严格。美国于 1994 年率先制定处罚条款,规定对纳税人使用不合理转让定价,将被国内收入局调增应税利润并补缴公司所得税,此外,还应按补缴税款的 20%—40% 处以罚金,截止到 2001 年,澳大利亚、加拿大、法国等合计共有 11 个国家已在本国转让定价税制中加入了处罚条款。所以,我国如果将 APA 用于对付跨国公司的资本转移,与国际上普遍对跨国公司加强监管的趋势是一致的。

APA 还有一个显著的优点,即它实施所可能遇到的国际阻力较托宾税要小。从 1972 年托宾在普林斯顿大学的一次演讲中提出对现货外汇交易课征全球统一税开始,除了智利曾推行过类似托宾税的无息外汇存款准备金制度外,还没有一个国家真正付诸实施,主要原因是发达国家的极力阻挠。目前发达国家对托宾税的反对意见主要有:认为投机可以熨平市场波动,而托宾税会抑制投机,损害国际金融市场的活力和效率;托宾税的收入分配因其明显的利益性会引起各国的激烈争吵;另外,托宾税还面临着如何确定税基、税率等技术上的难题。究其实际,与有利于国际金融市场的稳定、防范开放金融市场所带来的风险相比,托宾税显然利远大于弊,发达国家之所以反对它,主要是因为对资本流动征税,提高资本流动的成本,将使主要来自发达国家的国际套利基金直接受损失。所以,能否征收国际托宾税不仅是技术问题,而且是一个政治意愿和既得利益问题。鉴于目前在国际金融游戏规则的制定中发展中国家缺乏话语权,现阶段托宾税难以实施。预约定价制是由发达国家首先提出并率先采用的,是以美国为首的发达国家自己制定的游戏规则,目前已成为一项国际惯例。更重要的是,它主要针对跨国公司的逃税避税行为,当初创立这一制度的原意并不是针对国际游资的套利行为,它的外汇管理功能只不过是一种“副产品”,所以发达国家要反对其他国家利用这一手段加强外汇管理就失去了托词。因此,相比托宾税而言,其遇到的国际阻力相对较小。

4. 其他间接型控制措施

主要包括:① 规定不对称敞口头寸,即对长期和短期头寸、居民和非居民的头寸实施差别管制政策。1994 年初,马来西亚规定,商业银行对外商直接投资和真实贸易背景之外的净债务头寸施加上限管制,以减少其对外借款和其他非贸易交易行为。1995 年 9 月,泰国对短期敞口头寸设定了更小的额度。② 对商业银行的净外部头寸征收准备金。③ 对向境外借债的经济主体实施信用评级要求。④ 对特定交易报告的要求,如外汇管理部门可以要求金融机构对所从事的衍生交易、与非居民进行的与贸易不直接相关的交易等情况及时进行报告。

## 二、对贸易项下和非贸易项下资本流动的监管

### (一) 对通过跨国公司贸易项下的资本流动的管理

(1) 加强隐形外债管理。跨国公司内部的资金运作有许多交易行为具有外债特征,包括集团内贸易项下延期付款、境外公司垫付资金、境内公司预收货款及应付外方红利等。一直以来,这些项目都没有纳入外债管理和统计的范畴。因此,有必要把跨国公司这些债权债务行为纳入外债进行管理。例如,根据跨国企业的资金用途加强对资本账户外汇结汇的审核;对超过一定限制的资本账户外汇资金结汇,要求提供支付指令;加强外债登记管理,将外商投资企业举借的中长期外债累计发生额和短期外债余额之和严格限制在审批部门批准的项目投资总额和注册资本之间的差额之内;保留在特殊时期采取一些管制措施的权利。

(2) 加强投资外汇管理问题。加强验资询证外汇管理;为了防止热钱混入经常项下,规定外贸公司与上年业务量适度增长相应的结汇最高额度。

(3) 改进贸易信贷统计方法和管理手段。改进贸易信贷以进口量一定比例估算的统计方法,加强预收货款、延期付款等贸易信贷的国际收支申报核查,确保贸易信贷统计的准确性。通过贸易进出口核销系统加强对预收贷款收汇和结汇的监管,责成外汇指定银行加强对贸易信贷真实性的审核,严格审核未发生真实出口的预收货款的退汇。

(4) 建立财务指标分析制度。建立跨国公司财务情况报告制度,及时反映外汇账户、外汇收支、应收应付账款比例和结售汇等情况,动态掌

握外汇资金存量和流量的变化，对财务数据进行常规分析。

(5) 加强和海关、税务、财政等部门的合作，实行多部门联动，堵住跨国公司资金流动中的管理漏洞。

(二) 对非贸易项下资本流动的管理

(1) 加强对非贸易项下售付汇的真实性审核，可以依靠企业主管行业部门的业务资格审核。主要审核其交易业务的真实性和交易价格的合理性。同时，通过国家税收政策，规范税务凭证，对非贸易收支的真实性进行有效监管。

(2) 由于非贸易项下外汇收支涉及多个交易主体，所以，为了防止重复购汇，外汇管理当局应规范、统一购汇，规定结售汇都需提供相应的资料和凭证，提高交易的真实性。

(3) 加强对非贸易外汇收支账户的合理性管理，如进一步细化非贸易项目的收支编码，使银行在操作上更规范。加强对非贸易外汇收支的检查力度，不能只依靠银行的监管，外汇管理局应与审计、海关、税务以及企业的行业主管部门建立联合检查制度，定期检查客户的收支情况。

(4) 进一步完善非贸易外汇管理法规。① 将子公司进口项下向境外关联公司支付佣金纳入进口付汇业务外汇管理；② 对境内子公司为获取先进技术或权威技术咨询而发生的预付款，应控制在付汇金额的一定比例内(如5%)；③ 放宽居民个人外汇投资限制，规范居民个人资本账户外汇资金的运作行为，同时加大打击非法资金流入的监管力度。

## 三、相关配套改革

### (一) 加强市场机制建设

在资本账户放松管制过程中，不必以外汇收支作为主要的甚至是唯一的考虑因素，而应把重点放在加强市场机制建设上。

(1) 改进和完善央行的冲销干预。国际经验表明，在资本大量流入时，各国短期内都优先采用冲销操作。在增加汇率机制灵活性的进程中，央行仍有必要运用货币政策对汇率进行调控，使外汇市场平衡运行。加大公开市场操作力度，强化外汇冲销干预的操作方法与操作力度，灵活选择各种冲销工具组合并扩大组合篮子中的数目。

(2) 加强对银行系统的审慎性监管。国际经验表明，管理与资本流动相关风险的更为可行的方式，不是直接控制资本流动本身，而是通过实施稳健的监管政策增强整个金融体系的风险管理能力，降低经济运行可能受到的资本流动相关风险冲击的可能性。绝大多数跨境资本流动都是通过银行这一中介机构办理的,所以,银行部门对于资本账户管理有着重要的作用。加强对银行的资产负债情况的现场、非现场核查,加强对中外资银行衍生产品的监管。完善对银行外汇业务的外部监督,建立严格的信息披露制度,加强联网监管。树立银行同业公会的权威,加强银行业自律。

(3) 建立一套实时的外汇管理电子系统。建立对短期资本跨境流动的识别、监控、预警的监测体系,完善外汇管理政务电子化。

(4) 建立"即时总和结算体系"(real time gross settlement system, RTGS)。该系统和以往实行的银行间结算体系不同,如每个总额结算了,各银行可立即使用结算资金。RTGS 可降低交易国因时差引起的结算风险,在资金流速变快、透明度增加的趋势下,RTGS 可用来对资金结算和余款状况进行极为细致的管理。美国、英国、瑞士、德国、日本、澳大利亚等国和中国香港特别行政区已不同程度地引入了 RTGS。

(5) 提高违规的成本,严厉打击外汇非法交易与跨境洗钱活动,整顿外汇市场秩序。

(二) 积极探索放松资本管制,完善资本账户外汇管理

加入 WTO 意味着中国必须加快开放证券市场。根据其他国家和地区的相关经验,例如 2004 年,印度将居民外汇持有额度和汇出额度放松至 2.5 万美元/年,简化外国机构投资者的所得税申报表格和利润汇出手续,实施雇员股票期权方案,允许国内的外资企业员工按照协议价格购买国外证券,批准银行向居民发售 2.5 万美元限额之下、基于外汇存款的共同基金类产品,允许银行交易外汇衍生工具等。中国已经引入 QFII 和 QDII 制度,下一步可以探索研究的资本市场开放措施有:允许部分高信用等级的国际开发机构在境内发行人民币债券;试行股票期权制度,允许部分境外上市的 H 股企业推行股票期权计划等。

(三) 宏观政策配套改革

各国的经验表明,资本管制不能从根本上消除资本流动背后的经济诱因。在经济对外开放程度不断提高的情况下,只要本外币利差和汇率调整预期因素持续存在,由于资本管制很难将经常账户和资本金融项目完全分开,资本流入总是可以找到规避管制的渠道的。从长期来看,资本管制的效果会不断下降。因此,根本出路还是增加汇率弹性,发挥价格机制在调节资本流动中的基础性作用。同时,深化金融改革,增强市场主体的抗风险能力,严格财政和货币纪律,提高国内外资源的配置效率。

1. 通过利率和汇率政策的有效配合,缩小套利空间

在国家开放度提高的环境下,货币政策对国际收支的平衡作用不可低估。实现内外均衡需要货币政策,尤其是利率政策和汇率政策的协调,而利率、汇率政策的协调要求利率、汇率的市场化,使利率—汇率联动机制有效发挥作用。货币当局应从关系上明确汇率政策也是货币政策的一部分,通过一系列制度安排,将汇率政策纳入货币政策的大框架,形成以货币市场为主的利率政策和以外汇市场为主的汇率政策的良性互动局面。

(1) 加快人民币利率市场化改革,增强汇率弹性。通过对中国国际收支流量结构的考察发现,随着对外开发的不断扩大,经常账户对人民币汇率的影响越来越小,资本账户对汇率的影响越来越大。由此也可以看出,汇率政策的有效安排必须得到利率市场化改革的配合。因为,僵化的利率体制对汇率政策有效性的发挥极为不利。利率僵化,则外资流入所引起的货币供应量的上升和通货膨胀压力增加,无法通过利率的变动得以缓解,也无法借助利率上升的作用来阻止资本外逃。只有充分反映市场供求状况的利率水平,才能在汇率政策和利率政策配合中建立起更为灵活的反应机制,即利率变动会通过国内资金供求、国际资本流动方向及远期外汇供求等方面变化来影响汇率,使人民币汇率机制趋于完善,推动人民币远期汇率的形成。从实现资本账户开放的要求看,国内利率与国际利率还有相当大差异,利率市场化的改革步伐还应当加快。在实践利率改革"四先四后"的战略中,缩小国内利率与国际利率水平的差异,防止因开放资本账户后国内利率过渡波动引起的风险问题。为此,必须建立发达的金融市场,为利率市场化提供理想场所;完善货币政策的间接调控手段,大力发展公开市场业务;实现居民资产多样化,提高抗风险能力;建立现代企业制度,打好利率市场化的微观基础。

(2) 加快人民币汇率形成机制建设,增强汇率弹性,实现合理的汇率水平。弹性汇率机制将大大增强货币政策的独立性,减少资本账户开放的代价和开放过程中可能出现的动荡。在资本账户逐步开放的条件下,货币政策与汇率政策的最终协调要依靠人民币汇率制度的根本改革。主要改革包括:第一,完善结售汇制度。取消现行强制性的结售汇要求,实行意愿结售汇制,扩大外汇指定银行周转头寸。第二,放宽外汇市场的进入限制。除了资本账户外汇买卖随人民币资本账户可兑换进程的变化进行调整以外,应尽量放宽经常账户人民币兑换在用途和数量上的限制。第三,健全和完善外汇市场。扩大交易主体范围,增加交易币种和品种。

第四，适时调整汇率制度，扩大汇率波动幅度，提高汇率政策的有效性和灵活性，建立目标区制度。第五，从体制上实现外汇业务监管理念的变革，从方法上实现"行政、市场、法律"三种手段在外汇业务管理中的配合使用，从组织上实现外管、银监、海关、税务等监管主体在外汇业务管理分工中权利与义务的对等。最终都可以统一于外汇业务管理模式由机构型监管向功能型监管的转变，即不同的金融业务分别由不同的机构进行监管。

2. 调整财政政策方向，提高财政政策的效果和灵活性

从理论上讲，在面临大量资本流入时，紧缩的财政政策的效果要优于紧缩的货币政策。紧缩性财政政策有利于控制利率水平的上升。建立健全严格而又可信的财政预算约束，合理安排财政支出，提高支出质量，最大限度地控制财政支出的增长幅度；密切协调财政政策和货币政策对宏观经济的间接调控作用，保持经济系统的动态稳定。

3. 加强国际协调，扩大区域货币合作

从20世纪80年代的拉美债务危机到90年代的墨西哥金融危机，发展中国家应对外来冲击不外乎采取以下做法：寻求国际援助以解决外汇市场流动性问题，进行国内宏观经济政策调整以解决经济结构性问题。在国际资本流动角度，更多的国家强调的是有关国家的单方面管理，目前看来，这种单方面的控制行为的有效性并不很显著。从近几次新兴市场危机看，目前的国际金融市场规则对巨额游资冲击弱小市场的弱肉强食束手无策。长此以往，新兴市场频繁面临冲击的威胁，或在游资打击下一蹶不振，必将加大新兴市场与发达市场的差距，加剧不同国家的经济发展的不平衡。

因此，加强国际协调，从国际市场运作的角度，加强对国际资本流动及游资活动方式的管理已经迫在眉睫。在日益全球性的金融市场，一国经济的内外均衡要求越来越多的条件，而市场的失衡正在成为常态。因此，西方发达国家与新兴市场化国家正积极探索国际协调的金融监管体系，如已建立《巴塞尔协议》这样的多边国际金融监管机制。须进一步加强的国际合作与协调还包括：在资本流动的信息披露、会计制度等方面加强沟通；在财政政策和货币政策的实施方面加强协调；对投机资本征收统一的国际流动税；加强各国央行和金融机构的合作等。外逃国可与资本转移的目的国建立信息共享协议，共同制定一套全面的资本逃避衡量体系，为资本管理提供有效、及时的预警；将境外资产征税的属地原则与居民原则结合起来，改进境外资产的管理；针对突发性的资本外逃，加强与

其他国家的共同防御。同时，中国也需要扩大区域货币合作。参与区域货币政策合作的重要意义在于：一是通过建立区域性的监管体系，加强区域间的信息共享和联合监管，能够在较早阶段发现危机的迹象，降低危机的危害程度。二是通过建立区域最后贷款人机制，扩大贷款基金规模，对专门从事投机的金融巨鳄产生威慑效应，对为数众多的中小投机力量起到稳定作用，能够有效地防范流动性危机。总之，只有在一个金融机构拥有更大经营空间、金融监管更加严密有效的市场上，国际游资的破坏性作用才会被减至最低，国际资本流动促进经济贸易发展的能力才能得到提高。

## 参考文献

[1] 〔美〕迈克尔·波特：《国家竞争优势》，李明轩译，北京：华夏出版社 2002 年版。
[2] 陈雨露、王芳、杨明："作为国家竞争战略的货币国际化：美元的经验证据"，《经济研究》，2005，(2)。
[3] 曹勇："与资本账户开放有关的几个问题的再思考"，《金融研究》，2004，(4)：6—9。
[4] 丁志杰：《发展中国家金融开放——效应与政策研究》，北京，中国发展出版社 2002 年版。
[5] 姜波克、朱云高："资本账户开放研究：一种基于内外均衡的分析框架"，《国际金融》，2004，(4)：12—19。
[6] 姜波克：《人民币自由兑换和资本管制》，上海：复旦大学出版社 1999 年版。
[7] 金荦(a)："中国资本管制有效性分析"，《世界经济》，2005，(8)：19—21。
[8] 金荦(b)："从国际经验看中国放松资本管制的政策选择"，《国际经济评论》，2005，(1—2)：10—12。
[9] 金荦(c)："中国资本管制强度研究"，《金融研究》，2004，(12)：4—9。
[10] 黄焱："论资本控制在抵御金融危机中的作用"，《世界经济》，1999，(11)：2—5。
[11] 胡援成："资本流动及资本控制的有效性研究综述"，《经济学动态》，2005，(1)：27—29。
[12] 胡援成：《中国资本账户的开放》，江西：江西人民出版社 2002 年版。
[13] 胡祖六："入世：中国开放资本账户的催化"，《经济学动态》，2005，(1)：19—21。
[14] 韩继云："应正视国际'热钱'的影响"，《投资研究》，2005，(7)：8—10。
[15] 葛惟熹：《国际税收学》，北京：中国财政经济出版社 2004 年版。
[16] 〔美〕康纳德·J. 马西森等：《资本账户自由化——经验与问题》，王晓蕾等译，北京：中国金融出版社 1995 年版。
[17] 李翀："两种国际经济比较方法缺陷性差异的分析"，《中国经济问题》，2005，(3)。
[18] 李翀：《短期资本流动的成因、效应与风险》，北京：人民出版社 2000 年版。

[19] 李瑶:《人民币资本账户可兑换研究》,北京:社会科学文献出版社 2004 年版。
[20] 李晓峰:"中国资本外逃的理论与现实",《管理世界》,2000,(4):26—30。
[21] 联合国贸发会议:《2002 年世界投资报告:跨国公司与出口竞争力》,北京:中国财经出版社 2002 年版。
[22] 邱崇明(a):《发展中国家(地区)通货膨胀比较研究》,北京:中国发展出版社 1998 年版。
[23] 邱崇明(b):"资本账户开放的核心条件:理论与实证分析",《国际金融研究》,2006,(2):62—68。
[24] 宋海燕、王玫:"金融深化与金融危机——兼论中国资本的有效管理",《国际金融研究》,2003,(6):15—17。
[25] 邢毓静:"资本控制的国际比较及对中国的借鉴",《证券市场导报》,2000,(6)。
[26] 邢毓静:《放松资本管制的进程》,北京:中国金融出版社 2004 年版。
[27] 向文华:《金融自由化与金融风险相关性研究》,北京:中国编译出版社 2005 年版。
[28] 肖崎、邱崇明:"在资本账户管制中运用预约定价制度的可行性分析",《涉外税务》,2006,(6):48—51。
[29] 王国刚:"中国资本账户开放:经济主权、重点和步骤",《国际金融研究》,2003,(3):1—3。
[30] 王信:"中国资本账户开放的市场化道路",《经济社会体制比较》,2003,(4):19—21。
[31] 叶春明、许新亚:"资本管制与金融危机——智利模式与中国实践的分析",《经济社会体制比较》,2005,(2):11—15。
[32] 杨柳勇:《国际收支结构研究——理论模式、国际比较及对中国现实的分析》,北京:中国金融出版社 2003 年版。
[33] 余永定、郑秉文:《中国"入世"研究报告:进入 WTO 的中国产业》,北京:社会科学文献出版社 2000 年版。
[34] 杨胜刚(a):《国际金融理论前沿》,北京:经济科学出版社 2004 年版。
[35] 杨胜刚(b):《资本外逃与中国的对策》,湖南:湖南大学出版社 2003 年版。
[36] 张礼卿(a):《资本账户开放与金融不稳定》,北京:北京大学出版社 2004 年版。
[37] 张礼卿(b):《发展中国家的资本账户开放:理论、政策与经验》,北京:经济科学出版社 2000 年版。
[38] 张斌(a):"增进中国资本管制的有效性研究——从宏观经济稳定视角出发",《管理世界》,2002,(11):18—20。
[39] 张斌(b):"如何评价资本管制的有效性——兼评中国过去的资本管理效率",《世界经济》,2003,(3):6—9。
[40] 张晓朴:"入世后中国应对国际资本流动的政策选择",《经济社会体制比较》,2002,(4—5)。
[41] Ahmet Mancellari and Selami Xhepa, Current Account Sustainability, A Presentation

in the Conference Organized by the Bank of Albania and Faculty of Economics, September, 2003, 2,3.

[42] Akira Ariyoshi ed., Capital Control: Country Experience with Their Use and Liberalization, IMF Occassional Paper, 2000, pp. 125—131.

[43] Hanson, J., Open the Capital Account: A Survey of Lessons and Results, World Bank Staff Working Paper, No. 901, 1992, pp. 26—39.

[44] Gorden de Brouwer, Gorden de Brouwer, Policy Forum: Exchange Rate and Capital Control: The Literature on Capital Control, *Australian Economic Review*, Vol. 32.

[45] Michael P. Dooley, Donald J. Machieson, A Survey of Literature on Controls over International Capital Transaction, IMF Staff Papers, v34n4, pp. 103—125, Dec. 1996.

[46] Roumeen Islam, Should Capital Flow Be Regulated? A Look At the Issues and Policies , The World Bank, WPS. 2293, 2000, pp. 79—86.

# 第十五章
# 经济开放进程中的政策搭配

"入世"后,中国经济增长和经济周期将更深地融入世界经济环境这一大背景下,随着各国经济一体化和相互依存度的不断提高,其他国家(尤其是西方国家)的经济发展状况和宏观经济政策对中国经济增长的影响将日益加深。在这一条件下,原先专注于国内经济目标的宏观经济政策将面临越来越多的国外目标冲击,当内外目标对宏观政策的要求发生背离——而这不可避免地经常要发生时,如何合理搭配宏观政策,就成为解决内外均衡冲突的关键。

## 第一节　开放经济下的政策搭配原理:两种视角

一般来说,宏观经济政策的根本目标在于促进本国经济的长期可持续发展。但就短期尺度看,由于信息缺陷①、认知偏差②、主体行为短期化倾向③以及非经济性因素干扰④等各种因素的作用,政策目标就体现为不同的侧面。一般来说,根据政策目标的针对性,我们可以将其分为内部均衡目标和外部均衡目标两大类:前者的着眼点放在国内,具体而言,就是促进国内经济良性增长、币值稳定、充分就业;后者则将着眼点放在国外,具体而言就是保证国际收支均衡、维持本币对外币的汇率稳定、为本国经济发展创造一个稳定的国际环境。如果说在一个封闭的环境下,内部均衡目标可以成为宏观经济政策的立足点的话,那么,随着经济体的日益开放,外部均衡目标将逐渐凸显其重要意义;在一些特定的状况下,外部均衡目标的设定甚至为宏观经济政策的具体实施效果圈定了范围。在这种条件下,如何实现宏观政策之间的合理搭配,才能兼顾内部均衡和外部均衡目标,使本国宏观经济在一个稳定、健康的环境下运行,就成为施政者

---

① 政策实施主体并非信息完美者,如何作为才能实现长期经济增长最优化,这一决策的正确作出内涵地取决于经济乃至社会的全像信息,而无论是哪一种经济主体或政治主体,显然都不可能拥有与"自然"一样多的信息。信息的不完美决定了任何决策都只能是在存在缺陷的信息空间里作出的,这就为决策的正确性提供了一个客观限制。

② 在政策实施主体所能掌握的信息中如何根据信息作出决策仍是一个问题,由于任何政策实施机构都不可能符合完全理性的假设,因此尽管信息充裕,但发生决策失误的情况仍不可避免,这构成了决策正确性的主观限制。

③ 作为政策实施主体的政府一般来说面临任期约束,它们都希望在任期内能推动经济以一个较高的速度增长,即使这一高增长速度损坏了更长期的增长潜力。政策实施机构的这种以短期目标替代长期目标的行为模式将使宏观政策经常偏离长期持续性增长的轨迹。

④ 最显著的例子是政治因素对经济目标的干扰,如2002年底以来美国、日本等西方国家对中国施加压力逼迫中国提升人民币汇率;再如社会目标的介入,如为维持社会稳定和公平,增加福利性支出,暂时牺牲经济效率,放慢增长速度。

首先要解决的问题。

在开放经济的条件下如何实现宏观金融政策的合理搭配，以促使内部均衡和外部均衡同时实现呢？笔者认为除传统的基于总供给总需求模型得出的结论外，对经济转轨国家而言，还应重视经济市场化和金融自由化次序安排及由此带来的政策协调问题。

## 一、蒙代尔-弗莱明模型、角点解假说和不可能三角

### （一）蒙代尔-弗莱明模型：一种新的表述

所谓蒙代尔-弗莱明模型，其实就是短期尺度下的小型开放经济的IS-LM模型，模型的基本假设是价格黏性、资本完全流动、本国经济规模小到本国利率水平不会影响世界利率水平（$r = r^*$①）。

根据这些假设条件，容易得到商品市场（IS）均衡的条件：$Y = C(Y - T) + I(r^*) + G + NX(e)$，其中$e$为名义汇率，与$NX$成反向变动关系②，进而与国民收入$Y$成反向变动关系。而货币市场（LM）均衡则因本国利率由国际利率被动决定，货币供给和需求均衡随之决定：$M/P = L(r^*, Y)$，与$e$无关，因此是一条垂直线。将IS和LM曲线放在一起，就是图15-1给出的样式。

在固定汇率制条件下，一国的货币汇率由中央银行负责维持，央行通过买卖外汇来平抑货币市场的超额本币需求或供给，从而使供需保持在均衡状况，汇率维持稳定。在蒙代尔-弗莱明模型中央行的这一操作模式体现为通过改变LM曲线的位置来保证既定汇率$e^*$，换言之，中央银行将对外均衡作为自己的一大政策目标，在此种情况下，一旦内外政策目标发生背离，则中央银行的货币政策将陷入困境，最终结果必然是为维持固定汇率（对外目标）而放弃对内目标。试考察国内经济的衰退状况：中央银行采取扩张性货币政策，加大货币投放量，这为国际货币市场增加了本币的供应量，在外币供应量保持不变的条件下，本币将供过于求，币值面临下跌的压力。为继续维持本币汇率的稳定，中央银行不得不在外汇市场上大量买入本币、卖出外汇，以平抑过度的外汇需求。央行在外汇市场上

① 对小型开放经济而言国内利率恒等于国际利率主要由套利机制维持。如第二个假设设定的，本国对资本流动不进行任何管制，则任何本国利率略微高于/低于世界利率水平的状况都将导致巨量国际游资涌入/逃出本国以实现无风险套利，这将改变资本（可贷资金）市场的供求状况，从而使本国利率回落/回升，直至本国利率与国际利率相等，套利机会不复存在，国际游资流动才告停止，此时资本市场重新实现供求均衡。简言之，国际资本流动之迅速足以使国内利率等于世界利率。

② 当然，严格地说还必须有本国外贸状况满足马歇尔-勒纳条件，名义汇率与净出口才呈现反向变动趋势。但就国际收支整体考察，兼顾资本因素，则$e$与国际收支余额的反向关系还是比较普遍的。

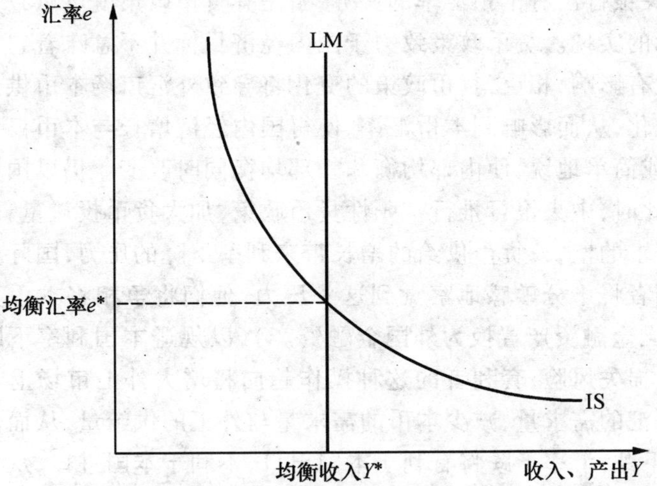

**图 15-1　蒙代尔-弗莱明模型示意图**

买入本币,减少了本币流通量,事实上等价于减少了国内货币供应量,逐步抵消了此前加大货币投放的货币政策效应。若国内外情况没有其他变化,则当且仅当中央银行在外汇市场上买入的本币数量等于此前扩张性货币政策加大投放的货币量时,外汇市场上的外汇过度需求被完全平抑,本币贬值压力最终消除。此时国内货币供应量等于实行货币政策之前的量值,货币扩张效应被外部均衡追求完全抵消。简言之,此时货币政策失效(如图15-2 所示)。

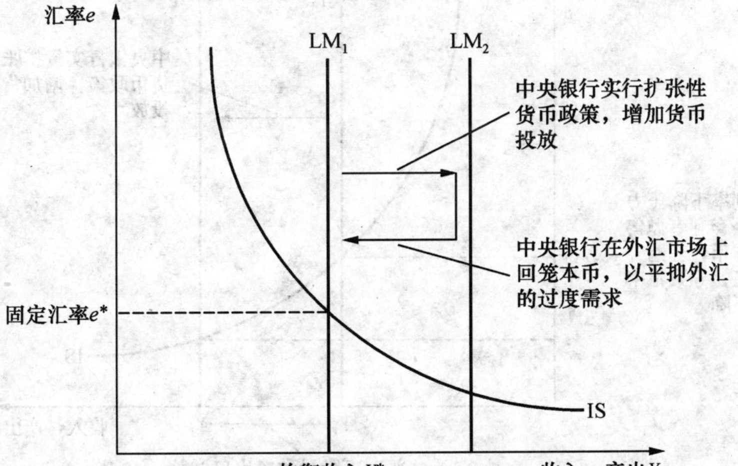

**图 15-2　固定汇率制下的货币政策示意图**

在浮动汇率制条件下,一国货币汇率由外汇市场的供给和需求自发决定，中央银行没有干预汇率的义务，于是其货币政策就可以致力于国内政策目标的实现。货币政策致力于国内经济目标并不意味着它对外部经济状况没有影响，相反，货币政策的变化将导致外汇市场本币供给和外币需求的变化，从而影响到本币汇率，使得国内经济增长与本币汇率同时发生改变，或简单地说，使内部均衡和外部均衡同时改变。仍以国内经济衰退为例：此时，中央银行推行扩张性货币政策，加大货币投放量，以促进国内有效需求的增长；货币供给的增长带来利率下降的压力，国际金融市场上的套利者将十分敏感地察觉到这一压力，他们将争相将本币兑成外币（或将本国金融资产置换为外国金融资产），以规避本国利率下降引致的利息收入损失风险；套利者的这种操作趋向将增大外汇市场上本币的供应量与外汇的需求量，减少本币的需求量与外汇的供给量，从而使本币贬值，汇率下跌；汇率下跌将有利于本国出口，不利于本国进口，从而使得净出口增加，在其他条件不变的情况下，这将最终导致本国 GDP 的增长（$Y=C+I+G+NX$）；而随着汇率的下跌和 GDP 的增长，货币供给增长给国内利率带来的下降压力也将逐步得到缓解，直到这一压力完全消解，此时本国利率仍旧等于国际利率 $r^*$，汇率停止下跌，达到更低的新均衡点，而 GDP 则得到一个较高的量，内部外部均衡在不同的位置上重新实现。简言之，此时货币政策对实现国内经济目标而言是十分有效的，但这一成效必须以本币贬值即本国汇率的下降为代价（如图 15-3 所示）。

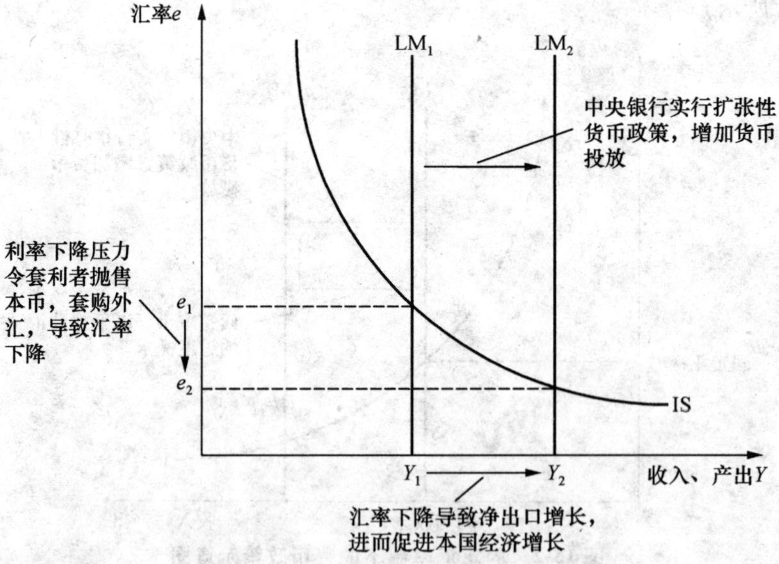


**图 15-3　浮动汇率制下的货币政策示意图**

（二）角点解假说

从上面的分析中我们不难看出，在资本完全流动的条件下，货币政策对国内经济目标的有效性（或者说独立性）必须是在浮动汇率制下才有可能；而在固定汇率制下货币政策将失去独立性。于是我们得出政策组合选择的简单二元选择：① 要么选择固定汇率制度，放弃货币政策独立性，放弃本国中央银行对货币供给的控制权，而将实现内部均衡的任务单独由财政政策去承担；② 要么选择浮动汇率制度，中央银行无须通过投放或回收货币来维持本币币值稳定，就可以将货币政策主要用以维持内部均衡。简言之，关于宏观金融政策，新古典经济学给了一个简单的二元选择，这个选择反映在汇率制度的选择上就是所谓的“角点解假说”。如奥布斯特菲尔德和罗戈夫（Obsfeld and Rogoff，1995）总结的：“对投机攻击起源的研究表明……在浮动汇率和几个国家采用同一种货币这两个极端之间，没有或很少有合适的汇率安排；”[①]埃根格林（Eichengreen，1999）进一步明确提出：“在资本流动性强的国家，只有两种可行的汇率制度。一种是阿根廷策略——不仅钉住汇率，而且锁住。……大部分国家……只有采取另一种方法：允许货币自由浮动。”[②]

（三）不可能三角

以蒙代尔-弗莱明模型为基础，学者们进一步探讨了在放松资本自由流动假设的条件下会出现的情况，提出了不可能三角（impossible trinity）原理。克鲁格曼（Krugman，1998）将其总结为，要同时实现① 开放的资本账户这一“流动性条件”（liquidity condition），② 汇率目标这一“信心条件”（confidence condition）和③ 独立的货币政策这一“调整条件”（adjustment condition）是“永恒的三难”（eternal triangle）[③]。于是我们可以得到实现内外均衡的三种宏观经济金融政策组合：其一，在固定汇率制与资本管制的条件下维持货币政策独立性（$\alpha$ 边）；其二，在浮动汇率制和资本自由流动的条件下维持货币政策独立性（$\beta$ 边）；其三，在资本自由流动的条件下牺牲货币政策独立性以维持固定汇率制度（$\gamma$ 边）（如图 15-4 所示）。在分析 1997 年的东南亚金融危机时，克鲁格曼便是以此为依据向马来西

---

① 参见 Obsfeld, M. & Rogoff, K.,“The Mirage of Fixed Exchange Rate”, *Journal of Economic Perspectives*, Fall 1995, pp. 73—96。

② 参见 Eichengreen, B., *Toward A New Financial Architecture, A Practical Post-Asia Agenda*, Washington D. C.: Institute for International Economics, 1999。

③ 参见 Krugman, P.,“The Confidence Game”, *The New Republic*, October 5, 1998。转引自 Chowdhury, A. & Islam, I.,“The East Asian Crisis—A Political Economy Explanation”, *Working Paper*, March 2001。

亚等受灾国家提出应加强资本管制等政策建议的。欧盟国家在欧元正式流通之前实行的是第三种政策组合;其他发达国家如美国基本上可以归属于第二种政策组合;而中国目前实行的仍是第一种政策组合。简言之,根据不可能三角,中国在继续钉住美元的固定汇率制[1]下货币政策之所以能着眼于国内经济目标,全因资本管制将中央银行从疲于奔命的平抑外汇市场超额需求义务中解脱出来。

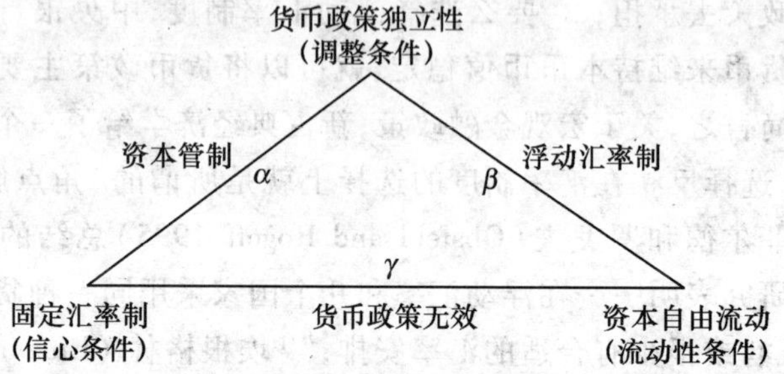


图 15-4 不可能三角

## 二、金融深化理论和金融自由化次序

与新古典模型将资本流动视为当然假设从而将宏观金融政策搭配简化为二元对立的视角相反,一些将其研究重点放在转轨经济体的转轨绩效的经济学家认为,对一个原先处于金融控制和金融抑制的、正在寻求市场化转轨的经济体而言,不应忽视其转轨背景而简单地将其宏观金融政策的选择与发达国家等同,而应在经济转轨这一动态背景下去分析金融自由化的合宜进度,进而在这一进度的时间框架下去规划宏观金融政策。这一理论在一个动态的视角上描述了发展中国家在确定其金融制度和宏观金融政策过程中应注意的"次序"问题,因此成为转轨经济国家宏观金融政策搭配理论的重要补充。

对经济市场化和金融自由化的最优次序,麦金农(1973,1993)进行了较为系统的论述。麦金农认为,对一个原计划经济国家,为保证某些特定的行业和部门能够获得充足的资金支持,经常不得不采取"金融抑制"的方法,人为控制国内利率水平,因为"银行没能从它们有特权的借款人

① IMF 对成员国汇率制度的统计分类不是根据各成员国官方申报的汇率安排进行统计分类,而是根据成员国汇率的实际波动幅度进行分类。由于人民币兑美元汇率年波动幅度不足 ±1%,所以 IMF 将中国汇率安排归属到固定钉住汇率制范畴。在此我们根据 IMF 口径界定中国汇率制度,而非如中国官方宣称的"有管理的浮动"。

那里赚取较高的均衡收益,反馈为向存款人支付的利息相当低”[①];为“确保通货膨胀不至于过于沉重地落在对外部门的头上”,为保证对外汇的管制“不在国内经济中引起额外的通货膨胀压力”,一般采取以下办法:“① 对私人资本的流出和流入实行外汇管制;② 为使实际汇率相当稳定,大致地将名义汇率指数化以抵消通货膨胀”。[②] 简言之,金融抑制在宏观金融层面上表现为利率管制、汇率控制和资本流动管制并存。所谓金融自由化,就是突破金融抑制状况,实现市场化导向的转变,它是经济市场化转轨过程中的重要一环。在经济市场化过程中,“财政政策、货币政策和外汇政策如何排序的问题是极端重要的。政府不能、也许也不该同时实行所有的市场化措施。相反,经济市场化有一个‘最优’次序”[③]。金融自由化的第一步(经济市场化次序的第二步)是在一个改善了的中央政府财政状况下推进国内利率市场化,“开放国内资本市场,使存款人能够得到、借款人能够支付实实在在的实际(对通货膨胀作了调整)的利率。……银行系统……在确定‘标准’的存贷款利率时不受官方指导的约束”。[④] 外汇政策转变只在国内贸易和国内金融成功地自由化之后才适宜进行,换言之,金融的“对内开放”应先于“对外开放”。而在推进金融自由化的进程中,“首先,应统一所有经常账户的汇率,避免多重汇率,使全部进出口交易都能以相同的有效汇价进行,以提高对外贸易的效率。其次,应恰当地制定贸易政策,逐步取消扭曲性的配额和其他的直接行政控制,代之以显形的、逐步降低的关税”;而“资本账户的自由兑换是经济市场化次序的最后阶段”。“只有在国内借贷按均衡的(不受限制的)利率自由进行,国内通货膨胀受到控制以至于不断发生的汇率下调不再必要时,允许国际资本自由流动的套利条件才算是具备了。否则,过早地取消对外资流入的汇率控制会导致未经批准的资本外逃或无偿还保证的外债堆积,或两者兼而有之。”[⑤]

按照麦金农揭示的市场自由化次序,金融抑制的国家(主要指社会主义国家)在推进经济市场化的过程中,其对金融制度和金融政策的选择与发达国家是很不一样的,它们必须谨慎处理利率市场化、汇率浮动和资本

---

① 参见〔美〕罗纳德·I. 麦金农:《经济发展中的货币与资本》,卢骢译,上海三联书店 1997 年版,第 77 页。

② 参见〔美〕罗纳德·I. 麦金农:《经济市场化的次序——向市场经济过渡时期的金融控制》(第二版),周庭煜等译,上海人民出版社 1997 年版,第 144—145 页。

③ 同上书,第 5 页。

④ 同上书,第 8 页。

⑤ 同上书,第 13—14 页。

账户开放孰先孰后的问题。值得特别注意的是，应将资本账户开放放在最后一步。如过早实现资本自由流动，不仅会如蒙代尔-弗莱明模型描述的那样，导致货币政策独立性和汇率目标之间的直接矛盾，而且还将导致资本外逃和外债积累，从而引发金融危机。① 因此，在蒙代尔-弗莱明模型中被视为理所当然的资本自由流动条件，对一个金融抑制的国家如中国，不仅目前不存在，而且在实现汇率较为自主地浮动以前都不应成立，汇率制度的调整应先于资本管制的完全放松。

当然，就一个更长期的角度看，在经济全球化和金融一体化渐成趋势的宏观环境下，资本的跨国流动已成为大势所趋，任何实行经济开放和金融开放的国家都不可能长久保持资本账户的管制，或即使在名义上仍对之进行管制，也不可能完全有效地阻断资金的跨国流动。因此，就长远角度看，通过资本管制来同时维持固定汇率制和保持货币政策独立性的这一政策组合（$\alpha$ 边）将是一种无效组合。② 对一个积极寻求融入经济全球化并且采取了一系列实际行动的经济体如中国而言，最终将只存在两难选择：放弃固定汇率制而保持货币政策独立性（$\beta$ 边），或者放弃货币政策独立性以维持固定汇率制（$\gamma$ 边）。如果说金融深化理论和金融自由化次序为我们提供了近期金融改革和宏观金融政策组合相结合的具体思路的话，那么不可能三角和角点解假说则给我们描绘了远期宏观金融政策组合的标的性趋向。因此，对中国这样一个经济转轨尚未完全实现、市场化进程尚待继续展开的国家，区分政策组合的远期标的和近期标的就是至关重要的了。

## 三、中国宏观金融政策组合探索：远期尺度和近期尺度

根据蒙代尔-弗莱明模型及其推论“不可能三角”进行理论分析并获得的结论当然是无懈可击的，但若据此宣称中国“入世”后货币政策将失去独立性，只能由外部均衡需要来决定，则显然尚言之过早，因为它忽略了中国所处的从金融抑制向金融自由化渐进的实际状况。因此，笔者认为，在探讨中国宏观金融政策搭配时，应区分远期尺度和近期尺度。

就远期尺度看，如上文阐述的，以资本管制为前提的 $\alpha$ 边将是一种无

① 麦金农 1993 年的这一论断为四年后的东南亚金融危机所不幸地证实了。

② 这一论断与麦金农的金融自由化次序并不存在矛盾，事实上，后者所描述的正是推进金融抑制经济体走向资本自由流动（尽管这是最后一步）的最优次序安排，资本的自由流动是其目的，而非其否定的政策目标。

效组合，可选组合只有$\beta$边和$\gamma$边。那么，在这二元选择中中国又该何去何从呢？笔者认为，作为一个在全球经济份额中占据越来越大比重的大经济体，中国保证货币政策主要服务于国内经济目标十分重要，因为这样的大经济体不可能完全依赖国际经济变数来主宰自己的经济周期；更进一步，随着中国经济总量和经济影响力的继续增长，中国的经济状况将对世界经济大势走向起越来越大的决定性作用，这就使得中国的国内货币政策取向成为影响国际经济变数的一大要素，而非相反。从另一个侧面看，作为一个经济大国，长期维持固定汇率制显然不仅在主观上难以接受，在客观上也不可能，经济和金融的发展要求中国令自己的货币更多体现出自身乃至世界经济和金融的状况，并通过币值的变动（或调整）来影响、改变世界经济金融格局。因此，中国长期的政策搭配组合应是图15-4中的$\beta$边：资本自由流动+浮动汇率制+货币政策独立性。若对这一远期前景不存在疑义，则中国的整体经济金融政策搭配的演变整体方向也就十分明显：从$\alpha$边向$\beta$边的过渡。在这一过渡过程中将涉及三方面的金融政策改革：货币政策实施方法调整、人民币资本账户开放、人民币固定汇率制向浮动汇率制渐变。在保证经济继续以较高速度增长①的同时促进金融改革顺利推行，关键就在于协调三方面的改革步调。鉴于经济增长对中国经济、政治乃至社会稳定的重大意义，经济增长利益如何分配是经济体制改革采取何种途径的关键。为保证既定的经济体制改革路线得以继续、维持自身在体制改革中的主导地位，宏观调控当局无论从主观方面考虑还是从客观方面考虑都应尽力保持自身调控经济的能力，因此，维持货币政策的独立性、保证货币政策最大限度地关注于国内经济目标②，就成为金融政策组合由$\alpha$边向$\beta$边过渡的一个隐含的（远期）标的设定。

货币政策独立性的维持既然对宏观当局而言是一个政策组合过渡的隐含标的设定，则以此设定为前提，如何统摄、协调各种金融改革措施，从而避免金融政策组合走向$\gamma$边，就成为近期政策搭配选择的主要议题。

---

① 较高速的经济增长对中国而言是一个必然要求而非可选项，这是由中国经济体制改革的内在逻辑决定的，参见许文彬、张亦春：《信息结构、制度变迁与金融风险演进》，中国财政经济出版社2004年版，第162—164页。

② 自20世纪90年代末以来至今，货币政策在影响短期经济增长方面的效力遭到广泛质疑，笔者认为，个中原因主要在于中国货币政策的中间目标和传导途径出现了问题，目前中国市场化严重滞后的金融中介系统，举步维艰、无所适从的金融市场，以及在金融中介和金融市场之间至今仍存在的人为鸿沟使得在一个日益市场化的宏观经济环境下，中央银行的货币政策意图无法经由有效的传导渠道影响到经济各层面。因此，不应是货币政策的效能遭受质疑，而应是货币政策本身的实施方式亟须检讨。

而这一论题也正是金融深化理论者们所谓的金融自由化的次序问题。简言之,新古典视角为中国的金融政策组合选择设定了一个远期标的,而金融深化理论视角则为中国近期内的金融政策组合调整提供了可兹借鉴的理论参照。

就近期尺度看,根据“对内开放”先于“对外开放”原则,显然利率市场化的改革应先行。至于汇率改革和资本管制改革,尽管根据金融自由化次序,真正、完全意义上的资本账户开放应放在金融自由化的最后一步,但这绝不意味着必须采取简单的静态分阶段法,先行完全实现浮动汇率制,之后才能着手放宽资本管制;更切合实际的选择应是将二者进行有机结合,以期形成一种相互配合、相互推动、相互促进的良性态势。就中国目前的情况看,在现行的强制性结售汇制下,一切流入的境外资金在入境之前都必须兑换成人民币,而境内资金的流出则受到严格的限制,这就使得外汇市场处于极大的供求失衡状态,供给总是远大于需求,如中央银行放弃其做市商地位,则市场必然陷入有行无市的尴尬境地,外资将因没有交易对方而不能顺利流入,国内企业的境外收入也将面临难以克服的币种转换障碍,进而,中国的对外开放政策也无法落到实处。因此,资本管制的放松、资本交易的自由化与央行汇率目标追求的放松等政策目标之间也必须进行有机配合,整体金融自由化进程才有可能得以推进。而现实经济金融世界中许多“中间状态”的存在则为这一联系提供了较为广阔的空间:在固定汇率和浮动汇率之间存在着不同程度的“管理浮动”,在资本管制和资本可自由流动之间也存在若干可选择的“限制性流动”。将这两方面的这些“中间状态”进行合理的搭配,仍有可能在即期尺度下同时实现内外均衡,在远期尺度下推进 $\alpha$ 边向 $\beta$ 边平稳过渡;而无须——事实上也不可能——强求一蹴而就地实现资本完全流动和浮动汇率。换言之,就近期视角看,二选一的“角点解假说”未必成立,比较现实的较优选择应是一个放弃若干资本流动自由、放弃若干货币政策独立性并由中央银行保持干预外汇市场权力的三方妥协的“中间解”。如果说“不可能三角”中的 $\alpha$ 边表示中国政策组合现状,而 $\beta$ 边的政策组合则表示一个远期的理想组合目标的话,则为实现这一目标的金融改革必须是稳步渐进式的,在今后相当长一段时期内(资本账户完全开放之前),宏观金融政策组合的选择应始终坚持在“中间解”区域内进行。

## 第二节　“入世”带来的变数及其对货币政策的效应分析

在远期的政策组合标的和近期的过渡性思路已得到明确的条件下，当前我们又该采取哪些具体举措呢？要探讨这一问题，应先对当前中国宏观金融环境的新变数作一细致观察。

就当前形势看，“入世”以及因此带来的宏观金融环境新变数是中国面临的一个课题，在这一条件下金融改革和货币政策将何去何从呢？一种较为普遍的观点是，因“入世”而加速的金融改革和开放进度将削弱货币政策的独立性。对此观点笔者不能完全认同。“入世”给中国的金融改革提供了一个契机，它带来机遇，也带来挑战，在外部冲击的刺激下，国内金融改革（包括利率自由化、汇率浮动化、资本管制放松等）无疑将加快步伐，这可能对货币政策的独立性和有效性产生不利影响，这一点没有疑义；然而，中国如能合理处理好各方面的改革步调，则货币政策的独立性不仅能够继续维持，而且其政策效应将更加凸显——简言之，只要举措得宜，$\gamma$ 边是完全可以避免的，而“入世”以及由此带来的对中国金融环境和金融制度改革的影响因子将增加这种可能性，而非使其变为不可能。在这个意义上我们可以说，经济外向度的扩大对中国逐步推进宏观金融政策组合的优化，既是严峻的挑战，又是难得的机遇。

### 一、“入世”前景给货币当局带来的新变数：一个回顾

归纳“入世”前景对中国货币当局和货币政策带来的新变数，大致可以得到以下几点①：

（1）宏观经济变数。“入世”意味着中国进一步融入世界经济，随着关税壁垒的逐步消失，中国经济对国际市场的依存度将日益提高，这样，发达国家的经济周期和国际市场变化对中国的影响将大大增加，中国宏观经济形势和经济增长速度将日益受到内外均衡状况的决定，这就使宏观经济政策的选择面临更多、更复杂的矛盾权衡。

（2）金融制度变数。“入世”后，为更好地利用外资、加快国内经济发展和从参与世界经济一体化中获取比较利益，人民币将逐步实现资本

① 这些变数在第二章已有提及，本章只是将第二章提及的第六、第七点变数归并入第四点。

账户下的可自由兑换,利率和汇率也将实现自由化。利率和汇率的放开将使二者的相互作用主要由国际金融市场主导,货币政策对这两项重要金融指标的调控干预力量将日益削弱。

(3) 资本市场变数。“入世”后,就宏观调控当局而言,为改变传统体制下融资形式单一、企业风险集中在银行这种不合理的融资格局,宏观调控当局将以更大的支持力度促进资本市场的发展;而随着资本管制的放松,资本市场将获得一个比以前大得多的潜在资金供应来源(蓄水池),从而为资本市场扩容提供了足够的后备弹药。简言之,内部、外部的合力将为中国资本市场的发展提供持续的动力,而资本市场容量的扩大将使货币政策调控的难度加大;但从另一方面看,一个发达的资本市场又会给货币市场带来更多的工具备选项和手段备选项。

(4) 商业银行变数。规模大、实力强、经营手段先进的外资银行的大规模涌入,将使国内银行面临严峻挑战,目前单纯依靠存款支撑的格局可能因外资银行的存款竞争压力而难以为继,而始终未能得到有效解决的不良资产问题在失去存款支持的条件下可能日益暴露;另外,“入世”五年保护期过后,中国一些不具比较优势的产业可能受到冲击(如农业、汽车、信息产业等),弱势行业的经营状况和银行信贷资产质量有可能恶化,从而产生新一轮的不良资产比率增长。存量增量不良资产的压力可能将国内银行拖向危机的边缘。而从资产业务的拓展看,随着外资银行业务的扩张,国内银行的市场份额将不同程度地被缩小,一些优良客户可能投向外资银行,从而使国内银行的优质资产业务趋于减少,优质资产业务的拓展空间趋于缩小,这一状况对受日益严重的内部不良资产问题困扰的国内商业银行而言无疑是雪上加霜。商业银行的这一困境给货币政策的实施带来了很大的考验。

(5) 金融创新变数。在外资银行竞争的“鲇鱼效应”和“示范效应”带动下,国内金融创新活动将日益活跃,新的金融资产不断涌现。这将为传统货币政策的影响范围和影响方式带来很大的变数,从而推动货币政策本身不断与时俱进。

具体分析 WTO 前景给中国货币政策带来的五大变数,我们发现,它们对货币政策的影响各不相同,有些有利于货币政策效能的提高,有些会不可避免地削弱货币政策的独立性,还有些则表现为较明显的两面性。在这些错综复杂的变数里,如何准确界定其各自不同的影响方向,成为合理搭配金融政策和经济政策措施的必要前提。

## 二、宏观经济变数与货币政策

经济外向度的提高使中国经济的增长速度和发展状况更多地受到世界经济周期的影响，诚然这会造成货币政策要处理的国际国内关系更趋复杂，但这一课题并非因中国“入世”才突然出现，事实上，多年以来中国货币政策实施效果的一个很大的影响因子就是国际经济周期。

众所周知，出口增长和由此带来的相关效应是拉动中国经济高速增长的三驾马车之一，据统计，中国的外贸依存度(外贸总额/GDP)在2002年就已达到50.2%，在2003年提高至60.3%，2004年更进一步突破了70%，进出口总额已于2004年11月突破了1万亿美元大关[①]；与此形成对比的是其他国家的同类数据：2003年，美国同类数据为18.2%，英国为39.5%，日本为18.8%，印度为20%。由此可见，与其他国家尤其是西方发达国家相比，中国尽管经济的开放度上可能有所不及，但经济增长对国际贸易的依存度却大得多。国际市场的供需状况切实地影响着中国的外贸增长，而外贸增长又切实地影响着中国的GDP增长，在这种条件下，国际经济周期对中国经济增长的影响是显而易见的，货币政策的实施效果自然也会大受影响(这一影响不因“入世”而突然变得巨大)。有证据表明，1998年以来中国货币政策对于刺激总需求、推动经济增长起到的作用相当微弱[②]，个中原因就在于1997年东南亚金融危机及嗣后美国新经济泡沫破裂将世界经济拉入低迷，世界经济周期状况进一步影响到了中国货币政策的效力。

“入世”后，一个合理的推想是中国经济的对外依存度将进一步提高，这将使货币政策传导过程中的“渗漏”效应进一步加大，政策效力趋于下降。但作为一个经济大国，中国的经济发展显然主要仍须依靠国内需求的增长，随着国内微观经济主体改革的深入和市场化机制的培育，可

---

① 数据资料来源于张志刚：“警惕外贸依存度可能带来的经济风险”，人民网评论。值得指出的是，这一外贸依存度是根据传统的外贸总额/GDP计算得出的，近来有学者提出，这一指标有明显的夸大外贸重要性的问题，提出应以更科学的指标加以替代，如沈利生认为，应将公式修正为：外贸依存度 = 外贸总额/经济活动总量，按此公式计算，2002年中国外贸依存度为16.5%；苗迎春则认为，外贸依存度的计算应以购买力平价法进行，按此计算，中国2003年的外贸依存度大约为25%，再加上加工贸易在计算上存在的重复计算相互抵消因素，加总外贸依存度应为30%左右。无论采取哪种计算方法，外贸部门对GDP增长的贡献之大都是毋庸置疑的，譬如按苗迎春的标准计算，中国的GDP增长仍有30%左右为对外贸易所贡献，参见沈利生：“如何正确计算及评价外贸依存度”，《中国社会科学院院报》，2005年第1期；苗迎春：“中国外贸依存度的分析与对策”，《中国经济时报》，2004年3月15日。

② 参见裴平、熊鹏：“中国货币政策传导过程中的‘渗漏’效应”，《经济研究》，2003年第8期。

以预见外贸增长对 GDP 增长的贡献率将趋于平稳——如果说短期内这一贡献率出现掉头向下的趋势将显得过于冒险的话(当然,这与外贸规模趋于上升并不矛盾)——而不会再如以往般表现为单边上升趋势。一旦此种态势得以实现,货币政策的作用效力将在一定的范围内随之确定,促进外贸增长以拉动经济增长的政策目标反而能够被解放出来,其实施着眼点也能更多放在国内均衡层面上,因此,其独立性反而会逐步提高。

综合以上分析,笔者认为,就可以预见的中短期而言,“入世”带来的中国经济周期与世界经济周期的趋同效应将削弱货币政策的独立性,但若中国的微观经济体制改革能以“入世”为契机实现质的飞跃,国内需求将逐渐成为拉动经济增长的主要力量,在一个更长的时间跨度里去考量,货币政策的独立性又将趋于增强。这就要求我们积极推进经济体制改革的深化,尽快培育国内微观经济主体,将这一方面的改革与“入世”联系起来,争取尽快实现经济增长结构的优化调整。

### 三、金融制度变数与货币政策

“入世”带来的金融制度变数主要体现在利率市场化和汇率制度改革两方面,以下试分别论述。

所谓利率市场化,是政府或货币当局逐步放松乃至放弃对利率的直接控制或限制,让资金市场的供求关系去决定利率水平的一个利率决定机制的变迁过程。实现利率市场化是中国“入世”后所必须尽快解决的一个课题。根据世贸组织金融服务协议(FSA),世贸组织成员国负有允许外国在国内建立金融公司并按竞争原则运行的义务,即对国内外金融机构实行统一的国民待遇原则,为其公平竞争创造相应的市场环境。随着外资银行和其他境外金融机构的大规模涌入和人民币业务的逐步放开,如何为国内外金融机构创造公平的竞争环境成为迫切需要解决的问题。而如我们所知,中国长期实行比较严格的利率官定制度,以存贷款利率为主体的中国利率体系并非由市场资金供求关系决定,而是由货币当局(也即中央银行)统一制定并由商业银行和其他金融机构强制性实行的,这与外资金融机构实行的可根据市场状况灵活调节的市场利率体系显然大相径庭。继续运行中国固有的利率决定机制势必使国内外金融机构——尤其是商业银行——处于不平等的竞争地位:在一个容量日益扩大、流动性日益增强的资金供求市场里,由管理当局统一制定并且变动十分缺乏弹性和灵活性的官定利率将很少有可能及时、准确地反映市场供求信息,从而极大地限制了实行该官定利率的国内金融机构根据市场状况调整自身业务的灵活性，这就使它们在与外资银行和金融机构的竞争中不可避免地处于绝对劣势地位；如果说开放的初期在国内银行既有的垄断优势和由此产生的客户惯性心理作用下这一劣势还不十分明显的话，那么，随着开放的进一步扩大，国外银行和金融机构的进入日益增多、业务范围日益扩大，这一对比劣势将越来越明显，并可能成为危及国内银行和金融机构生存的重要因素。再就一个更广阔的视角看，利率作为资金的使用价格，在经济过程中发挥着不可替代的引导资金配置的作用，间接肩负着实现优胜劣汰、保证经济运行效率、促进经济健康发展的作用。中国20年来的经济增长基本上是依靠金融资产的扩张、生产规模的扩大实现的，属于粗放型经济增长模式，它使中国走出短缺经济的泥沼；但随着中国生产规模的扩张和改革开放进程的进一步展开，低层次的产业结构所生产的商品已供过于求，通过粗放经营扩大生产规模来推动经济增长已走到极限（近年来有效需求不足、大量商品过剩的情况说明了这一点），经济结构转型和经济增长方式转换已成为当务之急。要实现经济增长模式的转型，最重要的一点就是实现资源（尤其是金融资源）的优化配置、提高资金的利用效率，这就要求利率充分担负起反映市场信号、引导资源配置的固有作用；而要使利率发挥这一作用，就必须实现其市场化的转变，还原其本应具有的决定机制。简言之，利率市场化不仅是中国"入世"后外部环境对中国提出的要求，而且也是中国经济发展和结构转型本身的内在要求。

基于以上认识，利率的市场化被提上了改革日程；而利率的市场化改革对货币政策独立性和实施效果的影响将主要表现为促进效应。

利率市场化的推进对中国货币政策独立性的影响是显而易见的。在一个基本利率官定的利率体系框架下，货币当局可以不必动用什么实质性的手段就将利率水平进行调整。1996—1999年中央银行七次降息，据统计为企业节约利息支出达2600亿元，这一举措虽然被证明对刺激经济的增长和投资的扩大收效甚微，未能实现预期的积极性货币政策的目的，但其造成的社会财富的再分配效应却十分巨大。换言之，降息这一政策之所以收效不大，原因不在于政策的执行过程出现大的效率损失，而是政策本身制定时对政策效果的预期出现了偏差所致，但就货币政策的推行过程看，其效果是十分明显的。而在一个利率市场化的利率体系框架下，货币当局受到的约束来自多方面：首先，来自市场资金原始供求状况。作为资金的使用权价格，利率本身就是由市场资金的供求状况决定的，它标刻出一个资金供求均衡点，货币当局要通过改变市场利率实现调节经济运行的目的，就意味着它要以自己的力量给市场均衡的打破以最初的推动力，这一推动力的力度大小、施放时机选择、持续时间等因素无不须视市场资金原始供求状况而定。其次，来自政策手段方面的约束。改变再贴现率必须以一个发达且影响面广的票据再贴现市场为前提，公开市场业务手段也须以发达的政府债券市场为基础，否则货币政策的推行将因缺乏适当的传导渠道而无所着力，政策效果也必然大打折扣。再次，来自货币当局本身实力方面的约束。一个货币政策推行的过程事实上就是货币当局和微观市场主体双方博弈的过程，发达的再贴现市场或政府债券市场意味着实力强大、成分复杂的微观市场主体，这一强大不仅反映在资金的雄厚上，更主要地反映在大量私人信息的占有上，这就使得货币当局在制定政策时面临着巨大的信息搜集成本和信息分析成本，而在政策推行过程中则须支付巨额的政策推行成本，这就对货币当局本身的实力提出了很高的要求。两相对照，显然，在一个利率市场化的利率体系框架下，货币政策的独立性（或确切地说是“随意性”）受到了大得多的实际限制。

然而，利率市场化给货币政策效力带来的负面冲击仍在很大的程度上可以而且也必将为其他因素所抵消，而这些抵消因素的正面效应最终还将扩大货币政策的实施效力。事实上，目前在东南沿海尤其盛行的民间借贷利率其实就是对既有的官定利率的一种市场化修正。① 货币政策作用的发挥近年来之所以不尽如人意，在很大程度上就归因于民间金融的反向影响。就这个层面上看，利率的市场化改革对货币政策效力发挥就具有了双面性的影响：它一方面对中央银行推行货币政策的市场化手段提出了高得多的要求，另一方面则有利于使目前分道扬镳的官方利率和民间利率最终走向统合，目前相互分裂的国内资金市场将因利率市场化改革而走向统一，民间金融市场被纳入到货币政策的作用范围之内，从而使得货币政策的作用边界大大扩张，其对整体经济的影响也必将随之极大增强。简言之，利率市场化改革将促使中国货币当局以牺牲简单的实施手段为代价去获得更大、更显著的作用范围。如果说政策手段的市场化转变是扭转目前货币政策效力悖论的一个客观要求的话，那么，因利率市场化改革而带来的政策效力提高则是实施该项改革的额外利润。因此，就总体而言，利率市场化改革将提高货币政策的实施效力，提高其调控宏观经济发展的能力。

---

① 参见许文彬、林文侨：“民营中小企业融资的实证与理论探析：泉州模式”，泉州市政协调研报告（打印稿），2005 年 8 月。

在开放经济条件和全球经济一体化的双重背景下，汇率作为联系国内外经济的杠杆，同时调节国内和国外两个市场，对国内外经济的双平衡起着关键作用。“入世”要求一国的汇率政策安排能够兼顾内部均衡（控制总需求以接近没有通货膨胀的充分就业状态）和外部均衡（保持国际收支平衡）两方面的问题，这就对中国现行的汇率制度提出了改革要求，而汇率制度改革对货币政策独立性的影响具有明显的两面性。

中国现阶段之所以在实行事实上的固定汇率制的情况下还能继续保持货币政策的独立性，是因为中国严格限制了资本账户下的人民币流动，换言之，这是以资本管制为代价取得的。在中国“入世”后，资本账户的开放已成为可以预期的政策目标，而其他方面的资本管制更面临着即时取消的前景，在此情况下继续保持固定汇率制度显然将使货币政策的独立性日益成为“不可能的任务”。即使在继续保持人民币不完全可自由兑换的条件下，对外开放幅度的加大和关税、贸易壁垒的取消仍将使固定汇率和货币政策的独立性处在一个日益矛盾的地位。具体而言：① 在对外贸易方面，“入世”将改变中国产品在国际市场上遭受歧视的状况，享受世贸组织成员国的最惠国待遇，享受多边贸易谈判的关税减让效果，同时欧美国家对中国实行的反倾销措施将受到严格限制，这有利于中国充分发挥劳动力和自然资源优势，提高产品的国际竞争力，扩大出口；另一方面，自 1992 年以来[①]中国在关税下调、进口非关税措施消减的条件下，进口没有出现之前一些研究者预料的暴涨现象，相反，进出口的良性循环正逐步形成，商品结构的升级加快。可见，在“入世”后中国对外贸易差额将呈现继续上升（如果不是加速上升）的基本态势。[②] ② 在外国直接投资方面，随着“入世”，中国对外开放的领域将前所未有地被扩大，外商投资企业出口产品能在更大范围内享受最惠国待遇和普惠制待遇；与此同时，中国各种经济法规的透明度将继续提高，为外资提供一个更稳定的经济环境，从而增强外商来华投资的信心。据此，入世后将有更多的

---

① 1992 年起我国先后五次调低关税，取消了 170 多项非关税壁垒；1996 年 4 月 1 日，更一次对 4 960 多个项目进行大幅度降税，参见邓乐平、冯用富、晋重文：“浮动汇率制度下货币政策的独立性”，《金融研究》，2002 年第 3 期。

② 曹永福（2005）通过采取 China_QEM 模型进行政策模拟对中国的贸易弹性进行了定量测算，结果表明，我国出口的汇率弹性为 0.14—0.27，价格弹性为 -0.27—-0.56，进口价格弹性非常接近于 0。由此可见，目前我国的出口价格弹性和进口价格弹性都相当小。据此，加入世贸组织后的关税调整和非关税壁垒的去除虽然会改变我国进出口商品的相对价格，但不会对我国的外贸基本状况产生本质性的影响，参见曹永福：“中国贸易弹性的实证研究”，《世界经济统计研究》，2005 年第 2 期。

外资流入[①],从而使资本账户也出现持续顺差。以上分析说明"入世"后中国在经常账户和资本账户都将继续出现大额顺差。在现行的结售汇制度下,如欲继续维持人民币汇率相对美元的稳定,这部分顺差带来的外汇最终都将转化为中央银行的外汇储备[②],这就给货币供应的持续单边扩大带来了压力[③],原本作为货币政策操作工具的货币供应于是丧失了(至少是部分地丧失了)独立性。

值得欣慰的是,中国在不可能三角的选择中并非除 $\gamma$ 边之外别无出路,汇率制度本身的改革、汇价确定标准的重构,将逐渐把中央银行从维持固定汇价的政策目标中解脱出来,从而为货币政策更多专注于国内均衡创造条件。温家宝总理在正式场合不止一次地表示过:中国将实现人民币弹性汇率机制,选择适当的时机放松人民币目前对美元的固定汇价,构建"根据市场需求的、有管理的、浮动的汇率制度"。2005 年 7 月 21 日,中国开始朝这一方向迈出关键的一步。当然,人民币汇率机制的浮动化改革涉及更多的相关问题,在此我们不拟对其进行展开,但值得指出的是,如能将人民币资本账户的开放和资本管制的放松与人民币汇率机制的改革相互结合,则有望在一个资本自由流动空间巨大的背景下,通过适当管理的浮动汇率来维持货币政策独立性,从而找到不可能三角的一个最优内点均衡。目前中国货币当局对人民币汇率制度的举措,也正是遵循这一思路展开的,关于这一点,我们将在下一节继续讨论。

## 四、资本市场变数与货币政策

资本市场的发展将给货币政策的作用效果带来更复杂的微观背景,但也将为货币政策工具带来更多的选择余地,因此资本市场变数对货币政策独立性的影响同样具有两面性。

首先应明确的一点是"入世"并不等同于开放国内资本市场,因为世贸组织的注意力在商品与服务的自由贸易上而非资本市场上。中国对世贸组织关于证券服务业开放的承诺主要是三方面:B 股交易方式和席位;允许建立合资的证券公司;允许建立合资的基金管理公司。这三点要求

---

① 据美国高盛公司估计,中国加入世贸组织后外商对华直接投资将从 1998 年的 450 亿美元增加到 2005 年的 1 000 亿美元。

② 结售汇制度使这部分外汇流入外汇交易指定银行,在外汇交易市场因外汇过剩将给人民币带来升值压力的情况下,央行如欲继续维持人民币对美元的汇率,则必须入场买入多余的外汇,从而增加自身持有的外汇储备,扩大本币投放。

③ 如我们所知,在开放经济条件下,外汇发挥了本币替代效应,本国货币供应由以下公式决定:$M = a(C + F)$,其中 $a$ 为货币扩张乘数,$C$ 为本国基础货币供应,$F$ 为外汇储备。

其实早在“入世”之前中国的资本市场就已着手准备:中外合资投资银行的筹办早在1995年就已开始试点;2001年则推出规范要求,开放式基金必须有国际知名的基金管理公司做合作伙伴;20世纪90年代后半期,逐渐有一些中外合资企业在国内上市,目前已达到一百多家;尽管目前还没有外商独资企业改制后在国内上市,但在政策上,1999年就有一个明确的规定,允许外商投资企业申请A股或B股上市融资;2001年《关于上市公司涉及外商投资有关问题的若干意见》更对境内外商投资企业发行上市A股作出了直接规定:符合产业政策及上市要求的外商投资股份有限公司可以在境内发行A股。可见,资本市场的开放是中国资本市场长期以来一直坚持的一个方向,“入世”给资本市场带来的不是被迫开放的压力,而是继续坚持开放方向、重新调整开放步骤的动力,它将不会对中国资本市场的固有发展趋势造成大的影响。当然,外资流入限制的放宽、外资投向国内资本市场规模的扩大,都将扩大国内资本市场的资金供给容量,从而有可能帮助中国资本市场走出长期的低迷。

资本市场的复苏和规模的扩张将使货币政策的力度控制和时机掌握面临新的挑战,在与宏观金融当局博弈的过程中,微观市场主体的力量将增大,这无疑将大大削弱货币当局对市场利率和货币供应量的控制。由于资本市场的发展,尤其是随着金融创新的发展,即使中国继续延续分业经营、分业监管的金融格局,商业银行与资本市场的业务联系和资金联系也将不可避免地日益密切。通过资本市场和金融创新手段,商业银行将获得更多、更灵活的流动性,从而有可能缩小其在中央银行存放的超额准备金规模,越来越多地依赖资本市场和金融衍生工具去满足必要的流动性需求。在这样的形势下,中央银行传统货币政策工具中的存款准备金率和再贴现率的作用效果显然将大大削弱。不仅如此,一个市场容量日益扩大的资本市场还将影响中央银行对货币供应量的控制,这是因为:① 直接融资规模扩大使银行作为融资中介的职能降低,金融脱媒现象将或多或少地呈现出来,这就影响了商业银行的信用货币派生职能,使得货币乘数受到更多、更不稳定因素的影响,从而为货币供应量的准确测度造成越来越多的障碍。② 随着资本市场发育程度的提高和金融创新的发展,兼具收益性和流动性的新的金融工具将不断被催生出来,货币供应量的序列将逐步延长,层次结构也将愈来愈丰富和多样化,这无疑会使货币供应量指标的可测性和可控性进一步下降,即使中央银行能够确定大致的货币供应增减方向及货币乘数,如何通过合适的方式来提供这一货币增量也将日益成为问题。由此看来,一个市场容量日益扩大的资本市场确实对货币政策的可测性和可控性带来许多不利的变数。

然而,从另一方面看,资本市场容量的扩张将为货币政策工具带来比以前多得多的备选项,有利于政策效能的发挥。以货币政策的三大政策工具而言,一般说来,公开市场业务的灵活性最大,给央行留下的政策可控性也最大,因此西方国家使用这一工具作为自己推行货币政策的主要手段。但在中国,由于资本市场客观条件的限制,使用这一工具的力度将非常有限,因此货币政策更多地依重于信贷指导性计划、利率手段和存款准备金率等工具。随着资本市场的发展,中国的国债期限结构将得到调整,品种将增加,流动性将增强,公开市场业务也将增加新的载体。而就整个市场环境来看,由于上面我们谈到的原因,货币市场与资本市场分割、封闭的状态将被逐渐打破,使公开市场政策工具的影响面扩大,公开市场操作的规模与力度逐渐增强。中央银行通过在公开市场上适时买卖有价证券和外汇,吞吐基础货币,调节商业银行的头寸,进而影响货币供应量和市场利率水平,为货币政策的有效实施创造条件。

通过以上分析我们不难发现,"入世"虽然不会对中国资本市场的发展方向起到根本性的影响,但它将很有可能促进资本市场容量以更快的速度扩大;而一个日益发展的资本市场则将给货币政策的有效性带来双方面的影响。倘若货币当局能够及时认识、充分利用资本市场产生的新变数,抓住有利时机主动改善自身的施政手法,推动简单的直接制定官定利率和货币供应量的准行政性施政方法向通过市场传导机制间接影响货币供应量的市场性行为转变,则货币政策的独立性和有效性将不会因资本市场容量的扩张而受到大的冲击。简言之,外资流入和资本市场的新变数给货币政策带来的冲击更大层面上体现为对施政手段改善的压力上,而非政策独立性和有效性本身。这一分析同样适用于金融创新这一冲击因素。

## 五、商业银行变数与货币政策

外资银行的大规模进入对中国商业银行系统将形成大的冲击,如处理不善,将可能引发银行危机,从而危及货币政策的实施基础。

对于目前中国银行系统内隐含的巨大坏账及由此引致的潜在危机的可能性,许多研究者给予了适当的关注,但笔者认为,许多预言银行危机的研究未能对中资银行和外资银行各自的竞争优势进行辩证分析,片面夸大了外资银行的竞争优势,从而夸大了其大规模进入后对中资银行的冲击效应。尽管中资银行在资本实力、管理效率、财务状况、金融创新、业务水平等各方面都存在比较明显的劣势，但不应忽视的是中资银行是现有市场的占有者，在网点铺设、人脉营造、硬件资源、人才储备等方面都比外资银行具有相对优势。尤其值得指出的是储蓄习惯问题，在存款利率水平相同的情况下，人们选择具体在哪家银行储蓄带有相当大的惯性，并且以便利为重要参考，这对迄今尚垄断着存款市场并且分支机构和营业网点遍及各个角落的国内商业银行显然是十分有利的；外资银行要从国内银行"口中"挖出一部分市场份额，就要在服务质量方面下超乎一般的工夫，这也提高了外资银行与国内银行竞争的难度。正是因为国内商业银行在许多方面都占据着并在将来一段相当长的时间内仍将继续占据明显优势，因此有论者称在国内银行与外资银行即将到来的激烈竞争中国内银行占尽了"天时、地利、人和"。综合分析外资银行和中资银行各自的竞争优势，我们认为，即使五年过渡期后外资银行大规模进入，其对中资银行形成的挑战也不会大到足以引发银行危机。

当然，如果中资银行的市场化改制停滞不前、既有的相对竞争劣势不能在较短的时间内缩小，则银行危机的爆发同样将不可避免。因此，以国有银行股份制改造为标志的中资银行市场化改革的进度和成效才是决定中资银行将来命运的关键。

综合以上五点分析，我们认为，"入世"的前景诚然使中国的货币政策面临许多新的变数，但这些变数带来的效应在很大程度上存在互相抵消的可能。只要抓住最有利的时机，采取适当的政策搭配，中央银行完全可以在推进金融体制市场化改革的过程中继续保持货币政策的独立性和有效性。

## 第三节　政策搭配的具体措施

从以上分析我们不难看出，"入世"给中国经济金融环境带来的各大变数对货币政策独立性的影响是错综复杂的，许多影响因素呈现出相反相成的两面性，如能举措得宜，通过合理的安排使这两面影响因素互相抵消，则货币政策的效能将在总体上继续保持不变，甚至变得更有效、作用更规范。因此，"入世"并不意味着我们除了 $\gamma$ 边之外别无选择，相反，它为 $\alpha$ 边向 $\beta$ 边的顺利过渡提供了契机，在一个通盘考虑、谨慎选择的政策搭配框架下，这一顺利过渡并非不可能。那么，如何实现合适的政策搭配以保证货币政策影响变数在最大限度内相互抵消，从而在推进保证中国货币政策实施手段市场化转变的同时继续保持其独立性和有效性呢？笔者认为可从以下几方面入手：

## 一、利率市场化先行

根据金融自由化次序，利率市场化应是第一步。只有在一个利率由市场资金真实供求决定、经济资源的“延期支付标准”得以确立的经济结构中，开放资本账户才具备基本前提；否则，扭曲僵硬的官定利率将使本国利率和国际市场利率间存在巨大的套利空间，这将引诱巨额国际套利资金以一种“一窝蜂”的形式涌入/涌出本国，从而给外汇市场本币的币值稳定经常性地带来巨大冲击，进而使一国货币当局面临窘境：要么放任本国币值经常性地剧烈波动，从而使本国汇率风险居高不下，国内外汇市场投机盛行，泡沫性资本泛滥；要么继续坚守固定汇率，运用掌握的外汇储备不断平抑市场供求差额，从而置自身于1997年泰国中央银行那种骑虎难下、进退两难的尴尬境地。无论是哪种选择，对一个求稳定、求发展的国家而言显然都是十分不利的。因此，当前中国金融改革举措的次序安排中居于最前列的应该是利率市场化；无论是资本管制的放松还是汇率制度的弹性改革，都需以之为前提才能得以顺利实现。

中国的利率市场化进程始于1996年①，近十年来已取得相当的阶段性成果。② 在较近的将来要基本完成利率市场化任务，笔者认为仍应坚持渐进式市场化过渡思路，通过不断扩大浮动区间，逐渐形成基准利率的过程来最终实现利率的完全市场化。要实现这一目标，关键在于推动科学合理的市场基准利率的产生。一般来说，同业拆借利率是国际公认的一国基准利率，但目前中国的同业拆借利率还没能对整个金融市场的资

---

① 1996年6月1日银行间同业拆借市场利率的放开是其标志。

② 1998年3月改革再贴现利率及贴现利率的生成机制，放开了贴现和转贴现利率，使再贴现利率第一次成为中央银行独立的货币政策工具，实际上放开了贴现和转贴现利率；1998年银行间债券市场债券发行利率全面放开；1999年9月开始，国债在银行间债券市场也成功实现了利率招标发行；而自央行决定于1998年10月30日起扩大对中小企业贷款利率的浮动幅度以来，商业银行、城市信用社对小企业的贷款利率的最高上浮幅度由原来的10%扩大为20%，最低下浮10%；农村信用社贷款利率最高上浮幅度由40%扩大为50%，这标志着向利率市场化的方向迈出了实质性的一步，也揭示了央行通过扩大浮动区间实现渐进市场化的改革思路。2004年10月29日，金融机构（城乡信用社除外）贷款利率上限和存款利率下限放开，标志着中国顺利实现了“贷款利率管下限、存款利率管上限”的阶段性目标。当然，利率市场化的改革也需要一个渐进的过程来逐步实现，而非如某些研究者宣称的“利率市场化其实已走到了最后一步”。周小川在2005年3月接受《人民日报》专访时曾指出：利率市场化改革暂时不会有更多动作，对贷款利率的下限和存款利率的上限管理还会维持相当长一段时间。在一些银行的财务约束、资本约束还不强的情况下，一旦解除这两个限制，有可能导致不正当竞争。可见，在推行利率市场化改革的进程中，微观市场主体的培育至关重要，还应将二者进行结合，长远规划利率市场化的日程。

金价格和投融资者的行为产生影响和调节作用，这主要是因为目前中国的金融市场尚处于发育和形成中，各种金融市场（如货币借贷、资金融通、票据抵押与贴现、证券发行与流通以及信托、投资、保险等）还处于相互分割状况，各个金融市场之间的利率关联度各不相同，基准利率发挥作用的条件还不完备；另外，虽然中国的同业拆借市场已建立，但规模还小，参与的机构也比较少，同业拆借利率还不能及时、可靠地反映资金市场信息。鉴于此，中国今后的利率市场化改革重点应放在以下两个方面：① 稳步扩大同业拆借市场规模，逐步放开其进入限制，扩大拆借市场利率的影响，增强其反映真实市场利率的可信度；② 在逐步规范各金融子市场的前提下加强彼此间的联系，促进真正意义上的货币统一市场的成长。具体措施已有不少建议见诸各种刊物，兹不赘述。

**二、利率市场化与汇率制度改革相配合**

尽管我们强调利率市场化在所有的金融政策调整中应居于优先地位，但并不就意味着在利率市场化改革完成之前在人民币汇率制度改善方面就无能为力。如上文分析的，在“不可能三角”的政策组合选择中，可能最优解（或至少就目前状况而言的最适解）并非角点解，而是“中间解”。在利率市场化改革完成之前，追求资本账户的完全放开和浮动汇率制的实现固然不可能，但对现有汇率制度作适当调整，将汇率制度改革的前期准备工作与国内利率市场化改革进程进行一定程度的相互结合，将既有利于利率市场化改革的顺利展开，又有利于为此后实质性的汇率制度变更准备条件。关于此点笔者认为有两方面值得注意：

（1）协调本外币利率关系。譬如可将世界利率水平作为中国利率市场化改革推进过程中的一个参考系数，对本外币利率关系进行合理协调。在中国实现利率市场化的过程中必然要涉及的一个问题是本外币利率的确定及其相互关系问题。一般说来，在一个日益一体化的世界经济体系里，二者的关系及相互影响会日益密切。但就中国目前的情况看，由于中国与世界经济尚未真正融为一体，在经济周期上经常与发达国家处于不同阶段；更重要的是人民币资本账户尚未放开，熨平国际利率差异的国际套利机制无法顺畅运行，因此本外币利率常常处于不同的运行通道，这就对协调二者提出了要求。关于这一问题，笔者认为可考虑在充分顾及国际货币市场利率的前提下将外币利率的调整与人民币汇率机制的改革相结合，譬如为改变目前外汇交易中心美元交易比重畸大的现状，可适当调高其他币种利率，吸引套利资金进入，增大欧元、日元等货币的市场需求，这将改变目前美元对中国汇率的畸重影响,有利于科学合理的人民币挂钩货币篮子的形成。另外,在充分考虑本外币利率存在必然差异的同时还应认识到其相互影响甚至相互趋同的一面,在逐步放松本外币藩篱的同时密切关注外币利率对本币利率的影响,为合理的基准利率水平确定和将来的调整参数选择作好准备。

(2) 推进发达、规范、统一的金融市场,尤其是货币市场的形成。利率市场化要求有一个相互融通、规范统一的金融市场体系作为其运作背景和建立基础,而人民币汇率机制的调整同样要求健全、完善、发达的外汇交易市场作为其运作基础,在构建、规范本外币货币市场的同时应积极考虑二者相互融通的时机和可能性,并为之创造条件。当然,在考虑到交易工具和交易范畴的相互重叠甚至相互融合所能带来的相互促进、加速彼此演变步伐的同时,还应充分认识到因其重叠和融合而带来的内外均衡的相互影响及由此引起的所谓"米德悖论"问题。有鉴于此,在积极寻求利率改革和汇率改革的相互作用和良性互动途径的同时,应继续推行内外分隔政策,谨慎实行本外币市场融合,以期实现国内均衡稳定和对外开放并行不悖。

### 三、资本管制放松与汇率制度改革相配合

如上一节分析的,资本管制的放松和汇率机制的弹性化转变对货币政策的独立性起到的效应正好相反,如能将二者进行较好的配合,则能发挥最优的政策效果。

2004 年下半年以来,中国政府放松资本流出管制的步伐明显加快,除了合格境外机构投资者投资境内证券(QFII)规模继续扩大之外,新举措不断出台,如人民银行(2004 年 11 月 8 日)发布的《个人财产对外转移售付汇管理暂行办法》、国家外汇管理局(2004 年 11 月 9 日)发布的《关于调整境内居民个人自费出国(境)留学购汇指导性限额的通知》、国家外汇管理局(2004 年 12 月 7 日)发布的《关于企业和预算外单位公务出国用汇管理有关问题的通知》;2005 年 2 月,国家外汇管理局在深圳召开的 2005 年全国外汇工作会议中详细列举了推进资本账户可兑换的五条措施。2005 年我国又推出了 QDII 制度("特许国内机构投资者"制度),此举意味着股市的国际化步伐又向前迈进了一步;2006 年 2 月,《外国投资者对上市公司战略投资管理办法》正式实施。以上这些资本管制放松的措施表明了中国货币当局推进金融开放的努力,而这些努力几乎无一例外都是在汇率制度改革的大框架下规划的,其间体现的政策搭配意图

非常明显，诚如温家宝总理在 2005 年 3 月 14 日举行的十届全国人大三次会议记者招待会中所归纳的："我们现在做的事情，是为汇率改革打下坚实的基础……与此同时，我们在外汇管制方面已经采取了一系列放开的措施。"如果说目前采取的资本管制放松措施在很大程度上是对已存在的自发资本流出（通过地下金融渠道）的制度性纠偏的话，那么，人民币资本账户的进一步放松显然必须同弹性汇率机制的构建放在一起进行通盘考虑。一个比较可行的设想来自于金融自由化次序：汇率机制形成适当先于资本管制的较大尺度放松，以缓解资本账户放松管制给官定汇率维持带来的过大压力。当然，在资本仍处于较严密管制的条件之下浮动人民币汇率，必将带来汇率浮动由谁来决定的问题。缺乏足够的外汇资金市场，人民币汇率的浮动仍将成为政治谈判的筹码而非经济机制自发决定的均衡值，因此，在协调两部门改革的过程中还应充分把握同时并行、互相配合的原则，汇率浮动的先行只能是在坚持了这一原则之后的一个技术性调整。

值得特别指出的一点是，目前国内有些研究者在谈及人民币汇率制度改革时认为正因为目前中国资本账户没有开放，因此让人民币汇率走向浮动尚不具备条件，这一观点混淆了汇率灵活性和资本账户自由化二者之间的关系，把人民币汇率的灵活性与人民币的完全可兑换性简单地等同起来，无论就理论层面看还是就实践层面看都是错误而且有害的。事实上，资本账户的开放与否固然会影响到既定汇率制下一国货币政策与财政政策的实施效果，但是，汇率制度本身的安排与资本账户并无必然的直接关系。换言之，走向灵活汇率制，并不要求以资本账户自由化作为前提条件。并且，如将资本流动设置为汇率浮动的前提条件，将出现麦金农预言的"未经批准的资本外逃或无偿还保证的外债堆积，或两者兼而有之"的严重后果，这方面 1997 年的东南亚国家就是前车之鉴。

另外，我们说改变人民币汇率的生成机制，使其从固定汇率向浮动汇率转变，强调的是机制，而非币值高低。目前国际社会对人民币升值的压力很大，如中国屈从于这个压力，在改变人民币汇率形成机制之前将币值简单上提①，不仅无益于汇率制度改革的进展，而且还将带来更大的升值

① 当然，我们在此反对的是屈服于政治压力，遵从国外研究机构所谓客观的计量评估将人民币币值大幅上提，但并非建议对外部政治压力置之不理；相反，币值的轻微调整，如 2005 年 7 月将人民币对美元的汇率上调 2 个百分点，则属于正常的政治谈判筹码，对外部压力进行合理的让步，有利于为中国的经济发展和金融改革创造良好的外部环境，这与我们的分析并不矛盾。

压力,从而最终走向过度升值[①],失去调整汇率制度的最好时机。

## 四、货币政策与汇率政策相配合

如上文论述的,在政策组合的选择中,作为一个经济大国,中国长远的政策组合目标是$\beta$边,即独立的货币政策+资本自由流动+浮动汇率制度,倘若这一目标得以完全实现,则显然不存在汇率政策问题——在一个完全浮动汇率制下,中央银行放弃了维持本币汇率的政策目标,而以货币政策为自己的单一政策追求。但这仅是一种理论上存在的——或者说极长远时间尺度下的——政策组合模式,在现实世界里,中央银行一般不会完全放弃汇率方面的考虑,任由本国汇率由变幻无穷的外汇市场供需状况去决定。就目前的西方发达国家看,其中央银行也仍频繁地对本国汇率进行主动干预,在很多时候甚至采取几个国家联合干预的方式,来贯彻汇率政策意图。[②] 简言之,尽管在理论上我们承认对中国这样的经济大国而言,在开放经济条件下实行独立货币政策和浮动汇率制度是一种最优的选择,但在实际经济决策过程中,更现实的政策组合应该是一个"中间解":在资本自由流动条件下寻求货币政策和汇率政策的协调和配合,以暂时放弃货币政策的若干独立性为代价来实施汇率政策。然则货币政策和汇率政策又该如何协调配合,才能使得宏观经济呈现出健康发展的态势呢?关于这一点,显然不存在"正确答案",而只能根据具体情况进行具体分析。这是因为我们在提出"中间解"可能事实上比$\beta$边更优的观点中,其实就隐含了"相机抉择"优于"单一规则"的假设;而相机抉择的要点就在于针对不同的具体情况进行个案性分析。

就目前中国的客观形势看,则不仅要考虑两种政策的配合问题,还要将这一配合放置在金融改革和经济开放的背景下去考察。而由于资本自由流动这一条件并未实现,一个容量足够、足以决定市场汇率水平的外汇供需市场并未真正形成,因此中国的汇率政策目标反而较易实现,它基本

---

① 因为在现行的汇率制度下,没有任何人知道人民币的均衡汇率在哪里。美联储前主席格林斯潘在2004年G20国财长会议上专门强调这一观点,他认为在缺乏汇率形成机制的条件下对汇率水平的预测不会比抛硬币确定正面还是反面的50%和50%的结果更好。既然对人民币升值区间应为多大谁也无法准确估计,则显然那些所谓研究机构作出的预测结果无一例外都是炒作的结果。这就是为什么不同机构的预测相去甚远,有的预测人民币应该升值10%,有的预测应该升值25%,甚至有的预测应该升值40%。这样形成的巨大的人民币升值压力将会形成对人民币升值的过度预期:如果人民币升值10%,人们期望升值20%,热钱会继续流入;如果人民币升值20%,期望会是30%,如此循环,最后导致过度升值。

② 这方面最具代表性的例子是以美国为首的五个西方国家在1985年达成的"广场协议",五国政府在此协议框架下联合干预外汇市场,使美元对主要货币有秩序地下调,以解决美国巨额的贸易赤字。

上能为中央银行所掌控，这事实上给了中国将两种政策进行有效配合的更大空间，因为中央银行可以将较少的关注放在汇率维持方面，而这恰恰是西方发达国家所并不具备的条件。因此，目前中国协调配合两种金融政策易于西方国家[①]——就这个角度看，人民币资本账户放开应作为中国金融改革和开放的最后一步的说法再次得到了验证——应尽力将货币政策和汇率政策的协调配合问题与中国的金融体制改革进程联系起来，在一个动态的框架下去推动两种金融政策的协调。

具体地说，在进行利率市场化改革和人民币汇率放开的过程中，应尽量使二者对货币政策独立性的影响相互抵消，从而维持货币政策独立性的基本稳定，增大政策制定的可预见性，提高政策实施效果，促进内外均衡分别（而非同时）实现。具体到货币政策层面，应继续以货币供应量为货币政策操作的中介目标。有的研究者认为鉴于近年来以货币供应量为中介目标的积极货币政策未能实现预期的政策效果，认为应重新确定利率为中介目标。笔者认为，在一个利率决定机制远未充分市场化的环境下，在继续推进利率市场化的同时，以利率作为货币政策的中介目标，则一来对央行调控利率的要求提高，其政策的效果将更难预期；二来由于基准利率目前的影响还不够大，因此央行即使能有效调控同业拆借利率，其对整个市场利率体系的影响也仍是值得怀疑的。简言之，利率变量本身不可能既充当其自身形成机制的改革对象，又充当宏观层面上的政策工具（中介目标）。鉴于此，央行中介目标应转向货币供给，这一方面可以使利率工具从政策手段中解脱出来，实现其单目标（市场化）演变和运作；另一方面，央行可将汇率政策目标结合进货币政策的制定中来，通过

---

① 周小川曾在不同的场合中提及“开放经济条件下的经济政策协调，即使对发达国家来说都是一个难题，对中国就更不用说了”。对此观点笔者不以为然。发达国家受资本自由流动条件的约束，要在汇率稳定和货币政策独立之间进行抉择是十分困难的，当本国经济周期与世界经济周期（或与之有重要经贸往来的国家的经济周期）出现时间上的差异时，汇率政策方向将与货币政策方向呈现出背道而驰的态势，从而使这些国家的中央银行陷入进退维谷的尴尬境地。此时协调配合货币政策和汇率政策几乎是不可能的。最具代表性的例子是 1985 年“广场协议”后的日本，来自美国的日元升值压力构成其汇率政策的主要考量，而对于将对外贸易视为自身宏观经济增长“生命线”的日本，在日元持续上升的态势下显然只能通过扩张性的货币政策来增进内需，维持经济增长，避免“升值萧条”，这直接导致了 20 世纪 80 年代后期日本泡沫经济的泛滥，间接导致了 90 年代泡沫经济破裂后长达十余年的漫长萧条期。与之形成对照的是 1987 年的德国，在与日本同样面临汇率政策压力和货币政策方向相反的情况下，德国作出了放弃汇率政策追求，转而实行紧缩性货币政策，从而使德国避免了类似于日本的泡沫积累。参见许文彬：“币值调整的宏观经济环境探析”，工作论文，2005 年 9 月。

改变外汇储备的绝对数量或币种结构等手段间接调控货币投放①，这既可增加央行调控货币供应量的手段，又可充分发挥汇率政策效果，使其与人民币汇率机制调整相结合，为将来实现更严格意义上的浮动汇率制后货币政策和汇率政策的协调配合预先热身。2003 年央行动用 450 亿美元外汇储备为中国银行和中国建设银行补充资本金，就是一次值得称赏的政策配合案例，它既缓解了外汇储备过高的压力，又拓宽了信贷资金的规模空间，有利于货币政策实施力度的强化。进一步分析，将调控货币供应作为汇率政策（间接）目标之一，也有利于打破人民币/美元汇率的僵硬稳定，这是因为目标的多重性必然使维持单一僵硬稳定汇率成为十分困难的任务，从而汇率政策参与调控货币供应客观上成为改变人民币汇率机制的推进力之一。

### 五、利率形成机制改革与金融市场建设相配合

随着利率形成机制的市场化转变，货币政策工具和中介目标的选择将引起日益广泛的关注，若在一个日益市场化的利率环境下保证货币政策的有效贯彻，就需要央行拥有更多可供运作的政策工具。而无论是常规的工具如再贴现率和公开市场业务，还是选择性工具如证券市场信用调控、消费者信用调控等，都是建立在一个发达的金融市场基础之上的。就这个角度看，“入世”的前景对利率市场化改革过程中必然出现的货币政策工具短缺问题的解决是一个很好的契机：外资的大规模流入，不仅将使国内金融市场的容量大规模扩张，并且其现代化的资本运作理念和多样化的资本运作工具必将带动国内金融市场实现质的飞跃，金融工具的多样化将成为大势所趋，金融创新也将以此为契机和动力获得自主性和适应性发展，从而丰富国内金融市场的层次和结构，为货币政策提供更多的着力对象和调控选项。因此，对中央银行而言，一个可行的方案是将利率改革的核心存款利率形成机制的改革与资本管制的进一步放松相互结合，同时，根据对内开放先于对外开放的原则，将扩大国内金融市场容量（主要是大力发展债券市场）、促进金融市场规范化、鼓励微观金融主体开展自主性金融创新等措施摆到更加重要的地位上来。

---

① 在资本自由流动的条件下，央行外汇储备的增减相当于回笼/投放货币，因此外汇政策和货币政策在中介目标上都是通过影响本币供给来实现的，汇率政策直接影响货币供应。而中国由于资本项目并未放开，因此外汇储备的增减只当其流向国内金融部门时才会影响货币供应，并且，其对货币供应量的影响也非直接的，而是通过影响金融机构的行为来间接影响国内货币供应。

## 六、外贸政策和国内微观主体培育相结合

如上文分析的,一国经济的外贸依存度过高将使本国经济周期与世界经济周期趋同,货币政策也将落入蒙代尔-弗莱明模型的无效陷阱中。对于中国这样一个经济大国,片面强调外贸增长就长远角度看是不利于经济的稳定发展的。随着外贸依存度的逐年提高,其负面效应及结构性缺陷[①]应引起足够的重视,经济增长动力的结构性问题应得到合理的调整。笔者认为,根据中国目前的出口产品结构,出口的增长就长期看是难以持续的,国外的问题根源应从国内去寻找,如何帮助国内微观经济结构实现现代企业制度的转变,才是经济长期可持续发展的关键,也是维持货币政策效能、维持中国经济发展独立性的关键。培育国内微观主体,大致可从两方面着手:深化国有企业改革,为民营企业的发展壮大进一步创造条件,特别是金融支持方面的条件。当然,强调微观结构培育并不意味着要抑制外贸的增长,恰恰相反,只有在微观结构不断规范化和实力不断增强的条件下,外贸的增长才是长期可持续的。

## 七、国有银行的股份制改革与民间金融的规范化整顿相结合

如上文所述,尽管在短期内外资银行的进入不会对国内银行体系产生致命性冲击,但如果现状不能得到有效改变,则银行危机将是不可避免的。因此,银行体系的重塑将是中国保持金融秩序稳定、经济增长稳定的首要任务。中国国有银行的股份制改革于2004年正式启动,迄今为止政策效果并不尽如人意;民间金融的整顿在相当长一段时期里也呈现出简单粗暴的倾向,禁而不止、上禁下行的现象比较严重。笔者认为,目前间接金融体系两轨并存、彼此分裂的现状不容否认,为政者所应做的不是简

---

① 深入分析中国进出口产品的产业构成状况,不难发现,中国进口产品以能源和原材料为主,而出口产品则以产成品为主,"世界工厂"之称便部分得益于此。目前,中国的加工贸易在整个出口份额中所占的比重已达到55%。目前,中国的出口产品以服装、鞋帽、日用品及机电产品为主,这些产品的一个共同特点是技术含量不高,劳动密集型特点显著。中国能在这些领域里占据世界贸易首位,主要得益于中国低廉的劳动力成本以及由此带来的巨大的价格优势。然而,依靠价格优势取胜的中国商品目前正引起其他国家越来越多的抵制,2004 年 9 月 16 日西班牙埃尔切焚烧中国鞋事件只是其中比较具有新闻价值的一件,事实上类似事件已有多起发生。可以预见,如果中国继续主要依靠价格优势来争夺国际市场份额的话,那么,国外反倾销的呼声就将日益高涨,从而带来日益频繁的贸易摩擦,在这种情况下,一些主要的国外市场就有可能通过采取提高关税或设置类贸易壁垒(如提高质量要求等)的方式来限制中国产品的输入,从而给中国的出口增长带来障碍。2004 年上半年,中国受调查总数达 23 起之多,是世界上最大的反倾销目标国。退一步看,即使外国政府并不对中国产品实行进入限制,类似事件的频繁爆发也将导致国内出口商的经营风险加大、经营成本提高,从而使他们被迫放弃一部分国外市场,导致整体出口规模下滑。

单地去消灭其中一方，而是正视导致这一现象产生的根源，再据以寻找合适的渠道推进两个体系的最终融合。因此，应根据对内开放先于对外开放的原则，在金融完全开放的过渡期里尽量寻求民间金融参与到国有银行改革中来的途径，将体制内金融的改革与体制外金融的规范结合在一起通盘考虑。

## 参考文献

[1] 曹永福："中国贸易弹性的实证研究"，《国际贸易问题》，2005，(10)：10—13。

[2] 陈野华：《西方货币金融学说的新发展》，成都：西南财经大学出版社 2001 年版。

[3] 陈雨露："国际金融理论前沿问题述评"，《国际金融研究》，2002，(7)：15—18。

[4] 邓乐平、冯用富、晋重文："浮动汇率制度下货币政策的独立性"，《金融研究》，2002，(3)：56—64。

[5] 〔美〕罗纳德 · I. 麦金农：《经济发展中的货币与资本》，上海：上海三联书店 1997 年版。

[6] 〔美〕罗纳德 · I. 麦金农：《经济市场化的次序——向市场经济过渡时期的金融控制》(第二版)，周庭煜等译，上海：上海人民出版社 1997 年版。

[7] 裴平、熊鹏："我国货币政策传导过程中的'渗漏'效应"，《经济研究》，2003，(8)：21—27。

[8] 许文彬："采邑制度、网络式市场化与中国经济体制改革"，《当代经济科学》，2005，(7)：65—71。

[9] 许文彬："三元悖论下我国汇率制度改革方案的选择"，《财经问题研究》，2003，(7)：43—47。

[10] 许文彬、张亦春：《信息结构、制度变迁与金融风险演进》，北京：中国财政经济出版社 2004 年版。

[11] 张亦春："利率市场化、汇率制度调整与货币政策独立性"，《福建论坛》，2003，(6)：3—7。

[12] Chowdhury, A., I. Islam, The East Asian Crisis—A Political Economy Explanation, Working Paper, 2001.

[13] Eichengreen, B., *Toward A New Financial Architecture, A Practical Post-Asia Agenda*, Washington D. C.: Institute for International Economics, 1999.

[14] Obsfeld, M., Rogoff, K., The Mirage of Fixed Exchange Rate, *Journal of Economic Perspectives*, 1995, (Fall), 73—96.

# 第十六章
# 开放经济下的货币市场调控

## 第一节　货币市场概述

### 一、货币市场的定义与功能

货币市场是短期信用工具(期限为一年以下,包括一年)发行和交易的金融市场,或者说,货币市场一般是指以期限在一年以内的短期金融工具为媒介进行短期资金融通和借贷的市场。这里的期限在一年以下,是货币市场与资本市场的期限分水岭,指信用工具的最初到期期限为一年,而不包括那些剩余期限在一年内的长期信用工具。货币市场工具的短期性表现在这些金融工具很容易就可以转换成货币支付手段 M1,从而实现其货币功能。

货币市场的功能主要有以下四个方面:第一,经济参与主体可以利用货币市场工具管理其流动性,短期资金供给方获得收益,短期资金融入方获得融资;第二,货币市场中的短期资金通过金融机构的调期操作可以转化为长期资金;第三,货币市场工具的利率一般被视为“基准利率”,作为制定其他债务工具利率的参考;第四,中央银行以货币市场利率为依据来制定货币政策,同时采用货币市场工具的交易来吞吐基础货币,影响货币供应量。

### 二、货币市场的分类

货币市场的参与者主要有五类:第一,各类金融机构,包括商业银行、非银行金融机构;第二,机构投资者,包括保险公司、货币市场基金;第三,各类企业,包括各行业有短期资金需求和资金供给的企业;第四,中央银行和政府机构,中央银行作为货币政策制定者参与货币市场交易以吞吐货币,政府机构作为资金需求者通过发行政府短期国债来参与市场;第五,个人投资者。一般情况下,货币市场是机构投资者参与的批发市场,个人投资者很少进入。个人投资者主要通过金融机构的零售柜台参与短期流动性管理,比如通过银行存取款,通过货币市场基金投资货币市场工具。个人直接参与货币市场仅限于大额可转让存单市场。货币市场工具多种多样,虽然各国由于经济金融发展不平衡,货币市场工具的种类和侧重有所不同,但主要的货币市场工具是一致的。表 16-1 按照市场和工具类型分类列出。

表 16-1　货币市场按照类型和工具类型分类一览表

| 市场类型 | 工具类型 | 发行人 | 投资人 |
| --- | --- | --- | --- |
| 拆借市场 | 银行短期资金 | 银行 | 金融机构 |
| 债务市场 | 短期政府债券 | 政府 | 金融机构、机构投资者企业、中央银行 |
| | 短期金融债券 | 金融机构 | 金融机构、机构投资者 |
| | 央行票据 | 中央银行 | 金融机构、机构投资者 |
| | 商业票据 | 企业 | 金融机构、机构投资者、企业 |
| 债券衍生市场 | 债券、票据回购 | 金融机构、机构投资者、企业 | |
| | 债券、票据质押 | 金融机构、机构投资者、企业 | |
| | 债券远期与调期 | 金融机构、企业 | |
| 承兑贴现市场 | 商业汇票 | 商业银行、机构投资者、企业 | |
| 存单市场 | 大额可转让存单 | 商业银行 | 企业、个人 |

狭义上讲，货币市场是短期资金需求方和供应方直接见面交易的市场，不包括传统的银行存贷款中介方式。银行存贷款业务派生出的货币市场工具包括拆借市场和大额可转让存单市场，其他货币市场工具则集中在债券、票据等短期直接融资工具上。以银行资金为主的拆借市场和大额可转让存单市场，以及以直接融资业务为主的短期债券、票据、衍品市场，这两者构成了货币市场的相对独立又紧密相连的两个部分。广义的货币市场论者提倡应将银行信贷市场纳入货币市场范畴，典型的代表为美国经济学家彼得·S. 罗斯(Peter S. Ross)。他认为货币市场提供一个市场和机制，使短期现金剩余者可以融资给短期现金赤字者，因此包括以提供流动性贷款为主的银行体系。在中国，虽然银行贷款也有相当一部分是中长期期限，但由于长期存在分业管理，银行体系和货币市场体系一直由中央银行来统一监管，银行体系与货币市场体系有着组织机构、管理理念、运作特色、功能定位上的相似性，因此本书货币市场分析采用广义概念，包括银行信贷在内。

## 第二节　货币市场调控的政策工具选择与完善

### 一、货币市场的冲销与非冲销干预

随着金融的对外开放，经常账户和资本账户的余额变动会直接影响到本国的货币供应量目标，从而影响中央银行货币政策操作的效果。为了消除这种影响，实现外汇市场和货币市场的双重均衡，中央银行一般有两种政策选择:冲销性干预或非冲销性干预。所谓冲销性干预(sterilized intervention),是指中央银行一方面在外汇市场上从私人部门买进外币资产以降低本币升值的压力,维持汇率的稳定,从而保护出口部门(这在客观上会造成中央银行的外汇储备增多,货币市场上货币供应量扩大);另一方面,中央银行又通过在货币市场上采取配套的操作措施,如通过公开市场业务提高准备金比率和公共部门存款管理等措施对增加的货币供应量予以冲销。所谓非冲销干预(non-sterilized intervention),是指中央银行买进外国资产的同时不采取相应的冲销措施。

现行的国际货币制度下,大部分国家实行的都是有管理的浮动汇率制度(managed floating)。它是指货币当局通过各种措施和手段对外汇市场进行干预,以使汇率向有利于本国经济发展的方向变化。实行有管理的汇率制度可以依靠三种工具:一是货币政策工具(如利率);二是中央银行对外汇市场的冲销干预;三是一定程度的资本管制。这种制度既可以保持货币政策的独立性,又能使汇率具有一定的灵活性,以应对内、外部的冲击,同时还可有选择地部分放开资本账户,使资本流动处于可控的状态。

在外汇市场上,当外币供给增加时,本币面临着升值的压力。中央银行为了保持本国产品的竞争力,在外汇市场上购进外国资产,以阻止本币升值,此时,本国货币供应将增加,价格水平将上升,中央银行为了稳定价格水平,又必须采取冲销措施,冲销因购入外汇而增加的货币量,以保持总的货币供应量不变。也就是说,中央银行干预外汇市场的汇率,买卖外汇而影响基础货币,除非被冲销,否则必然导致货币供应量的波动,因此在开放经济的条件下冲销干预是维持货币供应量稳定的重要手段。但对冲销干预的有效性在西方理论界存在着分歧。争执的一方是以卡尔弗(Calvo,1993)为代表的悲观派,他们的观点是,实行冲销干预的困难程度远比传统观点所想象的要大。卡尔弗等人在详细地考察了拉美国家冲销干预的实践活动之后,得出结论:冲销干预将导致国内利率上升,使财政预算成本大幅提高。用他们自己的话来说就是,对资本内流实行干预将致使国内、国外利率差难以消除,进而加大财政负担。争论的另一方以海尔马特·雷森(Helmut Reisen,1993)为代表,他对冲销干预持乐观态度,他以20世纪90年代早期的东亚国家为例,认为他们成功地解决了著名的"三元悖论"(即开放的金融市场、固定汇率和货币政策的独立性这三个目标不可能同时实现)问题。雷森将这一现象归因于东南亚国家利率机制在经济中的微弱作用,即由于国内金融市场未充分发育和实现自由化，利率波动对经济的影响是微乎其微的，国内总需求与货币需求都几乎与利率不相关，即使资本内流会对利率产生影响，国内经济却与外部冲击近乎相互隔离。

下面从理论上分析非冲销干预和冲销干预的有效性。

## 二、冲销干预和非冲销干预有效性的理论分析

（一）本外币资产完全可替代条件下（即投资者风险中立）

首先从流量角度看。在固定汇率制和资本完全流动的条件下，外汇市场上非抵补利率平价或抵补利率平价是存在的。假设 $i_t$、$i_t^*$ 分别指本国货币和外国货币投资时在 $t$ 到 $t+1$ 期的利率，$S_t$ 代表外汇市场上即期汇率（汇率以直接标价法表示，下同），用 $E_tS_{t+1}$ 表示在 $t$ 期预期 $t+1$ 期的即期汇率，则非抵补的利率平价为：$E_tS_{t+1}(1+i_t^*)=S_t(1+i_t)$，抵补的利率平价为 $F_t(1+i_t^*)=S_t(1+i_t)$，$F_t$ 为远期汇率。如果由于国内经济（或国外经济）的变化使得 $F_t$（或 $E_tS_{t+1}$）$(1+i_t^*)>S_t(1+i_t)$，则投资外国资产比投资本国资产收益大，资本流出，结果本国货币供给减少，利率上升，同时对外国货币需求增加，外币升值，本币贬值，即期汇率上升；反之，如果 $F_t$（或 $E_tS_{t+1}$）$(1+i_t^*)<S_t(1+i_t)$，则投资本国资产比投资外国资产收益大，资本流入，结果本币供给增加，利率下降，同时即期汇率下降。如果本国要稳定汇率，中央银行就要在外汇市场上采取相应的干预措施，如图 16-1 所示。

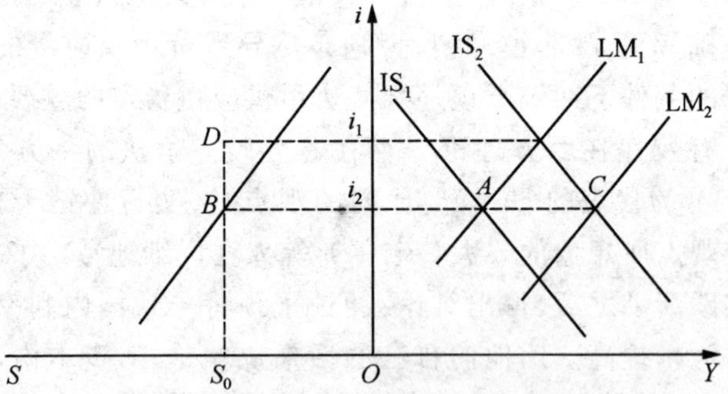


**图 16-1　流量分析的冲销干预和非冲销干预**

该图的右半部分是 IS-LM 曲线，左半部分是利率平价曲线。假定初时均衡状态在 $A$ 点，外汇市场均衡在 $B$ 点。若财政政策扩张，$IS_1$ 移到 $IS_2$，此时利率上升到 $i_1$，如果中央银行维持稳定汇率在 $S_0$ 不变，则此时外汇市场处于不均衡状态（$D$ 点），由于利率上升使得 $S_t(1+i_t)>F_t(1+i_t^*)$，资本内

流。如果中央银行采取非冲销的干预措施，货币供应量增加，$LM_1$ 左移到 $LM_2$，重新实现了均衡（$C$ 点）。如果中央银行在货币市场上对冲，如卖出政府债券，货币供应量减少，$LM_2$ 又回到了 $LM_1$，外汇市场又处于不均衡状态，资本继续内流，冲销干预无效。因此，从资产流量的角度来考虑，非冲销干预是有效的，冲销干预是无效的。

其次，如果我们从存量角度分析（即考虑利率变动对居民资产结构调整的影响）。当外汇市场上外汇供给过多、外币面临贬值压力时，央行出面干预，买进外汇，国内货币供应量增加，这样一方面国内价格水平上升，由购买力平价理论，本币汇率上浮减弱；另一方面，本国货币供给增加，国内利率下降，假定外国利率不变，由利率平价理论，对外币的需求增加，外币止跌回升。如果中央银行采取冲销措施，如同时在公开市场上卖出本国债券，以回收本国货币，私人投资者手中的国内债券的持有量增加，大量的卖出债券会使国内债券价格下降，市场利率上升。如果私人投资者对持有国内债券还是持有外国债券没有特殊偏好，即本国债券和外国债券是完全替代的，私人投资者会迅速出售持有的一部分外国债券而去购买较便宜的国内债券。私人投资者出售外国债券获得的外汇便会转化为本国货币以购买国内债券，这又使货币供应量回到原来的水平，因此冲销干预是无效的。

由上可见，当本国资产和外国资产完全替代时，不管从流量还是从存量角度分析，非冲销干预均有效，冲销干预均无效。

（二）本外币资产不完全替代条件下

为便于理解，下面主要利用图形来进行分析。图 16-2 的纵轴代表本币汇率（直接标价法），横轴代表本国利率。

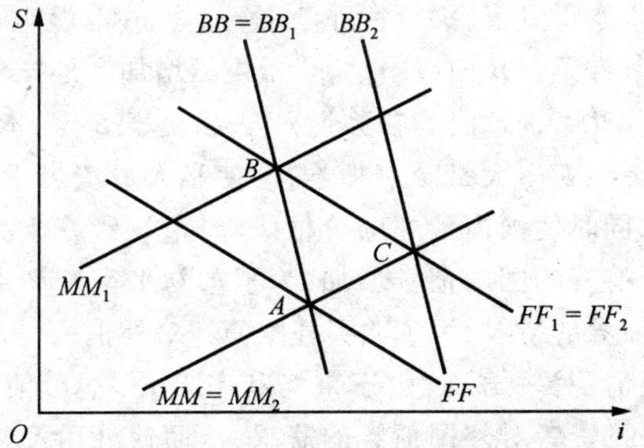


**图 16-2　资产不完全替代条件下的冲销干预和非冲销干预**

图中 *MM* 曲线表示使货币市场处于均衡状态的本国利率与汇率的组

合。这一曲线的斜率为正，是因为随着 $S$ 值的增大(即本币的贬值)，在外国债券数量 $F$ 一定时，以本币衡量的这一资产的价值提高了，这带来以本币表示的资产价值总量(内含外币债券)的增加。因此，如果其他条件不变，这将导致对货币需求的增加。在货币供给量既定的情况下，这需要以本国利率的提高来削减货币需求，维持货币市场的均衡。因此，$MM$ 曲线的斜率为正。

另外，货币供给的增加使 $MM$ 曲线左移。因为在汇率既定时，如货币供给超过需求，为恢复货币市场的均衡，利率必须下降以增加货币需求。

$BB$ 曲线表示本币债券市场处于均衡状态的本国利率与汇率的组合。这一曲线的斜率为负，是因为本币贬值同样带来本国资产价值总量的增加后对本币债券需求的增加，这导致本币债券价格上涨，本国利率下降。

另外，本币债券供给增加会使 $BB$ 曲线右移。因为在汇率既定时，本币债券市场供大于需，本币债券价格下降，也就是说本国利率上升。

$FF$ 曲线表示使外币债券市场处于均衡状态的本国利率与汇率的组合。这一曲线的斜率为负，是因为在本币贬值后，以本币表示的外国债券价值上升使资产总量增加，但这一增加的资产总量只有一部分用于持有外币债券，因此外币债券市场上出现了超额供给，需要本国利率的下降以提高对外国债券的需求。

$FF$ 曲线比 $BB$ 曲线平缓，是因为本币债券市场对本国利率的变化更敏感，同样的汇率变动在本币债券市场上只需要较小的利率调整便能维持均衡。另外，外币债券供给的增加将导致 $FF$ 曲线的左移。因为在汇率既定时，在外币债券市场上供大于需，需要本国利率的降低以消除这一超额供给，以实现市场平衡。

现为了阻止本币升值，央行在外汇市场上投放本币购入外币债券，在非冲销干预的条件下，$BB$ 曲线不动，货币供给增加和外国资产供给减少，$MM$ 曲线左移到 $MM_1$，$FF$ 曲线右移到 $FF_1$，相交于 $B$ 点，本币贬值。如果央行采取冲销措施卖出大量政府债券，会使私人投资者手中的国内债券持有比重增加，同时使国内债券的价格下降，市场利率上升。这样，一方面，私人投资者持有的国内债券增加，为了重新平衡资产结构，私人投资者增加对外国债券的持有，为了购买外国债券对外汇的需求相应增加，外币升值，本币贬值；另一方面，由于市场利率上升，本币债券的吸引力上升，可能会削弱投资者对外国债券的需求，从而使外币汇率下浮，但由于国内债券和国外债券是不完全替代的，因此冲销干预的效果不会被后一种情况完全抵消(如图 16-2 所示)，即央行卖出本国债券，回收本国货币，本国货币供给不变，$MM$ 曲线回到原来的位置，本国债券供给增加，$BB$ 曲线右移到 $BB_2$，而 $FF_1$ 曲线不变，即 $FF_1 = FF_2$，三线交于新的一点 $C$，利率和汇率均上升。

通过上述分析，我们知道，非冲销干预对稳定汇率是有效的；而冲销干预是否有效，则依赖于本国资产和国外资产的替代程度，替代程度越高，冲销干预的效率越低，替代程度越低，冲销干预的效率越高。

冲销干预还受其他因素的约束。第一，债券市场的发达程度。在大多数发展中国家，由于货币市场不发达，中央银行买国库券受已售国库券限制，如果市场缺乏深度，冲销干预很快会耗竭国库券，因此政府债券市场的规模越大，冲销干预的能力越强，冲销干预越有效。当然，冲销干预还要受本国财政赤字承受能力的限制。如在资本内流的条件下，本国货币增加，中央银行的冲销干预是用本国货币购买本国债券，如果在国内连续赤字的条件下，则冲销干预将受到准备金数量的限制。第二，市场交易者的需求变化。中央银行卖国库券冲销资本流入，公众的需求可能有限，利率必须升高，这样国内和国外利率差幅变大，在没有资本管制的条件下，刺激资本流入，会抵消冲销的效果。第三，资本管制的程度。资本管制程度越高，冲销越有效；管制程度越低，冲销越无效，资本管制给政府冲销带来更大的主动性。第四，资本流动的利率弹性。资本流动的利率弹性越高，冲销越无效；利率弹性越低，冲销越有效。第五，资产调整的成本。资产调整的成本越高，冲销越有效；资产调整的成本越低，冲销越无效。由此可见，在资本账户开放即人民币能够自由兑换、资本能够自由流动的条件下，中国中央银行的冲销干预的有效性也主要依赖于公开市场业务、资本流动的利率弹性、国内和国外资产的替代程度和资产调整的成本等因素的影响。

（三）理论界对冲销操作的争议

事实证明，冲销操作对于维持一国货币市场和经济均衡具有相当大的作用。一些成功地进行干预和冲销的国家（如 20 世纪 60 年代的日本、70 年代的韩国等）经历了国际储备不断增加及经济高增长、低通胀的黄金时期。而不想或无力冲销的国家（80 年代的墨西哥、90 年代的泰国等）则经历了银行信贷膨胀、物价节节攀升、经济泡沫越吹越大直至破裂的过程。尽管如此，理论界对冲销干预的效果还是一直存在着争议，其批评意见主要集中于以下三点：

1. 冲销会形成自我积累和恶性循环

采取冲销的货币政策，即通过紧缩国内信贷，影响国内利率来进行干预。但冲销干预在降低国内货币需求的同时，也提高了货币市场的利率，进一步刺激了短期套利资本的流入，最终外汇储备增加，货币供应量增加，使得减少货币供应量的努力付诸东流；同时，冲销操作所产生的信贷紧缩对国内经济增长造成了负面影响，降低了国民收入增长速度，从而降低了经济增长对金融市场额外流动性的自发吸收能力，这些都迫使货币当局扩大冲销规模，从而使利率和信贷状况进一步恶化。

2. 冲销会恶化财政状况

目前各国的冲销多以公开市场操作为主。若略去中间过程，它实际上是以本国债券换取外币资产，这将抬高本国债券利率；而一国货币当局为兼顾收益性和流动性，一般以储备货币发行国的政府债券形式持有外币资产，收益率通常不高（更不用说大量购买外国政府债券将压低其收益率）。即使本国债券滚动发行而不用还本，其收益率之间的差异依然存在，且其值将随冲销规模的扩大而上升，从而形成货币当局的赤字。据 IMF 1997 年估计，发展中国家此项干预成本高达 100 亿美元。这一方面限制了货币当局的干预冲销能力，另一方面赤字也可能通过种种途径货币化，抵消一国货币当局的冲销效果。

3. 大规模的冲销干预扰乱了一国货币政策

首先，在汇率缺乏弹性的情况下，国内外利率不一致将引起资本流动，导致内外部失衡。国际收支巨额顺差时，中央银行被迫入市干预，然后又反向冲销，中央银行这种过多的单一方向干预对货币政策冲击造成了强烈冲击。其次，一些操作上的问题（如时滞、冲销手段不当等）也会使国内货币供应在数量上、结构上发生波动，对中央银行制定货币政策、调控货币供应量造成一定程度的影响。

但是，重新审视上述负效应，可以发现其分析基本上是在静态的、局部均衡的背景下进行的，在更符合现实情况的动态的、一般均衡的背景中未必成立。例如，对冲销的自我积累和恶性循环的分析中已经隐含了一个前提，即汇率预期是静态的，如果预期本币将贬值，则高利率未必会吸引资本流入；又如，在对财政状况的分析中，只考虑了政府的债券利息支出，而没有考虑到冲销可能使本币汇率下浮，在存在进口刚性时，关税收入将增加，可能会抵消利息支出的影响；另外，讨论货币政策应首先弄清自主权的界定问题：是以操作过程还是以操作目标为依据？鉴于货币政策只是达到既定经济目标的手段之一，以后者为依据似乎更为恰当。冲销保持了一国货币供给的稳定性，反倒实现了一国的货币政策自主权。

# 第三节　中国货币市场调控问题研究

## 一、中国货币市场状况

1. 中国狭义和广义货币市场发展加速

1998 年后，随着中国中央银行货币政策调控手段的变化和经济货币化、金融市场化程度的提高，中国货币市场的发展取得了长足进展，主要成效是：包括银行间同业拆借市场、银行间债券市场和票据市场三大子市场在内的货币市场发展均呈加速趋势，目前，同业拆借市场已成为金融机构管理头寸的主要场所；银行间债券市场已成为中央银行公开市场操作的主要平台；票据市场已成为企业短期融资和银行提高流动性管理、规避风险的重要途径。

从表 16-2 可以看出，中国狭义货币市场中银行承兑票据、债券回购份额最大。中国狭义货币子市场中，如果以余额衡量，银行承兑票据份额最大，占到 60%，债券回购其次，占到 19%；如果以交易量衡量，则债券回购跃居第一，占 68%，银行承兑票据退居第二，占 17%。无论以余额和交易量衡量，短期国债和金融债份额都很小，在 4% 以内。如果将货币市场的概念扩充到广义，则中国银行贷款这一传统的货币子市场占据绝对比例，为 90% 以上，而其他交易类市场与之相比都处于相对弱势。据统计，2006 年度全国银行间同业拆借与债券市场交易总量为 41.15 万亿元。至 2006 年末，同业拆借市场成员为 703 家，较年初增加 8 家；债券市场成员为 6 439 家，较年初增加 931 家。据统计，2006 年度全国已签发的未到期的商业汇票余额为 2.21 万亿元，同比增长 12.8%。上述情况表明，中国货币市场的发展的确处于加速成长阶段，每年以几何级数递增，这在发达国家和发展中国家的货币市场中都是很少见的。

**表 16-2　中国货币市场各子市场 2003 年底的状况**

| 中国狭义货币市场 | 同业拆借 | 短期国债 | 短期金融债 | 央行票据 | 债券回购 | 银行承兑票据 |
|---|---|---|---|---|---|---|
| 交易份额 | 10% | 0 | 1% | 4% | 68% | 17% |
| 余额份额 | 2% | 3% | 4% | 12% | 19% | 60% |

资料来源：《2004 中国金融年鉴》和中国人民银行网站。

2. 货币市场调控压力加大

在现行汇率机制下,受人民币长期升值预期的影响,中国外汇占款增长具有刚性,央行流动性管理和货币调控面临较大压力。2004 年,中国货币当局外汇占款增加 16 098 亿元,比 2003 年多增 4 639 亿元,占基础货币的比重上升为 78.1%,较 2003 年增加约 22 个百分点。数据分析表明,近年来,外汇占款的平均增长速度超过货币供给 $M_1$ 增长速度 1 倍以上,尤其是 2004 年第四季度,外汇占款增长 53.9%,而 $M_1$ 同比仅增长 13.6%。这表明央行正承受着过高的货币冲销压力,可能打乱正常的货币政策安排。自 2003 年正式发行央行票据以来,每年的发行总量和年末余额不断增加(如表 16-3 所示)。2003 年发行了 63 期,发行总额为 7 226.8 亿元,年末余额为 3 376.8 亿元。而 2004 年,央行增加了公开市场操作频率,共进行了 110 次公开市场操作,发行了 105 期央行票据,发行总量 15 072 亿元,同比增长了 108.6%。年末余额为 9 742 亿元,同比增长了 188.5%。同时开发了 3 年期央行票据、1 年期远期央行票据等新品种。投放、回笼相抵,通过公开市场操作净回笼基础货币 6 690 亿元。进入 2005 年后,央行在逆回购的同时,进一步加大票据发行力度,年发行期数又比 2004 年增加 20 期,达到了 125 期,年发行额为 27 882 亿元,同比增长了 85%;年末余额达到了 20 662 亿元,又增长了 112.1%。这使得票据规模不断累积增加,呈现出明显的中期化趋势。

**表 16-3　2003—2005 年央行票据发行情况**

| 年份 | 发行期数 | 发行总额（亿元） | 年末余额（亿元） |
|---|---|---|---|
| 2003 | 63 | 7 226.8 | 3 376.8 |
| 2004 | 105 | 15 072 | 9 742 |
| 2005 | 125 | 27 882 | 20 662 |

资料来源:历年《中国货币政策执行报告》。

3. 货币市场结构亟待优化

总体来看,中国货币市场在总量上并不落后,某种程度上还可以说是货币体系过分依赖间接融资。但是货币市场内部子市场之间发育很不均衡,尤其是银行贷款、银行承兑票据等市场化不强的工具在货币市场中占据 97% 以上的份额,风险集中,亟待向市场化更强的货币子市场和资本市场分流和转化。这一现象的原因为:首先,货币市场成员单位偏少,没有达到应有的覆盖面,大多数欠发达地区的金融机构没有或很少参与货币市场交易。其次,通过货币市场成员单位代理的金融机构偏少,特别是欠发达地区的国有商业银行基层行基本上没有货币市场成员为其代理交易,其资金融通多交由其上级行系统内调剂。票据市场中,由于受严格授信授权控制,基层行在承兑和贴现业务上也受到相当大的制约。同业拆借业务只在大城市的银行间进行,欠发达地区基本上不涉及。

**二、发展中国家的政策实践**

20 世纪 80 年代中后期以来,许多发展中国家不同程度地放开了其资本账户,由封闭经济转为开放经济。资本账户的开放使国外资本大量流入,对国内经济均衡产生了冲击。为了减少资本账户开放带来的负面效应,这些国家的中央银行大多实施了相应的冲销或非冲销的干预措施。一般地,发展中国家与发达国家相比在货币市场操作的条件方面有以下特点:

(1) 本国货币当局有长期执行膨胀性政策的倾向。由于政治经济现状,发展中国家往往将经济增长和充分就业放于首要地位,价格稳定和国际收支平衡的限制相应受到削弱。政府为了征收通货膨胀税用于投资,常常促使货币当局超经济发行货币;而货币替代和奥维拉-坦兹效应不断侵蚀政府的铸币税和通货膨胀税税基,也迫使政府要求中央银行进一步增发货币以保持其收入;企业预算约束软化、倒逼机制是信贷膨胀的又一原因。

(2) 政府收入中,关税和消费税所占的比重很大。发展中国家经济管理能力有限,一般要依赖间接税,特别是关税和消费税来提高收入。为了本国初加工工业的发展,原料出口往往被课以重税(如巴基斯坦对黄麻和棉花的出口,巴西、印度对铁矿石的出口课以重税);而进口关税税率又被定在较高的水平,以保证本国工业,这使得关税在税收总额从而在财政收入中占很大比重。另外,出于对高消费的防范,政府对进口的奢侈品征收很高的消费税,常常达到 100% 或更高。

(3) 政府收支和利率的相关性不大。发展中国家的国内金融市场一般欠发达,因此国债市场规模比发达国家小得多;同时,发展中国家大多存在程度不同的金融抑制,借贷利率往往不能反映真实成本,投资者对利率的敏感性不高,消费信贷也远未普及,这些因素导致国民收入、政府收入和利率波动的关系不大。

(4) 发展中国家的本币贬值通常会引发通货膨胀。由于普遍存在的进口刚性、出口产业供给不足、货币政策松弛等原因,贬值很容易通过工资机制、生产成本机制、预期机制、货币供给机制引发通货膨胀(姜波克,

1994）。

发展中国家的这些共性决定了它们的财政收支、汇率预期、货币供给都有其自身特点，也决定了这些国家的冲销或非冲销干预措施，结果并不尽如人意。主要表现在：

（一）冲销性政策效力减弱乃至失效

一般来讲，中央银行在货币市场冲销干预的主要手段有：通过公开市场业务出售证券、提高存款准备金率，以及公共部门存款管理。所以冲销性干预效力减弱乃至失效就主要表现在以下三个方面：

（1）公开市场业务会导致更多的外资流入，增加政府负担。公开市场业务曾是拉美国家应付资本流入最常用的政策。中央银行卖出本国债券，买进外国货币和外国债券冲销资本流入，这种政策不干扰私人机构从事国际贷款交易，如果成功，又可以隔绝外资对本国货币的冲击。可是多数国家在使用公开市场业务冲销后很快就导致了这些国家未清偿的公开市场债券剧增。如智利，它的公开市场债券要占到本国货币总数的88%—95%。这样的后果是：一方面，央行的公开市场操作推动利率上扬，这使资本内流进一步加剧；另一方面，从政府的角度看，大量利用国债进行冲销干预，大大增加了政府的债务负担，严重恶化了财政状况。从央行的角度来看，也必然会产生亏损状况，因为央行购进的流入储备在投资于国外资产时所获得的利率收益，往往低于央行发行融资券进行冲销时所支付的利率，因此冲销量越大亏损量也就越大。正是由于这些原因，墨西哥从1991年中期起减少了干预的力量，智利从1991年中期起、哥伦比亚从1993年起改变了干预的政策。

（2）提高存款准备金率可能会促进脱媒或引起资本继续内流。提高存款准备金率既降低了货币乘数又减少了商业银行的超额储备，是一种紧缩效应剧烈的操作工具。准备金要求有付息和不付息两种，对法定存款准备金付息有助于避免因银行借贷利差过大而造成的脱媒现象，但却会产生类似于公开市场操作下的财务成本过高的问题；反过来，不对储备金付息，会导致商业银行将提高储备金引起的负担加重转嫁给银行顾客，从而提高市场利率，引发资本继续内流。另外，不付息的准备金要求（或者付息，但低于市场利率），其实质是对银行系统的征税，提高储备金率引起的脱媒现象将使央行对货币的控制更难以实现。而且高准备金比率是一项金融压制工具，与以资本账户开放为主要内容的金融自由化相悖，将损害信贷的有效配置。

（3）公共部门的存款管理也有一定的局限。当公共部门存款（如养老基金等）从银行系统转存于央行时，银行系统的流动性就减少了，这实际上相当于向原本存于商业银行的政府存款收取了100%的储备金，因而具有贷款收缩的作用。马来西亚和泰国运用这一措施曾取得了较好的效果。但是这一措施的局限也是显而易见的。这一工具的有效使用还取决于央行对政府存款的控制能力，或者是央行与公共财政的协调配合程度；另外，频繁的政府存款转移对于商业银行进行有效的资产管理也是不利的。总之，从拉美等发展中国家的实践看，冲销性政策影响利率和货币量的能力非常有限，这时单纯依靠冲销干预政策达到寻求内外均衡的效果并不尽如人意。

（二）非冲销性政策受到重视，但不适应灵活调整的需要

非冲销性干预措施主要的政策选择是：外资流入引起的通货膨胀压力主要采取紧缩的财政政策来消除，同时辅之以汇率政策来减弱资本流入对货币总量扩展带来的压力，即通过允许名义汇率升值来减缓通货膨胀的压力。但是这种政策选择也存在很大的局限：

（1）财政政策的灵活变动性不足。财政政策的制定一般是以中长期目标作为依据的，为短期目标而改变财政政策需要有政治和社会的高度共识。因为无论是削弱政府支出还是增加税收都是一个十分敏感的政治问题，这决定了为控制外资流入引起的通货膨胀压力而改变财政政策的可能性极小。这表明财政政策在灵活变动性方面有明显的不足，不能适应灵活调整的需要。以拉美为例，在资本流入期间实行财政紧缩的国家只有智利和哥伦比亚。智利从1990年中期起，通过征收增值税、公司税和降低财政支出而实行财政紧缩政策。由于财政政策缺乏灵活性，只有少数发展中国家在资本流入期间使用紧缩的财政政策。

（2）汇率政策有可能会产生一系列新的问题。在资本大量持续内流的背景下，一味地保持汇率稳定并不意味着就实现了外部均衡，而且汇率稳定的目标也难以维持，比较明智的一种选择是放宽汇率的波幅。但是，汇率波幅放宽后也会带来新的问题：一是汇率不稳不利于经济特别是外贸的发展；二是可能会反过来强化贬值的预期，特别是在市场认为央行更关心出口竞争力的提高而非降低通胀时更是如此；三是当汇率波动方向被市场准确预料时，就会被国际投机资本利用，进而对货币发动攻击性冲击，资本流动规模和速度加剧，会产生金融危机。总之，从上面的分析可以看出，非冲销性干预措施虽然具有冲销性干预措施所不具备的优点，同时也存在着自身特有的局限。

## 三、中国中央银行冲销干预的有效性及冲销手段

通过前文的理论分析可见,如果本国居民不可以持有外国资产,则中央银行冲销干预是有效的,因为本国居民只能持有本国资产,中央银行通过公开市场业务冲销干预时,本国居民买进本国资产,货币供应量减少,即不存在外国资产和本国债券的替代问题。如果本国居民可以部分持有外国资产,但不能自由买卖,即也不存在外国资产和本国债券的替代,则冲销干预就是有效的。如果本国居民可以自由地买卖外国资产,则中央银行冲销干预的有效性依赖于本国资产和外国资产替代程度等因素的影响。因此在中国目前的外汇体制下,人民币不能自由兑换,外国资产和本国资产不能相互转换,中央银行能够通过相应的冲销干预措施来实现货币供应量目标,但这要依赖于中央银行灵活的冲销手段。

中央银行的冲销干预主要是通过影响基础货币和货币乘数这两个方面来冲销资本流入而导致的货币供应量的增加。从中国中央银行的资产负债表来看,基础货币的变动 = 外汇占款的变动 + 对中央政府债权的变动 + 对存款货币银行的债权的变动 + 对非货币金融机构债权的变动 - 中央政府存款的变动 - 非金融机构的存款的变动。如果资本流入,外汇占款增加,中央银行可供选择的操作方式有:① 减少对中央政府的债权,即通过公开市场的操作卖出国债减少人民币资金的供给;② 减少对存款货币机构的债权,即减少对存款货币机构的再融资,主要包括再贷款和再贴现等方式;③ 减少对非货币金融机构的债权,即减少对非货币金融机构的信用贷款;④ 增加中央政府的存款,中央政府的存款指的是各级财政在中国人民银行账户上的存款,央行是难以主动控制的;⑤ 增发央行的融资券或在公开市场上卖出央行的融资券;⑥ 增加非金融机构的存款,中国机关团体部队和邮政储蓄的存款必须存到中央银行,但它也是中央银行难以直接控制的。中央银行影响货币乘数主要通过调整法定准备金率,但它对宏观经济的冲击较大,不适宜微调。

外国资产主要从两个方面流入中国:一是经常账户的盈余;二是外商的直接投资。自 1994 年外汇体制改革以来,中国中央银行的对外净资产上升很快,成为中国基础货币供给的主要来源。因此,如果中央银行不采取相应的冲销措施,货币供应量将大幅度地上升,通货膨胀必定将加剧,如 1994 年之所以发生了商品零售价涨幅达 21.7% 的超高水平,外汇占款的迅速上升而引发基础货币的大量投放又没有采取相应的冲销措施是其中一个重要的原因。

目前中国在货币市场还不发达的条件下，冲销干预的手段除了调整法定准备金率外，主要是发行央行的融资券和回收商业银行的再贷款。提高法定准备金率能够通过降低基础货币乘数，进而降低商业银行的信用创造能力，从而减少由于外汇占款而带来的货币供应压力。但一方面，法定存款准备金率的上调，会收缩整个银行系统的信用扩张能力，在当前的经济形势下，与"促进经济持续快速增长"的宏观经济目标相悖；而且随着中国加入WTO，外资银行逐渐大量进入中国市场，如果法定存款准备金率过高，中资银行与外资银行就会处于不平等的竞争环境中，这将加重国内银行机构的经营压力。另一方面，调整法定存款准备金的政策效果有时比较剧烈，对金融体系运行可能产生较强的震荡，不适合灵活微调的货币操作需要，在当今各国货币政策中已经较少使用。而外汇占款属于货币政策的外生变量，主要受国际收支和结售汇情况的影响，其规模变动比较频繁，准备金率的变动很难跟上外汇占款的调整步伐，因此，法定存款准备金率只能作为货币冲销政策的一种辅助手段。

央行融资券作为具有高度流动性的市场型工具，可以帮助央行清除过剩的流动性，而不影响市场发展的深度，同时也不会损害金融机构短期融资的能力。但由于近两年来受人民币升值预期的影响，中国外汇储备急剧增加，中国中央银行利用央行融资券进行冲销干预开始呈现成本高、对经济影响大的缺陷。首先，央行出售这些票据所支付的利息，通常要高于其以外汇储备形式持有美元或欧元金边债券所得到的利息。而且为了吸引金融机构用央行融资券来置换其超额准备金存款，央行必须在收益率和流动性两个方面为金融机构提供比超额准备金存款更为优惠的条件。这使得冲销政策的成本十分高昂。其次，大量增发央行融资券势必推高货币市场利率。目前，大量游资进入中国套汇套利，其套利目标并非定期存款利差，而主要是因央行融资券发行而推高的货币市场利率。因此，央行长期冲销反过来又成为外资持续流入、外汇占款不断增多的重要原因，如此形成的恶性循环导致货币政策逐渐陷入失灵状态。在人民币长期升值预期背景下，如果中国不能采取措施有效地遏制境外投机性资金继续大规模涌入国内，那么央行融资券这种冲销干预操作将难以具有可持续性。大规模发行的央行融资券将促使中国金融机构外汇占款和有价证券及投资总额占资金运用总额的比率不断上升，导致金融机构人民币贷款总额占资金运用总额的比率下降和人民币贷款增长率下降，进而从金融投资机构上抑制中国经济的持续稳定增长。因此，央行融资券很难同时实现稳定人民币汇率和避免通货膨胀的双重目标。

再贷款是中央银行的一项传统的货币政策工具。1998 年开始,面对通货紧缩的宏观经济形势,中央银行减弱了回收再贷款的力度,再贷款占基础货币投放的比重逐年下降,用回收再贷款来进行对冲干预难以达到预期效果。同时,由于国际收支变动的随机性较强,中央银行通过回收再贷款调节货币供应量缺乏应有的弹性和灵活性。此外,央行在收回再贷款时会使信贷资金分配出现严重失衡。外贸企业由于出口结汇,获得的人民币资金较多,而内向型企业得到的资金支持则相对较少。由此,大量原材料、技术人员、劳动力等生产要素流向外向型部门,因而内向型部门的发展受到了严重制约,由此容易引发全社会的结构性通货膨胀。部门间不合理的资金配置还会造成地下金融交易活跃,高利贷、非法集资等违规行为大量出现,不仅扭曲了货币政策的传导机制,也增加了系统性的金融风险。因此就中国目前而言,主要是要大力发展中国的货币市场,完善间接宏观调控的工具尤其是公开市场业务。公开市场业务的调节具有主动性、快捷性和可逆性特点,适宜对宏观经济微调。为实施公开市场操作必须做好以下几方面的工作:一是国债市场的发展,尤其是短期国债市场的发展;二是积极稳妥地推进利率市场化改革;三是扩大中央银行和商业银行持有债券资产,改善资产结构,积极参与国债市场的交易;四是完善债券的回购市场。

## 四、关于货币市场冲销手段的政策建议

根据中国的实际情况,货币冲销可以从三个主要方面着手:一是采取多种方式实施综合冲销,避免单一冲销模式的负面效应;二是调节国际收支,控制外汇储备规模的过度扩张;三是通过利率和汇率体制改革,促使货币政策从数量调节型转向价格调节型。

### (一) 实施多样化的货币冲销政策

当前形势下,为避免过度使用单一冲销方式可能带来的负面效应,可考虑采用多种政策进行综合冲销:第一,继续加大央行票据的发行力度,同时注重新产品、新工具的研究开发,通过对各类票据的组合管理,提高货币政策的操作效率,降低货币对冲成本。第二,进一步下调超额准备金利率,促使金融机构将其置换为央行票据,以降低央行票据对冲的操作成本。第三,鉴于再贷款浮息制度已经实行,央行可根据宏观经济形势,适当上调再贷款(再贴现)的基准利率,逐步增加对再贷款的回收力度,从而实现对冲外汇占款的目的。第四,如果今后一段时期外汇占款继续大幅度增加,央行可选择适当时机,分阶段上调法定准备金率,以降低基础

货币乘数。第五，配合利率市场化进程，小幅多频地提高存、贷款利率，一方面可以刺激居民增加储蓄存款，另一方面可以适度抑制银行放贷冲动。这样银行多余的流动性无处投放，只能转而接受央行在较低价格下的定量招标，从而引导央行票据利率下行。第六，在当前经济形势下，继续实施适度从紧的信贷政策，控制高风险的行业、区域的信贷扩张，从而最终抵消外汇占款的膨胀效应。第七，通过将中央财政在央行的债务证券化回笼部分基础货币，还可以将央行现有的长期外汇资产证券化，以对冲外汇占款的增加。第八，实行以基准利率为核心的货币调控，避免长期使用冲销政策。央行之所以要对冲外汇占款，其根本意图还是调控货币供给总量，以期达到稳定币值的目标。然而，随着全球金融体系的不断发展，货币数量控制已经不再是发达国家货币政策的主流模式。中国政府应通过加速利率市场化进程，尽快打通货币市场利率与金融机构存贷款利率的传导渠道。在此基础上，构建一个像美国联邦基金利率那样真正意义上的基准利率，实现货币政策从数量调控型向价格调节型的管理模式转变，从根本上避免长期使用货币冲销带来的各种政策弊端和机制扭曲。

（二）加快改革现行结售汇制度

如果汇率改革在短期内不能实现，政府暂且优先考虑改革结售汇体制，建立外汇储备的多级蓄水池，缓解央行外汇占款的对冲压力。从企业方面看，政府应对出口企业实行更大比例的结汇管理，再逐步过渡到意愿结汇制，以使内资企业和外资企业保留外汇账户，并按适度比例结汇，这样既分散了外汇资产的储存风险，又减少了央行基础货币的被动投放。从银行方面看，央行应改变强制结汇的做法，允许商业银行根据业务需求和汇率预期，自主确定外汇售出计划。中央银行通过调节外汇指定银行结算周转外汇余额的上下限比例来发挥储水池功能，增强公开市场操作的自主性。此外，中央银行还可以将部分外汇以再贷款形式贷放给商业银行，相应地降低持汇成本，提高外汇资产的收益率。加快货币市场电子化建设，推动全国统一的货币市场体系尽快形成。2003 年 5 月，全国同业拆借中心建立了“中国票据报价系统”（即中国票据网），开中国票据市场网络化、电子化之先河。从长远考虑，中国应逐步建立面向全国的以实现商业票据交易信息化和电子化为主要内容的票据业务综合信息系统，为商业汇票的转贴现、回购和再贴现交易，以及中央银行的票据市场调控和监管提供全面的技术支持和有效的信息服务，同时，为将来进行商业本票的发行和流通试点作好技术基础准备。

（三）推动法制建设进程，为货币市场加快发展保驾护航

一是修改现行《票据法》中对票据所作的必须以真实商品交易为基

础的限制性规定,使融资性票据发行取得法律依据,也为下一步推广无纸化票据奠定基础。二是修改《贷款通则》、《支付结算办法》、《商业汇票承兑、贴现、再贴现管理暂行办法》、《票据专营机构管理办法》等,提高各类金融机构参与票据市场的积极性。三是修改现行《中国人民银行法》、《商业银行法》、《银行业监督管理法》,允许中央银行在票据市场上买卖票据,允许金融机构混业经营。四是制定一套完整的票据业务准出入监管原则和交易规范化管理规则。内容包括:对票据经营机构准出入、商业票据发行人准出入监管规则;严格的内部授信制度;公正的社会化的信用评级机制和体系建设;市场交易的透明度规则;内控制度和计算机安全防卫制度;票据经营的同业法律制度等。五是制定统一的票据回购业务管理办法,把包括回购业务在内的票据市场各种创新业务纳入市场监管体系中,杜绝违规交易行为。六是尽快制定有关货币基金的管理法规。货币基金在西方已存在几十年,已经有一套成熟的运作法规。中国引进这一货币市场工具后,出现了纠纷应有相关法律裁决。

(四) 加快推行美元做市商制度

政府应加快推行美元做市商制度,以逐步改善汇率价格的形成机制,缓解货币占款的对冲压力。美元做市商制度是将银行间市场从撮合竞价交易转变成做市商连续报价交易,将集中交易模式变成分散交易模式,由此在操作形式上改变了人民币汇率的形成机制。实施该项制度可以在一定程度上改变央行被迫买入美元的局面,使央行做市美元的义务转化成做市银行的市场行为。同时要加快人民币衍生产品的配套研发,进一步提升美元做市商制度对市场参与者的吸引力。要通过发展债券基金促成银行间市场、柜台交易市场和交易所市场相整合,加快统一的债券市场形成。建立和完善货币市场中介经纪商和做市商制度,以解决信息传递不灵敏和不对称问题。

美元做市商制度本身仅仅只是一种交易制度,这种交易制度能否有效运作,将取决于其所处的制度、金融环境。具体而言,美元做市商制度将与外汇管理制度、汇率政策、外汇市场等密切相关,也与经常项目、资本项目管理有关。同时,要将美元做市商制度放在中国对外金融安全的大背景下考察。当前虽然外汇管理有所放松,但仍存在外汇资产分布相对集中、人民汇率预期较为一致、市场汇率仍然缺乏弹性等问题。在推行美元做市商制度时,要注意几点:第一,应进一步严格经常项目、资本项目的管理。外汇的供给与需求,来源于国际收支,但发展中国的外汇市场,不能放松对经常项目、资本项目的管理。第二,尽快推出外汇远期、互换及期货、期权等外汇衍生产品。推行美元做市商制度的关键之一是做市商有较强的风险管理能力。第三,应充分考虑强制结售汇制的特点,借鉴国际、国内有关做市商制度的经验,尤其是中国于1991年推出的国债二级市场双边报价商制度。

(五)实施多元化储备政策,减少经常项目顺差

当前,中国外汇储备在海外主要投资于高信用等级的政府债券、政府机构债券、公司债券和国际金融组织债券,这等于支持了国外经济而非本国经济的发展。近两年,全球金融市场投资收益率处于低迷状态,也使中国外汇储备的投资收益降低,汇率风险损失逐年增加。政府应改革现行储备制度和储备政策,通过增加战略物资储备,减少经常项目顺差,促进储备形式的多元化。例如,增加石油进口,放宽投资品准入,鼓励银行增加美元贷款,支持国内企业进口先进的技术设备并加强与国外企业的开发合作等。这样,可以变经常项目巨额顺差为少量逆差,既缓解了迫切的资源需求,又减轻了外汇占款的冲销压力。

(六)放松汇率管制,从根本上缓解外汇占款压力

固定汇率体制下的国际收支双顺差是造成中国货币当局外汇占款压力的根本原因。有管理的浮动汇率体系可以在很大程度上自动调节外汇储备规模和国际收支状况,从而减弱外汇占款对货币政策的不利影响。根据当前形势,在短期内可以保持人民币汇率稳定,并进一步严格限制资本流出,以防止热钱投机获利。但从长期看,要创造条件,抓住有利时机,有步骤地放宽浮动汇率限制,逐步建立一个符合中国国情的、有效的、灵活的汇率形成机制。可将人民币钉住单一美元的汇率机制调整为钉住一篮子货币的汇率机制;同时,扩大外汇市场交易主体,完善健全外汇市场体系,使人民币汇率更加规范、有序地形成。

(七)逐步推进利率市场化,使货币市场发展向更高层次迈进

一是将央行公开市场业务操作的主要目标逐步由控制商业银行超额储备转向选择波动较小但对整个市场利率体系影响较大的短期货币市场利率上来。二是发挥好再贴现利率工具的作用,适时适度进行调节。在确定再贴现利率时,既不要太低,给商业银行过大的赢利空间,阻碍其商业化经营;又不能太高以致再贴现政策功能失效。要根据当时货币市场利率和承兑贴现利率水平适时适度进行调整。同时,为推动区域产业结构调整,应适当给予基层央行利率浮动权,实施优惠利率和差别利率制。

全方位加快货币市场对外开放步伐,加速货币市场国际化发展进程。一是要大胆尝试开放国债市场,发展短期国债品种,丰富国债市场投资工

具,使国债市场成为探索金融市场对外开放及与国际接轨的试验田和缓冲带,为开放条件下的金融市场管理、运作积累经验。二是要积极引进货币基金和债券基金类的中介投资管理公司和经纪商,运用好它们的成熟经验和技术,培育好中国的中介组织,搞活中国货币市场业务经营,并推动货币市场国际化发展进程。三是要逐步放松利率管制,推进资本项下人民币自由兑换。

## 参考文献

[1] 陈翊:"货币市场与资本市场的相互衔接和均衡发展",《集美大学学报》(哲学社会科学版),2003,(9):31—34。
[2] 陈学彬等:《当代金融危机的形成、扩散与防范机制研究》,上海:上海财经大学出版社 2002 年版。
[3] 成思危:《培育与监管:设计中国的货币市场》,北京:经济科学出版社 2002 年版。
[4] 冯芸、吴冲锋:《金融市场波动及其传播研究》,上海:上海财经大学出版社 2003 年版。
[5] 海外货币市场研究课题组:《海外货币市场研究》,北京:经济出版社 2001 年版。
[6] 洪永妙、成思危、刘艳辉、汪寿阳:"中国股市与世界其他股市之间的大风险溢出效应",《经济学(季刊)》,(3—3):703—726。
[7] 华仁海、陈百助:"国内、国际期货市场期货价格之间的关联研究",《经济学(季刊)》,(3—3):727—742。
[8] 黄明:"论货币市场与资本市场的协调发展",《教学与研究》,2003,(12):28—34。
[9] 保罗·霍尔伍德、罗纳德·麦克唐纳:《国际货币与金融》,北京:北京师范大学出版社 1996 年版。
[10] 贾玉革:"我国货币市场与资本市场联接机制的理论与实证分析",《广西师范大学学报》(哲学社会科学版):14—18。
[11] 姜波克:"开放经济下的货币调控和政策搭配",《中国社会科学》,1995,(6):4—14。
[12] 姜波克、陆前进:《开放经济下的货币市场调控》,上海:复旦大学出版社 1999 年版。
[13] 古扎拉蒂:《计量经济学》(第三版),北京:中国人民大学出版社 2000 年版。
[14] 李扬:"金融市场宏观调控金融稳定",《中国货币市场》,2003,(12):4—8。
[15] 齐晓安、赵春晓:"入世后我国货币市场和资本市场发展模式的转换",《当代经济研究》,2002,(9):51—56。
[16] 邱跃民:"加入 WTO 后我国货币市场和资本市场联系框架初探",《经济界》,2000,(3):67—69。

[17] 曲昭光:“资本账户开放对发展中国家宏观经济政策的挑战”,《城市金融论坛》,1999,(11):19—21。
[18] 施兵超等:《利率理论与利率政策》,北京:中国金融出版社 2003 年版。
[19] 孙杰:《货币与金融:金融制度的国际比较》,北京:社会科学文献出版社 1998 年版。
[20] 张艳:《金融业混业经营的发展途径研究》,北京:中国金融出版社 2003 年版。
[21] 汪小亚:“货币市场与资本市场资金融通问题研究”,《金融纵横》,2003,(5):15—20。
[22] 王一萱:《公司债券市场发展:理论、实践与政策建议》,深圳:深交所综合研究所,2003 年。
[23] 席正阳:“我国货币市场与资本市场互动发展的对策分析”,《新金融》,2004,(2):12—14。
[24] 《中国货币市场》,2004—2005 年各期。
[25] 中国人民大学金融与证券研究所(FSI):《我国货币市场与资本市场关系研究——关于信贷资金流入股市的管理政策》,2001 年。
[26] 朱闰龙:“信贷市场、货币市场与资本市场资金流动性分析”,《新金融》,2003,(2):10—13。
[27] 朱新蓉:“货币市场与资本市场的开放运行”,《广西金融研究》,2004,(2):4—7。
[28] 朱忠明等:《中国货币市场发展新论》,北京:中国发展出版社 2002 年版。
[29] Cole, D. C. ,etc. , *Asian Money Markets*, Oxford:Oxford Univ. Press,1995.
[30] Rose, P. S. , *Money and Capital Markets:Financial Institutions and Instruments in a Global Marketplace*, McGraw-Hill,1999.
[31] Marcia Stigum, *The Money Market*, McGraw-Hill,1990.

# 第十七章

# 当代国际货币体系的内在缺陷与改革

国际货币体系是指调节各国货币在国际支付、结算、汇兑与转移等方面所确定的规则、惯例、政策、机制和组织机构安排的总称。它是国际货币关系的集中反映,构成了国际金融活动的主体框架,一定时期里对各国之间的货币金融往来,乃至整体经济的发展均会产生重要的影响。

本章首先回顾了国际货币体系的演化过程,分析了当代国际货币体系的内在缺陷以及与金融全球化的矛盾,介绍了关于国际货币体系改革的一些重要主张和实践,最后对在国际货币体系改革进程中,中国参与区域货币合作的战略设想进行了探讨。

## 第一节 金融全球化与现行国际货币体系的冲突

金融的全球化和自由化,使得世界各国和地区的金融管制得到了放松,尤其是资本账户的逐步开放,使资本在全球金融市场上能够自由或较自由地流动,最终形成了全球统一金融市场、统一货币体系的趋势。与此同时,伴随着金融全球化,金融危机也具有了全球化的趋势,一个国家或地区的金融危机会在各种因素的作用下迅速扩展、蔓延至周边国家甚至全世界,一国想在危机中独善其身是很难的。金融全球化的这些特征,要求在金融市场不断放开的环境里,公共的准则能逐渐在全球范围内得到遵守,因此,要求IMF在协调各国经济发展,尤其在协调各国的金融活动、加强对全球化金融活动的全球监管、保障世界经济和金融发展的秩序和稳定性等方面发挥主导性的作用。对危机的防范也直接涉及国际货币体系下的政策安排问题。现行国际货币体系及其组织的功能定位与金融全球化的发展要求是极不相称的。金融全球化已产生了改革国际货币体系的强烈要求,对现行国际货币制度进行全面、彻底的改革成了当前国际社会面临的最重要的任务之一。

### 一、国际货币体系的演化与发展

国际货币体系是在众多国家货币制度、法律制度及经济制度相互协调的基础上形成的,并随着国际经济交往的加剧和国际金融环境的变化而不断发展。无论在什么样的货币体系下,其内容都涵盖以下几个重要方面:① 国际收支及其调节机制,即有效地帮助与促进国际收支出现严重失衡的国家通过政策和措施进行调节,使其在国际范围内能公平地承担国际收支调节的责任和义务。② 汇率制度的安排,即一国货币与其他货币之间的汇率如何决定与维持，一国货币能否成为自由兑换货币，是采取固定汇率制度，还是采取浮动汇率制度，或是采取其他汇率制度等。③ 国际储备资产的选择与确定，即采用什么货币作为国际间的支付货币；在一个特定时期里中心储备货币如何确定，以维护整个储备体系的运行；世界各国的储备资产又如何选择，以满足各种经济交易的要求；世界各国储备货币如何转换，以符合金融经济形势发展变化的趋势等。④ 国际间金融事务的协调与管理，即协调各国与国际金融活动有关的金融货币政策，通过国际金融机构制定若干为各成员国所认同与遵守的规则、惯例和制度，也构成了国际货币体系的重要内容。

从历史的发展过程来看，现代国际货币体系大致经历了三个发展阶段：第一阶段是国际金本位制时期，从1816年英国实行金币本位制开始，到布雷顿森林体系建立后瓦解；第二阶段是布雷顿森林体系时期，起始于第二次世界大战结束后的1945年，终止于1973年；第三阶段是牙买加货币体系时期，始于1976年1月国际货币基金组织临时委员会《牙买加协议》的正式签订日。

不同历史时期的国际货币体系，有其产生的背景和各自不同的特点，无一例外的是，它们都存在一定的缺陷和不足。

(一) 国际金本位制

这一时期始于1816年英国实行金币本位制，到第二次世界大战爆发而逐步瓦解，经历了金币本位制（gold specie standard）、金块本位制（gold bullion standard）和金汇兑本位制（gold exchange standard）三个时期。金币本位制是金本位货币制度的最早形式，亦称为古典的或纯粹的金本位制，盛行于1880—1914年。其特点表现为黄金可自由铸造、自由兑换及自由输出入。由于这一时期黄金可以自由输出或输入国境，并在输出入过程中形成铸币—物价流动机制，对汇率起到自动调节作用，因此这种制度下的汇率波动幅度不大。金块本位制实际上是附有限制条件的金本位制。该制度下，国家储存金块作为储备。流通中各种货币与黄金的兑换关系受到限制，不再实行自由兑换，但在需要时，可按规定的限制数量以纸币向本国中央银行兑换金块。金汇兑本位制是在金块本位制或金币本位制国家保持外汇，准许本国货币无限制地兑换外汇的金本位制。在该制度下，国内只流通银行券，银行券不能兑换黄金，只能兑换实行金块或金本位制国家的货币，国际储备除黄金外，还有一定比重的外汇，外汇在国外才可兑换黄金，黄金是最后的支付手段。实行金汇兑本位制的国家，要使其货币与另一实行金块或金币本位制国家的货币保持固定比率，通过无限制地买卖外汇来维持本国货币币值的稳定。

1914 年第一次世界大战爆发后，各国为了筹集庞大的军费，纷纷发行不兑现的纸币，禁止黄金自由输出，国际金币本位制随之告终。接着建立起来的是金块和金汇兑本位制，这两个制度由于不具备金币本位制的一系列特点，因此，也称为不完全或残缺不全的金本位制。该制度在 1929—1933 年世界性经济大危机的冲击下，也逐渐被各国放弃。第二次世界大战后，建立了以美元为中心的国际货币体系，这实际上是一种金汇兑本位制，美国国内不流通金币，但允许其他国家政府以美元向其兑换黄金，美元是其他国家的主要储备资产。但其后受美元危机的影响，该制度也逐渐开始动摇，至 1971 年 8 月美国政府停止美元兑换黄金，并先后两次将美元贬值后，金汇兑本位制也崩溃了。

(二) 布雷顿森林体系

两次世界大战期间，尤其在金本位制崩溃后，国际货币制度极其混乱和动荡不安，严重破坏了国际间正常的贸易和货币金融关系。一些国家为了各自的政治经济利益，竞相实行以邻为壑的货币贬值、外汇管制等政策，对世界经济和金融关系产生了极其不利的影响。这一切都使人们增强了对以往金本位制和固定汇率制的留恋，希冀重建统一的国际货币体系，实现有效的国际经济合作及改变受战争影响的动荡不安的国际货币金融关系。1944 年 7 月，联合国 44 个成员国于美国新罕布什尔州的布雷顿森林召开了“联合国货币金融会议”，签订了《国际货币基金协定》(以及《国际复兴开发银行协定》)，这个协定基本上采纳了怀特提出的美国方案，布雷顿森林体系由此建立。

布雷顿森林体系的主要内容包括：① 确定了以黄金为基础，以美元为国际主要储备货币，即所谓的美元与黄金挂钩，其他国家货币与美元挂钩的原则；② 建立了“国际货币基金组织”(简称 IMF)和“国际复兴开发银行”这两大国际金融机构，以协调国际金融关系；③ 要求成员国实行固定汇率制度；④ 建立了国际收支调节的安排。当成员国国际收支发生困难时，IMF 通过三种方式帮助成员国渡过难关：一是敦促成员国广泛协商，促进国际货币合作。二是为成员国提供融通资金的便利。发生国际收支逆差的国家需要储备时，可用回购方式取得短期信贷，来弥补逆差，即逆差国以本币向基金组织购买一定数额的外汇，并在规定的期限内用所借的外汇购回本币，以此方式来偿还所借的款项。三是规定各成员国实行多边支付与清算，不得限制经常账户的支付，亦不许采取歧视性的货币措施，由此创造平衡国际收支的外在条件。

这一体系的建立保证了二战以后的较长时间里国际货币制度有了一个较为有效和稳定的基础，同时也促进了国际贸易、国际投资和国际经济的迅速发展。但同时该体系内在的不足在外部金融环境变化下也导致其灭亡：① 该体系是以美元为中心的国际货币制度，其存在的先决条件是美国经济占绝对优势和美元地位的稳固。20 世纪 60 年代，美国国际收支出现逆差且不断恶化，短期对外债务不断增加，"美元匮乏"逐渐为"美元过剩"所取代，国际间对美元作为主要国际储备货币的信心也就不断下降。② 由于固定汇率制的限制，成员国政府大多不愿以改变汇率的方法来应付"基本失衡"，待到非改不可时，投机者早已闻风而动，在外汇市场及黄金市场上掀起投机的浪潮，加剧金融危机。③ 虽然 IMF 规定赤字国家和盈余国家都有调整国际收支失衡的责任，但事实上，采取纠正措施的多是赤字国家，盈余国家往往不愿以及时升值的举措来减少盈余，这就加深了调节国际收支的困难性。④ 在该体系下，美元作为国际储备面临着"特里芬难题"。因此，布雷顿森林体系就这样在一系列美元危机与 1971—1973 年的国际金融危机中解体了。

（三）牙买加体系

布雷顿森林体系崩溃以后，国际金融秩序又变得动荡起来，国际社会及各方人士纷纷探析能否建立一种新的国际金融体系，提出了许多改革主张。例如，恢复金本位、恢复美元本位制、实行综合货币本位制及设立最优货币区等，但均未能取得实质性进展。直至 1976 年 1 月，经过激烈争论，IMF 理事会"国际货币制度临时委员会"在牙买加首都金斯敦达成了《牙买加协议》，同年 4 月，IMF 理事会通过了《国际货币基金组织协定第二修正案》，从而形成了新的国际货币体系。

牙买加货币体系下：① 国际储备货币趋于多元化。美元虽然仍是主导的国际货币，但地位明显削弱了，德国马克、日元、欧元等正逐步成为重要的国际储备货币。② 汇率安排多样化。牙买加协议正式确认了浮动汇率制的合法化，承认固定汇率制与浮动汇率制并存的局面，成员国可自由选择汇率制度。③ 各国逐渐采用多种渠道调节国际收支。例如，运用国内经济政策（包括财政政策和货币政策等）、汇率政策、国际融资手段等，使国际收支的调节更为及时和有效。

牙买加体系的建立，有它积极的一面：① 多元化的储备结构摆脱了布雷顿森林体系下各国货币间的僵硬关系，为国际经济活动提供了多种清偿货币，较大程度地解决了储备货币供不应求的矛盾；② 多样化的汇率安排适应了多样化的、不同发展水平的各国经济，为各国维持经济发展与稳定提供了灵活性与独立性，同时有助于保持国内经济政策的连续性与稳定性；③ 多种渠道并行，使国际收支的调节更为有效与及时。当然，牙买加体系也像其他货币制度一样，存在着一定的局限性：① 在多元化国际储备体系下，储备货币发行国仍享有“铸币税”等多种好处，同时，在该体系下，缺乏统一、稳定的货币标准，这本身就可能造成国际金融的不稳定。② 主要工业国家全部采用浮动汇率制度，使得汇率波动较大。汇率大起大落，变化不定，汇率体系极不稳定，增大了外汇风险，一定程度上压制了国际贸易与投资活动，对发展中国家而言，这种负面影响尤为突出。③ 国际收支调节机制并不健全，各种现有的调节方式都有局限，牙买加体系并没有消除全球性的国际收支失衡问题。

综上所述，当前的国际货币体系虽然有较强的适应性，但在国际储备制度和国际收支调节等方面仍然存在突出的问题。

## 二、金融全球化的发展对国际货币体系的影响

20世纪末期以来，世界经济发展的典型特点就是呈现全球化发展趋势。无论是发达国家还是发展中国家或地区，都不可避免地融入到全球化浪潮中。经济全球化发展的主要标志是生产国际化、贸易自由化和金融全球化。金融逐渐成为现代经济发展的核心，金融全球化已成为经济全球化的主要表现形态。

经济、金融全球化的过程，加大了世界各国（地区）金融市场、金融业务、金融政策的相互渗透、融合和制约，使全球金融日趋形成一个联系密切、不可分割的整体。资本在全球范围内有效配置，加深了国家间的经济联系与融合，但也给世界经济体带来更多金融风险，金融风险又会通过全球金融市场迅速传递到其他国家，加剧了区域性金融危机的形成。对正在参与或融入这一进程的大多数发展中国家而言，由于在金融市场建设方面与发达国家相比存在明显差距，金融机构整体的竞争力不强，在这场由发达国家主导的竞争中明显处于弱势和不公平地位，加上发展中国家金融风险监管，特别是对衍生产品进行风险管理的水平普遍落后，规避风险能力低，在全球化过程中会面临更多的金融风险，而国内金融制度不完善，一旦金融风险加剧，容易演化为金融危机，严重时甚至威胁到一国经济安全、政治稳定和社会稳定。20世纪90年代初的拉美金融危机、欧洲货币体系危机、日本泡沫经济崩溃后的金融体系困境、1994—1995年的墨西哥货币危机、1997年的亚洲金融危机等就是很好的证明。

## 三、现行国际货币体系与金融全球化的主要矛盾①

现行的国际货币体系与金融全球化主要存在以下几方面的矛盾：

（一）现行国际货币体系所遵循的基本原则与金融全球化现实的冲突日益激化

20 世纪 80 年代以来，伴随着金融全球化的“全球发展”，越来越多的国家和地区实行了金融开放政策，全球金融市场一体化的程度越来越高，国际货币基金组织第八条款关于经常账户自由兑换的要求几乎在一百多个成员国和地区得到了贯彻。② 而且，自 20 世纪 90 年代以来，越来越多的发展中国家也逐渐把本国的金融市场与国际金融市场接轨，脱离实际过早开放了资本账户，从而导致资本在全球金融市场上流动的障碍越来越少，其结果又导致了货币危机、债务危机频繁爆发，银行信用危机也时有出现。

按道理，20 世纪 90 年代以来出现的这些问题应该成为国际社会重视和调整的对象，相应的防范、预警措施也应该提到议事日程，也就是说，现行的国际货币制度应该随势改革，增加新的职能，甚至可以改变这个“游戏规则”。可是直到 1997 年亚洲金融危机爆发，国际货币体系的运作目标仍然放在已经是不可逆转的货币自由兑换和资本账户自由化上③，而对如何防范、抑制愈演愈烈的各种金融风险和金融危机等，则未给予足够的重视。于是，产生了一种具有悖论意义的现象：某些已实现或部分实现资本账户自由化的发展中国家，如马来西亚等，在遭受严重的金融危机冲击后，又重新实施了资本账户管制措施，一些发达国家也对一些短期资本流动采取了某些限制措施。这样，IMF 所希冀达到的目标反而未达到。这种矛盾实际上正好反映了现行国际货币体系已不能适应金融全球化的新需要了。

（二）现行国际货币体系下的汇率制度安排与金融全球化的矛盾越来越尖锐

全球金融市场不断开放，使全球国际资本流动的规模也在不断扩大。

① 参见徐明棋：“国际货币体系缺陷与国际金融危机”，《国际金融研究》，1999 年第 7 期。

② 按照 IMF《汇率安排与外汇管制：1997 年年报》公布，早在 1997 年，IMF 的 184 个成员中已有 143 个接受了第八条款，实现了经常项目下的货币自由兑换。在资本项目自由兑换方面则存在较大差距，184 个成员中有 128 个对资本市场交易实行限制，112 个对货币市场交易进行限制，144 个对直接投资进行限制，甚至不少国家还实行歧视性的货币汇率。

③ 在 IMF1997 香港年会上，临时委员会达成协议，“修改 IMF 的条款，将促进资本项目的自由化作为 IMF 的一个具体的目标，并授权 IMF 对资本流动进行适当的管理”。该协议意味着在将来资本项目的自由兑换也成为 IMF 成员国的一项义务，这也是过去多数西方经济学家所支持的一种观点（Sachs & Radelet, 1998; Fischer, 1998）。

资料显示，世界主要外汇市场日平均外汇交易额在1979年仅为750亿美元，到2006年该数量达到约1.5万亿美元左右。① 国际资本市场的规模（主要指国际中长期借贷和证券投资的数量），在1980年末约为5万亿美元，到20世纪末已超过了10万亿美元。进入21世纪后，国际资本在流动的区域上有所侧重（如2001年“9·11”事件后国际资本多流向美国），国际资本流动的规模还在增加。这表明，国际金融市场上的资金流动规模已十分巨大，货币资本已脱离世界生产和国际贸易而独立运动，由此形成的货币资本运动与商品运动相分离的现象，也构成了当代国际资本流动的一个重要特点。尤其在外汇市场上，各种短期资本的流动和衍生产品交易已成为该市场最重要的组成部分。在这样的市场状况下，货币汇率的变动经常与一国的基本经济状况脱节，与一国经常账户变化也不完全相关。如果汇率浮动对一国经常账户收支尤其贸易收支产生调节作用的基础已不复存在，那么，国际货币体系作为制约和调节国际货币关系的总和，应适应金融全球化所带来的这种变化，加强国际货币关系的协调，在国际货币体系的载体IMF的框架内增强成员国货币汇率变动信息的交换和货币政策的协调，以减少汇率不规则或大幅度振荡对世界经济带来的不利影响。但是，现行国际货币体系显然未能适应这种变化，在这个体系中占主导地位的发达国家中的大国，尤其是美国，从本国的利益出发，把主要精力用于维持现状，在很多场合任凭汇率受各种投机和市场力量的冲击，试图延长美元在国际货币体系中的霸主地位。可以这么说，20世纪80年代以来频繁爆发的货币危机和国际金融市场的屡次动荡，都与此有关。

（三）现行国际货币体系缺乏一种国际最终贷款者的功能

现代经济是信用经济，自从资本主义的商业信用产生之后，信用危机便接踵而至。后来，资本主义的银行信用逐渐取代了商业信用，以挤兑和银行倒闭为标志的银行信用危机便取代了一般商业信用危机。正是为了避免金融危机的爆发和减少危机的破坏作用，中央银行诞生了。中央银行作为一国的最终贷款者可以有效地减少局部资金周转不灵引起的整个金融体系危机的可能性，而各种金融法规的制定也可以防范或减少金融危机爆发的频率和金融体系危机的发生。这就是西方国家对金融机构业务管理不断放松的同时在风险管理上却不断加强的一个重要原因所在。中央银行作为最终贷款者的作用在信用关系不断扩大和深化的情况下，

① 据国际清算银行2007年统计显示，近年来国际外汇市场每日平均交易额约为1.5万亿美元。

也在不断增强。当金融全球化不断扩大、金融市场日益连成一体时，国际金融活动的规模空前扩张，信用关系也远远超出了国界，防范国际金融危机理应被提上议事日程，国际最终贷款者也显得越来越有必要。现行国际货币体系显然尚未作好这样的准备，也缺乏相应的制度安排。如前所述，现行体制所遵循的原则和要达到的目标仍沿袭了布雷顿森林体系的目标，IMF不仅在防范金融危机，而且在危机发生之后提供资金援助、缓解危机时也显得力不从心甚至无能为力，难以担当最终贷款者的职责。

（四）金融全球化使IMF的职能发生变化

IMF是现行国际货币体系的重要载体之一，它的职能是与国际货币体系的制度性安排相联系的。在布雷顿森林体系下，IMF肩负三重职能：一是维持固定汇率制度，协助成员国干预市场汇率的过度波动；二是监督成员国的国际收支状况，为严重逆差国家提供资金援助，并帮助其执行调整计划；三是协助建立成员国之间经常账户交易的多边支付体系，并消除妨碍世界贸易发展的汇兑限制。但在布雷顿森林体系崩溃后，IMF所肩负的这三项职能已弱化，尤其第一项职能已基本不存在。这是因为，首先，现行的国际货币体系已确立了多元化的储备货币格局和以浮动汇率制为主的汇率制度，这就意味着IMF放弃了维持固定汇率与对成员国干预汇率提供资金援助的责任和义务。实践也表明，在一般情况下，当一国发生货币危机时，IMF多为“眼看手不动”，只有当危机可能危及该国货币的自由汇兑或债权债务的清偿时，IMF才会予以援助。东南亚金融危机刚爆发时，IMF之所以无动于衷，即与此有关。其次，在监督成员国国际收支状况、帮助逆差国调节国际收支问题上，IMF也同样不再负有义务（这里注意，没有义务不等于IMF在必要时不援助）。这样，IMF肩负的任务实际上只剩下了“协助建立成员国之间经常账户交易的多边支付体系，并消除妨碍世界贸易发展的汇兑限制”这最后一条了。

由于IMF关注的主要是成员国维持货币自由汇兑的能力，因此对受援国提出的援助计划以及援助条件（如表17-1所示），也就以恢复这种支付能力为核心，自然而然地会开出他们传统的“紧缩”药方。不少经济学家指责IMF为亚洲国家开错了药方，因为在亚洲国家经济严重衰退时削减公共开支并加税，无疑是雪上加霜，会使衰退进一步加剧。但他们也忽略了一个根本性的问题，即IMF提供的援助是货币性质的援助，其目的是帮助它们恢复对外清偿力，它本身不是经济发展援助，主要目的不是克服衰退。如要IMF提供援助时以受援国经济增长为目标，则IMF的宗旨和职能就必须改变，至少要大大改善，现行国际货币体系就需要作出相应的重新安排，而这一点只是到亚洲货币危机之后方为发达国家和 IMF 本身所认识到。

**表 17-1　IMF 对墨西哥、泰国、韩国提供贷款时的附加条件**

| 国别<br>项目 | 墨西哥 | 泰国 | 韩国 |
| --- | --- | --- | --- |
| 时间 | 1986 年 7 月 | 1997 年 8 月 | 1997 年 12 月 |
| 金额 | 16 亿美元 | 170 亿美元 | 570 亿美元 |
| 主要贷款条件 | ① 在未来的 18 个月中，预算赤字要下降 3%；<br>② 限制货币的增长以减少资本外逃；<br>③ 名义利率要超过通货膨胀率；<br>④ 降低企业开支的减免量以提高税基等。 | ① 实施紧缩的财政政策，进一步削减财政开支，提高税收，将增值税率从 7% 提至 10%；<br>② 全面改革金融体制，关闭 56 家金融机构，加强资本充足率的管理；<br>③ 同意全额偿债；<br>④ 进行自由化改革，发展外向型经济，包括降低关税、私有化、去除外国投资障碍等。 | ① 实行紧缩的货币和财政政策。调低 1998 年 GDP 增长率至 3% 以内，将通胀率控制在 5%。提高利率，并通过增加货物税、扩大税基、压缩公共支出等措施力求财政收支基本平衡。<br>② 金融部门加大改革力度，让资不抵债的银行尽快破产，强化金融监管与市场约束，增强中央银行的独立性。<br>③ 进一步开放贸易和资本账户，包括在 WTO 框架下限期取消与贸易有关的补贴和进口许可证，将外资在韩企业中持股的上限提高到 55%，允许外国人进入韩国货币和公司债券市场，允许企业直接在国际资本市场上融资。<br>④ 改革企业管理与企业结构，减少企业对银行和政府的依赖。<br>⑤ 改革劳动力市场，建立失业保险制度等。 |

资料来源：朱孟楠，《国际金融学》，厦门大学出版社 1999 年版，第 471 页。

由上分析可见，在金融全球化背景下，现行的国际货币体系本质上是一种旨在稳定和促进国际贸易投资关系的货币体系，而不是一种适应金融全球化高度发展的货币与金融体系，无论是其运行的基本原则还是组织的功能定位均与金融全球化的发展要求极不相称。从金本位到布雷顿森林体系再到牙买加体系，国际货币体系已演化成被人们称之为“无体系的体系”、“无秩序的体系”或“弱化的体系”，各国自行选择适合于自己的货币制度与汇率制度，相互间的货币关系已不存在任何制度意义上的约束关系。各国不再有维持统一平价的义务，IMF 的汇率监督作用越来越弱，在协调各国的金融活动、履行全球金融监管、保障世界经济和金融发展的秩序和稳定性等方面的作用十分有限。因此，对现行国际货币体系进行全面、彻底的改革势在必行。

## 四、现行国际货币体系的内在缺陷与金融风险和危机

现实证明,20 世纪 90 年代的金融危机几乎都是货币危机引发的或主要表现为货币危机。货币危机的频繁爆发使人们不得不从多方面对危机产生的根源进行分析和思考。从国际货币体系角度来看,现行的牙买加体系沿袭了 50 年前布雷顿森林协议的基本原则和理念,但却放弃了国际货币体系的核心内容:储备货币、汇率制度和国际收支调节等三方面的秩序和纪律。秩序弱化无疑大大降低了其功能和作用,增加了国际金融的风险因素。

### (一) 从国际储备货币的形成和安排上看

20 世纪 70 年代美元停止兑换黄金后,储备货币开始多元化,形成了马克、日元、英镑、法国法郎等几种货币与美元同时并存的格局。储备货币的多元化,并未彻底克服"特里芬之谜"带来的"两难"矛盾,将国际货币体系的稳定由单一依赖美国转而分散依赖几个储备货币发行国。"特里芬两难"的本质矛盾即一个国家的货币充当世界货币的矛盾依然存在。各储备货币发行国的货币管理当局,无论是美国,还是德国和日本或是其他国家,均是按国内经济需要和货币流通的状况来制定货币政策的,银根的松紧、利率的高低,都取决于这些国家国内经济状况的变化,而根据国内经济状况作出的政策抉择与世界经济和国际金融的要求就不可避免存在着矛盾,这势必会引发外汇市场的不稳定和其他金融市场的动荡。储备货币多元化还带来了一个新矛盾,那就是实行与某种储备货币挂钩或钉住某种货币的国家,既要受该储备货币发行国货币政策的影响,同时还要受多个国家之间货币政策交叉的影响。也就是说,储备货币之间汇率的变动、利率的升降,对广大发展中国家的影响大大增强了。1997 年亚洲货币危机的爆发,就与发达国家货币汇率的大幅度变化相关。在 20 世纪 90 年代,美国与日本、西欧国家经济周期变化的不对称性引起了这些国家宏观经济政策的不一致,造成国家间极大的利率差异,从而引起资本大量流入美国,引起美元对日元和马克的大幅度升值,使得亚洲采取钉住美元的固定汇率制度的国家都丧失了出口的竞争力,为货币危机的发生埋下隐患。

### (二) 从汇率制度安排看

尽管大多数国家实行浮动汇率制来代替固定汇率制,但各国往往根据自己的需要进行干预管理,根据各自的偏好和利益自主决定。这种无序状态看似很自由,其实问题很多。其一,汇率决定从来就不是一个国家

自己的事，它对贸易伙伴国有很大的影响，而每个国家也在一定程度上受其他国家汇率变动的制约和影响。因此，竞争性贬值等现象时常发生，成为金融领域引发争端的一个重要因素。其二，汇率受干预管理的倾向往往使汇率水平离市场决定的均衡汇率较远。当受干预的汇率水平较长时期偏离均衡汇率后，汇率的复归调整往往又会采取一种急剧的“复归过头”的形式，从而使外汇市场出现动荡和不稳。其三，当经济全球化使外汇市场容量扩展至十分巨大时，汇率制度的无序加剧了一国外汇市场的风险，因为管理浮动的主要管理方式是政府动用外汇储备在市场上干预。当市场上出现单向投机（one-way speculation）冲击时，一国政府所拥有的几百亿甚至上千亿美元的外汇储备，对于巨额投机资金而言只是杯水车薪，管理浮动和变相固定汇率难以抵挡投机性资本冲击。因此，管理浮动本身就存在着易受冲击、易于发生货币危机的“缺陷”。

（三）从国际收支调节机制来看

现行体系继承了布雷顿森林体系的基本原则和理念，完全由逆差国家自我调节，制度上无任何约束或设计来促使逆差国或帮助逆差国恢复国际收支平衡。于是，越来越多的逆差国在经常账户出现长期逆差时，仍通过短期资本的引进来平衡逆差，而不愿意通过汇率的调整或国内的紧缩来进行调节。当外债积累到一定程度时，偿债压力会使得原来被缓解的国际收支和货币贬值矛盾突然爆发，从而引起突发性的金融危机，并付出沉重代价。国际收支调节问题上的无序，成为现行国际货币体制与经济全球化发展趋势矛盾的最集中表现，它扭曲了使资源配置优化的利率、汇率等重要价格信息，使资金在全球的流动出现“偏差”，并为金融危机和动荡种下祸根。

（四）从危机缓解机制上看

一个良好的金融体系，既要有危机缓解救助机制，又要能够防止道德风险，使危机的成本能够合理地由信用授受双方分担。在一国国内，中央银行作为管理者对金融活动进行监管，当危机发生时，中央银行往往作为最终贷款者向资金周转不灵的商业银行或其他非银行金融机构提供资金，以减少危机对整个金融体系的冲击。当然，中央银行也不会不计成本一味地保护授信者的利益。通常情况下，危机的负担是由借贷双方及社会公众共同分担的。

信用关系国际化后，国际金融危机常常涉及不同国家的借贷者，一国中央银行救助的能力就显得十分脆弱，有时受危机冲击国家的中央银行本身也成了受援对象，此时，就需要国际金融机构充当最终贷款者。在现行国际金融体系中，由于IMF的职能被削弱，它并未能充当好国际最终贷款者的角色。危机发生后，一般是由发达国家及其他资金充裕的国家与IMF一起制订出一个联合解救方案，对受危机冲击的国家提供一篮子有条件的资金援助。对IMF资金援助所附加的条件所产生的后果与影响，我们已在上文中分析过，这里不再赘述，问题是援助还涉及道德风险及成本分担的公平性问题。

在现行的国际货币体系下，无论是IMF的资金还是国际上其他政府的资金，其援助的目的是增强受援国的国际清偿能力，而其关键又主要是补充外汇储备，从而避免国际债权债务的锁链断裂，避免国际金融体系遭受重创，至于受援国的经济社会发展要求，通常并不是这类援助首要考虑的。于是这类资金援助的最大受益者实际上并不是受危机冲击的国家本身，而是危机国的债权者，因为这种资金援助保障了它们可以收回债权。这样，这类资金援助就会引发一种道德风险，使国际债权人有意放松或疏忽对其信贷风险的控制，一味地去追求高额的回报，因为它们有一种预期，即如果债务国发生危机，出现偿债困难，国际金融机构和有关国家政府会提供援助资金来保护它们的利益。这种道德风险进一步发展，就可能会形成一种国际债权者的联合行动，诱使发展中国家迅速开放本国金融市场，使用越来越多的国际短期贷款，而国际债权者也会很积极地向发展中国家提供短期信贷，忽视越来越高的风险。这个现象，从墨西哥危机被国际资金解救后，国际债权者在亚洲过度投放资金，承担了更高的风险这一事实可以得到印证。而俄罗斯的金融崩溃与国际债权者们担心国际金融机构资金援助的可能性减少，担心他们的投资利益将不再得到保护也有直接的关系。因此，现行国际货币体系危机缓解机制本身就存在着缺陷，是导致国际金融危机产生的一个重要因素。

应该说，金融危机的爆发是由很多因素导致的，其根本原因在于对金融资源的争夺，特别是全球性国际金融资源开发配置的垄断性和不对称性以及各大国之间和大国与发展中国家之间为争夺资源主导权和主控权的激烈斗争。但现行国际货币体系自身的内在缺陷，在一定程度上加剧了金融危机爆发的可能，并对金融危机的蔓延起到了推波助澜的作用。

## 第二节　完善现行国际货币体系的理论思考与实践探索

货币危机的频繁爆发，使世界经济、金融组织、各国政府等对危机产生的根源，对如何改革国际货币体系等提出了诸多的看法和建议。

## 一、完善现行国际货币体系的理论思考

20世纪90年代以来，国际货币体系内在的脆弱性造成全球范围内的多次区域性金融危机，其中包括1994年的墨西哥金融危机，1997年涉及泰国、韩国、印尼、马来西亚、菲律宾、中国香港地区和中国台湾地区等国家和地区的亚洲金融危机，1998年的俄罗斯金融危机，2001年的土耳其和阿根廷金融危机等。这就使得国际货币体系的脆弱性逐步成为关注的焦点，而相应提升国际货币体系内在稳定性的对策也越来越多。以下就这些研究作一个简要的阐述。

第一种理论观点是构建全球性金融构架。但就这一理论观点，学者们持有不同的观点。史华慈(Schwarts)认为在新的全球性金融架构中IMF根本没有位置，通过对IMF作为金融危机管理者的“经营业绩”进行研究，他们认为其能力有限，应该被“解雇”。① 克鲁格(Krueger)则建议在新的全球性金融架构中适当降低IMF的作用，如限制援助资金的发放，因为较少的援助资金有利于减少道德风险和提升市场纪律。② 里坦(Litan)提出，现实汇率的高波动性和资本流动的急速逆转性都需要IMF来扮演金融危机的主要监管人。③ 加州大学著名国际经济学家埃根格林(Eichengreen)认为IMF应该注重对银行短期性外债的监管并限制过度借贷。④ 维尔德和维西尔茨托(Velde & Veracierto)则认为，一个具有稳定特征的全球性货币体系需要一个最后贷款人，新国际货币体系的构建的关键在于解决谁来执行最后贷款人的功能。⑤

新全球性金融架构对于推进未来国际货币体系的稳定性非常关键，但有关全球性新金融架构的设计仍在讨论中且争议颇大。因为即使不考虑IMF、世界银行在新金融架构中的地位问题，对美国、欧盟、日本和中国等经济大国应当发挥作用的大小、权利和义务的分配等问题也必须予以考虑，而且改进的全球性新金融架构也必须符合各种非贸易性集团或货

---

① Schwarts, A., Assessing the IMF's Crisis Prevention and Management Record, In W. C. Hunter, G. G. Kaufman, T. H. Krueger(eds.), *The Asian Financial Crisis Origins, Implication and Solutions*, Boston: Kluwer Academic Publishers, 1999.

② Krueger, *The Asian Financial Crisis Origins, Implications and Solution*, Boston: Kluwer Academic Publishers, 2000.

③ Litan, E., Does The IMR Have a Future? What Should It Be? *Economics*, 1999.

④ Eichengreen, B., Toward a New International Financial Architecture, A Practical Post-Asia Agende Washington D. C., Institute for International Economics, 1999.

⑤ Velde, F., Veracierto, M., Dollarization in Argentina, Chicago Fed Letter, 142, 1999.

币联盟国家的利益。

金融全球化要求国际金融领域里的合作和协调，金融政策的协调对预防和抵制危机具有十分重要的作用。国际金融合作和协调机制包括国际金融经营环境的国际合作和协调、国际金融市场约束的国际合作和协调、国际金融监管的国际合作和协调。一些大国例如在金融领域里具有举足轻重作用的美国理应发挥大国的表率作用，为建立“多边相互协调”的国际合作和协调机制而努力。当然，在局部区域范围内(欧元区和美元区)，金融领域里的合作和协调机制已相当成熟，而在经济相对繁荣的亚太地区，这样的协调机制还未形成，亚洲货币合作取得了进展，但亚元区的形成还尚待时日。这种局部的区域协调虽然对国际金融的稳定具有一定作用，但金融全球化的发展却要求全球范围的经济协调和合作也应提到日程上来，因为这种全球范围的经济协调和合作机制基本上还未形成。鉴于世界经济中存在的脆弱性，各国应该采取适当的政策措施加以应对和化解，特别是主要发达国家更要承担责任，实行支持性宏观经济政策。发展中国家也要进一步扩大内需，改善融资条件，实施稳健的宏观经济政策，加快进行结构性改革，促进经济增长。

第二种理论观点是区域性货币安排。瓦格纳(Wagner,2000)认为，未来的国际货币体系将趋于稳定，因为现有的国际货币体系演进正向着“不可能三角”中“稳定汇率、资本自由流动及货币政策自主性的让渡”过渡，这种过渡体现在改革偏好和区域性货币一体化趋势上。[①] 2002 年 1 月 1 日，“欧元”正式流通，标志着欧洲货币的统一尽管在前进的道路上可能存在诸多困难，但作为对现有国际货币体系着手改革而产生的欧洲货币体系毕竟成功地存在着，而且已实现了统一的单一实体货币的目标，它为未来国际货币体系的建立提供了方向性的基本构架。因此，有“欧元之父”美誉的诺贝尔经济学奖得主蒙代尔教授坚持其“稳定性三岛”观点，即未来美元、欧元和亚元“三足鼎立”的货币格局有利于增强国际货币体系的内在稳定性。蒙代尔认为，在世界还没有出现一种全球单一货币的情况下，亚洲肯定需要一种共同的货币。因为亚洲若不实行共同货币，需以第三国货币作为贸易支付单位，这将加大区内交易成本和金融风险，由于美元及欧元两大区域已形成，所以亚洲迫切需要有自己的共同货币，世界货币也需要“亚元”。

在区域性货币一体化的演进路径上，钟伟(2001)认为，欧洲货币联

① Wagner, H., Which Exchange Rate Regimes in an Era of High Capital Mobility, *North American Journal of Economics and Finance*, 11, pp. 191—201, 2000.

盟采取的是单一化货币联盟(single currency union),美洲应采取主导型货币一体化形式(以美元为主),而亚洲的货币一体化可能需要采取多重货币联盟(multiple currency union)形式的演进路径。其演进可能分三个层次:一是建立区域内的危机解救机构,例如亚洲货币基金 AMR(Asian Monetary Fund),二是建立起类似欧洲汇率机制 ERM 的亚洲汇率联动机制 AERM(Asian Exchange Rate Mechanism),三是最终过渡到亚洲单一货币区 ACA(Asian Currency Area)。[①] EMU 无疑是当代区域性货币合作的最典型案例。与欧洲货币联盟和美洲美元化趋势相比,亚洲货币合作道路更加艰难,实现亚洲单一货币区困难重重但并非无望,其演进可能是从次区域范畴开始,以日元国际化乃至人民币国际化为内核生长扩展,除已充当第三大世界货币的日元之外,人民币国际化不过是个时间问题,并极有可能成为世界第四极货币,甚至超越日元,成为三极货币之一。

随着美元贬值和欧元强势地位的重新确立,欧元将在国际贸易和金融领域以及各国债券发行和外汇储备等方面发挥比以往更大的作用。尽管美元在国际货币体系中的中心地位不会改变,但美元作为国际结算、投资和储备货币的地位将进一步下降,欧元地位将显著上升。这是美国经济综合实力相对下降的必然结果。今后国际货币体系将向多极化方向发展:欧元区成员国将进一步增加;拉美地区货币美元化的国家可能增加,美国可能与其中某些国家进行货币合作,形成松散的货币集团;日元将加快国际化步伐,日本与东亚地区的货币合作将得到进一步加强;俄罗斯卢布的使用范围将扩大,可能与独联体某些国家结成货币联盟;随着人民币资本项目兑换进程的加快,人民币与港币、澳门元及台币之间的合作将得到加强,国际化步伐加快,逐步实现宽松的有弹性的固定汇率体系。由于各大货币区货币一体化程度具有很大的不对称性,尤其是亚太地区的货币制度安排相对滞后,相关的制度安排路径和合作机制还需要作进一步考察。

## 二、完善现行国际货币体系的重要实践——区域货币一体化的产生与发展

在国际货币体系的改革研讨与实践中,区域货币一体化具有重要和特殊的影响,在某种程度上,这种一体化的意义,尤其是欧洲货币一体化及其广泛的影响,超过国际货币制度的改革。

区域货币一体化是指一定区域内的有关国家和地区在金融货币领域

① 钟伟:"国际货币体系的百年变迁和远瞻",《国际金融研究》,2001 年第 4 期。

中进行协调与合作,形成一个统一体,最终实现一个统一的货币体系。实质上,它是一些国家或国家集团为货币金融合作而组成的货币联盟。这种货币联盟具有三个层次,即汇率的统一、货币的统一和货币管理机构与货币政策的统一。

经济学家弗奥贝尔曾把货币一体化划分为四种类型:① 通货联盟,要求成员国采用单一货币;② 汇率联盟,要求联盟内各国实行固定汇率制并允许资本自由流动;③ 通货自由流通联盟,成员国货币可在联盟内同时自由流通,但成员国货币汇率并不永久固定;④ 平等通货联盟,在这种联盟内,成员国保留各自的货币,但存在与各国货币同时流通的平等通货,由联盟货币机构发行。在现实中,货币一体化可能有多种形式。欧洲货币联盟是一种比较完全的形式,其他比较初级的形式则有:设立基金组织、建立共同的中央银行、发行统一货币或建立某种为成员国服务的金融机构等。下面对欧元的产生过程作一个简介。

欧洲货币一体化是布雷顿森林体系崩溃后国际金融一体化的突出表现与勇敢尝试。所谓欧洲货币一体化,是指欧洲经济共同体各成员国在货币金融领域进行合作,协调货币金融关系,最终建立一个统一的货币体系,其实质是这些国家集团为了货币金融领域的多方面合作而组成的货币联盟。这种货币一体化有三个典型象征:① 汇率的统一,即货币联盟成员国之间实行固定汇率制,对外则实行统一的浮动汇率;② 货币的统一,即货币联盟发行单一的共同货币;③ 机构的统一,即建立统一的中央货币机关,发行共同的货币,规定有关货币联盟的国家以及保管各成员国的国际储备。欧洲货币一体化对本区域的国际收支、汇率制度、国际货币管理乃至经济贸易的发展都产生了重大影响。

从 1970 年 10 月的魏尔纳计划到 1979 年 3 月正式启动欧洲货币体系,再从 1989 年 6 月的《德洛尔报告》到 1991 年 12 月欧共体在荷兰马斯特里赫特峰会上签署了《关于欧洲经济货币联盟的马斯特里赫特条约》,欧洲货币体系经历了一个逐步推动的实践历程。1993 年 11 月 1 日,欧共体更名为欧盟。1995 年芬兰、奥地利、瑞典加入欧盟,欧盟成员国增至 15 个。同年的《马德里决议》将单一货币的名称正式定为欧元(EURO),1999 年 1 月 1 日,欧元准时启动。欧洲货币单位以 1∶1的比例转换为欧元,欧元与成员国货币的兑换率锁定,欧洲中央银行投入运作并实施统一的货币政策,欧元可以支票、信用卡等非现金交易的方式流通,各成员国货币亦可同时流通,人们有权选择是否使用或接受欧元。从 2002 年 1 月 1 日起,欧元纸币和硬币开始全境流通,欧洲中央银行和成员国逐步回收

各国的纸币和硬币,人们必须接受欧元。至 2002 年 7 月 1 日,各成员国货币完全退出流通,欧盟货币一体化计划完成,欧元国际化启动。

## 三、区域性货币一体化对国际货币体系改革的影响——以欧元为例

欧洲货币一体化的完成与欧元的产生,是世界经济史上一个具有里程碑意义的事件,它不仅对欧盟内部成员国的经济活动,而且对世界其他国家的经济往来以及国际金融市场、国际货币体系的运作与发展等方面,产生了重大而深远的影响。一方面,以欧洲 12 个国家经济实力为后盾的欧元将挑战美元的霸主地位,改变国际货币体系的单极格局;另一方面,欧洲货币联盟与欧元的成功不但极大地推动了全球范围内区域经济一体化的进展,也为未来的国际货币制度的改革提供了有益的借鉴。

### (一)欧元对现行以美元为核心的国际货币体系的影响

国际货币是国际货币体系的基础,美元无疑是当前国际货币体系的"霸主"。1973 年布雷顿森林体系崩溃后,随着日元、德国马克等货币的崛起,美元的优势地位受到一定的威胁,但其主导地位并未根本动摇。1997 年的有关统计显示:各国官方外汇储备总额的 59% 是美元,国际金融交易的 83% 和国际商品贸易的 50% 以上通过美元计算。现在,美元的这种"比例"出现了一些变化,但它仍然是最重要的国际储备货币和最主要的国际贸易结算和支付手段。欧元是在欧盟国家货币基础之上建立的区域性货币,它得到的总体经济实力的支撑要远强于马克或日元,具有与美元竞争的实力,尽管欧元启动后走势并不理想,但它最有可能成为制衡美元的有效手段。

国际经验表明,一种货币能否成为国际储备货币,主要取决于该货币发行国的经济实力、该国在国际贸易中所占的份额、资金融通数量和货币币值的稳定性。从这些方面来看,欧元具有成为国际货币的优良条件:

第一,欧元区拥有强大的经济实力,欧洲货币联盟的建立将产生"1 + 1 >2"的效益,使成员国的总体实力大大增强。据欧洲统计局的数据,1997 年欧元区 11 国的人口为 2.9 亿,GDP 为 63 040 亿美元,这与美国 2.67 亿人口、78190 亿美元的 GDP 处于大致相当的水平。如果将来欧元成为欧盟 15 国的共同货币,欧洲货币联盟将覆盖世界上最大的经济区域,人口 3.7 亿,GDP 80 970 亿美元。并且,欧元投入使用后,各成员国之间消除了货币兑换的成本,避免了汇率变化的风险,这将有力地推动成员国之间贸易、金融和投资活动的扩展,优化区域内资源配置,从而推动欧盟经济以较强势头增长。

第二，从进出口贸易状况看，贸易盈余的不断扩大和在世界贸易中所占比重的不断提高，有利于欧元储备货币地位的确定。从20世纪80年代起，欧盟就已经成为世界第一大贸易集团。1996年欧盟进出口贸易额为4.1万亿美元，占世界贸易总额的38.27%，美国则为1.4万亿美元，占世界的13.63%。剔除约占2/3的内部贸易，欧盟的对外贸易额与美国大体相当。1997年，在世界贸易总额中，不包括内部贸易，欧元区11国占20%，而美国占16%，同时欧元区有近1 000亿美元的贸易顺差，而美国则有逾2 000亿美元的赤字。这种对比必然改变国际储备结构的币种变化。

第三，从资金融通数量上看，欧元将使欧元区内各成员国之间以及成员国与非成员国之间的资金融通扩大。1996年的国际银行贷款中，美元贷款存量为31 808亿美元，而德国马克、法国法郎、英镑、意大利里拉和欧洲货币单位五种货币贷款存量为22 306亿美元，如果再包括欧盟其他成员国，二者相差不大。此外，欧盟储备资产总值达3 129.44亿特别提款权，其中外汇储备为2 656.47亿特别提款权。这些都是保持欧元中长期强势的重要因素。

第四，从欧元启动前的"趋同标准"和启动后的欧洲中央银行的货币政策来看，欧元币值中长期稳定的可能性较大。欧元区11国在欧元启动之前的1998年5月3日即被确定为已达到经济趋同标准。这一标准确定了对财政赤字的非保护原则和赤字的超标处分原则，目的是严格防范由赤字间接引发通货膨胀的危险。目前欧元区国家的经济发展状况基本正常，通胀率保持较低水平，赤字也得到控制。同时，欧元区统一中央银行的建立，也保证了统一货币政策的顺利执行和对汇率的有效干预。总之，欧元有条件也有潜力成为与美元相抗衡的国际储备货币。

欧元的崛起不但引起欧盟国家的外汇储备资产的转换，而且促使世界其他国家相应调整外汇储备结构。在欧盟境内，单一货币的实现带来2 000—2 300亿欧元的国际储备节约，而这种节约主要体现为对美元需求的减少，美元的储备份额将因此下降2%—3%。那些没有首批加入欧元区的欧盟国家，也更多地持有欧元储备，以保持与欧元的汇率稳定。其他国家的外汇储备也陆续发生一定程度的转换，其速度和规模取决于欧元区国家的贸易增长情况以及欧元资产的稳定性状况。从IMF近年的数据看，在当今世界外汇储备的构成中，美元的比重接近60%，欧元的产生可能改变这一格局。随着欧元的逐步走强，将形成以美元和欧元为主的两极化国际储备格局。新的格局一旦形成，将有助于国际货币关系的协调和国际货币体系的正常运转。

（二）欧元的成功推出对21世纪国际货币体系改革的促进作用

欧元作为跨国的货币在国际金融领域仍然是一个新生事物，为适应这一新情况，IMF及其有关章程显然需要及时进行修正，IMF体制也需要改革。同时，欧盟有关单一货币的法规也为未来的国际法律制度建设提供了有益的借鉴。如果说布雷顿森林协定开创了以国际法的形式来调整国际货币体系的先河，那么，《欧元的法律地位》等文件则是一个以多边条约来规定区域货币关系、保证区域内单一货币稳步推进的极有价值的探索。特别是那些要求成员国将货币主权逐步让渡给欧洲中央银行的细致安排，将对未来的区域性或全球性货币法律制度的建设提供良好的借鉴作用。

作为区域经济集团化和一体化进程中最重要的里程碑，欧盟的建立、欧元的出台将会产生强有力的示范作用，使其他正在推进区域经济一体化的国家迅速走上货币一体化的道路。不少国家已有这方面的意向或计划，如澳大利亚与新西兰、俄罗斯与白俄罗斯等。以中、日、韩及东盟为代表的亚洲国家也已提出并探讨了亚洲货币合作的问题，虽然实现亚元尚需时日。欧元的成功极大地鼓舞了人们加强国际货币合作的信心，似乎从中看到了未来统一的"世界货币"的雏形。世界货币一体化的进程显然充满荆棘和波折，欧洲货币一体化走过了近五十年的历程足以证明。但欧元的实践和经验，给了世界这样一个启示：未来世界货币一体化的现实进程，可以通过若干区域货币一体化的途径来实现，也就是说，全球货币一体化将是一个长期的和渐进的过程，不可能一蹴而就。可行的步骤是立足于世界政治经济发展不平衡的现实，遵循先易后难、先区域后全球、先松散后紧密的原则，制定阶段性目标，然后在实践中逐步推进。循着欧盟的实践，国际货币体系的改革应顺应区域经济一体化与全球经济一体化相辅相成的发展趋势，首先推动相对稳定的区域货币的发展，并不断强化IMF的监督协调职能，然后创造条件向世界性中央银行过渡；同时，应以国际法的形式对全球性货币联盟的目标、推进步骤和时间表作出相应的安排，督促各国共同努力，加强国际间的协调与合作。

## 第三节 21世纪国际货币制度改革的基本框架和最新行动

到目前为止，各国政府、经济学家和国际组织等从不同立场、不同角度和不同场合提出了改革现行国际货币体系的设想和主张。我们认为，对现行国际货币体系的改革不但要有广度，而且要有深度。改革现行的国际货币体系应是全方位的，它应包括以下若干重要方面：

## 一、明确现行国际货币体系改革的基本原则

现行国际货币体系改革要遵循的原则是多方面的，但最主要的是必须遵循以下几个基本原则：第一，遵循充分民主协商和各方一律平等的原则，而不是简单地动用表决机器的原则；第二，确定国际金融资源开发配置的权利与责任、成本与收益、风险与收益的对称性原则；第三，维护一体化市场化利益与尊重各国经济金融安全与主权相统一的原则；第四，遵循对发展中国家非互惠的单方面优惠待遇原则。①

## 二、完善现有的具体的制度安排

完善现有的制度安排，这是改革的第一个步骤。改革现行的国际货币体系应该遵循这样一个原则：先完善，后改革。目前，要完全建立一个新体系尚有难度，明智的选择应是在完善现行货币制度下的若干具体制度安排，而后再实施新的改革措施。这些具体制度主要包括：

### （一）完善现行的组织体系安排，建立适应全球化的金融监管合作新体系

IMF 和世界银行曾经是战后布雷顿森林体系的重要支柱。前者的主要任务是协调成员国的货币金融政策，提供中长期贷款，以协助成员国克服国际收支等困难，稳定国际汇兑；后者的主要任务是向成员国政府或由政府担保的私人企业提供用于生产性投资的长期贷款，向成员国提供广泛的技术援助，以促进其经济复兴与发展，促进国际贸易的长期均衡增长和国际收支平衡。20 世纪 70 年代中期，布雷顿森林体系开始瓦解，IMF 和世界银行难以适应日益扩大的国际资本流动变化的要求。尤其 20 世纪 90 年代以来，国际金融危机的频频发生说明需要有一个新的国际货币体系和国际金融秩序以规范国际资本的流动。设想中的或今后要建立的国际性金融组织应包括以下几个既相互独立，又相互合作的国际金融机构：

（1）建立“世界金融组织”，在该组织中提高发展中国家的地位和作用。在旧的国际金融体制中发达国家处于主导地位。在新的“世界金融

① 白钦先：“面向 21 世纪从战略高度审视和处理金融问题”，《国际金融研究》，2000 年 12 期，第 6 页。

组织"中,发达国家和发展中国家应平等地参与国际资本流动和国际金融运行规则的制定,以规范国际金融市场行为,保证国际资本的自由和有序流动。

(2) 转变或增加 IMF 职能,使其成为国际金融监管机构与国际最终贷款者(下面将作进一步的分析)。其中心任务是承担国际金融市场的监督工作,根据"世界金融组织"制定的各种规则,披露与处罚国际金融市场运行中的各种违规行为,提高国际资本流动和国际金融机构运行的透明度,加强国际金融风险的评估工作,形成国际金融的反投机与反危机机制,以维护国际金融市场的安全和稳定。

(3) 世界银行除原来的任务外,承担 IMF 的主要贷款业务,成为专门化的国际援助和贷款机构,一旦发生金融危机,由其协调各国行动和提供救助。

(4) 以国际清算银行为中心,建立国际金融预警系统,提高国际金融防范风险的能力,为 IMF 对国际金融市场监督、世界银行的援助和贷款提供基础性资料,向有关成员发出金融风险的预警信息。

(5) 组建国际金融评估机构。由其评审成员国银行的信誉等级,评审向成员国提供贷款的风险,保证国际资本流动的安全性。

此外,还需要继续加强区域性金融机构的力量以及它们彼此之间的协调与合作,这不但有利于区域内的经济稳定,也有利于国际性金融机构更好地开展工作。

(二) 完善现行的多元化国际汇率制度安排

长期以来,对成员国的汇率政策实施监督一直是 IMF 的核心工作,牙买加体系建立后,国际社会承认了浮动汇率制,并通过修改基金组织协定使其成为一种正式的汇率制度,但实践证明该制度并不是最理想的汇率制度。由于美元汇率的波动不仅影响到全球的国际贸易和资本流动,而且会使各国的外汇储备管理和外债偿还问题更加复杂化。正因为这样,世界各国都希望建立一个比较稳定的国际货币秩序,但如何稳定汇率,仍是一个悬而未决的问题。在众多汇率制度安排与改革的方案中,设立汇率目标区的设想(尽管现在还无法真正实施),得到了不少国家和学者的关注。

汇率目标区制度是要在主要工业国家的货币之间确定汇率波动的幅度作为目标区,其他货币则钉住目标区或随之浮动。目标区旨在反映基本经济情况或实际汇率,因为实际汇率对资源分配的决定和国际收支的调节最为重要,它导致了与资本流动相协调的经常账户的平衡。汇率目标区的基本要点是:第一,为货币确定一个中期(3—4 年)的波动幅度;第二,各国政府运用经济政策干预外汇市场,将汇率的波动控制在规定的幅度内;第三,目标汇率应随经济情况的变动而及时加以调整。与目标区相适应的还要建立目标体系,包括:目标区的实施范围、目标区的公共性、保持目标区的承诺程度等。[①] 可见,目标区吸取"布雷顿森林体系"和"特别提款权"中的某些可行之处,但它仍然是一种浮动汇率的形式,而且只是对少数几种货币的波动规定一个幅度。当汇率波动达到目标区的上下限时,有关国家可以不承担干预义务,但必须运用经济政策,特别是汇率政策来调整汇率,使其回到目标区内。在目标区的基础上,1994 年 12 月布雷顿森林体系委员会又提出了新的改革方案,这就是主张在美元、日元和德国马克等各货币区域内采用固定汇率制,同时,在 IMF 的管理下平稳地调整这三种货币的汇率,推行松散的固定汇率制。为了实现这一目标,将由 IMF 来承担七国财长和中央银行行长会议秘书处的职能,以加强各国政策上的协调。

目标区和松散固定汇率制是未来汇率制度的两个可选择的方案,但该方案真正要落实尚待时日。目前,各国由于利害冲突,并未对此取得一致的看法。一些国家认为,建立这样的汇率区将加重发达国家的国内政策压力,因此很难达成协议,即使达成协议要维持也很困难。因为汇率目标区的实行要求各国货币政策担负起维持汇率稳定的责任。但是以牺牲国内利益来保持国际汇率稳定的做法实际上很难实现。如果各国存在分歧,IMF 的调整就是无用的。此外,在当今汇率剧烈波动的情况下,把汇率目标区上下幅度规定得太宽,并根据经济形势变化不断进行调整,很难达到所规定的稳定汇率的要求。尽管如此,这两种方案的提出,仍有重要的参考价值。

### (三)完善多元化的国际储备体系,加快特别提款权的改革

随着欧元的出现,国际储备资产必将出现新的调整。虽然欧元的稳定性仍有待考验,但总体的趋势是美元资产将会在很大比例上被置换成欧元资产。

特别提款权是 IMF 于 1969 年创立的一种国际储备资产,在 IMF 成员

---

① 学术界对汇率目标区有不同的看法。有人认为汇率目标区是将汇率浮动限制在一定的幅度内(如中心汇率的上下各 10%)的汇率制度;有人认为汇率目标区主要是美国学者威廉姆森在 20 世纪 90 年代初提出的一种思想,即以限制汇率波动幅度为核心的,包括中心汇率和汇率波动幅度的确定方法、维系目标区的国内政策搭配、实施目标区的国际政策协调等一整套内容的国际政策协调方案;有人认为汇率目标区是一国制定的汇率制度;还有人认为是不同国家为了一个共同的目标而制定的汇率制度,等等。

国之间进行分配以补充成员国储备资产的不足。近三十年来,特别提款权在弥补国际清偿力不足方面的确作出了贡献,其使用量和使用范围也扩大了,但从目前的情况来看,并没有迹象显示特别提款权会由一种无条件的信用额度发展为一种成熟的世界货币。制约发展的客观因素很多,其中之一是美国为维护美元储备货币的地位,一直以其拥有的在 IMF 的否决权(投票权占 17%)阻止特别提款权的大量分配。欧洲国家在布雷顿森林体系崩溃后,在国际储备货币上也得以分到一小杯羹,对特别提款权的分配也不热心。因此,IMF 至今才分配过两次共计 214 亿特别提款权,约合 310 亿美元,仅占世界各国总储备的 2%。制约特别提款权发展的另一个更为关键的因素是它的制度安排的缺陷,即"股权分配"制导致储备资产获得成本的不均衡性。"股权分配"使得需要进行国际清偿力补充的国家没能获得足够的特别提款权甚至没有获得特别提款权,事实上迄今仍有 38 个 IMF 新成员国没有分到特别提款权;另一方面,国际清偿力富足的国家却积累了大量特别提款权盈余。这种"富人越富,穷人越穷"的局面显然违背了国际社会创设特别提款权的初衷,而且主要储备货币国能以较其他国家低得多的成本获得储备资产。这种严重的不均等提出了一个问题,即是否应对特别提款权分配条款进行修改,使特别提款权能更有效地发挥预定的作用。这个问题牵涉到多方利益,而且其变动将对其他一些国际协定的运作方式产生影响,但特别提款权的改革与份额的重新分配是一个必然的趋势。

(四) 完善国际金融市场联合干预机制

国际金融界投机家索罗斯认为:造成亚洲金融危机的原因主要是全球一体化带来的庞大资本超越国际的、无原则的移动。当前国际金融活动日益庞大复杂,现代科技更是让不同形式的巨额资本在瞬间完成流动,特别是国际游资或热钱,它们是一种没有特定的投资方向、在国际金融市场上流动频繁、随时捕捉赢利机会的资金,其主要的活动领域是外汇、债券、股票和商品期货等市场。近年来每天在国际市场上游弋的流动资金高至以万亿美元计,据估计,仅在原油市场的游资规模 2006 年就达到 8 万亿美元左右。[1] 从各国商业银行海外借款的结构来看,其海外借款的 2 万亿美元中,95% 是不到一年的短期借款,一旦国内经济不稳定,将为这些资金及其他资金入境投机提供机会。此外,从外汇交易活动频繁程度来看,2004 年国际外汇市场日交易额达到 1.88 万亿美元,是 1986 年的

① "流动性泛滥 全球资产市场高烧:谁是'元凶'",《上海证券报》,2006 年 5 月 26 日。

7.52倍以上。[①] 由外贸引起的外汇买卖仅仅占到外汇交易的1.26%—1.68%，这说明98%以上的外汇交易完全是由于汇率、利率资本的流量与流向引起的。然而与这种国际资本流动规模的空前扩大、流速加快相伴而来的却是金融管制的相对弱化。由于缺乏一个有效的约束和监管机制，市场中留下了很大的投机空间。从数量上看，直到20世纪90年代末，全球调节外汇市场的外汇储备总计才达1.4万亿美元左右，仅占国际游资总额的18%，所以国际游资往往能在瞬间牵动一国货币汇率的走势，影响一国的外汇储备。国际炒家如果真正想攻击某个国家的货币，该国乃至几国中央银行都有可能束手无策。欧洲货币危机及东南亚金融危机就是强有力的证明。

就算发育比较完善、资金实力相对雄厚的欧美资本市场，也难以有效抵御国际游资的冲击，美国长期资本资产公司破产的例子已给人们敲响了警钟，也就是说能否有效加强对私人投机资本的监管是关系全球汇率能否保持稳定的关键一环。这一问题现已引起国际社会的普遍关注。IMF专家小组在《资本账户的开放：理论与实践》中指出：① 必须建立一个有效的机制，减缓资本流入速度并防止金融危机情况下资本的大规模抽逃；② 不管哪一个国家对经济政策能进行多么有效的管理，也不管它的银行体系有多么健全，没有一个国家能在全球性的金融混乱时对国际游资的流动保持一种完全开放的态度。因此，国际社会应共同承担起监管游资的责任。当前要做的是加紧着手建立国际性联合干预制度，对游资实施有效的监督。1995年下半年美国与西方主要国家对外汇市场干预的实践，1998年8月我国香港特别行政区政府打击国际炒家的成功例子，对国际性的联合干预均有重要的参考价值。索罗斯等国际套利基金在英国、法国和东南亚有关国家多次得手，唯独在香港的外汇市场上失利，就是因为香港特区政府具有坚决捍卫联系汇率制的决心和直接出手干预进行港元保卫战的行动。因此，借鉴目前国际社会已有的经验，建立完善的有更多国家参与的国际性联合干预机制，不但有重大意义，而且也具有较大的可行性。

---

① 国际清算银行每三年公布一次全世界的外汇交易额。1986年4月国际外汇市场的日交易额为1 880亿美元，1989年4月每日交易额为6 200亿美元，1992年4月每日交易额为8 800亿美元。1995年9月每日交易额为1万亿美元，1998年每日交易额为1.428万亿美元，2001年每日交易额为1.4万亿美元，2004年每日交易额为1.88万亿美元，16年间增长了900%，尤其是在1995—1998年的三年间，全球外汇市场的日交易额累计增长近50%，年平均增长14%，大大超过1992—1995年的9%，这表明国际外汇市场的交易规模不断扩大，交易速度也在加快。

## 三、调整国际货币制度运作的主要目标

现行的国际货币制度,长期以来都把推动货币自由兑换作为运作的主要目标,但在经济、金融自由化的今天这个目标要作适当的调整。

如前所述,目前在 IMF 180 多个成员当中已有 140 多个成员实现了货币在经常账户下的可自由兑换,在这种情况下如果还将经常账户货币自由兑换作为首要目标,显然不合时宜。进一步将资本账户的自由化和自由兑换作为 IMF 成员的义务和努力的目标,不仅没有必要,而且会引发很多负面的效应。国际上已有不少研究成果表明,直接投资之外的资本账户自由化与一国的经济增长并没有很大的相关性。世界银行研究了 20 世纪 80 年代末至 90 年代初吸引最多间接投资的 18 个国家的经济增长情况后得出这样一个结论:间接外资的流入对经济增长的影响很小,大部分证券投资转化为这些国家的外汇储备。这样,这部分资金对这些国家社会福利的影响微乎其微,甚至是负的。[①] 阿尔斯纳、葛莱里、迈尔斯-法拉帝(A1esina,Grilli, Milesi-Ferretti)在研究了 20 个 OECD 国家 1950—1989 年对资本账户进行管制的情况后,认为资本账户的管制措施对经济增长没有负面影响。[②] 拉辛(Razin)和袁(Yuen)的研究结果也表明,资本自由化对经济增长的长期影响是很小的。[③] 罗德里克(Rodrik)研究了 100 个国家 1975—1989 年资本账户的开放度与人均 GDP 增长的关系后认为,资本账户的自由兑换对经济增长的影响非常小。[④] 卡拉斯奎拉(Carrasquilla)研究了 19 个拉丁美洲国家 1985—1995 年资本账户开放的情况,也得出了与经济增长相关性很小的结论[⑤]。因此,开放资本账户应由各国根据自己的需要和判断自主地决定。相反,对短期资本异常的或大规模的流动,国际社会应制定一系列规则来规范。国际货币制度应将

---

① 世界银行报告:《全球经济前景与发展中国家 1989—1999》。

② Alberto Alesina, Vittorio Grilli and Gian Milesi-Ferretti, 1994, The Political Economy of Capital Controls, In Leonardo Leiderman and Assaf Razin, eds., *Capital Mobility: The Impact on Consumption and Growth*, Combridge, UK/New York: Combridge University Press.

③ Assaf Razin, and Chi-Wa Yuen, 1994, Convergence in Growth Rates: A Quantitive Assessment of The Role of Capital Mobility and International Taxation, In Leonardo Leiderman and Assaf Razin, eds., *Capital Mobility: The Impact on Consumption, Investment and Growth*, Combridge, UK: Combridge University Press.

④ Dani Rodrik, 1998, Who Needs Capital-Account Convertibility, Symposium Paper to Appear in Princeton Essays in International Finance.

⑤ Alberto Carrsaquilla, 1998, On Ragulating Capital Account Transaction, Inter-American Development Bank, Paper Presented at a World Bank Seminar, Washington, D.C.: World Bank, June 23.

控制国际游资的投机和避免金融秩序遭到破坏作为重要的原则加以确立,从而使现行制度能够真正适应金融全球化和国际金融市场一体化的现实。从长期看,亚洲金融危机使亚洲新兴市场遭到严重打击,使它们的经济增长受到损害,同时也对发达国家的长远经济发展产生了重大的不良影响。因此,防范并抑制投机、建立稳定的国际货币和信用体系应成为新的国际货币制度的最主要的目标。

## 四、改革 IMF,并把其作为改革现行国际货币体系的突破口

如前所述,国际社会对如何改革现行的国际货币体系提出了很多主张,其中有很多是针对 IMF 的。我们认为,对 IMF 进行改革是十分重要的,甚至是整个国际货币体系改革的突破口。改革路径可以包括以下方面:

(1) 以考虑按现有比例增加成员国 20% 的缴纳份额,增加 IMF 的基金份额,扩大其资金实力,使 IMF 摆脱目前捉襟见肘的困境,由其牵头建立若干个区域性的货币互换和储备调拨机制,以便在某国家或地区爆发危机时,增强 IMF 可动用资金的规模与灵活性。事实证明,危机发生时,恢复信心是减弱危机最关键的因素,而 IMF 所具有的援助资金能力是克服危机、恢复信心的重要保障之一。

(2) 转变或增加 IMF 职能,使其成为国际金融监管机构。IMF 的中心任务是承担国际金融市场的监督工作,根据“世界金融组织”制定的各种规则,披露与处罚国际金融市场运行中的各种违规行为,提高国际资本流动和国际金融机构运行的透明度,加强国际金融风险的评估工作,形成国际金融的反投机与反危机机制,以维护国际金融市场的安全和稳定。具体包括:

第一,扩大 IMF 援助的范围和应付国际货币危机的职能。就一国而言,中央银行作为最终贷款者,在危机时对有问题的银行机构提供贷款,可以有效地缓解危机的冲击。就世界而言,由于经济全球化已日趋深入,金融市场一体化也越发明显,这种情况下如果有一个实质性、国际性的最终贷款者,那么对防范与抑制货币危机则具有积极的作用。但就目前的条件而言,要成立一个世界性的中央银行又不现实,因此,改革现行的 IMF 体系,增强其职能,让其扮演国际最终贷款者的角色,不失为一种现实的选择。IMF 既可把实现自由汇兑作为自己的宗旨,也可把维持成员国一定程度的信用能力作为自己的宗旨,当成员国发生危机时,不管这一危机是否会立即影响该国的支付能力,IMF 都应该提供贷款援助,以期达

到有效缓解危机的目的。当然,这样做要求 IMF 具有更雄厚的资金实力、动用援助资金的灵活性、具有获取更加充实信息的机制和更加准确的判断力等,而这些尚需 IMF 作出更大的努力。

第二,增强 IMF 的监测和信息发布功能,为投资者和市场主体提供准确的信息,也为成员国制定政策提供重要依据。20 世纪 90 年代以来发生的金融危机无一不与信息传递的不充分和扭曲有关系。因此,IMF 应完善集散的功能,建立信息收集与发布机制,当成员国国际收支不断恶化、外汇储备大量流失、国内经济增长出现不正常征兆时,IMF 能及时对成员国及公众提出忠告,对其国内经济政策提出建设性的意见,并在其相应的出版物上反映这些信息,以引起有关方面的重视,并敦促他们采取明智的措施。

第三,恢复 IMF 对成员国国际收支逆差进行干预和援助的职能。虽然 IMF 不再有维持固定汇率制的义务,但不少成员国实际上实行的是变相的固定汇率制①,汇率自动调节国际收支的功能是缺失的,这就要求 IMF 进行监测并对长期处于严重逆差状态的成员国进行政策规劝及对政策实施提供帮助。事实证明,严重的货币危机总是与一国国际收支持续逆差有关的,IMF 要防范金融危机,国际收支不平衡问题就必须列入其工作范围。

第四,在实施援助计划时,应改变短期内恢复受援国偿付能力并将它作为唯一目标的做法,而应将危机国中期内走出经济衰退的需要列入计划予以考虑,从而使计划更易于被受援国接受并能经受较长时间的考验,减少 IMF 与受援国不融洽的状况,甚至可以考虑与世界银行进行合作,将两者的目标不同的援助计划相融合。传统上,世界银行的项目援助是为成员国经济增长的目的服务的,它的专家对财政、货币等政策如何相结合才能促进经济增长的看法,可能会比 IMF 专家通常只从货币这个角度去考虑问题来得实际些。

(3) IMF 改革的最新精神与行动。为了提高效率和合法程度,在 2000 年 9 月 26 日至 28 日于布拉格举行的 IMF 和世界银行第 55 届年会上,IMF 总裁霍司特·克勒对如何调整 IMF 的职能和政策提出了一个具体思路:

---

① 例如,原来实行管理浮动的国家,如中国、埃及、伊朗和单独浮动的瑞士等,就是因为在现实中汇率基本钉住美元,波动幅度很小,因此在 1999 年 IMF 重新划分汇率制度的种类时,这些国家的货币汇率又被视为固定汇率制,而欧元区国家则被列入了无独立法定货币的汇率制度安排,汇率对内固定、对外浮动。

第一,IMF 被授权监督国际货币体系,并确保其能有效地运转,也就是说 IMF 将特别关注金融市场体制方面的问题。为了实现这一目标,IMF 已经成立了一个资本咨询市场协商小组与私人部门进行对话,以便了解和掌握瞬息万变的国际资本市场和私营金融机构的行为,为防范危机而努力。

第二,IMF 今后将把防止和监督危机的发生作为中心任务,而不是仅仅在危机发生后再制订援助信贷计划。克勒提出希望成员国"自动地、积极地寻求从 IMF 得到建议",而 IMF 也必须公正和坦率地把它的专业人员的分析和判断转达给成员国。IMF 应该进一步开发它的多边监督的作用,并把重点放在尽早区分体制性问题和危机的界限特别是全球金融市场上。IMF 还应将注意力更多地放在对区域一体化出现问题的政策性建议上,包括实行地区性监督。特别是,IMF 应该尊重成员国的文化和历史传统,而不应该只是发号施令。①

第三,对 IMF 的机构设置进行重新考虑。为解决危机问题,IMF 需要有效的借贷手段和充足的资源,以便对危机作出适当的反应。但是 IMF 的资源是有限的,也许并不能完全承担起最后贷款人的角色。因此,对 IMF 的机构设置进行通盘研究是必要的,其结果将会明显地强化 IMF 所发挥的催化剂作用。

当然,对 IMF 进行改革的呼声并非始于今日,其职能和政策的转变也不可能一蹴而就,而是需要经过长期的努力。IMF 能否从疲惫的"救火队"成功地转变成为金融市场的"免疫系统"和经济增长的"推进器",世界将拭目以待。

### 五、应着重考虑的其他方面的改革

改革现行的国际货币体系是一个系统工程,除了以上的主要改革建议与措施外,国际社会还应着手做好以下几个方面的工作:

1. 完善或改变现行体制中危机缓解机制和成本分担的不公平性

完善或改变现行体制中危机缓解机制和成本分担的不公平性,其目

---

① 这是 IMF 管理或运作理念的重要转变。多年来 IMF 和发达国家的经济学家们一直不遗余力地向全世界尤其是发展中国家推广自由市场理念,认为没有实行完全彻底的市场经济是发展中国家发展的根本障碍,呼吁发展中国家实行开放政策和市场经济;相反,发展中国家根据国情制定经济政策则被视为陈腐、保守。但亚洲金融危机的发生使这种观念受到了根本性的质疑与冲击。越来越多的人认为国际短期资本的逐利性与无序流动是金融危机爆发的直接诱因。金融危机发生之后 IMF 的迟缓反应、千篇一律的救援"药方":紧缩财政 + 紧缩货币、诸多提供援助的前提条件以及无法阻止危机蔓延的事实,更使人们认为 IMF 改革的时候确实到了。因此,尊重国情,加强各国间的协调与合作,调整自身的职能和政策,加快改革,是 IMF 的最佳选择。

的是使私人部门承担更多的责任，同时减少道德风险，创造一种双向风险监控的氛围和责任制度。

由于长期以来国际金融游戏的规则主要是由少数发达国家制定的或更多地体现了它们的意愿（例如，现行制度的危机缓解机制明显维护发达国家债权者的利益，过分强调债务方对风险评估和控制的责任，忽略了债权者理应承担的风险监控责任和投资失误所应分担的损失），因此，今后的国际货币制度改革应考虑这方面的问题，制定出具体的规定予以解决，减少道德风险引起的金融风险增加的现象。国际社会不仅要敦促发展中国家加强金融管理，制定更为严格可行的风险管理制度，增加公司财务的透明度与提高公司管理的水平，也要重视国际债权者评估国家风险和企业信用状况的责任。发达国家的管理机构也应承担相应的管理责任。当一个金融机构贷给发展中国家的资金超过其资产的20%时，有关当局就应该要求其增加风险准备。当一个国家经常账户逆差超过 GDP 一定比例时，国际债权者提供的贷款也应视为高风险投资，如果发生债务危机，投资者应该承担相应的责任。国际社会和 IMF 在提供资金援助时应规定，那些没有减免或以优惠条件展期的国际私人机构贷款，在受援国尚未偿还完国际间政府和 IMF 提供的援助性信贷之前将暂不被偿还，从而使私人债权者也分担危机的成本，为自己的失误承担部分后果。① 此外，当债权国发生金融危机后，该国私人机构的国际债务不应当社会化或由政府完全承担，国外债权者应与国内债权者一样，在周转不灵的企业破产倒闭前与它们谈判债务重组，或在这些企业倒闭后从企业余值拍卖中按比例收回债权。由国际社会提供援助贷款给危机国政府，然后由政府担保本国私人企业偿还所有外国债务的做法应予以改变。债务国政府并不用顾虑这样做会丧失信用，相反，政府背下所有私人债务，才会使发展中国家政府的信用下降。当然，原来由政府担保的私人企业债务，在企业无力偿还时，政府仍应承担责任。

---

① 这方面国际社会已开始重视了。1998 年七国集团首脑会议发表的最后声明说："私人部门在解决危机的过程中发挥作用是必要的，这有利于金融市场在长期内适当地运转"，并强调必须采取措施确保私人部门以"适当"的方式既"分享（它们的活动所带来的）利润"，也"分担损失"。IMF 的官员则暗示，让私人部门分担克服危机费用的办法之一是让它们拿出一部分防止赔本的"保险金"，并把其付给市场崩溃的受害者。这些说明，金融危机的爆发决不是危机国单方面的事，国际社会，包括国际金融市场的主体私人部门也难辞其咎，因此在负担危机成本方面要多作"贡献"。据统计，私人部门在 20 世纪 90 年代共对发展中国家贷出 1.3 万亿美元的资金，是 80 年代 1700 亿美元的 7.5 倍。让私人部门承担更多的责任符合市场经济利益与风险平衡的原则。

2. 完善或重新制定公平的国际准则和措施，抑制国际金融寡头在全球的投机行为

发展中国家应有权在短期资金流入金融市场后制定相应的规章限制其在短期内全数抽回。这种准则的实施，可以有效地缓解心理预期的不规则变动对资金流动的影响，从而大大减少资金在短期内冲击某一发展中国家的金融市场，导致金融危机的爆发。发展中国家保护本国市场免受国际游资冲击的措施，不应被视为是外汇管制和限制资本流动，只要发展中国家不限制长期资本流动，不实施歧视性的区别对待政策，不对外汇交易设置障碍，则对本国证券市场和银行信贷进行某种数量和质量管理，不应被看做是违反游戏规则，尤其当本国金融市场出现严重的波动、银行信用和公众信心发生动摇时，国际社会和 IMF 应采取鼓励的态度来看待发展中国家加强市场管理的做法，而不是相反。

3. 各国实行健全的宏观经济政策和进行结构改革

全球金融市场的稳定需要国际组织的监督和支持，但是各国实行健全的宏观经济政策和进行结构改革才是维护全球金融市场稳定的基础和前提。全球金融市场的稳定取决于单个国家金融市场的稳定。而一国金融市场的稳定除了借助于 IMF 等国际组织的监督、指导和支持外，从根本上说取决于国内因素，即自身稳健的财政货币政策与健全的银行体系。亚洲危机的爆发除了国际炒家的兴风作浪外，一些国家自身经济金融政策的失误和体制上的缺陷起了决定性的影响。因此，实行稳健的宏观经济政策和进行结构调整与改革，是防范危机的一个关键所在。

4. 加强政府宏观调控与国际间合作

加强政府宏观调控与国际间合作，其目的在于加强对国际金融市场的监督，维护世界金融市场的稳定。无论是美国还是其他西方发达国家，不管是发展中国家还是发达国家都认为，应以市场规律为基础，加强政府宏观调控，加强国际合作及对国际金融市场的监督，以抑制自由市场经济的盲目性和破坏性。前世界银行首席经济学家斯蒂格利茨认为，金融危机是一个受到自由化金融市场控制的世界的固有特点。所以全球资本市场不能只由市场控制，还应通过经济全球化的一个重要管理形式，即国际合作来协调。全球化背景使得每个国家的问题都是“大家”的问题，这就要求对全球资本市场进行监督。在这方面一些国家和经济学家提出了一些看法，如日本主张设置“金融监督机构”；英国财政大臣建议成立一个全球性的金融监督机构，布莱尔的顾问、剑桥大学经济学家约翰·伊特韦

尔建议创立一个主要用来管理私人金融系统的世界金融管理局，布莱尔本人也呼吁改进金融监督和管理，加强各国金融监管人员的合作等。总之，加强政府宏观调控与国际间合作，也应成为国际货币制度改革优先考虑的一个重要问题。

对于改革现行的国际货币制度，目前国际社会已达成了一定的共识，但由于各国从自身的利益和立场出发，因而也存在着许多矛盾，各种改革方案本身也存在着这样或那样的缺陷，有些改革设想是好是坏还是个未知数。例如，如何建立新的国际金融组织与建立什么样的组织？如何加强对国际资本流动的控制？预警制度到底是预防危机还是推动危机？完全的信息公开有没有可能公开？怎么公开？发达国家和发展中国家在改革主导权上的“逐鹿”问题如何解决？……这些矛盾、缺陷和未知数说明了改革的复杂性和艰巨性。因此，改革现行的国际货币体系任重道远，它进一步说明各国的通力合作与加强有关政策的协调是至关重要的。

## 第四节　中国与东亚货币合作

1997年的亚洲金融危机对东亚国家的经济产生了巨大的冲击，危机的严重性和传染性既暴露出亚洲地区原有的金融体制，尤其是汇率制度的缺陷，也体现了亚洲各国在货币领域方面各自为政、缺乏合作的弊端。欧元的产生为区域货币合作带来了鼓舞和现实参考。在这一背景下，亚洲各国普遍希望加强区域内的货币合作，以期建立预防和化解金融动荡的机制，共同维持本地区的金融稳定。

### 一、东亚金融合作的理论综述——基于中国视角

罗兰德·霍斯特(2002)运用动态预测模型，分析了2000—2020这20年中国的经济增长对东亚地区贸易格局及其模式的影响。预测结果显示，这20年中，中国将成为东亚最大的贸易实体，其经济扩张将为东亚其他经济体提供史无前例的市场机会。张斌(2001)从中国视角研究了东亚区域汇率合作中人民币汇率制度的安排，提出了符合中国利益，同时兼顾东亚经济体利益的东亚区域货币合作的短期、中期和长期方案。朱孟楠等(2001,2002,2004)对东亚货币合作的困境、路径，东亚单一货币的构建以及亚元、中元的推出等均提出了具体的主张。刘铁明、李俊久

(2002)研究了东亚区域的货币金融合作与中国的制度选择。何慧刚(2005)采用组别分析法,按照大小、先进程度、开放度等,将东亚国家和地区分为在某一方面有共性的若干小组,进行货币一体化的成本-收益分析,得出结论:大国放弃使用汇率工具调节本国经济的成本要明显高于小国,因此,小国更有意愿推动东亚区域货币一体化。李晓、丁一兵(2006)认为,随着中国经济实力的不断增强,中国与其他东亚经济体之间的贸易、产业关联度日益提高,中国有条件成为东亚地区主要的市场提供者。中国的积极参与,不仅有助于解决东亚区域货币合作面临的困境,而且也将使人民币通过制度性的区域货币、汇率合作逐步实现"亚洲化",摆脱目前面临的汇率困境,成为区域性主导货币。

## 二、中国在东亚金融合作中的地位与作用

中国是东亚地区经济增长速度最快的国家之一,其整体经济规模和巨大的国内市场在亚洲以至世界经济中都具有相当的影响力。2000 年 5 月《清迈协议》的启动中国起了至关重要的领导作用,使其有别于 1997 年日本提出建立亚洲货币基金组织的建议。中国的人民币汇率政策对周边国家的汇率政策及全球经常项目余额的格局有着重要的影响,因此,中国的态度在很大程度上决定着区域性货币关系的未来。从地缘优势及经济角度看,东亚地区已成长为与中国联系最紧密的经济体,中国已经成为多个东亚国家和地区排名位列前四位的贸易伙伴,如:越南(2)、泰国(3)、中国台湾地区(2)、新加坡(4)、缅甸(3)、韩国(1)、日本(2)、中国香港特别行政区(1);中国作为进口来源地的排名是:泰国(3)、老挝(2)、韩国(2)、日本(1)、中国香港特别行政区(1)和柬埔寨(2)(括号里的数字为中国在相应国家的出口、进口的排名次序)。更重要的是,中国成为东亚贸易持续顺差的来源国和重要的"市场提供者"。中国在东亚货币合作中起一个大国的领头作用,有利于中国和其他成员国经济的共同发展,也是维护周边地区稳定的重要举措。中国与各国(地区)海关货物进出口总额及比例可如表 17-2 所示。

与此同时,随着中国金融改革的进一步深入,国际金融市场对我国的冲击大大增加,中国经济的持续稳定发展与货币制度的改革也需要获得区域货币金融合作的支持。加强区域货币合作以防止外部冲击对我国的影响日益重要。中国利用自己充足的外汇储备,协助东亚建立一个有效的货币合作机制,完全可以利用东亚集体的抗风险冲击能力来扩大和补充自身的能力。

表 17-2 中国与各国(地区)海关货物进出口总额及比例(2006 年)

| 国家(地区) | 出口总额(亿美元) | 进口总额(亿美元) | 顺(逆)差(亿美元) | 出口比例(%) | 进口比例(%) | 进出口排名 |
|---|---|---|---|---|---|---|
| 欧盟 | 1 819.8 | 903.2 | 916.6 | 18.8 | 15.21 | 1 |
| 美国 | 2 034.7 | 592.1 | 1 442.6 | 21.0 | 7.37 | 2 |
| 日本 | 916.4 | 1 157.2 | -240.8 | 9.5 | 11.64 | 3 |
| 中国香港特别行政区 | 1 553.9 | 107.8 | 1 446.0 | 16.0 | 1.85 | 4 |
| 东盟 | 713.1 | 859.3 | -182.1 | 7.4 | 11.32 | 5 |
| 韩国 | 445.3 | 897.8 | -452.5 | 4.6 | 2.50 | 6 |
| 中国台湾地区 | 207.4 | 871.1 | -663.7 | 2.1 | 3.04 | 7 |
| 俄罗斯 | 158.3 | 175.5 | — | 1.6 | 2.12 | 8 |
| 澳大利亚 | 136.2 | 193.2 | -57.0 | 1.4 | 2.40 | 9 |
| 印度 | 145.8 | 102.7 | — | 1.5 | 1.28 | 10 |

资料来源:中国商务部网站。

## 三、中国推动东亚合作的阶段性战略目标与措施

作为东亚重要的政治经济大国,我国完全有理由在东亚货币合作中发挥大国的领导作用。为此,我国应根据国内的实际情况,结合亚洲乃至世界发展的格局制定总体战略规划,研究和制定东亚货币合作的蓝图。

### (一)积极参与清迈互换体制,致力于建立和扩大亚洲债券市场

积极参与亚洲债券市场的建设是中国目前参与和推动东亚货币合作的最好选择,也是中国扩大在东亚地区影响力的重要举措。建立亚洲货币联盟还有很长的路要走,相对而言,建立一个区域性的宏观导向机制则更具有现实性。在"新宫泽构想"和《清迈协议》框架下,东盟国家和中日韩之间已经达成了一系列的双边互换协定,为亚洲债券市场的建立和发展也打下了良好的基础。目前,在亚洲债券市场提议规划最初确定的六个工作组中,中国主要协调由国际机构在国内发行本币计值债券的第四组,预定的任务已经完成,未来中国应该能在信用担保、投资机制等方面发挥较大作用。

### (二)加强与东亚区域内各成员的政策协调

中国应积极推进政府间对话机制的建立,通过平等的磋商来解决各成员之间的政策冲突、贸易政策的协调、金融监管的透明度、金融政策的协调、相关信息的披露、财政与货币政策的一致性以及官方共同行动等方面的问题,在各方充分交换意见的基础上寻求深层共识。

### (三)在中国内地和港澳地区建立次区域人民币圈

目前,中国部分周边地区居民已把人民币作为交易媒介和国际清算

手段而大量使用。在越南、缅甸、老挝、蒙古、朝鲜、俄罗斯、我国港澳地区等边境地区,人民币在边贸和旅游消费中充当交易媒介。中国台湾地区、孟加拉国、马来西亚、印度尼西亚、菲律宾、新加坡、韩国等地也接受人民币存款,办理人民币其他业务。人民币在东南亚的流通地位仅次于美元。一些国家和地区的居民还把人民币作为价值储藏手段。随着"一国两制"在香港和澳门的成功实践,人民币在这两个地区已经具有其他货币不可替代的作用,人民币在中国香港、澳门特别行政区使用普遍,人民币存款、兑换、汇款和银行卡等四项业务已在香港特别行政区的部分银行展开。2007 年三季度开始在香港特别行政区发行人民币债券,为两岸三地实现金融合作、建立统一的人民币圈奠定了基础。因此,可以优先考虑在内地和港澳地区建立以人民币为主要流通货币的"大中华经济圈"。之后,随着中国经济实力的进一步提升,以及人民币在周边国家和地区影响力的不断扩大,人民币在东亚地区主要货币中占据首要地位。

(四) 力促人民币成为东亚单一货币中的核心货币

中国参与东亚货币合作的终极目标是使人民币成为东亚单一货币中的核心货币。

在亚洲,尽管中日两国的经济实力和地位还存在一定的差距,但经过长时期的发展后,这些差距已经有了实质性的变化。中国的对外贸易总额在 2000 年就超越了日本。据预测,未来 10 年中国年均增长率还将会超过 8%,而日本的年均增速将只维持在 2% 左右。照此估算,中国的经济总量将在 2015 年之前超过日本,中国的国际经济影响力也将随之超过日本。中国应该在推进东亚货币合作中投入更多的人力和物力,努力借助区域金融合作不断扩大自身的影响力,并为人民币在未来的亚洲单一货币中成为核心货币创造条件。

(五) 进一步完善利率体系,逐步实现人民币在资本项目下的完全可兑换

从长远来看,随着区域经济一体化的不断发展,人民币要想在未来的东亚货币合作中成为主要货币,必须实现在区域内和其他货币之间完全自由兑换。尽管我国对利率体系和利率政策进行了调整,为利率市场化创造了一定的条件,并且利率市场化业已取得了一定的成就,但作为以间接融资为主的国家,银行的存贷款利率仍受到严格的管制。在长期管制的利率环境下,商业银行对利率信号反应迟钝,使得货币政策意图的传导发生阻滞,不能达到预期的效果。中国货币政策的最终目标是要实现资本项目下人民币的完全可兑换、汇率的完全自由浮动、利率的市场化和国

内、国际金融市场的完全一体化。

## 参考文献

[1] 吴建光:《21 世纪金融大趋势——金融全球化》,北京:中国金融出版社 1999 年版。
[2] 白钦先等:《金融可持续发展研究导论》,北京:中国金融出版社 2001 年版。
[3] 邢毓静、巴曙松:《经济全球化与中国金融运行》,北京:中国金融出版社 2000 年版。
[4] 李扬、黄金老:《中国金融:直面全球化》,上海:远东出版社 2000 年版。
[5] 史东明:《经济一体化下的金融安全》,北京:中国经济出版社 1999 年版。
[6] 朱孟楠:《金融监管的国际协调与合作》,北京:中国金融出版社 2003 年版。
[7] 鄂志寰:"论国际货币体系的不均衡性及其改造",《国际金融研究》,1999(2):9—13。
[8] 徐明棋:"国际货币体系缺陷与国际金融危机",《国际金融研究》,1999(7):38—43。
[9] 易宪容:"国际金融体系的建立、改革与困境",《台港澳及海外财政、金融》,2000(3)。
[10] 叶䌷:"东亚货币合作与中国的角色分析",《东南亚研究》,2007(4):65—70。
[11] 曹红辉、王琛:"东亚的汇率制度选择与人民币战略",《经济研究参考》,2007(46):2—9。
[12] 张斌、唐烈:"汇率变动的国际比较与未来人民币汇率走势",《中国改革》,2001(11):71—72。
[13] 朱孟楠、陈淼鑫:"最优货币区理论与东亚单一货币区的构想",《亚太经济》,2001(6):11—14。
[14] 朱孟楠、傅俊霖:"东亚货币合作的意义、难点与对策",《厦门大学学报》(哲学社会科学版),2002(5):46—54。
[15] 朱孟楠、陈硕:"'中元区'的构建:现实可行性及前景展望",《厦门大学学报》(哲学社会科学版),2004(4):99—106。
[16] 刘铁明、李俊久:"东亚区域的货币金融合作与中国的制度选择",《经济研究》,2002,(5):57—61。
[17] 何慧刚:《最优货币区理论与东亚货币合作问题研究》,中国财政经济出版社 2005 年版。
[18] ADB(2002), Asian Development Outlook, 2002.
[19] 李晓、丁一兵:《亚洲的超越》,当代中国出版社 2006 年版。
[20] 祝小兵:"中国推进东亚金融合作的战略研究",《世界经济研究》,2007(4):46—51。
[21] 叶䌷:"东亚货币合作与中国的角色分析",《东南亚研究》, 2007(4):65—70。
[22] 涂梦:"略论欧元启动后的国际金融效应",《理工高教研究》,2006(4):94—97。

# 后记

本书是教育部人文社会科学重点研究基地中国人民大学中国财政金融政策研究中心2002—2003年度重大研究项目《入世后我国货币政策的外部环境和现实选择》的最终成果。该课题由张亦春教授和邱崇明教授主持。该课题的研究经过了课题设计、文献资料收集、社会调查和数据分析、论文和调研报告写作、专著写作等诸阶段。课题组成员先后在《金融研究》、《国际金融研究》、《财贸经济》等刊物上发表过一系列阶段性研究成果，并向国家外汇管理局等部门提交了调研报告。课题组的这些成果产生了一定的社会影响。

本书的总体框架和章节设计、修改和定稿由张亦春和邱崇明负责，各章节的分工如下：

导论：张亦春

第一、二章：张亦春、邱崇明

第三、四章：邱崇明（其中第三章第三节：牟敦国）

第五章第一、四、五、六、七节：邱崇明；第二、三节：牟敦国

第六章：牟敦国

第七章第一节：陈国进；第二、三、四节：卢宝梅

第八章：林海

第九章：占硕

第十章：张亦春、余文建、阮峥

第十一章：朱孟楠、郭小燕

第十二章：朱孟楠、喻海燕

第十三章：魏巍贤、李丕东

第十四章第一节：邱崇明；第二、三、四节：肖崎

第十五章：许文彬

第十六章：张亦春、周艳（刘猛参与最后修改）

第十七章：朱孟楠

本书在写作过程中，得到我国著名财政金融专家黄达教授和陈共教授的悉心关照；中国人民大学副校长陈雨露教授、财政金融学院常务副院长和财政金融政策研究中心前任主任郭庆旺教授、现任主任张杰教授给

予我们重要的支持，财政金融学院办公室主任李芹老师多年来为课题组提供了全面的后勤支持；在广东、厦门调研期间，中国人民银行广州分行副行长兼国家外汇管理局广东分局副局长李丹儿同志、人民银行福州中心支行副行长（主持工作）吴国培同志和建设银行广东省分行客户与产品研究部钱用道主任给予我们很大的帮助；北京大学出版社经济与管理图书事业部林君秀主任对本书的出版鼎力相助，责任编辑贾米娜同志认真严谨和高水平的工作使本书避免了很多低级的错误，本书如果能获得读者的首肯，则是与她们的支持和所付出的心血分不开的。应该感谢的人还有很多，限于篇幅，无法一一列出，在此，谨向所有真诚地帮助过我们的专家和领导表示衷心的谢意！

由于水平所限，本书定有许多未发现的错误和纰漏，诚恳希望读者给予批评指正。

张亦春

2006年10月